Kohlhammer

Eckart Ruschmann

Philosophische Beratung

Verlag W. Kohlhammer

Die Deutsche Bibliothek – CIP-Einheitsaufnahme

Ruschmann, Eckart:
Philosophische Beratung / Eckart Ruschmann. – Stuttgart :
Kohlhammer, 1999
　ISBN 3-17-015899-6

Gedruckt mit Unterstützung
der Fritz Thyssen Stiftung

Alle Rechte vorbehalten
© 1999 W. Kohlhammer GmbH
Stuttgart Berlin Köln
Verlagsort: Stuttgart
Umschlag: Data Images GmbH
Gesamtherstellung:
W. Kohlhammer Druckerei GmbH + Co. Stuttgart
Printed in Germany

Inhaltsverzeichnis

Vorwort 7

A. Einleitung 11

1. Philosophie und ‚Beratung' 11
   a) Philosophie *als* Beratung 12
   b) Philosoph(inn)en als Berater 14
   c) Philosophische Beratung und die Philosophie:
      Rückwirkungen und Anregungen 15
2. (Philosophische) Beratung und Psychotherapie 19
   Exkurs: Psychotherapiekritik philosophischer BeraterInnen 25
3. Eine vorläufige Konzeption Philosophischer Beratung
   als Modifikation des Selbst- und Weltbezugs 32
   a) Was ist Beratung 35
   b) Was ist Selbst- und Welterfassen? 36
   c) Was ist angemessenes Selbst- und Welterfassen? 42

B. Quellen und Grundlagen 45

1. Aspekte der Philosophiegeschichte aus der Perspektive
   Philosophischer Beratung 45
   a) Philosoph(inn)en als Repräsentanten einer persönlichen Weltsicht 46
   b) Beispiele ‚beratender Philosophie' bzw.
      ‚Philosophie als Lebensform' 59
      Agonaler (streitender) und konsiliarischer
      (beratender) Dialog (Sophisten/Sokrates) 59
      Sokratisches Wissen 63
      Das ‚innere Feuer' als Kraft zur Veränderung (Platon) 66
      Die Qualität der Glaubwürdigkeit (Aristoteles) 68
      Neue Mythen als ‚philosophische Therapie' – der Rationalist Epikur ... 70
      Glückendes Leben durch innere Ruhe – Epikur 74
      Nichtreduktionistisches Einheitsdenken – die Stoa 77
      Leben als Ausrichtung und Wachheit bei den Stoikern 80
2. Philosophische Praxis – ein (nicht ganz) neues Tätigkeitsfeld
   von Philosoph(inn)en 86
3. Systematische Philosophie und Philosophische Beratung 149
3.1. ‚Erkenntnistheorie': Wahrnehmung, Denken und Wissen 151
3.2. Die epistemologische Bedeutung der Gefühle 170
3.3. Hermeneutik (‚Verstehen') 188
     Ein Empathiemodell 218

3.4.	Ethik (‚Werte')	242
3.5.	Trans-personale Philosophie – die ‚horizontale Dimension'	263
	a) Philosophie des Dialogs – Philosophieren als Begegnung	266
	b) Philosophieren in und mit der Gruppe	278
3.6.	Transpersonale Philosophie – die ‚vertikale Dimension': Philosophie und Transzendenz	291
4.	Lebenserfahrung und Lebenssinn – der Beitrag der empirischen Weisheitsforschung	304
5.	Selbstanwendbarkeit als Voraussetzung einer Theorie Philosophischer Beratung	318

C. Grundprinzipien philosophischer Beratung – Versuch einer Zusammenfassung ... 329

1.	Strukturen des Selbst- und Welterfassens	330
	a) Lebenspraxis (konkrete Erfahrung)	331
	b) ‚Lebensphilosophie' (Weltsicht und Weltwissen)	336
2.	Der Vorgang des Verstehens – Philosophische Beratung als ‚Tiefenhermeneutik'	339
3.	Der Umgang mit Werten	343
	a) Übernommene vs. ‚eigene' Werte	345
	b) Wertehierarchie – Präferenz von Werten	346
	c) Situationsgebundene Gewichtung von Werten	347
4.	Berater-Tugenden – Grundhaltungen, Fähigkeiten und ‚Fertigkeiten'	349
5.	Der Mensch im Werden – Prozesse und Ziele Philosophischer Beratung	354

D. Didaktischer Ausblick ... 361

1.	Didaktik der Philosophie	361
2.	Fortbildung ‚Philosophische Beratung'	368

Literatur ... 373

Personenregister ... 399

Sachregister ... 406

Vorwort

Seit etwa zwei Jahrzehnten gibt es Versuche, Philosophie als Individualberatung sowie als Arbeit mit Gruppen professionell, d.h. als selbständige Berufstätigkeit, durchzuführen. 1980 erschien in der amerikanischen Zeitschrift „The Humanist" ein Aufsatz, in dem Seymon Hersh, der als Berater tätig war, seinen Ansatz als den eines ‚beratenden Philosophen' (*counseling philosopher*) vorstellte; die Schottin Catherine McCall begann in den 70er Jahren eine Methode der philosophischen Gruppenarbeit zu entwickeln, die sie ‚Philosophical Inquiry' nannte, und 1981 eröffnete Gerd B. Achenbach in Bergisch Gladbach eine Philosophische Praxis, die bald die Aufmerksamkeit der Öffentlichkeit auf sich zog – ein Vorgang, der eine Reihe von PhilosophInnen (zunächst in Deutschland, Holland und Österreich, später in vielen weiteren Ländern) dazu ermunterte, ebenfalls philosophische Praxen als Berater von Individuen und Gruppen bzw. Institutionen zu eröffnen.

Als ich von dieser Form Philosophischer Praxis und Beratung hörte, war ich sehr interessiert, denn ich hatte Philosophie studiert (Promotion 1974) und arbeitete seit 1974 als Berater. Die Qualifikation dazu hatte ich mir zum einen durch ein ‚eingeschobenes' Studium der Psychologie erworben (1966–70), zum anderen durch verschiedene Fort- und Weiterbildungen in Methoden insbesondere der Humanistischen Psychologie, deren philosophischer Hintergrund mich angesprochen hatte. Erste praktische Erfahrungen als Berater hatte ich während meiner Tätigkeit im ‚Institut für Grenzgebiete der Psychologie' (Leitung: Prof. Hans Bender) von 1970–74 machen können. Bald führte ich auch Ausbildungskurse für Beratung (mit TeilnehmerInnen aus den unterschiedlichsten Hintergrundsberufen) durch[1].

In meinem Selbstverständnis empfand ich mich der Philosophie näher als der Psychologie und sah es als eine wichtige Aufgabe, diese beiden Disziplinen für mich persönlich angemessen zu verbinden – so ist verständlich, daß ich die Absicht und Zielsetzung der Philosophischen Praktiker als dem eigenen Bemühen sehr ähnlich empfand; ich nahm Kontakte auf und bin inzwischen Mitglied des Kollegiums der praktizierenden Mitglieder der GPP (Gesellschaft für Philosophische Praxis).

Als ich mich gründlicher mit der Literatur zu diesem Thema befaßte, stellte ich fest, daß es kaum Versuche einer Fundierung Philosophischer Beratung gab. So entstand der Wunsch, der beraterischen Anwendung von Philosophie eine inten-

---

[1] Diese Kurse werden seit Anfang der 80er Jahre von meiner Frau Elisa Ruschmann und mir gemeinsam durchgeführt – entsprechend meint das ‚wir' oder ‚unsere Arbeit' im Text keinen ‚pluralis majestatis', sondern soll ausdrücken, daß diese Erfahrungen auf einer gemeinsamen Praxis beruhen. In diesem Kontext entwickelte Elisa Ruschmann ein ‚Empathiemodell', das seit etwa Mitte 1980 eine wichtige Orientierung für unsere Beratungs- und Ausbildungstätigkeit darstellt.

sive theoretische Beschäftigung zu widmen. Ich begann mit ersten Entwürfen einer theoretischen Grundlegung. Als selbständiger Praktiker blieb mir dazu jedoch nur sehr wenig Zeit, und mir wurde bald deutlich, daß eine Arbeit, wie sie mir vorschwebte, nicht neben der Berufstätigkeit fertiggestellt werden konnte, jedenfalls nicht in einer überschaubaren Zeit.

Mit der Unterstützung von Prof. Mittelstraß (Universität Konstanz) erhielt ich einen Werkvertrag der Fritz Thyssen Stiftung, der es mir erlaubte, mich für 3 Jahre ganz diesem Projekt zu widmen. So entstand diese Arbeit von 1995 bis 1998.

Inzwischen ist meine anfänglich sehr positive Einschätzung der Möglichkeiten, Beratung auf die Philosophie zu gründen und dies ‚nach außen' zu vertreten, einer nüchterneren und realistischeren Ansicht gewichen: die tatsächlichen Berufsmöglichkeiten schätze ich (zumindestens derzeit) als eher begrenzt ein. Die gestellten Anforderungen sind so vielfältig, daß es unter denjenigen, die Philosophie studieren, wohl nur wenige geben wird, die von einer solchen Möglichkeit angesprochen sind und die auch die Fähigkeiten und Fertigkeiten haben, den Weg der Philosophischen Praxis mit Erfolg zu beschreiten.

Für mich persönlich ist das Feld der ‚Philosophischen Beratung' jedenfalls zum Schwerpunkt geworden, der es auch nach dem Ende dieses Forschungsprojektes bleiben soll. Ich bin davon überzeugt, daß Philosophische Beratung als ‚Angewandte Philosophie' zu den gegenwärtigen und zukünftigen Fragen und Problemen indvidueller und gesellschaftlicher Art durchaus etwas zu sagen hat. Zudem können ‚Praxis-Philosophen' auch wertvolle Beiträge zu einigen beginnenden oder anstehenden Veränderungsprozessen im Kontext der akademischen, wissenschaftlichen Philosophie leisten.

Zur Art der Darstellung des Themas in der vorliegenden Arbeit einige Hinweise:

Den größten Umfang stellt die Aufarbeitung von ‚Quellen und Grundlagen' (Teil B) Philosophischer Beratung dar, wobei zunächst ausgewählte Kapitel der Philosophiegeschichte behandelt werden, gefolgt von einer Darstellung der bisherigen – noch recht kurzen – ‚Geschichte' Philosophischer Beratung. Es folgt dann als dritter Abschnitt eine Auswertung der systematischen Philosophie in den beratungsrelevanten Aspekten.

Die eigene Konzeption Philosophischer Beratung, die auf den dargestellten ‚Quellen und Grundlagen' beruht, wird in geschlossener Form in Teil C (Grundprinzipien Philosophischer Beratung) als Versuch einer Zusammenfassung des zuvor Erarbeiteten geboten, wobei immer wieder auf die vorherige Darstellung verwiesen wird. Philosophische Beratung wird als epistemologisch fundierter Ansatz beschrieben (‚erkenntnistheoretische Grundlage'), bei dem Verstehen und Kritik (‚Hermeneutik') und das Umgehen mit Werten (‚Ethik') die zentrale Orientierung darstellen.

Am Anfang des Buches findet sich als ‚Einstieg' und Vorbereitung für die Darstellung der Quellen und Grundlagen eine ‚vorläufige Konzeption Philosophischer Beratung als Modifikation des Selbst- und Weltbezugs' (A.3.)

Die Arbeit endet mit einem didaktischen Ausblick (D), der auch die Umrisse einer Ausbildung zum Philosophischen Berater/Beraterin skizziert[1].

Aufgrund der vielfältigen behandelten Themen wird die Lektüre wahrscheinlich an sehr unterschiedlichen Stellen beginnen. Deshalb, und auch, weil manche Themen und Aussagen in verschiedenen Zusammenhängen auftauchen, finden sich häufige Querverweise.

Um die Übersicht über den Gesamtaufbau zu erleichtern, wurde das Inhaltsverzeichnis knapp gehalten; die beiden umfangreichsten Kapitel haben jedoch Untergliederungen, die für eine Orientierung hilfreich sein können. Da es sich um relativ abgeschlossene Teile handelt, wurde bei diesen Kapiteln (B.2. Philosophische Praxis und 3.3. Hermeneutik) im Text selbst eine Inhaltsübersicht als Gliederung und Orientierung vorangestellt.

Meinen herzlichen Dank möchte ich all denjenigen aussprechen, die das Gelingen dieser Arbeit ermöglicht und gefördert haben.

Mein erster Dank gilt der Fritz Thyssen Stiftung, durch deren Unterstützung dieses Projekt zustandekam, und Herrn Prof. Jürgen Mittelstraß, der es beantragte und begleitete. Herr Mittelstraß hat mich während dieser drei Jahre trotz seiner großen Arbeitsbelastung immer wieder auch inhaltlich beraten und wertvolle Hinweise gegeben.

Danken möchte ich auch Prof. Klaus Jacobi, Freiburg, für die freundliche Aufnahme in seinem Forschungs-Kolloquium und das Angebot, über drei Semester hinweg in Lehrveranstaltungen das Erarbeitete einer ersten Erprobung zu unterziehen.

Für ihre präzise Korrekturarbeit danke ich Margret C. Rae, ebenso für ihre Hinweise auf stilistische Mängel und inhaltliche Unklarheiten oder Ungenauigkeiten.

Ein besonderer Dank geht an meine Frau Elisa Ruschmann, deren Empathie-Modell als epistemologisches ‚Selbstbewußtseinsmodell' ein wichtiger Hintergrund des vorgelegten Ansatzes Philosophischer Beratung ist. (Eine ausführliche Darstellung des Modells findet sich in Kap. 3.3.) Auch beim Entstehen des Buches selbst war sie – trotz starker eigener beruflicher Beanspruchung – während der ganzen Zeit eine konstruktiv-kritische Gesprächspartnerin; ihr verdanke ich viele wichtige Impulse und Anregungen.

Ich hoffe, daß diese Arbeit imstande ist, Argumente für eine fundierte Auseinandersetzung mit dem Gebiet Philosophischer Beratung zu liefern und eine Basis für die Diskussion innerhalb der Philosophie sowie mit den Vertretern der relevanten Nachbardisziplinen zu bieten.

Dr. Eckart Ruschmann

---

[1] Informationen über Seminare zur ‚eigenen Lebensphilosophie' sowie Fortbildungsgänge für Philosophische Beratung können vom Autor angefordert werden:
Dr. Eckart Ruschmann, Postfach 608, D – 79006 Freiburg.

A. Einleitung

1. Philosophie und ‚Beratung'

Im ‚Historischen Wörterbuch der Philosophie' findet sich in dem 1989 publizierten Band 7 ein von Odo Marquard verfaßter kleiner Artikel zur *Philosophischen Praxis*, unter Bezug auf Gerd B. Achenbach, der 1981 die erste Philosophische Praxis eröffnete und damit den Begriff in dieser Bedeutung prägte. Diese Möglichkeit philosophischer Tätigkeit wird als ‚professionell betriebene philosophische Lebensberatung' beschrieben, die ‚in der Praxis eines Philosophen geschieht' (Marquard, 1989, 1307).

Inzwischen gibt es weltweit über 100 Philosophische Praktiker[1], die – neben anderen Tätigkeiten – Beratung anbieten. In mehreren Ländern haben sich Praktiker zusammengeschlossen und Organisationen gebildet, um die Entwicklung dieses neuen Praxisfeldes zu fördern, und es finden seit einigen Jahren auch regelmäßig Internationale Kongresse statt (1994 Vancouver, Kanada, 1996 Leusden, Holland, 1997 New York, U.S.A., 1998 Bergisch Gladbach, Deutschland, 1999 Oxford, England.)

Aber noch ist Philosophische Beratung (um diese Tätigkeitsform Philosophischer Praktiker wird es hier schwerpunktmäßig gehen) so jung und so wenig anerkannt, daß sie sich in besonderem Maße die Frage gefallen lassen muß, die ja periodisch auch immer wieder an die Philosophie insgesamt gestellt wird: wozu sie eigentlich gut sei, ob sie wirklich nötig oder nicht vielleicht überflüssig sei. Bezogen auf die Philosophische Beratung ergibt sich die Besonderheit, daß auch Philosophen selbst teilweise bezweifeln, ob es sinnvoll oder gar notwendig sei, daß philosophische Berater dem vielfältigen Beratungsangebot eine weitere Variante hinzufügen.

Die Frage nach der ‚Rechtfertigung' Philosophischer Beratung, d.h. ob sie notwendig oder eher überflüssig sei, kann eigentlich nur aus der Perspektive potentieller Ratsuchender beantwortet werden, für die ein Philosophischer Berater[2] dann ein möglicher Ansprechpartner sein wird, wenn er durch eine klare und gutbegründete Konzeption verständlich machen kann, daß hier kompetente Beratung angeboten wird, deren Zuständigkeit für den jeweiligen Anlaß einleuchtet. Letztlich entscheidet primär die subjektiv eingeschätzte Zufriedenheit der Ratsuchenden mit der Beratung, ob eine Praxisgründung Erfolg oder Mißerfolg hat.

Doch ließe sich umgekehrt auf die Frage, ob Philosophische Beratung wirklich ‚notwendig' sei, eine Gegenfrage stellen: Wenn jemand in der heutigen Welt auf

---

[1] Vgl. die von Michael Zdrenka erstellte Liste Philosophischer Praxen, geordnet nach der Zeit des Entstehens und nach Ländern. Seine Auflistung umfaßt 122 Namen, wobei auch inzwischen geschlossene Praxen mit aufgenommen wurden (Zdrenka, 1997, 179ff.)

[2] Nach ersten Versuchen mit einer männlich-weiblichen Sprachform – etwa: ein(e) Philosophische(r) Berater(in) – habe ich davon wieder Abstand genommen, da es den Text zu schwer lesbar macht; nur die etwas übersichtlichere Form ‚Philosoph(inn)en' o.ä. werden manchmal verwendet.

ernsthafte Weise mit existentiellen Fragen ringt – Fragen, die z.B. zu tun haben mit Werten, mit den Möglichkeiten eines auf tiefe Weise gelingenden Lebens, eines undogmatischen und nicht sektiererischen Umgangs mit der Transzendenz – wo soll ein solcher Mensch heute professionellen Rat suchen, wenn er ihn braucht oder wünscht? Seelsorgliche Berater sind für viele Menschen keine potentiellen Ansprechpartner mehr. Wenn Philosophen – was oft geschieht – weltanschauliche, religiöse, spirituelle Fragen bereitwillig und schnell an die Theologen delegieren möchten, dann verkennen sie die Tatsache, daß sich viele Ratsuchende in diesem Bereich einen wohl transzendenzoffenen, aber weltanschaulich nicht festgelegten Berater wünschen.

Und die Psychologen? Sie sind gerade an solchen Fragen oft nicht nur nicht interessiert, sondern für ein Umgehen damit vielfach auch nicht vorbereitet, weil in ihrer akademisch-psychologischen bzw. psychotherapeutischen Ausbildung solche Themen höchstwahrscheinlich nicht oder nur am Rande behandelt wurden. (Das Gleiche gilt wohl meist für Sozialpädagogen oder Pädagogen, Sozialarbeiter usw.).

Vielfach ‚landen' solche Ratsuchende dann irgendwo in der ‚Szene' des psycho-spirituellen Marktes, aber die Gefahr, unseriösen Beratern in die Hände zu geraten, ist dort durchaus groß.

Deshalb scheint mir die Aussage gerechtfertigt, daß Philosophische Beratung eine wichtige, ja notwendige Ergänzung in der Vielfalt professioneller Beratungsangebote bedeuten kann und daß sie z.B. auch in interdisziplinär besetzten Beratungsstellen vertreten sein sollte.

a) Philosophie als Beratung

Auch wenn die äußere Form einer professionell betriebenen philosophischen Beratungspraxis zumindest in der Gegenwart eine neue und unvertraute Profession darstellt, gilt das für den *Begriff* der Beratung keineswegs: daß Philosophie (zumindest *auch*) *als Beratung* aufgefaßt wird, findet sich in der zeitgenössischen Philosophie nicht selten, und in der Philosophie der Antike war Beratung als Individualberatung eher selbstverständliche, in manchen Richtungen zentrale Aufgabe des Philosophen. So stellt Seneca in einem der Briefe an Lucilius die rhetorische Frage: Willst du wissen, was die Philosophie dem Menschengeschlecht verspricht? und antwortet: Beratung (lt. *consilium*)[1].

Die philosophische Tradition der Beratung ist allerdings mit dem Eintritt der Philosophie in ihre christlich dominierte Phase abgerissen – diese Aufgaben wurden von der bis heute lebendigen Form seelsorglicher Beratung übernommen. Auch im Zuge der Wiedergewinnung philosophischer Eigenständigkeit in der Neuzeit wurde diese Tradition nicht wieder aufgenommen – nach Ein-

---

[1] Epistulae morales ad Lucilium, Buch 5, Brief 48. „Vis scire quid philosophia promittat generi humano? consilium."

schätzung von Hans Krämer (1992) ein schwerwiegendes Versäumnis, das erst in der jüngsten Vergangenheit als solches erkannt wurde.

Vor diesem Hintergrund mag es eher erstaunen, wie selbstverständlich einige Gegenwartsphilosophen den Beratungscharakter der Philosophie betont haben, und das auch schon *vor* dem Entstehen bzw. Bekanntwerden der Bewegung der Philosophischen Praxis, die ja erst in den 80er Jahren ihren Anfang nahm. So schrieb z.B. Jürgen Mittelstraß 1982: „Philosophieren ist eine Form der Beratung" (1982a, 140). Ausgehend von seinem Verständnis von Philosophie, als deren Aufgabe er es sieht, „Klarheit in allen Bereichen unserer Selbst- und Situationsverständnisse" herzustellen (Carrier/Mittelstraß, 1989, 280), geht es für ihn in der Philosophie darum, Probleme zu lösen, und „Probleme, die sich dem Handeln stellen, werden auf der Grundlage von *Beratungen*[1] gelöst" (1982a, 140). Diese Argumentation führt dann zu der bereits zitierten Aussage, Philosophieren sei eine Form der Beratung.

Zu dieser Zeit wurde auch die Frage ‚Wozu Philosophie?' als Legitimitätsfrage heftig diskutiert; so waren gerade praxisbezogene Überlegungen naheliegend und wurden verschiedentlich ausgedrückt. Carl Friedrich Gethmann ging in seinem Beitrag anläßlich eines Arbeitskreises zu der Frage ‚Wozu Philosophie' sogar so weit, die Behauptung (oder Forderung) aufzustellen, das Philosophiestudium müsse in seinem Kern in einem ‚Beratungstraining' bestehen (Gethmann, 1978, 311). Er begründete diese Auffassung folgendermaßen: „Die Lernziele des Philosophiestudiums sind also nicht primär kognitiver, sondern pragmatischer Art: sie betreffen Geschicklichkeit, Erfahrung, Umsicht, Ausgewogenheit, Unparteilichkeit, Angemessenheit usw. in Beratungskontexten" (ebd., 310f.).

Es fragt sich nur, inwieweit die akademische Philosophie, d.h. ihre Vertreter(innen) einer solchen Aufgabe wirklich entsprechen konnten und können und ob es gerechtfertigt ist, so selbstverständlich, wie es Wolfgang Hogrebe (1992, 21) tat, von dem ‚consiliarischen Geschäft der Philosophie' zu sprechen (mit Verweis auf die erwähnte Aussage Senecas, die Philosophie verspreche der Menschheit Beratung).

Jürgen Mittelstraß – in seinem ‚Versuch über den Sokratischen Dialog', aus dem die eben zitierte Passage stammt – ist sich jedenfalls bewußt, daß bestimmte Forderungen an die Philosophie gestellt werden, wenn sie tatsächlich ‚als Beratung' verstanden wird: sie muß einerseits dialogisch sein, und andererseits dem Anspruch einer ‚Philosophie als Lebensform' zumindest *auch* Rechnung tragen. Seine Betrachtung des Sokratischen Dialogs schließt er mit der Feststellung, daß in der Universität mit dem philosophischen Dialog auch eine philosophische Orientierung zu verschwinden begann. Insofern – so sein Resümee – hält er diese Ausführungen eher für einen Beitrag zur Vergangenheit als zur Gegenwart der Philosophie und der Universität (Mittelstraß, 1982a, 159).

---

[1] Hier wird ‚Beratung' eher im Sinne von ‚sich (miteinander) beraten' verwendet, eine Bedeutung, die auch von Philosophischen Praktikern neben der des ‚jemanden Beratens' besonders akzentuiert wird.

Philosophische Praxis bzw. Beratung stellen unter diesem Aspekt eine Herausforderung dar, mit einem dialogischen, konsiliarischen Ansatz einen Beitrag zur *Zukunft* der Philosophie und gerade auch der universitären Philosophie zu leisten.

b) Philosoph(inn)en als Berater

Der Begriff der ‚Philosophischen Praxis' steht in einem engen Bezug zur Frage von Theorie und Praxis in der Philosophie (einem Thema seit der Antike) und zur Konzeption einer Praktischen Philosophie. Dieser Aspekt hat gerade in der jüngeren Vergangenheit wieder besondere Aufmerksamkeit erlangt – ‚Rehabilitierung der praktischen Philosophie' (Riedel, 1972) ist dafür zu einem Schlagwort geworden. Allerdings kann ‚Praktische Philosophie' auch als bloße Reflexion auf die Bedingungen und *Möglichkeiten* von Praxis aufgefaßt werden, während ‚Philosophische Praxis' bzw. ‚Beratung' einen konkreten Praxis*vollzug* meint, eben das konkrete Gespräch zwischen Berater(in) und Ratsuchendem als praktische Tätigkeit eines beratenden Philosophen in der Ausrichtung auf die Lebenspraxis des/der Ratsuchenden.

So hat der Begriff der ‚Philosophischen Praxis' im Kontext der Praktischen Philosophie[1] einen deutlich anderen Bedeutungsgehalt als das, was Achenbach bei der Wahl dieses Begriffes im Sinn hatte – hier ist eben die Tätigkeit eines Philosophischen Praktikers gemeint, der eine ‚Philosophische Praxis' im ganz konkreten Sinn dieses Wortes betreibt, so wie wir es etwa aus dem Alltagsgebrauch dieses Wortes (‚Ärztliche oder Psychologische Praxis' usw.) kennen.

Wenn man nun konkret nach den Tätigkeiten Philosophischer Praktiker fragt (so wie das z.B. Melanie Berg in ihrer Magisterarbeit [1992] getan hat), dann finden sich einige Formen, die im philosophischen Kontext durchaus vertraut und insofern auch bearbeitet sind (z.B. die Vermittlung von Philosophiekenntnissen in privat angebotenen Seminaren, Erwachsenenbildung etc.).

Die Beratungstätigkeit Philosophischer Praktiker hat jedoch bisher kaum Beachtung und Bearbeitung durch die akademische Philosophie gefunden; dabei stellt sie (insbesondere in der Form der Individualberatung) einen wichtigen, vielfach zentralen Aspekt dieser Tätigkeitsform dar. Er hat auch die meiste Aufmerksamkeit in der Öffentlichkeit gefunden, denn das Thema ‚Philosophische Beratung' weckt verständlicherweise Interesse bis Neugier – davon zeugen eine größere Zahl von Artikeln in Zeitungen und Journalen, sowie Sendungen in Rundfunk und Fernsehen.

---

[1] H.Krämer nennt drei Aspekte (Krämer, 1987, 309):
    a) ein Handeln, das durch philosophische Theorie geleitet wird
    b) die entsprechende Einübung in bestimmte ethische Grundhaltungen und
    c) das Beratungsgespräch über Fragen der Lebensführung.
    Der dritte Aspekt (und evtl. der zweite) stellen einen Teilbereich der Tätigkeiten Philosophischer Praktiker dar, d.h. es gibt eine Überschneidung der Bedeutung von ‚Philosophischer Praxis' und ‚Praktischer Philosophie', aber keine Deckung.

So ist Odo Marquards Aussage in dem erwähnten Lexikonartikel (1989) weiterhin aktuell: „Darum ist sie [die Philosophische Praxis] zu einer wichtigen – diskutierten, umstrittenen, fruchtbaren – Gegenwartsgestalt der Philosophie geworden, zu der die traditionelle Philosophie sich ihrerseits wird verhalten müssen" (Marquard, 1989, Sp. 1308).

c) Philosophische Beratung und die Philosophie:
   Rückwirkungen und Anregungen

Philosophische Berater betrachten die Philosophie (in ihrer systematischen und historischen Form) unter dem speziellen Gesichtspunkt der Anwendbarkeit auf die konkrete, dialogische Beratungssituation. In diesem Sinne kann von einer pragmatischen Perspektive gesprochen werden – philosophische Beratung ist einerseits ein handelndes Umgehen des Philosophen mit seinen Beratungsklienten, setzt also eine Theorie *und* Praxis der Beratung voraus, zum anderen geht es um den Handlungszusammenhang des Klienten, insbesondere um den Zusammenhang seiner/ihrer Konzepte, Vorstellungen, d.h. der ‚Alltagsphilosophie' (Lebensphilosophie) mit den Handlungen der konkreten Lebenspraxis und den eventuell thematisierten Problemen und Schwierigkeiten.

So ließe sich mit William James formulieren, daß der philosophische Berater sich selbst und seinen Klienten fragt: „Angenommen, eine Vorstellung oder eine Annahme sei wahr, welchen konkreten Unterschied macht dieses Wahrsein im wirklichen Leben eines Menschen?"[1]

Die – anfänglich in der Rezeption des amerikanischen Pragmatismus vielfach zu oberflächlich aufgefaßte – Frage nach dem ‚praktischen Nutzen' von Konzepten, Theorien etc. bekommt im Beratungskontext eine komplexe, an der Lebenspraxis orientierte Bedeutung; Theorien und Konzepte (als Lebensphilosophie) wirken handlungsleitend und ihre ‚Qualität' entscheidet wesentlich mit darüber, ob ein Mensch sein Leben (oder einen bestimmten Lebensabschnitt bzw. Handlungsvollzug) als befriedigend, sinnvoll, gelungen, oder unbefriedigend, sinnlos und mißlungen empfindet und einschätzt.

Wir verstehen diese handlungsleitende Funktion von Konzepten und theoretischen Grundannahmen heute noch besser, vor dem Hintergrund des Wissens um die enge Verflochtenheit der intellektuellen und emotionalen Funktionen mit den konkreten Handlungs-Erfahrungen; der Wahrnehmungstheoretiker Gibson geht so weit, von einer ‚ambulatorischen Wahrnehmungstheorie' zu sprechen, nach der es angemessener erscheint, zu sagen, daß wir uns selbst als Handelnde in der Welt wahrnehmen, als daß wir – wie es in späterer Abstraktion möglich ist – als erkennendes Subjekt einer erkannten Welt gegenübertreten.

Wenn Konzepte oder Theorien, als Elemente der persönlichen Weltsicht, für uns einen subjektiven Evidenzcharakter haben, dann liegt das daran, daß sie zu unseren Erfahrungen ‚passen', d.h. angemessene Symbolisierungsmöglichkeiten

---

[1] James (1907, 125), Übers. nach Hochkeppel (1989, 271).

(und damit Reflexionsgrundlagen) bereitstellen, entweder weil sie eine Abstraktion der eigenen Erfahrung darstellen oder weil sie beim Prozeß der Übernahme von anderen (als ‚Lernen') auf dieses ‚Passen' geprüft wurden. Die neuere Kognitionsforschung hat auf die Analogie zur wissenschaftlichen Hypothesenbildung und -prüfung hingewiesen: ebenso wie in der Wissenschaft gilt auch für das Individuum, daß Theorien ‚besser' oder ‚schlechter' sein können, mehr oder weniger *angemessen* zur Repräsentation von Erfahrungen.

Diese ‚pragmatische Perspektive' wird der Berater einerseits an die ‚Lebensphilosophie' (die ‚subjektiven Theorien') des Klienten anlegen, zum anderen aber wird seine Orientierung im Feld der Philosophie ebenfalls unter diesem Gesichtspunkt stehen, sei es in der Beschäftigung mit dem aktuellen, systematischen philosophischen Diskurs oder im Umgehen mit den Texten der historischen Gestalten der Philosophie. Der ständige Bezug auf die Lebenspraxis (die eigene und die der Beratungsklienten) unterzieht die philosophischen Texte einer besonderen Prüfung:

a) Unter inhaltlichem Gesichtspunkt, inwieweit hier Theorien, Konzepte, Maximen, Einsichten usw. vorliegen, die für uns heutige Menschen von Bedeutung sein können.

b) Unter Prozeßaspekt, ob ein ‚prozessuales Wissen' über die ‚conditio humana' mitgeteilt wird, das allgemein oder in einer spezifischen Anwendung ein wertvolles Element der Weisheitsüberlieferung darstellt.

Diese inhaltliche und prozessuale Nutzung und ‚Anwendung' (Pragmatik) der Philosophie schließt auch eine besondere Weise der *Rückwirkung* auf diese ein, so daß Hans Krämer von einer potentiell symmetrischen Relation von Theorie und Anwendung im Rahmen Philosophischer Beratung spricht, d.h. er rechnet mit der Möglichkeit, „daß die Erfahrungen der Beratungspraxis mehr oder weniger und in verschiedener Weise im Sinne einer dynamischen Induktion auf die Theorieebene zurückwirken" (Krämer, 1992, 334). Ähnlich hatte er schon 1987, beim 14. Kongreß der Deutschen Gesellschaft für Philosophie in Gießen, anläßlich seines Beitrags über die Philosophische Praxis gesprochen: „Philosophische Praxis ... wird Erfahrungen und Klärungen der philosophischen Tradition und insbesondere der Praktischen Philosophie nutzbar machen und umgekehrt *neue* Erfahrungen an diese zurückvermitteln. Zwischen praktischer Theorienbildung, Beratungspraxis und Handlungspraxis besteht dabei ein Verhältnis der *Anwendung* und *Bewährung*, aber auch der *Korrektur* und *Erweiterung*" (Krämer, 1990, 310)[1].

Ein weiterer Aspekt einer möglichen Rückwirkung als Anregung für die Philosophie ergibt sich aus der ständigen Konfrontation des Philosophischen Praktikers mit der Vielfalt von Weltsichten und Lebensphilosophien im Umgang mit den Beratungsklienten.

---

[1] Für Krämer ist eine Neuorientierung der Ethik gerade durch die Ansprüche der Philosophischen Praxis gefordert, denn die neuzeitliche Ethik ist deutlich durch einen Rückzug aus der Lebenspraxis gekennzeichnet. Im Rahmen seines Entwurfs einer ‚Integrativen Ethik' gehört „die möglichst effiziente und weitreichende Regulierung von Praxis" zu den Aufgaben einer Integrativen Ethik (vgl. Krämer, 1992, 341f., Zitat S. 342).

Diese Tatsache ist aus der Beschäftigung mit der Geschichte der Philosophie vertraut – bereits in ihren Anfängen treten uns unterschiedliche, oft gegensätzliche Überzeugungen, Theorien sowie Grundannahmen etc. entgegen. Mit dieser Gegebenheit sind die Philosophen auf sehr unterschiedliche Weise umgegangen, die zwischen den Polen eines dogmatischen Umgehens auf der einen Seite[1] über eine differenzierte ‚perspektivistische' Konzeption[2] bis hin zu einer grundsätzlich erkenntnisskeptischen Haltung[3] angeordnet werden kann. Zumindest in Ansätzen finden sich alle diese Positionen bereits seit der Antike.

Gerade in der heutigen Zeit ist uns das sehr deutlich, leben doch besonders in den westlichen Industriestaaten Menschen verschiedenster Rassen, Kulturen und Religionen oft in unmittelbarer Nachbarschaft nebeneinander[4]. Dieses Phänomen unterschiedlichster Möglichkeiten der Weltsicht stellt für die (europäische) Philosophie seit ihren Anfängen eine große Herausforderung dar. Es gab zwar noch bis in unser Jahrhundert hinein Versuche, in ‚dogmatischer' Weise mit der Philosophiegeschichte und der Vielfalt ihrer Ansätze umzugehen, doch in der Gegenwartsphilosophie wird kaum noch jemand die eigene Konzeption als Synthese oder Kulminationspunkt der philosophischen Tradition bezeichnen. Dilthey war nach der erkenntniskritischen Wende Kants und den Versuchen der idealistischen Philosophen, dennoch umfassende Systeme zu entwerfen, einer der ersten, der

---

[1] J. Mittelstraß charakterisierte das dogmatische Vorgehen folgendermaßen: „Man faßt das eigene Wissen als systematisch abgeschlossen auf ... und reduziert fremdes Wissen auf bloße Vorgeschichte des eigenen Wissens. Die Geschichte der Philosophie konstituiert sich für den, der so denkt, als eine Geschichte von Mißverständnissen, Umwegen und Halbheiten; die Darstellung der Wahrheit gerät, wie bei Descartes, unversehens zur Autobiographie der eigenen Vernunft. Die Übersetzung einer fremden Sprache in die eigene Sprache erfolgt in diesem Falle daher auch in der Weise der Aneignung von Vorgeschichte ... Historische Reflexionen dienen nur noch der besseren Selbstdarstellung ..." (Mittelstraß, 1982b, 173).

[2] Die von Friedrich Kaulbach entwickelte ‚Philosophie des Perspektivismus' kann hier als Beispiel dienen; Kaulbach charakterisiert seinen Ansatz folgendermaßen: „Im Mittelpunkt perspektivistischer Philosophie steht der Gedanke, daß die Wahrheit über unsere Welt von der Stellung abhängt, die wir dem Sein gegenüber einnehmen, und von der dieser gemäßen Art und Weise, wie wir diese Welt deuten, sie ‚sehen' und unter welchen Gesichtspunkten wir in ihr handeln" (Kaulbach, 1990, 1).

[3] Es könnte noch zwischen einem ‚relativierenden Skeptizismus' und einem ‚akzentuierenden' unterschieden werden; dann ließe sich Paul Feyerabend diesem letzteren Feld des Kontinuums zuordnen. Er unterscheidet seinen ‚erkenntnistheoretischen Anarchismus' (was dem ‚akzentuierenden Skeptizismus' entspräche) vom ‚relativierenden Skeptizismus' auf folgende Weise: „Für den Skeptiker sind alle Auffassungen entweder gleich gut oder gleich schlecht, oder er enthält sich überhaupt eines solchen Urteils; der erkenntnistheoretische Anarchist dagegen scheut sich nicht, die trivialste oder die empörendste Aussage zu verteidigen" (Feyerabend, 1986, 249).

[4] Das enge Zusammenleben von Menschen unterschiedlicher Kulturen und Religionen fördert nicht automatisch die Toleranz anderen Weltbildern und Lebensformen gegenüber, sondern hat u.U. sogar eher gegenteilige Auswirkungen. Die Auswertung einer Umfrage in Berlin (Jörns, 1997) ergab z.B. folgendes Ergebnis: „Toleranz und Akzeptanz gegenüber andersgläubigen Menschen werden offenbar durch so unterschiedliche Faktoren wie höhere Schulbildung, Distanz gegenüber allen Religionen oder eine evangelisch-theologisch beeinflußte Umgebung gefördert; sie sind andererseits dort eher schwach ausgeprägt, wo traditionelle Strömungen stark sind oder wo Menschen eng zusammenleben, die unterschiedlichen Kulturen und Religionen angehören" (ebd., 170).

sich mit diesem Aspekt der Vielfalt der philosophischen Ansätze auf eine systematisch ‚perspektivische' Weise auseinandergesetzt hat. Im Unterschied zu früheren Ansätzen sieht er die ‚ewige Philosophie'[1] eher als ein ‚unermeßliches Trümmerfeld'[2]. Dennoch versuchte er, in dieser Vielfalt und ‚Anarchie der Systeme'[3] doch die Einheit eines ‚Ganzen' zu erkennen und grundlegende Strukturen aufzuzeigen: „Alle Möglichkeiten werden durchlaufen, wie der menschliche Geist sich zu dem Rätsel der Welt und des Lebens verhalten kann. In diesem historischen Zusammenhang ist die Leistung jeder einzelnen philosophischen Position die Verwirklichung einer Möglichkeit unter den gegebenen Bedingungen; jede brachte einen Wesenszug der Philosophie zum Ausdruck, und sie wies zugleich durch ihre Begrenzung auf den teleologischen Zusammenhang, in dem sie bedingt ist – als Teil eines Ganzen, in welchem allein die ganze Wahrheit ist" (GS V, 365).

Der Philosophische Berater ist nun – ähnlich wie bei der Beschäftigung mit den historischen Systemen der Philosophie – immer wieder aufs Neue mit ‚Philosophien' konfrontiert, die ihm durch seine ‚Besucher'[4] (Klienten) zugetragen werden, und er wird bzw. sollte dabei ein *Strukturverständnis* entwickeln, das ihm ermöglicht, angemessen mit der jeweiligen individuellen Weltsicht oder Lebensphilosophie umzugehen, d.h. die Pole des dogmatischen Beurteilens aus der eigenen Weltsicht ebenso zu vermeiden wie die orientierungslose ‚Laissez-faire'-Haltung eines Ansatzes, der relativistisch die Verschiedenheit möglicher Sichtweisen ohne jede Einschätzung nebeneinander anordnet; er wird vielmehr –

---

[1] Ansätze von ‚perspektivischem Denken' gibt es in der Philosophie seit ihren Anfängen; einen besonderen Höhepunkt fand es in der Philosophie des ausgehenden Mittelalters und der Renaissance und ihrem Gedanken der ‚philosophia perennis' (vgl. Schmidt-Biggemann, 1998). Hier ließen sich interessante geistesgeschichtliche Entwicklungslinien verfolgen, die gerade vor dem Hintergrund zeitgenössischer Anknüpfungsversuche im außer-philosophischen Kontext von Bedeutung sind (vgl. Huxley, 1944, auf den sich z.B. manche esoterische Autoren beziehen). Dilthey erweist sich hier als ‚perspektivische Alternative' zu Nietzsche und steht mit seiner transzendenzoffenen epistemologischen Konzeption in größerer Nähe zu den Vertretern der älteren ‚philosophia perennis' wie auch zu vergleichbaren Vorstellungen, die mir in alltagsphilosophischen Konzeptionen häufig beggnen. Transzendenzoffenes perspektivisches Denken ist dabei durch die tendentielle ‚Gerichtetheit' der vielfältigen individuellen Sichtweisen strukturell von Konzeptionen ohne Transzendenzbezug deutlich unterschieden.
(Diese Anmerkung geht auf einen Hinweis von Dr. Christoph Neeb zurück, dem ich für einige kritische Kommentare zu Teil A. danken möchte.)

[2] „Wir blicken zurück auf ein unermeßliches Trümmerfeld religiöser Traditionen, metaphysischer Behauptungen, demonstrierter Systeme ... Eins dieser Systeme schließt das andere aus, eins widerlegt das andere, keines vermag sich zu beweisen ... So ist der Widerspruch zwischen dem zunehmenden geschichtlichen Bewußtsein und dem Anspruch der Philosophie auf Allgemeingültigkeit immer härter geworden ... (GS VIII, 76).

[3] „Unter den Gründen, welche dem Skeptizismus immer von neuem Nahrung geben, ist einer der wirksamsten die Anarchie der philosophischen Systeme" (GS VIII, 75).

[4] Im Anschluß an den Sprachgebrauch Achenbachs verwenden manche Philosophische Praktiker den Begriff ‚Besucher' bzw. ‚Gast', um die in vielfältigen anderen Kontexten gebrauchte Bezeichnung ‚Klient' zu vermeiden. Ein eigener Terminus für die Personen, die Philosophische Beratung in Anspruch nehmen, scheint mir jedoch nicht notwendig, und im Folgenden werden wechselnde Begriffe verwendet, wie Klient, Ratsuchender, oder einfach Mensch, Person etc.

gemeinsam mit dem Klienten – eine kritische *Prüfung* der jeweiligen Konzepte, Theorien und Sichtweisen vornehmen.

Die Notwendigkeit einer Auseinandersetzung mit den unterschiedlichsten Weltsichten, die sich für Philosophische BeraterInnen aus der täglichen Praxis ergibt, läßt sie unter dem Aspekt der Rückwirkung und Anwendung auf die Philosophie zu potentiell wichtigen Dialogpartnern im philosophischen Diskurs werden – sie haben sich durch die praktische Beratungserfahrung ein spezifisches strukturelles und prozessuales Wissen über die Vielfalt möglicher Weltsichten erworben.

Der hier vorgelegte Fundierungsversuch möchte beiden Möglichkeiten Rechnung tragen – einerseits soll versucht werden, wichtige Aspekte der Philosophie als historischer und systematischer Disziplin für die konkrete Beratungspraxis herauszuarbeiten, andererseits kann diese Betrachtungs- und Darstellungsweise der Philosophie vielleicht auch für Leser, die nicht (professionell) als Berater tätig sind, anregend und bereichernd sein, unter theoretischem Gesichtspunkt, oder auch als Anregung, Philosophische Konzeptionen und Entwürfe auf die eigene Lebenspraxis zu beziehen.

2. (Philosophische) Beratung und Psychotherapie

Menschen sind lernende Wesen – im günstigsten Fall bis ins hohe Alter. Besonders prägend ist dabei das Lernen von und mit konkreten Menschen: als Erziehung und Bildung, zunächst in der Familie, durch Eltern und sonstige nahe Bezugspersonen, später in der Schule oder Universität durch professionelle, ausgebildete LehrerInnen.

Neben diesen vorgegebenen kontinuierlichen Formen des Lernens in Familie und Institutionen gibt es andere helfende oder unterstützende Interaktionsformen, die vor allem dann von Bedeutung sind, wenn Schwierigkeiten oder Probleme auftauchen, mit denen wir alleine nicht fertigwerden. Wir suchen uns dann *Beratung*, die auch im alltäglichen Leben oft stattfindet – wir fragen jemanden um Rat, bitten um Hilfe bzw. um ein Gespräch in einer schwierigen Situation, wir *beraten uns* mit jemandem etc.

Auch Eltern, Lehrer oder sonstige Personen, die für den kontinuierlichen Prozeß der Erziehung bzw. Bildung zuständig sind, können als Berater in Anspruch genommen werden, daneben Freunde, Verwandte, Bekannte usw.

Wenn diese Form der Beratung nicht ausreicht oder aus irgendwelchen Gründen nicht in Anspruch genommen wird, stehen in der heutigen Zeit in zunehmendem Maße auch *professionelle BeraterInnen* zur Verfügung. Sie haben sich durch Studium, Berufsausbildung oder Fortbildungen auf einem bestimmten Gebiet eine gewisse Kompetenz erworben, die Ratsuchende in Anspruch nehmen können.

Sofern es sich um Schwierigkeiten handelt, die als ‚Krankheit' im körperlichen oder psychischen Sinne gilt, wird diese professionelle Hilfe als medizinische oder psychotherapeutische *Behandlung* (Therapie) bezeichnet.

Georg Dietrich bezeichnet diese drei Interaktionsweisen – Erziehung bzw. Bildung, Beratung und Therapie – in seinem Buch über ‚Allgemeine Beratungspsychologie' zusammenfassend als ‚Formen der Lebens- und Entwicklungshilfe' (Dietrich, 1991, 10).

Während professionell betriebene Erziehung/Bildung und Behandlung (Therapie) in unterschiedlichen Formen zu allen Zeiten und in allen Kulturen vertraut waren und sind, gilt die starke Zunahme professioneller Beratungsangebote als ein charakteristisches Zeichen des späten 20. Jahrhunderts (vgl. Nestmann, 1988, 78).

> Gerade von Philosophen wird das sehr unterschiedlich eingeschätzt – noch findet sich teilweise ein Mißtrauen gegenüber dem Beratungsbegriff, vielleicht in der Annahme, Beratung sei ‚autonomiefeindlich'[1].
> Es gibt jedoch auch andere Stimmen – z.B. ging Werner Stegmaier in seinem Eröffnungsvortrag zur Tagung ‚Der Rat als Quelle des Ethischen' davon aus, daß die vielfältigen Formen von Beratung zunehmend die Handlungsentscheidung des Ratsuchenden respektieren. Daß wir unser Leben immer mehr dem Rat anvertrauen, ist für ihn Folge von Individualisierung und Demokratisierung, einer zunehmenden gesellschaftlichen Tendenz, die Handlungs*entscheidung* dem Individuum zu überlassen und ihm – via Beratung – Handlungs*wissen* zugänglich zu machen (Stegmaier, 1993, 15 f).
> Der wachsende Beratungsbedarf und die entsprechend vermehrten Beratungsangebote lassen sich als ein positives Zeichen dafür ansehen, daß die Orientierung an autoritären Wert*vorgaben* immer mehr im Schwinden ist (seien sie religiös, politisch, sozial vermittelt oder, persönlicher, im Kontext von Kleingruppen oder Familie), so daß der Wunsch nach einer konsiliarischen Unterstützung im Prozeß der eigenständigen Handlungsentscheidung eher ein Zeichen zunehmender Autonomie als von Abhängigkeit darstellt[2].

Entsprechend gilt heute in den Fundierungsdisziplinen von Beratung (bes. Sozialpädagogik, Psychologie, aber ebenso in der seelsorgerlichen Beratung) weitgehend eine Ablehnung autoritären und manipulierenden Vorgehens z.B. im Sinne von ‚Ratschlägen'. So schreibt etwa Luitgard Brem-Gräser in ihrem 1993 erschienenen ‚Handbuch der Beratung für helfende Berufe':

> „Beratung kann und darf also kein schlichter Ratschlag sein, sondern muß, um dem Ratsuchenden das Beurteilen und Entscheiden überhaupt erst zu ermöglichen, stets auf Einsichtfördern und Begründen, soweit dies die Gesamtsituation

---

[1] Vgl. Krämer (1992, 333f.): „Die Neuzeit hat das Beratungsgespräch offenbar als autonomiefeindlich verworfen und zum Syndrom von Prinzipien/Autonomie/Urteilskraft folgerichtig auch das Beratungsverbot gesellt."

[2] Friedhelm Guttandin (1979) charakterisiert zwei Extrempole der Einschätzung von Beratung, im Sinne der Kompetenzerweiterung oder des Kompetenzentzuges. Für beide Sichtweisen lassen sich Beispiele und Hinweise finden. Sein Resümee ist, daß das Selbstverständnis der Berater und tatsächliche institutionelle und soziale Praxis durchaus auseinandergehen können. (In diesen Kontext gehört auch der Aspekt der ‚Zwangsberatung', die in dieser Hinsicht besondere Anforderungen an die beraterische Haltung stellt.)
Für die Philosophische Beratung ist zu hoffen, daß hier Theorie und Praxis in besonderer Weise die kompetenzerweiternde Funktion betonen, so daß von daher auch ein positiver Beitrag zum ‚Beratungsethos' geleistet werden kann.

zuläßt, basieren. Gerade hierin sollte sich heutiges Beraten grundlegend von dem Ratgeben einer ‚Autorität', dem der Ratsuchende häufig kritiklos und ohne Bedenken folgt, ganz offensichtlich unterscheiden" (Brem-Gräser, 1993–1, 16).

Ähnlich äußerte sich Hennis (im politischen Kontext) über die Problematik von Beratung im modernen Staat: „Das Höchste, was Beratung heute als Ziel setzen kann, ist, dem Ratsuchenden zu eigener Klarheit zu verhelfen, eine Entscheidung zu finden, mit sich selbst zu Rat zu gehen, eine Rangordnung der Ziele für sich zu setzen, ihn zum Denken, zum Nachdenken, zur Überlegung zu bringen, ihm deutlich zu machen, daß die Führung des Lebens nichts ist, was als Produkt einer einfachen Entscheidung dastehen kann, sondern was eine vorherige Reflexion voraussetzt, was ein Mitsichzurategehen zuläßt, ja fordert" (Hennis, zitiert nach Brem-Gräser, 1993–1, 30).

Vor dem Hintergrund einer solchen Auffassung von Beratung als einem wichtigen Aspekt menschlichen Kommunizierens und Lernens stellt *professionelle* Beratung eine Fortführung und Vertiefung der Alltagsform von beratendem Umgehen mit anderen Menschen dar.

> Hans Krämer betont diesen Ausgangspunkt professioneller Beratung von der alltäglichen Praxis in besonderem Maße für die Philosophische Beratung: „Dabei wird erkennbar, daß sich, wie die Praktische Philosophie insgesamt als Reflexionsstufe der alltäglichen Praxis auftritt, so speziell die philosophische Beratung an der Alltagsberatung orientiert, sowohl in ihrer Tendenz, integrativ zu beraten, d.h. der Komplexheit der Entscheidungs- und Handlungsprozesse jenseits aller einzelwissenschaftlichen Perspektiven gerecht zu werden, wie auch methodisch im Rückgriff auf praktische Rationalität, Lebenserfahrung oder Introspektion im Unterschied zu den angehobenen Methodenstandards der Wissenschaften" (Krämer, 1992, 356).

Professionelle BeraterInnen verfügen über bestimmte Fertigkeiten/Fähigkeiten, die normalerweise durch ein Studium und/oder ein Training erworben oder vertieft wurden. Besonders für die (theoretische) Grundorientierung hat hier auch die Philosophie ihren selbstverständlichen Platz; so schreibt z.B. Luitgard Brem-Gräser in dem bereits erwähnten ‚Handbuch der Beratung': „Zu den allgemeinen Grundlagen zählen psychologische, pädagogische, medizinische, philosophische und theologische Ansätze" (Brem-Gräser, 1993–1, 1).

Anwendungswissen ist jedoch nur auf der Basis konkreter Beratungserfahrung zu gewinnen, und deshalb ist eine praxisbezogene Fortbildung oder Supervision durch erfahrene Berater ein wesentliches Element für jede Ausbildung zum Berater.

Neben dem theoretischen und anwendungsbezogenen Grundlagenwissen gehören zu einer erfolgreichen beraterischen Arbeit auch bestimmte ‚menschliche Eigenschaften', kommunikative Fähigkeiten und Grundhaltungen, wie Einfühlungsvermögen, Warmherzigkeit, Akzeptierung usw. – ein Aspekt, der für den Erfolg einer Beratungspraxis von großer Bedeutung ist.

Brem-Gräser (1993, Bd. 2, 80) bezeichnet in diesem Sinne menschliche Qualitäten und ein fundiertes Grundlagenwissen als „unabdingbare Voraussetzungen

für jede beratende Tätigkeit" und listet u.a. folgende Charakteristika der ‚Beraterpersönlichkeit' auf:
„– ein bestimmtes Maß an Selbsterfahrung und Selbsterkenntnis,
– Fähigkeit zur Selbstexploration
– Kommunikations-, Interaktions- und Handlungskompetenz,
– Sensibilität für Menschen, Situationen und Krisenherde,
– Kenntnis verschiedener Formen beratender Gesprächsführung, ihrer wissenschaftlichen Wurzeln, ihrer Arbeitsweise, ihrer Ziele
– Vertrautsein mit ergänzenden Praktiken des Erlernens, Einübens, Festigens jener Verhaltensweisen, welche im Beratungsprozeß als hilfreich für den Ratsuchenden erarbeitet werden" (ebd.).

Alle diese Punkte (einschließlich des letzten[1]) bedürfen einer eingehenden Beachtung für eine zu begründende Theorie und Praxis Philosophischer Beratung.

Erziehung, Beratung und Therapie (in diesem Kontext ist insbesondere die *Psycho*therapie gemeint) stellen somit grundlegende Formen des Lernens von und mit Menschen dar. Diese drei Bereiche lassen sich durchaus klar unterscheiden (und werden auch in der fachwissenschaftlichen Diskussion zunehmend deutlich voneinander abgegrenzt), während die Gemeinsamkeiten insbesondere die theoretischen Grundannahmen betreffen – Grundhaltungen, Menschenbildannahmen etc. Trotz der möglichen und wichtigen Abgrenzung gibt es auch Überschneidungen in Anwendung und Kompetenz, und manche Ansätze versuchen, von einer übergreifenden theoretischen Basis aus Modelle und Praxisorientierungen für zwei dieser Bereiche oder alle drei zu geben.

> Von dieser theoretischen Perspektive zu trennen ist der gesellschaftspolitische und standesrechtliche Aspekt, der in verschiedenen Ländern sehr unterschiedlich gehandhabt wird und in Deutschland mit dem 1998 verabschiedeten Psychotherapeutengesetz psychotherapeutische Tätigkeit nur Ärzten und Diplompsychologen erlaubt, während z.B. in Österreich mit dem eigenständigen Berufsstand des Psychotherapeuten ein ganz anderer Weg eingeschlagen worden ist. Brem-Gräser weist darauf hin, daß die jeweiligen Verordnungen für die betroffenen Berufsgruppen oft unbefriedigend sind und erinnert dabei „an offene und schwelende Machtkämpfe zwischen Ärzten, Psychologen und anderen helfend Tätigen, ebenso wie an das umstrittene Heilpraktikergesetz ... Bei all diesen Querelen spielen sicherlich außer fachlichen Gründen Einstufungsgesichtspunkte, Honorarberechnungen bzw. kassenrechtliche Anerkennung eine nicht unwesentliche Rolle" (Brem-Gräser, 1993, Bd. 2, 11).

Sollen die Gemeinsamkeiten dieser drei Interaktionsformen akzentuiert werden, scheint es sinnvoll, dies auf einer eher allgemeinen Ebene zu tun, in der es z.B.

---

[1] Vgl. dazu Krämer, in seiner ‚Integrativen Ethik' (1992, 80): „Ohne Prozesse der Gewöhnung und Einübung sind bestimmte höherstufige Handlungstypen gar nicht realisierbar, die ihrerseits die Verwirklichung von Dauerzielen bedingen." Ähnlich später, im Kapitel über ‚Anwendung und Beratung': „Moralische Einstellungen und andererseits Lebenstechniken sind ohne Wiederholungs- und Übungsmomente und entsprechenden Aufwand weder zu erwerben noch zu konservieren, eine Einsicht der älteren Ethik (vgl. Rabbow, Hadot, danach Foucault), die in der Neuzeit die Emanzipation der Profanethik von der Moraltheologie noch weniger als die Beratungsdimension überstanden hat" (ebd., 330f.).

um Grundhaltungen und kommunikative Kompetenzen geht, sowie um die allgemeine Abhängigkeit jedes pädagogischen, beraterischen oder therapeutischen Verhaltens von der jeweiligen theoretischen und praktischen Orientierung und Ausbildung.

> Brem-Gräser nennt folgende vier Aspekte als Gemeinsamkeit pädagogischen, beraterischen und therapeutischen Handelns:
> „1. Erziehung, Beratung und Psychotherapie sind Interaktionen, in denen sich ein sozialsanktionierter Helfer (Helfergruppe) mit einem Lernenden, Ratsuchenden, Leidenden ... in einem anleitenden, helfenden, heilenden Prozeß befindet.
> 2. Die Orte dieser Begegnungen sind gesellschaftlich als Stätten des Lernens, Beratens, Heilens anerkannt.
> 3. Die Lehr-, Beratungs- Therapietätigkeiten beruhen in der Regel auf bestimmten Theorien oder Mythen ...
> 4. Die jeweilige Theorie bestimmt weitgehend die Anwendungsverfahren" (Brem-Gräser, 1993, Bd. 2, 5).

Gerade der letzte Punkt ist von besonderer Bedeutung und gilt für alle Arten des Lehrens, Helfens oder Heilens, auch für die Alltagsformen nicht-professioneller Beratung. Sofern die Theorie einer spezifischen therapeutischen oder beraterischen Tätigkeit nicht explizit vorgelegt wird, ist sie in ihrer dann impliziten Form nicht reflektiert und zudem schwer kritisierbar, da sie nicht öffentlich gemacht wird.

Auch wenn manche Philosophische Praktiker den Begriff der ‚Professionalität' eher negativ ‚besetzt' haben, scheint es vor diesem Hintergrund doch angemessen, Philosophische Beratung als eine Form professioneller Beratung (neben anderen) zu bezeichnen und zu etablieren. Die Professionalität des Philosophischen Beraters ergibt sich einmal durch dessen philosophische Qualifikation (in der Regel ein Studium der Philosophie mit entsprechendem Abschluß) sowie durch zusätzlichen Erwerb praktisch-beraterischer Fähigkeiten, z.B. durch eine Weiterbildung im Kontext Philosophischer Beratung – diese gibt es allerdings kaum – oder in anderen Disziplinen wie z.B. psychologisch fundierter Beratung oder Gesprächsführung.

So ist für Luitgard Brem-Gräser bei ihrem ‚Allgemeinen Vergleich zwischen Beratung und Therapie' „trotz unscharfer Grenzen zwischen Beratung und Therapie eine als Akzentuierung gedachte Unterscheidung nicht nur möglich, sondern geboten" (Brem-Gräser, 1993, Bd. 2, 1). Zentrales Anliegen ihres Buches ist es, zwei als ‚Fakten' bezeichnete Aussagen zu verdeutlichen:

> „erstens: Beratung ist eine eigenständige Hilfe-Form mit spezifischen Möglichkeiten und Grenzen;
> zweitens: Beratung kann mit einer entsprechenden Grundausbildung (z.B. in Psychologie, Pädagogik, Medizin, Sozialarbeit/-pädagogik, Theologie etc.) verantwortlich geleistet werden" (ebd.).[1]

---

[1] Hier fehlt die Erwähnung der Philosophie; im ersten Band ihres dreibändigen Handbuches beschreibt sie jedoch ausführlich vier ‚Quellgebiete' der Beratungstheorien, und zwar Psychologie, Medizin, Philosophie und Theologie.

Diese Aussagen sind Beispiel dafür, daß in den letzten Jahren BeraterInnen in Praxis und Theorie zunehmend selbstbewußt auftreten – Beratung gilt immer mehr als eigenständiges, von Psychotherapie unterschiedenes Tätigkeitsfeld.

Dieser Abgrenzung von seiten der Berater entspricht bei der Psychotherapie eine immer deutlichere Herausarbeitung spezifischer Interventionsformen für klar benannte Störungsbilder.

Das Verhältnis dieser drei ‚Lehr- bzw. Lernsituationen' – Erziehung, Beratung, Therapie – hat Georg Dietrich so charakterisiert, daß die Beratung einen mittleren Bereich darstellt, der sich einmal mehr der Erziehung, ein anderes mal mehr der Therapie zuneigt.

> „Der Ort der Beratung im Gesamtkontext helfender Bemühungen kann mit einer gewissen Berechtigung ‚zwischen' Erziehung und Therapie gesehen werden. Beratung kann sich von dieser Mitte-Lage aus in Zielsetzung und Durchführung einmal mehr der Erziehung und einmal mehr der Therapie annähern. Insofern könnte man innerhalb der Beratung zwischen einer mehr ‚edukativen' und einer mehr ‚therapeutischen' Version unterscheiden" (Dietrich, 1991, 15f.).

Damit wird der Tatsache Rechnung getragen, daß in einem Einzelfall die Abgrenzung, ob eher Beratung oder Psychotherapie angezeigt ist, schwierig sein mag. Die Tätigkeiten des Beraters, des Psychotherapeuten und des Pädagogen oder Lehrers ergänzen sich in diesem Modell, wobei einerseits Überlappungen möglich sind, aber auch Mehrfachkompetenzen. (Viele Philosophische Praktiker arbeiten zum Beispiel als Berater wie als Lehrer oder Dozenten, indem sie etwa Seminare mit philosophischen Themen anbieten.)

> Hans Krämer weist auf die große Bedeutung interdisziplinärer Kooperation hin, die z.B. heute in Beratungsstellen bereits die Regel darstellt, einem Arbeitsfeld, in dem Philosophen durchaus einen wichtigen Platz einnehmen könnten. Krämer schreibt: „Von besonderer Bedeutung für ein optimales Funktionieren des Systems [beratender Instanzen] ist die der zentrifugalen Spezialisierung entgegenwirkende Kombination verschiedener Kompetenzen, sei es in Verhältnissen interdisziplinärer Kooperation oder gar Kollegialität, sei es in der Form von Mehrfachkompetenzen, die bei einem einzelnen Berater in Personalunion verbunden sind" (Krämer, 1995, 359).

Vor diesem Hintergrund erscheint die Abgrenzung Philosophischer Beratung zur Psychotherapie oder zu anderen Beratungsformen sekundär – sie hat in der bisherigen Dikussion zur Philosophischen Beratung relativ viel Raum eingenommen. Wichtiger ist die positive Bestimmung Philosophischer Beratung – was sie leisten kann, auf welchen Grundlagen und Prinzipien sie beruht.

Für viele wird es eher überraschend klingen, daß Philosophen glauben, sie seien für Beratung besonders gut geeignet. Schleiermacher beklagte, daß der Philosoph an der Hermeneutik wenig interessiert ist, „weil er selten verstehen will, selbst aber glaubt, notwendig verstanden zu werden" (Schleiermacher, Frank 75).

(Die Darstellung der ‚philosophischen Fundierung', S. 121–131, stützt sich fast ausschließlich auf den Ansatz von G. Achenbach, den sie referiert und kritisch kommentiert.)

Husserl soll einmal zu einem Studenten gesagt haben: „Sprechen Sie langsam! Sie müssen wissen, daß es mir schwer ist, mich in die Gedankengänge anderer hineinzuversetzen" (Sepp, 1988, 41).

Wenn Philosophen mit ‚Aussagen' anderer Menschen umgehen, dann handelt es sich hauptsächlich um – meist schriftlich vorliegende – Texte von Philosophen. Beratung dagegen hat mit realen Problemen wirklicher Menschen zu tun, und zwar ‚gewöhnlicher' Menschen, und an deren Fragen und Problemen sind Philosophen oft nur mit Einschränkungen interessiert bzw. eher in abstrakter, formaler Weise.

Natürlich wissen Philosophische Praktiker das und klagen deshalb teilweise die (akademische) Philosophie wegen ihres fehlenden Alltagsbezugs an. Etwas überspitzt ließe sich sagen, daß manche Philosophischen Praktiker beim Versuch kritisierender Abgrenzung an zwei Fronten kämpfen – einmal gegen Psychotherapeuten, die ihren Patient(inn)en ein diagnostisches und therapeutisches System aufzwingen, zum anderen gegen die akademischen Philosophen, die die Probleme des täglichen Lebens übersehen und damit natürlich auch die besonderen Anliegen der Philosophischen Praktiker. Auf diese Weise wurde für Kritisieren und Abgrenzen viel Energie aufgewendet.

Wenn statt dessen Philosophische Praxis als ein spezifisches Angebot im Gesamtkontext der Lehr- und Lernangebote von Bildung, Beratung und Therapie angesehen wird, dann umfaßt die Tätigkeitsform der Philosophischen Praktiker in der Regel Bildung und Beratung.

Philosophische Beratung läßt sich somit als professionelle Tätigkeit philosophisch geschulter Berater bezeichnen und zum Gesamt beraterischer Tätigkeiten in bezug setzen.

Entsprechend den eingangs erwähnten Besonderheiten der Philosophie richtet sich die konkrete Ausarbeitung der Antwort auf die Frage, was Philosophische Beratung sei, nach dem jeweiligen Grundverständnis von Philosophie und der vorliegenden Theorie der Beratung. Auch wenn viele Philosophische Praktiker betonen, daß sie sich keiner bestimmten philosophischen Richtung zugehörig fühlen und daß sie einer übergreifenden Theorie der Beratung eher ablehnend gegenüberstehen, gilt doch auch für sie, daß sie ein individuelles, persönliches Verständnis von Philosophie haben, das explizierbar ist, und eine handlungsleitende Theorie ihrer Beratungstätigkeit, auch wenn diese nur implizit zugrundeliegt.

Exkurs: Psychotherapiekritik philosophischer BeraterInnen

Wie erwähnt, war – vor allem in der Anfangszeit der Philosophischen Praxis – teilweise die Kritik an der Psychotherapie ein wichtiger Ausgangspunkt. Diese Art der Selbstdarstellung durch negative Abgrenzung und Kritik ist verschiedentlich als ungünstig und unzureichend bezeichnet worden, auch von Philosophischen Praktikern selbst – für Ran Lahav (1994) ist das Bild, das manche Praktiker vom Psychotherapeuten entwerfen, eine verzerrte Karikatur.

Lahav versucht, die Motivation dieser Art der Kritik zu erhellen und sieht einmal das Bedürfnis der Philosophen, angesichts der ‚Macht' der Psychotherapie bzw. Psychologie einen Platz zu finden, für ihn geschieht das jedoch vielfach auf eine rechtfertigende und zugleich überhebliche Art und Weise (Lahav, 1994, 32).

Charakteristisch ist, daß vornehmlich die Psychoanalyse – in ihrer klassischen Form – als Gegenstand der Kritik dient. So wird häufig ‚Psychotherapie' gesagt und ‚Psychoanalyse' gemeint und kritisiert. Unberücksichtigt bleibt dabei meist, daß die Psychoanalyse seit vielen Jahrzehnten kritisiert wird[1], wobei in diesem Zusammenhang besonders die seit den fünfziger Jahren geäußerte Kritik von Psychologen und Psychotherapeuten von Bedeutung ist, die sich als Teil einer ‚Gegenbewegung' zu den damals dominierenden psychologischen bzw. pschotherapeutischen Schulen verstanden, der Psychoanalyse sowie der Verhaltenstherapie (mit ihrer damaligen behavioristisch-positivistischen Ausrichtung).

Diese – durchaus unterschiedlichen – kritischen Stimmen, Entwürfe und Ansätze fanden Anfang der 60er Jahre (auf Initiative besonders von Anthony J. Sutich und Abraham H. Maslow) einen Namen und (seit 1961) mit einer entsprechend benannten Zeitschrift auch eine Artikulationsmöglichkeit als ‚Humanistische Psychologie', die von Maslow als ‚Dritte Kraft' gegenüber den beiden dominanten Strömungen bezeichnet wurde[2].

Viele der hier beteiligten Persönlichkeiten waren stark von philosophischen Autoren beeinflußt, einige bezeichneten sich als ‚Existentielle Psychotherapeuten' und bezogen sich z.B. auf Kierkegaard, Nietzsche, Heidegger, Sartre, Camus, Buber, Tillich, Ortega y Gasset usw. (May, 1958, Yalom, 1980).

In vielen Aspekten wiederholt die Kritik mancher Philosophischer Praktiker an der Psychotherapie diese philosophisch ‚inspirierte' oder beinflußte Kritik durch Psychotherapeuten bzw. Berater, z.B. am Krankheitsmodell, diagnostizierenden Kategorisierungen usw. Auch die Ablehnung einer strikten Unterscheidung von Psychotherapie und Beratung (vor dem Hintergrund der Infragestellung des Krankheitsbegriffs) stellt eine Charakteristik der damaligen Kritik dar, und sie wird heute von manchen Philosophischen Beratern in ähnlicher Weise vertreten.

Die Kritik der Vertreter der ‚dritten Kraft' ließe sich aus der gegenwärtigen Perspektive eher als ‚philosophisch' denn als ‚psychologisch' charakterisieren: sie richtete sich in besonderem Maße auf Grundhaltungen, unhinterfragte anthropologische Vorannahmen, ein mechanistisches Menschenbild (das trotz scheinbarer Gegenätzlichkeit den damaligen Formen sowohl der Psychoanalyse wie der

---

[1] Interessante neuere kritische Arbeiten sind z.B. die von Manfred Pohlen und Margarethe Bautz-Holzherr, 1995 (Psychoanalyse – das Ende einer Deutungsmacht) oder empirische Untersuchungen bestimmter psychoanalytischer Konzepte, wobei sich etwa die als ‚Ödipus-Komplex' bezeichneten Beziehungsmuster als besondere (und eher seltene) Form gestörter Familienkonstellationen erweisen (Greve/Roos, 1996: Der Untergang des Ödipus-Komplexes: Argumente gegen einen Mythos).

[2] Vgl. dazu die Darstellungen von Goble (1970) oder Quitmann (1991). Auch die Monographie von Peter Paulus über ‚Selbstverwirklichung und psychische Gesundheit' (Paulus, 1994) ist unter diesem Aspekt informativ.

Verhaltenstherapie zugrundelag), das Fehlen vertieften, empathischen Verstehens, Ausrichtung an festgefügten Konzepten und starren theoretischen Orientierungen usw.

Vor diesem Hintergrund wurden theoretische und praxisbezogene Alternativen entwickelt, wobei die verschiedenen Ansätze von Beratung und Psychotherapie besonders solche ‚Wirkfaktoren' aktualisierten, die in den damals dominanten Psychotherapieformen kaum realisiert wurden, vor allem (in der Terminologie von Grawe) Ressourcenaktivierung und Klärung, die zentrale therapeutische Faktoren darstellen[1].

Viele Grundaussagen der Humanistischen Psychologie haben sich inzwischen durchgesetzt; die ‚kognitive Wende', d.h. die Aufgabe des behavioristischen Forschungsansatzes in der Psychologie, wurde wesentlich mit durch die Beiträge der Humanistischen Psychologen herbeigeführt. Im psychotherapeutischen Kontext hat z.B. sowohl die Verhaltenstherapie wie auch die Psychoanalyse die therapeutischen Basishaltungen (wie sie insbesondere im klientenzentrierten Kontext nach Carl Rogers herausgearbeitet wurden) zumindest ansatzweise akzeptiert und aufgenommen[2].

Aufgrund der ‚paradigmatischen' Wende in der Psychologie wurden in den letzten 10–20 Jahren so grundlegend neue Ergebnisse in der allgemeinpsychologischen Grundlagenforschung sowie der Klinischen Psychologie und Psychotherapieforschung vorgelegt, daß ein in vieler Hinsicht neues Verständnis ‚dysfunktionaler' Zustände möglich wurde. Vor diesem Hintergrund geht die Entwicklung der (psychologisch fundierten) Psychotherapie deutlich in die Richtung eines integrativen Ansatzes, in dem vor dem Hintergrund eines übergreifenden klinisch-psychologischen Rahmens vielfältige Techniken und Behandlungsansätze eingesetzt werden können[3].

So befindet sich die Psychotherapie in einer intensiven Phase der Neuorientie-

---

[1] Grawe (1994, 1996) nennt folgende vier zentrale Wirkfaktoren, die er aus vielen empirischen Untersuchungen herauskristallisiert hat:
1. Aktive Hilfe zur Problembewältigung
2. Klärung oder Klärungsarbeit
3. Problemaktualisierung oder ‚Prinzip der realen Erfahrung'
4. Ressourcenaktivierung.

[2] Für die Psychoanalyse vgl. etwa Loch: „Diese drei Einstellungen [Echtheit, empathische Einfühlung, bedingungslose Annahme nach Rogers] ... ist auch unseres Erachtens eine für den Berater unabdingbare, ist notwendige Voraussetzung dafür, daß der Klient-Patient den Mut findet, Vorbewußtes und vor allem dynamisch Verdrängtes, Abgespaltenes ins Bewußtsein, in die Interaktion zwischen ihm und dem Berater einfließen zu lassen, denn durch diese Haltung und in dieser Haltung des Beraters fühlt er sich angenommen, beschützt, gehalten und anerkannt" (Loch, 1986, 158).
Für die Verhaltenstherapie: „Wir gehen davon aus, daß Verhaltenstherapeuten die sog. therapeutischen Basisvariablen in hohem Ausmaß verwirklichen sollten, um den therapeutischen Prozeß für den Klienten so effektiv wie möglich zu gestalten. In der Gesprächspsychotherapie gelten als wesentliche Therapeutenvariablen [...] Die Basisfertigkeiten Wertschätzung, Selbstkongruenz, Empathie und Planung/Strukturierung sind Grundlagen jedes verhaltenstherapeutischen Handelns (Hahlweg, 1982, 82f.).

[3] Vgl. z.B. den Ansatz von Klaus Grawe, den er ‚Psychologische Therapie' nennt (Grawe, 1998).

rung, an der insbesondere die psychologischen Psychotherapeuten aktiven Anteil haben. Insofern können Philosophen die innerhalb der Psychologie und Psychotherapie selbst stattfindende Diskussion allenfalls unterstützen und ergänzen, gerade auch unter dem Aspekt der zunehmend geäußerten Kritik an der traditionellen Ausbildungsform der Psychotherapie in ‚Schulen'.

Gerade dadurch, daß die neuen psychologisch-psychotherapeutischen Ansätze in ihrer Zielsetzung wesentlich pragmatischer, dadurch effektiver und zugleich bescheidener sind, als es etwa die ältere Psychoanalyse war, lassen sie sich auf diese Weise gut in ein umfassenderes Bild einordnen – so formulierte etwa Hans Krämer, daß in der Psychotherapie die eigentliche Beratungsdimension meist fehlt; es geht im Umgang mit ‚dysfunktionalen' Prozessen darum, überhaupt die Möglichkeiten „zur prinzipiellen Selbst- und Identitätsfindung" wieder herzustellen, die dann z.B. im Kontext Philosophischer Beratung begleitet werden könnte (Krämer, 1992, 211). Therapie setzt da an, „wo Beratung nicht zureicht oder erst die Voraussetzungen sinnvoller Beratung zu schaffen sind" (ebd. 345). Entsprechend ließe sich das von Krämer geforderte ‚arbeitsteilige Komplementärverhältnis' zwischen Psychotherapie und Beratung konzipieren (ebd. 210). Zugleich könnten sich Philosophen aktiver an der weiteren Diskussion philosophischer Grundlagen der Psychotherapie beteiligen, die von Psychotherapeuten zunehmend Beachtung finden, etwa im Sinne anthropologischer Grundannahmen.

Noch auf zwei gelegentlich geäußerte Kritikpunkte Philosophischer Berater an der Psychotherapie soll hier eingegangen werden.

Zum einen wird die Befürchtung geäußert, die ‚Beseitigung' von Symptomen könne philosophisch relevante Motivationen oder Impulse zum Verschwinden bringen. Dieser Einwand, der an frühere Argumente Existentieller Therapeuten erinnert, wirkt teilweise wie eine ‚Heroisierung der Symptome' (bzw. der ‚Krankheit'). Gemeint ist wohl eher, daß ‚Schmerz' eine tiefe menschliche Grunderfahrung darstellt und die Möglichkeit eines existentiellen Wendepunktes in sich bergen kann. Seelischer Schmerz ist jedoch per se kein ‚dysfunktionaler Prozeß', und deshalb wird keine ernstzunehmende Psychotherapie die Eliminierung seelischen Schmerzes zum Ziel haben, wie es von manchen Philosophischen Praktikern angenommen wird; im Gegenteil wird etwa bei Depressionen unter anderem die Wiedergewinnung der Möglichkeit zu trauern oder in anderer Weise psychischen Schmerz zu erleben, mit als Therapieziel benannt.

> Wird terminologisch Schmerz und Leid unterschieden, läßt sich das hier wohl Gemeinte verdeutlichen – ‚Schmerz' kann dann als Grundgegebenheit der *conditio humana* verstanden werden, und er wird jedem Menschen immer wieder auf den Weg gelegt, während ‚Leid' in dieser Unterscheidung als ‚selbst hervorgebrachtes Leiden' charakterisiert ist (‚erzeugt' durch Befürchtungen, unangemessene gedankliche Verarbeitung von Erfahrungen usw.). Diese Art des ‚Leidens' kann durch Erfassen und Bewußtmachen der ungünstigen Abläufe verändert werden.

> Schmerz und Leid sind häufig vermengt, doch verdeckt das ‚Leiden' den ange-

messenen Schmerz dann eher, und wenn es abnimmt, kann u.U. der eigentliche Schmerz noch einmal (bzw. zum ersten Mal) intensiv und in der angemessenen Tiefe des Erlebens empfunden werden. Schmerz ist jedoch endlich, er kommt, und er klingt auch wieder ab, während ‚Leiden' in diesem Sinne ‚endlos' sein kann, da ständig neu reproduzierbar.

Ein weiterer Aspekt betrifft die Kritik am medizinischen Modell bzw. dem Krankheitsbegriff für psychische Störungen oder ‚dysfunktionale' Prozesse, die von manchen Philosophischen Praktikern geäußert wird. Auch die hier vorgebrachten Argumente richten sich eher gegen die ältere psychiatrisch-psychoanalytische Diagnostik und werden den heutigen Gegebenheiten nicht gerecht.

Es wird befürchtet, daß Klienten/Patienten abgestempelt und ‚ausgegrenzt' werden, indem man sie als ‚krank' bezeichnet, zumal der Gesundheitsbegriff eher durch das Fehlen von Krankheit definiert sei, also keine positive Bestimmung habe[1].

Die heutigen Formen der Diagnostik im Kontext der Klinischen Psychologie stellen demgegenüber eher eine differenzierte Beschreibung von (belastenden, dysfunktionalen) psychischen Prozessen dar; es wird nicht von einer Dichotomie gesund/krank ausgegangen, mit festen Grenzen, sondern die Merkmale werden als Kontinuum angesehen, mit Ausprägungen, die auch im ‚gesunden' Bereich in ‚milder Form' vorliegen bzw. vereinzelt auftreten können, so daß die Bezeichnung ‚krank' eine mehr pragmatische Aussage über die Intensität und/oder Häufigkeit des Auftretens darstellt[2]. Zugleich wird damit die Behandlung dieser ‚dysfunktionalen Prozesse' als sinnvoll und notwendig eingestuft und gegenüber den Krankenkassen die Bezahlung durch die Solidargemeinschaft der Mitglieder gerechtfertigt.

---

[1] Die im Kontext der Humanistischen Psychologie begonnenen Versuche, zu einer positiven Bestimmung ‚psychischer Gesundheit' zu kommen, haben sich inzwischen zu einer ausgearbeiteten ‚Psychologie der Gesundheit' fortentwickelt. Vgl. z.B. Peter Becker: Psychologie der seelischen Gesundheit (Becker, 1982), der auch philosophische Theorien der Gesundheit referiert, sowie Peter Paulus: Selbstverwirklichung und psychische Gesundheit (Paulus, 1994).

[2] Ein Beispiel: Rainer Sachse schreibt in seinem Buch über ‚Persönlichkeitsstörungen', daß er diese als Beziehungsstörungen auffaßt, und nicht, wie der tradierte Name nahelegen könnte, als eine Störung der ‚Persönlichkeit'. Zugleich geht er von der Annahme aus, „daß die Arten von Beziehungsgestaltung, die in extremer Form zu sog. ‚Persönlichkeitsstörungen' führen, in milderer Art universelle Umgangsformen sind: Es gibt also keine dichotome Abgrenzung von ‚normal' zu ‚gestört', sondern fließende Übergänge" (Sachse, 1997, 14).
Er betont auch, daß für den Psychotherapeuten diagnostische Kriterien vornehmlich als ‚therapeutische Leitheuristik' dienen, also keine ‚Pathologisierung' bedeuten. „Sind bestimmte diagnostische Kriterien erfüllt, dann bedeutet das, daß bestimmte Arten von Interaktionsproblemen beim Klienten vorliegen können" (ebd. 15). Solche Merkmale dürfen vom Therapeuten nicht übersehen werden, weil das auf die Art des therapeutischen Umgehens Auswirkungen hat.
Sachse gibt eine pragmatische Definition, wann man von einer Störung sprechen kann – und zwar dann, wenn die realisierten Interaktionsmuster der betreffenden Person mehr schaden als nutzen. Ein fester Punkt, von dem an man von ‚pathologisch' sprechen kann, sei nicht bestimmbar – „eine solche Klassifikation zerlegt ein Kontinuum in ein dichotomes Muster; die Kriterien sind willkürlich" (ebd., 15).

Roger Paden hat in seinem Vortrag bei der 3. Internationalen Konferenz für Philosophische Praxis in New York (Paden, 1997) auf diesen wichtigen Aspekt hingewiesen und betont, daß keine Psychotherapieform auf Dauer ohne Anerkennung durch die Krankenkassen auskommen kann[1]. Paden sieht deshalb die deutliche Unterscheidung von Psychotherapie und Beratung (d.h. die Abgrenzung der Beratung gegenüber der Psychotherapie, deren Aufgabe der Umgang mit psychischen Störungen ist) als eine sinnvolle und wichtige Orientierung, gerade auch für die sich entwickelnde Philosophische Beratung.

Zugleich gilt es zu beachten, daß ein Akzeptieren der persönlichen Symptome als ‚dysfunktionale psychische Zustände mit Krankheitswert' vielfach eine Einsicht darstellt, die eine psychotherapeutische Behandlung überhaupt erst ermöglicht. Menschen mit starken psychischen Störungen halten sich vielfach für psychisch gesund bzw. normal und suchen die ‚Schuld' für ihre Schwierigkeiten ‚außen' (‚Opferhaltung'), oder sie bemühen sich, körperliche ‚Erklärungen' zu finden[2].
In diesem Sinne spiegelt sich in solchen Argumenten von Philosophen das gängige Vorurteil, das Menschen daran hindert, sich psychotherapeutisch behandeln zu lassen, weil sie Angst haben, als ‚verrückt' abgestempelt zu werden. Damit sind solche Äußerungen nicht nur unangemessen (weil dem gegenwärtigen Stand

---

[1] Ein deutliches Beispiel dafür bietet die Gesprächspsychotherapie (klientenzentrierte Psychotherapie, begründet von Carl Rogers), die in Deutschland trotz mehrfacher Versuche bisher keine Anerkennung als psychotherapeutisches Richtlinienverfahren im Sinne der KV (Kassenärztlichen Vereinigung) erreichen konnte – die Schwierigkeit, eine angemessene Störungslehre (Krankheitslehre) zu entwickeln, bot entscheidenden Ansatzpunkt für die (natürlich auch interessensgeleitete) Ablehnung. Die Existenz der Gesprächspsychotherapie als eigenständiger Behandlungsform ist dadurch (jedenfalls in Deutschland) stark in Frage gestellt, zumal wesentliche Elemente des klientenzentrierten Ansatzes von den bisher als Richtlinienverfahren zugelassenen Methoden (Psychoanalyse, tiefenpsychologisch fundierte Verfahren und Verhaltenstherapie) übernommen worden sind.
Dies ist ein paradoxes Beispiel dafür, daß einerseits die Grenzen zwischen den Therapieschulen durchlässiger werden, dies aber andererseits zum Ausbau und Erhalt der dominanten Stellung der bisher anerkannten Verfahren verwendet werden kann.

[2] Hier sind besonders die sog. Persönlichkeitsstörungen zu nennen, die heute in wesentlichen Aspekten als Störungen im intrapersonalen Bereich – als unzureichende Integration bis zum Extremfall der Dissoziation – und interpersonalen (als Interaktionsstörung) verstanden werden (vgl. dazu: Rainer Sachse: Persönlichkeitsstörungen. Psychotherapie dysfunktionaler Interaktionsstile [Sachse, 1997]).
Viele Vorurteile gegen die Psychotherapie entstammen den Schwierigkeiten des Umgehens mit solchen Personen, mit denen auch erfahrene Psychotherapeuten häufig nicht zurechtkommen. Erst in den letzten Jahren hat sich hier ein neues Verständnis und angemesseneres therapeutisches Vorgehen herausgebildet. Philosophische Berater, die von solchen Menschen durchaus aufgesucht werden können (sie haben oft eine ‚unendliche Therapiegeschichte'), wären mit den dabei auftretenden Interaktionsproblemen ebenso überfordert wie viele Psychotherapeuten ohne angemessene diagnostische und therapeutische Mittel und Erfahrungen.
Die etwas unglückliche Bezeichnung ‚Borderline-Fall' für eine Untergruppe der sog. Persönlichkeitsstörungen spiegelt die frühere Schwierigkeit wider, solche Menschen diagnostisch zu erfassen – damit ist gemeint, daß sie sich in einem Grenzbereich der (klassischen) diagnostischen Kriterien befinden und wechselnd als ‚psychotisch' oder ‚neurotisch' bezeichnet werden könnten. Heute werden diese unterschiedlichen ‚Gesichter' als diagnostische Kriterien mit berücksichtigt.
(Eine ausdifferenzierte Therapiekonzeption für die Borderline-Persönlichkeitsstörung bietet Marsha M. Linehan, 1996/a).

der Diagnostik und Psychotherapie nicht entsprechend), sie sind auch gefährlich, da durch sie bestehende Vorurteile gegen Psychotherapie bekräftigt werden.

Wenn die Diagnose einer ‚psychischen Störung' ohne Stigmatisierung als solche akzeptiert werden kann, hat das vielfach entlastende und zugleich motivierende und aktivierende Wirkungen. Kritik an einem differenzierten, diagnostisch fundierten ‚Krankheitsbegriff', der in ein angemessenes therapeutisches Angebot ‚eingebunden' ist, wäre ethisch nur vertretbar, wenn sie mit einem konkreten Alternativangebot verbunden wäre. Dazu sind Berater ohne psychotherapeutische Zusatzausbildung jedoch nicht in der Lage.

So kann Philosophische Beratung als Alternative zur Psychotherapie[1] nur für solche Menschen bezeichnet werden, die nicht wirklich therapeutische Behandlung benötigen, sondern die sich im Grenzbereich der Zuständigkeit von Psychotherapeut und Berater befinden.

Es wäre gut, wenn hier ein Konsens unter den Philosophischen Praktikern erzielt werden könnte, denn dieser Punkt erschwert die Glaubwürdigkeit ihres beraterischen Ansatzes. So mahnt z.B. Dieter Henrich in einem Interview durch die Redaktion der ‚Zeitschrift für Philosophische Praxis': „Es sollte aber niemand denken, diese Praxis könne mit der Praxis im engeren Sinne psycho-therapeutischer Verfahren konkurrrieren. Es gibt nämlich Störungen im Lebensprozeß, die aus Ursachen kommen, welche der Philosoph mit keiner seiner Aufklärungen wegarbeiten kann. Als Philosoph hat er auch nicht eine besondere Kompetenz, sie zu verstehen" (Henrich, 1995, 9).

Umgekehrt gibt es auch Psychotherapeuten, die sich etwa eine Form der ‚Lebensberatung' ganz selbstverständlich ebenfalls zutrauen, womit sie häufig ihre Kompetenz ebenso überschreiten wie Berater, die glauben, Psychotherapie sei überflüssig und müsse durch Beratung oder Selbsthilfe ersetzt werden. Philosophische Berater werden – in ihren Konzepten ebenso wie in der konsiliarischen Tätigkeit – allerdings erweisen müssen, daß sie für bestimmte Fragen, wie etwa den Umgang mit Sinnfragen, existentiellen Problemen, Wertfragen usw. die besonders geeigneten Ansprechpartner sind, während früher, in Ermangelung von Alternativen, gewisse Psychotherapierichtungen[2] häufig die einzigen Möglichkeiten bereitstellten, wenn sich Menschen mit solchen Fragen und Problemen an einen professionellen Gesprächspartner wenden wollten.

Die Anerkennung der Psychotherapie – in ihren besten Formen – als Behandlung dysfunktionaler psychischer Prozesse mit Krankheitswert[3] sollte deshalb die

---

[1] ‚Philosophische Praxis als Alternative zu Psychotherapie und Seelsorge' lautet der Titel eines Vortrags, den Gerd B. Achenbach beim 10. Kolloquium der GPP, 1995, in Hannover hielt.

[2] Hierzu gehören neben der Logotherapie und den verschiedenen Varianten Existentieller Psychotherapie auch solche, die sich an einem spirituellen Menschenbild orientieren, etwa die ‚Initatische Therapie' nach Dürckheim (Müller, 1981) oder die von Adrian van Kaam entwickelte ‚Transzendenztherapie' (Kaam, 1983).
Auch die Ende der 60er Jahre entstandene Richtung der ‚Transpersonalen Psychologie und Psychotherapie' ist hier von Bedeutung (vgl. dazu die näheren Ausführungen in Kap. 3.6., S. 293, Anm. 1.)

[3] Die definierende Formulierung des 1998 verabschiedeten deutschen Psychotherapiegesetzes lautet: „Ausübung von Psychotherapie im Sinne dieses Gesetzes ist jede mittels wissen-

Grundlage der Abgrenzung (Philosophischer) Beratung zur Psychotherapie sein, wobei ‚krank' im hier beschriebenen pragmatischen Sinn verstanden wird, als jeweils neu festzulegender Orientierungspunkt auf einem Kontinuum. Damit ist zugleich die Abgrenzung zwischen Psychotherapie und Beratung – gleich welchen Fundierungshintergrundes – an ein solch flexibles und jeweils einzuschätzendes Kriterium gebunden. Jeder Berater muß im konkreten Fall entscheiden, ob die Eigenheiten oder Eigenarten eines Klienten, der ihn zur Beratung aufsucht, den Rahmen seiner Beratungskompetenz übersteigen, so daß eine psychotherapeutische Behandlung empfohlen werden muß. Das liegt im Interesse sowohl des Klienten wie des Beraters, und nicht nur, weil im Falle einer eklatanten Fehleinschätzung juristische Folgen möglich sind. Zugleich wird deutlich, daß die Durchführung von Beratung ohne minimale Kenntnisse klinisch-psychologischer Diagnostik und ein Wissen um spezifische therapeutische Ansätze kritisch ist.

Auch wenn in Einzelfällen gute Beratung bessere therapeutische Wirkungen erzielen mag als es etwa bei einer durchgeführten (schlechten) Psychotherapie der Fall war, eignen sich solche Fälle dennoch nicht als Ausgangspunkt für eine Abgrenzung von Psychotherapie und Beratung. In ihren besten Erscheinungsformen sind Berater und Psychotherapeut keine Konkurrenten, sondern ihre Tätigkeiten ergänzen sich, bei teilweiser Überlappung der Kompetenzen in bestimmten Fällen. Nur was diesen Überlappungsbereich angeht, gibt es auch mögliche Konkurrenz, so daß unter diesem Gesichtspunkt von einem ‚dialektischen Verhältnis von Kooperation und Konkurrenz' gesprochen werden kann, wie Achenbach es formulierte (1984, 84).

3. Eine vorläufige Konzeption Philosophischer Beratung als Modifikation des Selbst- und Weltbezugs

Philosophie hat zwei Aspekte – sie wird als Systematische Philosophie sowie als Geschichte der Philosophie betrieben.

– Als ‚Systematiker' tragen Philosoph(inn)en im Kontext der philosophischen Disziplinen und Fragestellungen zum jeweils aktuellen philosophischen Diskurs bei (soweit zugänglich unter Einbeziehung relevanter empirisch-wissenschaftlicher Ergebnisse). Hintergrund der jeweiligen Argumentation ist dabei immer die eigene Weltsicht, die auf bestimmten Grundannahmen beruht, auch wenn diese in der heutigen Zeit von Philosoph(inn)en nur noch selten in einer umfassend-systematischen Form vorgestellt und ausgearbeitet werden.

---

schaftlich anerkannter psychotherapeutischer Verfahren vorgenommene Tätigkeit zur Feststellung, Heilung oder Linderung von Störungen mit Krankheitswert, bei denen Psychotherapie indiziert ist. ... Zur Ausübung von Psychotherapie gehören nicht psychologische Tätigkeiten, die die Aufarbeitung und Überwindung sozialer Konflikte oder sonstige Zwecke außerhalb der Heilkunde zum Gegenstand haben." (§ 1, Abs. 2).

Mit dem letzten Satz wird quasi der Versuch gemacht, psychotherapeutische Behandlung gegen Beratung abzugrenzen.

– In der Auseinandersetzung mit der Geschichte der Philosophie wird hermeneutisch-verstehend oder interpretierend bzw. kritisch rekonstruierend mit den überlieferten Texten der bedeutenden Denker der Vergangenheit umgegangen.

Eine angemessene Ausgangsbasis Philosophischer Beratung scheint mir zu sein, den Klienten als einen ebenfalls philosophierenden Menschen zu betrachten, der als ‚Laienphilosoph' eine eigene ‚Lebensphilosophie' (im Sinne einer ‚Alltagsphilosophie') entwickelt hat, die aus verschiedenen Quellen gespeist ist[1].

Seymon Hersh war einer der ersten, der seine Beratungsarbeit ‚philosophisch' nannte, und er ging von einem solchen Konzept der ‚persönlichen Lebensphilosophie' aus – in einem 1980 erschienenen Artikel über den ‚beratenden Philosophen' (*The Counseling Philosopher*) formulierte er, daß jeder Mensch eine Lebensphilosophie habe, die sich in unserer Art und Weise zeige, wie wir die Welt betrachten, wie wir denken, fühlen und handeln, vielleicht ohne daß wir uns dessen bewußt sind[2].

Ganz ähnlich geht der israelische Philosoph Ran Lahav bei der Entwicklung eines ‚Konzeptuellen Rahmens für Philosophische Beratung' von der Annahme aus, daß unsere Schwierigkeiten – und unsere Art zu leben insgesamt – so betrachtet werden können, daß sie implizit unsere ‚persönliche Philosophie' ausdrücken[3].

Demnach besteht die Aufgabe des Philosophischen Beraters darin, die Weltsicht des Klienten zu rekonstruieren oder zu interpretieren (Lahav spricht von ‚*worldview interpretation*') und z.B. mit dem Klienten ungünstige Konzeptionen, die gegebenenfalls für das ‚Problem' des Klienten ursächlich bzw. mit-verantwortlich sind, zu prüfen und zu verändern.

Seymon Hersh beschreibt, wie der beratende Philosoph seinen Klienten hilft, immer wieder einen vierphasigen Prozeß zu durchgehen:
(1) Wachzuwerden für die Art ihrer derzeit vertretenen Philosophie,
(2) diese auf die gegenwärtige Lebenssituation zu beziehen,

---

[1] Diese Vorstellung vom Bezug der persönlichen ‚Lebensphilosophie' zum alltäglichem Lebensvollzug gehört seit der Antike zum philosophischen Grundbestand, wenngleich dieses Wissen gerade in der neuzeitlichen Philosophie vielfach in den Hintergrund geriet.
Karl Jaspers unterschied in seiner ‚Psychologie der Weltanschauungen' (Jaspers, 1971) drei Stufen der Bewußtheit, in denen das ‚Weltbild', wie er die persönliche Lebensphilosophie bezeichnete, repräsentiert sein kann:
1. Eine erlebte, aber nicht formulierte und bewußte Form,
2. eine bewußte Form des Weltbildes, die symbolisierbar ist und sich in ständiger Entwicklung befindet, gespeist aus den konkreten Erfahrungen,
3. eine bloß gewußte, nicht erlebte Form, im Sinne von Konzepten und Theorien über die Welt, die aber mit dem konkreten Lebensvolllzug der betreffenden Person nicht verbunden sind (Jaspers, 1971, 145f.).
[2] „Each of us has a philosophy of life. It is evident in our way of looking at the world, in the way we think, feel, and act, perhaps without our even being aware of it" (Hersh, 1980, 32).
[3] Ran Lahav: A Conceptual Framework for Philosophical Counseling: Worldview Interpretation (in: Lahav, 1995, 3–24). Die ganze Passage (p.4) lautet: „As I see it, underlying virtually all contemporary philosophical approaches to counseling for personal predicaments is the assumption that these predicaments – and one's way of life in general – can be viewed as implicitly expressing the individual's ‚personal philosophy'."

(3) mit alternativen Sichtweisen vertraut zu werden und
(4) Alternativen in ihre Philosophie einzuführen, die sich bewähren[1].

In diesem Sinne gehen Philosophische BeraterInnen also mit dem Klienten um wie mit einem Philosophen, dessen ‚Werk' sie verstehend erschließen und kritisch rekonstruieren, nur daß es sich um einen durchweg dialogischen Prozeß handelt, in dem mit einem mündlich vorgetragenen ‚Text' umgegangen wird. So liegt häufig die Lebensphilosophie eines Klienten in wesentlichen Aspekten nicht in einer expliziten, begrifflich gefaßten Form vor, sie muß dann erst aus dem impliziten Zustand expliziert werden (der erste von Hersh genannte Punkt). Diese gemeinsame Rekonstruktion wird sich schon stark an konkreten Erfahrungen des Klienten orientieren, und umgekehrt wird dann der Bezug bestimmter Vorstellungen und Konzepte zum Lebensalltag zu einem wichtigen Thema (Punkt 2 bei Hersh).

Beim Umgehen mit philosophischen Texten ist nach dem Prozeß des ersten verstehenden Erfassens die Kritik bzw. kritische Rekonstruktion von großer Bedeutung – Schleiermacher hat das in seiner Unterscheidung von Hermeneutik und Kritik bereits grundlegend ausgearbeitet. Entsprechend spielt im dialogischen Kontext des Umgangs mit Beratungsklienten das Erarbeiten veränderter, alternativer Gesichtspunkte, Konzeptionen und Ansichten eine wichtige Rolle (Punkt 3 und 4 bei Hersh).

Der Vergleich der Lebensphilosophie eines Klienten mit den systematischen Entwürfen der klassischen Philosophie ist dabei mehr als nur eine Analogie – die Systematik gerade der älteren Philosophie kann durchaus eine gute Orientierung bieten, denn sie umfaßt alle wesentlichen Aspekte einer Weltsicht oder Lebensphilosophie, wie sie mehr oder weniger ausgearbeitet bei jedem Menschen vorliegt.

– Im Sinne der *Kosmologie* oder *Naturphilosophie* kann z.B. gefragt werden, welche Konzepte über die Natur des Seienden vorliegen, etwa wie Ursprung und Entwicklung des Universums vorgestellt werden, die Entstehung des Lebens, welche Annahmen über die Evolution vorliegen etc. (Solche Fragen sind vielfach von großer lebenspraktischer Bedeutung, insbesondere unter dem Aspekt persönlicher Sinngebung.)

– Menschen haben stets auch bestimmte *metaphysische Vorstellungen*, im Sinne einer ‚Ontologie' (die Frage nach dem Sein bzw. dem Bezug von Sein und Seiendem) sowie der ganz persönlichen Antwort auf die Frage nach der Transzendenz, als spezifisches Gottesbild oder in einer sonstigen Weise des Transzendenzbezugs. In diesem Sinne hat jeder Mensch eine Konzeption des ‚Unerkennbaren' (das Herbert Spencer vom ‚Erkennbaren' [*The knowable*] unterschied), und sei es in der Form der Transzendenzleugnung oder Transzendenzverschlos-

---

[1] „The counseling philosopher helps clients to pursue repeatedly a four-phase process:
 (1) to awaken to the nature of their currently held philosophy;
 (2) to relate it to their current life situation;
 (3) to become familiar with alternative viewpoints; and
 (4) to introduce personally successful alternatives into their philosophy" (Hersh, 1980, 33).

senheit, wie etwa in einem reduktionistischen Materialismus[1]. Dabei hat die jeweilige Konzeption wahrnehmungs- und handlungsleitende Wirkungen – für philosophische Beratung ein zentraler Ausgangspunkt.

Erkenntnistheoretische Fragen sind z.B. bei der Unterscheidung von Wissen und Glauben von Bedeutung: welches Ausmaß der Bewußtheit hat ein Mensch etwa darüber, daß Theorien und Modelle unsere Konzeption der Welt wesentlich bestimmen? Wie genau wird zwischen Wissen und Glauben unterschieden, d.h. ‚Was kann ich wissen' und was sind meine Überzeugungen und Glaubenssysteme?

– Jede Lebensphilosophie enthält auch Aussagen über die eigenen Werte und Ziele, über den Sinn bzw. die ‚Richtung' des eigenen Lebens, also im Sinne eines persönlichen Ethik-Entwurfes.

– Spezifische anthropologische Grundannahmen liegen – als persönliche Antwort auf die Frage ‚Was ist der Mensch' – den persönlichen ‚Lebensphilosophien' konstitutiv zugrunde, aber auch in wissenschaftlichen Theorien lassen sich vielfach ‚verborgene anthropologische Voraussetzungen' (Holzkamp 1972) aufzeigen. Ähnlich den Entwürfen der älteren philosophischen Anthropologien hat jeder Mensch, mehr oder weniger explizit, so etwas wie ein Menschenbild (Menschenmodell), das die eigenen Vorstellungen über die ‚Natur des Menschen' repräsentiert. Von besonderer Handlungsrelevanz sind hier z.B. Vorstellungen über das ‚Böse' (Negativität, Destruktivität) beim Menschen, besonders für das Umgehen mit menschlichen Schwächen bei sich selbst und bei anderen. Ebenso ist von Bedeutung, ob das jeweilige Menschenbild eine ‚innere Instanz' oder Relation zur Transzendenz enthält oder nicht und wie das symbolisiert wird. Auch Vorstellungen über den Tod gehören hierher – als wichtiges Element der persönlichen Lebensphilosophie wirken sie sich bis in das konkrete Handeln im Alltag aus.

Vor diesem Hintergrund sollen nun – als Vorentwurf und zugleich Vorbereitung für die Darstellung der ‚Quellen und Grundlagen' (Teil B) – die Grundlinien einer Konzeption Philosophischer Beratung anhand von drei Fragen entwickelt werden.

a) Was ist Beratung?

Professionelle Beratung kann in Anspruch genommen werden, wenn jemand mit bestimmten Fragen, Problemen oder Schwierigkeiten in seinem Lebensalltag aus eigener Kraft nicht angemessen umgehen kann und die nicht-professionelle Be-

---

[1] Es ist vielfach auf die Gegebenheit hingewiesen worden, daß der Mensch ohne eine Art von Metaphysik nicht existieren kann. Karl Jaspers formulierte das so: „Die menschliche Geistesstruktur ist so, daß das Absolute gleichsam ein Ort für den Menschen ist, an den er unvermeidlich etwas stellen muß, mag er es praktisch, ohne es für sich zu wissen, in seinem Leben oder denkend auch für sein Bewußtsein tun. Er muß (psychologisch kann er nicht anders) etwas dahin stellen und sei es das Nichts, sei es die These, es gäbe kein Absolutes. Man hat von fanatischen Atheisten wohl gesagt, daß sie ihren Nichtgott anbeten" (Jaspers, 1971, 184f.).

ratung (durch Verwandte, Freunde etc.) nicht ausreicht, nicht vorliegt oder nicht in Anspruch genommen wird.

> Brem-Gräser gibt in dem mehrfach erwähnten ‚Handbuch der Beratung für helfende Berufe' eine allgemeine Definition von Beratung als „eine professionelle, wissenschaftlich fundierte Hilfe, welche rat- und hilfesuchenden einzelnen und Gruppen auf der Basis des kommunikativen Miteinander vorbeugend, in Krisensituationen sowie in sonstigen Konfliktlagen aktuell und nachbetreuend dient. Somit darf Beratung keinesfalls bestimmte Entscheidungen dem Ratsuchenden aufdrängen bzw. diese durch offenen oder verdeckten Machtmißbrauch erzwingen. Kennzeichnend für das Spezifische dieses Kontakts ist, daß die Probleme des Ratsuchenden den Mittelpunkt bilden" (Brem-Gräser, 1993, Bd. 1, 15).

Damit ist schon eine gewisse Stufe der Reflexion und Bewußtheit vorausgesetzt – viele Menschen mit starken psychischen Störungen halten sich für ‚normal' oder ‚gesund' und würden kaum aus eigenem Impuls professionelle Hilfe aufsuchen, allenfalls einen Arzt wegen somatischer Beschwerden.

Ein weiterer Anlaß, einen Philosophischen Berater aufzusuchen, kann darin bestehen, daß ein kompetenter Dialogpartner gewünscht wird; hier gibt es ein Kontinuum vom Beratungsgespräch zum ‚Philosophischen Lehrgespräch' (Mittelstraß, 1986), das im Kontext Philosophischer Beratung (wieder) einen Platz in der Philosophie erhalten könnte.

Auf die Frage, wieso jemand mit gewissen Aspekten seines Lebens nicht zurechtkommt bzw. sich durch Beratung mehr Klarheit wünscht, läßt sich zunächst einmal formal so beantworten, daß die gegenwärtige Form des Selbst- und Welterfassens, des konzeptuellen, alltagstheoretischen Verarbeitens und der konkreten Handlungskompetenz auf irgendeine Weise nicht mehr angemessen erscheint.

Jedes Verstehen (das Voraussetzung von Beratung ist) geht nun von einer bestimmten Konzeption des Welterfassens aus, die als implizite Grundlage strukturierend wirkt. In diese Modellvorstellungen sind wiederum in ganz wesentlichem Maße anthropologische Grundannahmen eingeflossen, also das Menschenbild und die gesamte persönliche Weltsicht.

Damit stellt sich als nächstes die Frage:

b) Was ist Selbst- und Welterfassen?

Eine Theorie Philosophischer Beratung muß sich mit diesem Aspekt – in traditioneller philosophischer Terminologie: der Erkenntnistheorie – befassen, denn die Verstehensleistung des Beraters ist wesentlich von der zugrundeliegenden Theorie der Erkenntnisprozesse bestimmt.

Beim Vorgang des Verstehens werden (mündliche oder schriftliche) Äußerungen eines anderen Menschen durch den Rückbezug auf die jeweils zugrundeliegenden ‚Elemente' des Selbst- und Welterfassens strukturiert und so auf den eigenen Wissensbestand bezogen. Wenn dies (als ‚Nachkonstruieren') gelingt, sprechen wir von Verstehen, gelingt es nicht, liegt ‚Nichtverstehen' vor, das allerdings meist durch Rückgriff auf eigenes Vorverständnis ‚überbrückt' wird und dann zu ‚Mißverstehen' führt, das für Verstehen gehalten wird und das sich empirischen Untersuchungen zufolge (wie schon von Schleiermacher vermutet) quasi ‚von selbst' einstellt, während wirkliches Verstehen eine bewußte Rekonstruktionsarbeit darstellt (vgl. dazu B. 3.3. Hermeneutik).

Jede Form des Verstehens geht von einer ‚Konzeption' des psychischen Strukturzusammenhangs aus und rekonstruiert die Äußerungen dementsprechend. Die Elemente des jeweiligen ‚Strukturmodells' (im Sinne eines Modells menschlicher Erkenntnistätigkeit) sind dabei in fast allen Modellierungen die gleichen, ob es sich nun um naive Alltagstheorien handelt oder um empirisch fundierte Theoriebildungen. Gerade auch die empirische Forschung – via Substrate und physiologische Prozesse – kommt zu den gleichen Ergebnissen wie aufgrund des Selbstgewahrseins (Introspektion) und der Wahrnehmung anderer Menschen.

Es gibt zwei Grundprozesse, die bei allem Welterfassen (einschließlich Wahrnehmung/Gewahrsein der eigenen Person) beteiligt sind: perzeptiv-kognitive und emotionale. Dabei sind Wahrnehmung und Denken zwar eng aufeinander bezogen, stellen jedoch durch die Art ihres relationalen und temporalen Bezugs phänomenal und empirisch unterscheidbare Aspekte dar.

Das vierte Strukturelement – bekannt und benannt seit dem Altertum – ist der Wille, der allerdings nicht immer klar als eigene Instanz unterschieden wird; die neuere empirische Forschung hat begonnen, den Willen als eigenständige, aber schwer faßbare und definierbare Funktion ‚wiederzuentdecken'[1].

Wir haben also vier Grundelemente:

1. Wahrnehmung
2. Denken
3. Gefühl
4. Wille

Die Art und Weise nun, wie diese Elemente in ihrem Zusammenhang angeordnet werden, repräsentiert die jeweils vorliegende Konzeption der ‚psychischen Struktur', wie Dilthey es treffend genannt hat. Er definiert: „Und zwar verstehe ich unter psychischer Struktur die Anordnung, nach welcher im entwickelten Seelenleben psychische Tatsachen von verschiedener Beschaffenheit regelmäßig durch eine innere erlebbare Beziehung miteinander verbunden sind" (GS VII, 15).

Wie dieser Strukturzusammenhang aufgefaßt wird, stellt also eine Art ‚Modell' des Psychischen und damit des Bewußtseins- und Erkenntnisvorganges dar. Solche epistemischen Bewußtseinsmodelle sind meist implizit, und auch Phi-

---

[1] Vgl. z.B.: Heinz Heckhausen et.al. (Hrsg.): Jenseits des Rubikon. Der Wille in den Humanwissenschaften. Berlin: Springer 1987.
Weitere Literaturhinweise finden sich in einem Aufsatz von Prinz (1998) über ‚Die Reaktion als Willenshandlung', der nachdrücklich dafür plädiert, Handlungen bzw. Handlungsimpulse nicht als Reaktionen, sondern als Willenshandlungen aufzufassen.

losophen sind, was die Reflexion dieser Modellkonzeption über die menschliche Psyche angeht, oft auf dem Stand der üblichen Alltagstheorien.

Ob implizit oder reflektiert und geprüft – die jeweiligen Modellierungen dienen als Strukturierungsgrundlage des Verstehensprozesses, bei dem die Erkenntnisprozesse eines anderen Menschen rekonstruiert werden; diese Gegebenheit zeigt sich sehr deutlich, wenn solche Prozesse expliziert werden, wie das z.B. im Kontext der von uns durchgeführten Beratungsausbildung bei der Supervision tonbandprotokollierter Gesprächsabläufe geschieht.

Gegenüber explizit ausformulierten Strukturmodellen des Bewußtseins waren bzw. sind jedoch viele Philosophen des 20. Jahrhunderts in besonderer Weise skeptisch bzw. sogar ablehnend.

Das erste ausgearbeitete Strukturmodell des Bewußtseins wurde Ende des 19. Jahrhunderts von Dilthey vorgelegt und repräsentiert gewissernmaßen einen Höhepunkt des ‚mentalistischen Paradigmas'. Nun können viele philosophische Strömungen des 20. Jahrhunderts als Versuch angesehen werden, Argumente *gegen* die Möglichkeit solcher Modellierungen zu entwickeln.

Klaus Düsing hat in einer systematischen Untersuchung zum Thema der ‚Selbstbewußtseinsmodelle' (Düsing, 1997) die ‚Grundtypen von Einwänden gegen eine Theorie des Selbstbewußtseins' rekonstruiert. Seine gründliche und differenzierte Analyse kommt – aus einer theoretischen Argumentationsrichtung – zu ganz ähnlichen Ergebnissen wie sie dem hier vorgelegten Ansatz zugrundeliegen, der auf der Basis des konkreten beraterischen Umgehens mit solchen Modellierungen als fundierenden prozessualen epistemischen Komponenten beruht.

Düsing kommt nach der ausführlichen Diskussion der vielfältigen insbesondere im 20. Jahrhundert erhobenen Einwände gegen Selbstbewußtseinsmodelle zu dem Schluß, daß eine Theorie von Strukturmodellen des Selbstbewußtseins „möglich und konsistent durchführbar" ist, wenn sie „selbstbewußtseinsimmanent bei der Phänomen-Schilderung [bleibt], bei der Konstitutions- und Strukturanalyse sowie bei der theoretischen Grundlegung des Selbstverständnisses des Selbst auf den verschiedenen Modellstufen" (Düsing, 1997, 267).

Ontologische Bestimmungen der Existenz sind für ihn abhängig von der jeweiligen grundlegenden Weise des Selbstbezugs – und nicht umgekehrt (ebd).

Ohne Explikation der Modellbildungen läßt sich eine differenzierte und systematische Begleitung und Förderung von Reflexionsprozessen (ein wesentlicher Aspekt Philosophischer Beratung) nicht durchführen und vor allem nicht potentiellen BeraterInnen vermitteln. Mit den Worten von Düsing (1997, 265): „Das Selbst kann nun nicht, was sich plastisch gerade den differenzierten Weisen der Selbstbeziehung entnehmen läßt, durch einfache Grundbestimmungen oder Kategorien hinreichend begriffen werden. So ist es weder nur als Ganzes seiner Erlebnisse zu denken noch auch lediglich als beharrliche Substanz und Grundlage seines Erlebnisstroms; ebenso ist es zu wenig, es als einfache Einheit der Spontaneität zu begreifen, die die Erlebnisse aktiv synthetisiert ..."

Bei jeder Form der ‚Modellierung' sind einerseits die der Modellbildung zugrundeliegenden Elemente zu unterscheiden, zum anderen die Topologie, in der die strukturelle Bezogenheit der Elemente abgebildet wird.

Bevor ich die Strukturierung vorstelle, an der ich mich in meiner eigenen Beratungspraxis orientiere, möchte ich zunächst auf einer noch grundlegenderen Ebene nach der Weise des Welterfassens fragen, die für die topologische Anordnung der jeweiligen Strukturelemente von zentraler Bedeutung ist.

Hans Leisegang hat hier zwei Grundstrukturen des ordnenden Erfassens unterschieden, die er ‚Begriffspyramide' bzw. ‚Gedankenkreis' nennt.

Die ‚Denkform' der Begriffspyramide, die nach dem logischen Schema der Über- und Unterordnung vorgeht, hat sich z.B. bei der Entwicklung von Klassifikationsschemata bewährt. Für die Erfassung komplexer Gegebenheiten wie der Bewußtseinsprozesse ist diese Art der Modellbildung jedoch nicht in gleicher Weise geeignet. Die bis heute gängigen Modellvorstellungen legen meist nach der Schichtungs-Analogie psychische Funktionen übereinander. Dabei handelt es sich oft um Modelle, die zwei Phänomenkreise – das Physische und das Psychische – in einer bestimmten (meist ‚dualistischen') Weise modellhaft verbinden. Das führt zu der bekannten ‚Trichotomie' von Leib, Seele und Geist. Seele und Geist werden dabei oft nicht klar unterschieden bzw. mit Gefühl (= seelisch) und Denken (= geistig) identifiziert.

Im Deutschen ist dabei die Doppelbedeutung von Geist für das Mentale und Spirituelle Ursache vieler Verwirrungen. Übersetzungen aus dem Englischen spiegeln das wider, denn die englischen Wörter *mind/mental* wie auch *spirit/spiritual* werden oft gleichermaßen mit ‚Geist/geistig' übersetzt.

Abgesehen von den unterschiedlichen Auffassungen der Über- oder Unterordnung von Gefühls- und Verstandesfunktion werden diese Schichtenmodelle noch dadurch kompliziert, daß die Funktion des Willens zum Teil als ‚Widersacher des Verstandes oder der Vernunft' aufgefaßt wurde. Auch dies ist eine Folge des Denkens nach dem Modell der Begriffspyramide, das nur eine Unter- oder Überordnung kennt und deshalb den Willen, wie er sich unter dem Einfluß christlicher Vorstellungen als Konzeption entwickelt hatte, entweder über oder unter die Vernunft stellte[1].

Die Entstehung dieser Art der Strukturierung läßt sich unter dem Aspekt der Entwicklung der Erkenntnisfunktionen leicht nachvollziehen: sie repräsentiert die Gebundenheit der ersten Denkprozesse an die Struktur des erfahrenen, insbesondere zunächst ertasteten Raumes. Die aufeinandergeschichteten Bauklötze unserer frühen Kindheit sind vielleicht das plastischste Beispiel für diese Art der Erfahrung, anhand derer wir unsere Modelle und Strukturen des Erkennens entwickeln.

Diesem Denkschema der Pyramide stellt Leisegang die mehr ganzheitliche, an lebendigen Prozessen orientierte Form des ‚Gedankenkreises' gegenüber; heute würde man sagen: ein prozessuales Denken von interdependenten Funktionszusammenhängen. Leisegang illustriert diese Denkform an einer Aussage von Heraklit (Fragment B 36); in Analogie zu der so beschriebenen ‚Denkbewegung' läßt sich veranschaulichen, daß diese Denkstruktur geeignet ist, auch komplexe

---

[1] Die philosophiegeschichtlichen Gründe für diese ungünstige Symbolisierung hat J. Mittelstraß überzeugend aufgezeigt (vgl. 1989, 144ff.).

psychische Vorgänge, wie die Beziehung von Wahrnehmung/Denken und Fühlen zu erfassen.

Das Fragment lautet: Der Seelen Tod: Wasser[1] werden; Wassers Tod aber: Erde werden; aus Erde aber wird Wasser[2] aus Wasser aber Seele. Es stehen also folgende Begriffe in Verbindung:

(A) Seele
(B) Erde
(C) Wasser[1]
(D) Wasser[2]

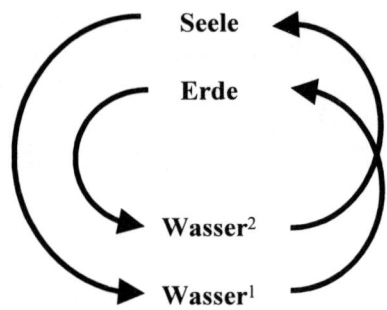

Wenn man analog dafür einsetzt:

(A) Wahrnehmung
(B) Denken
(C) Gefühl[1] (im unmittelbaren Erfahrungskontext)
(D) Gefühl[2] (durch Denken angestoßen),

und das Heraklitsche ‚Interaktionsschema' auf diese Begriffe der psychischen Struktur anwendet, dann lautet das:

Wahrnehmung führt zu Gefühlen[1],
Gefühle wiederum führen zu (ungünstigen oder günstigen) Gedanken (im Sinne postaktionaler kognitiver Verarbeitung),
diese Gedanken bringen ihrerseits entsprechende Gefühle[2] hervor,
und diese durch Denken angestoßenen Gefühle wiederum wirken sich auf die Wahrnehmung modifizierend aus (z.B. selektiv, verzerrend etc.).

Damit ist auch schon in Umrissen das Strukturmodell dargestellt, das dem hier vorgestellten Beratungsansatz zugrundeliegt. Es wurde von Elisa Ruschmann im Kontext der klientenzentrierten Psychotherapie und Beratung entwickelt (als ‚Empathiemodell' – Elisa Ruschmann, 1990), ein Zentralitätsmodell des Zusammenspiels der Bewußtseinsprozesse (Wahrnehmung/Denken – Fühlen/Spüren – Wille – Werte) und ihres Bezugs zum Verhalten bzw. Handeln.

Diese Modellkonzeption der Strukturen des Selbst- und Welterfassungs-Prozesses geht aus von Wahrnehmung / Denken und Erleben. Nach vielfältigen Diskussionen – nicht nur in der Psychologie, sondern in allen Humanwissenschaften einschließlich der Philosophie – kann heute davon ausgegangen werden, daß Wahrnehmung / Kognition und Emotion gleichzeitig und wechselseitig modifizierend die Erkenntnisprozesse konstituieren[1].

Allerdings wird oft der Aspekt der Wahrnehmung vernachlässigt. Wahrnehmung und Kognition sind sehr eng verknüpft – Kants Bezug von ‚Sinnlichkeit und Verstand'[2] ist inzwischen von der Kognitionspsychologie differenziert ausgearbeitet worden – es gibt keine Wahrnehmung ohne kognitive Prozesse, etwa im Sinne von Wissensstrukturen, Schemata usw.

Für das Erleben ist von zentraler Bedeutung, daß es einmal im Erfahrungskontext stehen kann (= Gefühl[(1)]), d.h. es ist bezogen auf reale, konkrete Erfahrungen (= Wahrgenommenes), es kann aber auch durch Kognitionen ‚angestoßen' werden (Gefühl[(2)]). Diese Unterscheidung von Erleben nach seiner Bezogenheit ist von grundlegender Bedeutung – jedes Erleben ist beziehbar und der Bezug ist nachvollziehbar bzw. aufhellbar.

Auch die Konzeption einer Willensfunktion als Kraft des Entschlusses oder der Absicht kann in diesem Modell, das als Zentralitätsmodell konzipiert ist, angemessen symbolisiert werden.

Die Frage nach einer verläßlichen Orientierung (anzudeuten mit Begriffen wie ‚eigene Werte', ‚inneres Wissen', ‚Ge-wissen' etc.) findet eine praktikable Lösungsform durch die Konzeption von Wahrnehmung/Denken und Erleben als ‚Instrumente', die – angemessenes Funktionieren vorausgesetzt – mehr oder weniger ‚verinnerlicht' sein können (modellhaft dargestellt durch ein Hineinwirken einer inneren ‚Instanz' in diese(n) Funktionen, im Sinne einer Tiefendimension der Bewußtseins- und Reflexionsprozesse.

Diese Unterscheidung von Werten nach der Dimension der ‚Tiefe' bzw. inneren Gegründetheit stellt als Modellannahme eine anthropologische Grundvoraussetzung dar, im praktischen Kontext der Beratung ist es dann eine Strukturierungs- und Orientierungshilfe, die dabei hilft, zwischen bloß äußerlich übernommenen (introjizierten) Werten und tatsächlich ‚eigenen' (d.h. geprüften) und in diesem Sinne ‚inneren' Werten zu differenzieren. Diese Unterscheidung ergibt

---

[1] Genaueres dazu in Kap. B.3.2.: Philosophie der Gefühle.
[2] Kritik der reinen Vernunft, Transzendentale Logik. Das Zusammenspiel von Wahrnehmung (= Sinnlichkeit) und Denken (= Verstand) ist jedoch noch komplexer, die kognitiven Schemata viel stärker inhaltlich strukturierend als Kant es sich vorgestellt hatte, und zudem stark erfahrungsbestimmt. Vor dem Hintergrund des heutigen Wissens muß Kants Leistung als ‚geniale Vorwegnahme' (Lenk, 1993a, 234) eingeschätzt werden.

eine eindrückliche Art der Evidenz, die es ermöglicht, bestimmte übernommene, tradierte Vorstellungen und Werte zu prüfen und evtl. loszulassen und zum Eigenen zu stehen.

Solche Grundannahmen und Modelle müssen sich ‚beweisen' in der Konkurrenz mit anderen Konzeptionen, und sie erweisen sich dadurch als brauchbare Modellannahmen, daß sie zu einer vertieften Form des Verstehens bzw. sich Verstandenfühlens führen, also zur Verbesserung der dialogischen Kompetenz beitragen können.

c) Was ist angemessenes Selbst- und Welterfassen?

Dieses ‚Nachkonstruieren' des Selbst- und Welterfassens des anderen Menschen als ‚Verstehen' stellt sozusagen die hermeneutische Grundlage des Beratungsprozesses dar. So wie zur Hermeneutik die Kritik gehört, stellt das kritische Umgehen mit dem Verstandenen einen weiteren wesentlichen Aspekt des Beratungsprozesses dar.

Nun setzt jedes kritische Umgehen mit einer nicht gelingenden Form des Welterfassens und der Lebensbewältigung die Konzeption eines ‚idealen' oder ‚optimalen' Welterfassens voraus. Implizit hat jeder Mensch eine solche Vorstellung; gegen eine Explizierung werden häufig Bedenken geäußert, es liege darin eine manipulative Beeinflussung des anderen Menschen. Wenn eine solche ‚Zielorientierung' jedoch *strukturell* konzipiert wird, nicht inhaltlich, haben solche Einwände keine Basis mehr. Nur vor einem derartigen Hintergrund lassen sich z.B. Lücken erfassen, Verzerrungen, unangemessene Reaktionen, ungünstige und vorschnelle Verallgemeinerungen usw.

Das Ziel des Beratungsprozesses ist entsprechend, dem Betreffenden dazu zu verhelfen, seine Bewußtseins- und Reflexionsprozesse – in ihrer übergreifenden Struktur als mentale Modelle oder ‚subjektive Theorien' bis hin zu konkreten Abläufen in ihrem jeweiligen interaktiven Zusammenhang mit Erlebensprozessen (= Gefühl bzw. Gestimmtheit) – so zu modifizieren, daß er sich ein Stück in Richtung auf ein angemesseneres Selbst- und Welterfassen zubewegt. In diesem Sinne kann durchaus von ‚kritischer Rekonstruktion' gesprochen werden, insofern es sich um eine „bewußte Veränderung ihres Gegenstandes"[1] handelt, d.h. um die Herstellung eines ‚verbesserten Textes'.

Die Basis dafür ist ein möglichst präzises Erfassen des Erfahrungshintergrundes, in dem sich der Betreffende befindet bzw. befunden hat. Rückwirkend kann aus der Erinnerung an spezifische Erlebnisse dieses Erfassen oft klarer rekonstruiert werden und ermöglicht so u.U. ein neues Verständnis dieser Erfahrung.

(Klares Erfassen der unmittelbaren Situation im Sinne konkreter Erfahrung möchte ich als präzise, detaillierte Wahrnehmung und adäquate emotionale Reaktion charakterisieren.)

---

[1] J. Mittelstraß: ‚Rekonstruktion', in: Mittelstraß (1995/96), Bd. 3, 550f., Zitat S. 551.

Weiterhin bedeutet es – im Kontext der nachfolgenden Verarbeitung und Konzeptualisierung – eine angemessene Integration dieser Erfahrung in die vorliegende Wissensstruktur und eine ‚gute Modell- und Theoriebildung', die sich lebenspraktisch bewährt.

Unangemessenes Erfassen bedeutet demgegenüber, daß eine präzise Wahrnehmung und ein angemessenes Erleben bzw. ein volles Gewahrsein des eigenen Erlebens nicht möglich sind[1]. Es folgt daraus eine ungünstige Verarbeitung mit z.B. unkorrekten Schlußfolgerungen (z.B. unfundierten Verallgemeinerungen) bzw. eine Dissoziation der psychischen Struktur statt Integration der Erfahrungen in diese Struktur. Das bewirkt dann wiederum eine zunehmende Beeinträchtigung von Wahrnehmung und Erleben.

So entwickelt sich eine ‚schlechte Philosophie', im Sinne ungünstiger Konzeptionen und unangemessener Modelle über die Welt und den Menschen; die subjektive Weltkonstitution (‚Weltsicht') ist so gestaltet, daß ein ‚gutes Leben' nicht möglich ist.

Hier setzt Beratung an. Wenn ungünstige Prozesse in sehr starkem Ausmaß stattgefunden haben, kann die Störung Krankheitswert haben und bedarf der Psychotherapie. In allen anderen Fällen kann Beratung bei der Neustrukturierung und -ordnung der jeweiligen Konzepte und Modelle helfen. Es können sich neue, günstigere Strukturen und Konzepte bilden, vor allem aber kann die ganze mentale Struktur quasi ‚aufgelockert' werden, neue Standpunkte eingenommen werden – es sind ja gerade ‚festgefahrene', starre Konzepte und Theorien über die Welt und den Menschen, die Erfahrungen nach den gängigen, stereotypen, gelernten Interpretationsmustern ‚einebnen', so daß ein kreatives Umgehen mit neuen Situationen, eine offene, schöpferische Weltbegegnung, kaum noch möglich ist.

Philosophische Beratung kann im Beratungsfeld einen wichtigen Platz einnehmen und durch ihre spezifische Fundierung eine ganz eigenständige Kompetenz und Qualität bekommen. Diese liegt meiner Ansicht nach in der Überprüfung und Ordnung der Konzepte, Vorstellungen, Denkabläufe usw. – unter ständigem Mitbeachten des Erlebenszusammenhanges – bis hin zu den Grundmodellen und Grundorientierungen sowie der Frage nach den ‚eigenen Werten' und der persönlichen Sinnorientierung.

---

[1] Wahrnehmung umfaßt dabei neben der Exterozeption auch die Interozeption (Körperwahrnehmung = Propriozeption und Viscerozeption).
Unter Erleben verstehen wir ein Gewahrsein des Fühlens (Dimension: wohl/unwohl, angenehm/unangenehm) und des Spürens (Dimension: innerlich gespannt/gelöst, eng/weit usw.). Auf die Unterscheidung von Körperwahrnehmung (z.B von muskulärer Spannung oder Entspannung) und Spüraspekt des Erlebens wird später detaillierter eingegangen (u. S. 231ff.) – sie hat Relevanz für den Verstehensprozeß.

B. Quellen und Grundlagen

1. Aspekte der Philosophiegeschichte aus der Perspektive Philosophischer Beratung

Aus der Perspektive und dem Interesse Philosophischer Beratung ergeben sich bestimmte Fragestellungen und spezielle Akzente, mit denen an die Texte der Philosophiegeschichte herangegangen werden kann.

Berater sind in der heutigen Zeit mit den verschiedensten Lebensentwürfen und Weltsichten konfrontiert, die unterschiedlichste weltanschauliche Prämissen und anthropologische Grundannahmen enthalten. Für die meisten Positionen lassen sich in der Philosophiegeschichte mit ihren uns überlieferten Texten (seit der Antike, und heute zunehmend auch unter Einbezug nichteuropäischer philosophischer Traditionen) historische Beispiele finden: es gab und gibt materialistische, spiritualistische bzw. religiös fundierte oder vitalistische bzw. evolutionistische Positionen. So bietet die Erarbeitung der historischen Entwürfe eine gute Basis für die beraterische Arbeit und kann dazu beitragen, eine prinzipielle Offenheit gegenüber verschiedenen Weltentwürfen zu entwickeln.

Die Werke der philosophischen Überlieferung stellen weiterhin auch eine unmittelbare Quelle der Anregung und Bereicherung für die eigene Weltsicht und die persönliche Auseinandersetzung mit den zentralen Lebensfragen dar, die in der Philosophie Themen von überzeitlicher Aktualität sind.

In dieser Hinsicht sind Berater und Klient in gleicher Weise Lernende, denen neben den Ergebnissen des aktuellen Standes der philosophischen und empirischwissenschaftlichen Diskussion auch die Fülle der Überlieferung tradierter Weisheit zur Verfügung steht.

Philosophische Beratung wurde in der Einleitung als ‚neues Tätigkeitsfeld von Philosophen' bezeichnet. Zugleich wurde aber auch darauf hingewiesen, daß ‚Beratung' philosophiegeschichtlich betrachtet keineswegs ein neues Phänomen ist – insbesondere in der Philosophie der Antike spielte ein konsiliarisches bzw. ‚heilendes' dialogisches Philosophieren eine große Rolle; eine vielzitierte Äußerung von Epikur bezeichnet *diejenige* philosophische Rede als nichtig, die keine der ‚pathischen' (ungünstigen) psychischen Prozesse des Menschen heilt[1].

Der enge Bezug von dialogischem philosophischem Denken und konkretem Lebensbezug in der Philosophie der Antike hat in den letzten Jahren zunehmend Aufmerksamkeit gefunden – die Formulierung ‚Philosophie als Lebensform' wurde dafür fast zu einem Schlagwort und fungiert sogar als Titel der deutschen Ausgabe von Hadots Buch ‚Exercises spirituels et philosophie antique' (Hadot, 1991), das gerade von Philosophischen Praktikern als wichtige Anregung für die

---

[1] Martha C. Nussbaum (1994, 102) weist darauf hin, daß ‚pathos' nicht mit ‚Gefühl', ‚Affekt', oder ‚Leidenschaft' gleichgesetzt werden darf, wie es meist in Übersetzungen geschieht, weil nur die ungünstigen, störenden Gefühle gemeint sind, und zudem nicht nur ‚Gefühle' in unserem Verständnis.

Betrachtung der Philosophiegeschichte unter dem Aspekt einer dialogischen und lebenspraktisch-beratenden Ausrichtung eingeschätzt und genutzt wird.

a) Philosoph(inn)en als Repräsentanten einer persönlichen Weltsicht

Der Mensch ist ein *weltkonstituierendes* Wesen – er ist nicht einfach nur (wie wir uns das für das Tier vorstellen können) wahrnehmend, reagierend und sich verhaltend in die Welt hineingestellt, sondern er steht ihr erkennend und (potentiell) reflektierend gegenüber. Diese Reflexivität ermöglicht ihm einerseits, den ‚Boden' des ‚In-der-Welt-seins' (im Sinne seiner Weltsicht) überhaupt erst zu schaffen, stellt aber andererseits aufgrund der reflexiv-rekursiven und damit strukturell ‚unendlichen' Natur des denkerischen Prozesses zugleich das Instrument bereit, sich diesen Boden immer wieder selbst ‚fortzuziehen', so daß sein Weg dann als ein ‚Gehen ohne Grund'[1] erscheint.

Bereits in den Anfängen der Philosophie (in dieser Darstellung mit dem Schwerpunkt auf der europäischen Entwicklung) bilden sich Grundpositionen der Welterfassung und -deutung heraus, die bis in die Gegenwart hinein in immer neuen Variationen aus- und durchgearbeitet werden – das ist die Annahme, von der ich ausgehe.

Die Philosophiegeschichte kann unter diesem Aspekt als ein Kapitel der Abfolge und Entwicklung menschlichen Welterfassens angesehen werden, wobei die ersten greifbaren (schriftlichen) Quellen selbst auch in einer Tradition stehen, mit der sie sich auseinandersetzen, und zwar den Erscheinungsformen von Mythos oder Religion. In allen Kulturen der Menschheit finden sich Vorstellungen einer transzendenten Wirklichkeit, die sehr unterschiedlich dargestellt wird, aber untrennbar verbunden zu sein scheint mit dem Wesen, das wir als ‚Mensch' in unserem anthropologischen Verständnis bezeichnen, denn kein Tier bestattet seine Toten, führt Opferhandlungen durch und entwickelt Symbolisierungen für eine (persönlich oder un/überpersönlich gefaßte) transzendente Kraft, Ebene oder Dimension.

Die Frage nach dem *Ursprung* der Religion ist vielfältig und sehr kontrovers beantwortet worden, sobald sie gestellt wurde – und diese Frage ist ein wesentliches Kennzeichen entstehender Rationalität, während religiöse Vorstellungen als ein Kennzeichen des Menschen (in Abgrenzung zum Tier) gelten[2].

---

[1] Der Soziologe Gerhard Schulze überschreibt seine ‚Skizze zur Kulturgeschichte des Denkens' (Schulze, 1994) mit dieser Formel als ‚Gehen ohne Grund'; er spricht von der ‚fundamentalen Ungewißheit' als einer ‚konstanten und universellen Bedingung menschlicher Existenz'. „Nicht unsere Haltlosigkeit verändert sich, sondern die Art und Weise, wie wir damit umgehen" (ebd., 80).
Demgegenüber läßt sich ‚Weisheit' – die als Zielvorstellung Philosophischer Beratung dienen kann – im Sinne praktischer Lebensorientierung so verstehen, daß die dialektische Balance zwischen Wissen und Zweifel sehr wohl eine verläßliche persönliche Orientierung ergeben kann.

[2] „Wenn im Dunkel der Frühgeschichte die Frage zu entscheiden ist, ob die Relikte vergangener Zeiten von Menschen stammen oder noch subhumanen Lebewesen zuzurechnen sind, ist ein

Dagegen läßt sich die Frage nach der *Funktion* oder *Aufgabe* von Religion leichter beantworten – sie gibt einerseits *Erklärungen* von (erklärungsbedürftigen) Weltphänomenen, zum anderen dient sie der *Sinnstiftung* für das menschliche Dasein bzw. das Universum insgesamt. Die eine ‚Funktion' bezieht sich auf die Weltphänomene, die andere auf den ‚Hintergrund', in dessen ‚Kontext' Mensch und Welt – mit sinnstiftender Funktion – eingeordnet werden.

Daß Zeus die Blitze schleudert, ist solange eine Erklärung, bis eine andere gegeben wird.

Daß Gott die Welt und uns Menschen geschaffen hat, ist eine Annahme, die dem Ganzen einen Sinn und in der Regel auch eine Richtung gibt, beantwortet also die Frage nach dem Woher und Wohin.

Diese zweite ‚Funktion' des religiösen Weltbildes läßt sich nicht durch Erklärungen ersetzen, weil sie eine Tiefendimension der Welt zu erschließen versucht, die das kategoriale Schema der Erklärung übersteigt. „Götter sind im Ursprung des Geschehens", so der Freiburger Soziologe Günter Dux, und um anzudeuten, daß man auf die Frage nach dem Woher (und Wohin) der Welt nur unter ganz bestimmten Bedingungen eine Antwort bekommt, fügt er hinzu: „An diesen Ursprung muß man gelangen" (Dux, 1982, 199). Antworten auf die Frage nach einer Tiefendimension bedeuten also einen ‚Überstieg' des jeweils Gegebenen, und damit wird für Dux verstehbar, daß dieses ‚Dahinter' den Charakter des Jenseitigen bekommt, denn der Ursprung als solcher darf „dem Geschehen nicht selbst angehören" (ebd.).

> Eine Antwort auf die Frage nach dem ‚Woher und Wohin' des Universums ist aus diesem Grund auch nicht aufgrund der Ergebnisse der modernen Naturwissenschaft möglich. Der amerikanische Physiker Henry Margenau stellte einer großen Zahl von Naturwissenschaftlern verschiedenster Fachrichtungen unter anderem die Frage, wie sie sich den Ursprung des Universums vorstellten, sowohl auf einer wissenschaftlichen Ebene wie auch, wenn sie es für notwendig erachteten, auf einer metaphysischen[1].
> Für Louis Neel (Nobelpreis für Physik 1970) gehören Hypothesen über den Ursprung des Universums nicht zur Physik, sondern zur Metaphysik oder zur Philosophie; Physiker seien als solche nicht dafür qualifiziert, sich damit zu befassen[2]. Der deutsche Physiker Ulrich J. Becker brachte eine ähnliche Meinung auf die kurze Formel: „Scientifically: unknown" (ebd. 29) und hält Spekulationen darüber für vergleichbar mit der Aussage: In Anfang war das Licht. Zum Schluß ermuntert er dazu, sich nicht zu scheuen, das als Schöpfung zu bezeichnen[3].
> Dieser Empfehlung folgend hat er dann selbst auch keine Scheu, auf die sechste Frage über seine Gedanken bezüglich des Konzeptes ‚Gott' und die Existenz

---

untrügliches Zeichen allemal der Hinweis auf irgendeine Art von Opferhandlung und Jenseitsvorstellung. Derartiges eignet eben nur dem Menschen" (Dux, 1982, 147).

[1] „What is your view on the origin of the universe: both on a scientific and – if you see the need – on a metaphysical level?" (Margenau, 1992, XIV).

[2] „This means that all hypotheses concerning the origin of the universe do not belong to physics but to metaphysics or to philosophy and that physicists as such are not qualified to deal with them" (ebd. 73]).

[3] „Anyhow don't be afraid to call it creation" (ebd. 29).

Gottes[1] mit der Gegenfrage zu antworten: Wie kann ich ohne einen Schöpfer existieren? und bemerkt dazu, daß ihn keine Aussage, die eine Antwort auf diese Frage versucht, zu überzeugen vermochte[2].

Entsprechend antworten viele der befragten Wissenschaftler, daß für sie ‚im Ursprung des Universums' nur Gott sein kann – so sagt z.B. der Chemiker und Physiker Robert A. Naumann, daß für ihn die Existenz des Universums den Schluß erfordere, daß Gott existiert[3].

Fast keiner der Befragten sah einen Widerspruch zwischen Naturwissenschaft und Religion – vielfach wurde die unterschiedliche Fragestellung (und damit Antwortrichtung) so benannt, daß die Wissenschaft nach dem fragt, was ist und wie es ist, die Religion, warum es ist[4]. Vor dem Hintergrund der eigenen metaphysischen oder religiösen Vorstellungen und Überzeugungen gaben die Befragten dann ihre persönliche Antwort auf die (wissenschaftlich nicht beantwortbare) Warum-Frage – etwa mit einer Aussage wie der des Astronomen John A. Russell, das Universum sei erschaffen und werde erhalten von einer Kraft, die wir Gott nennen[5].

Als erste Symbolisierungsform für eine transzendente Dimension, die wir bereits aus prähistorischer Zeit vor der Existenz schriftlicher Dokumente erschließen können, findet sich die Unterscheidung von Diesseits und Jenseits, der vom Menschen her gesehen die von Körper und Seele entsprach – Mythen von der Art einer ‚Reise' der Verstorbenen ins Jenseits finden sich in fast allen Kulturen und lassen sich zum Teil aus den Bestattungsformen erschließen.

Den (sterblichen) Menschen standen die (unsterblichen oder zumindest langlebigen) Götter gegenüber, die Seelen der Menschen gingen vom Diesseits ins Jenseits (und gegebenenfalls – bei Vorstellungen von Reinkarnation – wieder zurück), die Götter hatten auf unterschiedliche und je spezifische, substantielle Weise auf der Erde und/oder im Himmel ihren Platz[6].

Die Entstehung der abendländischen Philosophie kann als ‚Folge' oder Ergebnis der allmählichen Entwicklung einer rationalen Denkstruktur aufgefaßt werden, in der die ursprüngliche Polarität vielfältig ausdifferenziert und ‚weiterge-

---

[1] „Many prominent scientists – including Darwin, Einstein, and Planck – have considered the concept of God very seriously. What are your thoughts on the concept of God and on the existence of God?"(ebd. XIV)

[2] „How can I exist without a creator? I am not aware of any compelling answer ever given" (ebd. 29).

[3] „I hold that God is the totality of the universe; this includes all scientific principles, all matter and energy, and all life-forms. The existence of the universe requires me to conclude that God exists" (ebd. 72).

[4] Etwa John G. Phillips, Prof. für Astronomie in Berkeley: „I see no conflict between science and religion; they are basically addressing different questions. Science asks what and how, while religion asks why" (ebd. 84).

[5] „I believe that the universe was created and is sustained by some power that we call God" (ebd. 91).

[6] In der antiken Götterwelt waren die Götter als Symbolisierung von Naturkräften auch auf der Erde angesiedelt, erst die spätere Ausfaltung des Seienden als ‚große Kette der Wesen' (Lovejoy, 1936) ließ die Distanz zwischen Erde und Himmel immer größer werden, gleich ob die Richtung von unten nach oben oder von oben nach unten gedacht war. Ich vermute, daß hier eine wesentliche Quelle für die relative Dominanz des transzendenten Aspekts des Numinosen gegenüber dem immanenten im abendländischen Denken liegt.

dacht' wird – als Endlichkeit und Unendlichkeit, Materie und Geist, Immanenz und Transzendenz usw.

Aus der Sicht des rationalen Bewußtseins ist das magische oder mythische Denken defizient bzw. es enthält noch unscharfe Vorformen später sich entwickelnder rationaler Begrifflichkeit, und zwar insbesondere kausaler Welterklärung (z.B. ‚Erklärung' der Phänomene des Lebens, psychischer Funktionen etc. als Einwirken numinoser Kräfte) sowie der Ordnung von Phänomengruppen nach Gemeinsamkeiten bzw. Benennung zusammenfassender Phänomenbeschreibungen. In diesem Sinn kann den griechischen Göttern eine quasi begrifflich-ordnende Funktion zuerkannt werden: „Der Name eines Gottes, obgleich ein Individuum bezeichnend, kann also insofern dieselbe Funktion wie ein Allgemeinbegriff oder die Bezeichnung einer Spezies haben, als er mannigfaltige Einzelerscheinungen zusammenzufassen und zu ordnen gestattet" (Hübner, 1985, 110f.).

Die zunehmende Reflexionsfähigkeit führte zu einer präziseren Phänomenbeschreibung sowie zu differenzierteren Konzeptualisierungen. Dabei wurden die Ebenen des irdischen Daseins und göttlichen Wirkens, die vorher als in ständiger und lebhafter Wechselwirkung stehend konzipiert und erfaßt wurden, begrifflich schärfer getrennt; auf diese Weise wurde eine Polarität hervorgebracht, die bei dem Prozeß der kritischen Fortentwicklung oder ‚Überwindung' mythischer Vorstellungen zwei unterschiedliche Richtungen einschlug: Entweder die Betonung des Göttlich-Geistigen als eigentlicher Wirklichkeit (mit der Gefahr der Abwertung des irdisch-materiellen Daseins) oder die Akzentuierung des Diesseitigen, Irdischen, Materiellen.

Die Relativierung des Göttlichen bis hin zur Negation läßt sich dabei vor allem als eine Form der ‚Aufklärung' verstehen, besonders als ‚Gegenmittel' zu Vorstellungen möglicher qualvoller Zustände im Jenseits (wie z.B. in der Antike durch Epikur oder im späten Mittelalter durch Pomponazzi (vgl. u. S. 71).

In der Entwicklung des abendländischen Denkens brachte der Übergang vom ‚Mythos zum Logos' eine bisher nicht gegebene Spannung dieser allmählich sich herausbildenden Polarität von Immanenz und Transzendenz. Zugleich wurde aber auch eine neue Form der Religiosität möglich, in der die Beziehung von Transzendenz und Immanenz ‚verinnerlicht' und somit der Transzendenzbezug ganz neu gefaßt wurde.

> Jan Assmann spricht von der ‚Erfindung des inneren Menschen' (Assmann, 1993) und weist darauf hin, daß durch diese – in praktisch allen Hochkulturen entwickelte – Symbolisierungsmöglichkeit ein neues Universum als Unterscheidungsmöglichkeit entsteht.
> Die daraus sich entwickelnde neue Art von Transzendenzbezug geht von der ‚Entdeckung' aus, daß das Göttliche ebenso ‚da drinnen' (im eigenen Inneren) zu finden ist wie ‚dort draußen' (im Kosmos). Beispielhaft findet sich das in der Âtman-Lehre der frühen indischen Philosophie der Upanischaden, in der die transzendente Kraft des *Lebens* mit den berühmten an seinen Sohn Śvetaketu gerichteten Worten des Uddâlaka so bezeichnet wird: Das ist der âtman, das Selbst, das bist du (Chând.Up. 6).

Diese beschriebenen Entwicklungen geschahen zum Teil mit der Kraft revolutionärer Neuerungen, doch gab es auch Übergangsstadien und Schritte, die zwischen dem ‚alten' Denken und dem neu entstehenden vermittelten. So finden sich in den Anfängen der europäischen Philosophie, der Naturphilosophie der Vorsokratiker bis zum ersten Höhepunkt in den großen Systemen von Platon und Aristoteles, noch vielfach Verbindungen von naturphilosophischen und mythisch-religiösen Vorstellungen. Das Göttliche wird, so formuliert es J. Mittelstraß, nunmehr zu einem „innerweltlichen Moment der Ordnung und der Verläßlichkeit" (1989a, 44). Der Satz des Thales, daß alles voller Götter sei, bringt „ein neuartiges Vertrauen in die Wohlordnung der Welt" zum Ausdruck. „Diese wird hier als eine vom Göttlichen durchzogene Ordnung angesehen, auf die sich nunmehr die wachsende Vorstellung von der Verläßlichkeit des Wissens über die (physische) Welt zu stützen beginnt" ... Das Göttliche geht in einer neuen, einer naturphilosophischen Ordnung der Welt auf" (Mittelstraß, 1989a, 44).

Wenn jedoch, wie im Mythos, Transzendenz-Begriffe zur *Erklärung* von Weltphänomenen verwendet werden, verblassen sie bald zu bloßen Metaphern. Sobald sich die rationalen Erklärungen ausdifferenzieren, werden aus einer ‚göttlichen Ordnung' bald bloße Naturgesetze. Platon mußte bereits gegen die skeptischen Gottesleugner argumentieren – in den ‚Gesetzen' bezeichnet Kleinias es als eine ‚schwer zu widerlegende Lehre', wenn behauptet wird, der angeblich göttliche Kosmos sei nichts als ‚Erde und Steine', hübsch aufgeputzt durch die Gleichsetzung mit dem Göttlichen (Nomoi 886d/e).

So wird schon in den Anfängen der Philosophie die Möglichkeit erprobt, der Spannung von Immanenz und Transzendenz durch Streichung der einen Hälfte zu entgehen. Diese Spannung zwischen irdischer (menschlicher) und spiritueller (göttlicher) Wirklichkeit stellt m.E. die Grundstruktur dar, auf die man bei dem Versuch stößt, eine Ordnung in die große Vielfalt philosophischer Meinungen, Positionen und Grundannahmen zu bringen, und sie markiert zwei grundsätzliche und gegensätzliche Möglichkeiten des Menschen, das Weltganze zu deuten.

Jede Weltsicht liefert (unter anderem) Erklärungen für die wahrnehmbaren Phänomene der Welt. Das Leben zeigt sich hier als zentrales, erklärungsbedürftiges Phänomen: Die unbelebte Materie (in ihren verschiedenen Erscheinungsweisen oder Aggregatszuständen, die oft in Form von ‚Elementenlehren' gegliedert wurden) steht im Gegensatz zu den Erscheinungsformen des Lebens, diese wiederum in Kontrast zu ihrem nur noch materiellen Aspekt als ‚totem Körper' – ein ‚abgestorbener' Ast, ein Tierkadaver, der menschliche Leichnam[1].

---

[1] In der mythischen Phase der Menschheit wurde – trotz entwickelter Polarität von Körper und Seele – die Persönlichkeit oder das ‚Ich' des Menschen vielfach stärker mit dem Körper als mit der Seele identifiziert. Dann bleibt für die entkörperte Seele nur eine defiziente Existenzform, als ‚Schattenseele'. Am geläufigsten ist uns diese Konzeption in der homerischen Form sowie der Seelenvorstellung des Alten Testaments; durch die Mischung mit Seelenkonzeptionen der griechischen Philosophie entstand die Ambivalenz der christlichen Vorstellung von der Seele mit ihren unterschiedlichen theologischen Ausarbeitungen, bis hin zum Extrem der ‚Ganztod-Hypothese'.

In den vielfältig ausgeformten Schöpfungsmythen der verschiedenen Kulturen und Religionen wird das Leben aus transzendenten Prinzipien erklärt – Pflanzen, Tiere und der Mensch entstehen aus einer Verbindung von ‚Himmel‘ und ‚Erde‘, zum Beispiel aufgrund göttlichen Wirkens aus einer ‚Urmaterie‘, dem ‚Chaos‘ der griechischen Mythologie etc. Aber im Sinne der mythischen Einheit von irdischer und göttlicher Wirklichkeit war dies meist nicht nur als einmaliger Schöpfungsvorgang gedacht, sondern auch als ständiges Miteinander irdischen und göttlichen (substantiellen) Seins, weil vielfach das Leben als die Anwesenheit göttlicher Kräfte im Menschen betrachtet wurde, wie z.B. im *psychē*-Begriff der mythischen Epoche Griechenlands, der keine Unterscheidung von vitalem Lebensprinzip und psychischen Funktionen machte.

Hier kann nicht von einer *Polarität* der Ebenen oder Dimensionen (irdisch und göttlich) gesprochen werden, sondern es ist ein Miteinander und Ineinander, wobei die göttlichen Kräfte in der Regel zur ‚Erklärung‘ von Weltphänomenen (z.B. des Lebens oder psychischer Prozesse wie Träume, Entschlüsse etc.) dienten.

Dem sich entwickelnden rationalen Bewußtsein mußte dieses ‚Ineinander‘ der Ebenen zunehmend kritisch erscheinen, und zwar die zweifache Art der Verbindung – einerseits die ‚Erklärung‘ bestimmter Phänomene (besonders von Leben und Bewußtsein) durch göttliche Kräfte bzw. unmittelbares göttliches Wirken in der irdischen, materiellen Welt, sowie andererseits die in allen Kulturen vergleichbare vielfältige Darstellungsform der göttlichen Dimension in Analogie zur menschlichen Welt. In diesem Sinne war die zunehmende Unterscheidung oder ‚Trennung‘ von göttlicher und irdischer Ebene ein wichtiger Schritt – er eröffnete die Möglichkeit der Kritik bis hin zur Negation, bereitete aber zugleich auch subtiler gefaßte (‚verinnerlichtere‘) Formen des Bezuges vor.

Daß es sich bei mythologischen Darstellungen vielfach um ‚Projektionen‘ menschlicher Vorstellungen und Erfahrungen handelt, war eine frühe Einsicht – Xenophanes veranschaulichte das, indem er auf die Meinung der Menschen hinwies, „die Götter seien geboren und hätten solche Kleider wie sie selbst, eine Stimme und einen Körper" (Kirk, 1994, 184 Nr. 167) oder indem er aufzeigte: „Die Äthiopier sagen, ihre Götter seien stummpfnasig und schwarz, und die Thraker behaupten, die ihren hätten hellblaue Augen und rote Haare" (ebd. Nr. 168).

Xenophanes kritisierte so die Gottesvorstellungen der Mythologie, behauptete jedoch nicht, daß er sichere Aussagen über die Existenz oder Nichtexistenz der Götter machen könne und seine Äußerungen über den ‚einen Gott‘ waren schon für Aristoteles kryptisch; es scheint, als sei er davon ausgegangen, daß es sich hier um einen prinzipiell unerkennbaren Bereich handele, bei dem man auf Annahmen angewiesen sei – „Und wirklich, kein Mensch hat hinsichtlich der Götter … das gesehen, was klar ist, und es wird auch keinen geben, der es gesehen hat. … Bei allen gibt es nur Mutmaßung" (Kirk, 1994, 195 Nr. 186)[1].

---

[1] Ähnlich war wohl auch die Haltung des Protagoras, die in dem berühmten, von Diogenes Laertios überlieferten Fragment zum Ausdruck kommt: „Über die Götter allerdings habe ich keine Möglichkeit zu wissen (festzustellen?) weder daß sie sind, noch daß sie nicht sind, noch,

Gott als das ‚Unbenennbare' bzw. ‚Unerkennbare' zu bezeichnen, findet sich so als ‚metaphysische Denkform' bereits in den Anfängen der europäischen Philosophie; dem jüdischen Denken ist eine solche ‚negative Theologie' durch das Verbot, sich Bilder oder Vorstellungen von Gott zu machen, inhärent, ebenso war es in der christlichen Philosophie zumindest eine *Möglichkeit* theologischen Denkens, die im Mittelalter vielfach verwendet wurde; sie stellt bis in die jüngste Gegenwart eine lebendige Denkform dar.

Die andere Möglichkeit – die in den Entwürfen von Platon und Aristoteles auf vergleichbare Weise exemplarisch beschritten wurde – versucht, das Göttliche denkbar und vorstellbar zu machen, und zwar dadurch, daß es als Teil des gesamten Seienden gesehen wird, also im Sinne einer Onto-Theologie, in der Ontologie als Metaphysik und Theologie konzipiert wird. Im Anschluß an die platonischen und aristotelischen Entwürfe liegt diesem Denken meist die Vorstellung einer hierarchischen Strukturierung des Seienden zugrunde (‚Scala naturae'), deren Hintergrund die phänomenal deutlich unterscheidbaren prototypisch repräsentierten ‚Klassen' von (unbelebter) Materie, Pflanze, Tier und Mensch darstellen[1], wobei der Mensch sich durch die höhere Denktätigkeit bzw. Vernunft vom Tier unterscheidet. Diese ‚höchste' Instanz wird dabei unmittelbar dem transzendenten Bereich zugeordnet[2] und als unsterbliche Seele bzw. unvergänglicher Seelenteil bezeichnet (bei Platon im Sinne eines persönlichen Überlebens gedacht, während bei Aristoteles der unvergängliche Seelenteil wohl eher unpersönlich vorgestellt war[3]).

Aber Gott als ‚Vernunft' vorgestellt bleibt eine Projektion menschlichen Bewußtseins[4], wenngleich abstrakter als der ‚stumpfnasige äthiopische Gott'. Gerade im deutschen Sprachgebrauch läßt sich die zunehmende Gleichsetzung der transzendenten Natur des Menschen mit den psychischen Kräften (vor allem den höheren kognitiven Funktionen von Verstand/Vernunft) verfolgen – die Begriffe

---

wie sie etwa an Gestalt sind; denn vieles gibt es, was da Wissen (Feststellen?) hindert: die Nichtwahrnehmbarkeit und daß das Leben des Menschen kurz ist (DK 80 B 4, Übers. Diels/Kranz).

[1] Dabei kann die Skala, wie bei Aristoteles, als im Grunde kontinuierlich angesehen werden; Aristoteles gibt bereits Beispiele für schwer einzustufende ‚Zwischenglieder'.

[2] Bei Platon ist diese Zuordnung explizit, bei Aristoteles wird die Auffassung des höheren Seelenteils und dessen Bezug zum Göttlichen sehr kontrovers diskutiert. Für den hier entwickelten Gedankengang ist das nicht so bedeutsam, da es mehr auf die Rezeptionsgeschichte ankommt.
Für die anscheinende Widersprüchlichkeit der Darstellung in verschiedenen aristotelischen Texten vgl. z.B. Flashar, 1983, 411ff. Er führt dies auf die unterschiedlichen ‚Forschungsausrichtungen' des Aristoteles zurück, einmal als Naturforscher (physikos), das andere Mal als ‚Metaphysiker' (prôtos philosophos).
In diesen Zusammenhang gehört auch die berühmte Stelle (De gener. anim. B 3, 736 b 27f.), nach der der höchste Seelenteil von außen, quasi ‚durch die Tür' (thyrathen) zum menschlichen Embryo herzukommt.

[3] Vgl. De anima III, 5, 430, 22: Abgetrennt ist sie allein das, was sie (wirklich) ist, und dies allein ist unsterblich und ewig. Wir erinnern uns aber nicht, weil dies keine Eindrücke empfängt (apathes), während die affizierbare Vernunft (patētikos nus) vergänglich ist.

[4] Karl Jaspers spricht von einer ‚letzten Befreiung': „Ich höre auf, Gott für die Vernunft zu halten, die meine Vernunft, die menschliche Vernunft ist" (Jaspers, 1962, 428).

‚Geist' und ‚Seele'[1] waren ursprünglich ausschließlich für die transzendente Dimension vorbehalten, wurden aber immer mehr zur Übersetzung der entsprechenden antiken bzw. christlich-lateinischen Termini für die Instanzen der psychischen Funktionen verwendet, und so nahmen beide Wörter ihre charakteristische Doppelbedeutung an. (So fungiert ‚Geist' sowohl als Entsprechung von lt. *mens* wie *spiritus*, von gr. *psychē* wie *pneuma*.)

Aus der *Dualität* von Immanenz und Transzendenz, die eigentlich eine lebendige Einheit bedeutet, wurde so die *Polarität* von Geist und Materie (im Menschen: Geist/Körper bzw. Seele/Leib), deren Überwindung heute zum vielfältig artikulierten ‚Programm' geworden ist, das den schädlichen Dualismus durch eine (unterschiedlich konzipierte) ‚Einheit' ersetzen will.

Dualismus und Monismus stellen jedoch keine Alternativen dar, zwischen denen man sich entscheiden müßte, sie repräsentieren eher die Extreme einer Weltsicht, in der Immanenz und Transzendenz mit Materie und Geist identifiziert werden und sich als Polaritäten gegenüberstehen, so daß Transzendenzbejahung zum Dualismus führt, Transzendenzleugnung zum (materialistischen) Monismus.

Selbst der Materialismus unserer Zeit geht von dieser Polarität Geist/Natur aus, die er durch Reduktion von Geist auf Materie zur Einheit zu bringen versucht; so erklärt sich der pseudoreligiöse Charakter und missionarische Eifer vieler solcher Ansätze.

> Werner Heisenberg berichtet über ein Gespräch (1927 in Brüssel), an dem unter anderem Wolfgang Pauli und der damals fünfundzwanzigjährige Paul Dirac teilnahmen. Es ging um die Frage des Verhältnisses von Religion und Naturwissenschaft, wobei jemand darauf hinwies, daß Max Planck keinen Widerspruch zwischen Religion und Naturwissenschaft sehe. Dirac begann eine längere, heftige Ausführung über die ungünstigen Auswirkungen der Religion, die er für völlig überflüssig hielt – Gott war für ihn nur ein Produkt der menschlichen Phantasie. Wolfgang Pauli hatte sich ab diesem Zeitpunkt nicht mehr am Gespräch beteiligt, er wurde schließlich gefragt, was er dächte. „Er schaute beinahe erstaunt auf und meinte dann: ‚Ja, ja, unser Freund Dirac hat eine Religion'; und der Leitsatz dieser Religion lautet: ‚Es gibt keinen Gott, und Dirac ist sein Prophet.' Wir alle lachten, auch Dirac, und damit war unser abendliches Gespräch in der Hotelhalle abgeschlossen" (Heisenberg, 1986, 300).

Hans Jonas gibt ein Beispiel dafür, daß keine befriedigende konzeptuelle Lösung möglich ist, wenn sich das Denken in den Polaritäten von Dualismus und Monismus bewegt und Bewußtsein ebenso wie Transzendenz als das „Transphysikalische und Immaterielle" bezeichnet wird (Jonas, 1988, 17). Obwohl er aufzeigt, daß für ihn sowohl Dualismus wie Monismus unhaltbar sind, sieht er dennoch keinen anderen Ausweg, als „nach einer monistischen Lösung des Rätsels zu suchen" (ebd. 20). In seinem Lösungsvorschlag wird die aristotelische ‚Hintergrundsfolie' der ‚Kette des Seins' und der ‚Begriffspyramide' deutlich – er kommt „zum Postulat eines Geisthaften, Denkenden, Transzendenten, Überzeitlichen am Ursprung der Dinge: als erste Ursache, wenn es nur eine gibt; als

---

[1] Vgl. dazu die begriffsgeschichtliche Untersuchung von Gertraud Becker (1964).

Mitursache, wenn es mehr als eine gibt" (Jonas, 1988, 40). Das führt dann konsequent zur Vorstellung eines ‚abwesenden' und damit ‚ohnmächtigen' Gottes, d.h. zu einer extremen Trennung von Immanenz und Transzendenz.

Einen anderen Lösungsweg beschreitet Hans Michael Baumgartner, der sich gegen den ‚Dogmatismus des Begreifens' wendet, „wie er sich sowohl im Dualismus wie im Monismus ... äußert" (Baumgartner, 1990, 205). Er versucht, in einer prozeßhaften Bewegung zwischen diesen polaren Denkmöglichkeiten zu vermitteln, in der die eine jeweils in die andere Richtung umschlägt. „Die Einheit macht sich ... im Scheitern des für sich gesetzten Naturalismus und Idealismus geltend ...", so daß er von der „Unausweichlichkeit der dualen Weltbetrachtung" überzeugt ist (ebd. 203).

Eine ganz andere Denkmöglichkeit ergibt sich, wenn von einer (komplementären) *Dualität* von Immanenz[1] und Transzendenz ausgegangen wird, wobei sich für alle ‚Stufen des Seienden' ein Bezug zur Transzendenz herstellen läßt, und zwar als die Dimension *hinter* den Erscheinungen, der Aspekt des Unerkennbaren, der uns stets dann ‚begegnet', wenn wir versuchen, bei einem ‚natürlichen Phänomen' in eine Tiefendimension des Erfassens vorzustoßen, die aber umgekehrt zugleich als ‚Diaphanie' (Gebser) im Sinne einer ‚Transparenz' durch die Phänomene hindurch ‚entgegenscheinen' kann[2].

Ähnlich hatte bereits Dilthey argumentiert – für ihn stellen Transzendenz und Immanenz keine ‚Grenzlinie der möglichen Erkenntnis' dar: „In jeder Realität, die uns als solche gegeben ist, ist ihrer Natur nach etwas Unaussprechliches, Unerkennbares" (GS VIII, 174)[3].

Für die Philosophische Beratung geht es dabei nicht darum, zu spekulativen Überlegungen zu ermuntern, sondern den Beratungsklienten Unterstützung zu

---

[1] Die scheinbare Polarität von Geist (als mind) und Materie hat dann nichts mit der Frage einer transzendenten Dimension zu tun, sondern erscheint als Problem des Bewußtseins, das an einem bestimmten Punkt der Evolution auftaucht, also ein ‚natürliches Phänomen' darstellt, das aus zwei Perspektiven zugänglich ist – aus der Beobachterperspektive handelt es sich um physiologische Prozesse (*brain*), aus der Perspektive der 1. Person um Bewußtseinsvorgänge, die im unmittelbaren Gewahrsein mehr oder weniger zugänglich sind (*mind*). Beide Perspektiven ergänzen sich komplementär.

[2] „Das Durchscheinende (das Diaphane oder die Transparenz) ist die Erscheinungsform (Epiphanie) des Geistigen" (Gebser, GA 2, 32, UG 1, 32).
Vgl. dazu 3.6.: Transpersonale Philosophie – die ‚vertikale Dimension': Philosophie und Transzendenz.

[3] Wenn man Herbert Spencers Unterscheidung des *knowable* als des rational/wissenschaftlich Erfaßbaren und des *unknowable* zugrundelegt (Spencer, 1904), dann wurde der Bereich des zum ‚Wissbaren' Gehörenden immer größer; was zuvor mythisch gedeutet wurde, als sei es ‚verursacht' durch das ‚Unerkennbare' (göttliche Kräfte), wurde nun ‚erkennbar'.
Es scheint mir sinnvoll, diese beiden Kategorien um eine dritte, dazwischenliegende zu ergänzen: das jetzt noch nicht Erkannte, aber prinzipiell (d.h. in Zukunft) zu Erkennende – dann läßt sich die mythische Sprache (und auch noch die der frühen griechischen Philosophie) als eine charakterisieren, in der das ‚noch nicht Erkannte' mit dem ‚nicht Erkennbaren' beschrieben und ‚erklärt' wurde, während der Materialismus alles ‚Unerkennbare' als ‚bereits erkannt' bzw. als ‚prinzipiell erkennbar und in baldiger Zukunft erkannt' auffaßt. Klaus Düsing charakterisiert das treffend als ‚versprechenden Materialismus' (Düsing, 1997, 87), der auf zukünftige Forschungsergebnisse verweist.

geben, wenn sie versuchen, mit ‚letzten Fragen'[1] umzugehen. So kann die Aufgabe einerseits darin bestehen, spekulative Elemente der eigenen Weltsicht zu ‚entlassen', wenn sie in keinem wesentlichen Zusammenhang zur Erfahrungswelt stehen und eher ungünstige Auswirkungen haben, andererseits können Erfahrungen, die vorher schwer artikulierbar waren, neu symbolisiert und somit integriert werden.

Die Schwierigkeiten der Symbolisierung – gerade für unsere heutige Zeit – hat der Religionspädagoge Ulrich Hemel in einem Aufsatz über ‚Alltagserfahrung und Transzendenz' so charakterisiert: „Die Unübersichtlichkeit der Deutungen fördert die Namenlosigkeit jener existentiell bedeutsamen Erfahrungen, die in einem anderen Kontext leicht als Anruf der Transzendenz hätten entziffert werden können" (Hemel, 1992, 95).

Ohne prinzipielle Offenheit der eigenen Haltung gegenüber unterschiedlichen Transzendenz-Vorstellungen ist ein adäquates Umgehen mit der Vielfalt der Entwürfe, mit denen man in der Beratungspraxis konfrontiert ist, nicht möglich. Wenn die eigene Weltsicht auf einem ‚Dogmatismus des Begreifens' gründet, kann es kein konstruktives Umgehen mit dem Klienten und seiner persönlichen Weltsicht geben.

Analoges kann für den Umgang mit der Philosophiegeschichte gesagt werden, wobei allerdings nicht jede Weise des Umgehens mit der philosophischen Tradition eine angemessene Vorbereitung für dialogisches Philosophieren darstellt. In der Unterscheidung möglicher Vorgehensweisen, die J. Mittelstraß vorgenommen hat, erfüllt nur der ‚konstruktiv hermeneutische' Zugang diese Anforderung, indem man mit den Texten in einen quasi-dialogischen Prozeß eintritt. Weder die naive, noch die dogmatische, noch auch die historisch-hermeneutische Vorgehensweise sind dazu imstande[2].

---

[1] Jonas weist darauf hin, daß solche Fragen unabweisbar sind, auch wenn man beim Umgehen damit nicht auf ‚Numero Sicher' gehen kann. „Aber daß die dort begegnenden ‚letzten Fragen', die auf keine beweisbare Antwort hoffen können, deshalb sinnlos seien (wie man wohl hört), ist nicht ernst zu nehmen; hinter jedem Denken lauern sie und noch der erklärte Agnostiker beantwortet sie mit seiner darin versteckten Metaphysik" (Jonas, 1988, 64).

[2] Die vier Vorgehensweisen sollen hier kurz referiert werden (nach: Mittelstraß, 1982b, 172f.):
1. Die naive Vorgehensweise übersetzt die fremde Sprache in die eigene – „wer so vorgeht, versteht weder die fremde Sprache noch sich selbst" (172).
2. Die dogmatische eignet sich die Vorgeschichte an, mit der Absicht, nicht mehr lernen zu wollen.
3. Die historisch-hermeneutische Weise zieht eine falsche Konsequenz aus der gegen ein dogmatisches Vorgehen gerichteten Einsicht, daß jede Praxis unter historischen Bedingungen steht, daß nämlich systematische Orientierung prinzipiell nicht möglich ist.
4. Die konstruktiv-hermeneutische Vorgehensweise verzichtet nicht auf eine Ausarbeitung eigenen systematischen Wissens, gibt ihm aber in der Auseinandersetzung mit fremdem Wissen den Status einer Unterstellung, nämlich eines zumindest in Teilen gemeinsamen Problembewußtseins. Daraus ergibt sich ein ‚dialogischer' Prozeß, der die fremde Sprache feststellt und die eigene Sprache an diesen Feststellungen reguliert. Im Unterschied zur bloßen Aneignung von Vorgeschichte liegt hier die Absicht zu lernen vor.

Diese Offenheit gegenüber dem Weltentwurf des anderen muß sich ganz besonders bewähren, wenn es um ‚letzte Fragen' nach Sinn und ‚Richtung' des eigenen Lebens und des Umgehens mit Transzendenz geht.

Ob und wie in einem Weltbild ein Transzendenzbezug explizit vorliegt und symbolisiert wird, oder ob er ausdrücklich negiert wird bzw. bloß ‚ausgespart' bleibt, ist eine persönliche ‚Entscheidung', die mehr oder weniger bewußt getroffen wurde und die u.a. von biographischen Faktoren abhängt, z.B. davon, ob jemand in seinem Leben Menschen begegnet ist, die auf authentische Weise gelebte Religiosität bzw. ‚Sinnkonstitution' verkörperten, oder ob sie/er nur mit unechten, defizienten Formen konfrontiert wurde, deren Diskrepanz zum gelebten Leben offensichtlich war.

Die Deutung naturwissenschaftlicher Ergebnisse bleibt dem Transzendenzbezug gegenüber neutral, denn ein Widerspruch zwischen naturwissenschaftlichen und spirituell-religiösen Konzepten kann nur dann entstehen, wenn aus dem Bezug auf die Transzendenz, das ‚Unerkennbare', unzulässige Aussagen über das Erkennbare abgeleitet werden.

Andererseits ist bei Vertretern einer ‚materialistischen' Weltanschauung offensichtlich, daß manche Erfahrungsbereiche und auch empirische Daten ‚ausgeblendet' werden müssen, um die Kohärenz ihrer Konzepte zu erhalten.

Hierzu gehören z.B. die parapsychologischen Phänomene[1] (Außersinnliche

---

[1] Seit der Begründung einer wissenschaftlichen Erforschung der parapsychologischen Phänomene vor mehr als hundert Jahren haben sich eine Reihe von Philosophen für dieses Forschungsfeld interessiert und sie stellten auch einige Präsidenten der englischen ‚Society for Psychical Research' – so Henry Sidgwick, William James, Henry Bergson, F.C.S. Schiller, Hans Driesch, Charles D. Broad.
Im deutschsprachigen Raum sind außerdem Max Dessoir und T.K. Österreich zu nennen, die sich intensiv mit den parapsychologischen Phänomenen befaßten.
Von den zeitgenössischen deutschsprachigen Philosophen haben sich nur wenige mit diesem Phänomenkreis beschäftigt; zu den Ausnahmen gehörte der 1997 verstorbene Münchener Philosoph Anton Neuhäusler. Im Vorwort zu seinem 1957 erschienenen Buch ‚Telepathie, Hellsehen, Präkognition' schreibt er, daß dieses ‚wissenschaftliche Neuland' uns, „bei aller gebotenen Vorsicht, entscheidende Perspektiven für unsere Auffassung von uns selbst und der Welt eröffnen kann" (Neuhäusler, 1957, 5).
Neuhäusler bezeichnete es als ein Anliegen seines philosophischen Denkens, „die entsprechenden Phänomene in ein erweitertes Bild der Wirklichkeit aufzunehmen" (ebd.).
Der englische Philosoph C.W.K. Mundle schrieb in der 1967 publizierten ‚Encyclopedia of Philosophy': „ESP-Phänomene betreffen die Philosophie offensichtlich ... Philosophische Theorien sind fast immer von neuen wissenschaftlichen Theorien beeinflußt worden, und Philosophen sollten besonders solche Fakten berücksichtigen (einschließlich der Phänomene von Hellsehen und Telepathie), die die Wissenschaft derzeit noch nicht einmal prinzipiell erklären kann; zumindest sollte sie zur Kenntnis nehmen, daß solche Fakten bestehen" (p. 57, Artikel: ESP Phenomena, Philosophical Implications of).
So können die parapsychologischen Phänomene zumindest zu einer ‚epistemologischen Bescheidenheit' beitragen und an die Begrenztheit menschlichen Wissens erinnern, das überall an (noch) Unverständliches und Unerklärbares stößt.
Gute Literaturhinweise für die Beziehung zwischen Philosophie und Parapsychologie gibt der Artikel ‚Parapsychologie' der ‚Enzyklopädie Philosophie und Wissenschaftstheorie', Bd. 3, 54–57; allerdings finden sich im Text des Artikels selbst (Verf.: Christian Thiel) kaum explizite Aussagen über diesen Bezug.

Wahrnehmung und Psychokinese), die seit vielen Jahrzehnten mit strenger empirischer Methodik untersucht werden und die nahelegen, daß die ‚Reichweite des menschlichen Geistes' (Rhine) vielleicht doch nicht so grundsätzlich an die Grenzen von Raum (→ Telepathie / Hellsehen) und Zeit (→ Präkognition) gebunden ist.

Es gibt auch einige schwer erklärbare hirnanatomische Befunde, etwa bei Hydrozephalus, die für eine allzu selbstverständliche Gleichsetzung von *brain* und *mind* eher irritierend wirken müssen und die den englischen Pädiater John Lorber zu der provozierenden Frage veranlaßten: *Is your brain really necessary?*[1]

Doch lassen sich auch aus solchen Ergebnissen keineswegs eindeutige Schlußfolgerungen ziehen – es gibt stets unterschiedliche Deutungsmöglichkeiten, die auf weltanschaulichen Prämissen beruhen und sich von daher der empirischen Überprüfung entziehen.

Rainer Specht hat solche ‚metaphysischen Hintergrundannahmen' als *tiefe Theorien* bezeichnet und geht deshalb davon aus, daß die Philosophie auf ihre ‚Metaphysik-Funktion' nicht verzichten kann (Specht, 1978, 166). Philosophie stößt für ihn stets auf ‚tiefe Theorien', wenn sie über sich selbst reflektiert, aber auch im Umgang mit philosophischen Entwürfen anderer oder der Untersuchung von Meinungen von Individuen oder Gruppen – er bezieht also das Phänomen der alltäglichen Lebensphilosophien ausdrücklich mit ein. Wenn man solche Phänomene untersucht, „konstruiert oder rekonstruiert man Metaphysiken" (ebd. 168). Specht weist darauf hin, daß in diesem Sinne „niemand die Möglichkeit hat, sich von metaphysischen Positionen freizuhalten". Wenn Theismus eine metaphysische Position ist, dann auch Atheismus. „Selbst der Agnostizist, der das Bestehen auf weltanschaulichen Entscheidungen dieser Art für verblendet hält, rekurriert auf tiefe Theorien über die menschliche Vernunft" (ebd. 167).

---

[1] Lorber berichtete über einige Untersuchungen von Menschen mit progressivem Hydrozephalus, nach dem Aufkommen der Computer-Tomographie ab 1976. In einer großen Studie mit bereits älteren Patienten (über 500 Personen, die zum Teil über 20 Jahre alt waren) ergaben sich einige überraschende Befunde: „By the time they had a CT scan, some had such enormously dilated ventricles there was hardly any brain left above the level of the tentorium. They retained the midbrain, cerebellum and pons but what was virtually missing was the part of the brain we attribute to superior intelligence; the centres for the fine control of movements and the appreciation of visual and auditory stimuli" (Lorber, 1981, 29).
Diese Menschen, die über fast kein Großhirn verfügten, sondern bei denen nur Mittelhirn, Kleinhirn und Pons ausgebildet waren, übten zum Teil verantwortliche Berufe aus, hatten studiert usw. Bei manchen waren insgesamt aufgrund der extrem vergrößerter Ventrikel (Hirnkammern) nur noch sehr dünne Reste der Hirnsubstanz übrig, sie litten aber unter keinerlei physischen Defekten und hatten normale Intelligenz. Einige waren sogar außergewöhnlich intelligent, mit einem IQ deutlich über dem ‚klugen Normalbereich'.
Diese Befunde lassen sicher vielfältige spekulative Deutungen zu, aber eine allzu mechanistische und reduktionistische Weltsicht wird dabei eher Mühe haben. Lorber selbst formuliert hypothetische Erklärungen, daß vielleicht spezifische Gehirnfunktionen wie der motorische Cortex von früher Kindheit an an anderer Stelle lokalisiert werden könne, oder daß wir nicht eine so große Gehirnmasse brauchen bzw. normalerweise nur einen sehr kleinen Teil davon gebrauchen. („It is possible that specific functions of the brain, such as the motor cortex, may be relocated elsewhere from early infancy onward or that we do not need such a large quantity of brain and only need to use a very small part of it under normal cirumstances" [ebd.].)

Ein besonderes Kennzeichen unserer Epoche ist vielleicht, daß der Mensch nicht nur für seine Handlungen verantwortlich ist, sondern im buchstäblichen Sinne sogar für seine gesamte ‚Welt', die er als seine ‚Weltsicht' (Lebensphilosophie) entwirft – die Einsicht in diese ‚Sinngebungs-Autonomie'[1] stellt eine neue Verantwortung dar, für die vielfach noch wenig Bewußtheit vorliegt.

Die Philosophie kann zum strukturellen Wissen um die Prozesse der Entwicklung von Lebensphilosophien wertvolle Beiträge liefern, wenn sie unter diesem Aspekt die Gestalten der Philosophiegeschichte als Vertreter einer persönlichen Weltsicht versteht. Respekt vor der Unterschiedlichkeit von Entwürfen kann dabei verbunden sein mit Genauigkeit, ja Schärfe der Prüfung, etwa auf Stimmigkeit und Kohärenz der einzelnen konzeptuellen Elemente im Gesamt der Weltsicht, Adäquatheit der Erfassung von Erfahrungen (dazu gehört auch die Offenheit für neue Erfahrungen, wozu eine starre Ideologie, gleich welcher Grundorientierung, nicht imstande ist) und schließlich die *Orientierungsfunktion* der Konzepte und ihr Beitrag zu einem guten, gelingenden Leben – ein Ziel, das vielleicht die Vertreter auch extrem unterschiedlicher Lebensphilosophien verbinden mag.

So bedeutet das ‚Ende der großen Entwürfe'[2] zugleich den Anfang der Notwendigkeit, die eigene Weltsicht individuell zu entwerfen, auch wenn das in der Regel eher implizit und wenig bewußt geschieht bzw. geschehen ist.

In welchen Begriffen, Symbolen oder Chiffren auch immer – es bleibt eine persönliche Aufgabe, einen Sinnzusammenhang zu ‚finden', der sowohl die ‚Welt' als auch mich selbst in meiner individuellen Existenz umschließt, oder einen solchen Sinnzusammenhang auf persönliche Weise zu negieren bzw. für unmöglich zu erklären. Auch hierfür bietet die Philosophiegeschichte eine Fülle unterschiedlichster Formen des Umgehens und der exemplarischen Auseinandersetzung.

In der hier vorgelegten Konzeption Philosophischer Beratung sind diese skizzierten Strukturlinien ‚Hintergrund' für das Umgehen mit existentiellen Fragen im Beratungskontext, insbesondere für den Aspekt der eigenen Sinnsuche und Sinnkonstitution.

---

[1] Ursula M. Staudinger und Freya Dittmann-Kohli haben, aus dem Kontext empirischer Weisheitsforschung und der Untersuchung persönlicher Sinnsysteme, den Prozeß dieser ‚Entdekkung' so beschrieben: „Die für moderne westliche Gesellschaften typische individualistische Sinnkonfiguration geht ... davon aus, daß der einzelne Mensch seine Überzeugungen und Werte selbst bestimmen kann ... und daß er auch in gewissem Ausmaß für die Deutung seiner persönlichen Realität und für seine Zielsetzung verantwortlich ist ...
Die Entdeckung dieser ‚Sinngebungs-Autonomie' des Menschen in der Neuzeit war mit religiösen Zweifeln und Erfahrungen von Entwurzelung, Sinnlosigkeit, Verlorenheit verbunden ... Dadurch gewann die Frage nach dem Lebenssinn an neuer Bedeutung und wurde sowohl in philosophischen als auch in literarischen Werken intensiv gestellt" (Staudinger/Dittmann-Kohli, 1994, 415).

[2] So der Titel eines interdisziplinären Kongresses, der 1991 in Heidelberg stattfand (Fischer, 1992).

b) Beispiele ‚beratender Philosophie' bzw. ‚Philosophie als Lebensform'

Fragt man einen Zeitgenossen, was ‚*die Philosophie*' ist, wird man sicher Antworten erhalten, die orientiert sind an der Vorstellung, Philosophie sei (praktisch ausschließlich) in Form von Texten, die Philosophen geschrieben haben, repräsentiert.

Toulmin weist darauf hin, daß diese Auffassung erst im Übergang zur Neuzeit entstanden ist – „vor 1600 galten Logik und Rhetorik als legitime Zweige der Philosophie" (1990, 60), und so ist der Aspekt der Entwicklung ‚Vom Mündlichen zum Schriftlichen' für ihn eines der Kennzeichen der Entwicklungsgeschichte der Philosophie der Moderne.

Gehen wir noch weiter zurück, zur Philosophie der Antike, wird die Bedeutung des Mediums der Mündlichkeit noch größer – in den philosophischen Schulen der Antike spielte der Dialog als konkretes Philosophieren bzw. als ‚Anwendungsform' der Philosophie eine wichtige Rolle.

Unter diesem Gesichtspunkt kann Philosophische Beratung als ein Aspekt der ‚Wiedereinbeziehung des Mündlichen'[1] verstanden werden, die Toulmin in seiner Analyse als eine Charakteristik der zukünftigen Weiterentwicklung der Philosophie betrachtet (Toulmin, 1990, 298ff.); neben den von Toulmin genannten Formen der Rhetorik und des Diskurses wird durch den Beitrag der Philosophischen Praktiker vielleicht auch das Philosophische Beratungsgespräch bzw. Lehrgespräch als Form Angewandter Philosophie seinen Platz finden und so ein zeitgemäßes Wiederanknüpfen[2] an die dialogische Tradition der Philosophie unterstützen.

Agonaler (streitender) und konsiliarischer (beratender) Dialog
(Sophisten/Sokrates)

Die dialogische Praxis in der Philosophie der Antike zeigt jedoch zwei sehr unterschiedliche Ausprägungen – der Dialog hat nicht nur beratenden Charakter bzw. sogar den Anspruch therapeutisch, heilend zu wirken, sondern es gibt auch

---

[1] Die Bezeichnung ‚Rückkehr zum Mündlichen', die Toulmin verwendet, scheint mir ungünstig, weil sie im Sinne eines Gegensatzes von Schriftlichkeit und Mündlichkeit verstanden werden könnte, der in der Philosophie spätestens seit Aristoteles nicht mehr besteht und historisch als Übergangsphänomen bei der Entwicklung der Schrift und dem Verlassen einer schriftlosen Epoche zu verstehen ist.
Die möglicherweise von dem historischen Sokrates vertretene Schriftkritik ist bei Platon zu einem dialektischen Stilmittel der schriftlichen Darstellungsform verarbeitet worden, während die Text-Gespräche selbst kaum dialogische Qualitäten aufweisen; die Darstellungsform ist vielmehr an ihrer Wirkung auf den Leser orientiert.
Statt einen angeblichen Gegensatz von Mündlichkeit und Schriftlichkeit in der Philosophie künstlich wiederzubeleben, kann es m.E. nur darum gehen, den Dialog (von der Beratung bis zum Philosophischen Lehrgespräch) als Anwendungsform der Philosophie wiederzugewinnen.
[2] In fast keinem Text zur Philosophischen Praxis fehlt ein Hinweis auf die Nähe zur Art des frühgriechischen dialogischen Philosophierens, besonders des sokratischen.

den Disput, das Streitgespräch, Versuche, den anderen zu überzeugen, zu widerlegen oder zu ‚besiegen'.

So rühmt sich etwa Protagoras in Platons gleichnamigem Dialog, er habe schon mit vielen den Kampf (*agôn*) des Redens bestanden – es geht dabei um ein Überwinden des ‚Gegners' (Prot. 335a).

Das Streitgespräch ist jedoch nicht der bevorzugte Fokus, wenn auf die mündliche Praxis der antiken Philosophen Bezug genommen wird (verständlicherweise besonders, wenn ein Philosophischer Praktiker diesen Bezug herstellt), sondern vielmehr die sokratische ‚Hebammenkunst' (Maieutik), die – so wird dann meist dieses Vorgehen beschrieben – im Dialog dem Gesprächspartner dazu verhelfen will, seine eigenen Gedanken ans Licht zu bringen, so wie die Hebamme der Gebärenden nur Hilfestellung gibt, ihr Kind zur Welt zu bringen.

Doch selbst wenn jemand gänzlich Platons (eher polemisch-abwertender) Darstellung der Sophisten folgte, könnte er nicht polarisierend den Sophisten ein agonales, Sokrates ein eher begleitendes oder ‚unterstützendes' dialogisches Vorgehen zuerkennen.

Würde man sich ausschließlich am Bild der Hebammenkunst *als Geburtshilfe* orientieren, so wäre das ein schiefes Bild des (platonischen) Sokrates und zugleich ein Beratungskonzept von nur sehr begrenzter Wirkungsmöglichkeit und Wirksamkeit. In diesem Bild ist Voraussetzung, daß die andere Person mit etwas ‚schwanger' ist, das gut und gesund ist und deshalb wert, ans Licht der Welt zu kommen. Diese Symbolisierung gibt aber keinerlei Anhaltspunkt dafür, wie mit *ungünstigen* Prozessen (‚falschen' Gedanken, ‚schlechten' Gefühlen etc.) umgegangen werden soll.

Nun ist jedoch bei dem platonischen Sokrates die ‚*maieutikē technē*' keineswegs auf die Geburtshilfe beschränkt – sie umfaßt auch das Umgehen mit nicht lebensfähigen Hervorbringungen (= Gedanken); hier paßt das Bild üblicher Geburtsvorgänge nicht ganz und wird deshalb von Sokrates um die Möglichkeit erweitert, unerwünschte und ungünstige *eidola* – Truggestalten oder Phantome – hervorzubringen (von Schleiermacher drastisch als ‚Mondkälber' übersetzt).

Da es sich hier um einen für das Gelingen erfolgreicher Beratung sehr wichtigen Aspekt handelt, sollen die beiden Seiten der sokratischen Maieutik etwas genauer geschildert werden.

Es gibt nur eine einzige Stelle in Platons Schriften, in denen die Maieutik explizit erläutert und erklärt wird (Theaitetos 149–151d). Nimmt man als den ‚prototypischen' Fall der Hebammentätigkeit die ‚protreptische' (unterstützende, fördernde) Aktivität bei der Geburt eines gesunden Kindes, so scheint allerdings diese Bezeichnung als Symbol für die Vorgehensweise des Sokrates in den platonischen Dialogen kaum angemessen – in den meisten Dialogen ähnelt weder das Vorgehen des (platonischen) Sokrates dem einer Geburtshelferin, noch läßt sich das ‚Ergebnis' damit vergleichen, denn außer etwa den Aussagen zur Geometrie, die ein junger Sklave im Menon von sich gibt, wird kaum etwas Gesundes ‚geboren', und auch in diesem Beispiel ist es eher eine schwierige Geburt mit viel Unterstützung, Ziehen, Nachhelfen, Beeinflussen etc. als ein bloßes förderndes Begleiten.

Die immer wieder vorgeführte Verfahrensweise ist vielmehr die des ‚Elenchos'[1], der in die Aporie führenden Befragung durch Sokrates. Doch trägt die ‚Theorie' der Maieutik dem durchaus Rechnung, indem unterschiedliche Tätigkeitsformen und entsprechende Fähigkeiten einer Hebamme bzw. eines maieutischen Gesprächsführenden benannt werden.

Die erste Fähigkeit besteht darin, zu erkennen, ob jemand mit etwas schwanger ist – Sokrates setzt sie am Anfang dieser Passage ein, indem er dem Thaitetos erklärt: „Du hast eben Geburtsschmerzen, lieber Theaitetos, weil du nicht leer bist, sondern schwanger gehst." (Theaitetos selbst gibt zu, daß er davon nichts weiß – ihm ist nur bewußt, daß er unzufrieden ist mit seinen eigenen Gedanken und Konzepten, aber ebenso mit denen anderer. Sein Fragen hört zwar nicht auf, läuft aber ins Leere; in der Selbsteinschätzung, dem Selbstgewahrsein, ist er also nicht schwanger, sondern eher leer.)

Sokrates gibt sich durchaus als Experte (auch das paßt nicht zum klischeehaften Bild des maieutischen Beraters als bloßem ‚Begleiter'), als jemand, der weiß, ob eine Person schwanger ist oder nicht. Zugleich hat der Maieut die Fähigkeit, den Prozeß zu begleiten oder herbeizuführen, sich von unerwünschten Hervorbringungen zu trennen.

Gerade der Dialog ‚Theätet' ist ein gutes Beispiel für die Dominanz der ‚negativen Phase' (Waldenfels) der maieutischen Vorgehensweise des Sokrates in den platonischen Dialogen. Dadurch, daß dieser Text das Bild des Geburtsvorganges immer wieder aufnimmt, wird umso deutlicher, daß die Untersuchung (wie meist) in der Aporie endet. Theaitetos äußert ja sogar bestimmte Gedanken, d.h. er bringt, symbolisch gesprochen, durchaus ‚Kinder' hervor, doch dann gilt es, zu prüfen, ob es sich jeweils um ein entwicklungsfähiges Kind handelt oder ein ‚leeres Windei'.

Der Sokrates des Textes ist sich der begrenzten Anwendbarkeit des Hebammen-Vergleiches durchaus bewußt, gerade für die erste, negative Phase einer Unterredung, in der es um die Unterscheidung zwischen ‚Trugbildern' bzw. ‚nicht lebensfähigen Hervorbringungen' geht – und diese Unterscheidung ist für Sokrates offensichtlich von allergrößter Bedeutung.

Deshalb faßt er den eigenen maieutischen Prozeß noch einmal in direkter, nicht-symbolischer Sprache zusammen: Es geht um Hervorbringungen (‚Geburten') der Seele, nicht des Körpers, und die größte Kunst (er spricht hier von ‚unserer Technik', also im Sinne einer erprobten, ausgearbeiteten Methode) besteht darin, daß sie imstande ist zu prüfen, ob die Seele des Jünglings[2] ein Scheinbild

---

[1] Der Elenchos wird – ohne Bezug zur Maieutik – auch an anderen Stellen beschrieben oder die Terminologie (elegchos bzw. das Verb elegchein) wird verwendet. Eine ausführliche Erläuterung findet sich im Sophist, wenngleich in etwas ‚versteckter' Form als Beschreibung der Tätigkeit des Sophisten (Sophist 226a–231c, Erwähnung des Terminus 231b), und zwar im Sinne einer Kunst der Reinigung der Seele (kathartikē technē). (Vgl. dazu Waldenfels [1961], 52ff., dort auch Hinweise zum Elenchos im griechischen Sprachgebrauch.)

[2] Die Maieutik ist Geburtshilfe für Männer, nicht für Frauen, so sagt der Text am Anfang. Dabei hat Sokrates wahrscheinlich wesentliche Anregungen für seine Konzeption der maieutischen Dialogik von einer Frau erhalten – Hirzel muß sich in seinem 1895 erschienen großen Werk über den Dialog noch quasi für eine solche Annahme entschuldigen: „Kaum darf man es heut-

und Falsches hervorzubringen im Begriff ist, oder Echtes (Lebenskräftiges, etwas, das taugt) und Wahres (150c). Dieser Vorgang bestimmt den Anfang des Prozesses weitgehend, und der Lehrer muß hier offenbar sehr viel Kraft einsetzen, um die ungünstigen Prozesse zu stoppen und zu beseitigen – ich schließe das aus den Wortes des Textes, daß die Schüler sich anfangs „zum Teil gar sehr ungelehrig" zeigen.

In der zweiten Phase ist der Verlauf dann „wunderbar schnell fortschreitend", und zwar aus der Sicht der Betreffenden selbst, aber auch bestätigt durch die Wahrnehmung anderer. Es wirkt dann plötzlich so, als geschehe alles wie von selbst, sie „entdecken viel Schönes und gebären es" (150d).

Sokrates muß sich sehr wohl bewußt gewesen sein, wie stark dieser Prozeß bei günstigem Verlauf, trotz der scheinbaren Leichtigkeit, durch den maieutisch Tätigen – unter Mitwirkung der Transzendenz – bestimmt ist: „Die Geburtshilfe indes leisten dabei der Gott und ich" (150d).

Wenn der Schüler die Bedeutung dieser Begleitung nicht erkennt, kann es sein, daß er sie falsch einschätzt, sich selbst alles zuschreibt, die Begleitung heruntermacht („mich aber verachtend"), und sich so zu früh von dem Maieuten trennt. Er unterliegt dann unterschiedlichsten Einflüssen, hat keine sachkundige Begleitung mehr, bringt erneut trügerische Produkte hervor, und das bereits Erarbeitete kann wieder verlorengehen, da er die Pseudoprodukte („die trügerischen und unechten Geburten") höher achtet als die rechten (150e).

Solche Beschreibungen sind ohne eigene Erfahrungen in der Begleitung von Entwicklungs- und Reifungsprozessen kaum vorstellbar. (Inwieweit dieser angenommene Erfahrungshintergrund nun dem Sokrates zuzuschreiben ist oder in Aspekten auf Erfahrungen von Platon selbst beruht, läßt sich natürlich nicht abgrenzen.) Wer sich allerdings auf Sokrates als einen ‚Stammvater' der Philosophischen Beratung beziehen will, tut gut daran, sich auf die ganze, zweistufige ‚Beratungstheorie' zu stützen, wie sie im Dialog Theätet als ‚*maieutikē technē*' dargestellt wird.

Der Sokrates der platonischen Dialoge ist demgegenüber kein so guter Bezugspunkt für einen Berater unserer Zeit. Das gilt unabhängig davon, ob in den Dialogen die hauptsächliche Verfahrensweise des wirklichen Sokrates adäquat beschrieben ist (das würde heißen: die zweite Hälfte der maieutischen Kunst wäre de facto kaum verwirklicht worden) oder ob dieser ‚Dialog-Sokrates' doch

---

zutage auszusprechen wagen, dass ein solches Verdienst um Sokrates der Aspasia gebührt" (Hirzel, 1895,1, 79).

Im platonischen Dialog ‚Menexenos' erwähnt Sokrates, daß er zwei Lehrer hatte, Konnos in der Tonkunst, die Aspasia in der Redekunst. „Von mir wäre es wohl gar nicht zu wundern, Menexenos, daß ich imstande wäre, die Rede zu halten, der ich eine gar nicht schlechte Lehrerin habe in der Redekunst, sondern die auch viele andere und treffliche Redner gebildet hat, einen aber, der es allen Hellenen zuvortut, den Perikles" (Menex. 235e).

In einer Anmerkung weist Hirzel auf eine Passage bei Plutarch hin, nach der man diese Frau vielleicht als ein frühes Beispiel für (philosophische) Beratungstätigkeit bezeichnen könnte: „Es klingt daher ganz glaublich, was Plutarch Perikl. 24 erzählt, dass man die Frauen zu ihr schickte, damit sie ihr zuhörten" (ebd. Anm. 3; ein Beispiel für eine ‚Eheberatung' der Aspasia findet sich bei Cicero, De inventione 51f.).

eher eine Figur des dialektischen Spiels von Platon darstellt (was mir eher einleuchtet). Die dort vorgeführte Technik, den Gesprächspartner in die Aporie zu führen, verwirklicht jedenfalls fast ausschließlich nur den ersten Teil des zweistufigen Prozesses, und das in einer oft – aus heutiger Sicht – etwas spitzfindigen Form des Argumentierens, mit dem Ziel, den anderen in Widersprüche zu verwickeln und ihm so seine Konzepte ‚fortzuziehen‘; als ‚Beratungskonzeption‘ sicher eine fragwürdige Orientierung.

Zusammenfassend läßt sich unter Bezug auf die genannte Darstellung im ‚Theätet‘ der maieutische Prozeß als ein zweistufiger Vorgang beschreiben:[1]

a) Elenchos (Elenktik)
In einer ersten Phase (nach der Unterteilung von Waldenfels [1961] könnte sie als ‚negative Phase‘ bezeichnet werden) geht es darum, ungünstige Konzepte aufzuzeigen und zu ‚beseitigen‘. Das Vorgehen im Dialog besteht hauptsächlich darin, den anderen davon zu überzeugen, daß bestimmte Aussagen irrig (aporetisch) sind, so daß er sie von sich aus aufgibt. Die Stufe konstruktiven (‚qualifizierten‘) Nichtwissens wird erreicht.

b) Protreptik
In der zweiten, positiven Phase werden dann neue, günstige Konzepte so entwickelt, daß sie fast wie von selbst aus dem Schüler heraus entstehen; der Lehrer (unterstützt von der Einwirkung transzendenter Kräfte, ‚dem Gott‘) wirkt dabei begleitend wie ein Geburtshelfer.

Sokratisches Wissen

Während in der Anfangsphase der griechischen Philosophie naturphilosophische Fragen im Vordergrund standen, insbesondere nach dem, was allem Seienden zugrundeliegt, wendet sich später die philosophische Fragestellung mehr und mehr dem Menschen zu: Was ist ein gutes Leben, was rechtes Handeln, was ist Glück, Erkenntnis? usw.

Es geht also um den Menschen selbst. Diese Wende vom kosmologischen zum anthropologischen Standpunkt findet sich auch bei den philosophischen Zeitgenossen des Sokrates, den Sophisten, auch wenn hier vielfach die Pragmatik des äußeren Erfolgs, der Anerkennung, des Durchsetzens bei Gerichtsverhandlungen oder in der Politik, im Mittelpunkt stand. Der Mensch fing an, zum eigentlichen Maßstab zu werden, in aller Schärfe ausgedrückt im ‚Homo-mensura-Satz‘[2]; in

---

[1] Die hier zugrundeliegende klare terminologische Gliederung der Maieutik als Oberbegriff mit den beiden Formen der Elenktik und Protreptik habe ich Michael Hankes Untersuchung über den maieutischen Dialog (Hanke, 1986, 95ff.) entnommen.

[2] „Aller Dinge Maß ist der Mensch, der seienden, daß (wie) sie sind, der nicht seienden, daß (wie) sie nicht sind" (DK 80 A 1).
Positiv gesehen und unter dem Aspekt des Praxisbezuges, um den es den Sophisten ging, kann hier von einer wichtigen Grundlage eines Beratungsansatzes gesprochen werden, nämlich dem

dem ‚Protagoras' benannten platonischen Dialog wird dieser Sophist von Sokrates zumindest mit einem gewissen Respekt behandelt, während die Sophisten sonst in einer – überzeichnenden – Polemik dargestellt werden.

Worin liegt nun die Kraft und die Sicherheit im Auftreten dieses Sokrates, den Karl Jaspers neben Buddha, Konfuzius und Jesus zu den ‚maßgebenden Menschen' gezählt hat? Aus unserer Sicht erscheint von zentraler Bedeutung, daß Sokrates in radikaler Weise die Eigenverantwortlichkeit des Individuums betonte, wobei er dennoch die tradierten Werte achtete, sofern sie sich mit den eigenen in Übereinstimmung bringen ließen. Doch ergeben sich für Sokrates die Antworten auf die Fragen nach dem rechten Leben nicht nur durch die Reflexion des eigenen Tuns, der Motive, Überzeugungen usw., sondern sein ganzes Leben ist durchzogen von einzelnen Erfahrungen einer unmittelbaren Gewißheit, in Form einer inneren Stimme, die allerdings stets nur in negativer Form auftrat, als ein klares, von innen kommendes ‚Nein' zu bestimmten konkreten Handlungen. (Wenn zum Beispiel Schüler ihn verließen, dann realisierten, daß sie nicht weiterkamen und zu ihm zurückkehren wollten, kam es immer wieder vor, daß die Stimme ihn davon abhielt, sie wieder aufzunehmen.[1])

Diese und andere Passagen legen aber auch nahe, daß umgekehrt Sokrates davon ausgegangen sein muß, das Ausbleiben dieser Stimme bedeute, daß seine jeweilige Handlung gut und richtig sei, so z.B. bei seinem Gang zur Verhandlung und auch während des Prozesses:

> „Mir ist nämlich, ihr Richter ... etwas Wunderbares vorgekommen. Meine gewohnte Vorbedeutung [des *daimonion*] nämlich war in der vorigen Zeit wohl gar häufig, und oft in großen Kleinigkeiten widerstand sie mir, wenn ich im Begriff war, etwas nicht auf die rechte Art zu tun. Jetzt aber ist mir doch, wie ihr ja selbst seht, dieses begegnet, was wohl mancher für das größte Übel halten könnte und was auch dafür angesehen wird; dennoch aber hat mir weder, als ich des Morgens von Hause ging, das Zeichen des Gottes widerstanden, noch auch als ich hier die Gerichtsstätte betrat, noch auch irgendwo in der Rede, wenn ich etwas sagen wollte. Wiewohl bei anderen Reden es mich oft mitten im Reden aufhielt. Jetzt aber hat es mir nirgends bei dieser Verhandlung, wenn ich etwas tat oder sprach, im mindesten widerstanden. Was für eine Ursache nun soll ich mir hiervon denken? Das will ich euch sagen. Es mag wohl, was mir begegnet ist, etwas Gutes sein, und unmöglich können wir Recht haben, die wir annehmen, der Tod sei ein Übel. Davon ist mir dies ein großer Beweis" (Apol. 40a–b).

Als Schlußsatz folgt die Aussage, die als Stütze für die Hypothese gelten kann, daß für Sokrates das Ausbleiben der Stimme eine Gewißheit rechten Handelns bedeutete:

Ernstnehmen der Subjektivität des Selbst- und Welterfassens, das uns hier in einer ersten, frühen und radikalen Form entgegentritt.

[1] Theait. 151: „Wenn solche dann wiederkommen, meines Umgangs begehrend, und wunder was darum tun, hindert mich doch das Göttliche [daimonion], was mir zu widerfahren pflegt, mit einigen wieder umzugehen; andern dagegen wird es vergönnt, und diese machen erneut Fortschritte."

„Denn unmöglich würde mir das gewohnte Zeichen nicht widerstanden haben, wenn ich nicht im Begriffe gewesen wäre, etwas Gutes auszurichten" (Apol. 40c).

Meist wird in den Darstellungen des Sokrates der Aspekt des Nichtwissens betont – man könnte, um die andere Seite ebenfalls zu akzentuieren, formulieren: Sokrates wußte zwar nicht, was die ‚absolute Wahrheit' ist, er gab sogar an, selbst keine eigenen Gedanken hervorbringen zu können, wie die Hebamme, die nicht bzw. nicht mehr gebären kann/darf, aber er scheint doch genau gewußt zu haben, was *für ihn persönlich* richtig zu tun oder falsch d.h. zu unterlassen war.

(In der Sprache unserer Zeit ließe sich sagen: er praktizierte den konsequenten Verzicht eines Anspruchs auf absolutes, objektives Wissen, vertraute jedoch auf das ‚persönliche Wissen' im Kontext seines alltäglichen Lebensvollzugs.)

Sokrates selbst nannte diese Stimme göttlich (*daimonion*), ohne darüber irgendwelche genaueren Angaben zu machen. Die Beschreibung in Überweg/Praechters ‚Grundriß der Geschichte der Philosophie' scheint mir diesen Zusammenhang reflexiven Bewußtseins und innerer Gewißheit recht gut wiederzugeben: „Sokrates erkannte die Reflexion als des Menschen eigene Aufgabe; jene unmittelbare, der Gründe sich nicht bewußte Überzeugung von der Angemessenheit oder Unangemessenheit gewisser Handlungen aber führte er, ohne sie psychologisch zu zergliedern, indem er sich ihrer als eines Zeichens, das ihn recht leite, bewußt war, mit frommem Sinne auf die Gottheit zurück. Diese göttliche Leitung ist das, was er als sein daimonion bezeichnet" (Überweg, 1926, 147).

Nach der oben (1.a) dargestellten Analyse der Art des Transzendenzbezugs in der frühgriechischen Philosophie entspricht diese sokratische Beschreibung der inneren Stimme durchaus dem ‚Zeitgeist', und die Benutzung von Konzepten des Mythos war auch noch zu dieser Zeit so üblich wie heute das selbstverständliche ‚Psychologisieren' in der Alltagskommunikation. Wird dieses von Sokrates auf eine ‚göttliche Stimme' zurückgeführte Phänomen als Gewissen, Intuition etc. bezeichnet, ist jedoch der religiöse Bezug, der bei Sokrates sicher vorlag, eliminiert. Will jemand diese Erfahrung des Sokrates in angemessener Weise in die Sprache der heutigen Zeit übersetzen, müßte er nach einer zeitgemäßen Form suchen, um den Transzendenzbezug zu symbolisieren.

Solche Erfahrungen einer plötzlichen, inneren Gewißheit, die dann handlungsleitend wird und sich rückblickend auch als zuverlässig erweist, sind Phänomene, die Menschen zu allen Zeiten beschrieben haben, und die dann oft – wie auch bei Sokrates – als eine Art lebendiger Erfahrung der Verbindung zur Transzendenz beschrieben werden. Damit angemessen (d.h. nicht reduzierend) umzugehen, bedarf einer Persönlichkeitsmodellierung und strukturellen Konzeption, die auch solche Erfahrungsmöglichkeiten einschließt, denn nur so ist eine adäquate Symbolisierung derartiger Erfahrungen durch den Berater möglich.

Beispielhaft scheint mir Sokrates auch wegen der *undogmatischen* Art seines Transzendenzbezugs; bezüglich der Frage eines Überlebens nach dem Tode gab es bereits zu dieser Zeit ein Nebeneinander unterschiedlichster Hypothesen und

Annahmen. Der Sokrates der Apologie (dessen Ansicht mir eher der historischen Persönlichkeit zu entsprechen scheint, während der Sokrates des Phaidon viel ‚dogmatischer' argumentiert und eher Platons Überzeugungen ausdrückt) weist nach der Verkündung des Todesurteils gegen ihn auf zwei unterschiedliche Konzeptionen hin: eine, die sich den Tod als Nichts-sein vorstellt (er vergleicht es mit einem tiefen, traumlosen Schlaf), eine andere, die von einem persönlichen Überleben ausgeht, mit der Möglichkeit einer Begegnung mit den bereits Verstorbenen.

> „Laßt uns aber auch so erwägen, wieviel Ursache wir haben zu hoffen, es sei etwas Gutes. Denn eins von beiden ist das Totsein, entweder soviel als nichts sein noch irgendeine Empfindung von irgend etwas haben, wenn man tot ist; oder, wie auch gesagt wird, es ist eine Versetzung [*metabolē* – Umwandlung, Wechsel] und Umzug der Seele von hinnen an einen andern Ort" (Apol. 40c).

Es würde gut zu unserem Wissen von dem historischen Sokrates passen, daß er nicht glaubte, ein ‚sicheres' Wissen über das Schicksal des Menschen nach dem Tode zu haben, sondern daß er diesen Bereich vielmehr als ‚unerkennbar' bezeichnete; in diesem Text jedenfalls geht er mit den beiden genannten Vorstellungen um, ohne sich an eine zu ‚binden': „Jedoch, es ist Zeit, daß wir gehen, ich, um zu sterben, und ihr, um zu leben. Wer aber von uns beiden zu dem besseren Geschäft hingehe, das ist allen verborgen außer nur Gott" (Apol. 42a).

Das ‚innere Feuer' als Kraft zur Veränderung (Platon)

Wie erwähnt läßt sich im einzelnen nicht immer sicher entscheiden, in welchem Ausmaß der platonische Sokrates (auch) Erfahrungen und Konzeptionen Platons widerspiegelt.

Nimmt man die platonischen Briefe als eine Quelle, um etwas von der Persönlichkeit Platons zu erfassen, dann läßt sich daraus entnehmen, daß Platon ‚konsiliarische Erfahrung' hatte. Sein Experiment, als politischer Berater aufzutreten, ist zwar mißlungen, aber gerade in seiner Analyse der Gründe dieses Mißlingens wird deutlich, daß er ein ausdifferenziertes ‚prozessuales Wissen' in bezug auf dialogisches Umgehen mit persönlichen Prozessen hatte.

Er betont dabei einen Aspekt, den ich für den Beratungsprozeß (und in der Selbstanwendung für den eigenen Entwicklungs- und Reifungsprozeß) für zentral wichtig halte: die Arbeit an sich selbst bedarf eines gewissen Einsatzes, und sie ist in vielen Aspekten anstrengend. Platon weist darauf hin, daß es nicht verwunderlich ist, wenn junge Menschen, die mit philosophischen Gedanken in Berührung kommen, ‚Sehnsucht nach der besten Lebensführung' bekommen (Ep. 7, 339e). Ein im philosophischen Sinne gutes Leben zu leben, so Platon, gelingt jedoch nur, wenn man ‚davon wie von einem Feuer ergriffen ist' (340b). Das sei das erste, was ein Berater prüfen müsse, und Platon tat dies bei seinem zweiten Versuch als ‚Philosophischer Berater' für Dionysios II sofort nach seiner Ankunft, denn er war verständlicherweise nach den bisherigen Erfahrungen voller

Befürchtungen und Unsicherheiten, ob sein Kommen einen Sinn, d.h. eine Wirkung haben würde oder nicht.

Menschen, die nur oberflächlich etwas übernommen haben (er bezeichnet Dionysos als ‚voll mit oberflächlich Aufgenommenem'), seien u.U. für einen philosophischen Weg zu begeistern, aber es fehle das Wissen über die Anstrengungen und Mühen, die ein Weg persönlicher Entwicklung erfordert. Platon gibt nun dem Tyrannen gleich am Anfang des zweiten Treffens diese Informationen, als eine Art ‚Test', denn wenn diese ‚innere Glut' vorhanden ist, wird der Betreffende trotz der Hinweise auf die Schwierigkeiten des Weges nur noch mehr ‚entzündet' und voller Bereitschaft sein, diesen Weg zu gehen und die eigenen Kräfte einzusetzen. „Die jedoch in Wirklichkeit nicht philosophisch sind, nur mit Scheinwissen eingefärbt, ... wenn die sehen, wieviel es da zu lernen gibt und wie groß die Mühe ist und wie auch die tägliche Lebensweise geordnet sein muß, damit sie zu dem Vorhaben paßt, dann gewinnen sie die Ansicht, das sei schwierig und für sie gar unmöglich, und bringen es nicht fertig, dabei zu bleiben. Einige von ihnen reden sich auch selbst ein, sie hätten von dem Ganzen genug gehört und müßten sich nun weiter keine Mühe mehr machen" (340d/e).

Aus Stellen wie diesen kann auf einen differenzierten dialogischen Erfahrungshintergrund Platons geschlossen werden – er beschreibt, daß in solchen Gesprächen der ‚Lebensberatung' ein Prozeß sich entwickele, der schwer zu beschreiben sei und den er deshalb in seinen Schriften auch nicht näher behandelt habe; mit den Worten der heutigen Kognitionsforschung ließe sich formulieren, daß prozedurales Wissen bzw. Prozeßwissen nur schwer in deklaratives Wissen überführt und somit explizit mitgeteilt werden kann[1].

Platon charakterisiert diesen Vorgang so: „Es gibt ja auch von mir darüber keine Schrift und kann auch niemals eine geben; denn es läßt sich keineswegs in Worte fassen wie andere Lerngegenstände, sondern aus häufiger gemeinsamer Bemühung um die Sache selbst und aus dem gemeinsamen Leben entsteht es plötzlich – wie ein Feuer, das von einem übergesprungenen Funken entfacht wurde – in der Seele und nährt sich dann schon aus sich heraus weiter" (340c).

Damit ist zugleich – im Sinne des Prinzips der Selbstanwendung (vgl. Kap. B.5.) – diese Forderung an ein ernsthaftes inneres Beteiligtsein und Angesprochensein in gleicher Weise auch für den Berater ausgesprochen. „Nur wer selber brennt, kann andere entzünden!" (Lenk, 1994, 278)

---

[1] Wolfgang Wieland hat in seiner Arbeit ‚Platon und die Formen des Wissens' (1982) auf die Bedeutung ‚nichtpropositionalen' Wissens im Kontext der platonischen Philosophie hingewiesen. Die unterschiedlichen Aspekte und Formen dieses Wissens lassen sich heute terminologisch und definitorisch sehr viel genauer fassen und auch positiv bestimmen. In den entsprechenden Abschnitten der Systematischen Darstellung (Teil B. 3) spielen etwa die Unterscheidung zwischen implizitem und explizitem, prozeduralem und deklaratorischem oder theoretischem und Handlungswissen eine wichtige Rolle.
(Für eine Definition von prozeduralem und deklarativem bzw. implizitem/explizitem Wissen vgl. unten S. 196.)

Die Qualität der Glaubwürdigkeit (Aristoteles)

Mit Aristoteles begegnet uns die dritte der großen Persönlichkeiten dieser ersten Phase der antiken griechischen Philosophie. Die bei jedem der drei ganz verschiedene Quellenlage spiegelt einerseits die Schnelligkeit der Entwicklung des Denkens in dieser Zeit, zum anderen treten uns damit die gänzlich unterschiedlichen Persönlichkeiten auf eine jeweils eigentümliche Weise entgegen:

– Sokrates, der ganz im Medium dialogischer Mündlichkeit philosophierte, der Menschen daraufhin ‚abprüfte', ob sie so weise sind, wie sie häufig vorgeben.

– Sein Schüler Platon, der noch so unter dem Einfluß dieser dialogischen Tradition stand, daß er fast alle seine Schriften in Dialogform abfaßte und damit die Frage nach dem Denken der Persönlichkeit des Autors Platon (wohl ganz bewußt und beabsichtigt) so verrätselte und verkomplizierte, daß der Leser immer wieder in die Aporie gerät, was der Autor nun für die ‚richtige' Ansicht hält, wodurch das eigene Denken angestoßen und notwendig gemacht wird. Platon war jedoch auch ein Lehrer, der Lehrvorträge hielt, von denen man nicht genau weiß, in welchem Ausmaß sie identisch sind mit dem in den schriftlichen Texten Niedergelegten.

– Schließlich dessen Schüler Aristoteles, der philosophische Texte schrieb, die vom ersten bis zum letzten Wort seine eigene Ansicht und Meinung repräsentieren (die Echtheit der Zuerkennung einmal vorausgesetzt), also das klare Bekenntnis zum Medium der Schriftlichkeit, auch wenn es sich vielfach um Manuskripte für Vorträge handelte, die Aristoteles vor seinen Schülern oder auch außerhalb gehalten hat.

Unter dem Aspekt Philosophischer Beratung ist Aristoteles in vieler Hinsicht von Interesse. So führt er die sokratischen und platonischen Überlegungen über ein ‚gutes Leben' auf eine systematische und – das macht ihn für den Philosophischen Praktiker so bedeutsam – ganz am lebenspraktischen Vollzug orientierte Weise fort. Die Aristotelischen Texte zur Ethik enthalten eine Fülle von interessanten Überlegungen darüber, wie man dazu kommt, menschliches Handeln als ‚richtig' zu bezeichnen und ein menschliches Leben als ‚gelungen'.

Wichtig für den Beratungskontext scheint mir die von Aristoteles betonte Eigenverantwortlichkeit zu sein sowie der klare Hinweis auf die Bedeutung der Lebenspraxis und der Einübung für ein gutes, gelingendes Leben:
„Die Tugenden entstehen in uns also weder von Natur noch gegen die Natur. Wir sind vielmehr von Natur dazu gebildet, sie aufzunehmen, aber vollendet werden sie durch die Gewöhnung" (Eth.Nic. II, 1103a23[1]). Gut wird man, so sagt Aristoteles also, indem man Gutes tut (1103b1).
Die Frage, was ein gutes, gelingendes Leben sei, findet damit keine *theoretische* ‚Letztbegründung', sondern eine lebenspraktische – gutes Leben ist möglich, das beweisen Menschen, die gut leben, sie sind diejenigen, die darüber befragt werden müssen, was ‚das Gute' ist.

---

[1] Übers. nach Gigon (Aristoteles / Gigon, 130f.)

Das gelingende Leben, die Eudaimonia, ist für Aristoteles Ziel jedes Menschen, unterschiedlich sind jedoch die Möglichkeiten und konkreten Versuche, sie zu erreichen.

Auch wenn die aristotelische Ethik inhaltlich in manchen Aspekten zeitgebunden ist (besonders die Fundierung in den unhinterfragten Sitten und Gebräuchen der Polis), bleiben doch der strukturelle Entwurf und auch viele Details der Darstellung von grundlegender Bedeutung und sind so auch für einen ‚praktizierenden Philosophen' der Gegenwart von Interesse.

Ein weiterer Aspekt: Außer dem Ethiker hat gerade auch der Rhetoriker Aristoteles eine Fülle von – sicherlich erfahrungsfundierten – Beobachtungen mitgeteilt, die für die Arbeit des Beraters von Interesse und Bedeutung sind[1]. So weist er auf bestimmte Qualitäten hin, die zu einem Redner gehören und die dafür sorgen, daß die von ihm geäußerten Ansichten beim Zuhörer Interesse und Gewicht finden, daß er die anderen Menschen damit erreiche und in ihnen eine bestimmte Wirkung erziele. Ethisch zu rechtfertigen ist das für Aristoteles nur dann, wenn der Redner bestimmten Anforderungen genügt: Er betont, daß nicht nur auf die Argumentation zu achten sei, sondern daß sowohl der Überzeugende (Redner bzw. Berater) wie die zu Überzeugenden (bzw. der zu Beratende) in einer bestimmten, angemessenen Verfassung sein sollten: „Denn im Hinblick auf die Glaubwürdigkeit macht es viel aus – besonders bei den Beratungen und schließlich vor Gericht –, daß der Redner in einer bestimmten Verfassung erscheine und daß die Zuhörer annehmen, er selbst sei in einer bestimmten Weise gegen sie disponiert" (Rhet.II,1377 b); damit ist z.B. auch die emotionale Grundeinstellung gemeint, denn, so Aristoteles, ob man jemandem liebevoll oder haßerfüllt gegenübersteht, läßt einen zu anderen Ansichten oder zumindest unterschiedlichen Gewichtungen kommen. Der Hinweis auf die Disposition der Zuhörer ist gleichfalls wichtig, denn wenn diese es nicht annehmen, ‚daß der Redner in einer bestimmten Verfassung erscheine' (modern gesprochen: wenn sie das Beziehungsangebot nicht aufnehmen können), dann hat das Sprechen nicht die gewünschte Wirkung, selbst wenn der Redende sich um die Verwirklichung der notwendigen Qualitäten bemüht.

Welches sind nun diese Qualitäten, die jemanden für seine(n) Gegenüber glaubwürdig erscheinen lassen?

Aristoteles nennt drei: Einsicht, Tugend und Wohlwollen (1378a). Nur wenn alle diese Eigenschaften gegeben sind, wird ein Berater guten Rat geben können – Aristoteles spielt die verschiedenen Möglichkeiten durch und zeigt auf, daß

---

[1] Pedro Lain Entralgo weist in seiner Darstellung der Entwicklung des heilenden Wortes in der Antike (Lain Entralgo, 1970) auf die Bedeutung der von Aristoteles entwickelten Qualitäten des Redners für die ärztliche Praxis (wie sie in der Linie des Hippokrates aufgenommen wurde) und in der Parallele zur heutigen Zeit für den Psychotherapeuten hin. Seine Darstellung ist allerdings von einem Bild des ärztlichen Psychotherapeuten geprägt, das dem des Beraters (wie auch dem vieler psychologischer Psychotherapeuten) weniger entspricht; deshalb sind seine Akzente anders gesetzt und für diesen Zusammenhang nicht so relevant.
Aus den genannten Gründen gehe ich auf die platonische Theorie der epodē hier nicht näher ein; ich verweise dazu auf die Arbeiten von Lain Entralgo (1970 und 1958).

eine fehlende Qualität imstande ist, den Wert einer Beratung in Frage zu stellen, auch wenn eine andere Qualität gegeben ist.

> „Denn entweder sprechen sie aus Uneinsichtigkeit nicht die richtige Ansicht aus, oder aber sie sagen trotz richtiger Einsicht aufgrund ihrer Schlechtigkeit nicht das, was sie wirklich meinen, oder aber sie sind einsichtig und tugendhaft aber nicht wohlwollend, daher kommt es vor, daß sie trotz besseren Wissens nicht das Beste raten" (Rhet. 1378a).

Wer alle diese Qualitäten besitze, müsse bei den Zuhörern glaubwürdig erscheinen – für Aristoteles gibt es außer diesen genannten Gründen keine weiteren; mit einer ähnlichen Argumentationsfigur, und ebenfalls vor einem deutlichen Erfahrungshintergrund (als Berater), hat in unserer Zeit Carl Rogers drei ‚notwendige und hinreichende' Variablen für eine konstruktive Kommunikation und (beraterische) Interaktion herauskristallisiert, die sich weitgehend mit den von Aristoteles genannten Aspekten decken (Echtheit und Akzeptierung im Sinne von ‚Tugend und Wohlwollen'; die aristotelische ‚Einsicht' kann im dialogischen Kontext mit der Fähigkeit des einfühlenden Verstehens bei Rogers in Bezug gesetzt werden).

Aristoteles liefert in seiner ‚Rhetorik' (I,9) auch eine Beschreibung, die aufzeigt, „wie es nun zu bewerkstelligen sei, daß die Redner einsichtig und rechtschaffen erscheinen" – er legte die erste systematische philosophische Tugendlehre[1] vor, und seit diesem Zeitpunkt sind die Tugenden zu einem in immer neuen Variationen durchgespielten philosophischen Thema geworden, bis in unsere Zeit, in der zwar einerseits der ‚Verlust der Tugend' (MacIntyre, 1995) beklagt wird, in der aber zugleich eine Neubesinnung auf ‚Tugenden und Werte'[2] auch im Kontext der Philosophie sehr deutlich zu erkennen ist.

Neue Mythen als ‚philosophische Therapie' – der Rationalist Epikur

Die aristotelischen Schriften zeugen von einer genauen Beobachtung menschlicher Lebenspraxis und einem differenzierten Wissen um menschliche Gegebenheiten. Aber ähnlich wie die Philosophischen Praktiker den zeitgenössischen Vertretern Praktischer Philosophie (dazu zählt insbesondere die Ethik) mit einem gewissen Recht vorwerfen, daß sie es vielfach bei der *Theorie* der Praxis bewenden lassen, ohne sich selbst um die Anwendung im Sinne eines beraterischen Umgehens mit Individuen zu kümmern, so hat Epikur Aristoteles bzw. seinen Schülern vorgeworfen, daß sie nur in ihren Wandelgängen (‚Peripatos') herumgehen und dabei auf leere Weise über das Gute schwatzen[3].

---

[1] Eine ausführliche Darstellung der Tugenden findet sich auch in der ‚Nikomachischen Ethik' (II–V).

[2] Vgl. z.B. André Comte-Sponvilles ‚Kleines Brevier der Tugenden und Werte' (1996).

[3] Diese Deutung von Plutarchs Epikur-Zitat (Usener Fragm. Nr. 423) gibt Martha Nussbaum (1994, 102, Anm. 1) und begründet ihre dann folgende Rekonstruktion der Epikurschen Aristoteles-Kritik. Sie resümiert diese zu Anfang ihrer Ausführungen folgendermaßen: „Aristote-

In aller Radikalität stellt Epikur die Frage einer philosophischen *Praxis*: Was nützen philosophische Lehren für ein besseres, befriedigenderes Leben? Seine berühmten (von Porphyrius überlieferten) Worte über die Notwendigkeit einer praktischen Wirkung der Philosophie würden sich als Motto für die Philosophische Beratung eignen: „Leer ist jenes Philosophen Rede, durch die keine ungünstigen psychischen Prozesse (*pathos*) des Menschen geheilt werden. Denn wie die Heilkunde unnütz ist, wenn sie nicht die Krankheiten aus dem Körper vertreibt, so nützt auch die Philosophie nichts, wenn sie nicht die Leiden (*pathos*) der Seele vertreibt"[1].

Bei den ‚ungünstigen psychischen Prozessen' handelt es sich für Epikur neben dem Schmerz und den Begierden vor allem um verschiedene Arten unguter Vorstellungen: Furcht vor den Göttern und ihrer angeblichen Macht, den Menschen zu nützen oder zu schaden bzw. sie zu bestrafen, sowie vor dem Tod bzw. den Schrecknissen, die in der Unterwelt (dem Hades) auf den Verstorbenen zukommen können (man denke etwa an die bis heute sprichwörtlichen ‚Sisyphus- und Tantalusqualen') – die Angst vor ewigen Qualen scheint in der damaligen Zeit viele Menschen belastet zu haben[2].

Epikur ‚therapiert' die Psyche auf der Basis einer Kritik ‚falscher Vorstellungen' (*doxa*). Im Menoikeus-Brief (Nr. 123) spricht er davon, daß nicht der ehrfurchtslos ist, der die Götter der Masse abschafft, „sondern der, der die Vermutungen (*doxas*) der Masse den Göttern anhängt" (Krautz, 43).

Wahrnehmung (*aistēsis*), Konzepte (*prolēpsis*) und pathische Affektion bzw. Gefühl (*pathos*) sind dabei so aufeinander bezogen (vgl. Erler, 1994, 134), daß Epikur aufgrund seiner theoretischen Grundannahmen ein vollständig ‚durchkonstruiertes' rationales Weltbild entwickeln kann, in dem keine Notwendigkeit mehr für Ängste und Befürchtungen besteht, und zwar indem aufgezeigt wird, daß sie auf falschen Vorstellungen beruhen. Wenn eine falsche Vorstellung aufgelöst werde, verschwinde die entsprechende pathische Affektion, das ‚Leiden der Seele', sofort.

---

lian ethical arguments are empty and useless because they are not adequately committed to the only proper task for philosophical argument, namely, the relief of human misery. They are insufficiently practical, or practical in an insufficiently effective way" (Nussbaum, 1994, 102).
[Aristotelische ethische Argumente sind leer und nutzlos, weil sie der einzigen wirklichen Aufgabe philosophischen Argumentierens nicht angemessen gewidmet sind, nämlich der Erleichterung menschlichen Leids. Sie sind unzureichend praktisch, oder praktisch auf eine unzureichend wirksame Weise.]

[1] Fragment Nr. 221 bei Usener. Übersetzung nach Krautz, S. 143 (mit Modifikation des von Krautz als Affekt bzw. Erregung wiedergegebenen ‚pathos').

[2] Gerade vor dem Hintergrund endloser Qualen im Jenseits, wie sie sich als Möglichkeit in der griechischen Mythologie ebenso wie später in der christlichen Eschatologie finden, bekommt das Ablehnen der Vorstellung eines persönlichen Überlebens des Todes die befreiende Wirkung – so kann die Reaktion auf Pomponazzis ‚Abhandlung über die Unsterblichkeit der Seele' (erschienen 1516) verstanden werden, der dasselbe Ziel hatte wie Epikur: „Diese Schrift erregte starkes Aufsehen, sogar Jubel – sie wurde als Befreiung von der damals alle Lebensbereiche überschattenden Angst vor dem Gericht am Ende des Lebens und der ewigen Verdammnis empfunden. Er lehrte die Überwindung des Todes durch die Befreiung von der Angst vor der ewigen Verdammnis" (Pluta, 1986, 6).

So stellt Epikurs pragmatischer Ansatz, dessen Ziel das gelingende Leben ist – das Sich-Wohlfühlen der Eudaimonie – eine theoretische und praxisbezogene Konzeption dar, die angesichts unseres heutigen Wissens über kognitive Prozesse von erstaunlicher Aktualität ist. Der Zusammenhang von ungünstigen Vorstellungen (Befürchtungen etc.) mit dysfunktionalen emotionalen Zuständen gehört zu den wesentlichsten Elementen neuerer psychologisch-psychotherapeutischer Methoden. So ist es nicht verwunderlich, daß Epikurs ‚psycho-therapeutische' Theorie und Praxis (zusammen mit ähnlichen Vorstellungen der Stoiker, besonders bei Epiktet) eine direkte Quelle für moderne psychotherapeutische Ansätze geworden sind, insbesondere für die von Albert Ellis begründete Rational-emotive Therapie[1].

> Ein Zitat aus einer Darstellung der Rational-emotiven Therapie (aus dem von Corsini hrsg. ‚Handbuch der Psychotherapie') soll die Nähe dieser ‚neuen' theoretischen Annahmen zur epikureischen Philosophie illustrieren: „Der herausragende Ansatz der RET ist ... die These, daß *irrationales Denken* unangemessene, neurotische Reaktionen bewirkt und daß daher spezifische Probleme durch eine Veränderung von Überzeugungen, Einstellungen und Ansichten bearbeitet werden können" (Keßler, 1983, 1105).

Epikurs ‚pragmatischer Ansatz' einer ‚rational durchkonstruierten Weltsicht' basierte allerdings wiederum auf bestimmten (weltanschaulichen) Annahmen, die durchaus ebenfalls als ‚Mythen' bezeichnet werden können. Besonders beim Umgang mit den die Götter betreffenden ‚Psycho-Pathien', die der Philosoph zu heilen hat, wird dies sehr deutlich und war schon in der Antike Anlaß für eine kontroverse Diskussion. Aufgrund seiner Wahrnehmungstheorie, die auch Träume als Aufnahme von Bildern (*eidola*) ansah, gab es für ihn keinen Zweifel an der Existenz der Götter. (Diese zu bestreiten wäre eine andere, damals durchaus auch beschrittene, Möglichkeit gewesen, die Angst vor den Göttern zu beseitigen.) Auch die ‚materialistische' Atomtheorie konnte keine eindeutige Lösung geben, denn die Götter waren zwar, wie alles Seiende, ebenfalls aus Atomen gebildet, das schloß jedoch eine eventuelle Einflußnahme auf die Menschen nicht von vornherein aus (bei Demokrit war dies noch in einem gewissen Umfang gegeben[2]).

Epikur beschrieb die Götter deshalb auf eine Weise, daß jede Einflußnahme auf unseren Kosmos ausgeschlossen war – sie sind unvergänglich und glücklich und deshalb an den Belangen der Menschen nicht interessiert, zumal sie für Epi-

---

[1] Diese wiederum – damit schließt sich der Bogen zur Philosophischen Beratung – war z.B. für die holländische Gruppe von Philosophiestudenten, die sich Mitte der 80er Jahre in einer selbstorganisierten Schulung zu Praktikern heranbildeten, eine wichtige Informationsquelle (vgl. Jongsma, 1995, 26).

[2] Vgl. DK B 175: „Die Götter aber geben den Menschen alles Gute, wie ehedem so auch jetzt. Nur alles, was übel, schädlich und unnütz ist, das schenken die Götter weder ehedem noch jetzt den Menschen, sondern sie selbst geraten unversehens daran durch Geistes Blindheit und Unbesinnlichkeit."

kur (wie auch schon für Demokrit) nichts mit der Entstehung der Welt zu tun hatten.

Die Ehrfurcht den Göttern gegenüber, die von Epikur durchaus bezeugt ist, wird aus ihrem Vorbildcharakter für die Menschen erklärt – sie stellten in gewisser Weise das Ideal des vollkommenen Menschen dar.

Auch bei seiner Argumentation gegenüber der Furcht vor dem Tod bzw. möglicher Qualen nach dem Tod, im Schattenreich des Hades, müssen die weltanschaulichen Prämissen Epikurs geteilt werden, um durch seine Argumentation von den psycho-pathischen Ängsten befreit zu werden. Beide Argumentationen beruhen auf derselben Annahme, nämlich daß es kein persönliches Überleben des Todes gibt – eine Glaubensannahme, also ein ‚neuer Mythos'.

Epikur nimmt den Menschen aus der Spannung der Dualität von Transzendenz und Immanenz heraus, indem er die (göttliche) Transzendenz in die Immanenz hineinnimmt, während er die transzendente Natur des Menschen leugnet. Diese ‚Schwächen' hat Karl Jaspers in seinen Bemerkungen zu Epikur sehr klar benannt: „Wenn Epikur den Tod wegredet als etwas, das uns nichts angeht[1], so kann man nicht sagen, daß er trösten wolle. Ein Trost ist nach seiner Philosophie gar nicht notwendig. Epikur nimmt den Tod nicht ernst. ... Was Epikur vom Tode sagt, ist zum großen Teil richtig. Aber es fehlt das Wesentliche: die faktische Trostlosigkeit des Todes für Menschen in der Zeit. ... Epikur erkennt überall die leibhaften Vorstellungen [*gemeint wohl: eines spezifisch vorgestellten persönlichen Überlebens des Todes, E.R.*] als Fiktionen, und dies mit Recht. Aber sein Negieren führt in die Banalitäten, deren Richtigkeit man zwar nicht vergessen sollte, die aber so, wie er sie fixiert, den Absprung transzendierender Erfahrung wegnehmen" (Jaspers, 1981, 111f.)

Während der Sokrates der Apologie die ‚duale Spannung' des Nichtwissens über das Schicksal nach dem Tode gelassen aushalten konnte[2], will Epikur die Furcht vor dem Jenseits dadurch beseitigen, daß er apodiktisch die Möglichkeit eines persönlichen Überlebens des Todes ausschließt. So zeigen sich bereits in dieser frühen Zeit europäischen Denkens die bis heute sich gegenüberstehenden weltanschaulichen Positionen dogmatischen ‚Wissens' in bezug auf das ‚Unerkennbare' als *Behauptung* sowie als *Negierung* in sehr deutlicher Form.

---

[1] Er bezieht sich hier auf die bekannte Passage im Brief an Menoikeus (Nr. 125): „Das Schauererregendste aller Übel, der Tod, betrifft uns überhaupt nicht; wenn ‚wir' sind, ist der Tod nicht da; wenn der Tod da ist, sind ‚wir' nicht. Er betrifft also weder die Lebenden noch die Gestorbenen, da er ja für die einen nicht da ist, die andern aber nicht mehr für ihn da sind" (Krautz, 45).

[2] Die eine Option war die des Demokrit und Epikur, die Auflösung von Körper und Psyche, die andere ein persönliches Überleben des Todes, beide Möglichkeiten so konzipiert, daß keine pathische emotionale Wirkung, sondern eine freudige hervorgerufen wurde.

Glückendes Leben durch innere Ruhe – Epikur

Alle theoretischen Annahmen, gerade auch die weltanschaulichen Prämissen, stehen für Epikur im Dienste des einen, übergreifenden Zieles: ein *glück*endes Leben zu führen, das für Epikur in der ganz pragmatisch als ‚Wohlbefinden' (*hēdonē*) gedeuteten Eudaimonie besteht. Seine systematisch aufgebaute ‚Lebenskunst' besteht in einer Analyse der üblichen Weisen ungünstiger, zum Unglück führender psychischer Prozesse (unter Einbezug des Körpers und seines ‚Beitrags' z.B. gerade im Falle körperlicher Schmerzen) und dem ‚therapeutischen Umgehen' damit, so daß der Zustand des Wohlbefindens sich wiedereinstellt; Cicero hat ihn deshalb treffend den ‚Architekten des glückseligen Lebens' genannt[1]. Auch wenn man nicht mit allen seinen ‚therapeutischen Maßnahmen' einverstanden sein mag, ist die Klarheit dieser lebenspraktischen Orientierung und die positive, lebenszugewandte Haltung gerade aus der Perspektive heutiger Beratungspraxis dennoch eindrucksvoll und anregend.

Unterscheidet man mit Lovejoy zwei unterschiedliche philosophische Grundhaltungen zum Leben, ist Epikur in der abendländischen Geistesgeschichte sicher einer der bedeutendsten Vertreter einer dem Leben zugewandten, optimistischen und lebensbejahenden Haltung, die Lovejoy ‚*this-wordliness*' nennt. Bis in die Neuzeit hinein dominierte jedoch die gegensätzliche Möglichkeit, die ‚*other-worldliness*'[2], und ihre ungünstigen Auswirkungen sind noch in unserer Zeit erkennbar (vgl. Lovejoy, 1936, 37ff.).

So verdient Epikur Beachtung für seine klare Akzentuierung einer positiven Diesseitigkeit, die zu heftiger Kritik von den Vertretern einer eher weltverneinenden Haltung (im Platonismus und Neuplatonismus sowie später durch christliche Denker) geführt hat. Der Vorwurf eines oberflächlichen Hedonismus kann Epikur jedoch nicht mit Recht gemacht werden – dagegen wehrt er sich selbst im ‚Brief an Menoikeus':

> „Wenn wir also sagen, die Lust sei das Ziel, meinen wir damit nicht die Lüste der Hemmungslosen …, wie einige, die dies … böswillig auffassen, annehmen, sondern: weder Schmerz im Körper noch Erschütterung in der Seele zu empfinden" (Ep.Men. 131, Krautz 49).

Dieses ‚Erschüttertsein' (*tarattesthai*) zu vermeiden, gelinge, wenn man den besonderen und erstrebenswerten Zustand innerer Ruhe erlange, der in Negation des Unerwünschten als ‚Unerschüttertsein' (‚Ataraxie') bezeichnet wird.

Das Glück des Wohlbefindens ist somit für Epikur gerade nicht dadurch zu erlangen, daß man einfach blind dem folgt, was unmittelbaren Lustgewinn verspricht („Jede Lust ist ein Gut, aber nicht jede ist wählenswert", Ep.Men. 129,

---

[1] Cicero, De finibus I (Übers. nach Gigon [Epikur/Gigon], 84).
[2] Lovejoy definiert: Der menschliche Wille, „wie ihn die jenseitszugewandten Philosophen verstehen, sucht ein endgültiges, feststehendes, unveränderliches, wesentliches höchstes Gut und kann es erlangen … [Es ist] jedoch nicht in dieser Welt zu finden, sondern in einem ‚höheren' Seinsbereich, der seinem Wesen, und nicht nur dem Grade nach und in dieser oder jener Hinsicht, von der niederen Region abweicht" (Lovejoy, 1936, 38f.).

Krautz 47), sondern es bedarf auch eines klaren Verstandes, der z.B. die möglichen Folgen abschätzt, Einsicht etwa in die Notwendigkeit, für ein gewünschtes Glück zuerst einmal Unannehmlichkeiten auf sich zu nehmen usw.

> Nicht Essen, Trinken, Feste feiern, Sexualität usw. erzeugen das lustvolle Leben, „sondern ein nüchterner Verstand, der die Gründe für jedes Wählen und Meiden aufspürt und die bloßen Vermutungen vertreibt, von denen aus die häufigste Erschütterung auf die Seelen übergreift. Für all dies ist die Einsicht (*phronesis*) Ursprung und höchstes Gut" (Ep.Men. 132, Krautz 49).

Nach der inneren Ruhe der Ataraxie besteht die zweite Tugend, die zu einem glücklichen Leben notwendig ist, in der Selbstgenügsamkeit, der Autarkie – ihre Frucht ist die Freiheit (Weisungen 77, Krautz 97).

Epikur betonte, daß dieses Ziel nur durch kontinuierliche Arbeit an sich selbst erreichbar ist:

> „Versuchen sollen wir, den nachfolgenden Tag vollkommener zu gestalten als den vorhergehenden, solange wir auf dem Wege sind" (Weisungen 48, Krautz 91).

Was dem vor allem *im Wege* steht, sind nach Epikur unsere ungünstigen Verhaltensmuster, die uns so schaden wie der Umgang mit schlechten Menschen: „Die schlechten Gewohnheiten wollen wir wie minderwertige Menschen, die uns lange Zeit schwer geschädigt haben, endgültig vertreiben" (Weisungen 46, Krautz 89).

Hadot weist zu recht darauf hin, daß der Epikureismus zwar eine Art von Weisheit entwirft, die die Entspannung lehrt, die Beseitigung jeglicher Beunruhigung, und von daher den Anschein der Leichtigkeit erweckt, „in Wirklichkeit aber alles andere als leicht ist: Sie verlangt den Verzicht auf sehr vieles; sie verlangt, die Begierden dem Urteil der Vernunft zu unterwerfen und nur diejenigen zuzulassen, die man mit Sicherheit befriedigen kann. Es handelt sich somit in Wirklichkeit um eine vollständige Transformation des Lebensstils" (Hadot, 1991, 106).

Die Lebenspragmatik des Epikur hat jedoch trotz des Wissens um die Notwendigkeit von Ausrichtung, Anstrengung und Arbeit an sich selbst zur Erreichung des Ziels eines glücklichen, gelingenden Lebens zugleich etwas von der gelösten inneren Heiterkeit, die oft als Charakteristikum weiser Menschen genannt wird[1]. Epikur hat das in dieser Maxime ausgedrückt: „Lachen soll man und zugleich philosophieren, seinen Haushalt führen, seine übrigen Fähigkeiten anwenden und niemals aufhören, die aus der richtigen Philosophie stammenden Lehrsätze zu verkünden" (Weisungen 41, Krautz 89).

---

[1] Vgl. etwa die unten (S. 312) zitierte Äußerung von Sternberg, aus dem Kontext empirischer Weisheitsforschung: Sternberg charakterisiert den weisen Menschen als jemanden, der mit Ungewißheit gut zurechtkommt und der angesichts von Herausforderungen, die andere belasten würden, eine innere heitere Ruhe bewahren kann.

Daß die epikureische Schule fast drei Jahrhunderte fortbestehen konnte, verdankt sie sicherlich der Wirksamkeit ihrer konkreten Verfahrensweisen, zu denen spezifische Formen der Einübung und Beratung gehörten. Trotz aller Strenge der Ausrichtung scheint der Umgangston zugewandt und liebevoll gewesen zu sein[1]. Dieser Aspekt hat besonders in theologischen Darstellungen (vgl. z.B. Rabbow, 1954 und Wolfgang Schmid, 1962) Aufmerksamkeit gefunden, und zwar vor dem Hintergrund der späteren christlichen Fortführung im seelsorgerlichen Gespräch bzw. der Beichte[2], während philosophische Darstellungen verständlicherweise diesen konkreten lebenspraktischen Aspekten weniger Aufmerksamkeit schenkten. Eine wichtige Quelle stellt hier eine Schrift des Philodemos dar (*De libertate dicendi* – Von der freizügigen Rede).

Der Text des Philodem beruht auf Vorlesungen des Epikureers Zenon. Wenn Rabbows Annahme stimmt, scheint es sich hier um eine Art Ausbildung zum Philosophischen Berater gehandelt zu haben: „Das Merkwürdige aber an dem Buche ist, daß ... diese Vorlesungen über die Techne der Seelsorge ... unmöglich vor der versammelten Jüngerschar ... gehalten sein können, sondern nur vor einem engeren, ausgewählten Kreis: wir haben hier Kurse zur Heranbildung von Seelsorgern vor uns (Rabbow, 1954, 270).

Auch Erler stellt das wesentliche Anliegen dieser Schrift (gr. Titel: *Peri parrēsia*) in ähnlicher Weise dar: „Die *parrēsia* [von Erler als ‚freizügige Rede' übersetzt] als Fähigkeit freier und offener Rede wird als eine *technē stochastikē* vorgeführt und zur Medizin ... in Parallele gesetzt ... Die *parrēsia* ist als ein therapeutisches Element der von *sympatheia* getragenen Hilfe anzusehen, die der Lehrer dem ihm anvertrauten Schüler zukommen läßt. Bei dieser Hilfe spielt das Prinzip des Ermahnens ... eine wichtige Rolle, das den Schüler von unzulässigen Affekten befreien soll (katharischer Aspekt). Notwendig hierfür ist, dass der Schüler absolute Freiheit der Sprache und Vertrauen hat" (Erler, 1994, 322).

Rabbow weist darauf hin, daß es allerdings kaum unmittelbare Dokumente über diese antike Praxis der persönlichen Einzelberatung gibt. „Der Reichtum der Einzelseelsorge, der von Epikur in seiner Gemeinde geübt wurde und die intimere menschliche Gefühlswärme, ja die (freilich mit Selbstironie vermischte) exaltierte Empfindsamkeit der hier herrschenden Atmosphäre ... ist bis auf einzelne Bruchstücke verloren" (Rabbow, 1954, 270).

Durch die Klarheit seiner lebenspraktischen Orientierung, der auch alle theoretischen Entwürfe und Ausarbeitungen untergeordnet sind, stellt Epikur für den Philosophischen Praktiker der Gegenwart eine interessante Gestalt der Philosophiegeschichte dar. Seine Konzeption der ungünstigen Auswirkungen bestimmter negativer Vorstellungen und sein therapeutisches Umgehen damit erscheinen vor dem Hintergrund unseres gegenwärtigen Wissens über mentale

---

[1] Hadot zitiert aus einer Arbeit von A.-J.Festugière über Epikur: „Jeder sollte danach trachten, eine Atmosphäre zu schaffen, in der die Herzen aufgehen konnten. Es galt vor allem, glücklich zu sein, und die gegenseitige Zuneigung und das Vertrauen, mit dem man sich gegenseitig aufeinander verließ, trugen mehr als alles andere zum Glück bei" (Hadot, 1991, 23).

[2] Wolfgang Schmid (1962) überschreibt etwa z.B. den entsprechenden Abschnitt seines Epikur-Artikels im ‚Reallexikon für Antike und Christentum' mit ‚Seelsorge und Beichtpraxis'.

Prozesse erstaunlich aktuell, jedenfalls in struktureller, prozessualer Hinsicht. Inhaltlich läßt sich einiges kritisch anmerken, vor allem was die Art des Umgehens mit weltanschaulichen Themen angeht oder Möglichkeiten eines vertieften Umgehens mit schmerzlichen Erfahrungen.

Nichtreduktionistisches Einheitsdenken – die Stoa

Die Stoa ist, neben der platonischen Akademie, dem aristotelischen Peripatos und dem epikureischen Kepos (Garten) eine der vier großen (und länger überdauernden) philosophischen Schulen der hellenistischen Zeit, begründet von Zenon, einem Zeitgenossen Epikurs. In wichtigen Grundfragen zeigen sie Übereinstimmung, insbesondere in der zentralen Orientierung am konkreten Lebensvollzug mit dem Ziel des gelingenden Lebens und dem Ideal der Selbstbestimmtheit des Individuums, der Autarkie, die durch innere Ruhe (Ataraxie) erreicht werden kann und die zur Freiheit führt. Unterschiedlich waren die philosophischen Bezüge (Epikur bezog sich primär auf den Atomismus des Demokrit, Zenon war stärker an der Fortführung der sokratischen Philosophie durch die Kyniker orientiert), verschieden war aber auch die Art der weltanschaulichen Basis und der anthropologischen Grundannahmen.

Epikurs Weg, den Menschen von unnötigen ungünstigen Reaktionen ('Pathien') zu befreien, bestand darin, ihn radikal in die Eigenverantwortlichkeit zu ,werfen', auf der Grundlage eines Weltbildes, das keinerlei göttliche Einwirkung (aber entsprechend auch keine Verbundenheit mit der Transzendenz) kannte. So konfrontierte er den Menschen schonungslos mit seiner Endlichkeit (,man lebt nur einmal'[1]) unter Zurückweisung mythologisch-religiöser und philosophischer Konzeptionen eines Überdauerns nach dem physischen Tode.

Gerade die Gemeinsamkeiten im Ziel bei gleichzeitig unterschiedlicher Ausformung der weltanschaulichen Grundannahmen ließen epikureisches und stoisches Denken für lange Zeit zu konkurrierenden Alternativen werden. Daß die Stoa sehr viel länger als die epikureische Schule überdauerte (sie wurde erst im 3. nachchristlichen Jahrhundert vom Neuplatonismus und schließlich vom Christentum verdrängt), liegt möglicherweise daran, daß sie bei aller Strenge der Ausrichtung dem Individuum auch eine Art von Sicherheit anbot, indem sie den Menschen in ein größeres Ganzes hineinstellte (eine natürlich/göttliche Ordnung), die – folgte man den theoretischen Prämissen – eine gewisse ,Geborgenheit im Kosmos' vermitteln konnte.

Von den vielen Aspekten der stoischen Philosophie, die für den praktischen Lebensbezug von Interesse sind, können hier nur einige wenige herausgegriffen werden.

---

[1] Vgl. Weisungen 14: „Wir sind ein einziges Mal geboren. Zweimal geboren zu werden ist nicht möglich. Die ganze Ewigkeit hindurch werden wir nicht mehr sein. Du aber bist nicht Herr des morgigen Tages und verschiebst immerzu das Erfreuende. Das Leben geht mit Aufschieben dahin und jeder von uns stirbt ohne Muße gefunden zu haben" (Übers. nach Gigon, 50; die entsprechende Stelle bei Krautz: 83).

Ein zentraler Punkt des stoischen Denkens ist die Art der Modellbildung, die für den Kosmos gewählt wurde. Der naturphilosophische Ansatz der älteren Stoa (also ihre Physik) ist ein System, das sich mit den üblichen Kategorisierungen (Materialismus – Spiritualismus, Atomismus – Vitalismus, Atheismus – Theismus etc.) nur schwer ‚einfangen' läßt[1].

Für Zenon stellt die Welt (der Kosmos) eine Einheit dar, wobei diese Einheit durch eine einheitliche Grundsubstanz (die Urmaterie) gegeben ist. So betrachtet könnte Zenons Theorie des Kosmos als monistischer Materialismus bezeichnet werden: „Insofern die Physik Zenons so nur eine Ur-sache kennt, ist sie monistisch, insofern sie diese Ur-sache als Materie definiert, ist sie materialistisch" (Steinmetz, 535).

Durch die Unterscheidung eines aktiven (gestaltenden) und passiven (die Gestaltung erfahrenden) Prinzips wird eine Art von Dualität der Materie symbolisiert, die dem monistischen Grundansatz zu widersprechen scheint. Unter dem eingangs erwähnten Aspekt der ‚Denkformen' (Leisegang) wird diese Art des Denkens (die „zu viel Unverständnis und zu viel Kritik geführt hat" [Steinmetz, 535]) als Symbolisierung eines Ineinanderwirkens von Kräften verständlich, bei dem die Kategorien von monistisch/dualistisch nicht ‚greifen'.

> Im Unterschied dazu ist Epikurs Denken an dem Modell der hierarchischen Strukturierung des Seienden orientiert, wie es (in der absteigenden Form) bei Platon und vor allem in systematischer, von ‚unten' nach ‚oben' aufbauender Weise bei Aristoteles zu finden ist – die kritische Abgrenzung Epikurs von diesen oder vergleichbaren Konzeptionen folgt dennoch der gleichen Denkstruktur wie der von ihm kritisierten. Schon bei Demokrit ist auffällig, wie sehr die Kategorie des Belebten vs. Unbelebtes (empsychon/apsychon) eine grundlegende Unterscheidung darstellt. Das atomistische Denken bezieht im Grunde die ‚höheren' Seinsstufen reduktiv auf die ‚unterste', nämlich die materielle. Es bleibt dann die Unterscheidung Körper/Seele, aber die Seele wird reduktiv als aus besonders feinen Atomen bestehend ‚erklärt'. Es gibt durchaus Götter, aber sie bestehen aus einer besonders dauerhaften Verbindung von Atomen bzw. sie sind (so Epikur) in der Lage, den ständigen Abstrom von Atomen (der in Form von Bildern via Traum oder Erscheinung zu den Menschen gelangt) durch entsprechende Techniken wieder auszugleichen.
> Mit der hier geäußerten Hypothese wird auch deutlich, wieso der theoretische Rahmen bei Epikur die von Jaspers kritisierte ‚Banalität' annimmt – die Komplexität der Erscheinungsformen des Seienden geht durch die reduktive Zurückführung auf die ‚unterste' Ebene eines hierarchischen Denkmodells verloren. Ganz ähnlich ist auch die Ablösung der hierarchischen Denkform einer ‚Kette des Seins' in der Neuzeit durch materialistische bzw. naturalistische Denkansätze vor sich gegangen: Beibehaltung der Grundstruktur der ‚Begriffspyramide' bei gleichzeitiger reduktiver Abbildung der ‚höheren' Stufen auf die unterste, so daß auf diese Weise der durch diese Denkstruktur erst geschaffene Dualismus von Geist und Materie ‚überwunden' werden kann.

---

[1] Ich folge hier im Wesentlichen der Darstellung von Peter Steinmetz (Bd. 4,2 der Neubearbeitung des Überweg), der diesen Aspekt sehr klar herausgearbeitet hat (Steinmetz, 1994, 534–541).

Das stoische Denken geht einen anderen Weg und erscheint deshalb vielfach als schwierig oder inkonsistent (so wie auch Heraklits Denken, das Leisegang als frühes Beispiel der anderen Denkform anführt, als ‚dunkel' bezeichnet wurde), und so macht Steinmetz in seiner Rekonstruktion des zenonischen Denkens in zunächst überraschender Weise Gebrauch von den üblichen kategorisierenden Termini, indem er dieses System als – je nach Aspekt und Perspektive – physikalisch/materialistisch, vitalistisch *und* pantheistisch bezeichnet. Das erscheint von den gängigen Terminologien her jedoch durchaus konsequent, einem Denker gegenüber, der wie Zenon die verschiedenen Prinzipien statt ‚übereinander' quasi ineinander verschränkend und sich durchdringend konzipiert, um das Prinzip der Einheit ohne Komplexitätsverlust realisieren zu können.

Die erste (physikalische) Ebene mit ihren beiden Prinzipien (aktiv/passiv) stellt mit den Worten von Steinmetz eine Konzeption der Welt „als ein ‚sich selbst steuerndes physikalisches System' mit einer vollkommenen Immanenz des Bewirkens" dar (Steinmetz, 1994, 537).

Als nächste ‚Dimension' setzt Zenon in diesem physikalischen System „das aktive Prinzip mit *logos*, mit *heimarmenē* (Fatum, determiniertem Schicksal), mit *pronoia* (*providentia*, Vorsehung), mit *physis* (Natur als der Gestalterin der Welt), ja auch mit *nus* (Vernunft) gleich". Steinmetz beschreibt das in der Sprache unserer Zeit so, daß „das materielle aktive Prinzip in sich Muster und Gesetzmässigkeiten, überspitzt formuliert, Strukturpläne der Welt und ihrer Teile trägt, nach denen es die als reinen Stoff verstandene Materie gestaltet" (Steinmetz, 1994, 537).

Schließlich (und das meint die terminologische Gleichsetzung mit ‚Pantheismus') setzt Zenon das aktive Prinzip auch mit Gott gleich. Damit ist zugleich die Frage nach dem Ursprung des aktiven Prinzips bzw. der Muster und „Strukturpläne der Welt und der Dinge und Wesen" gelöst: „Gott als Vernunft hat sie sinnvoll und zweckmässig gestaltet und ein für allemal festgelegt. Sie gelten im Sinne der Heimarmene ewig durch alle Weltperioden" (ebd. 539).

Ausgehend von der Durchdringung von passiver Urmaterie und dem ‚befruchtenden Logos' (*logos spermatikos*) wird dann wiederum die phänomenal durchaus ‚aufsteigende' Seinsordnung (anorganische Stufe, Pflanze, Tier, Mensch) durch unterschiedliche Arten der pneumatischen Wirkung gedeutet („in sehr verschiedener Reinheit und Stärke" [Pohlenz, 1978, 83]) beschrieben und erklärt. „Daher gibt es einen Stufenbau des Seins, in dem sich auf einer allgemeinen Grundlage durch Verstärkung des Pneumagehaltes höhere Daseinsformen entwickeln" (ebd.).

Auf diese Weise liegt eine Modellbildung vor, die ontologisch weder als monistisch noch dualistisch festzulegen ist, die aber dennoch eine Deutung der unterschiedlichen Formen des Seins mit ihrer zunehmenden Komplexität ermöglicht.

Was uns aus der heutigen Perspektive bei der stoischen Philosophie (bis in ihre spätere, römische Phase) meist als erstes beeindruckt, ist ihr praktischer Lebensbezug, in dieser Hinsicht dem Epikureischen Ansatz sehr ähnlich, wenngleich noch radikaler und strenger in der Ausführung.

Pierre Hadot, der mit seinem Buch über die spirituelle Übung in der Philosophie der Antike diesen – zuvor kaum gewürdigten – Aspekt akzentuiert hat, faßt das folgendermaßen zusammen: „Die Stoiker zum Beispiel bekunden es ausdrücklich: Für sie stellt die Philosophie eine ‚Übung' dar. In ihren Augen besteht die Philosophie nicht in der Lehre einer abstrakten Theorie, noch weniger in der Auslegung von Texten, sondern in einer Lebenskunst, einer konkreten Haltung, einem festgelegten Lebensstil, der sich auf die ganze Existenz auswirkt. Die philosophische Tätigkeit erstreckt sich nicht nur auf das Wissen, sondern auf die eigene Person und das Dasein: Sie ist ein Fortschreiten, das unser Sein wachsen läßt und uns besser macht; sie ist Bekehrung, die das ganze Leben verändert und das Wesen desjenigen verwandelt, der sie vollzieht[1]," (Hadot, 1991, 15).

Wie in der epikureischen Theorie und Praxis gelten die ‚ungünstigen mentalen Prozesse' (*pathos*) als Ursache menschlichen Leidens und Quelle der Beunruhigung, die den erstrebenswerten Zustand der inneren Ruhe (Ataraxie) verhindert. Sie sind vor allem verursacht – auch hier ist die Parallele zu Epikur deutlich – durch unangemessene Vorstellungen und Urteile über die Dinge. Eine berühmte Passage in Epiktets ‚Handbüchlein der Moral' lautet: „Nicht die Dinge selbst beunruhigen die Menschen, sondern ihre Meinungen (*dogmata*) und Urteile über die Dinge ... Wenn wir also auf Hindernisse stoßen, beunruhigt oder gekränkt werden, wollen wir die Schuld nie einem anderen, sondern nur uns selbst geben, das heißt unseren Meinungen und Urteilen."[2]

Sind mit ‚pathos' *ungünstige* mentale Prozesse gemeint, kann die Grundaussage der Stoa (und ebenso Epikurs) ohne Abstriche als eine angemessene Beschreibung dysfunktionaler psychischer Abläufe angesehen werden, deren Bedeutung vielfach unzureichend gewürdigt wurde und die eigentlich erst in den letzten Jahrzehnten (in deutlichem Gegensatz zur lange Zeit dominierenden psy-

---

[1] Hadot zitiert hier verschiedene Autoren, z.B. Seneca, Epiktet, Galen, Cicero; zum Nachweis s. seine Anmerkungen (Hadot, 1991, 182).

[2] (Egch. 5, Übersetzung nach Steinmann, 11.) Diese Stelle ist für die Rational-emotive Therapie, deren Bezug auf Epiktet ich oben erwähnt habe, ein Hauptbezugspunkt und sie wird in praktisch jedem Buch über RET zitiert. Zur Illustration des Umganges mit dieser philosophischen Passage im psychotherapeutischen Kontext der Gegenwart ein Zitat aus der Darstellung von Keßler (1983, 1108): „In Epiktets ‚Handbüchlein der stoischen Moral' ist zu lesen: „Nicht die Dinge selbst, sondern die Meinungen von den Dingen beunruhigen den Menschen" ... Diese Grundhypothese wird in der RET und Kognitiven Verhaltenstherapie als ‚kognitive Mediation' der kritischen Therapieprozesse aufgegriffen und in der ‚A-B-C'-Theorie weiter ausgebaut. Nicht die objektiven Vorgänge, die sogenannten aktivierenden Ereignisse (A, für ‚activating events') alleine, sondern insbesondere die mit diesen Ereignissen einhergehenden Ansichten, Einstellungen, Bewertungen, Selbstverbalisierungen (B, für ‚belief systems') bestimmen die emotionalen Konsequenzen (C, für ‚consequences')."

choanalytischen Theorie psychischer Störungen) ihren festen und wissenschaftlich gesicherten Platz gefunden hat.

Was jeweils zu den ‚pathischen' mentalen Prozessen gezählt wurde, war verschieden – bei Epikur anders als in der Stoa, und dort unterschiedlich zu verschiedenen Zeiten. (Für Epikur war die *hedonē*, das Wohlbefinden, verständlicherweise keine pathische Betroffenheit, vielmehr erstrebenswertes Ziel, das allerdings nur unter Mitwirkung der Vernunft erreicht werden konnte.)

Das Bild des völlig affektlosen Stoikers, der – frei von jeglicher Gefühlsregung – den Zustand der Ataraxie und Autarkie erreicht, ist für die Konzeption des Begründers Zenon wahrscheinlich nicht angemessen, stimmt am ehesten für Chrysipp[1], wurde aber später (wegen der offensichtlichen Lebensfremdheit) wieder verändert und gemildert durch Ergänzung um ‚gesunde', berechtigte Gefühle[2]. Doch trotz gewisser Überzeichnungen der stoischen Affektlehre scheint mir die dort zugrundeliegende Unterscheidung zwischen günstigen und ungünstigen Gefühlen von zentraler Bedeutung – eine unkontrollierte ‚Förderung' oder Ermunterung beliebiger Gefühlszustände (ob in der Erziehung, der Psychotherapie oder Beratung) führt zu *anderen* ungünstigen Zuständen als die Unterdrückung der Gefühle.

Gerade die Unterscheidung von ‚Ruhe' und ‚Unruhe' im Gefühlserleben ist ein wichtiges Merkmal für die Unterscheidung zwischen günstigen und ungünstigen Gefühlen; darüber scheint Zenon ein differenziertes Erfahrungswissen gehabt zu haben. Den ‚Spüraspekt' des Erlebens[3] betont Zenon durch bildhafte Beschreibungen, wie ‚Flattern der Seele' oder ‚Zusammenziehung' (vgl. Steinmetz, 1994, 547), eine Sprache, die in ähnlicher Weise Menschen heute wählen, wenn sie in angemessener Form diesen Erlebensaspekt beschreiben wollen. So wie Zenon vom seelischen Pneuma und seiner inneren Bewegung spricht, kann das Erleben raumsymbolisch mit dem Bild des ‚inneren Leibes' beschrieben werden. Entsprechende Phänomene scheint Zenon zu meinen, wenn er davon spricht, „daß im Affekt das seelische Pneuma sich zusammenzieht oder erhebt, daß es sich

---

[1] Pohlenz führt diese ‚Intellektualisierung' der Affekte darauf zurück, „daß er selbst ein Mann war, bei dem der Verstand gegenüber dem Gefühlsleben vollkommen überwog" (Pohlenz, 1978, 146). Er weist weiter darauf hin, daß die Auffassung der Affekte als Urteil bei Chrysipp selbst zu Ungereimtheiten führte, und zwar durch die Beobachtungstatsache, daß Affekte nach einer Zeit nachlassen – „ein theoretisches Urteil ändert sich jedoch nicht durch den Einfluß der Zeit allein".

[2] Vgl. Pohlenz (1978, 152): „Der Weise hat das Bewußtsein, daß er in seiner Erkenntnis das höchste Gut besitzt; aber das löst bei ihm kein leidenschaftliches Lustgefühl aus, sondern nur eine reine Freude. Denn neben den krankhaften Affekten gibt es auch gesunde Reaktionen, berechtigte Gefühle, die von den Stoikern später ... eupatheiai genannt wurden. Sie werden durch die wahren Vorstellungen eines Gutes oder Übels hervorgerufen und können deshalb im strengen Sinne nur dem Weisen zuerkannt werden. Bei ihm tritt an die Stelle der Hedone die Freude als vernünftige Erhebung einer Seele, die sich im Besitze des wahren Gutes weiß, an die Stelle der Begierde das vernunftgemäße Wünschen, an die der Furcht die Vorsicht als vernunftgemäßes Ausweichen."

[3] Spüren und Fühlen sind zwei Aspekte des Erlebens, deren Unterscheidung von Bedeutung für den dialogischen Verstehens- und Rekonstruktionsprozeß ist; dazu Genaueres in Kap. B.3.3, unten S. 231ff.

behaglich ausdehnt oder unter der Wucht des äußeren Ansturms duckt" (Pohlenz, 1978, 143).

Auch wenn bei Zenon wohl ein (z.B. gegenüber der epikurschen Affektlehre) gerade im positiven Erleben gefühlsreduziertes Ideal des Menschseins vorausgesetzt werden muß, scheint dennoch die – heute unbestrittene und bis in die physiologischen Prozesse untersuchte – Grundannahme einer interaktiven Wirkung von Wahrnehmung, Denken und affektiver ‚Stellungnahme' auch in der stoischen Psychologie vorzuliegen. Jedenfalls läßt sich die Theorie der ‚Zustimmung' (*sygkatathesis* oder *krisis*), die für Zenon zu jeder Wahrnehmung oder Vorstellung gehört und daraufhin zur Handlung führt, in diesem Sinne interpretieren; dafür spricht auch die ‚aktivierende Energie' (*hormē*), die bei einer angemessenen Zustimmung erfolgt und dadurch eine Handlung ermöglicht. (Deshalb ist die Übersetzung von *hormē* als ‚Trieb' nicht passend.)

So läßt sich *hormē* als ‚angemessener Impuls und motivationale Energie' bezeichnen, *pathos* als unangemessene Reaktion, die auch zu unangemessenen Handlungsimpulsen führt[1].

Wichtiger noch als die stoische Gefühlstheorie ist aus heutiger Sicht die Art des konkreten, übenden Umgehens im Lebensalltag, die sich aus den angestrebten Zielen eines Freiwerdens von ungünstigen psychischen Abläufen (= Apathie), des Erreichens innerer Ruhe (Ataraxie) und des eigenen, inneren Stands (Autarkie) ergibt. Gerade in einer Zeit, da sich viele Menschen Methoden der geistigen Ausrichtung (Meditation, Kontemplation, Achtsamkeitsübungen im Alltag etc.) widmen, die teilweise immer noch als Instrumente der ‚Selbsterlösung' abgewertet werden, ist es im philosophischen Kontext wichtig, die reiche Tradition der geistigen Übungen in der Antike (die in mancher Hinsicht in der christlichen Tradition fortgeführt wurden) wieder ins Bewußtsein zu rufen, wie es beispielhaft Hadot getan hat.

Er erwähnt z.B. die durch Philon von Alexandria überlieferten Listen von Exerzitien: „Die eine der beiden Listen führt auf: Untersuchung (zetesis), gründliche Prüfung (skepsis), Lektüre, Anhören, Wachsamkeit (prosoche), Selbstbeherrschung (enkrateia), Gleichgültigkeit gegenüber den gleichgültigen Dingen. Die andere Liste erwähnt nacheinander: Lektüre, Meditationsübungen (meletai), The-

---

[1] Vgl. Steinmetz (1994, 547): „Demnach ist der Trieb die Folge einer richtigen, der Affekt die Folge einer irrtümlichen rationalen Entscheidung. Dementsprechend definiert Zenon den Affekt als ... ‚eine von der Vernunft' abgewandte und widernatürliche (d.h. auf Dinge, die wider die Natur sind, gerichtete) Bewegung der Seele". Steinmetz erwähnt noch eine zweite Definition der pathischen Reaktion, nämlich als hormē pleonazusa, also eine emotionale Reaktion bzw. energetische Aktivierung, die über das Ziel hinausschießt.
Steinmetz weist selbst auf die Unangemessenheit des Begriffes ‚Affekt' hin: „Erfolgt eine richtige Entscheidung, so löst diese, falls die Antwort ja lautet, den Antrieb (hormē) zu der entsprechenden Handlung aus, falls aber nein, die Weigerung, der phantasia hormētikē zu folgen (aphormē, wörtlich ‚der Antrieb weg'). Ist die Entscheidung aber falsch oder nur schwach begründet und demnach als ein intellektueller Irrtum oder als ein blosses Wähnen zu qualifizieren, so führt sie zu einer Betroffenheit und Verwirrung der Seele, die Zenon selbst pathos (Pathos, passio, ‚Leiden') nennt; dieser Begriff ist aber oft ins Lateinische mit affectus übersetzt worden; daher das deutsche Übersetzungslehnwort ‚Affekt'" (ebd.)
Diese Einsicht hindert Steinmetz jedoch nicht, weiterhin ‚Affekt' für pathos zu verwenden.

rapie der Leidenschaften, Erinnerungen an das, was gut ist, Selbstbeherrschung (enkrateia) und Ausübung der Pflichten" (Hadot, 1991, 16).

Die Übung der Wachsamkeit (*prosochē*) ist dem Zeitgenossen sicher eher in der Form buddhistischer Achtsamkeitsmeditation oder aus dem Kontext der Gestalttherapie (Awarenes-Übungen im ‚Hier und Jetzt') bekannt. Hadot beschreibt die stoische Auffassung von Wachsamkeit folgendermaßen: „Es handelt sich dabei um eine ständige Aufmerksamkeit und Geistesgegenwart, ein stets waches Bewußtsein seiner selbst, eine ständige Anspannung des Geistes …"

Auch wenn der ‚Tonus' der mentalen Aufmerksamkeitsspannung in der stoischen Praxis nicht immer ein ‚Eutonus'[1] war, sondern wohl häufig in das Extrem der ‚Überspannung' gefallen sein mag, bleibt die Bedeutung einer wachen Aufmerksamkeit für einen Weg innerer Entwicklung unbestreitbar.

Hadot fährt in seiner Beschreibung fort: „Dank der geistigen Wachsamkeit weiß und will der Philosoph in vollem Umfang, was er in jedem Augenblick tut. Dank ihrer hat er die grundlegende Lebensregel, nämlich die Unterscheidung zwischen dem, was in unserer Macht steht und dem, was nicht in unserer Macht steht, immer ‚griffbereit' (*procheiron*)" (Hadot, 1991, 17).

Eine weitere wichtige Übung stellt die morgendliche Vorschau (vgl. Hadot, 1991, 18) und die Rückschau am Abend dar, die Rabbow mit folgenden Worten schildert: „Diese regelmäßige, täglich in der Abendstunde vorgenommene Selbstprüfung, die sich auf das Tun des ganzen Tags im einzelnen, auch auf das ganz alltägliche, triviale, sogar auch auf die Worte erstreckte, wurde ergänzt durch öftere, gelegentliche Erforschung des sittlichen Gesamtstatus und der Fortschritte in der Selbstbildung zur Tugend" (Rabbow, 1954, 181f.)[2].

Auch der Umgang mit Träumen gehört zum Rüstzeug des stoischen Philosophen – Zenon entnahm den Träumen Hinweise darüber, wann Fortschritte gemacht wurden.

Interessant sind auch dialogische Techniken der Zwiesprache mit sich und anderen: „Durch die Zwiesprache mit sich selbst oder mit anderen und ebenfalls durch Niederschreiben bemüht sich derjenige, der Fortschritte erzielen möchte, ‚sein Denken einer bestimmten Ordnung folgend zu leiten' und auf diese Weise zu einer völligen Wandlung seiner Weltsicht, seiner Gemütsstimmung, aber auch seines äußeren Verhaltens zu gelangen. Diese Methodik offenbart eine reiche Kenntnis der therapeutischen Kraft des Sprechens" (Hadot, 1991, 19).

---

[1] Eutonus = ‚gute', d.h. der jeweiligen Situation angemessene Grundspannung der Muskulatur (vgl. Glaser, 1990), übertragen gebraucht für psychische Ausrichtung im Kontinuum von Anspannung und Entspannung.
Den somatischen Aspekt charakterisiert Glaser als ‚besondere Elastizität und Koordination des Muskelsystems' – „Eutonie ist damit eine Sonderform der höher integrierten Formen der Tonusregulation" (ebd., 29).
Im übertragenen Sinn kennzeichnet ‚Eutonie' für ihn „eine Verhaltensweise, in der der Mensch sowohl in die Umwelt als auch innerhalb seiner selbst harmonisch eingegliedert ist.
Zusammenfassend bezeichnet er Eutonie als ‚Integral der Tonusregulation' (ebd.).

[2] Er verweist auch auf eine Beschreibung bei Seneca, De ira, III, 36,4–37 und zitiert diese Passage, in der Seneca darüber berichtet, daß er diese Übung anwendet und sich täglich vor sich selbst verantwortet (ebd. 185f.).

Für Hadot hatte die Beschäftigung mit der antiken Philosophie ‚als Lebensform' eine tiefgreifende Wirkung auf sein persönliches Leben und Denken. Er gab in dieser Hinsicht auch vielen anderen maßgebliche Anstöße, so z.B. Foucault. Zum Schluß seines Buches schreibt er: „Noch weniger als Foucault maße ich mir an, allgemeine und definitive Lösungen für die philosophischen Probleme unserer Zeit vorzuschlagen. Ich gebe allerdings zu, daß, ebenso wie er sich in seinen letzten Lebensjahren bemühte, eine ‚Ästhetik der Existenz' zu verwirklichen, auch für mich die antike Vorstellung von der Philosophie als Lebensweise, als Übung in der Weisheit, als Bemühung in Richtung auf ein lebendiges Bewußtsein der Totalität, einen immer noch aktuellen Wert behält. Und ich betrachte die in meinen Augen unerwartete und verwirrende Tatsache als ein Zeichen der Zeit, daß am Ausgang des 20. Jahrhunderts Foucault, ich und sicherlich viele andere mit uns sich nach Durchschreiten ganz verschiedener Wege in dieser lebendigen Wiederentdeckung der antiken Erfahrung treffen" (Hadot, 1991, 181).

Die antike Tradition einer lebenspraktisch bezogenen Philosophie – die hier nur in ausgewählten Einzelaspekten skizziert werden konnte – wurde später im christlichen Kontext teilweise fortgeführt, beim Prozeß der Wiederherstellung der Philosophie als selbständiger, von der Theologie unabhängiger Disziplin in der Neuzeit, fand jedoch nur selten eine Wiederanknüpfung an die Praxisorientierung der antiken Philosophie statt[1] – Hans Krämer hat das so ausgedrückt, daß die Philosophie quasi versäumt hat, sich diesen Anwendungsaspekt ‚zurückzuholen', wobei er die Bedeutung sowohl der Beratung wie der Einübung betont. Zum letzteren Punkt bemerkt er: „Moralische Einstellungen und andererseits Lebenstechniken sind ohne Wiederholungs- und Übungsmomente und entsprechenden Aufwand weder zu erwerben noch zu konservieren, eine Einsicht der älteren Ethik (vgl. Rabbow, Hadot, danach Foucault), die in der Neuzeit die Emanzipation der Profanethik von der Moraltheologie noch weniger als die Beratungsdimension überstanden hat. Die damit zunehmend verbundene Theoretisierung der neuzeitlichen Ethik ist aber systematisch als Verkürzung und Denaturierung des Begriffs einer *Praktischen* Philosophie aufzufassen und muß rückgängig gemacht werden. Eine praktizierbare und praktizierte Ethik der Zukunft wird für diesen Zweig der Methodologie vermutlich von der älteren ‚Asketik' [*zuvor erläutert als ‚Einübung und Haltungsbildung'*] noch manches lernen können" (Krämer, 1992, 330f.).

Die ‚Vermittlungsmethoden' der neuzeitlichen (Profan-)Ethik sieht Krämer ebenfalls vor dem Hintergrund der während des Mittelalters weitgehend von der Theologie übernommenen Praxis- und Vermittlungsaufgaben, wobei, wie er es ausdrückt, zwar die theologischen Instrumente der Predigt und des Traktats (‚säkularisiert') übernommen wurden, nicht aber die des (seelsorgerlichen) Beratungsgespräches; dabei hat Krämer keinen Zweifel daran, „daß das philosophische Beratungsgespräch den traditionellen neuzeitlichen Vermittlungsformen

---

[1] Eine skizzenhafte Darstellung der neuzeitlichen Versuche, Philosophie auf die alltägliche, individuelle Lebensführung zu beziehen, findet sich in Wilhelm Schmids ‚Philosophie der Lebenskunst' (1998) (S. 27ff.: Zum Ort der Lebenskunst in der Geschichte der Philosophie.)

von Ethik weit überlegen ist. ... Der Weg des herkömmlichen Literatur- und Vortragswesens, der durch meditative Textlektüre des Einzelnen oder durch Lehre Gesinnungen zu erzeugen sucht, bleibt in der Regel intellektualistisch an der Oberfläche und steril. Darin wirkt zwar das Modell religiösen Schrifttums und der Predigt nach, doch wird in der Profanethik gerade das seelsorgerliche *Beratungsgespräch* eliminiert und damit die religiöse Tradition halbiert und entscheidend verkürzt" (ebd. 333).

Als mögliche Ursache benennt Krämer philosophische Vorurteile gegen Beratung: „Die Neuzeit hat das Beratungsgespräch offenbar als autonomiefeindlich verworfen und zum Syndrom von Prinzipien/Autonomie/Urteilskraft folgerichtig auch das Beratungsverbot gesellt."[1] Seine Forderung lautet: „Wenn jedoch Praktische Philosophie und Ethik praktisch werden sollen und dies im Interesse aller Beteiligten in optimaler Weise geschehen soll, dann ist das philosophische Beratungsgespräch unverzichtbar" (ebd. 334).

Auch die ‚Rehabilitierung der Praktischen Philosophie' in der zweiten Hälfte des 20. Jahrhunderts brachte noch nicht einen wirklichen Praxisbezug; die philosophische Ethik beginnt nur langsam, etwas von der ‚konsiliatorischen Grundstellung' einzubeziehen, die für Krämer (neben der normativen Grundstellung) wesentlich zu einer zeitgemäßen Ethik gehört[2].

> Insofern ist ‚Der Rat als Quelle des Ethischen' (Stegmaier) tatsächlich ein ungewohntes Thema, „der Rat ein ungewohnter Zugang zur Ethik. Ethik gilt als Wissenschaft zur Erörterung und Begründung allgemeiner Normen und Werte des Verhaltens, der Rat dagegen ist etwas sehr Persönliches, Individuelles. Er hatte in der Ethik kaum einen Platz" (Stegmaier, 1993, 13).

Was hier für die Philosophische Ethik formuliert wird, gilt in jeweils spezifischer Weise auch für andere philosophische Disziplinen – das in Umrissen deutlich zu machen und als Fundierungsversuch einer Philosophischen Beratung vorzustellen ist ja Ziel dieser Arbeit.

Von daher kommt dem – zunächst weitgehend außerakademischen – Experiment, eine Philosophische Praxis und Beratung zu etablieren, auch für die akademische Philosophie der Gegenwart und Zukunft Bedeutung zu, wie umgekehrt die Philosophische Beratung aus der Systematischen Philosophie, d.h. der Hermeneutik, Ethik, Erkenntistheorie usw. ihre wesentlichen fundierenden Grundlagen beziehen kann – das wurde anfangs bereits erwähnt und wird den Schwerpunkt von Abschnitt B.3. darstellen.

---

[1] Vgl. oben S. 20 – dort wird darauf hingewiesen, daß heute praktisch in allen Fundierungsdisziplinen für Beratung autoritäre und manipulierende Vorgehensweisen abgelehnt werden; Beratung wird eher als ‚Hilfe zur Selbsthilfe' verstanden.

[2] „Die konsiliatorische Grundstellung gehört wesentlich zum Begriff und zur Definition Praktischer Philosophie und Ethik. Wenn sich diese grundsätzlich nicht dazu verstehen will, Ratschläge zu erteilen [diese für viele etwas provozierende Formulierung möchte ich ersetzen durch: beraterisch tätig zu werden ... E.R.], verfehlt sie ihre Funktion, handlungsleitend, d.h. praktizierende Praktische Philosophie zu sein und nähert sich zu Unrecht der Rolle einer theoretischen Disziplin an" (Krämer, 1992, 323).

2. Philosophische Praxis – ein (nicht ganz) neues Tätigkeitsfeld von Philosoph(inn)en

Übersicht:

I. Die Anfänge (90)

Ansätze einiger Persönlichkeiten der Anfangszeit Philosophischer Praxis bzw. Beratung (90)

> Seymon Hersh (92)
> Gerd B.Achenbach (93)
> Steffen Graefe (103)
> Günther Witzany (105)
> Gert Maier (108)

Erste Reaktionen der Öffentlichkeit und der akademischen Philosophie (109).

II. Auf dem Weg zu einer internationalen ‚Bewegung' (111)

Philosophische Praxis in Holland (111)

Philosophical counseling – die Entwicklung in Amerika (115)

> William Angelett (116)
> Ran Lahav (118)
> Die neuere Entwicklung (123)

III. Weitere Einzelpersönlichkeiten (133)

> Israel: Shlomit Schuster (134)
> Großbritannien: Catherine McCall, Karin Murris (135)
> Südafrika: Steven Segal, Barbara Norman (138)
> Frankreich: Mark Sautet (140)
> Schweiz: Willi Fillinger, Urs Thurnherr (141)
> Norwegen: Anders Lindseth (144)

Die ‚Geschichte' der Philosophischen Praxis bzw. Beratung[1] ist noch sehr jung – es ist kaum zwanzig Jahre her, daß die ersten Versuche mit dieser Form Angewandter Philosophie im Sinne eines neuen Tätigkeitsfeldes bzw. Berufsstandes gemacht wurden. Es ist zudem eine Bewegung, die nicht von der Universität aus

---

[1] Unter ‚Philosophischer Praxis' wird hier, wie in der Einleitung ausgeführt, die praktische Tätigkeit von Philosophen im Sinne eines eigenständigen Berufes verstanden, der vielfältige Anwendungsformen kennt, unter Einbezug von Erwachsenenbildung (also dem Feld der ‚Erziehung/Bildung'), Firmenberatung etc.
Mit ‚Philosophischer Beratung' ist die Form der Einzelberatung sowie die erfahrungsorientierte Arbeit mit Gruppen gemeint.

initiiert und betrieben wurde – bis heute gibt es nur wenige Vertreter der akademischen Philosophie, die sich mit diesem Thema (theoretisch oder gar in eigener praktischer Anwendung) befassen. Von daher ist auch verständlich, daß noch keine umfangreiche Literatur vorliegt und daß von einer ausgearbeiteten theoretischen Grundlage noch nicht gesprochen werden kann – diese neue philosophische Disziplin wurde (jedenfalls in den Anfängen) entwickelt von Absolventen eines Philosophiestudiums, die, statt eine akademische Karriere anzustreben, den Versuch unternahmen, einen eigenständigen Praxisberuf auf der Basis einer philosophischen Ausbildung zu etablieren, und das weitgehend ohne entsprechende praxisbezogene Vorbereitung oder Schulung während ihres Studiums.

> Im Fach der Philosophie ist die universitäre Laufbahn noch immer der ‚Prototyp' (bzw. das Ideal) eines philosophischen Berufes mit geregeltem Einkommen, inzwischen allenfalls ergänzt durch die andere Form philosophischen Lehrens, nämlich als Gymnasial-LehrerIn, der/die das Fach Philosophie vertritt, in diesem Fall jedoch meist als eines neben anderen Lehramtsfächern.

Außerhalb dieser Lehrtätigkeiten gibt es für Absolventen eines Philosophiestudiums kaum Möglichkeiten einer zentral an der Philosophie ausgerichteten Berufstätigkeit, und entsprechend fehlen auch praxisorientierte Elemente im Studiengang. So haben sich die heute tätigen philosophischen Berater oder Praktiker ihr Wissen und ihre Kompetenz im Wesentlichen durch eigene Erfahrung, eigenes Ausprobieren und ‚learning by doing' erworben. Ihre Publikationen stellen also meist persönliche Beschreibungen des eigenen Zuganges dar und sind eher unsystematisch und thesenhaft aufgebaut, als daß sie den Versuch machten, eine umfassendere Konzeption bzw. übergreifende Perspektive Philosophischer Beratung zu entwickeln[1].

Diese besonderen Schwierigkeiten sind innerhalb des philosophischen Feldes eher unvertraut, während sie etwa im Bereich der Beratung und Psychotherapie durchaus üblich und bekannt sind. Es gibt zwei prinzipielle Lösungsmöglichkeiten, und beide versucht diese Arbeit ansatzweise zu realisieren[2]:

---

[1] Hans Krämer (1992, 357) weist darauf hin, daß Praxisnähe und -erfahrung sowie Reflexion über Praxis zwei unterschiedliche Aspekte darstellen, die sich gegenseitig befruchten, aber auch stören können. In meinem persönlichen Fall wäre die Reflexionsform, die sich in dieser Arbeit niederschlägt, bei gleichzeitiger voller Berufstätigkeit alleine aus ganz äußerlichen Gründen der Arbeitsbeanspruchung nicht möglich gewesen – erst durch die Unterstützung der Fritz Thyssen Stiftung konnte ich mich für drei Jahre fast ausschließlich auf diese theoretische Ausarbeitung konzentrieren.

[2] Erste Versuche in diese Richtung sind die beiden bisher vorgelegten Magisterarbeiten zum Thema ‚Philosophische Praxis' (Berg, 1992 und Zdrenka, 1997), die es unternommen haben, auf der Basis der den Autoren zugänglichen Texte, Interviews, z.T. auch Fallbeschreibungen, eine Darstellung der Arbeitsweise Philosophischer Praktiker zu geben.
Ein anderes Beispiel stellt das Kapitel über Beratung in Hans Krämers ‚Integrativer Ethik' dar (Krämer, 1992, 323–365), in dem er als Theoretiker aus einer bestimmten philosophischen Disziplin heraus (eben der Ethik) Praxisanwendung reflektiert und versucht, Strukturen, Gesetzmäßigkeiten, Notwendigkeiten und damit zugleich Anwendungshinweise zu geben.
Patrick Neubauer versucht in seiner Dissertation (Neubauer, 1998) eine kritische Darstellung der wichtigsten bisherigen Ansätze zur Philosophischen Praxis, indem er zunächst die Kon-

Zum einen können die vorgelegten Konzeptionen (und soweit zugänglich oder erschließbar die konkrete Vorgehensweise) von Praktikern untersucht und strukturelle Merkmale herausgearbeitet werden. Die Schwierigkeit dabei ist, daß erfolgreiche Beratung oft eher ‚intuitiv' geschieht, also nicht aufgrund eines explizierten Prozeßwissens (das zu diesem Zweck in bewußtes, deklaratives Wissen überführt werden muß), sondern eher auf der Basis impliziten, durch lange Erfahrung erworbenen und akkumulierten prozessualen Wissens. In einem gerade entstehenden Praxisfeld wie der Philosophischen Beratung muß deshalb davon ausgegangen werden, daß die vorgelegten konzeptionellen Ansätze die tatsächliche Praxis eher unvollkommen widerspiegeln. Philosophen sind zudem aufgrund ihrer weitgehend theoretischen Ausbildung methodisch kaum mit den Schwierigkeiten der Praxisreflexion als Rekonstruktion und Ausarbeitung handlungsleitender Konzepte vertraut.

Der zweite Weg besteht darin, die eigene Beratungstätigkeit zu reflektieren; das ist nur in einem zweistufigen Prozeß möglich und bedarf eines Basismaterials, das etwa in Form von ausführlichen Gesprächsnotizen oder – besser noch – als Bandaufnahmen vorliegt. So sind z.B. wesentliche Ergebnisse der theoretischen Konzeption von Carl Rogers dadurch entstanden, daß er sich (einmal für längere Zeit) zurückzog, um eigene Beratungsgespräche und solche von Kollegen und Mitarbeitern abzuhören[1] und dabei auf strukturelle, prozessuale Aspekte zu achten, die im unmittelbaren Geschehen nicht in gleicher Weise reflektierbar sind. So entstand im Verlauf jahrzehntelanger Arbeit eine sich kontinuierlich ausdifferenzierende und theoretisch immer mehr ausformulierte Konzeption hilfreicher Interaktion.

Auf diese Weise kann eine Theoriekonzeption erarbeitet werden, die auf die Praxis zurückwirkt und umgekehrt von der neuen Praxis wiederum modifiziert wird.

Die eigenen Beratungsgespräche (die ich meist auf Band aufnehme) und ebenso die Supervision der tonbandprotokollierten Gespräche in den Ausbildungsgruppen für Beratung, die wir seit 1974 durchführen, bilden den ‚Erfahrungshintergrund' für die hier vorgelegte Konzeption Philosophischer Beratung.

Bisher liegen keine systematischen theoretischen Ausarbeitungen der Praktiker selbst vor; einige von ihnen lehnen theoretische Fundierungsversuche wegen der Gefahr der Fixierung sogar explizit ab. Deshalb ist eine Darstellung wie diese weitgehend darauf angewiesen, die Konzeptionen zu rekonstruieren und strukturelle Merkmale festzustellen und herauszuarbeiten.

---

zepte darstellt (Teil 1: Konzeptuelle Darstellung), dann Praxisberichte referiert und einschätzt (Teil 2: ‚Empirische' Darstellung).

[1] „Das letzte Jahr habe ich folglich damit verbracht, stundenlang aufgezeichneten Therapiegesprächen so naiv wie möglich zuzuhören. Ich habe mich bemüht, alle Elemente, die für Veränderung bedeutsam erscheinen, zu registrieren. Daraufhin habe ich versucht, aus jenen Eindrücken einfachste Beschreibungen abzuleiten ... Im nächsten Schritt formulierte ich diese Beobachtungen und erste Schlüsse so um, daß sich daraus leicht nachprüfbare Hypothesen aufstellen ließen" (Rogers, 1961, 133).

Dabei liegt eine Forderung darin, die zum Teil extrem divergierenden Ansätze auf ihr Anliegen hin zu betrachten (meist sind spezielle Aspekte besonders fokussiert), während sich die bisherige Form der Auseinandersetzung zwischen den Praktikern vielfach durch starke Polemik und Abwertung der anderen Konzeptionen ‚auszeichnet'. Das hat wohl damit zu tun, daß in der Beratung der ‚ganze Mensch' gefordert ist, die Entwürfe also sehr persönliche sind, weil sich in ihnen die eigene Lebensphilosophie ausdrückt, die wiederum auf nicht immer explizierten Basiskonzepten (epistemologischen und anthropologischen Grundannahmen, weltanschaulichen Positionen etc.) beruhen. Das ist zwar im übrigen Feld der Philosophie nicht anders, aber durch den Praxisbezug beraterischer Tätigkeit erhält es eine spezifische Brisanz.

Für das Bild, das Philosophische Praxis ‚nach außen' bietet, ist diese Tatsache zwar nicht sonderlich förderlich, läßt sich aber aus der experimentellen Anfangssituation durchaus verstehen. Ran Lahav (einer der ersten, der – in Israel – an einer Universität Philosophische Beratung unterrichtet) stellte in einem 1995 veröffentlichten Gespräch mit Michael Schefczyk fest, daß Philosophische Beratung heute eher ein ‚Versprechen' darstellt und daß sie nur Erfolg haben kann, wenn sie eine neue, tiefe Konzeption der Philosophie und des Lebens und der Relevanz der Philosophie für das Leben entwickelt[1].

Auch Lahav ist der Ansicht, daß bisher noch kaum ernsthafte theoretische Konzeptionen vorliegen, die als konzeptueller Rahmen für Philosophische Beratung dienen könnten[2], und er zieht daraus den Schluß, daß die Philosophische Beratung noch ganz an ihrem Anfang steht – die Publikation des Gesprächs trägt die Überschrift: *We have hardly the beginning if anything at all.*

Daraus ergeben sich spezifische Schwierigkeiten bei der Darstellung der bisherigen Ansätze und Konzeptionen – jegliches menschliches Handeln und Verhalten (diese theoretische Annahme liegt dem hier vorgelegten Entwurf zugrunde) ist Ausdruck einer komplexen, individuellen Konfiguration mentaler Strukturen und Prozesse, die nur zum Teil explizit zugänglich sind, im Sinne einer Bewußtheit der epistemischen Prozesse des Selbst- und Welterfassens, zu dem die Wahrnehmung des jeweiligen Handlungsablaufes gehört sowie das Gewahrsein der eigenen Handlungsimpulse, die zumindest potentiell zugänglich sind. Viele Philosophische Berater gehen auch, was ihre Beratungsklienten betrifft, von einer derartigen Annahme aus, etwa in der Konzeption der ‚*world-view-interpretation*' bei Ran Lahav, der den Begriff der ‚Weltsicht' später noch um den des ‚gelebten Verständnisses' (*lived understanding*) ergänzt hat (Lahav, 1997), damit dieser unmittelbare Zusammenhang von ‚Theorie und Praxis', Bewußtsein und

---

[1] „I must say that philosophical counseling nowadays is only a promise. It can succeed only if it develops a new deep conception of philosophy, of life, and of how philosophy is relevant to life" (Lahav, 1995a, 4).

[2] „I know philosophical counselors in many countries, I communicate with many people, I have read much of what has been written, but so far I did not find a serious conception of philosophical counseling that can serve as a conceptual framework for philosophical counseling" (Lahav, 1995a, 4).

Handeln, expliziten und impliziten Aspekten der ‚Lebensphilosophie' Ausdruck findet.

Wenn das für die Beratungsklienten gilt, so ist im Sinne des Selbstanwendungspostulats[1] das Gleiche auch für das Handeln und Verhalten des Beraters in der Beratungssituation vorauszusetzen. Tatsächlich ist bei dem Versuch einer Rekonstruktion der Beratungskonzepte aufgrund der vorgelegten Ausführungen der Philosophischen Praktiker deutlich, daß viele der oft eher thesenartig vorgetragenen Aussagen nur vor dem Hintergrund der jeweils zugrundeliegenden komplexen ‚Weltsicht' wirklich nachzuvollziehen wären (hier speziell: dem persönlichen Philosophieverständnis und dem deklarativen wie prozeduralen Wissen über das Vorgehen in Beratungssituationen). Das ist meist nur in Ansätzen möglich und macht eine Darstellung, wie sie im Folgenden versucht wird, schwierig und manchmal unbefriedigend.

I. Die Anfänge

Die Entstehung der ‚Bewegung' der Philosophischen Praxis und Beratung steht in einem ganz bestimmten geistesgeschichtlichen und gesellschaftlichen Zusammenhang, ist also keine rein ‚philosophie-interne' Angelegenheit. Die ersten Philosophischen Praktiker gehören zur Studentengeneration der 60er und 70er Jahre. Es war eine Zeit, in der die akademische Jugend (und nicht nur diese) kritische Fragen an Eltern, Lehrer und Professoren stellte und ‚wissenschaftlicher Fortschritt' auch unter dem Aspekt politischer und sozialer Hintergründe und Folgen betrachtet wurde. Wissenschaften im Elfenbeinturm, die sich nicht um die menschlichen (individuellen und gesellschaftlichen) Belange kümmerten, wurden auf diese Defizite hin befragt und gefordert, Protest und Auflehnung (Demonstrationen, Störungen von Lehrveranstaltungen), aber auch Experimente selbstorganisierten Lernens sind allen, die diese Zeit miterlebt haben, sehr eindrücklich in Erinnerung.

Auch die Philosophie spielte in dieser Entwicklung eine Rolle, einerseits als Anregung (z.B. die philosophischen und soziologischen Denkformen in der ‚Frankfurter Schule' um Adorno und Horkheimer in Deutschland, Herbert Marcuses Thesen, die in Deutschland und Amerika ihre Wirkung hatten), und andererseits als ‚Zielscheibe', wenn der fehlende Bezug der akademischen Philosophie zum konkreten Leben und der gesellschaftlichen Wirklichkeit kritisiert wurde, woraus sich die Forderung eines stärkeren Engagements in dieser Hinsicht ergab.

Es war diese Epoche der Zeitgeschichte, in der auch die Philosophische Praxis ihren Anfang nahm.

Noch einen anderen ‚Hintergrunds-Aspekt' gibt es, der für das Entstehen einer philosophisch fundierten Beratung von Bedeutung ist: dem seit den 80er Jahren sich entwickelnden Versuch von Philosophen, von ihren philosophischen

---

[1] Vgl. B.5.: Selbstanwendbarkeit als Voraussetzung einer Theorie Philosophischer Beratung.

Grundlagen aus Beratung anzubieten, gehen in ‚umgekehrter Richtung' unterschiedliche Ansätze voraus, die Theorie und Praxis von Beratung oder Psychotherapie philosophisch zu vertiefen. Darauf wurde im Kontext der ‚Psychotherapiekritik' Philosophischer Praktiker schon hingewiesen (s.o. S. 25ff.) – diese Ansätze stellen einen wesentlichen Impuls für die Enwicklung der Philosophischen Beratung dar bzw. können zum Teil als Formen Philosophischer Beratung bezeichnet werden, auch wenn sie nicht explizit diesen Namen geführt haben.

Andererseits besteht die ursprüngliche Attraktivität vieler Ansätze, besonders der Humanistischen oder Existentiellen Psychologie und Psychotherapie, nicht mehr in gleicher Weise, da gerade die ‚philosophischen Aspekte' – etwa das positivere und reflektiertere Menschenbild, die Betonung der Beziehung, des Verstehens und der Akzeptierung usw. – ihre Wirkung gezeigt haben, so daß der damalige Gegensatz zur Psychoanalyse und Verhaltenstherapie in dieser Form nicht mehr besteht.

Je stärker zudem der philosophische Anspruch artikuliert wird, umso deutlicher sind aus philosophischer Sicht auch die Mängel, entweder durch die allzu enge Orientierung an bestimmten philosophischen Autoren oder Schulen (wie etwa in der Daseinsanalyse und bei manchen Vertretern der Existentiellen Psychotherapie) oder durch philosophisch wenig reflektierte ‚quasi-philosophische' Grundlagen, wie etwa in der Logotherapie.

Auch von daher ist es sinnvoll und wichtig, daß eine ‚philosophische Beratung' nun von den Philosophen selbst aktiv entwickelt und praktiziert wird – in dem erwähnten Gespräch empfahl Ran Lahav den Philosophischen Beratern, selbstbewußt aufzutreten und ihre Zuständigkeit zu erklären, damit sie einen selbstverständlichen Platz im Beratungsfeld einnehmen könnten (Lahav, 1994, 32f.).

Aus dieser Perspektive, die einer negativen Abgrenzung zur Psychotherapie bzw. zu anderen Beratungsansätzen nicht mehr bedarf, besteht zugleich ein deutlicher und wichtiger Zusammenhang mit den empirischen Wissenschaften (besonders der Psychologie sowie wissenschaftlich fundierten psychotherapeutischen und beraterischen Ansätzen), denn es entspricht guter philosophischer Tradition, sich in einen ständigen offenen Austausch mit den thematisch jeweils relevanten empirischen Wissenschaften und erfahrungsorientierten Ansätzen zu begeben.

> In diesem Sinne formulierte Krämer: „Der Weg, einen philosophischen Beratungstyp dauerhaft zu etablieren, führt aber nicht an den Wissenschaften vorbei, sondern durch sie hindurch und über sie hinaus. Die Philosophische Beratungspraxis wird sich in demselben Maße als plausibel darstellen, je mehr sie darzutun versteht, daß ihr die übrigen Beratungsweisen bekannt und womöglich durch praktizierende Beratungsarbeit vertraut sind, daß sie aber nichtsdestoweniger Neues und Anderes anzubieten hat" (Krämer, 1992, 364).

Künftige Curricula für die Fortbildung zum Philosophischen Berater werden sicherlich solche (im Philosophiestudium gewöhnlich nicht berücksichtigte) Elemente enthalten, wie z.B. Einübung basaler Kommunikations-Kompetenzen,

Beachtung konstruktiver Grundhaltungen, Kenntnis der wichtigsten Erscheinungsformen psychischer Störungen und entsprechender psychotherapeutischer Therapie-Ansätze zur klareren Kompetenzabklärung usw. (vgl. die Vorschläge dazu im Abschnitt D. Didaktischer Ausblick).

Seymon Hersh

Der bereits in der Einleitung erwähnte, 1980 erschienene Aufsatz von Seymon Hersh zeigt, wie sich in ganz organischer Weise eine Konzeption philosophischer Beratung im Verlauf der Entwicklung der Humanistischen ‚Bewegung' entwickeln konnte – Hersh, Berater in privater Praxis in Kalifornien, gab diesem Text den Titel *‚The Counseling Philosopher'* (der beratende Philosoph) und stellt darin eine Beratungskonzeption vor, die bereits wesentliche Elemente für eine philosophisch fundierte Beratungspraxis enthält. Er ging – wie heute viele Philosophische Praktiker – davon aus, daß jeder Mensch eine Lebensphilosophie hat, die sich entsprechend der frühen Erziehungs- und Lernerfahrungen entwickelt und sich dann, einmal etabliert, meist kaum noch verändert, auch wenn sie sich u.U. im Lebensalltag des erwachsenen Menschen häufig nicht bewährt. Da diese handlungsleitenden Konzepte meist automatisch wirken, also kaum reflexionsfähig sind, sind sie schwer zu verändern; mit den Worten des Untertitels: Veränderungen in seinem Leben ins Auge zu schauen ist oft schwierig. (*„Facing change in one's life is often difficult ..."*)

Der übliche, wenig bewußte Prozeß, die Gültigkeit der eigenen Philosophie zu bekräftigen, besteht darin, nur Daten zu akzeptieren, die mit unseren vorgefaßten Meinungen übereinstimmen, Deshalb, so Hersh, müssen wir zu lernen beginnen, wie wir unsere grundlegenden Sichtweisen (*viewpoints*) kennen, prüfen und verändern können. Hier können seiner Meinung nach beratende Philosophen eine wichtige Rolle spielen, indem sie Menschen helfen, die einen Übergang erleben und eine tiefgreifende Veränderung durchgehen müssen, um ihren neuen Bedürfnissen zu entsprechen. Indem sie mit dem Berater über ihr gegenwärtiges Inventar von ‚automatischen' Wahrnehmungen und Reaktionen kritisch nachdenken, haben sie die Möglichkeit, ihre Lebensphilosophie zu verändern und den neuen Erfordernissen entsprechend zu gestalten (Hersh, 1980, 32).

Im Unterschied zum unterrichtenden Philosophielehrer ist für Hersh der beratende Philosoph mit einem Trainer (*coach*) zu vergleichen, der anderen bei Veränderungsprozessen beisteht. „Die Zeit alleine verleiht den Menschen keine Weisheit. Die Zeit enthält diese Möglichkeit, aber es gibt keine Garantie. Einige Menschen leben unbeabsichtigt mit einer Philosophie, die eine Zunahme ihrer Weisheit *behindert*, und zudem jede Art von Wachstum. Es ist nicht unüblich, daß mit den Jahren das Abwerten, Rationalisieren und Rechtfertigen eines Menschen sich verfeinert, während die zugrundeliegende Lebensphilosophie unverändert bleibt" (ebd. 33).

Hersh machte die Erfahrung, daß immer mehr Menschen, die zu ihm zur Beratung kamen, keine ‚Hilfe' im Rahmen eines medizinischen Modells in Erwägung gezogen hätten – sie betrachteten sich nicht als kranke Menschen, die Heilung suchen oder als Neurotiker, die Behandlung brauchen, vielmehr als Menschen, die nach Entwicklung Ausschau hielten. Der beratende Philosoph kann ihnen dabei helfen, die Fähigkeit zu lernen, die eigene Philosophie zu verändern und damit in einen lebenslangen Prozeß einzutreten, der die Zunahme von Weisheit wahrscheinlicher macht. (Diese fast humorvoll formulierte Zielperspektive basiert auf der zuvor gemachten Aussage von Hersh, daß die Zeit alleine dem Menschen keine Weisheit verleiht, sondern nur diese *Möglichkeit* enthält.)

Eine kontinuierliche Tradition Philosophischer Beratung, ausgeübt vorwiegend von ausgebildeten Philosophen, entwickelte sich jedoch trotz mancher noch heute interessanten philosophisch-beraterischen Ansätze nicht.

Karl Pfeifer berichtete in einem Vortrag beim 1. Internationalen Kongreß für ‚Philosophical Counseling' in Vancouver, 1994, über diese Zeit aus der Perspektive eines Philosophiestudenten – er begegnete der Philosophie Ende der 60er Jahre und war einer von vielen, die sich ‚in die Philosophie verliebten'. Er sah sich mit der Situation konfrontiert, daß die Chancen, an der Universität Karriere zu machen, trotz kurzem Boom wieder kleiner wurden, so daß die Philosophie für viele nur ein ‚Zwischenspiel' (*interim thing*) blieb, das man letztlich doch aufgeben mußte. Aber es gab auch einige, die sich damit beschäftigten, ob Philosophie auch außerhalb der akademischen Welt betrieben werden könne. „Hier ist der Punkt, wo ‚philosophische Beratung' mich betrifft und andere wie mich, die geringe oder keine Erwartungen auf eine akademische Karriere hatten: wir wollten zwar nicht ein Praxisschild aushängen, uns aber doch zumindest als Philosophen ausgeben und bezahltes Philosophieren außerhalb der Universität betreiben. Ich erinnere mich sogar damals an eine Zeitungsanzeige, die Hilfe anbot beim Lösen von philosophischen Problemen" (Pfeifer, 1994, 58).

Doch obwohl der Begriff des *‚philosophical counseling'* sozusagen in der Luft lag, wie Pfeifer es ausdrückte, entwickelte sich zu diesem Zeitpunkt noch nichts Derartiges im philosophischen Kontext – die Bemühungen gingen eher dahin, zu zeigen, daß Philosophen für bestimmte Jobs genauso qualifiziert waren wie andere Akademiker (Pfeifer selbst arbeitete eine Zeitlang in einem ‚Welfare Department', ist heute aber Universitätslehrer).

Den ‚zündenden Funken' zu einer solchen Entwicklung innerhalb der philosophischen ‚Zunft' gab es erst Anfang der 80er Jahre, als Gerd B. Achenbach 1981 in Bergisch-Gladbach seine Philosophische Praxis eröffnete.

Gerd B. Achenbach

‚Der Philosoph als Freiberufler' – so lautete die Überschrift eines Gesprächs, das A.K.D. Lorenzen mit Achenbach geführt hatte und das 1982 in der Zeitschrift für Didaktik der Philosophie erschien[1].

---

[1] In überarbeiteter, ergänzter Form und unter verändertem Titel (Der Philosoph als Praktiker) in dem von Achenbach herausgegebenen Sammelband ‚Philosophische Praxis' (Achenbach, 1984, 5–12).

Lorenzen fragte Achenbach zu Beginn, was ihn dazu bewogen hatte, als Philosoph eine ‚Praxis' zu eröffnen.

Die Antwort: „Zugrunde liegen diesem Schritt u.a. drei Erfahrungen. Erstens: Die nicht-mehr oder noch-nicht praktische Philosophie überdauert in einem akademischen Getto, wo sie den Zusammenhang mit jenen Problemen verloren hat, die die Menschen wirklich bedrücken. Diese Entfremdung, die auf seiten der Philosophie Sterilität und im Lebensalltag Besinnungslosigkeit erzeugt, wird in der Philosophischen Praxis aufgehoben" (Achenbach, 1984, 5).

Als zweiten Punkt nennt er die seiner Ansicht nach notwendige Ergänzung zur Psychologie bzw. Psychotherapie, die inzwischen – darin der Theologie ähnlich geworden – „für individuelle Probleme allgemeine Lösungen" anbiete. „Die Tage der letzten (der psychologischen) Bevormundung gehen zu Ende" verkündete er mit der für seine Argumentation charakteristischen Schärfe der Polemik (Achenbach, 1984, 5).

Auf die Frage von Lorenzen, ob philosophische Beratung der Versuchung entgehen könne, ebenfalls Anwendungs-Praxis zu werden (in deren Routine für Achenbach der ursprüngliche Aufklärungsanspruch der Psychologie verlorenging), antwortete er, daß dies möglich sei, wenn sie nicht ebenfalls zur Theorie wird, „sondern solche Theorien ihrerseits bedenkt und ihnen dabei ihre Sprödigkeit und Gewalt nimmt" (Achenbach, 1984, 6).

Die Überlegenheit der Philosophie gegenüber den theorieproduzierenden Wissenschaften sieht er darin, daß sie „alle Verfestigungen des Gedankens" auflöse. „Darum auch kann es in der Philosophischen Praxis nicht um die ‚Anwendung' einer fix und fertigen Philosophie auf konkrete Fälle gehen, sondern umgekehrt um den Versuch, konkrete Probleme produktiv mitzudenken" (ebd.).

Damit kommt schon zu diesem frühen Zeitpunkt ein Charakteristikum der Achenbachschen Position deutlich zum Ausdruck: seine lange Zeit ablehnende Haltung gegenüber einer positiven Bestimmung und theoretischen Fundierung philosophischer Beratung. Noch 1996, beim 2. Internationalen Kongreß für Philosophische Praxis in Leusden, Holland, lehnte er die Beantwortung der Frage ‚Was ist Philosophische Praxis' ab, mit der Begründung, es handele sich um eine Frage nach dem ‚Wesen' der Philosophischen Praxis als etwas Regelmäßigem und Allgemeinem, Identischem und immer Gleichem (Achenbach, 1996, 2), und so müsse jede Antwort im Sinne jener Frage notwendig verfehlen, was die Philosophische Praxis ausmacht (ebd. 3). Als ‚die Mitte' (im Sinne von: das Wesentliche) der Philosophischen Praxis bestimmte er dann die beiden beteiligten Personen (im Bild: die beiden Brennpunkte einer Ellipse), denn: „Die einzige Gemeinsamkeit aller Beratungen, das einzig Identische aller Gespräche, die *ein* bestimmter philosophischer Praktiker führt, ist der Praktiker selbst – bin, indem ich Auskunft gebe, ich selbst" (Achenbach, 1996, 5).

Ein Jahr zuvor, beim 10. Kolloquium der GPP in Hannover (1995), hatte er dieser Meinung noch drastischer Ausdruck verliehen und eindringlich gemahnt: „Wenn Sie sich verführen ließen, in bestimmter Weise sagen zu wollen, was Philosophische Praxis sei, wie sie arbeite, was ihr Verfahren sei, was ihre Interessen, was ihre Ziele seien, mit welchen Aussichten sie rechne, zu erreichen, was zu erreichen sie sich vornehme – wenn Sie das versuchten, machten Sie sich und die Philosophie selbst lächerlich. Denn zur bestimmten und bestimmbaren Gestalt wird die Philosophie immer nur in dem einzelnen Werk, wie die Philosophische Praxis in der einzelnen Beratung" (Achenbach, 1995, 12).

Bei der dritten Internationalen Konferenz, 1997 in New York, gab Achenbach dann schließlich diese Haltung auf und teilte mit, er sei nun überzeugt, „daß die Zeit reif ist, den zweiten Schritt zu wagen" (Achenbach, 1997, 4), betonte aber auch zu diesem Zeitpunkt noch, es sei „ohne Zweifel ratsam und richtig gewesen", daß er bisher „die noch junge Bewegung der Philosophischen Praxis primär durch Negationen bestimmt" habe (ebd. 3).

Die langdauernde Ablehnung Achenbachs gegenüber einer ausgearbeiteten theoretischen Konzeption Philosophischer Beratung hat wohl unter anderem damit zu tun, daß er sich intensiv mit der Psychoanalyse auseinandergesetzt hat und hieraus eine gewisse ‚Hintergrundsfolie' von Theoriebildung sowie der Anwendung von Theorien in bezug auf beratende bzw. psychotherapeutische Arbeit gewonnen hat: Ein (zumindest in der orthodoxen Psychoanalyse noch bis in die jüngste Zeit) festgefügtes Theoriegebäude über menschliche Entwicklung, psychische Störung und Krankheit, dazu ein praktisches Instrumentarium, dem in der Konzeption von Widerstand und Übertragungsdeutung Mittel zur Verfügung stehen, die auch für eine potentiell unangreifbare Immunisierungsstrategie und als Machtinstrument ge- bzw. mißbraucht werden können. (Dieser Aspekt war und ist Gegenstand vielfältiger Kritik, sowohl von Psychoanalytikern selbst, vor allem aber auch von seiten der psychologisch fundierten psychotherapeutischen Ansätze und innerhalb der Klinischen Psychologie.)

Es ging Achenbach wohl darum, den Gefahren eines starren, diagnostizierenden, den anderen Menschen festlegenden konzeptuellen Rahmens zu entgehen. Theorien ‚petrifizieren zum Dogma' (Achenbach 1993, 39a).

Dieser Vorwurf ist gegenüber der Psychoanalyse sicher angebracht – aber Achenbachs Aussagen zum Charakter von Theorien haben selbst auch Theoriecharakter, stellen metatheoretische Überlegungen dar, die Strukturmomente mit einbeziehen, insbesondere den Aspekt von Rigidität vs. Flexibilität des Denkens[1]. So läßt sich das Anliegen Achenbachs durchaus konzeptuell fassen und damit als eine wesentliche Leitlinie Philosophischer Beratung formulieren.

Entsprechend kann auch die ‚Methode' und ebenso das ‚Ziel' Philosophischer Beratung charakterisiert werden. Danach fragte Lorenzen in dem 1982 veröf-

---

[1] Daß sich dieses ‚Strukturmoment' durchaus konzeptionell-theoretisch erfassen läßt, zeigt das Beispiel des personzentrierten Ansatzes von Carl Rogers; die von ihm entwickelte ‚Prozeßskala' beschreibt die menschlichen Entwicklungsmöglichkeiten als ausgespannt zwischen den Extrempolen von Rigidität und Flexibilität, deren jeweiliger Ausprägungsgrad sich auf den verschiedensten Ebenen – gerade auch der Konzeptbildung – manifestiert. So bewegt sich menschliche Reifung in einem „Kontinuum zwischen Festgefügtem und Änderung: von starrer Struktur zum Fluß, von Bewegungslosigkeit zum Prozeß" (Rogers, 1961, 135). Für den Erfahrungsaspekt formulierte Rogers das ‚Ziel' vor diesem Hintergrund so: „Das Erfahren hat seine strukturgebundenen Aspekte fast gänzlich verloren und wird Prozeßerfahren; das heißt, die Situation wird in ihrer Neuheit und nicht aus der Vergangenheit heraus erfahren und gedeutet" (ebd. 156).

fentlichten Gespräch: „Und was ist die Sache des Philosophischen Praktikers in solchen Fällen?" (Nämlich wenn Menschen sozusagen ‚festsitzen', in eine Sackgasse geraten sind.) Achenbach antwortete darauf: „In das festgefahrene, richtungslose, zirkuläre oder sich in ständiger Wiederholung erschöpfende Denken (und Empfinden!) *mitdenkend einzusteigen, weiterzudenken, Bewegung* in das Problemknäuel hineinzubringen, *analytisch* zu entwirren, *synthetisch* zu verbinden, zu *überraschen* und *herauszufordern,* um anderen Einschätzungen Aufmerksamkeit zu verschaffen usw." Hier taucht dann zum ersten Mal das oft benutzte Novalis-Zitat auf: ‚Philosophistisieren ist Dephlegmatisieren und Vivificiren' – „für den un-akademischen Gebrauch übersetzt: Auf die Sprünge helfen und beleben" (Achenbach, 1984, 7).

Damit ist – auf eine zunächst eher formale Weise – eine Aussage über ein wesentliches Element beraterischen Vorgehens gemacht, wie es auch in anderen Beratungsansätzen formuliert wird; dies wäre zu ergänzen durch Spezifizierung, wie das im Kontext *Philosophischer* Beratung theoretisch genauer zu fassen und in der beraterischen Praxis zu realisieren ist.

Es gibt noch eine Reihe von Einzelaspekten der Achenbachschen Beratungskonzeption, die hier genannt werden sollen.

Im Unterschied zur psychoanalytischen Deutungspraxis, die er als ‚Methode des Verdachts' charakterisiert, führt er aus, daß ihm wichtig ist, das vom Besucher Mitgeteilte erst einmal so zu nehmen, wie es vorgebracht wird. (Hier wird die wichtige ‚Grundhaltung' der Akzeptierung artikuliert, sowie unter dem Verstehensaspekt die erste Phase des hermeneutischen Prozesses, nämlich das Verstehen der Aussage im Sinne der ‚Autor-Intention'.)

In dem Gespräch mit Lorenzen sagte Achenbach dazu: „In der Philosophischen Praxis geht es mir ... zunächst und entschieden darum, das Vorgetragene als ‚die Sache selbst' zu nehmen, was sich in der Regel als fruchtbar überfordernde Einschätzung erweist: die so genommene ‚Sache selbst' zeigt sich widersprüchlich und beginnt, sich zu bewegen und weiterzuentwickeln – die Sache wird ‚dialektisch'.

Dies aber nur, sofern ich darauf verzichte, den Berichtenden zu verhören oder ihm mit den Fragen aufzulauern wie: Was sagt er damit? Wozu sagt er das? Warum sagt er das? Sofern ich ihm also nicht ‚dahinterkommen' will, sondern mich dafür interessiere, was mir der andere sagt" (Achenbach, 1984, 9).

In einem Zeitschrifteninterview aus dem Jahre 1991, also nach zehnjähriger Praxis, äußerte Achenbach, daß er bei Eröffnung seiner Praxis nicht geahnt hatte, welch hohen Stellenwert für die Menschen das ‚Erlebnis des Verstandenwerdens' einnehmen kann. „Was die Menschen am allermeisten erwarten, ist, daß sie so gut wie möglich verstanden werden" (Achenbach, Chronik, 94).

Fünf Jahre später, bei dem Vortrag in Leusden 1996, stellte er vier ‚Grundsätze' Philosophischer Praxis vor, von denen der zweite sich ebenfalls auf das Verstehen bezog: „In erster Linie und zunächst und lange Zeit geht es in der Praxis um nichts anderes als darum, den Menschen, der sich uns anvertraut, als den besonderen und einzigartigen als diesen *einen, der er ist,* so innerlich und vielfältig wie möglich zu *verstehen* (Achenbach, 1996, 8). Ergänzend fügt er später hinzu: „Ohne Ausnahme gilt, *wer in die Philosophische Praxis kommt, möchte verstanden sein*" (ebd. 9).

Allerdings lehnt es Achenbach eher ab, den Verstehensprozeß systematisch zu fassen, denn das bedeutet für ihn nur die negative Form starrer Verstehens- bzw. Interpretationsformen: „So auch verhindern Regeln, wie Menschen zu verstehen seien, das Verständnis des Menschen" (Achenbach, 1995, 11).

Gemeint sind damit besonders psychologische (d.h. wohl eher: psychoanalytische) Verstehensansätze: „Vollends überfordert sind damit allerdings die professionalisierten Versteher (womit ich die Regel-Psychologen meine), da es ihre Profession gerade ist, eine *bestimmte* Weise des Verstehens oder gar Erklärens auszuüben und diesem fremdes Verstehen durch Interpretation einzuverleiben" (1996, 9).

Neben der Bedeutung des Verstehens für die Beratung wird auch der wichtige Aspekt der Authentizität oder Echtheit von Achenbach benannt: „In einem philosophischen Gespräch werde ich keinen Gedanken äußern, den ich nicht ganz als den meinen akzeptieren könnte. Wer die philosophische Praxis aufsucht, bekommt es nicht mit einem Theorie-Verwalter sondern mit einem Menschen zu tun. Der Gesprächspartner mutet sich mir zu. Ich mute mich ihm zu. (Dazu muß ich mich selbst als ‚zumutbar' einschätzen.) Wer diese Sensibilität gegenüber sich selbst nicht aufbringt, ist als philosophischer Praktiker ungeeignet oder – so muß man es wohl genauer sagen – eine Gefahr für die Menschen, die sich an ihn wenden" (Achenbach, 1984, 10).

Daß Achenbach festgefügte Theorien des Beratungsprozesses ablehnt, rührt wohl auch daher, daß er jedem Menschen als einem einzigartigen Individuum beggegnen möchte: „Für den Besucher heißt das: mit jedem beginnt (idealerweise) eine individuelle philosophische Geschichte ... und eine Selbstaneignung durch verarbeitete und gestaltete Erinnerung zur erzählbaren Biographie ... Keine philosophische Kur jedenfalls wird der anderen gleichen, oder sie war schlecht" (Achenbach, 1984, 34).

Diese ‚besucher-zentrierte Haltung' stellt selbst eine Basistheorie im Sinne eines Prinzips dar, das als Orientierung und Ausrichtung von verschiedenen Beratungs- und Psychotherapie-Ansätzen formuliert wird, dessen Realisierung allerdings schwierig ist – dem steht vor allem die (allen Menschen, und Philosophen eher in besonderem Maße eigene) Tendenz im Wege, dem Gesprächspartner die eigenen Konzepte ‚aufzuerlegen'. Neben einer theoretischen Beschreibung dieser Schwierigkeiten einer wirklich personzentrierten Beratungsarbeit bedarf es, so meine ich, einer längeren Einübung, am besten mit Hilfe der Supervision von eigenen Beratungsgesprächen'[1].

---

[1] Diesen Weg gingen z.B. die holländischen Philosophiestudent(inn)en, die sich ‚autodidaktisch' zu Philosophischen Praktikern ausbildeten, indem sie Übungsgespräche miteinander durchführten und diese auf Video oder Tonband aufnahmen (vgl. dazu Jongsma, 1995 und Boele, 1995).

Ein weiterer Punkt bezieht sich auf den Aspekt, der hier als ‚Forderung der Selbstanwendung' bezeichnet wird (vgl. unten Kap. B.5.): Achenbach wendet sich in dem (1982 zuerst erschienenen) Aufsatz ‚Philosophie nach Tisch – oder: Wer ist Philosoph?' gegen eine Haltung, die sich dieser Forderung nach einer persönlichen Verwirklichung der eigenen Konzepte nicht stellt, sondern sie nur als Anspruch an die anderen Menschen verkündet – eine Philosophie, „die die ‚wahren Sätze' zuerst ausmacht und sie dann, wenn sie sie hat, den Menschen pharisäisch auferlegt." Philosophen, die im Sinne einer solchen ‚Anspruchs-Philosophie' agieren, erkennen wir, so Achenbach, „in aller Regel daran, daß sie *für die andern* denken, sich zugleich jedoch die Anwendung des Ausgedachten auf sich selber zu ersparen wissen" (Achenbach, 1984, 19).

So werden viele Aspekte, die für einen konstruktiven Dialog wichtig sind, von Achenbach benannt, wenn auch nicht systematisch dargestellt, sondern eher verstreut in verschiedenen Vortragstexten und Aufsätzen. Viele der Punkte sind keine spezifischen Charakteristika Philosophischer Beratung, sondern entsprechen allgemeinen Gesetzmäßigkeiten, denen konstruktive Kommunikation unterliegt und die deshalb auch immer wieder neu formuliert bzw. ‚neu entdeckt' werden.

Die Bestimmung des ‚Proprium' Philosophischer Beratung wird, wie erwähnt, vor allem in negativer Abgrenzung vorgenommen, positiv wird der Prozeß eher formal als ‚gemeinsames Philosophieren' bezeichnet – ein „freies Gespräch", was für Achenbach heißt: „Sie [die Philosophische Praxis] schert sich nicht um philosophische Systeme, verordnet keine Philosopheme, konstruiert keine Philosophie, verabreicht keine philosophische Einsicht, sondern sie setzt das Denken in Bewegung: *philosophiert* (Achenbach, 1984, 32).

Für ihn scheint dieses ‚Philosophieren' zwar ein im wesentlichen kognitiver (denkerischer) Prozeß zu sein, der aber auch – in gewissem Umfang – die Gefühle beachtet bzw. sie integriert; mit Hegel definiert er die Vernünftigkeit philosophischen Denkens als die des ‚denkenden Herzens' und formuliert die ‚Utopie Philosophischer Praxis' als „die vernünftige Seele oder die empfindende Vernunft" (Achenbach, 1984, 33), und ähnlich, mit einem Zitat von Kudzus, beim Vortrag in Leusden: „Wo wir ein Hirn nicht überzeugen können, haben wir ein Herz nicht zu bekehren vermocht" (1996, 7). Genauere Aussagen über die Beziehung von Denken und Fühlen finden sich jedoch nicht.

Diese Rekonstruktionsversuche – die sich leicht vermehren ließen – zeigen, daß sich bei Achenbach auch schon in den Jahren vor der 1997 in New York mitgeteilten ‚Wende' viele Aussagen zur ‚positiven Bestimmung' Philosophischer Praxis finden lassen; auch der Weisheitsbegriff wird schon früh zur Charakterisierung der Tätigkeit Philosophischer Praxis benannt, etwa in dem 1989 veröffentlichten Bericht über das von Willi Oelmüller organisierte Kolloquium ‚Philosophie und Weisheit'. Achenbach, der als Diskussionsteilnehmer anwesend war, betonte dort, daß Philosophie noch Liebe zur Weisheit sein kann, und zwar in Gestalt Philosophischer Praxis (Oelmüller, 1989, 288).

Bei dem ersten expliziten Versuch einer positiven Bestimmung, 1997 in New York, stand dieser Begriff ganz im Mittelpunkt der Ausführungen.

Achenbach ging von ‚Weisheit' als ‚Schlüsselbegriff Philosophischer Praxis' aus und gab als Definition: „Die Philosophische Praxis ist das Bemühen um praktische Weisheit." Dann führt er weiter aus: „Diese Auskunft qualifiziert sie als *philosophische* Einrichtung, bestimmt ihre *Orientierungen*, klärt darüber auf, was ihre *Absichten* sind, begründet ihre besonderen *Vorgehensweisen*, macht ihre skeptische Stellung zu theoretischen *Erkenntnisansprüchen* verständlich, erläutert ihr abwägendes *Verhältnis zu den Problemen*, die ihr vorgetragen werden, äußert sich zum nachdenklichen *Selbstverständnis des philosophischen Praktikers* und zu der Beziehung, in der er zum Besucher der Philosophischen Praxis steht" (1997, 5).

Dieses ‚Programm' müßte entwickelt werden, als Antwort auf die Fragen, die zu den genannten Themenbereichen gehören, etwa nach der Art der persönlichen Orientierung, der Absichten und Vorgehensweisen, des Hintergrundes für die skeptische Erkenntnistheorie, die Auffassung von ‚Problemen' usw. Im Rahmen dieses Vortrages geschieht das nur andeutungsweise, mit einigen Hinweisen auf wesentliche philosophische Richtungen bzw. Autoren (besonders die pyrrhonische Skepsis, Pascal, Montaigne, Kant, Nietzsche und Bloch).

Insbesondere bedarf der Weisheitsbegriff einer genaueren Bestimmung, denn er wird in vielen verschiedenen wissenschaftlichen Zusammenhängen wie auch in der Alltagskommunikation gebraucht; zeitgenössische Philosophen tun sich vielfach eher schwer damit, diesem Begriff, der eine bestimmte menschliche Qualität meint, wieder eine Bedeutung im philosophischen Kontext zu geben.

Gerade der Begriff der Weisheit ist aber auch geeignet, die Philosophischen Praktiker daran zu erinnern, daß eine Philosophische Beratungstätigkeit nicht ohne Berücksichtigung relevanter empirisch-wissenschaftlicher Ergebnisse zu bewerkstelligen ist – für Kant war Wissenschaft die ‚enge Pforte', die zur Weisheitslehre führt, die dazu dienen soll, „den Weg zur Weisheit, den jedermann gehen soll, gut und kenntlich zu bahnen, und andere vor Irrwegen zu sichern" (KpV A 292). Philosophische Beratung kann in diesem Sinne verstanden werden und bedarf für diese Aufgabe, den ‚Weg zur Weisheit zu bahnen', wissenschaftlicher Ergebnisse als Unterstützung; hier hat z.B. die empirische Weisheitsforschung Ergebnisse vorgelegt, die Philosophischen Praktikern wertvolle Hinweise und Anregungen geben können[1].

Schließlich gibt es noch einen Aspekt der Achenbachschen Beratungskonzeption, der einen wichtigen, jedoch leicht mißverständlichen Gesichtspunkt benennt.

Häufig wird von Philosophischen Praktikern ein gewisses Mißtrauen gegen zu schnelle Lösungen, falsche Harmonie etc. geäußert. Die Aufgabe der Philosophie bestehe eher darin, zu beunruhigen, Fragen zu *stellen*, statt sie zu beantworten. Auch dieser Punkt läßt sich als Theorie einer Philosophischen Praxis durchaus konzeptualisieren[2], aber es sollte dann die dialektische Spannung zur Zielrich-

---

[1] Vgl. dazu B.4.: Lebenserfahrung und Lebenssinn – der Beitrag der empirischen Weisheitsforschung.
[2] Zwei Formen, in denen das in diesem Kontext versucht wird, sind: die Beschreibung des Beratungsprozesses als Maieutik, mit einer negativen und einer positiven ‚Phase' oder Vorge-

tung konstruktiver Problemlösung aufgezeigt werden. Wenn dieser ‚Hang zum Tragischen' das Übergewicht bekommt, ergeben sich daraus Sätze wie: „Philosophie entlastet nicht, sie erschwert" (Achenbach, 1984, 89).

Der wichtige gemeinte Aspekt besteht vielleicht darin, daß eine gewisse Tiefe des Lebens- und Weltverständnisses immer auch eine schmerzliche Komponente enthält, die zu tun hat mit den verschiedenen wahrnehmbaren Facetten des Menschseins bei sich selbst und bei anderen, der Oberflächlichkeit, die sich mit Ersatzlösungen zufriedengibt, den menschlichen Schwächen, die (bis hin zu Boshaftigkeit und Gewalt) zumindest in Ansätzen bei einem selbst und anderen immer wieder feststellbar sind – alles Gesichtspunkte, die nicht verharmlost oder gar negiert werden dürfen, indem z.B. zu schnell auf ‚Lösung von Problemen' im Sinne eines oberflächlich ‚guten' Lebens hingearbeitet wird[1]. Wenn dieser Aspekt jedoch überzogen wird, kann es auch zu einer ‚Verherrlichung' der ‚tragischen Seite' und einer ‚Glorifizierung der Problematik' führen, die dann in der Gefahr ist, die echte Tiefe zu verfehlen, in der Schmerz und Freude, Melancholie und Heiterkeit ihren jeweils angemessenen Platz haben[2].

Abschließend läßt sich sagen, daß die Konzeption von Gerd B. Achenbach, der als einer der ‚Pioniere' Philosophischer Beratung sicherlich besondere Beachtung verdient, als Beispiel dafür gelten mag, daß eine Dominanz der Kritik bzw. negativer Abgrenzung die Aussagemöglichkeiten stark einschränkt.

Philosophie hauptsächlich als Kritik zu bestimmen, stellt dabei eine durchaus charakteristische Artikulationsform des Philosophierens nach dem Ende der ‚großen Systeme' dar; Hans Lenk formulierte:

> „Nach dem Scheitern der rationalistischen Hoffnung absoluter Letztbegründung und der zentralen obersten Wahrheitsverwaltung durch philosophische Päpste richtet sich ein rationales Philosophieren methodisch an der Idee einer grundsätzlich allgemeinanwendbaren ... Kritik aus" (Lenk, 1986, 329).

---

hensweise (vgl. oben B.1.b.), sowie der hermeneutische Aspekt des Verstehens und der Kritik (vgl. B.3.3. Hermeneutik). Beide Aspekte ergänzen sich, zumal sie die kritische Funktion einmal mehr an den Anfang des Dialogs verlegen (Maieutik), das andere mal – nach dem Verstehen – an die zweite Stelle rücken (Hermeneutik).
Auch im Kontext der empirischen Weisheitsforschung ist dieser Aspekt vielfältig aufgenommen worden: als Zielvorstellung einer Balance zwischen Wissen und Zweifel, als Deutung des Stellens von Fragen als Ausdruck ‚qualifizierten Nichtwissens', oder in der Einschätzung, daß Problemfinden eine wertvollere und schwieriger zu erreichende Qualität als das Problemlösen darstellt (s. Kap. B. 4.).

[1] Dieser Aspekt möglicher Selbsttäuschung stellt sich als Problem in der Philosophie seit der Antike; in der Gegenwartsdiskussion ist er z.B. im Kontext der Ethik und möglicher Formen von Täuschungen über ein gutes, glückliches Leben aufgenommen worden (z.B. von Tugendhat, Seel, Krämer), wobei sehr unterschiedliche Vorschläge zum Verständnis dieser möglichen Selbsttäuschungen gemacht wurden. (Vgl. dazu auch Martin Löw-Beer: Selbsttäuschung [1990].)
[2] Vgl. zu diesem Aspekt auch die Ausführungen im Exkurs über ‚Psychotherapiekritik philosophischer Berater', oben S. 28ff.

Für Lenk besteht inzwischen durchaus Einigkeit darüber, daß Kritik eine wesentliche Aufgabe der Philosophie darstellt, vielleicht sogar die Hauptaufgabe. Das bedeutet aber für ihn nicht den *Verzicht* auf Theorien und Entwürfe, sondern setzt diese im Gegenteil voraus:

> „Die Kritik bedarf der vorweg geleisteten Konstruktion, wenn sie vorgelegte konstruktive Entwürfe durch Argumente kontrolliert. Kritik allein ist nicht genug. Konstruktivität, Mut zum inhaltlichen Entwurf (der erst die methodologische Form zur eigentlichen *Philosophie* ergänzt), die Ausgangsbasis gemeinsamer kultureller, lebenspraktischer oder durch Konvention gewonnener Grundüberzeugungen (die freilich selbst nicht grundsätzlich der Kritik entzogen sind) – all dies erweist sich als unerläßlich für philosophische Entwürfe, die zugleich praxisnah und undogmatisch sein sollen" (ebd.).

Der andere erwähnte Punkt der Achenbachschen Position, seine lange Ablehnung einer Definition Philosophischer Praxis, stützt sich auch auf die immer wieder betonte Besonderheit der Philosophie überhaupt, daß sie nicht in allgemeinverbindlicher Weise definiert werden, sondern nur im jeweils persönlich entwickelten *Verständnis* von Philosophie bestimmt werden könne. Das stellt jedoch zugleich eine Forderung dar, die für Philosophische Praktiker in ganz besonderer Weise gilt – Michael Schefczyk hat das als Kommentar zu einem Aufsatz von Achenbach so formuliert: „Daß Philosophie nicht im gewohnten Sinne definierbar sei, meint daher nicht, sie sei überhaupt nicht definierbar. ... Das macht aber nicht überflüssig, sich über die eigene philosophische Grundorientierung, in die jeweils auch eine Begriffsbestimmung der Philosophie eingegangen ist, Klarheit zu verschaffen und sich mit ihr zu exponieren. In welcher Weise Philosophische Praxis philosophisch ist, hängt somit davon ab, was der philosophisch Praktizierende jeweils unter Philosophie versteht" (Schefczyk, 1993, 42).

Das stimmt im Grunde überein mit der zitierten Aussage von Achenbach, daß Philosophische Praxis stets nur vor dem Hintergrund der jeweiligen Realisierung durch eine spezifische Persönlichkeit bestimmt werden kann. Daraus folgt aber konsequenterweise die Forderung, das eigene Philosophieverständnis und ebenso die persönliche Konzeption Philosophischer Beratung zu explizieren.

Zu berücksichtigen sind allerdings die besonderen Schwierigkeiten einer Theorie Philosophischer Beratung, die sich daraus ergeben, daß sie in wesentlichen Aspekten *Prozeßwissen* repräsentieren muß, das sich erst über viele Jahre der Praxis hinweg entwickelt und zudem relativ schwer in deklaratives Wissen zu überführen und damit sprachlich zu symbolisieren ist[1].

---

[1] Kein geringerer als Platon kann als früher Gewährsmann dafür dienen – die bereits erwähnte Stelle des 7. Briefes (340c, oben S. 66) läßt sich in diesem Zusammenhang so interpretieren, daß Platon es für unmöglich hielt, prozessuales Wissen, das sich aus der dialogischen Praxis (bzw. der gemeinsamen Lebenspraxis in der philosophischen Schule) entwickelt, in schriftlicher, propositionaler Form niederlegen zu können.
Die neuzeitliche Philosophie hat sich bis in die jüngste Gegenwart mit dieser Gegebenheit allerdings kaum mehr befaßt.

So läßt sich das Abrücken Achenbachs von seiner früheren Position der ausschließlich negativen Bestimmung Philosophischer Praxis auch als Ergebnis langjähriger Erfahrung verstehen.

Trotz der bestehenden Schwierigkeiten wird die Zukunft der Philosophischen Beratung wesentlich davon abhängen, ob es gelingen wird, philosophisch fundierte und zugleich praxisbezogene und praxisrelevante Konzeptionen zu entwickeln. Insofern ist Michael Schefczyk zuzustimmen, der seine Bemerkungen zu einem Text von Achenbach mit einer Empfehlung in diese Richtung beschließt:

> Den Philosophischen Praktikern kann daher das Wagnis, sich mit den philosophischen Gedanken, die sie bei ihrer Arbeit entwickeln, und mit ihrem Begriff von Philosophie zu exponieren und eben darin den Stil ihrer Beratungen bekanntzumachen, auf Dauer nicht erspart bleiben" (Schefczyk, 1993, 42).

Angeregt von der Eröffnung einer Philosophischen Praxis durch Achenbach gab es bald eine Reihe von weiteren Praxisgründungen, zunächst im deutschsprachigen Raum, bald auch in anderen Ländern der Welt; besonders zu nennen sind die Aktivitäten in Holland und in jüngster Zeit in Amerika (USA und Kanada), auf die noch detailliert eingegangen wird.

Wie in Anfangszeiten üblich, gab es keinerlei Kriterien dafür, ob und wann sich jemand ‚Philosophischer Berater' oder ‚Praktiker' nennen kann. Es gibt hier (noch[1]) keine gesetzliche Regelung, der Begriff des Beraters ist nicht geschützt, so daß ihn jeder (auch mit jedem beliebigen Zusatz) in Anspruch nehmen darf. Wenn eine(e) Philosoph(in) eine Beratungspraxis aufmachen möchte, bedarf das keiner nennenswerten Formalitäten.

Im Rahmen der bereits 1982 begründeten ‚Gesellschaft für Philosophische Praxis' (GPP[2]), deren 1. Vorsitzender Gerd Achenbach ist, wurden die Fragen von Richtlinien oder Orientierungen zwar vielfach (und kontrovers) diskutiert, es kam aber – trotz Ausarbeitung einer Vorlage – nicht zur Verabschiedung inhaltlich definierter Kriterien für die Ausbildung bzw. Anerkennung Philosophischer Berater.

Die Entwicklung im deutschsprachigen Raum wird zudem eher von Einzelpersönlichkeiten bestimmt, die nur zum Teil im Rahmen der GPP organisiert sind.

---

[1] In Deutschland wurde 1997 ein Gesetzentwurf des Bundesrates vorgelegt, nach dem die ‚gewerbliche Lebensbewältigungshilfe' geregelt werden soll – ausgenommen von diesem Gesetz sollen nur Ärzte, Heilpraktiker und Vertreter der Amtskirchen sein. Sowohl die formale und wirtschaftliche Abwicklung (Verträge in Schriftform, Zahlungsmodus) sowie die Haftung werden auf eine Weise festgelegt, die jede Tätigkeit als ‚Lebensberater' zu einem kaum vertretbaren Risiko machen würde.
In Österreich gibt es eine gesetzlich legitimierte Form der Beratungstätigkeit, die sich durchaus als Rahmen auch für Philosophische Beratung eignen würde.
Während es in den USA Bestrebungen gibt, den Philosophischen Beratern einen legalen Status zu geben, finden sich bei den Praktikern im deutschsprachigen Raum eher Stimmen gegen solche Versuche.

[2] 1997 umbenannt in ‚IGPP' (Internationale Gesellschaft für Philosophische Praxis).

Von diesen Vertretern der ersten Jahre sollen Steffen Graefe und der Österreicher Günther Witzany[1] ausführlicher behandelt werden.

> Über weitere Persönlichkeiten aus diesem frühen Zeitraum informiert die 1992 publizierte Magisterarbeit von Melanie Berg, die alle ihr damals bekannten Philosophischen Praktiker aufsuchte und auf ihre Arbeit hin befragte[2]. Ihre Arbeit ist informativ und mutig in der Weise, wie sie – bei deutlicher Sympathie für diesen ‚engagierten Versuch, Philosophie zu treiben' (Berg, 1992, 177) – doch auch auf die noch deutlichen Schwächen in der Argumentation und Konzeption hinweist.

Steffen Graefe

Steffen Graefe eröffnete im April 1983 in Hamburg ein ‚Atelier für Philosophische Praxis'. Er ist Mitbegründer der GPP, trat aber 1984 wieder aus. 1986 gründete er einen ‚Philo-Sophia' genannten eigenen Verein.

Melanie Berg hatte in ihrer Arbeit über ihn berichtet (Berg 1992, 63–71). Angeregt dadurch und auch als Ergänzung dieser Darstellung veröffentlichte er in dem von Witzany herausgegebenen Sammelband (Witzany, 1991) einen Aufsatz mit dem Titel ‚Philosophische Selbstverwirklichung. Vom Ethos einer philosophischen Praxis' (Graefe, 1991).

Die besondere Aufgabe – und gegebenenfalls Leistung – Philosophischer Praxis sieht Graefe darin, daß sie sich der ‚Dialektik von Nähe und Distanz' stellt: „Ohne Distanz zum weltlichen Treiben werden wir von der Alltäglichkeit verschlungen. Andererseits bliebe die Philosophie praktisch unfruchtbar, wenn sie sich nicht von den alltäglichen Problemen herausfordern, ja ‚verzwecken' ließe" (Graefe, 1991, 48). Diesen Versuch eines (selbst)bewußten Miteinanders übernimmt nach Graefe die ‚philosophische Praxis'.

Für ihn geht es dabei wesentlich auch um existentielle Grundfragen, denen sich die Philosophie in einer besonderen Weise stellt, und zwar indem sie anerkennt, daß es „keine absolute Sicherheit" für den Menschen gibt. Dieser ‚ontologischen Befindlichkeit' stellt sich der Philosoph, ohne sich in ein vermeintlich ‚sicheres Netz' angeblicher ‚Weisheiten' zu flüchten; die sogenannten Heilssysteme in ihren jeweiligen Begrenzheiten durchschaut er schnell. „Seine Wahrhaftigkeit, auf die er sich verpflichtet hat, verbietet ihm die Zuflucht zu einem ‚Gehäuse' – wie Jaspers die Ideologien nennt" (ebd. 51).

---

[1] Witzany ist auch als Herausgeber einer Reihe zum Thema ‚Philosophische Praxis' hervorgetreten (Verlag Die Blaue Eule), in dem er selbst einen Band mit Aufsätzen veröffentlicht hat, sowie (als Bd. 3) einen Sammelband (‚Zur Theorie der Philosophischen Praxis'), in dem außer ihm folgende Autoren vertreten sind: Siegfried Blasche, Alexander Dill, Steffen Graefe, Peter Heintel/Thomas H. Macho, Gerhard Kaucic, Heinz Raditschnig und Otto Teischel (Witzany, 1991).

[2] Außer Achenbach behandelt sie Steffen Graefe, Joachim Koch, Alexander Dill, Günther Witzany und Otto Teischel. Die genauen Daten der Praxiseröffnungen können der Arbeit von Zdrenka entnommen werden (Zdrenka, 1997, 179ff.)

Darin sieht Graefe aber auch die Möglichkeit eines tiefen Verstehens: „Eben weil er nicht von einer Endgültigkeit eines erreichten Verstehenshorizontes ausgeht, kann er anderen zur ‚Hebamme' werden für eigene Erkenntnisse" (ebd.).

Auch wenn Graefes Sprache manchmal etwas pathetisch wirkt, können seine Äußerungen doch als ernsthafter Versuch eingeschätzt werden, mit den tieferen Fragen des Menschseins aus einer philosophischen Grundhaltung heraus umzugehen.

Ein anderer Aspekt betrifft die Frage der Ziele. Während manche Praktiker versuchen, eine Konzeption zu entwerfen, die keine spezifische Zielvorstellung enthält, geht Graefe davon aus, daß Philosophische Praxis eine Form des Tuns ist, „das in die soziale Wirklichkeit gestaltend eingreift. Als solche ist sie von bestimmten Zielvorstellungen bestimmt" (Graefe, 1991, 53).

Dieser Punkt ist im Kontext Philosophischer Praxis immer wieder Ausgangspunkt sehr kontroverser Diskussionen – inhaltlich festgelegte Zielvorstellungen sind sicherlich eher ungünstig (umso mehr, wenn sie nur implizit zugrundeliegen), doch scheint Graefe hier eine eher ‚strukturelle' Art der Zielkonzeption zu meinen.

Graefes Selbstverständnis ist in einem sehr engagierten Sinne philosophisch, er sieht aber zugleich sehr deutlich, welche Aspekte im Studium der Philosophie fehlen, die für eine Beratungsaufgabe dringend erforderlich wären. Dazu gehört für ihn der Einbezug der Erfahrungsdimension: „Selbsterkenntnis und Selbsterfahrung gehören zusammen" (ebd. 54). Dabei zitiert er ausführlich aus dem Bericht einer Philosophiestudentin, die es beklagt, wie wenig eigenes Denken und eigene Erfahrungen im Studium berücksichtigt und gefördert werden. So fordert Graefe, daß die ‚Selbsterkenntnis' im Philosophiestudium thematisiert werde (ebd. 55). Philosophen haben zwar die mentalen Funktionen stark entwickelt, „müssen aber noch Defizite bekennen in allen auf die unmittelbare Lebenspraxis gerichteten Methoden" (ebd. 60).

Graefe macht deshalb auch Vorschläge zur Gestaltung des ‚Philosophiestudiums der Zukunft' (ebd. 54ff.), in dem etwa die lebenspraktische Auswirkung von bestimmten (nicht nur religiösen) Heilsvorstellungen wie auch philosophischer ‚Systeme' berücksichtigt werden sollte und in dem erfahrungsorientierte Ansätze von ‚Selbsterkenntnis und Selbsterfahrung' einbezogen sind[1].

Gerade das Umgehen mit weltanschaulichen Fragen ist für ihn ein Gebiet, wo schon heute Philosophen die bessere Kompetenz hätten als z.B. Psychologen oder Psychotherapeuten, so daß der Philosophischen Praxis hier auch eine propädeutische oder ergänzende Aufgabe zukommen könne.

Für das Umgehen mit den unterschiedlichen Weltanschauungen, denen man in der Beratungspraxis begegnet, empfiehlt er die folgende Haltung: „Zu einem philosophischen Ethos gehört es, zunächst einmal alle [Weltanschauungen] in

---

[1] „Selbsterkenntnis und Selbsterfahrung gehören zusammen: Ohne Erfahrung bleibt eine Erkenntnis leer. Die experimentelle Seite der (Selbst)Erfahrung ... wird von der akademischen Philosophie systematisch ausgeklammert" (Graefe, 1991, 54).
Seine konkreten Vorschläge dazu (ebd. 56f.) enthalten sehr unterschiedliche und teilweise sicher fragwürdige Elemente.

ihrer jeweiligen Berechtigung anzuerkennen ... In einem zweiten Schritt geht es um eine Sondierung der möglichen Folgen einer bestimmten Lebenseinstellung, falls man sie ins Allgemeine umzusetzen versuchen würde. Daraufhin kann erwogen werden, ob diese Weltanschauung sich auf das Leben fruchtbar auswirkt oder eher schädigend. Diese kritische Toleranz des Philosophen will anderen Menschen keine Lehren aufzwingen, aber zur Aufklärung über die meist unbedachten Folgen von (oft gar nicht explizit bewußtgemachten) Lebenseinstellungen beitragen ... Eben seine Offenheit und ideologisch-moralische Unvoreingenommenheit qualifiziert erst die besondere Einfühlungsbegabung des Philosophen" (Graefe, 1991, 61).

Gerade bei Graefe gilt, wie bei den meisten anderen Praktikern auch, daß von Philosophen, die sich auf das ‚Abenteuer' einer praktischen Arbeit mit Menschen eingelassen haben, nicht unbedingt ausgearbeitete theoretische Konzeptionen erwartet werden dürfen – Graefe betont auch ausdrücklich, daß er das nicht leisten kann und will. Sein Aufsatz ist eher ein Erfahrungsbericht, aus dem hier einige zentrale Aspekte herausgegriffen wurden.

Günther Witzany

Michael Zdrenka schreibt in der erwähnten Arbeit zur Philosophischen Praxis über Witzany: „Günther Witzany eröffnete am 28. November 1985[1] die erste Philosophische Praxis in Österreich. Nach meinen Nachforschungen war er nach Achenbach, Graefe, Koch und Dill der fünfte Praktiker weltweit und der erste, der seine Dienste außerhalb Deutschlands anbot" (Zdrenka, 1997, 45).

Witzany legt in seinen Publikationen, sowie auch in einem in ‚Information Philosophie' veröffentlichten Interview mit Melanie Berg (Witzany, 1991b), seinen eigenen Standort und seine Konzeption Philosophischer Praxis dar.

Er geht dabei von spezifischen Ausgangspositionen aus – auf der Grundlage seiner eigenen philosophischen Position führt er den engagierten Dialog mit Interessierten, die in eine ähnliche Richtung suchen wie er, insbesondere was die Frage von Werten angeht, das Engagement für die Umwelt, Zukunftsfragen, Probleme menschlicher Kommunikation und Verständigung. Seine eigenen Vorstellungen sind klar und prägnant, er äußert sich Andersdenkenden gegenüber jedoch auch polemisch.

Wer zu ihm kommt, tut das aus zwei ‚komplementären Erkenntnisinteressen': „Jenem nach intersubjektiver Verständigung und dem emanzipatorischen Erkenntnisinteresse" (Witzany, 1991a, 115).

Von daher wird verständlich, daß er sein ‚Klientel' mit folgenden Worten beschreibt: „Menschen, die Philosophische Praxis (in meinem Erfahrungsbereich) in Anspruch genommen haben, verfügen über ein waches und kritisches Alltags-

---

[1] Der Vortrag zur Eröffnung seiner Philosophischen Praxis findet sich in dem 1989 erschienenen Sammelband ‚Philosophieren in einer bedrohten Welt' und stellt in kurzer, programmatischer Form die zugrundeliegende Konzeption vor (Witzany, 1989, 13–18).

bewußtsein, wollen sich weiterbilden, ihren geistigen Horizont erweitern, ihre eigene Lebensform selbstbestimmt gestalten und dabei nicht selten auch ihre argumentative Kompetenz schulen und schärfen" (ebd.).

Themen, mit denen er in seinen Gesprächen oft konfrontiert ist, sind „Problembereiche sehr unterschiedlicher Art, die der Entfaltung einer durch ein waches Alltagsbewußtsein orientierten Lebensform entgegenstehen, Sorge bereiten, Ängste wecken, vor allem Zukunftsängste" (ebd. 115f.).

Der Umgang mit diesen Ängsten ist für ihn deshalb auch ein primäres Anliegen: „Philosophische Praxis, so wie ich sie betreibe, hilft – nicht psychotherapeutisch – sondern philosophisch, mit Angst umzugehen, sie nicht zu eliminieren oder zu rationalisieren, sondern sie als wertvolles Mittel zur Persönlichkeitsbildung zu nutzen" (ebd. 116). Er spricht pointiert vom ‚angstlosen Umgang mit Angst', als ein Zulassen und Einlassen (wobei sich seine Konzeption von ‚Angst' an Heidegger orientiert).

Diese Art von Angst wird seiner Meinung nach in unserer Welt unterdrückt, durch ‚systematische Imperative', die er ‚innere Kolonialisierung' nennt (Witzany, 1991a, 119).

Solche ‚Deformationen' führen dann zu regelrechten ‚Wahrnehmungsstörungen', im Sinne eines unzulänglichen Realitätserfassens, was für ihn von bloßer Uninformiertheit zu unterscheiden ist.

Seine dialogische Praxis ist wesentlich an der Konzeption eines ‚herrschaftsfreien Dialogs' orientiert (Witzany schrieb seine Magisterarbeit über Apel und promovierte über das Thema der Transzendentalpragmatik). Von daher versteht er den philosophischen Dialog als einen ‚Bildungsauftrag', die Philosophische Praxis ist für ihn eine eher pädagogische Vorgehensweise.

Entsprechend seiner kommunikationstheoretischen Ausrichtung geht es ihm um ‚Verständigung' (die er deutlich von ‚Einverständnis' abgrenzt), mit dem Ziel, auf diese Weise durchaus auch „kommunikative Verzerrungen und Deformationen (sofern nicht psychopathologisch initiiert) rück[zu]binden" (Witzany, 1991a, 144).

An den Philosophischen Praktiker stellt er dabei gewisse Anforderungen:
– „Eine Äußerung muß für den Gesprächspartner verständlich sein" (ebd. 144).
– „Eine Äußerung muß so gemeint sein, wie sie geäußert wird ... Sind erkennbare Brüche zwischen dem Geäußerten und dem auf diese Äußerung bezogenen Handeln und Verhalten feststellbar, so stellt sich die Frage der Wahrhaftigkeit der sich äußernden Person (ebd. 144f.).

Während mit diesen Punkten eher Aspekte allgemeiner Grundlagen konstruktiver Kommunikation benannt werden, sind andere stärker an der spezifischen philosophischen Grundorientierung von Witzany ausgerichtet:
– „Äußerungen unterliegen dem Geltungsanspruch der Richtigkeit: Äußerungen müssen sich an bestehenden Normen einer Sprachspielgemeinschaft orientieren" (ebd. 144).
– „Eine Äußerung muß wahr sein, d.h. ein behaupteter Sachverhalt muß tatsächlich bestehen" (ebd.).

Seine Gesprächshaltung ist ganz explizit an der Zielvorstellung einer ‚idealen Kommunikationsgemeinschaft' ausgerichtet, die Gesprächssituation in der Philosophischen Praxis sieht er als ‚antizipatorisch' in Hinsicht auf dieses Ziel an, „weil sie reziproke Interaktionsverhältnisse in der realen Lebenswelt konstituieren" (ebd. 145).

Witzany geht öfter von ethischen Fragen aus, wobei er als Vertreter einer ‚ökologischen Ethik' bezeichnet werden kann: „Ein Philosoph, der heute nicht um Natur und Menschlichkeit kämpft, leidet entweder an einem Informationsdefizit oder er ist liebesunfähig und handelt entsprechend sorglos" (Witzany, 1989, 59).

Günther Witzany kann als Beispiel für einen philosophischen Praktiker betrachtet werden, der seinen eigenen Standort sehr deutlich äußert und diesen auch – mit einer gewissen Schärfe – gegen abweichende Meinungen vertritt, vor allem wenn sie seiner Meinung nach gegen prinzipielle Werte verstoßen. Er beansprucht nicht, eine übergreifende Theorie Philosophischer Praxis vorzulegen, und so können seine Äußerungen als Ausdruck seiner persönlichen Welt- und Menschensicht verstanden werden; er präsentiert sich als engagierter Philosoph, der zum Dialog einlädt und sich im Umgang mit wesentlichen Fragen um authentisches, aufrichtiges Verhalten bemüht. Es ist von daher schlüssig, daß er sich in verschiedenen Projekten engagiert hat, wozu z.B. die Arbeit mit/für Behinderte(n) gehört (vgl. dazu Witzany/Schörkmayr, 1992) sowie die Planung eines Naturschutzprojektes (vgl. dazu seinen Aufsatz: Der Nationalpark Hohe Tauern aus der Sicht der Philosophischen Praxis, in: Witzany, 1987).

Die einleitenden Sätze dieses Aufsatzes fassen in prägnanter Form das wesentliche Anliegen von Günther Witzany zusammen:

> „Die Philosophische Praxis ist ein Gesprächsforum für Menschen mit wachem Alltagsbewußtsein, die an einer persönlichen Horizonterweiterung, einer kreativen Entfaltung ihrer Interessen, einer reflexiven Durchdringung und Begründung verantwortlichen Handelns, interessiert sind. Im philosophischen Dialog kommen Sinn- und Lebensentwürfe zur Sprache, werden Widersprüchlichkeiten zwischen dem eigenen Denken, Sprechen und Handeln als solche einsichtig. Phantasievolles und konstruktives Handeln gegenüber den eigenen Ansprüchen, den Mitmenschen und der uns umgebenden Natur, zählen ebenso zu den Themenschwerpunkten, wie Tendenzen und Prognosen für verantwortliches Handeln der Entscheidungsträger in den Bereichen Politik, Wirtschaft, Wissenschaft und Kunst. Ziel dieser Philosophischen Praxis ist ein dynamischer Bildungsprozeß, der einem hilft, den personalen Lebensentwurf möglichst selbstbewußt und selbstbestimmt zu gestalten, ohne dabei die Grenzen der eigenen Möglichkeiten zu unter- oder überschätzen.
>
> … Das Ziel der Gesprächspartner in der Philosophischen Praxis ist es, vernünftiger mit sich selbst, mit den Mitmenschen und der Natur umzugehen, etwas weiser zu werden durch gemeinsames Nach-, Vor- und Mitdenken" (Witzany, 1987, 77).

Gert Maier

Der Zusammenhang zwischen dem eigenen Verständnis von Philosophie und der darauf aufbauenden Konzeption Philosophischer Praxis und Beratung wird in einem Buch von Gert Maier auf ganz explizite Weise dokumentiert; es hat den Titel *Philosophieren – wie geht das? Wege zum selbständigen Denken* (Maier, 1989) und gibt in den ersten 9 Kapiteln eine knappe, bewußt einfach gehaltene und entsprechend sehr persönlich ‚gefärbte' Darstellung der Philosophie, geordnet nach Themen, die teilweise den philosophischen Disziplinen entsprechen. (Etwa: 5. Probleme von Erkenntnis und Wahrheit / 6. Überlegungen zu Moral und Ethik / 9. Was ist der Mensch.)

Das 10. Kapitel trägt die Überschrift: Philosophie als Lebenshilfe – Die Philosophische Praxis. Darin stellt der Autor seine Konzeption Philosophischer Praxis und Lebensberatung vor, die er neben seiner Lehrertätigkeit an einem Abendgymnasium durchführte; er lebt in Weeze bei Kevelaer.

Maier unterscheidet zwei unterschiedliche Gruppen bei den Besuchern seiner Praxis:

– Bei der ersten „steht der Wunsch nach Diskussion, geistiger Auseinandersetzung und dem Gedankenaustausch ganz oben an" (Maier, 1989, 181).

Die Form, die diesem Bedürfnis entspricht, ist die philosophische Gruppenarbeit, bei der sich „diese Interessenten in Gesprächs- und Diskussionsrunden von etwa 15 Teilnehmern zusammen[finden], um hier sowohl textfrei als auch textbezogen zu diskutieren" (ebd.).

Von der Konzeption her handelt es sich also um eine Art von Arbeit, die entweder mehr den Charakter eines Theorie-Seminars hat (‚textbezogen'), oder den einer philosophischen Gesprächsgruppe (‚textfrei'), deren Vorgehensweise dementsprechend der Einzelberatung angenähert ist – Maier betont z.B., daß in dieser Art von freien, nicht an Texten orientierten Gruppen das ‚aktive Zuhören' besondere Bedeutung hat.

– Bei der zweiten Gruppe kommen die Personen in die Praxis, weil sie sich „Hilfe bei der Bewältigung ihrer individuellen Probleme erhoffen" (Maier, 1989, 184).

> Die in diesem Zusammenhang kurz kommentierte Abgrenzung Philosophischer Beratung zur Psychotherapie weist verständlicherweise die gleichen Schwächen auf, wie die Quellen, auf die sich Maier vermutlich bezieht – er gibt hier leider keinerlei Hinweise, aus der Terminologie und inhaltlichen Gestaltung lassen sich diese Quellen aber z.T. rekonstruieren.

Trotz der daraus folgenden problematischen ‚Zuständigkeitsbestimmung' wird als erstes Beispiel doch eines gewählt, das zweifellos der besonderen Kompetenz Philosophischer Beratung zugeordnet werden kann – er erwähnt einen Mann von 45 Jahren, dessen Kinder erwachsen sind, der finanziell abgesichert ist, aber nun immer häufiger über die Frage nachdenkt, „ob das nun wirklich alles ist, was er im Leben und vom Leben zu erwarten hat. Und je intensiver er darüber nachdenkt, um so fragwürdiger wird ihm alles auf der einen Seite, um so notwendiger erscheint ihm auf der anderen Seite eine Sinngebung für sein Leben. Nur: Er findet die Antwort auf die Frage nach diesem Sinn nicht selbst. Er kommt sich vor wie jemand, der sich ständig und immer schneller im Kreise dreht und keinen festen Halt hat" (Maier, 1989, 185).

Die Begleitung dieser Sinnsuche kann für Maier – je nach Verfassung und Fähigkeit des Besuchers – in zwei mögliche Richtungen gehen: entweder läßt sich ein Lebenssinn in der Ausrichtung auf Transzendenz finden, oder rein diesseitig als vom Individuum selbst zu setzend vorgeschlagen werden. „Beide Möglichkeiten sollten eingehend erörtert werden. Die Entscheidung muß unbedingt dem Besucher selbst überlassen werden" (ebd., 186).

Der theoretische Hintergrund dieser Konzeption wird mit den Begriffen der ‚Orientierung' und des ‚Weltbildes' charakterisiert. Für Maier kann die bei Ratsuchenden häufig anzutreffende Orientierungslosigkeit nur dann überwunden werden, wenn ein klares Ziel als Orientierung herausgearbeitet wird. Ein solches Ziel findet sich im Kontext eines ‚fundierten Weltbildes', „das zu überzeugen vermag und die Funktion einer solchen Orientierungshilfe leisten kann" (Maier, 1989, 189).

Philosophische Beratung hat somit für ihn die Aufgabe, ‚fachkundige Anleitung' zu bieten beim ‚Entwerfen' bzw. ‚Weiterentwickeln' des persönlichen Weltbildes, „so daß es die erforderliche Funktion übernehmen kann" (ebd.).

Ein solcher Beratungsprozeß bedarf eines gewissen Zeitraumes; Maier hält aus seiner Erfahrung „etwa zwölf Einzelsitzungen von je einer bis eineinhalb Stunden" für notwendig (Maier, 1989, 190).

Der Ansatz von Gert Maier wurde in diesem Zusammenhang vor allem deshalb aufgenommen, weil er die Forderungen erfüllt, die an eine Konzeption Philosophischer Praxis und Beratung zu stellen sind – sein Buch stellt im ersten Teil eine ganz von der eigenen Person her formulierte Darstellung des persönlichen Philosophieverständnisses dar (Kap. 1–9), während im letzten Kapitel die persönliche Konzeption Philosophischer Praxis bzw. Beratung vorgestellt wird.

Trotz aller möglichen Kritik an spezifischen Inhalten oder auch der Art der Ausführung, die betont einfach gehalten ist, stellt dieses Buch insofern eine Anregung bzw. Herausforderung dar.

Erste Reaktionen der Öffentlichkeit und der akademischen Philosophie

Wie erwähnt ist die Philosophische Praxis nicht von Vertretern der akademischen Philosophie ins Leben gerufen und entwickelt worden, und die Liste von 80 Philosophischen Praxen im deutschsprachigen Raum in der Arbeit von Zdrenka enthält nur wenige Namen von Universitätsphilosophen.

Daß diese neue Form einer philosophisch fundierten Beratungstätigkeit bald das Interesse der Öffentlichkeit auf sich zog, ist nicht verwunderlich.

Gerd B. Achenbach stellte eine ‚Kleine Chronik der Philosophischen Praxis' zusammen, in der die wichtigsten Stationen und Reaktionen der Öffentlichkeit dokumentiert sind. Es gibt praktisch keine der großen Tageszeitungen oder Magazine, die nicht irgendwann einmal über die Philosophische Praxis berichtet hätten, ebenso wurden diesem Thema zahlreiche Rundfunk- und Fernsehsendungen gewidmet. Manchmal war die Aufmachung ‚reißerisch‘ (‚Sokrates in Bergisch Gladbach‘, ‚Runter von der Couch‘, ‚Geschäfte mit dem Sinn des Lebens?‘ ‚Ask Dr. Plato‘ etc.), manchmal mit einem Schuß Sarkasmus verbunden (so im FAZ Magazin von 30.8.85: „Die Philosophen sind im Kommen! Wie lang wird's dauern, dann denken sie auf Krankenschein"), meist aber im Tenor durchaus wohlwollend und interessiert.

Wie war nun aber die Reaktion der akademischen Philosophen? Gerade in der Anfangszeit fanden insbesondere die Aktivitäten von Achenbach durchaus Interesse, ja sogar Unterstützung durch Vertreter der Universitätsphilosophie. Beim ersten Kolloquium der ‚Gesellschaft für Philosophische Praxis‘ (GPP) im Oktober 1983 in Bergisch Gladbach, hielten bekannte Persönlichkeiten Vorträge, so z.B. E. Martens von der Universität Hamburg, D. Horster von der TH Hannover, P. Heintel und Th. Macho aus Klagenfurt, und es gab eine Podiums-Diskussion, an der H. Lenk von der Universität Karlsruhe beteiligt war[1]. Auch Odo Marquard, Prof. an der Universität Gießen (inzwischen emeritiert), hielt dort einen Vortrag – Marquard war der Doktorvater Achenbachs und hat dessen Projekt von Anfang an wohlwollend begleitet; er verschaffte der Philosophischen Praxis sogar Eingang in das große (noch nicht abgeschlossene) ‚Historische Wörterbuch der Philosophie‘ (Artikel ‚Praxis, Philosophische‘, Bd. 7, Basel 1989, Sp. 1307–1308).

Hans Krämer von der Universität Tübingen (ebenfalls inzwischen emeritiert) nahm sehr früh interessiert Anteil an dieser neuen Entwicklung, der er durch seinen Ansatz einer ‚Integrativen Ethik‘ (Krämer, 1992) sehr verbunden war[2].

Auch Hermann Lübbe stand den Versuchen einer Praxisbegründung von Philosophen sehr positiv gegenüber; in einem Gespräch mit Achenbach (Lübbe, 1988) berichtete er, daß er in seinem akademischen Unterricht in Zürich „auch schon die Texte, die bisher aus der Philosophischen Praxis hervorgingen, zum Gegenstand des Unterrichts gemacht [habe], und das fand in ganz ausgeprägtem Maße das Interesse der Philosophiestudenten" (Lübbe, 1988, 4). Er wies auch auf das wachsende öffentliche Interesse an der Philosophie hin, das sich gerade auch auf die lebenspraktischen Aspekte richtet: „Es gibt diese Nachfrage, dieses Interesse an der Philosophie als einer allgemeinen, lebenspraktischen Orientierungsbemühung, und darauf muß die akademische Philosophie sich einstellen" (ebd.).

Achenbach wurde auch zu Vorträgen an verschiedenen Universitäten eingeladen (z.B. Düsseldorf, Essen, Hamburg, Klagenfurt, Bielefeld, sowie ins holländische Nachbarland, Univ. Amsterdam).

---

[1] Die Vorträge von Martens, Marquard und Macho sind in der 1. Auflage des von G. Achenbach herausgegebenen Sammelbandes ‚Philosophische Praxis‘ abgedruckt (Achenbach 1984). In der 2.Aufl. 1987 fehlen diese Beiträge, es finden sich nur noch die Aufsätze von Achenbach selbst.
[2] Das Kapitel VI. (Anwendung und Beratung) der ‚Integrativen Ethik‘ stellt eine fundierte und differenzierte Konzeption Philosophischer Beratung auf der Grundlage angewandter Ethik dar. Krämer war auch der Betreuer der Magisterarbeit von Melanie Berg.

Dieses zumindest anfänglich bestehende Interesse sowie der stattfindende Austausch sind einerseits beinahe erstaunlich, fehlte es doch in den ersten Publikationen der Praktiker nicht an heftigen ‚Seitenhieben' gegen die praxisferne akademische Philosophie, andererseits muß jedoch gesagt werden, daß (mit dem ‚Ausnahmefall' der Universität Klagenfurt) bisher eine Berücksichtigung der Philosophischen Praxis und Beratung an den Universitäten kaum stattgefunden hat; es gibt noch fast keine Publikationen, die dem Standard akademischer Philosophie entsprechen, was vielleicht den bisherigen ‚Zirkel' der Nichtbeachtung verständlich macht.

In dem 1984 an der Universität Amsterdam gehaltenen Vortrag sprach Achenbach über die ‚Herausforderung der akademischen Philosophie durch die Philosophische Praxis' (Achenbach, 1984, 97–109). Auch hier äußerte er sich kritisch über die Philosophie, die „in der keimfreien Luft universitärer Denklabore" seiner Meinung nach nicht gedeihen kann (ebd. 103), und er mahnte: „Es ist ... der konkrete, denkende, empfindende, fühlende Mensch ..., der schon jetzt im Mittel- und Interessens-Schnittpunkt Philosophischer Praxis steht und über diese Vermittlung Zugang zur offiziellen Philosophie finden müßte, damit sich diese von der Institutionalisierung des reinen Gedankenverkehrs zur Gemeinschaft der Philosophen weiterentwickeln könnte" (ebd. 104). Es ist ihm bewußt, daß es eine ‚heikle, und zunächst auch entmutigende Frage' ist, wie das zu realisieren wäre, und er empfiehlt: „Aus den philosophischen Lehranstalten und Seminarien müßten ... Orte für Philosophen werden, Orte, wo Philosophen ... erleben, erfahren, nachdenken, sich besinnen, streiten, zweifeln, fragen, versuchen, spinnen, experimentieren ... lernen könnten" (ebd. 104f.)[1].

Die Einladung zu diesem Vortrag in Amsterdam hatte einen speziellen Hintergrund, der mit der besonderen Situation der Entwicklung Philosophischer Praxis in Holland zu tun hat, die – auf recht ungewöhnliche Weise – ihren Ausgangspunkt an der Universität nahm.

II. Auf dem Weg zu einer internationalen ‚Bewegung'

Philosophische Praxis in Holland

Ida Jongsma berichtete in ihrem Vortrag bei der ‚First International Conference on Philosophical Counseling', 1994 in Vancouver, Kanada, über ‚Philosophische Beratung in Holland: Geschichte und offene Themen' (Jongsma, 1995). Sie studierte in den 80er Jahren Philosophie an der Universität Amsterdam, deren freie und die Belange der Studenten durchaus berücksichtigende Atmosphäre sie als eine Folge der Studentenproteste der 60er und 70er Jahre sah.

Ein Kritikpunkt an den philosophischen Seminaren bezog sich auf das Fehlen von philosophischen Ansätzen, die sich unmittelbarer mit dem eigenen Denken

---

[1] Dieses Thema nahm Achenbach kürzlich in einem Gespräch mit Thomas Schäfer wieder auf, das 1997 unter dem Titel: ‚Der Philosoph ist Menschenwissenschaftler! Ein Interview mit Gerd B. Achenbach über das Elend akademischer Philosophie und die Chancen praktischen Philosophierens' (Achenbach, 1997a), veröffentlicht wurde.

und den persönlichen Erfahrungen der Studenten befaßten, oder auch mit gesellschaftlichen Fragen. Aus diesem Bedürfnis heraus organisierten Ida Jongsma und andere (mit Unterstützung der Universität) eine studentische Arbeitsgruppe, zunächst zum Thema der moralischen Implikationen der Freudschen Psychoanalyse, die sich dann zu einer Studiengruppe für Philosophische Praxis entwickelte. Ida Jongsma beschreibt diese Anfänge folgendermaßen:

> „Während dieser Zeit hörten wir von dem neuen Phänomen der Philosophischen Praxis Gerd Achenbachs in Deutschland. Wir waren sehr interessiert, weil es unser Bedürfnis, die Philosophie praktischer zu machen, anzusprechen schien. Um dieses Thema zu studieren, organisierten wir eine neue Studiengruppe zur Philosophischen Praxis, aber uns wurde bald bewußt, daß ein bloß theoretisches Studium dieser neuen Form von Philosophie unzureichend war. Der einzige Weg, sie besser zu verstehen, bestand darin, sie zu praktizieren. Zusätzlich zu dem Studium von Achenbachs Schriften und verwandten psychologischen Theorien (z.B. Existentielle Psychotherapie und Rational-emotive Psychotherapie) begannen wir, Beratungssitzungen abzuhalten, in denen ein Student die Rolle einer zu beratenden Person (*counselee*) spielte und ein anderer die eines philosophischen Beraters (*counselor*). Die Sitzungen wurden auf Video aufgenommen und später diskutiert. Auf diese Weise lernten wir schnell die Dynamik eines philosophischen Beratungsgespräches, wie auch die Art von Fragen, die gestellt werden sollten" (Jongsma 1995, 26. Übers. E.R.).

Bei der Arbeit mit den Video- oder Tonbandaufnahmen wurden die Teilnehmer mit einer zentralen Schwierigkeit konstruktiver beraterischer Gesprächsführung konfrontiert, nämlich dem Problem der Beeinflussung durch eigene Vorstellungen und Meinungen des Beraters. Ida Jongsma dazu: „Videoaufnahmen der Beratungssitzungen zeigten, daß fast unausweichlich Philosophen dazu neigen, ihre eigenen Ansichten über das Beratungsthema dem anderen aufzuerlegen, ohne daß sie das mitbekommen. Sie tun dies entweder explizit, oder implizit, durch die Art der Fragen, die sie stellen. Entsprechend fühlten wir uns – wenn wir die Rolle der zu Beratenden spielten – oft bedrängt und manipuliert. Wir waren Zeuge vieler Beispiele dieses Phänomens, z.B. wenn ein Berater, der vom Geist-Körper-Dualismus überzeugt war, einen materialistischen Ratsuchenden beriet, oder wenn ein umweltbewußter Philosoph Fragen stellte, die die Beratung in eine umweltorientierte Richtung drängte. Solch eine Tendenz unterbricht oft die Kommunikation ... In unserer Analyse von auf Video aufgenommenen Sitzungen wurde diese Sorge oft ausgedrückt. Manche Philosophen erkannten an, daß sie die Diskussion beeinflußt hatten, aber sie gaben auch zu, daß sie keinen Weg wußten, das zu vermeiden" (ebd. 32).

Damit werden schwierige theoretische (methodologische), vor allem aber auch praktische Fragen (nämlich nach der Notwendigkeit einer fundierten Praxis-Ausbildung) gestellt, die in Holland seit den Anfängen lebhaft diskutiert wurden und zu einer bis heute bestehenden Tradition von Einführungskursen geführt haben, deren Konzeption kontinuierlich weiterentwickelt wird[1].

---

[1] Einen Bericht darüber gab Anette Prins (1997) beim 2. Internationalen Kongreß für Philosophische Praxis in Leusden, Holland.

Dries Boele, ein Teilnehmer dieser ersten selbstorganisierten Kurse (in deren Verlauf er an insgesamt ca. 50 Übungssitzungen teilnahm), resümiert so: „Man lernt viel, in der Rolle des zu Beratenden, vielleicht mehr, als wenn man als Berater fungiert. Philosophen, die ohne ein solches professionelles Training eine Beratertätigkeit aufnehmen, gehen ein großes Risiko ein" (Boele 1995, 37).

Er weist darauf hin, wie wichtig es ist, dem anderen nicht die eigene Sicht aufzudrängen, wie schwierig das jedoch zu vermeiden ist. Es handelt sich in der Beratung, so betont er, um eine nicht-symmetrische Situation, denn es geht um das Problem des zu Beratenden, nicht um die Sichtweise des philosophischen Beraters. Andererseits weiß er darum, daß es auch wichtig ist, die eigenen Ideen zu äußern, weil sonst keine Entwicklung stattfindet. Dazu bedarf es einer spezifischen Form der Bewußtheit: „Die Fähigkeit, zwischen den eigenen Belangen und denen des Ratsuchenden zu unterscheiden, erfordert Selbst-Gewahrsein (*self-awareness*) und eine ausgearbeitete Fertigkeit, die möglichen Wirkungen des eigenen Verhaltens und der eigenen Worte auf den anderen zu spüren" (ebd. 38). Für ihn sind das lernbare, entwickelbare Fähigkeiten.

Er listet eine Reihe von Qualitäten auf, die seiner Ansicht nach für einen Berater wichtig sind, neben den (im Studium entwickelten) intellektuellen Fähigkeiten: „Sensibel zu sein, eine natürliche Intelligenz zu haben, zwischen den Zeilen lesen können, dem anderen gegenüber Verständnis ausdrücken können, das Ungesagte erfassen können und tolerant gegenüber anderen Lebensweisen zu sein" (ebd.) Auch hier, so meint er, können Übungssitzungen sehr hilfreich sein.

Eine wichtige Lernaufgabe besteht für ihn darin, bestimmte erlernte Fertigkeiten zu *verlernen*, vor allem das Denken in den Begriffen der traditionellen philosophischen Literatur – es gehe darum, zu grundlegenden philosophischen Fertigkeiten zurückzugehen. Philosophen haben in der Regel nur den Umgang mit schriftlichen Texten gelernt, und deshalb ist es für viele schwierig, ihre philosophischen Erfahrungen auf den Kontext konkreter und persönlicher Themen zu übertragen (ebd. 39).

Vor diesem Erfahrungshintergrund wird auch verständlich, daß Ida Jongsma es beklagt, daß zu wenig Konsens über die Methoden philosophischer Beratung besteht. Bei allem Respekt vor der Unterschiedlichkeit individueller Orientierung hält sie es doch für schwierig, bei einer methodischen Beliebigkeit dafür einzutreten, daß philosophische Beratung einen professionellen Status erhält und von der philosophischen Welt und der Öffentlichkeit ernstgenommen wird – dazu, so meint Jongsma, müßten die Grundannahmen und der theoretische Rahmen in Umrissen geklärt sein, und sie fordert in ihrem Vortrag die Praktiker dazu auf, einen gemeinsamen methodologischen Rahmen zu entwickeln (Jongsma, 1995, 31). In Holland, so berichtet sie, haben die Philosophischen Praktiker diesem Thema sehr viel Zeit gewidmet und um gemeinsame Ansätze und Lösungen gerungen.

Gerade aus der Perspektive der deutschsprachigen Länder, wo die Entwicklung der Philosophischen Praxis und Beratung bisher mehr ein Nebeneinander bis Gegeneinander einzelner Persönlichkeiten mit eigenen (bis eigenwilligen) Ansätzen und Konzepten darstellt, ist an der Entwicklung in Holland die Kooperationsbereitschaft, der offene und konstruktive Austausch und die Bereitschaft zum Dialog in der Gruppe bemerkenswert.

Ida Jongsma beschreibt in ihrem Artikel drei Fragenkomplexe, die ihrer Meinung nach bearbeitet werden müssen, wenn die Philosophische Beratung überleben und sich entwickeln soll:
1. Die Frage der Methoden,
2. Die Frage der Qualifikationen und der Rolle des Beraters,
3. Die Frage der Theorie.

Sie beschließt ihren Bericht mit dem folgenden Resümee:

> „Obwohl diese Fragen innerhalb der Bewegung der Philosophischen Beratung in Holland diskutiert werden, wird es eine lange Zeit brauchen, bis sie gelöst sind. Die Begründer hatten unterschiedliche Ansichten über diese Themen, aber wie es für jeden sich entwickelnden Prozeß zutrifft – sobald er geboren ist, entwickelt er sein eigenes Leben. Ich glaube, daß die Idee Philosophischer Beratung, wenn sie kraftvoll genug ist, wachsen und Wege finden wird; wir können jedoch zu ihrer Entwicklung beitragen. Viel interessante Arbeit wartet noch darauf, von Philosophen getan zu werden, welche die Bedeutung eines leidenschaftlichen, kreativen Engagements für praktische Formen des Philosophierens erkennen" (Jongsma, 1995, 34).

Neben Ida Jongsma und Dries Boele, auf deren Darstellung sich diese Schilderung der Anfänge Philosophischer Praxis in Holland hauptsächlich gestützt hat, ist noch Ad Hoogendijk zu nennen, der zusammen mit Ida Jongsma die Aktivitäten in Holland begründete. Er veröffentlichte zwei Bücher zum Thema der Philosophischen Praxis und Beratung: *Spreekuur bij een Filosoof*, Utrecht 1991 und *Filosofie voor Managers*, Utrecht 1991 und Amsterdam 1992. Zdrenka gibt ein kurzes Resümee des ersten Buches (Zdrenka, 1997, 82f.) und weist auf die Nähe dieser Konzeption zu der von Achenbach hin. Hoogendijk war einer der ersten, der (1987) in Holland eine Philosophische Praxis eröffnete; zuvor hatte er aber bereits über 20 Jahre Berufs- und Lehrerfahrung[1].

Hoogendijk gehört zu den Philosophischen Praktikern, die auch im Bereich der Firmenberatung tätig sind. In dem erwähnten Sammelband (Lahav/Tillmanns 1995) schreibt er über den Philosophen in der Geschäftswelt als ‚Entwickler von Visionen'[2]. Als philosophische ‚Fertigkeiten' (*skills*) nennt er: Begriffsanalyse, Reflexion fundamentaler Begriffs-Netzwerke, kritisches Denken, Prüfung von Vorannahmen, Dialog, utopisches Denken (ebd., 161f.). (Diese letzte Fertigkeit steht in engem Zusammenhang zu seinem Konzept von ‚*Vision Development*'.)

---

[1] Vgl. Lahav/Tillmanns (1995, XXI): „Since 1985 Ad Hoogendijk has been an instructor in Philosophy of Labor and Career Counseling at the school for personnel workers and Rijshogeschool Isjelland in Deventer, and now runs his private counseling office in Leersum."

[2] The Philosopher in the Business World as a Vision Developer, in: Lahav/Tillmans (1995, 159–170).

Eite Veening, der ebenfalls 1987 seine Tätigkeit als philosophischer Praktiker begann, möchte die Philosophische Beratung hauptsächlich auf die kognitiven Aspekte beschränken, während für ihn die emotionalen eher in den psychologischen Bereich gehören. Darüber hielt er in Vancouver einen Vortrag (unveröffentlicht, erwähnt in Lahav, 1995a, 38) und zum selben Thema einen Workshop in Leusden (Vlist, 1997, 106); er bezieht sich auf das Poppersche Schema der drei Welten und ordnet die Philosophische Beratung dem dritten Bereich zu.

Will A.J.F. Gerbers, als Beraterin seit 1988 tätig, befaßt sich vor allem mit Beratungen im Umfeld von Suizid (mit Angehörigen von Suzid-Opfern bzw. Überlebenden nach Selbstmordversuchen). In einem Aufsatz in dem Sammelband (Lahav/Tillmanns, 1995, 153–158) beschreibt sie ihr Vorgehen, bei dem es ihr darum geht, den Betreffenden zu einer eigenständigen ‚philosophischen' Verarbeitung zu verhelfen, die frei ist von eigenen Schuldzuweisungen, die oft durch theologische Vorurteile gespeist werden.

Sie berät auch Pfarrer und seelsorgerliche Berater in ihrer Arbeit mit den erwähnten Personen.

In Holland arbeiten auch einige Philosophische Praktiker mit Philosophischer Gruppenarbeit nach dem Vorbild des Sokratischen Dialogs, wenngleich häufig in einer weniger strengen Form als in Deutschland üblich. Beim Kongreß in Leusden berichtete Jos Kessels von einer Anwendungsform des Sokratischen Dialogs auf den Arbeitsprozeß als einer Methode organisatorischen Lernens (in: Vlist, 1997, 45–60), 1998 in New York hielt Dries Boele einen Vortrag mit dem Titel: The ‚Benefits' of a Socratic Dialogue. Or: Which Results Can We Promise? (Abgedruckt in ‚Inquiry', Boele, 1998).

Philosophical counseling – die Entwicklung in Amerika

Was an den Konzeptionen Philosophischer Praxis und Beratung der Praktiker aus dem deutschsprachigen Raum besonders auffällt, ist die fast ausschließliche Orientierung an der Philosophie als historischer Disziplin: die Philosophie wird als eine Abfolge philosophischer Entwürfe einzelner Persönlichkeiten betrachtet, und die Orientierung für die eigene Praxis nimmt – in individuell sehr unterschiedlicher Weise – Bezug darauf. Das führt, je nach Ausrichtung, entweder zu einer bewußt unsystematisch-offenen Konzeption, wie z.B. bei Achenbach[1], oder, bei stärkerer Bindung an einzelne Entwürfe, zu einer Ausformung, die sich in ihrer Sprache deutlich an die Terminologie eines (oder mehrerer) Philosophen ‚anlehnt'.

---

[1] In seinem Vortrag beim 2. Internationalen Kongreß für Philosophische Praxis im Leusden, Holland, August 1996, formulierte Achenbach in diesem Sinne: „Sie ahnen vielleicht: Bei meinen Recherchen nach den denkbaren Quellen Philosophischer Praxis bin ich auf Eckhard, den Mann aus Kues, Leibniz, unüberhörbar auf Hegel, aber auch auf Schopenhauer und Kierkegaard gestoßen – um, wenn auch sehr, sehr unvollständig aufgezählt, wenigstens einige Namen zur Orientierung zu nennen. (Philosophen verstehen sich ja mitunter durch einfachen Zuruf von Namen ...)" (Achenbach, 1996, 4).

Im Unterschied zum Studium an den Universitäten im deutschsprachigen Raum ist das Philosophiestudium im angloamerikanischen Sprachbereich wesentlich stärker an systematischen Fragestellungen orientiert. Gerade etwa Wittgenstein – ein wesentlicher Bezugspunkt der analytischen Philosophie bis in die jüngste Gegenwart – bietet sich mit seiner Konzeption der ‚Philosophie als Therapie'[1] als Anknüpfungspunkt an, etwa für das Umgehen mit der Alltagssprache und ihres Bezugs zur Alltagsphilosophie bzw. der individuellen ‚Lebensform'[2] im Beratungskontext.

Einen frühen Versuch, auf einer solchen Basis eine Konzeption Philosophischer Beratung zu entwickeln, legte William Angelett 1990 unter dem Titel ‚Philosophy and a career in counseling' vor (Angelett, 1990), veröffentlicht im ‚International Journal of Applied Philosophy'.

(Der 10 Jahre früher, also noch vor Eröffnung der ersten Philosophischen Praxis in Deutschland, von Seymon Hersh vorgelegte Entwurf einer philosophisch fundierten Beratung hatte kaum Resonanz gefunden.)

William Angelett

Die von Angelett entwickelte ‚Ontische Therapie' ist ein philosophischer Beratungsentwurf, der offenbar ohne Kenntnisnahme der europäischen Entwicklung entstand (dafür spricht neben fehlenden entsprechenden Hinweisen auch der Zeitraum der Entstehung, nämlich etwa in den Jahren 1985–90), aber auch ohne expliziten Bezug auf die Versuche im Kontext der beschriebenen Entwicklung im Beratungs- und Therapiefeld in den 60er und 70er Jahren in den USA.

Den ersten Anstoß gab ein interdisziplinäres Projekt, unterstützt von der ‚American Philosophical Hermeneutics Foundation', mit dem Ziel, einen Workshop zu organisieren, in dem Kommunikationsprobleme behandelt werden, die aus den unterschiedlichen Weltsichten (*world views*) von ‚*mental health pro-*

---

[1] 1992 erschien bei der State University of New York Press ein Buch von James F. Peterman (Prof. an der Univ. of the South), unter dem Titel ‚Philosophy as Therapy' (Peterman, 1992), das dieses Thema der Wittgensteinschen Philosophie systematisch aufarbeitet; es wird allerdings kein Bezug auf den Anwendungsaspekt Philosophischer Beratung genommen, so daß anzunehmen ist, daß der Autor noch keine Kenntnis von den entsprechenden Ansätzen hatte.

[2] Peterman benutzt in dem erwähnten Buch (Peterman, 1992) die Wittgensteinsche Konzeption der Lebensform als ein wesentliches Element der Definition von ‚Gesundheit' im philosophischen Sinne, die damit als Orientierung für eine ‚philosophische Therapie' dienen kann. (Er bezeichnet es als ein ‚Ideal der Gesundheit', in ‚Übereinstimmung mit seiner Lebensform' zu kommen (ebd. 108–111, bes. 110). Er formuliert auf dieser Basis zwei grundlegende axiomatische Sätze: „Being in agreement with one's form of life is necessary and sufficient for one's complete or ethical happiness", und: „If one is in disagreement with one's form of life and consequently prevented from being completely or ethically happy, one is ethically unhealthy" (ebd. 110).
(In Übereinstimmung sein mit seiner Lebensform ist notwendig und hinreichend für vollständiges bzw. ethisches Glück. Und: Wenn jemand sich nicht in Übereinstimmung mit seiner Lebensform befindet und folglich daran gehindert ist, vollständig bzw. ethisch glücklich zu sein, dann ist er/sie im ethischen Sinne nicht gesund.)

fessionals' (also Menschen, die mit psychisch Kranken arbeiteten) und ihren Klienten herrührten.

Auch ein zuvor entwickeltes interdisziplinäres Curriculum hatte seine Bewußtheit für unterschiedliche Sichtweisen – hier besonders vor dem Hintergrund verschiedener Disziplinen – geschärft.

Diese zwei Projekte führten zu dem Ansatz, den er dann ‚Ontische Therapie' nannte (Angelett, 1990).

Seinen Ausgangspunkt beschreibt er folgendermaßen: „Ich nehme Wittgensteins Vorschlag ernst, daß Philosophie eine Art von Krankheit ist, von der wir geheilt werden müssen. Die Symptome finden sich auf beiden Seiten des konventionellen therapeutischen Zaunes, und bei den Therapeuten finde ich am meisten Widerstand und Verleugnung. Philosophie wird hier wechselnd mit einer Art von Mißtrauen oder Ehrfurcht begrüßt" (ebd. 73).

Der zugrundeliegende Ansatz der ontischen Therapie besteht darin, daß es darum geht, Veränderungen in der Beziehung des Klienten zur Umgebung hervorzurufen, indem die Funktion bestimmter, die Existenz konstituierender Hintergrunds-Überzeugungen in bezug auf die Erfahrung aufgedeckt werden; damit eng verbunden sind epistemologische Fragestellungen.

Solch grundlegende Annahmen bezeichnet Angelett auch als ‚ontischer Standpunkt' (*ontic commitment*), und er sieht darin ein wichtiges und manchmal kritisches Element bei perzeptuellen und anderen Urteilen, das aufzuklären eine wichtige Aufgabe der ‚ontischen Therapie' sei. Dabei spielen auch Fragen der Begriffsklärung eine große Rolle, die in den üblichen Therapien seiner Ansicht nach oft unbeachtet bleiben – diesen Prozeß der Klärung von Begriffen bezeichnet er als ein ‚dialogisches und semantisches Abenteuer'.

Angelett versteht seine Arbeit als eine Form des Philosophierens (*doing philosophy with the client*): er nimmt den anderen als philosophierenden Menschen ernst. So fragt er seine Klienten stets nach ihrer Vorstellung von Philosophie, nimmt von dort seinen Ausgangspunkt und erforscht auf dieser Basis die Verbindungen, die zwischen den jeweils vorliegenden Theorien von Wahrnehmungen, Wahrheit, Ontologie und Methoden liegen.

Angelett versteht seine Beratungstätigkeit einerseits als selbständigen Ansatz, im Kontext seiner interdisziplinären Tätigkeit setzt er sie offenbar aber auch als ergänzendes Angebot zu psychotherapeutischen Behandlungen ein, z.B. um die Interaktion zwischen Therapeut und Klient zu erleichtern.

Den erwähnten möglichen Bezug zwischen dem Philosophiestudium an amerikanischen Universitäten und philosophischer Beratung charakterisiert Angelett folgendermaßen: „In meinem Studium der Philosophie wurde ein weites Spektrum von Problemen behandelt, von denen viele in der Anwendung der Ontischen Therapie ständig vorkommen. Aber das Studium hat mich kaum für die praktischen Aspekte meiner Arbeit vorbereitet" (Angelett, 1990, 75). Gerade auch für die Möglichkeiten, seine Tätigkeit angemessen ‚anzubieten', war er auf die Methode von ‚Versuch und Irrtum' angewiesen, um seine speziellen Fähigkeiten in dem, wie er sich ausdrückt, von Therapeuten, Beratern und Sozialarbeitern ‚sorgfältig bewachten' Feld unterzubringen.

Er schließt mit den Worten: „Das Beratungsfeld wächst ständig und bietet Gelegenheit für qualifizierte Philosophen, eine private Praxis auf ähnliche Art und Weise zu entwickeln.
Ich finde meine Arbeit reich belohnend, aufregend und interessant" (ebd. 75).

Ran Lahav

Der israelische Philosoph Ran Lahav soll in diesem Kontext der amerikanischen Entwicklung erwähnt werden, denn seine philosophische Schulung fand in den USA statt; zudem war die von ihm (zusammen mit Louis Marinoff) organisierte ‚International Conference on Philosophical Counseling' (1994 in Vancouver[1]) ein wichtiger Anstoß für die Beschäftigung amerikanischer Philosophen mit dem Thema der philosophischen Beratung. Der 1995 von Lahav (zusammen mit Maria da Venza Tillmanns) herausgegebene Sammelband *‚Essays on Philosophical Counseling'* bot mit 14 Beiträgen von Autoren aus mehreren Ländern zum ersten Mal die Möglichkeit, sich über unterschiedliche Ansätze verschiedener Praktiker zu informieren und gab der Entwicklung im englischsprachigen Raum ganz wesentliche Impulse (Lahav/Tillmanns, 1995).

Lahav erwarb den Ph.D. sowie einen M.A. in Psychologie (Neuropsychologie) an der Universität von Michigan (1989). Im Jahre 1992 – er war zu dem Zeitpunkt Assist. Prof. in Texas – hörte er bei einem Besuch in Israel durch Shlomit Schuster von der Bewegung der Philosophischen Praxis und informierte sich darüber. In einem Interview mit Michael Schefczyk sagte er dazu: „Ich kam zu der Ansicht, daß die Idee Philosophischer Beratung vielversprechend war, aber noch nicht voll entwickelt, und daß ich keine Wahl hatte, als mich auf mich selbst zu verlassen" (Lahav 1995a, 4).

1992 begann er (zunächst mit Freiwilligen, zu Übungszwecken) mit der praktischen Beratungsarbeit, und inzwischen unterrichtet er Philosophische Beratung an der *School of Education*, Univ. Haifa.

Bereits 1992 (in einem Artikel im ‚International Journal of Applied Philosophy') verwendete Lahav den Begriff der ‚Weltsicht' und bezeichnete Philosophische Beratung als ‚Weltsicht-Interpretation' (*worldview-interpretation*), womit er ein Prinzip zu benennen meinte, das den meisten Ansätzen Philosophischer Beratung zugrundeliege, auch wenn es nicht explizit so konzeptualisiert werde.

Er geht davon aus, daß praktisch allen gegenwärtigen philosophischen Beratungsansätzen im Umgang mit individuellen Schwierigkeiten die Annahme zugrundeliegt, daß diese Schwierigkeiten – und die Weise des Lebens allgemein – als (impliziter) Ausdruck der individuellen ‚persönlichen Philosophie' gesehen werden[2].

---

[1] Sein Bericht darüber erschien 1995 in der ‚Zeitschrift für Philosophische Praxis' (Lahav, 1995b).
[2] „As I see it, underlying virtually all contemporary philosophical approaches to counseling for personal predicaments is the assumption that these predicaments – and one's way of life in ge-

Die verschiedenen Aspekte des Lebens lassen sich somit als ‚Sichtweisen' (*views*) über sich selbst und die Welt betrachten. Bezeichnet man die Gesamtheit solcher Sichtweisen als ‚Weltsicht' (*worldview*), dann meint das ‚Prinzip der Weltsicht-Interpretation', daß die persönliche Art und Weise zu leben eine Konzeption der Welt, des Lebens, des Selbst, der Moral etc. ausdrückt, die sich zu philosophischer Reflexion, Argumentation und Analyse eignet[1].

Er weist darauf hin, daß diese Konzeptionen nicht explizit und artikuliert vorliegen müssen, sondern daß im Gegenteil die explizit ausgedrückten ‚Theorien'[2] oft keinen Bezug zum alltäglichen Leben haben[3]. Deshalb wird der philosophische Berater den Klienten darin unterstützen, seine Weltsicht zu explizieren und kritisch zu prüfen[4].

Die Aufgabe des Philosophischen Beraters als eines Experten für ‚Weltsicht-Interpretation' sieht Lahav darin, die zu Beratenden dabei zu unterstützen, die verschiedenen ‚Bedeutungen' herauszuarbeiten, die sich in ihrer Art zu leben ausdrücken, und kritisch solche problematischen Aspekte zu prüfen, die ihre Schwierigkeiten repräsentieren[5].

Um die enge Verbindung von Konzeptionen und Lebensvollzug zu betonen, führte er später den Terminus des ‚gelebten Verständnisses' (*lived understanding*) ein: Unsere Art des Seins drückt bestimmte Weisen aus, das Leben und unsere Welt zu verstehen, nicht unbedingt kohärent, aber doch einer persönlichen philosophischen ‚Theorie' ähnlich. Es ist jedoch eine Theorie, die *gelebt*, nicht unbedingt in Worten ausgedrückt wird. Dieses philosophische Verständnis, das in der Seinsweise der Person verkörpert ist, nennt Lahav nun ein gelebtes philosophisches Verständnis, oder kurz: ein gelebtes Verständnis, das er gegen ein rein theoretisches (propositionales) Wissen abgrenzt[6].

---

neral – can be viewed as implicitly expressing the individual's ‚personal philosophy'" (Lahav, 1995, 4).

[1] „Since one's way of living expresses a conception of the world, of life, of the self, of morality, etc., it lends itself to philosophical reflection, argumentation, and analysis" (Lahav, 1995, 5).

[2] An anderer Stelle (Lahav, 1992) verwendet Lahav explizit den Begriff der ‚Theorie' als Synonym für ‚Weltsicht': „Specifically, I believe that the different approaches to philosophical counseling can be interpreted as holding that a person's way of life expresses philosophical meanings, or, more accurately, ‚theories' about the world, or what I will call a worldview" (Lahav, 1992, 45).

Dieser Sprachgebrauch entspricht der im psychologischen Kontext verwendeten Konzeption von Alltags-Theorien (Laucken) oder subjektiver Theorien (Groeben).

[3] „Note that the conceptions expressed in everyday life are not necessarily explicit and articulated. On the contrary, articulated theories which people verbalize are often dissociated from their daily life" (Lahav, 1995, 5).

[4] „Since much of a person's worldview is normally expressed only implicitly, in an unarticulated manner, the role of the philosophical counsellor is to help expose it and examine it critically" (Lahav, 1993, 244).

[5] „As an expert in worldview interpretation, the philosophical counselor helps counselees uncover various meanings that are expressed in their way of life, and critically examine those problematic aspects that express their predicaments" (Lahav, 1995, 10).

[6] Hence, our way of being expresses certain ways of understanding life and our world (although they are not necessarily coherent and unitary; our lives are often inconsistent). It embodies an understanding of life which resembles a personal philosophical ‚theory'; although it is a ‚theo-

Das Ergebnis des beraterischen Vorgehens beschreibt er so, daß es den Ratsuchenden hilft, ihre Weltsicht zu bereichern und zu entwickeln und auch den Veränderungsprozeß zu erleichtern[1]. Der philosophische Berater bietet dabei keine philosophischen Inhalte oder fertige Theorien an, sondern eher philosophische ‚Fertigkeiten' (*skills*) und methodologische Instrumente der Analyse, der Fragestellung, der Aufdeckung verborgener Annahmen, der Beschreibung, Unterscheidung und Herstellung von Verbindungen[2].

Lahav ist der Auffassung, daß das Prinzip der Weltsicht-Interpretation imstande ist, sowohl die Grundannahmen wie auch die Unterschiede verschiedener Ansätze zu erklären. Er vergleicht die Weltsicht-Interpretation mit einem Vergrößerungsglas des alltäglichen Lebens, das aus einer kontinuierlichen Interpretation[3] von uns selbst und der Welt besteht. Philosophische Beratung bietet eine kontrollierte und ausgerichtete Umgebung, in der das Leben – hier verstanden als ein Interpretationsprozeß – intensiviert wird[4].

Lahav ist sich durchaus bewußt, daß eine solche Beschreibung nur einen vagen Rahmen liefert, der noch gefüllt werden muß, und daß dies von einem philosophischen Berater fordert, eine neue und tiefe Konzeption der Philosophie zu entwickeln, des Lebens, und wie Philosophie relevant ist für das Leben, wie er es in einem Interview mit Michael Schefczyk formulierte – man braucht eine Konzep-

---

ry' which the person lives, not necessarily thinks in words. I will call a philosophical understanding that is embodied in the person's way of being a lived philosophical understanding, or for short, a lived understanding" (Lahav, 1996a, 267).

[1] „... this helps counselees enrich and develop their worldviews and may also facilitate the process of change" (Lahav, 1995, 10).

[2] „What the counsellor offers is not theories, but rather skills and methodological tools of analysing, questioning, detecting hidden assumptions, describing, making distinctions, and drawing connections. These tools can help counselees to examine their worldviews critically and revise them" (Lahav, 1993, 244).

[3] Hier verwendet Lahav den Begriff der Interpretation in einem doppelten Sinn – einmal für das Umgehen mit der Weltsicht von Klienten, aber auch als Synonym für die Weltsicht selbst, d.h. für den Erkenntnisvorgang. Weltsicht-Interpretation wird dann terminologisch zur ‚Interpretation der Interpretation', ähnlich dem Sprachgebrauch in den sog. Interpretationsphilosophien. Wird der Interpretationsbegriff allerdings zu vage gebraucht, verliert er seine Bedeutung und wird zu einer bloßen Metapher für den gesamten Prozeß des Erkennens und Verstehens (vgl. dazu unten S. 162ff.).

Die wichtige Unterscheidung zwischen konkreter Erfahrung und mentaler/kognitiver/konzeptueller Verarbeitung ist bei Lahav konzeptuell nicht genau repräsentiert, auch wenn sie sich in Beschreibungen seines konkreten Vorgehens findet. Er weist selbst darauf hin, daß der Bezug zwischen Theorie (Weltsicht) und konkreter Alltagserfahrung als Grundlage Philosophischer Beratung noch einer detaillierten Darstellung bedarf (Lahav, 1995, 7).

[4] „In a sense, worldview interpretation is a magnifying glass of everyday life. Life consists of a continuous interpretation of ourselves and the world. Philosophical counseling offers a controlled and directed environment in which life – herein understood as a process of interpretation – is intensified" (Lahav, 1995, 24).

tion des Lebens, eine reife Idee darüber, wie man das Leben auf eine philosophische Weise erforschen kann[1].

In späteren Arbeiten unterscheidet Lahav zwei Ziele Philosophischer Beratung, ein mehr pragmatisches, nach dem es darum geht, Schwierigkeiten und Probleme zu überwinden, und eines, in dem es um das Streben nach mehr Tiefe und größerer Weisheit geht, wobei ihm bewußt ist, daß die Begriffe der Tiefe wie der Weisheit einer genauen Bestimmung bedürften – als vorläufige Definition von Weisheit nennt er: Offenheit für das reiche Netzwerk von Ideen, das dem Leben zugrundeliegt[2].

Lahav ist sich dessen bewußt, daß der Begriff der ‚Weltsicht-Interpretation' noch nicht ausreicht, einen Beratungsansatz als ‚philosophisch' zu bestimmen – kognitive Therapieansätze sprechen in ähnlicher Weise vom Umgang mit Überzeugungssystemen, Denkmustern, Vorurteilen usw., und im Bereich der psychologischen Grundlagenforschung werden ‚subjektive Theorien' (Groeben) oder ‚persönliche Sinnsysteme' (Dittmann-Kohli) untersucht.

So wendet er sich auch gegen die ‚verzerrte Karikatur', die manche Philosophischen Praktiker von den Psychotherapeuten entwerfen (vgl. etwa Lahav, 1994), um ihre Arbeit abgrenzend zu charakterisieren. Besonders die Behauptung, Philosophische Berater könnten ohne Theorien und Methoden auskommen, scheint ihm wenig zur Abgrenzung geeignet: auch sie gehen von bestimmten theoretischen Grundannahmen aus und verwenden spezifische Methoden; unter diesem (formalen) Gesichtspunkt ist für Lahav der Unterschied zwischen Psychotherapie und Philosophischer Beratung nicht so groß: Die Philosophische Praxis kann nichts anderes tun, als auf dem Floß der Denkformen zu stehen und so Methoden zu benützen[3].

Besonders auch wegen der großen Vielfalt unterschiedlicher psychotherapeutischer Ansätze hält Lahav eine einfache Abgrenzung für unmöglich – in einem 1996 im ‚Journal of Applied Philosophy' erschienenen Artikel benennt er als formale Unterscheidung, daß Philosophische Beratung und Psychotherapie ihre Inspirationen aus unterschiedlichen Quellen, Ideen, und Texten beziehen und daß sie unterschiedliche Netzwerke von Methodologien, Themen, konzeptuellen Ressourcen und Traditionen verwenden[4].

---

[1] I must say that philosophical counseling nowadays is only a promise. It can succeed only if it develops a new deep conception of philosophy, of life, and of how philosophy is relevant to life" (Lahav, 1995a, 4).
„… but I must have a mature idea about how to explore life in a philosophical way" (ebd. 5).

[2] „The goal of such an analysis may be at least one of two. The first, pragmatic goal, is to help counselees overcome personal predicaments. The second is to help them develop wisdom, that is, openness to the rich network of ideas which underlie life" (Lahav, 1996, 266).

[3] „Hence, philosophical practice cannot help but stand on the raft of ways of thinking, and thus use methods. This suggests, again, that philosophical practice is not very different from certain approaches to psychotherapy" (Lahav, 1994, 35).

[4] „At the very least it can be said that philosophical counselling and psychotherapy draw their inspirations from different sources, ideas, methodologies, and writings" (Lahav, 1996, 261).
„The two involve different networks of methodologies, issues, conceptual resources, and traditions" (ebd. 262).

Dennoch nimmt die Abgrenzung zu Psychotherapie und Psychologie in Lahavs Texten einen großen Raum ein, wobei seine Versuche in dieser Hinsicht recht unterschiedlich sind. Wie die meisten Philosophischen Praktiker unterscheidet auch Lahav nicht deutlich zwischen Psychologie und Psychotherapie (d.h. bestimmten psychotherapeutischen Richtungen). Während der Bezug auf verläßliche empirische Forschung insbesondere der kognitiv orientierten Psychologie der letzten 10–20 Jahre für Philosophen von großem Wert sein kann (Lahavs Ansatz ist dafür selbst ein gutes Beispiel), ist eine Abgrenzung zur Psychotherapie dann leicht, wenn diese als therapeutischer Umgang mit stark dysfunktionalen Prozessen und Zuständen verstanden wird, mit denen BeraterInnen (und nicht nur philosophische) nicht umgehen können und in der Regel auch nicht wollen[1].

Da ihm die Abgrenzung dennoch wichtig erscheint, kommt er in dieselbe Situation wie die von ihm kritisierten Praktiker: Er benennt Unterscheidungen, die am ehesten auf die älteren psychoanalytischen und verhaltenstherapeutischen Ansätze abgestimmt sind, etwa ‚Auffinden verborgener psychologischer Ursachen' oder Bezug auf ‚mentale und behaviorale kausale Prozesse und Mechanismen'[2]. Psychotherapeutische Methoden verzichten heute eher auf diese Art von kausalem Denken oder Ursachenerforschung und betrachten Abläufe, Inhalte und Muster im Denken, Fühlen und daraus resultierendem Verhalten.

So bleiben diese Versuche einer inhaltlichen Abgrenzung eher unbefriedigend, denn es gibt keine ‚psychologischen Ereignisse' (*psychological events*), die man von Gegenständen philosophischen Denkens (Lahav nennt z.B. Vorstellungen, Ideen) unterscheiden könnte. So schlägt er z.B. vor, das ‚Gefühl von Freiheit' eher der Psychologie zuzuordnen, während das ‚Konzept der Freiheit', das dem zugrundeliegt, bzw. der ‚Wert der Freiheit' eher in einen philosophischen Kontext gehört : Wenn ich mich z.B. durch meine Umstände eingeengt fühle und versuche, mich selbst zu befreien, dann liegt meinem Gefühl das Konzept der Freiheit zugrunde, und vielleicht der Wert der Freiheit, und die Annahme, daß Freiheit möglich ist[3].

In diesem Beispiel wäre wichtig, zu unterscheiden, inwieweit das Gefühl des Eingeengtseins auf die Wahrnehmung tatsächlicher Lebensumstände bezogen oder primär konzeptgeleitet ist. Auch im Kontext Philosophischer Beratung wäre dieser Aspekt konkreter Erfahrung von Bedeutung, und zudem ist auch das ‚Konzept Freiheit' von Erlebensqualitäten begleitet. Gegen eine Reduzierung der

---

[1] Nur eine Passage geht in eine vergleichbare Richtung: „Of course, in many cases psychological approaches too (not to mention physiological) may be appropriate. In some pathological cases, or cases of physiological malfunction, there may even be no room for philosophising" (Lahav, 1993, 250).

[2] „The role of such [philosophical] analyses is not to dig out hidden psychological causes, but to understand the surface, so to speak, i.e. the landscape of the counsellee's worldview. In fact, philosophical counselling does not at all deal with causal psychological proceseses, whether psychodynamic, behavior, or cognitive" (Lahav, 1993, 248).

[3] „For example, if I feel constrained by my circumstances and aspire to liberate myself, then underlying my feeling is the concept of freedom, and possibly the value of freedom and the assumption that freedom is possible" (Lahav, 1996, 267).

Philosophie auf die kognitiven (konzeptuellen) Aspekte hatte sich bereits Dilthey gewandt und dazu aufgefordert, dem Philosophieren die ‚ganze, volle Erfahrung' zugrundezulegen (vgl. unten S. 206).

Aus diesem Grund ist auch Lahavs Vergleich mit der Kunstkritik[1] nicht geeignet, Philosophische Beratung von psychotherapeutischem Vorgehen zu unterscheiden, sondern er legt sich damit vielmehr auf einen bestimmten ‚Typus' philosophischer Hermeneutik fest, der eher versucht, Aussagen zu ‚objektivieren' (analog dem gemalten Bild eines Malers), statt sie epistemologisch zu erschließen, als Prozesse eines erkennenden, welterschließenden Subjekts.

Lahav macht auch Versuche, methodologische Bezüge zur Philosophie herzustellen, etwa zur Anwendung von ‚analytischen Methoden' in der Beratung[2] oder von ‚phänomenologischen Beschreibungen'[3]. Es handelt sich jedoch eher um skizzenhafte Beschreibungen (zum Teil veranschaulicht durch Beispiele), nicht um systematische Ausarbeitungen; so wird z.B. der Begriff ‚phänomenologisch' eher in einer vagen, alltagssprachlichen Bedeutung verwendet, nämlich im Sinne eines präzisen Erfassens konkreter Phänomene, die vom Berater fokussiert werden und dadurch vom Klienten bewußter erfaßt und u.U. in neuen Aspekten gesehen werden können – ein wichtiges ‚Instrument' beraterischen Vorgehens, das im Kontext einiger therapeutischer und beraterischer Ansätze seinen Platz hat und in dieser Form nicht als ‚philosophische Methode' bezeichnet werden kann.

Ran Lahav betrachtet sich selbst – trotz seiner Hauptbeschäftigung als Universitätslehrer – als Teil der internationalen Gemeinschaft Philosophischer Berater[4], der versuchen möchte, etwas von seiner Vision einer Philosophie zu entwickeln, die als Grundlage Philosophischer Beratung dienen kann, indem sie einerseits eine klare Konzeption von Philosophie bzw. Philosophieren entwickelt, und andererseits deren Relevanz für das Leben aufzeigt. „Das ist eine enorme Aufgabe, es erfordert eine radikal neue Art des Denkens" (Lahav, 1995, 5).

Die neuere Entwicklung

Lahavs Aktivitäten haben wesentlich dazu beigtragen, daß dem Versuch der Entwicklung einer philosophisch fundierten Beratung in Amerika (den USA und Kanada) zunehmendes Interesse entgegengebracht wird. Auf seine Initiative geht die ‚First International Conference on Philosophical Counseling' zurück, deren Realisierung – nach einer Reihe von Versuchen – schließlich in Vancouver mög-

---

[1] So bereits in seinem Beitrag zu dem Sammelband ‚Essays on Philosophical Counseling' (Lahav, 1995, 8), noch detaillierter ausgeführt in dem 1996 im ‚Journal of Applied Philosophy' erschienenen Artikel (Lahav, 1996, 266).
[2] Vgl. Lahav, 1993: Using Analytic Philosophy in Philosophical Counseling.
[3] In dem Aufsatz: Applied Phenomenology in Philosophical Counseling (Lahav 1992). Etwas genauer ausgeführt in: Phenomenological Tools to Facilitate Self-Change in Philosophical Counseling (Lahav, 1992a).
[4] „I regard myself as part of the international philosophical counseling community" (Lahav, 1992, 45).

lich war (1994), mit Unterstützung durch Louis Marinoff, der damals dort tätig war und der an seinem neuen Wirkungsort New York drei Jahre später die dritte Konferenz organisierte.

Einen weiteren wichtigen Faktor in diesem Prozeß stellt die 1995 von Ran Lahav (zusammen mit Maria da Venza Tillmanns) herausgegebene Anthologie ‚Essays on Philosopical Counseling' dar, mit 14 Aufsätzen, zum Teil Vortragstexte der ersten Konferenz, in denen Philosophische Praktiker ihre Beratungsansätze vorstellen. Obwohl die Qualität der Beiträge unterschiedlich ist und der Entwurfscharakter der meisten Ansätze deutlich, war damit doch ein erster Bezugspunkt gegeben, der z.B. bei den Vorträgen in New York immer wieder eine Rolle spielte und offensichtlich das Interesse einiger Philosophen geweckt hatte.

Das läßt sich z.B. an der Zahl der Vortragenden bei den bisherigen Internationalen Konferenzen ablesen – bei der ersten, die 1994 in Vancouver stattfand, war die Zahl der Vortragenden (ca. 16 Hauptvorträge) insgesamt noch recht gering. Von diesen stellten die amerikanischen Referenten etwa ein Drittel[1].

Bei der drei Jahre später stattfindenden dritten Konferenz in New York[2] (1997) kamen von den ca. 50 Vortragenden etwa die Hälfte aus den Vereinigten Staaten oder Kanada, und zwei Drittel von diesen waren als Lehrende an Universitäten tätig.

Darin wird deutlich, daß dieses zunehmende Interesse an der Philosophischen Praxis und Beratung wesentlich auch von seiten akademisch tätiger Philosophen kommt – anders als in der europäischen Entwicklung, die bis heute weitgehend außerakademisch verlief.

Die Offenheit amerikanischer akademischer Philosophen für den Anwendungsaspekt hat verschiedene Ursachen – so ist der Pragmatismus mit seiner Betonung der Anwendungsdimension eine nicht nur historisch bedeutsame Strömung amerikanischer Philosophie, sondern bleibt ein ständiger Anknüpfungspunkt.

Durch die Ausrichtung vieler amerikanischer Philosophen an der analytischen Philosophie ist zudem das Interesse an den systematischen Aspekten der Philosophie viel stärker ausgeprägt als in der europäischen akademischen Philosophie; dadurch ist auch die Orientierung an den empirischen Wissenschaften selbstverständlicher, und manche amerikanischen Philosophen haben eine gute Kenntnis der neueren kognitiven Psychologie[3], während gerade im deutschsprachigen Raum häufig noch Berührungsängste vorhanden zu sein scheinen.

---

[1] Außer Louis Marinoff, der Ansprechpartner Lahavs war und mit ihm zusammen die Konferenz an seinem damaligen Wirkungsort organisierte, ist hier noch David Jopling zu nennen, Assist. Prof. in Toronto, sowie die aus Deutschland stammende Petra von Morstein (Mitglied der GPP), die ebenfalls als Prof. an einer kanadischen Universität lehrt.

[2] Einige Aufsätze wurden in einer speziell der ‚Philosophischen Beratung' gewidmetem Heft der Zeitschrift ‚Inquiry' (Montclair, Institute for Critical Thinking) publiziert (Vol. 17,3, 1998), und zwar die Vorträge von Achenbach, Ruschmann, Segal, Boele, Borowicz und Jopling. (Einleitung von Kenneth F.T. Cust, als ‚Guest Editor' dieser Ausgabe.)

[3] David Jopling hat z.B. mit dem bekannten Psychologen Ulric Neisser ein Buch mit interdisziplinären Beiträgen zum Selbstkonzept herausgegeben: The Conceptual Self in Context, New York 1997.

Auf die frühen Verbindungen zwischen Philosophie und Psychotherapie bzw. Beratung in Amerika bereits in den 50er und 60er Jahren wurde schon hingewiesen; es gibt auch einige Personen mit einer doppelten Qualifikation, in Philosophie und Psychologie oder Sozialarbeit, die als Berater tätig sind.

So betonte etwa **Andrew Gluck**, der Philosophie und Psychologie studiert hat, in seinem Vortrag in Leusden (in: Vlist, 1997, 195–213), daß die Philosophie zwar in besonderer Weise dazu qualifiziert sei, mit Wertfragen, Weltsichten und bedeutungsvollen Zusammenhängen umzugehen, daß aber Philosophen, wenn sie sich der Praxis zuwenden, gut daran täten, die Ergebnisse anderer Disziplinen mitzuberücksichtigen, wie etwa der Psychologie, Soziologie, oder Forschungen zur Beratung. Unter dem Anwendungsaspekt seien die Grenzen der Disziplinen vielfach eher künstlich, und mit der wirklichen Welt umzugehen erfordere eine Vielfalt von Wissen.

Gluck betont auch die allgemein wachsende Selbständigkeit von Beratung gegenüber der Psychotherapie, mit unterschiedlichem Fundierungshintergrund, wobei für Gluck die Philosophie eine gute Möglichkeit bietet, ein allgemeines Beratungsmodell zu entwickeln und so für die Beratung eine Alternative zum klinischen Modell bereitzustellen.

Die bisherige Entwicklung, die sich noch weitgehend in den Anfängen befindet[1], läßt es möglich erscheinen, daß das Zusammenspiel von Theoretikern (die u.U. keine eigene praktische Beratungserfahrung haben) und erfahrenen Praktikern in Amerika anders verläuft als im deutschsprachigen Raum, in dem die besonders von Hans Krämer geforderte wechselseitige Anregung von Theorie und Praxis bisher noch kaum zustandekam.

Die schwierige Frage der Definition Philosophischer Beratung und der Gewinnung eines eigenen philosophischen Selbstverständnisses als Berater wird zum

---

[1] 1992 wurde die ‚American Society for Philosophy, Counseling, and Psychotherapy' (ASPCP) als Sektion der ‚American Philosophical Association' gegründet.
Die Präambel der ‚Standards ethischer Praxis' beschreibt die Tätigkeit Philosophischer Berater folgendermaßen: „A philosophical practitioner is a trained professional in the ancient calling of philosophy. As philosopher, a philosophical practitioner helps clients to clarify, articulate, explore, and comprehend philosophical aspects of their belief systems or ‚wordlviews'. These include epistemological, metaphysical, axiological, and logical issues. Clients may consult philosophical practitioners for help in exploring philosophical problems related to such matters as mid-life crises, career changes, stress, emotions, assertiveness, physical illness, death and dying, aging, meaning of life, and morality. In addition to individuals, clients may also include hospitals, businesses, and other institutions that seek the guidance of a philosopher ...
While individual philosophical practitioners may differ in method and theoretical orientation, for example, analytic or existential-phenomenological, they facilitate such activities as: (1) the examination of clients' arguments and justifications; (2) the clarification, analysis, and definition of important terms and concepts; (3) the exposure and examination of underlying assumptions and logical implications; (4) the exposure of conflicts and inconsistencies; (5) the exploration of traditional philosophical theories and their significance for client issues; and (6) all other related activities that have historically been identified as philosophical" (zitiert nach Damiani, 1998, 232f.).

Teil mit weniger Scheu vor definitorischen Festlegungen angegangen, als das bei manchen europäischen Praktikern der Fall ist.

So unternahm es **Roger Paden** (Assoc. Prof. für Philosophie an der George Mason Universität), in ganz ‚klassischer' (aristotelischer) Weise Philosophische Beratung zu definieren: durch die Bestimmung der allgemeinen Klasse, sodann der nächsten ‚Nachbardisziplinen', um so – zunächst über Abgrenzung bzw. ‚Isolierung' – die spezifische Unterscheidung geben zu können.

Es ist also auch eine Art der ‚negativen Definition' als ‚Isolation' von den nächsten ‚Verwandten'; Paden bezieht sich hier auf Kuhn und Toulmin und ihre Hinweise für die Etablierung neuer Disziplinen. Diese Abgrenzung bleibt jedoch ganz unpolemisch und basiert auf einer differenzierten Kenntnis der Bezugsdisziplinen und ihrer spezifischen Möglichkeiten und Grenzen.

In diesem Sinne versteht er Philosophische Beratung als eine neue Disziplin, die er dem Feld der ‚helfenden Berufe' zuordnet[1]. Aus den hier bereits etablierten Disziplinen greift er für seine Definition als nächststehende Psychotherapie und, als Beispiel für Beratungsansätze, die seelsorgerliche Beratung heraus.

Seine Argumentation soll nicht detailliert dargestellt werden; sie ähnelt in manchen Aspekten dem hier vorgelegten Ansatz. Für die Abgrenzung von Psychotherapie und Beratung bezieht sich auch Paden auf den Krankheitsbegriff als Begründung für die Anwendung psychotherapeutischer Methoden. Trotz aller Kritik an dem dahinterliegenden ‚medizinischen Modell', die von Psychologen und Psychotherapeuten selbst in teilweise massiver Form geäußert wurde und die Paden kennt und erwähnt, geht er davon aus, daß Psychotherapie nur als Teil des öffentlichen Gesundheitssystems existieren kann und deshalb eine Orientierung am Krankheitsbegriff unabdingbar ist. Das grenzt zugleich Psychotherapie von Beratung ab und in diesem Sinne gilt auch für *Philosophische* Beratung, daß sie es nicht unternimmt, ‚psychische Krankheit' zu heilen und nicht am medizinischen Modell orientiert ist.

Diese (und weitere von Paden benannte) Charakteristika sind zwar geeignet, Philosophische Beratung von *Psychotherapie* abzugrenzen, aber viele Zielsetzungen werden in ähnlicher Weise von anderen Beratungsansätzen genannt, z.B. von der seelsorgerlichen Beratung, auf die sich Paden explizit und quasi prototypisch für andere *Beratungs*ansätze bezieht.

Den Unterschied zu dieser Beratungsform bestimmt Paden vor allem dadurch, daß Philosophische Beratung nicht an die Weltsicht irgendeiner Religion gebunden ist oder an die Annahme, daß ein bestimmter (religiöser) Weg zu leben allen anderen überlegen ist, sie sei vielmehr für religiöse und nicht-religiöse Deutungen der Welt offen.

---

[1] Werden, wie im vorliegenden Entwurf, Erziehung, Beratung und Therapie als ‚Formen hilfreicher Interaktion' oder Lehr- und Lernsituationen zusammengefaßt, bezieht sich Paden hier auf die beiden Gruppen von Beratung und Therapie, die er zur Klasse der ‚helfenden Berufe' zusammenfaßt.

Gerade im Freilassen des Klienten in der Wahl seiner eigenen Ziele und der Bestimmung seiner Werte und Präferenzen sieht Paden große Ähnlichkeiten mit den Zielsetzungen und dem methodischen Vorgehen mancher Ansätze der Humanistischen Psychotherapie bzw. Beratung, und er geht z.B. davon aus, daß insbesondere der klientenzentrierte Ansatz eine gute Orientierung und Basis für Philosophische Beratung darstellen könne, betont aber, daß Philosophische Beratung einen kritischeren Akzent setzt und deshalb die Annahmen und Behauptungen eines Beratungsklienten auch auf den ‚Wahrheitsaspekt' prüfen wird, weil die ‚Theorien' des Klienten als rationales Wesen mehr oder weniger angemessen sein können, ‚wahr' oder ‚falsch'[1].

Paden gibt nur Andeutungen für den konkreten, positiv bestimmten Weg Philosophischer Beratung; seine Zielsetzung bestand darin, diese neue Disziplin zunächst einmal von bestehenden Vorgehensweisen im Felde der ‚helfenden Berufe' abzugrenzen. Aufgrund der klaren Grenzziehung konnte Paden auf Polemik verzichten und etwa Psychotherapie so definieren, daß sie als Behandlung psychischer Störungen wichtig und sinnvoll ist, und ihr zugleich damit die Grenzen gesetzt sind, wo dann Beratung einsetzen mag, deren Fundierungshintergrund eben auch die Philosophie sein kann.

Umgekehrt fordert er von einem Philosophischen Berater, daß er sich klar als solcher zu verstehen gibt und die Grenzen des eigenen Ansatzes kennt und offenlegt. Daraus folgt für ihn auch die Notwendigkeit für Berater, ein angemessenes Wissen über psychische Störungen zu haben und gegebenenfalls eine psychotherapeutische Behandlung zu empfehlen.

So kommt Paden zu einer bescheidenen Haltung, was die Möglichkeiten Philosophischer Beratung angeht und ist zugleich von ihrem potentiellen Wert überzeugt.

Er formuliert das zum Schluß seines Vortrags in New York mit folgenden Worten:

> „Das Ziel philosophischer Beratung ist nicht einfach, ihre Klienten glücklich oder zufrieden zu machen. Statt dessen ist das Ziel, die Vorstellungen und Weltsichten des Klienten durch einen Prozeß kritischer Reflexion zu klären und zu verbessern. Es wird angenommen – aber nicht garantiert – daß diese Reflexion häufig zu einer Lösung der bestehenden Probleme des Klienten führen kann, so daß vielleicht sogar Zufriedenheit oder Glück entsteht, aber philosophische Berater müssen sich auf die Analyse der Weltsichten konzentrieren, die mit den Lebensproblemen des Klienten assoziiert sind, nicht auf die Lebensprobleme selbst. Diese Vorstellungen und Weltsichten zu klären und zu verbessern ist oft in sich befriedigend. Weiterhin können solche Klärungen manche Probleme lösen. Dennoch muß philosophische Beratung – gemäß der hier vorgestellten Definition – auf eine eher bescheidene Weise gefaßt werden. Philosophische Berater können hoffen, einzigartige und wertvolle Dienste bereitzustellen – die kritische Analyse problematischer Vorstellungen und Weltsichten – aber philosophische Beratung ist keine Psychotherapie oder seelsorgerliche Beratung. Sie kann eine Art prakti-

---

[1] Er mißversteht hier allerdings die Akzeptierungsdimension, wie sie im personzentrierten Ansatz gefaßt wird; vgl. dazu unten S. 273, Anm.

scher Weisheit versprechen, aber nicht das Glück" (Paden, 1997, 20, Übers. E.R.).

In der Beratungssituation macht die lebenspraktische Bezogenheit die Frage der *Ziele* zu einem zentralen Thema. **James A. Tuedio**, Prof. für Philosophie an der kalifornischen Universität Stanislaus, wies auf die besondere Spannung hin, die dieses Thema angesichts zeitgenössischer Denkansätze beinhaltet. Bei der zweiten Internationalen Konferenz in Leusden schlug er eine ‚postmoderne Perspektive' als ‚beraterische Heuristik' vor, also ein ‚perspektivisches Paradigma' statt eines ‚objektivistischen'. In der konkreten Betrachtung der Beratungssituation sieht er sich dann aber vor die Aufgabe gestellt, dysfunktionale konzeptuelle Elemente von ‚gesunden' unterscheiden zu müssen; er hält es sogar für ein mögliches und wichtiges Ziel, gewisse Lebensaspekte oder -umstände als gesunde zu erkennen, die sonst leicht als dysfunktional eingestuft werden[1], etwa eine Art des ‚Unwohlfühlen', die eine ‚gesunde Reaktion' auf ungute Lebensumstände sein kann[2].

Ein Jahr später, bei der New Yorker Konferenz, setzte er dieses Thema fort und wies darauf hin, daß wir umgekehrt vorliegende dysfunktionale Orientierungen nicht erkennen können, wenn wir durch die unkritische Linse unserer dominanten Bilder und Konzepte reflektieren[3].

Aufgrund seiner perspektivischen Grundorientierung möchte Tuedio beim ‚Navigieren' in diesem schwierigen Bereich der Unterscheidung zwischen dysfunktionalen und angemessenen lebensleitenden Konzeptionen die Entscheidung über Ziel und Richtung ganz dem Klienten überlassen, andererseits sieht er es als Beraterausgabe, bisher unzugängliche Dimensionen erforschbar zu machen. Sogenannte ‚spontane' Beurteilungen oder ‚spontanes' Verhalten können also für

---

[1] „Effective facilitation empowers clients to engage in a critical examination and reconstruction of dysfunctional conceptual elements underlying their narrative construction of problematized relations and events in their life, using insights that arise from their active participation in philosophical dialogue. One virtue of this approach is that it may empower a client to recognize the healthy dimension of a transitional condition of life that might otherwise be construed as a dysfunctional mode of existence and subjected to reactive intervention" (Tuedio, 1997, 183).

[2] Eigentlich verwendet Tuedio an dieser Stelle den Begriff der ‚Depression'. Der später gebrauchte Begriff des ‚Unwohlfühlens' (clients who are not comfortable in their life, Tuedio, 1997, 187) erscheint aber angemessener. ‚Depression' ist ein klinischer Begriff und meint immer eine pathologische Reaktion, in welcher der Kontakt zum inneren Erlebensfluß bereits so stark gestört ist, daß er für die von Tuedio gemeinten Prozesse (zunächst) nicht mehr genutzt werden kann – aus klinischer Sicht gilt Depression auch als Vermeidung von Unwohlfühlen bzw. seelischem Schmerz, und in dieser Hinsicht ist ein therapeutisches Umgehen mit der Depression eine Möglichkeit, so etwas wie ein Unwohlsein erst (bzw. wieder) zu spüren, das mit der Entfremdung des Klienten vom natürlichen Fluß des Lebens zusammenhängt, wie Tuedio es ausdrückt („... clients who are not comfortable in their life, either because they are estranged from the natural flow of their life ..., Tuedio, 1997, 187).

[3] „If we reflect through the uncritical lens of our dominant pictures and conceptions, we probably won't recognize the dysfunctional orientation when it's there" (Tuedio, 1997a, 4).

ihn eine dysfunktionale Quelle haben. Dann ist der Zugang zu den ‚gesunden Prozessen' nicht ohne Hilfe anderer Menschen möglich[1].

Tuedio stellt die Komplexität dieses Problems anschaulich dar, und er versucht auch, Hinweise dafür zu geben, welcher Art die Orientierung für den Berater sein kann. Ein zentrales strukturelles Merkmal scheint für ihn eine Erlebensqualität zu sein, die er mit der Metapher vom ‚natürlichen Fluß des Lebens' beschreibt, und so bezeichnet er *‚natural flow'* als ein praktisches Ziel menschlichen Lebens. Die Ausrichtung daran erlaubt es, dem Klienten eine orientierende Hilfe zu geben, ohne ihm das Recht zur Kontrolle des eigenen rekonstruktiven Prozesses zu nehmen[2].

Wenn alles ‚natürlich fließt', hinterfragen wir die Beziehungen zwischen konzeptuellen Hintergründen und alltäglicher Erfahrung nicht, erst Unterbrechungen in diesem natürlichen Fluß motivieren uns, einen reflexiven Abstand zu unserer Lebensgeschichte einzunehmen und z.B. Klarheit über die Rolle dysfunktionaler Hintergrundskonzeptionen zu bekommen, die unsere lebendige Erfahrung beeinflussen.

Es ist deutlich, daß einem solchen Ansatz eine implizite Strukturierung der selbst- und welterfassenden Prozesse des erkennenden Subjekts zugrundeliegt, dessen orientierende Funktion sich aus der strukturellen Anordnung nach Dimensionen wie *fließend* vs. *starr*, *oberflächlich* vs. *tief*, *explizit* vs. implizit (*tacit*) etc. ergibt. Wesentliche Strukturelemente, die hier eine Rolle spielen, sind: Konzepte, Gefühle, Werte, Überzeugungen, Lebendigkeit etc.

Tuedios Versuche können als Beispiel dafür gelten, wie schwierig es ist, prozessuales Wissen deklarativ mitzuteilen; wegen der fehlenden Explikation der implizit zugrundeliegenden epistemologischen Annahmen sowie der anthropologischen Modellvorstellungen bleiben seine Ausführungen eher abstrakt und sind als orientierende Hinweise nur schwer nutzbar.

Das ‚lebendige Fließen', das für Tuedio die orientierende Unterscheidung dysfunktionaler von ‚gesunden' Konzeptionen bedeutet, läßt sich mit dem hier vorgestellten epistemologisch fundierten Verstehensmodell als spezifische Qualität der Bezogenheit von Kognition und Erleben verstehen (hier vor allem bestimmt als das Spüren innerer Lebendigkeit = natürlicher Fluß). Zugleich wird damit angedeutet, daß die konkrete, alltägliche Erfahrung wichtiger Bezugspunkt ist: Tuedio weist zum Schluß seines New Yorker Vortrags darauf hin, daß es für ihn ein Ziel Philosophischer Beratung ist, den potentiell dysfunktionalen Einfluß von

---

[1] „But at this stage of their life, our client may actually need to interact with diverse people, as the key to experiencing natural flow. If so, it might help to direct the philosophical focus of the counseling sessions to the client's tacit goals, values, and assumptions. For surely some of the key ‚obstructions' to our ‚natural flow of life' derive from dysfunctional assumptions motivating our ‚spontaneous' judgments and behavior" (Tuedio, 1997a, 6).

[2] „I set the context of my paper by proposing that ‚natural flow' is a practical goal of human living. I argue that philosophical counselors can help clients identify and reconstruct ‚dysfunctional' goals, pictures, values, feelings, or beliefs without overriding the client's right to remain in control of the reconstructing activity" (Tuedio, 1997a, 1).

Konzepten auf den Lebensvollzug zu erkennen, die zunehmend als ‚fehlbare Konstruktionen' erkannt werden.

Selbst die unmittelbare sinnliche Wahrnehmung wird ‚unter dem Einfluß von Erwartungen erfahren' – aus diesen knappen Hinweisen läßt sich vermuten, daß der Wechselbezug von Konzeptionen (Kognitionen, ‚Theorien', ‚Weltsichten' etc.) mit konkreter Erfahrung (via Wahrnehmung) und der jeweiligen Bezogenheit auf Gefühle für Tuedio eine wichtige Rolle spielt (in dem hier vorgelegten Entwurf, dessen Begrifflichkeit gerade verwendet wurde, sind diese Bezüge von zentraler Bedeutung).

All das sind jedoch Mutmaßungen über die ‚implizite Erkenntnistheorie', die Tuedio nur beschreibend und abstrahierend vorstellt, aber nicht strukturell entwirft.

Obwohl sich Tuedio gewissermaßen selbst als ‚postmodernen Denker' bezeichnet, versucht er dennoch, zu einer Orientierung zu kommen, was für den Klienten ‚richtig' oder ‚angemessen' sei – postmoderne Beliebigkeit ist in konkreten Lebenssituationen keine sinnvolle Orientierung, insbesondere wenn es darum geht, Entscheidungen zu fällen oder Lebensumstände zu prüfen und diese gegebenfalls zu verändern.

An dieser Frage der ‚Richtigkeit' oder ‚Angemessenheit' ist **David A. Jopling** besonders interessiert und so betont er in seinem Plädoyer für die Orientierung am Wahrheitskonzept in der Philosophischen Beratung[1] den Gegensatz zu den Entwürfen von Achenbach und Lahav, die er beide so versteht, als lehnten sie eine Orientierung an der Wahrheit ab – Lahav gebe eine antirealistische Begründung für die Ablehnung, Achenbach eine skeptische (Jopling, 1996, 302).

Jopling weist damit auf einen Aspekt von zentraler Bedeutung hin, der in der Philosophie insbesondere im Kontext von Erkenntnistheorie und Wissenschaftstheorie diskutiert wird. Die möglichen Antworten auf die Frage nach der Wahrheit bewegen sich dabei seit den Anfängen der Philosophie in einem Kontinuum der Auffassungen zwischen den Extremen von dogmatischem Objektivismus (‚es gibt eine und nur eine Wahrheit') und extremem Subjektivismus (‚es gibt keine Wahrheit, nur unendlich viele Meinungen').

Philosophische Praktiker, die besonders darauf achten, ihren Klienten nicht eigene Ansichten, Meinungen und Überzeugungen aufzuerlegen, sind in dem dialektischen Spiel zwischen diesen beiden Extremen der Wahrheitsauffassung in der besonderen Gefahr, den Pol des Subjektivismus zu betonen und den Anspruch auf ‚wahre Lösungen' und ‚richtige Ziele' konsequent abzulehnen. Jeder Berater ist jedoch ständig mit der Notwendigkeit konfrontiert, zusammen mit dem Klienten Ziele, Lösungen, Konzeptionen usw. auf ihre ‚Angemessenheit' zu prüfen.

---

[1] ‚Philosophical Counselling, Truth and Self-Interpretation' (Jopling, 1996). Dieser Aufsatz im ‚Journal of Applied Philosophy' basiert auf dem Vortrag Joplings bei der 1. Konferenz in Vancouver, 1994.

Jopling sieht dabei besonders die Gefahr, daß methodisch wie auch im praktischen Umgehen der Unterschied zwischen Selbsterkenntnis (*self-knowledge*) und Selbsttäuschung (*self-deception*) nicht genügend beachtet wird. In dieser Hinsicht steht seine Auffassung tatsächlich der von Lahav deutlich gegenüber, wie dieser selbst bei seinem Bericht über die Konferenz in Vancouver betonte (Lahav, 1995b, 38). Wenn man philosophische Theorien losgelöst vom ‚Autor' betrachtet, läßt sich der Begriff der ‚Selbsttäuschung' nur schwer theoretisch und methodisch fassen. Er stellt jedoch – nicht nur für den Kontext Philosophischer Beratung – ein wichtiges Thema philosophischer Reflexion dar[1]. Philosophische Berater sind leicht in der Gefahr, die ‚Weltsicht-Interpretation' schwerpunktmäßig als Umgehen mit dem *Welt*erfassen des Klienten zu betreiben, sei es bei eher narrativ orientierten Konzeptionen im Sinne der ‚erzählten Geschichten' oder im Umgehen mit der ‚Alltagsphilosophie' des Klienten vor allem mit dessen Vorstellungen und Theorien über ‚Gott und die Welt'.

Es besteht dabei die Gefahr, den ebenso wichtigen Aspekt des *Selbst*erfassens zu vernachlässigen. Paden weist darauf hin, daß ‚das Selbst' ebenso wie ‚die Welt' epistemologisch den Status einer Theorie habe, die von einem erkennenden Subjekt – hier im Sinne der Selbsterkenntnis und Selbstreflexion – ‚konstruiert' wird bzw. implizit zugrundeliegt und die, wie jede Theorie, besser oder schlechter sein kann, also ‚wahr' oder ‚falsch' im Sinne eines jeweils zu benennenden kontextangemessenen Wahrheitskriteriums.

Jede Konzeption Philosophischer Beratung sollte diesen wichtigen Gesichtspunkt auf irgendeine Weise berücksichtigen; insofern läßt sich Joplings Beitrag zur ‚Selbst-Interpretation' eher als eine notwendige Ergänzung zum Ansatz einer ‚Weltsicht-Interpretation' im Sinne Lahavs betrachten denn als Gegensatz dazu. Jopling ist auch ein Beispiel dafür, daß die Einbeziehung psychologischer Forschungsergebnisse einer selbstbewußt *philosophisch* auftretenden Beratungstheorie durchaus förderlich sein kann.

Ein letztes Beispiel für das aktive Interesse amerikanischer Philosophen am Gebiet der Philosophischen Beratung kann zugleich als Hinweis dafür dienen, welch wichtigen Aspekt ethische Fragestellungen im Rahmen Philosophischer Beratung darstellen können.

Louis Marinoff berichtete in seinem Vortrag in Vancouver (1994[2]) davon, daß die Mitglieder des ‚Zentrums für Angewandte Ethik' an der Universität von British Columbia (dort war er zum damaligen Zeitpunkt tätig) eine Form öffentlich zugänglicher professioneller Ethik-Beratung weder geplant noch vorausgesehen hatten. Als jedoch die Öffentlichkeit durch die Medien von dem Zentrum hörte, meldeten sich Menschen, die in Schwierigkeiten waren, um ethischen

---

[1] In dieser Arbeit wird das in unterschiedlichen Zusammenhängen berücksichtigt, vor allem unter dem Gesichtspunkt von Erkenntnistheorie, Hermeneutik und Ethik.
[2] In dem von Lahav und Tillmanns herausgegebenen Sammelband erschienen unter dem Titel ‚On the Emergence of Ethical Counseling: Considerations and Two Case Studies' (Marinoff, 1995).

Rat zu suchen, entweder durch telefonische Konsultation oder in persönlichen Gesprächen. Marinoff wies darauf hin, daß sich erst aufgrund dieser konkreten Anforderungen durch die Ratsuchenden die Notwendigkeit ergab, Richtlinien für das theoretische und praktische Umgehen mit individuellen ethischen Fragen zu erarbeiten (Marinoff, 1995, 171).

Es waren häufig moralische Dilemmata, schwierige Entscheidungssituationen, deretwegen Marinoff um Rat gefragt wurde. Vor dem Hintergrund der zeitgenössischen Moraltheorien ist für ihn deutlich, daß von einem ethischen Berater keine einheitliche Theorie der Moral erwartet werden kann, und dementsprechend auch keine stringent ableitbaren praktischen Einsichten (ebd., 174f.)

Ausgangspunkt seines beraterischen Vorgehens ist die Annahme, daß das gesamte Überzeugungssystem eines Menschen eine Einheit von vielen Einzel-Annahmen darstellt, von der jede einzelne für wahr gehalten wird, und die zum Teil übernommen, zum Teil selbst gewonnen wurden. Durch diese Vielfalt der verschiedenen Inhalte und Themen (*sets* und *subsets*) können sich aber auch Konflikte entwickeln, z.B. Widersprüche zwischen verschiedenen Annahmen.

Nun gibt es Entscheidungssituationen, bei denen jede Entscheidung bestimmte ‚kognitive Dissonanzen' mit sich bringt, die bis zur Entscheidungslähmung führen können.

Aufgabe des ethischen Beraters ist es nach Marinoff, die Entscheidungs-Lähmung zu beheben, jedoch eher nicht dadurch, daß er seine Meinung äußert, welche Entscheidung die richtige sei, sondern durch Überprüfung der Wahlmöglichkeiten auf Inkonsistenzen, und zwar am gesamten Überzeugungssystem des Ratsuchenden (Marinoff, 1995, 176f.)

Diesen Prozeß unterteilt Marinoff in zwei Phasen – zunächst geht es darum, die bestehenden Optionen zu klären, insbesondere durch Einschätzen der Vorzüge und Nachteile. Hier kann der Berater auch Modifikationen vorschlagen, z.B. empfehlen, eine neue Option aufzunehmen bzw. eine zu streichen – insofern kann die Beratung sich zwischen den Polen von Nicht-Präskriptivität und Präskriptivität bewegen.

In einem zweiten Stadium geht es darum, wie Inkonsistenzen eliminiert werden können – dies geschieht durch kritische Analyse der erwünschten und unerwünschten Ergebnisse, die aus jeder der hypothetischen Entscheidungen resultieren (wobei erwünscht/unerwünscht aus dem Präferenzsystem des Ratsuchenden beurteilt wird), verbunden mit einer Einschätzung der wahrscheinlichen oder möglichen nützlichen oder schädlichen Folgen. Dies kann ein mehrstufiger Prozeß sein, in dem sich u.U. auch das Überzeugungssystem des Klienten verändern kann, und damit seine Präferenzen (ebd. 178f.).

Nach den Erfahrungen von Marinoff können Beratungen in ethischen Fragen oft sehr kurz sein, manchmal reicht für ein isoliertes Problem eine Sitzung (ebd. 181).

Er bringt dann zwei Beispiele von Beratungssituationen; im ersten Fall endet die Beratung mit der Aussage des Klienten, er sehe das Problem nun klarer. Er fällt aber noch keine Entscheidung, so daß der Autor nicht weiß, welche Wahl letztlich getroffen wurde (ebd. 183ff.).

Im zweiten Fall fand eine ‚präskriptive Beratung' statt – Marinoff schlug eine ‚Lösung' vor, die er argumentativ begründete, und die sofort angenommen wurde, weil sie im Grunde dem Wertsystem des Klienten am meisten entsprach – er hatte bereits in die gleiche Richtung gedacht, war aber nicht imstande gewesen, diese Entscheidung gut zu begründen und konnte sie deshalb nicht nach außen vertreten (ebd. 187ff.).[1]

Mit diesen sehr unterschiedlichen Beratungsverläufen und -ergebnissen kann Marinoff deutlich machen, daß ethische Beratung ein flexibles Umgehen mit den Problemen und Fragen des Ratsuchenden erfordert und ein sensibles Erfassen individueller Werte-Systeme.

III. Weitere Einzelpersönlichkeiten

Im letzten Teil dieser Übersicht über die bisherige Entwicklung der Praxis und Theorie Philosophischer Beratung sollen einige Einzelpersönlichkeiten charakterisiert werden, die dem internationalen Kreis Philosophischer Praktiker angehören und die durch Artikel oder Vorträge bei den bisherigen Kongressen in Erscheinung getreten sind, und zwar nach Ländern geordnet.

Michael Zdrenka zählt in seinem ‚Historischen Abriß' insgesamt 42 Praxen in verschiedenen Ländern der Welt, davon dreißig in Holland, vier in Israel, während andere Länder nur mit jeweils 1–2 Personen vertreten sind.

In der Schilderung der Entwicklung der ersten Zeit waren (bis auf den Amerikaner Seymon Hersh) ausschließlich Praktiker aus Deutschland und Österreich beschrieben worden; hier sind noch einige Namen nachzutragen (nach der Reihenfolge ihres Erscheinens in der Liste von Zdrenka, also in etwa chronologisch nach Eröffnung der Praxis): Alexander Dill, Jochen Link, Christoph Weismüller, Ralph Driever, Fred Gebler, Martina Winkler-Calaminus, Thomas Gutknecht, Gerhard Stamer, Grete Wirz; die meisten von ihnen haben auch Texte zum Thema veröffentlicht[2].

Seit einiger Zeit gibt es auch in der Schweiz Philosophische Praktiker, die in diesem Abschnitt kurz vorgestellt werden sollen, so daß damit alle Länder, in denen bisher Experimente zur Philosophischen Praxis stattfinden bzw. -fanden, berücksichtigt sind.

Israel

Von den israelischen PraktikerInnen wurde Shlomit Schuster erwähnt als diejenige, die Ran Lahav mit der Philosophischen Beratung in Kontakt brachte. Lahav selbst, der wie erwähnt inzwischen in Israel tätig ist, wurde im Zusammenhang

---

[1] Beide Fälle werden von Patrick Neubauer referiert (Neubauer, 1998, VI.d.: Praxisberichte aus der Praxis von Louis Marinoff).
[2] Literaturangaben finden sich bei Zdrenka (1997, 141ff.). Patrick Neubauer (1998) beschreibt Fred Geblers Konzeption als ‚Eine überzeugende Form ethischer Ausrichtung' (IV.b.1), sowie Gerhard Stamers Ansatz als ‚Eine überzeugende Form politischer Ausrichtung' (IV.c.1.).

der Entwicklung in Amerika vorgestellt, zu der er die entscheidenden Anstöße gegeben hat.

Lydia Amir war schon bei der ersten Konferenz in Vancouver als Vortragende vertreten, Ora Grungard und Ettel Weingarten bei den folgenden.

Über **Shlomit Schuster** schreibt Michael Zdrenka: „Am 21.6.1989 eröffnete Shlomit C. Schuster die erste Philosophische Praxis in Israel, welche sie ‚Center Sophon' nennt. Seit 1990 bietet Schuster zusätzlich als Bestandteil ihrer Praxis das sogenannte ‚Philosophone', einen nicht kommerziellen Telephondienst[1] an; diese Einrichtung ist als ‚Erste-Hilfe-Anschluß' für Menschen mit akuten existentiellen Problemen oder in ethischen Notlagen gedacht, aber auch als Informationsstelle, wo Fragen zur Philosophischen Praxis beantwortet werden" (Zdrenka, 1997, 57).

1997 schloß Schuster ihre Dissertation ab, das Thema lautet: *Philosophical Autobiography; A Commentary on the Practice of Philosophy*.

Shlomit Schuster ist eine überzeugte Vertreterin des methodischen Ansatzes von Achenbach, und wie er lehnt sie Festlegungen und theoretische ‚Fundierungen' eher ab. Nur diese Art der Ausrichtung hält sie für genuin philosophisch. Der Prozeßcharakter Philosophischer Beratung steht für sie ganz im Vordergrund, eine Ausrichtung auf Klärung oder Ziele tritt demgegenüber zurück.

Ihre Ablehnung der Psychotherapie ist – ähnlich wie bei Achenbach – polemisch und eher abwertend, richtet sich aber (wie die Beispiele zeigen) vor allem an die Adresse der Psychoanalyse. Sie berichtet von Klienten, die bestimmte Konzepte aus ihrer Psychotherapie-Erfahrung ‚übernommen' hatten und diese dann in der Philosophischen Beratung fallenlassen – sie nennt diesen Vorgang ‚De-analysieren und Ent-diagnostizieren'[2].

Wichtig für Shlomit Schuster sind bestimmte Grundhaltungen und Ausrichtungen. So betont sie die Bedeutung einer liebevollen, zugewandten Haltung und bezieht sich auf ihre Erfahrungen mit einem telefonischen Dienst zur Suizid-Prophylaxe, deren Begründer, Chad Varan, davon ausging, daß nicht so sehr der gegebene Rat hilfreich sei, sondern die angebotene Freundschaft (Schuster, 1995, 53).

In ihrem New Yorker Vortrag wies sie auf die Bedeutung empathischen Verständnisses für die Philosophische Praxis hin, die die medizinischen Methoden des Diagnostizierens ersetze; freie philosophische Untersuchungen, gegründet in der Empathie, seien ein Weg, um neue Einsicht in sich selbst oder das Leben im allgemeinen zu erzielen[3].

---

[1] Dazu Schuster (1995, 53).

[2] In ihrem Vortrag in Leusden bringt sie das Beispiel einer Klientin, die ihre Kindheitserfahrungen nach dem Muster des Ödipus-Komplexes deutete; diese Interpretation stellte Schuster in Frage und das Konzept verlor zunehmend an Bedeutung für die Klientin (Schuster, 1997, 32).

[3] „In philosophical practice, empathetic understanding replaces the medical method of diagnosing people's hardships and choices. Free philosophical enquiry grounded in empathy is a way to reach new insights into oneself or life in general" (Schuster, 1997).

Angesichts der Betonung solch basaler Interaktionsprinzipien und einer Terminologie, die der des klientenzentrierten Ansatzes nachempfunden scheint, sind ihre heftigen und pauschalen Angriffe gegen Psychotherapeuten, besonders aber auch gegen Personen, die Philosophie und Psychologie verbinden (Schuster, 1997, 21ff.) schwer nachvollziehbar.

In ihrer Polemik gegen ‚abweichende Positionen' (ebd. 23) wird sie zum Beispiel dafür, daß auch sogenannte ‚offene Konzepte' mit dem Anspruch, keiner Theorie zu folgen, ‚dogmatisch' gehandhabt werden können.

Großbritannien

Die Schottin **Catherine McCall** bezeichnete sich bei ihrem Vortrag beim 2. Internationalen Kongreß in Leusden als eine seit 25 Jahren tätige ‚praktische Philosophin'. Seit 1970 beschäftigte sie sich mit Fragen der Anwendung der Philosophie auf das alltägliche Leben, insbesondere in der Form des ‚Philosophierens in der Gruppe' und erfuhr erst viel später von vergleichbaren Versuchen, etwa dem Sokratischen Gespräch nach Nelson oder der philosophischen Arbeit mit Kindern, wie sie z.B. von Lipman entwickelt wurde. Auch auf die Praxisgründungen im deutschsprachigen Raum wurde sie erst relativ spät aufmerksam.

Sie entwickelte eine eigene Methode, die sie ‚*Philosophical Inquiry*' (PI) nennt und die eine spezielle Form philosophischer Gruppenarbeit darstellt[1]. Die ersten Anfänge datiert sie auf den Beginn ihres Philosophiestudiums (1970), Anfang der 80er Jahre war der Ansatz weitgehend entwickelt.

Das Ziel ist dabei, eine Gruppe von Menschen in gemeinsamen Dialogen zu engagieren, die ‚Philosophieren' entstehen lassen – während ihres Philosophiestudiums hatte sie es vermißt, zu ihrem *eigenen Denken* angeleitet zu werden, statt ausschließlich ‚Philosophie' zu lernen, die das Ergebnis des Denkens anderer Personen darstellte; seit dieser Zeit war es ihr ein Anliegen, mehr über den Prozeß zu erfahren, wie Philosophen ihre eigene Philosophie hervorgebracht und entwickelt haben[2].

Daraus entstand ihr Gruppenansatz, der Nicht-Philosophen einen Rahmen bieten will, um das zu simulieren, was professionelle Philosophen tatsächlich tun[3].

---

[1] Darüber wurden auch Fernsehfilme gedreht, einer 1988 von einer amerikanischen Fernsehgesellschaft.

[2] Ihre erste Begegnung mit der Philosophie war von dem Erstaunen und der Freude geprägt, zu entdecken, daß viele der Fragen, die sie seit ihrer Jugend beschäftigt hatten, in einer eigenen Diszipin mit einer alten Tradition behandelt wurden und werden. „However the initial joy in discovering that there had been thousands of philosophers over many centuries thinking about these topics, began to be tinged with frustration when, after a year of studying what a few of these (mostly) men had said, I found that as philosophy students we had no chance to develop our own philosophical thinking, but rather had to learn philosophy.
I wanted to know how professional philosophers actually created and developed new philosophy" (McCall, 1997, 78).

[3] „It was certainly designed to simulate for non-philosophers what professional philosophers actually do" (McCall, 1997, 81).

Es geht ihr dabei offenbar weniger um die Entfaltung individueller Philosophien, sondern der dialogische Prozeß des Argumentierens und Miteinander-Philosophierens steht für sie im Mittelpunkt; bei diesem Prozeß spielt der ‚Gruppenleiter' vornehmlich die Rolle eines strukturierenden Facilitators[1]; sie vergleicht seine/ihre Aufgabe mit der eines Dirigenten – die Teilnehmer spielen die Instrumente und bringen Töne hervor, während der Dirigent eher eine strukturierende Aufgabe wahrnimmt.

Dabei kann der Facilitator auch sein philosophisches Wissen einsetzen, als eine spezifische Kunst, Muster der Philosophie aus den individuellen Beiträgen zu ‚weben', wobei die ‚Farbe' und ‚Textur' der Beiträge von den Teilnehmern hervorgebracht wird[2].

Diese Arbeit führt sie auch mit Kindern ab 5 Jahren durch – sie war eine Zeitlang in den USA und lernte dort den kinderphilosophischen Ansatz von Lipman kennen. Sie gibt bei Kindern – statt Prinzipien zu erläutern – meist nur die Regel vor, daß man auf die Argumente eines anderen zustimmend oder nichtzustimmend antwortet und dafür eine Begründung abgibt, also in der sprachlichen Form: *I agree / disagree with ... because ...*

Gerade bei Gruppen mit Kindern gibt sie oft einen Text als Ausgangsmaterial vor, während sich sonst die Themen auch auf den Lebensalltag der Teilnehmer beziehen können (sie nennt als typische Themen: Einsamkeit, Kindererziehung, Einkommen, Kriminalität, Beziehungen bei der Arbeit, oder auch erfreuliche Erfahrungen wie Hochzeiten, Musik, Witze, Ferien usw. (McCall, 1997, 82).

Ihrer Einschätzung nach verdienen die Gruppengespräche durchaus, als genuin philosophisch bezeichnet zu werden; ohne philosophischen ‚Jargon' zu benutzen, soll dieser Ansatz Menschen jeden Alters ermöglichen, mit konzeptuellen Konflikten und Verwirrungen umzugehen und über bestimmte Ideen nachzudenken. Es soll ein Kontext und eine Umgebung geschaffen werden, in der protophilosophische Gedanken sich zu philosophischen Überlegungen entwickeln können[3].

---

[1] Von engl. to facilitate = erleichtern, also etwa: Erleichterer von Prozessen. Dieser Terminus wird auch in anderen Kontexten für die ‚Leitung' von Gruppenprozessen verwendet; er wurde geprägt von Carl R. Rogers, der ihn für sein Gruppenkonzept des ‚Basic Encounter' verwendet. (Wesentliche Grundprinzipien des McCallschen Ansatzes sind denen des ‚Basic Encounter' sehr ähnlich, vgl. Rogers, 1970.)
Auch die Gruppenleiter des Sokratischen Gesprächs bezeichnen sich heute meist als ‚Facilitator'.

[2] „So what is Philosophical Inquiry? It is a practice ... in which groups of people ... engage in joint dialogue which produces/creates philosophising. The philosophising is produced by the whole group and the group as a whole, whose oral contributions to the inquiry are structured by a facilitator. The facilitator does not teach content, but acts rather like the ‚conductor' of an ‚orchestra' wherein participants play the instruments which produce notes and the conductor structures the notes into music. The facilitator uses her knowledge of philosophy as well as specific art to ‚weave' patterns of philosophy out of the individual contributions of the participants, but the ‚colour' and ‚texture' of the contributions are created by the participants" (McCall, 1997, 77).

[3] „I developed my practice of PI specifically to enable people of all ages to encounter conceptual conflicts and puzzles, and to then reason about these ideas, but without the filter of jargon. I

Ihr Vertrauen, daß diese Art des Philosophierens imstande ist, auch problemlösend zu wirken, basiert auf einer epistemologischen Grundhaltung, die für sie von großer Bedeutung ist: sie geht von einer eher realistischen Position aus, nach der wir durchaus verläßliches Wissen über die Welt erlangen können und daß es eine Art ‚epistemologischer Evolution' gibt, also einen Erkenntnisfortschritt (McCall, 1997, 85).

Andererseits ergibt sich daraus, daß wir uns in unseren Annahmen über die Welt (das, was ‚dort draußen' ist) auch irren können.

Vor diesem Hintergrund wird verständlich, daß Argumentation, Rechtfertigung und Widerlegung für sie wichtige philosophische Instrumente darstellen, die im Prozeß ihrer Philosophischen Gruppen besonders bedeutsam sind.

Die Engländerin **Karin Murris** befaßte sich – ebenfalls bei der zweiten Internationalen Konferenz in Leusden – mit dem Thema des Bezugs von akademischer Philosophie zur Beratung und stellte die Frage: Was kann die akademische Philosophie dem beratenden Philosophen anbieten?[1]

Vor dem Hintergrund ihres eigenen Schwerpunktes, der philosophischen Arbeit mit Kindern, betonte sie, daß sie Philosophie vor allem als eigenes Philosophieren verstehen möchte.

Sie plädierte dafür, daß sich Studenten der Philosophie mehr den *Fragen* zuwenden sollten, die sich aus dem Studium der philosophischen Texte ergeben, als den *Antworten* – sie unterscheidet Philosophie als eine Aktivität, Fragen zu stellen, von Philosophie als einer Ansammlung von Wissen, d.h. den Antworten, die berühmte Philosophen auf diese Fragen gegeben haben.

Philosophieren, so ihre Aussage, könne man nur für sich selbst. Weisheit bestehe nicht aus dem Hersagen von Antworten, die andere gegeben haben. Die Verbindungen zwischen abstrakten philosophischen Konzepten und konkreten Erfahrungen seien notwendigerweise mit der Person verbunden, die diese konkreten Erfahrungen hatte und die Denken mit Handeln verbindet[2].

In diesem Zusammenhang betont sie die Wichtigkeit bestimmter Grundhaltungen (sie nennt z.B. ‚Ehrfurcht' als die Absicht und Haltung eines Fragenden, die angemessen ist, wenn es um tiefere Aspekte des menschlichen Lebens und menschlicher Erfahrung geht) und die Bedeutung angemessener Methoden, z.B. Prüfung der eigenen Überzeugungen und Meinungen, Konzeptanalyse (‚denn mit unseren Konzepten strukturieren wir die Realität') sowie die Untersuchung von Gedankenmustern (*habits of thought*).

---

wanted to create the context/environment in which proto-philosophical thoughts could develop into fully fledged philosophical reasoning" (McCall, 1997, 80).

[1] ‚The Baby and the Bath Water. What can Academic Philosophy offer the Consultant Philosopher?' (Murris, 1997)
Karin Murris war aktiv an der Begründung des ‚Wales Centre for Practical Philosophy' an der Universität von Swansea beteiligt.

[2] „Philosophising, or philosophy practised, one can do only for oneself. Wisdom does not consist of memorising answers given by others. The connections between abstract philosophical concepts and concrete experiences are necessarily tied to the person who has had those concrete experiences, and who is connecting thinking with actions" (Murris, 1997, 122).

Vor allem ist ihr wichtig, daß der Bezug philosophischer Begriffe und Theorien zur konkreten Erfahrung hergestellt wird – sonst werden Konzepte im Kontext von Konzepten untersucht, aber es gibt keinen festen Stand, die Theorie sei sozusagen auf Sand gebaut, der keinen Halt gibt.

Je besser man während des Philosophiestudiums gelernt habe, die ‚richtigen' Fragen zu stellen, umso eher werde man zu einer offenen Geisteshaltung kommen, als Voraussetzung für angemessenes Philosophieren.

Vor dem Hintergrund dieses Philosophieverständnisses kommt Karin Murris zu dem Schluß, daß ein Studium der Philosophie nicht garantieren kann, daß jemand im hier beschriebenen Sinne ein ‚guter Philosoph' wird, der dann auch imstande ist, als Berater tätig zu werden. Insofern, so äußert sie zum Schluß, könnte der Nutzen eines Studiums für diese Art der Praxis wesentlich größer sein, wenn bestimmte Veränderungen in der Durchführung des Philosophiestudiums vorgenommen würden (Murris, 1997, 130).

Südafrika

Stefan Segal[1] unterrichtet an der Pädagogischen Abteilung der südafrikanischen Universität Witwatersrand in Johannesburg, Südafrika. Er bietet daneben philosophische Beratung an und arbeitet mit Gruppen. Zusammen mit Barbara Norman begründete er das ‚Institut for the Art of Thinking', das dem philosophischen Selbstverständnis dienen soll.

Barbara Norman stellte bei der Konferenz in Vancouver ihren Ansatz Philosophischer Beratung vor (Norman, 1995), den sie ‚ökologisch' nennt.

Der Begriff ‚ökologisch' faßt mehrere ‚Hintergrundskonzeptionen' für das beraterische Vorgehen zusammen: einen erkenntnistheoretischen Ansatz mit einer Theorie des Selbst- und Welterfassens, sowie eine Konzeption der interpersonalen Beziehung, einmal im Sinne einer Grundhaltung anderen Menschen gegenüber, sowie als Beschreibung der Interdependenz zwischen zwei Personen, in diesem Fall dem Berater und dem zu Beratenden[2].

---

[1] Bei der 1. Internat. Konferenz in Vancouver hielt Segal einen Vortrag, der in den Sammelband von Lahav/Tillmanns aufgenommen wurde (Meaning Crisis: Philosophical Counseling and Psychotherapy, in: Lahav/Tillmanns, 1995, 101–119).
Segal ist stark an Heidegger orientiert; daraus ergibt sich in den Aussagen seines Textes eine gewisse Inkonsistenz: einerseits werden psychologische Interpretationsansätze abgelehnt, in der eigenen Deutung eines Beispiels für ‚existentielles Unglücklichsein' (Tolstois ‚Krise') folgt er jedoch selbst einem vorgegebenen Interpretationsschema, nämlich der Heideggerschen Deutung des menschlichen Daseins, die ebenfalls als eine sehr persönliche ‚Weltsicht' mit einer ganz eigenen Terminologie verstanden werden kann.

[2] „I use this term [‚ecological'] to indicate a way of thinking which acknowledges the importance, firstly, of the continual interpretation and reinterpretation of the cultural and personal beliefs, values, and attitudes through which we relate to the world; secondly, of interpersonal relationships which are caring rather than confrontational; and thirdly, of the interdependency between the participants, specifically, the counselor and the counselee (or counselees)" (Norman, 1995, 50).

Zum erkenntnistheoretischen Aspekt: Sie geht von einem interpretatorischen Ansatz aus (orientiert z.B. an Rorty und Taylor) und betont die Bedeutung ständiger Interpretation und Reinterpretation der kulturellen und persönlichen Überzeugungen (*beliefs*), Werte und Haltungen, durch die wir uns auf die Welt beziehen.

In Anlehnung an Taylors Kritik des Rortyschen Versuchs, Wissen als *Repräsentation* zu ‚retten' (Taylor, 1987), schlägt sie vor, den von Rorty verwendeten Begriff der ‚Erbauung oder Bildung' (*edification*) nicht als eine losgelöste Perspektive der Beschreibung zu sehen, sondern als eine Form des Bezugs zur (je eigenen) Welt – dann, so meint sie, können wir beginnen, ökologisch zu denken (ebd. 52). So versteht sie den Menschen als Erkennend-Handelnden in der Welt, die aufgrund des Interpretationscharakters des Erkennens eben die je eigene Welt ist; philosophische Beratung kann vor diesem Hintergrund dazu beitragen, Menschen von dogmatischem Denken zu befreien und ihnen die Idee ständiger Reinterpretation von Überzeugungen, Werten, Haltungen und Wünschen nahezubringen[1].

Die Art und Weise des Bezogenseins auf andere Menschen stellt für Barbara Norman einen wichtigen Aspekt der ‚Umwelt' dar, und so verwendet sie die Bezeichnung ‚ökologisch' besonders dafür. Es gehört ihrer Ansicht nach zur zentralen Aufgabe des Philosophischen Beraters, modifizierend auf Konzeptionen einzuwirken, die die Verständigung beeinflussen, mit dem Ziel, die ‚Kunst der Beziehung' zu entdecken[2].

Für den Berater selbst bedeutet das, seine eigene Beziehungen (insgesamt, speziell aber zum Klienten) zu reflektieren und eine angemessene Haltung und Beziehungsform zu realisieren.

Die Grundhaltung sollte ihrer Meinung nach eher zugewandt (*caring*) sein, nicht konfrontativ. Durch eine zugewandte Form der Empathie entsteht eine spezifische Qualität der dialogischen Beziehung, die sie im Sinne Bubers als Ich-Du-Beziehung versteht; auch mit diesem Aspekt ‚lädt' sie den Begriff des Ökologischen, so daß sie eine fürsorgliche Beziehung mit zugewandter Empathie als ‚ökologische Beziehung' bezeichnet.

---

[1] „On the assumption of involvement in, and commitment to, public redescription, edification becomes something that philosophers do themselves and something which they can help others to do. Through open-minded questioning and caring empathy, philosophical counseling can provide an arena for more reciprocal relationships. This can be done by freeing people from dogmatic thinking, and introducing them to the idea of constant reinterpretation of beliefs, values, attitudes, and desires affecting understanding in relationships" (Norman, 1995, 52f.).

[2] „Philosophical counseling provides a facility for discovering the art of relationship between and amongst people Persons in a relationship defined by open-minded questioning and a caring empathy are interdependent participants in that relationships. They are in an ‚ecological' relationship" (Norman, 1995, 53).

Die Neubeschreibung (*redescription*) als wesentliche Zielsetzung Philosophischer Beratung geschieht für Barbara Norman nicht nur kognitiv, sondern mit Wärme und Herz durch zugewandte Empathie[1].

Diese Grundhaltung sowie die angestrebten Ziele lassen sich auch in Gruppen realisieren – Norman hält die Gruppenarbeit mit der Unterstützung eines ‚Prozeß-Erleichterers' (*facilitator*) für geeignet, den Teilnehmern zu ermöglichen, ihren Gedanken und Gefühlen über ihr eigenes Leben Ausdruck zu verleihen[2].

Die zugewandte, verstehende Haltung gegenüber den nächsten Mitmenschen überträgt Barbara Norman auch auf die Umwelt in einem umfassenderen Sinne (Natur und menschliche Gesellschaft) und nimmt so auch diese Bedeutung von ‚ökologisch' mit auf; ihr Text schließt mit den Worten: „Neubeschreibung erweitert das konzeptuelle Verstehen und stellt eine andere, umfassendere Weise dar, seine Situation zu artikulieren. Sie fördert Empathie für die Umwelt und Teilnahme an der Gemeinschaft, durch Arbeit hin zu Verbesserungen der Bedingungen dieser Umwelt[3]."

Frankreich

Marc Sautet war der erste, der in Frankreich eine Philosophische Praxis eröffnete (Sautet, 1997, 55f.)[4].

Sehr viel bekannter wurde allerdings die von ihm initiierte Form öffentlicher Philosophischer Gruppendiskussionen – das ‚Philosophische Café'. Sautet hat über seine Arbeit ein Buch veröffentlicht, das inzwischen auch in deutscher Übersetzung erschienen ist: ‚Ein Café für Sokrates' (Sautet, 1997).

Er beschreibt in diesem Buch auch sein Vorgehen in der Einzelberatung, in der Form ausführlicher Fallbeschreibungen. Eine systematische Darstellung seines beraterischen Ansatzes gibt er nicht, doch läßt sich sein Vorgehen aus den Falldarstellungen annähernd rekonstruieren.

Ein wesentliches Prinzip ist für ihn ‚Zuhören und in Frage stellen' (ebd. 45) – Ausgangspunkt ist für Sautet stets die ausführliche Schilderung des Anliegens seines Beratungsklienten, dann geht er argumentierend und anregend mit dem Vorgebrachten um, auch z.B. durch Hinweis auf bestimmte philosophische Texte, deren Lektüre er empfiehlt, um sie in der nächsten Sitzung zum Thema zu

---

[1] „One expresses a warmth of feeling through one's interpretation. Redescription is more than a cognitive function. It is done with warmth and heart through caring empathy" (Norman, 1995, 54).

[2] „In my experience, a fruitful way to encourage redescription is through group activity that provides an opportunity for participants to ‚voice out' their thoughts and feelings about their own lives" (Norman, 1995, 56).

[3] „Redescription widens conceptual understanding, and provides a different, more comprehensive way of articulating one's situation. It encourages empathy for the environment. It encourages community participation in working towards the betterment of conditions in that environment ..." (Norman, 1995, 58).

[4] Marc Sautet starb 1998 im Alter von 51 Jahren an einem Gehirntumor.

machen und auf die Situation des Klienten zu beziehen. Er beschreibt den allgemeinen Rahmen so:

> „Die Philosophiepraxis ist ein Ort, wo man sich nach der Gültigkeit des Sinns fragt, den man dem Schauspiel des Daseins beimißt, sowie nach der Rolle, die man selbst darin spielt. Man läßt die Quellen sprudeln, wenn sie nur latent sind, man analysiert sie, sobald sie ausdrücklich genannt werden. Ein Begriff, eine Lehre, ein Text, ein Werk, ein Autor stecken dann den Weg ab, den das Gespräch nimmt" (Sautet, 1997, 89).

Das Interesse der Öffentlichkeit in Frankreich gilt jedoch weniger der unspektakulären Form Philosophischer Beratung als vielmehr dem Philosophischen Café; seit dem Entstehen 1992[1] hat dieses Unternehmen viele Nachfolger gefunden – Sabine Günther nennt in ihrem Bericht über ‚Die philosophischen Cafés in Frankreich'[2] die Zahl von 76.

Im Kontext der Behandlung von Ansätzen des ‚Philosophierens in und mit der Gruppe' (B.3.5.b) wird auf die Konzeption des ‚Philosophischen Cafés' noch einmal kurz eingegangen (u. S. 286).

Schweiz

In der Schweiz wurden ungefähr zur gleichen Zeit – Ende 1994 bis Anfang 1995 – drei Philosophische Praxen eröffnet, alle drei nebenberuflich. Beim Symposium der Schweizer Gesellschaft für Philosophie im Mai 1996 stellten sich diese drei Praktiker – Willi Fillinger, Urs Thurnherr und Harry Wolf – in einem Podiumsgespräch vor und antworteten auf Fragen[3].

In einem 1997 erschienenen Interview[4] charakterisierte **Willi Fillinger** seine Arbeit als „im weitesten Sinn politisch: Ich möchte die Leute dazu bringen, im aufklärerisch-kritischen Sinn selber zu denken" (Fillinger, 1975, 73). Die Fragestellerin (Dorothee Vögeli) sprach ihn später als ‚ehemaligen 68er' an, „der wie alle Linken die damaligen politischen Visionen verloren hat"; Fillinger stellt in seiner Antwort den Zusammenhang seiner politischen Interessen mit seiner Konzeption Philosophischer Praxis folgendermaßen dar: „Mich hat schon immer interessiert, die Philosophie und den Alltag zusammenzubringen. 1969, als ich nach Zürich kam, meinte man das vor allem in einem politischen Sinn. Heute verfolge ich mit meiner philosophischen Praxis immer noch dieses Ziel. Im weitesten Sinn ist das auch eine politische Tätigkeit. Die Menschen zum Selbstdenken zu ermuntern, sie zur Autonomie zu bringen ist das klassische Aufklärungsmotiv" (ebd. 76).

---

[1] Über die eher zufällige Form dieses Entstehens vgl. Sautet (1997, 24f.).
[2] Zuerst in der Basler Zeitung erschienen, Nachdruck in ‚Information Philosophie', (1/1998), 23–29).
[3] Kurzer Bericht darüber in ‚Information Philosophie', (3/1996), 108.
[4] Zuerst im ‚Zürcher Unterländer', Dieldorf, dann in: Information Philosophie, (5/1997), 72–76.

Urs Thurnherr ist Assistent am Philosophischen Institut der Universität Basel (Prof. Annemarie Pieper); sein Arbeitsschwerpunkt ist die Ethik. In einem 1997 in ‚Studia Philosophica' erschienenen Artikel (‚Was ist Philosophische Praxis') versuchte Thurnherr, seine Konzeption Philosophischer Beratung zu skizzieren – er versteht sie in wesentlichen Aspekten als ‚Angewandte Ethik' und nimmt von daher engen Bezug auf den Beratungsentwurf, den Hans Krämer in seiner ‚Integrativen Ethik' (1992) vorgestellt hat.

Thurnherr weist darauf hin, daß Menschen aus sehr unterschiedlichen Anlässen in die Philosophische Praxis kommen, daß aber für ihn dennoch die Disziplin der Ethik in einer umfassenden Bedeutung im Vordergrund steht – „sowohl in der Form der Strebensethik, d.h. der philosophisch-methodisch geleiteten Glückssuche wie auch in der Form der Sollensethik bzw. der Moralphilosophie. In der Philosophischen Praxis gehe es denn primär um Methoden und Strategien der Sinnfindung sowie um Konzepte und Technologien der Lebenskunst, um die Entwicklung und Umsetzung von ganz konkreten, personen- und situationsbezogenen Konzepten der Lebensgestaltung, um die Entwicklung und Umsetzung gewissermaßen einer eigenen Ethik, einer eigenen Philosophie" (Thurnherr, 1997, 158).

Für ihn stellt somit die Philosophische Praxis eine ‚neue Disziplin im Gesamtbereich der Philosophie' dar – „eine Disziplin, deren Forschungsziel reflexiv die Ergründung, Bereitstellung und Verfeinerung von Möglichkeiten und Techniken einer spezifisch philosophischen Beratung sein muss" (ebd.).

Als Fernziel kann er sich sogar die Einrichtung entsprechender Ausbildungsgänge an Universitäten vorstellen – „die Utopie muss hier darin bestehen, dass es an der Universität eine geregelte Berufsausbildung zum Philosophischen Praktiker geben wird, damit die Philosophen jene Aufgaben in der Gesellschaft lösen helfen, die ohne ihre Mitarbeit wohl kaum gelöst werden können" (ebd. 178f.).

Der genauere Bezug von ‚Alltagsphilosophie' und der Orientierung des Philosophischen Beraters an der akademischen Philosophie wird in diesem Artikel nicht hergestellt, so daß nicht ganz deutlich wird, ob Thurnherr auch schon der alltäglichen ‚Weltsicht' den Charakter einer ‚philosophischen Theorie' zuerkennt, die rekonstruierbar ist, oder ob er hier vornehmlich den ‚narrativen Charakter' sieht (vgl. Thurnherr, 1997, 173).

Auch zu den hier relevanten Fragen der zugrundeliegenden Verstehenskonzeption (‚Hermeneutik') und der epistemologischen Annahmen (Frage der Wissensstruktur, Bezug von Alltagstheorien und philosophischen bzw. wissenschaftlichen Theorien) gibt Thurnherr in diesem kurzen Entwurf keine Hinweise.

Ein Abschnitt des Aufsatzes ist der Abgrenzung zur Psychotherapie bzw. psychologischen Beratung gewidmet. Psychotherapie wird als Behandlung psychischer Störungen von Beratung unterschieden und als solche gewürdigt; Thurnherr nennt auch ein ‚psychologisches Grundwissen' als eine der Qualifikationen, die er als notwendig erachtet, um als Philosophischer Praktiker tätig werden zu können[1], vor allem auch, um verläßlich einschätzen zu können, wann für einen Ratsuchenden eher Psychotherapie als Beratung angezeigt ist.

---

[1] Für Thurnherr sollte ein Philosophischer Praktiker drei ‚Fähigkeiten' mitbringen:

Psychotherapie wird jedoch als bloße ‚Verfügungswissenschaft[1]' bezeichnet, die zur Entscheidungsfindung nichts beitragen könne – eine (Ab-)Wertung, die vielleicht damit zusammenhängen mag, daß Thurnherr mit ‚Psychotherapie' wohl vor allem die ‚tiefenpsychologische Therapie' (ebd. 161) meint.

Auch die anderen Beratungsansätze mit ihren unterschiedlichen Hintergrundsfundierungen argumentieren oder operieren für Thurnherr durchgehend dogmatisch (Thurnherr, 1997, 170).

Dem steht jedoch die vielfach geäußerte Ablehnung autoritärer und festlegender Methoden entgegen, und eine Reihe von Prinzipien und Grundhaltungen, die Thurnherr als kennzeichnend für die Philosophische Beratung charakterisiert, lassen sich auch in anderen Beratungsansätzen auffinden, etwa die Zielsetzung, eigene Orientierungen zu klären und eine Rationalität der Zwecksetzung zu erreichen (Thurnherr, 1997, 164) – ganz ähnliche Formulierungen finden sich z.B. bei Brem-Gräser bzw. bei der von ihr zitierten Aussage von Hennis über die Zielsetzung von Beratung in unserer Zeit (vgl. oben S. 21).

Der grundsätzliche Weg, den Thurnherr geht (wie ihn auch Krämer vorgeschlagen hat), die Philosophische Beratung innerhalb der Systematischen Philosophie anzusiedeln und ihr – gerade im Bereich der Ethik – eine eigene Kontur zu geben, entspricht dem hier vorgelegten Ansatz, der ebenfalls den Schwerpunkt im Bezug zu den Disziplinen der systematischen Philosophie legt (B. 3. Systematische Philosophie und Philosophische Beratung).

Thurnherr betont unter diesem Aspekt auch die Bereicherung, die sich daraus für die (akademische) Philosophie ergeben könnte; so lassen sich z.B. bestimmte häufig aufgezeigte ‚Defizite' der Philosophischen Ethik, insbesondere ihre Vernachlässigung der Anwendung auf den Einzelfall, im Grunde nur durch eine ‚philosophie-interne' Anwendungsform ausgleichen. Hier sieht Thurnherr eine wichtige Aufgabe Philosophischer Beratung: „Die Vermittlung allgemeiner Prin-

---

Erstens seine Fachkompetenz, im Sinne von Fähigkeit des Denkens, als formale Fähigkeit, sowie als ‚materialer Beitrag' das Wissen „über die Geschichte menschlicher Problem- oder Fragestellungen und über mögliche Lösungsversuche und die damit verbundenen philosophischen Positionen oder Grundhaltungen" (Thurnherr, 1997, 169).

„Zweitens muss der Philosophische Praktiker über eine gewisse kommunikative Kompetenz verfügen. Hierzu gehört zuvorderst, dass er zuhören, dass er auf Gesagtes eingehen kann, ein grosses Mass an Empathie besitzt, um den Besucher im Sinne des maieutischen Ideals dort abzuholen, wo dieser steht ...

Nebst einem ganz bestimmten psychologischen Grundwissen, das im Rahmen einer spezifischen Aus- oder Weiterbildung erlangt werden muss, benötigt der Philosophische Praktiker drittens ein gewisses Mass an Lebenserfahrung und Menschenkenntnis" (ebd. 171f.).

[1] Thurnherr (1997, 164). Diese Unterscheidung von Verfügungs- und Orientierungswissenschaft bezieht sich auf Mittelstraß (1982, 16ff.), der allerdings von Verfügungs- und Orientierungs-Wissen spricht – er ordnet es nicht einzelnen Wissenschaften zu; kritisch ist für ihn, wenn eine Wissenschaft vornehmlich Verfügungswissen produziert und kaum noch Orientierungswissen. Gerade die Psychologie ist eine Disziplin, die einen hohen Reflexionsstand aufweist, so daß sie (zunehmend) einen relativ hohen Anteil an Orientierungswissen aufweist. Andererseits gibt es philosophische Konzeptionen, die nach der Definition von Mittelstraß (1982, 16) kein Orientierungswissen enthalten (im Sinne einer Orientierung in Natur und Gesellschaft).

zipien auf den konkreten, durch die spezifische Situation und die beteiligten Personen geprägten Handlungs- und Entscheidungsraum ist keine Arbeit, die sich aus der Distanz vollbringen lässt, sondern nur innerhalb einer Philosophischen Praxis zu leisten ist" (Thurnherr, 1997, 179).

Angewandt auf den Bereich der Medizinethik, der für Thurnherr einen wichtigen Arbeitsschwerpunkt darstellt, gibt er ein Beispiel für eine solche mögliche Anwendungsform: „Die Philosophische Praxis macht denn Ernst mit der Freiheit der Menschen, sie stellt beispielsweise den verantwortlichen Patienten und Patientinnen sowie Ärztinnen und Ärzten ihre formale und materiale Kompetenz zur Verfügung, um sie bei deren Entscheidungsfindungen bestmöglich zu unterstützen" (ebd.).

Norwegen

Auch für **Anders Lindseth** stellt der Bereich der Medizinethik einen Schwerpunkt dar – er lehrt Philosophie an der Universität Tromsø im Norden von Norwegen, und zwar in der Abteilung für Krankenpflegewissenschaft der medizinischen Fakultät. Schon durch diese Besonderheit ist der Praxisbezug hergestellt – eben durch die künftige Tätigkeit der Studierenden in der Krankenpflege. So interessierte sich Lindseth bald für das sich entwickelnde Praxisfeld Philosophischer Beratung und trat 1989 mit der Eröffnung einer Philosophischen Praxis (über die in den Medien berichtet wurde) an die Öffentlichkeit (vgl. Lindseth, 1990, 12). Durch sein perfektes Deutsch und den engen Kontakt mit Achenbach und der GPP (seit einigen Jahren ist er deren 2. Vors.) ist Lindseth im Rahmen der jährlichen Kolloquien der GPP ein geschätzter Vortragender; auch bei den Internationalen Konferenzen hat er referiert.

Trotz des Vortragscharakters der Beiträge und der entsprechenden Knappheit der Darstellung läßt sich Lindseths beraterische Konzeption im Ansatz rekonstruieren. Er stimmt in vielen Grundansichten mit Achenbach überein; während sich dieser jedoch eher auf die Geschichte der Philosophie stützt, indem er die philosophischen Texte von der Antike bis zur Gegenwart als Spektrum unterschiedlichster Meinungen und Ansichten benutzt, ist Lindseth mehr an der systematischen Philosophie orientiert – seine Beiträge sind entweder primär an der Hermeneutik oder der Ethik ausgerichtet; in diesem Sinne spricht Lindseth von einer ‚ethischen und hermeneutischen Forderung an den Praktiker'[1].

Die hermeneutische Position von Lindseth ist in den vorliegenden Texten vornehmlich an Gadamer orientiert (bes. Lindseth, 1990) sowie an Ricoeur (Lindseth, 1995). Insofern betont er den Aspekt der Mehrdeutigkeit der Deutungs-

---

[1] „Philosophische Praxis ist eine Situation, in der der Besucher etwas von seinem Leben – und zwar nicht wenig – in die Hand des Praktikers legt. Deshalb stellt das Hören des Diskurses des Besuchers für den Praktiker eine ethische Forderung dar. Sie ist ethisch und hermeneutisch zugleich. Denn: Hört man nicht, was der Besucher einem in die Hand legt, hört man auch nicht, was es gilt zu verstehen. ‚Hermeneutik ohne Ethik ist leer, Ethik ohne Hermeneutik ist blind' (H. Nerheim)" (Lindseth, 1994a, 7).

möglichkeiten und der verschiedenen Sichtweisen in bezug auf einen Text, weniger das Ziel der Rekonstruktion des Vorgetragenen als des vom Sprecher (Besucher) Gemeinten[1]: „Bei dem Sich-finden einer gelebten Geschichte sind viele Sichtweisen, viele Perspektiven von Vorteil, solange sie nur die gelebte Geschichte irgendwie widerspiegeln. Diese Sichtweisen entwachsen der Praxis und geben zu denken" (Lindseth, 1990, 15).

Mit Gadamer betont Lindseth, daß wir einem ‚Text' immer mit einem gewissen Vorverständnis begegnen und Verstehen insofern immer ein Auslegen bedeutet (Lindseth, 1990).

Für Gadamer hatte diese Ausgangsbasis dazu geführt, der Autorintention keine Bedeutung mehr beizumessen, sondern im Gegenteil den Aspekt des *Anders*verstehens zu betonen.

> Holenstein hat die Konsequenz eines solchen hermeneutischen Ansatzes als ‚vorschnelles Abfinden mit der Anpassung des fremden Textes an mein jeweiliges Weltverständnis' kritisiert[2] – für den dialogischen Kontext eine eher ungünstige Haltung, die den wichtigen Unterschied zwischen Verstehen, Mißverstehen und Nichtverstehen nicht artikulieren kann.

Lindseth vermeidet aufgrund seiner dialogischen Orientierung dieses Extrem des Andersverstehens, indem er die Bedeutung des *Nichtverstehens* gerade für die ersten Schritte des Beratungsprozesses betont, die oft für die folgende Richtung des Gesprächs die entscheidenden Weichen stellen[3] – er bezeichnet es als ein hermeneutisches Grundprinzip in der Beratungssituation:

> „Ich nenne es ‚das Prinzip, sich von einem berührten Nicht-wissen leiten zu lassen', oder kurz: das Prinzip des berührten Nicht-wissens. Das Prinzip setzt eine Bereitschaft voraus, nicht zu wissen, eine Offenheit dafür, daß der Andere etwas sagen kann, das man nicht versteht, das man aber verstehen möchte, weil man spürt, es geht einen an, es könnte wichtig, vielleicht sogar entscheidend sein" (Lindseth, 1994a, 3).

Er weist darauf hin, daß diese Haltung keineswegs selbstverständlich ist, weil wir meist unser ‚Wissen' zu schnell einsetzen.

---

[1] Mit dieser Unterscheidung von zwei Hermeneutik-Typen versucht Krämer (1995), von einer metahermeneutischen Perspektive aus die heute nebeneinander bestehenden unterschiedlichen Konzeptionen zu charakterisieren und in eine größere Perspektive einzuordnen. (Vgl. dazu unten S. 210.) Die erste Form ist die ‚klassische' philosophische Hermeneutik, mit einem ersten Höhepunkt bei Schleiermacher und Dilthey, heute vertreten etwa durch Betti, Ineichen, etc., während die zweite von Heidegger und Gadamer ausgeht und mit den Interpretationsphilosophien konvergiert.
[2] Holenstein (1976, 178). Das vollständige Zitat findet sich unten S. 215.
[3] Hier bewegt sich Lindseth eher im Kontext des Hauptstranges Philosophischer Hermeneutik; seine Konzeption des ‚berührten Nichtwissens' entspricht dem von Schleiermacher betonten Aspekt der ‚partiellen Unverständlichkeit' jeder individuellen Rede, die durch vorschnelles Verstehenwollen zum Mißverständnis wird, das sich insofern ‚von selbst ergibt', während das Verstehen ‚gewollt und gesucht werden muß' (vgl. Schleiermacher, Frank, 92 und unten S. 216) – „die Hermeneutik beruht auf dem Factum des Nichtverstehns der Rede" (Schleiermacher, 1810, 1271).

Obwohl Lindseth auf erkenntnistheoretische Fragen in seinen Texten nur am Rande eingeht, ist mit dem Konzept des ‚berührten Nichtwissens' implizit die epistemologische Bedeutung der Gefühle[1] betont – das ‚Nichtwissen' repräsentiert sozusagen den kognitiven Anteil dieses Verstehensvorganges, das ‚Berührtwerden' von einer Aussage oder einem bestimmten Wort den Vorgang der emotionalen Betroffenheit bzw. des Angesprochenseins des Beraters[2], das u.U. die entscheidende Bahn des Gesprächs einschlagen läßt, wenn das Berührtsein von einem noch nicht verstandenen Aspekt nicht durch vorschnelles Interpretieren in ‚Wissen' transformiert wird, das sich jedoch eher als ‚Mißverstehen' erweist.

Denselben Vorgang hat Lindseth in seinem Vortrag bei der Konferenz in New York (Lindseth, 1997) aus der Perspektive der Ethik beleuchtet und als Gegenpol zu einem allzuschnellen Wissenwollen eine ‚Ethik der Verantwortung' charakterisiert, aus der heraus sich die Forderung ergibt, bereit zu sein, diese Art des (objektivierenden) Wissens aufzugeben, da es die notwendige primäre Haltung der Verantwortlichkeit vermissen läßt. Wird sie mit einbezogen, ergibt sich ‚wohlwollendes Verstehen', das eine andere Form des Wissens hervorbringt, eines, das versöhnt und verbindet[3].

In seinem Vortrag beim 12. Kolloquium der GPP in Freiburg ergänzte Lindseth diesen Aspekt um den der ‚Erfahrung' und charakterisierte das erwähnte ‚Nichtwissen' unter diesem Gesichtspunkt als ‚noch nicht zum Wissen vorgedrungene Erfahrung', eine Haltung, die man positiv auch als ‚Offenheit für Erfahrung' bezeichnen könnte, die nicht vorschnell durch Anwendung starrer Konzepte und rigide ‚Einpassung' in die bisherige Wissensstruktur die Erfahrung des anderen in der eigentlichen Tiefe und individuellen Einzigartigkeit verfehlt.

In einem anderen Kontext[4] betonte Lindseth – mit Bezug auf Logstrup – daß sich aus dieser Haltung eher eine ‚Beziehungsethik' als eine ‚Entscheidungsethik' ergibt: Es gehe weniger darum, uns bei schwierigen Entscheidungen in Wert- und Normfragen zu helfen, unser Handeln zu rechtfertigen, sondern darum, zu sehen, wie wir gefordert werden. So lautet die Grundfrage der Bezie-

---

[1] Vgl. dazu unten Kap. B. 3.2. mit eben dieser Überschrift (‚Die epistemologische Bedeutung der Gefühle').

[2] „Kaum lassen wir eine Frage in ihrer Offenheit im Raum stehen, bevor wir schon meinen, die Antwort zu haben. Besonders ist dies der Fall, wenn die Frage implizit zum Ausdruck kommt, wenn sie nicht ausgesprochen wird, sondern nur in der Form eines berührten Nichtwissens gegeben ist. Ist sie in einem geschriebenen Text gegeben, kann man die Textstelle noch einmal lesen und sich fragen, was einen da berührt, was da einen unaufgeklärten Rest hinterläßt. Ist es ein Sprechen, vielleicht ein Wort, das einen betroffen macht, hat man meistens wenig Zeit und Gelegenheit, stehenzubleiben und nachzuempfinden" (Lindseth, 1994a, 3).

[3] „But the benevolent understanding, the understanding which liberates life-opportunities, is not primarily the understanding providing certain and reliable knowledge. It is rather an understanding which reconciliates and connects" (Lindseth, 1997, 12).
Lindseth weist darauf hin, daß damit nicht ausgeschlossen ist, daß in einem Gespräch auch Widerspruch artikuliert werden kann, bis hin zur Notwendigkeit des ‚Streites', ohne daß der andere damit aber beurteilt wird.

[4] Vortrag beim 8. Kolloquium der GPP, 1993 (Lindseth, 1994).

hungsethik: „Wie kann ich am besten der Herausforderung entsprechen, die mir jetzt gestellt ist?" (Lindseth, 1994, 34).

Durch die Orientierung an der beschriebenen hermeneutischen Ausrichtung bleibt allerdings der genaue Bezug der konkreten Erfahrung zum ‚Text' als Mitteilung des Besuchers *über* dessen Erfahrungen unscharf, zumal es als eine ungünstige Haltung beschrieben wird, wenn jemand versucht, die Realität ‚wie sie war' zu erfassen, statt die ‚erzählte Geschichte' ernstzunehmen[1].

In der Abgrenzung zu anderen Ansätzen oder Grundhaltungen neigt auch Lindseth zu einer polarisierenden Darstellung und formuliert so etwas pauschalisierende Unterscheidungen zwischen Philosophischer Beratung, üblicher wissenschaftlicher Haltung und ‚Alltagsberatung'.

Lindseth möchte keine allgemeinen Lösungen für individuelle Probleme anbieten – das ist für ihn eine Konsequenz der ethischen Grundhaltung der Verantwortung. Diese Verantwortung verbietet auch, die noch nicht zum Wissen vorgedrungene Erfahrung vorschnell in Konzepte einzubinden und zum Wissen zu machen.

In der negativen Form der Abgrenzung gegen ‚die anderen'[2] wirft Lindseth dann z.B. sowohl den Bekannten und Freunden des alltäglichen Lebens wie auch ‚den Psychotherapeuten' vor, sie würden vorschnell Urteile fällen und glauben, daß sie eine unbezweifelbare Basis des Wissens haben bzw. rasch gewinnen können (Lindseth, 1997, 9). In dem Freiburger Vortrag wurde diese Haltung mit dem prägnanten Begriff der ‚Erfahrungsschwerhörigkeit' bezeichnet und auf die gesamte Wissenschaft ausgeweitet.

Welche Disziplin ist nun aber ‚erfahrungsoffen', hört also auf Erfahrung in diesem Sinne? Auch für die Philosophie muß Lindseth konstatieren, daß sie vielfach „mit einem Wissensanspruch auftritt, der sie hindert, Erfahrungen zu empfinden und ernstzunehmen" (Lindseth, 1997a, 7). Er hält dies zwar für ‚schlechte Philosophie', jedenfalls unter diesem Aspekt, aber zugleich für ‚weit verbreitet'. Schließlich bleibt dann nur noch die Philosophische Praxis übrig als der Ort, in dem auf die Erfahrung gehört wird und die deshalb auch für die Philosophie Relevanz haben könnte: „Deshalb stellt ja heute die Philosophische Praxis eine so aufregende Möglichkeit der Erneuerung der akademischen Philosophie dar. Die Erneuerung bestünde im Wesentlichen darin, die sogenannte ‚Erfahrungsschwerhörigkeit' zu beheben" (ebd. 7).

---

[1] In einer epistemologisch fundierten Hermeneutik läßt sich dieser Bezug so herstellen, daß der ‚Text' die Erfahrung des Klienten repräsentiert, wobei allerdings dieser Text unvollkommen (unvollständig bzw. ungenau) sein kann, so daß in der ersten Phase des hermeneutischen Prozesses die Rekonstruktion der vollen Erfahrung des Mitteilenden im Mittelpunkt steht. Mit Schleiermacher stellt das bereits eine kritische Rekonstruktion dar, in der es um die ‚Tatsachen' zwar nicht in einem ‚objektiven' Sinne geht, denn das ginge über die hermeneutischen Möglichkeiten hinaus, wohl aber um die ‚Ermittlung der Wahrnehmung, woraus die Erzählung hervorgegangen ist' (vgl. Schleiermacher, Frank, 246 und unten S. 198).

[2] Unter dem Aspekt der Forderung der Selbstanwendbarkeit der theoretischen Fundierung (Kap. B. 5.) liegt hier eine Dichotomisierung nach der Us-/Them-Modellierung (Little) vor, d.h. dem Philosophischen Praktiker werden Qualitäten zugeschrieben, die weder seine Klienten noch andere Theoretiker haben (vgl. dazu unten S. 324).

Bei aller Berechtigung dieser grundsätzlichen Kritik wird eine so pauschale Formulierung den vielfältigen Versuchen, eine erfahrungsoffene Haltung zu realisieren, nicht gerecht – sie lassen sich in den verschiedensten wissenschaftlichen und lebensweltlichen Zusammenhängen aufzeigen[1].

Auch kann die bisherige Erscheinungsform Philosophischer Praxis und Beratung dem damit verbundenen Anspruch keineswegs genügen, sondern auch hier lassen sich Beispiele für ‚Dogmatismus' oder manipulatives Vorgehen finden[2].

Geht man von den theoretischen Grundannahmen aus, die Lindseth entwickelt hat[3], dann ist eben die Offenheit für Erfahrung und die Vermeidung einer Orientierung an starren Theorien und Konzepten ein zentrales Element. Weiterhin gehören bestimmte Grundhaltungen zu dieser Konzeption – das Ernstnehmen des Anderen, Respekt vor seiner einzigartigen Individualität, eine Haltung der Verantwortung, die das ‚natürliche Vertrauen'[4], das wir anderen Menschen entgenbringen, rechtfertigt, und eine Form des ‚wohlwollenden Verstehens', die eher vom anfänglichen Nichtwissen ausgeht und von daher Fragen stellt, statt Antwortungen oder Lösungen anzubieten, und damit auf die Erfahrung hört, auch wenn sie noch nicht zum Wissen vorgedrungen ist.

Diese Ausrichtung stellt – wie Lindseth selbst betont – eher eine *Haltung* als eine bestimmte inhaltliche Wissensform dar, und sie ist sicherlich im Alltagsbewußtsein, in den Wissenschaften (einschließlich der Psychologie und Psychotherapie) wie auch der Philosophie in ihren derzeitigen Hauptströmungen eher die Ausnahme als die Regel.

---

[1] Das ist Lindseth durchaus bewußt, und er ist auch persönlich keineswegs generell zu Psychotherapeuten negativ eingestellt, arbeitet sogar häufig mit dem Familientherapeuten Tom Andersen und anderen aus diesem Umkreis zusammen. (Persönliche Mitteilung)

[2] Darauf hat Ran Lahav deutlich hingewiesen – er betonte in einem Leserbrief in der ‚Zeitschrift für Philosophische Praxis' (Lahav, 1995c, 45), daß jede Art von Gesprächen (ob im Alltag oder in psychologischen Gesprächen) manipulativ oder nicht-manipulativ sein kann, genau so wie das auch bei philosophischen Gesprächen der Fall ist.
Er schlägt deshalb vor, diesen ‚unspezifischen' Aspekt der Beziehung zwischen Berater und Klient nicht mehr in den Mittelpunkt zu stellen (also die Aspekte des nichtmanipulativen, akzeptierenden Umgehens etc., die für jegliche Form von Interaktion von gleicher Bedeutung sind), sondern sich vor allem dem anderen zuzuwenden, in dem es um die spezifischen Vorgehensweisen und Inhalte der Beratungsgespräche geht, z.B. die Methoden der Analyse von Konzepten, Vorurteilen usw., denn nur sie seien imstande, philosophische von psychologischer Beratung zu unterscheiden.

[3] Nur in dem ersten der hier zugrundegelegten Texte (Lindseth, 1990) vertritt Lindseth – ähnlich wie Achenbach – den Standpunkt, eine positive Bestimmung der Philosophischen Praxis sei schwer zu geben und setzt diese mit einem ‚Schubladen-Wissen' gleich, das sich seiner Einschätzung nach bald auch für dieses Feld entwickeln und dann bestimmte ‚ungenaue und emotional gefärbte Vorstellungen' enthalten wird (Lindseth, 1990, 12). In allen seinen folgenden Beiträgen entwickelt er aber – mit der erwähnten Orientierung an der Systematischen Philosophie – durchaus klar formulierte konzeptionelle Entwürfe zur Theorie und Praxis Philosophischer Beratung.

[4] Lindseth bezieht sich hier auf den dänischen Philosophen und Theologen Knud E. Logstrup und zitiert dessen Aussage (in: Die ethische Forderung) „Es gehört zu unserem menschlichen Dasein, daß wir einander normalerweise mit natürlichem Vertrauen begegnen" (Lindseth, 1994, 32).

Beruht die Selbstdarstellung vorwiegend auf negativer Abgrenzung und Kritik, kann der Eindruck entstehen, als behaupteten die Philosophischen Praktiker, sie seien fast die einzigen, die eine offene, flexible Haltung realisieren bzw. fordern und somit der konkreten, individuellen Erfahrung und ihrer Lebendigkeit zugewandt sind.

Betrachtet man diese Ausrichtung jedoch im Sinne eines anzustrebenden Bewußtseinswandels[1], läßt sich diese Haltung – mehr oder weniger ausgearbeitet – in ganz unterschiedlichen Zusammenhängen auffinden. Nicht offen zu sein für die Erfahrung – die eigene wie die anderer Menschen – ist eine weit verbreitete menschliche Schwäche, der jeder Besucher, Klient oder Patient, aber auch jeder Berater oder Therapeut immer wieder ‚erliegen' wird; so stellt das Umgehen mit dieser Schwäche einen der zentralen Aspekte konstruktiven Umgehens in Beratung und Therapie dar und unterliegt zudem in besonderer Weise dem ‚Selbstanwendungspostulat' (vgl. B.5.), d.h. das Ziel der ‚Offenheit für Erfahrung' ist für Berater und Ratsuchende von gleicher Bedeutung.

Auch die Philosophische Praxis kann – auf ihre Weise – einen Beitrag leisten zu der Aufgabe, die Lindseth in den Schlußworten seines Freiburger Vortrags so formulierte: „Eine philosophische Reflexion, die die Ebene ursprünglicher Erfahrung ernst nehmen muß, um bei der Sache des gelebten und erlebten Lebens zu sein" (Lindseth, 1997a, 12).

3. Systematische Philosophie und Philosophische Beratung

Die Disziplinen der Systematischen Philosophie liefern auf eine doppelte Weise die fundierenden Grundlagen Philosophischer Beratung – einerseits stellen sie aus der Perspektive des Beraters die strukturelle ‚Matrix' für die Weltsicht oder Lebensphilosophie des Dialogpartners dar, zum anderen lassen sich daraus Grundhaltungen und metatheoretische Konzeptionen entwickeln, aber auch wesentliche Methoden des konkreten beraterischen Vorgehens.

So geht jeder Mensch von spezifischen erkenntnistheoretischen Voraussetzungen aus, hat anthropologische Grundvorstellungen, metaphysische Hintergrundannahmen und eine Ethik im Sinne bestimmter moralischer Prinzipien und Maximen und einer persönlichen Werte-Hierarchie.

---

[1] Für Carl Rogers ist die ‚Offenheit für Erfahrung' ein zentrales Kriterium auf dem Weg zur Selbstverwirklichung. In einem konstruktiven Entwicklungsprozeß (wie er exemplarisch in Beratung bzw. Therapie möglich sein kann) wird aus Rogers' Sicht „der Einzelne in diesem Prozeß offener für seine lebendige Erfahrung ... In einer derart sicheren Beziehung nun, wie ich sie beschrieben habe, wird diese Abwehrhaltung oder Rigidität allmählich von einer zunehmenden Offenheit gegenüber der realen Erfahrung ersetzt. Der Einzelne wird sich seiner eigenen Gefühle und Einstellungen ... leichter bewußt. Er nimmt die Realität eher so zur Kenntnis, wie diese um ihn herum geschieht, statt sie in vorgeformten Kategorien wahrzunehmen ... Das heißt, seine Meinungen sind nicht starr, er kann Ungewißheit ertragen. Er kann mehrere sich widersprechende Fakten hinnehmen, ohne sich der Situation zu verschließen (Rogers, 1961, 121f.)

Der Berater setzt die Methoden von Hermeneutik und Kritik ein, um zu einer (Re)konstruktion der individuellen Weltsicht zu kommen und mit dem Ratsuchenden oder philosophischen Gesprächspartner dessen Themen weiterzudenken und seine Lebensphilosophie zu entfalten und zu prüfen. Die dialogisch-konsiliarische Situation gibt dem Vorgang des Verstehens eine besondere methodische Bedeutung – unter diesem Aspekt ließe sich Philosophische Beratung als ‚angewandte, dialogische Hermeneutik' bezeichnen (3.3.).

Da jedes Verstehen jedoch auf bestimmten epistemologischen Grundannahmen beruht und dadurch wesentlich bestimmt ist, werden hier zunächst erkenntnistheoretische Fragen behandelt; nach den kognitiven Faktoren des Erkenntnisprozesses (Wahrnehmung, Denken und Wissen) werden auch die emotionalen Prozesse (‚Gefühle'), die jeden Erkenntnisvorgang wesentlich mit-konstituieren, in einem eigenen Kapitel dargestellt, um die beiden Aspekte deutlich zu akzentuieren (3.1. / 3.2.).

Weiterhin sind Fragen nach moralischen Prinzipien, Werten, sowie nach Lebenszielen und Lebenssinn vielfach von so zentraler Bedeutung, daß sich unter diesem Gesichtspunkt Philosophische Beratung auch als ‚angewandte Ethik' bezeichnen läßt (3.4.).

Im Verlauf eines konsiliarischen Dialogs kann eine echte Form der Begegnung entstehen – aus der Sicht Philosophischer Beratung stellt deshalb eine ‚Philosophische Dialogik' ein wesentliches Thema innerhalb der Systematischen Philosophie dar.

Methodisch hat das nicht nur für den Dialog zwischen zwei Personen Bedeutung, sondern auch für den Gruppendialog als ‚Philosophieren in und mit der Gruppe' (3.5.a/b).

Sinnkonstitution vollzieht sich dadurch, daß auf irgendeine Weise eine kontextstiftende ‚Bewegung' über die eigene Person hinaus stattfindet – entweder in ‚horizontaler Richtung' zum anderen Menschen hin, oder als Ausrichtung auf Transzendenz, die man raumsymbolisch als ‚vertikale Richtung' bezeichnen kann. Da im Rahmen Philosophischer Beratung dieses Thema häufig zur Sprache kommt (unter theoretischem, konzeptionellem, aber auch erfahrungsorientiertem Gesichtspunkt) gehört es mit in diesen systematischen Zusammenhang (3.6.).

Beide Richtungen lassen sich mit dem Begriff ‚transpersonal' zusammenfassen – deshalb wird der Vorschlag gemacht, in dieser Hinsicht von einer ‚Transpersonalen Philosophie' zu sprechen.

Der Diskurs der Systematischen Philosophie hat Bezugslinien, die auch für den Kontext Philosophischer Beratung wichtig sind:

– Einerseits sind stets auch historische Gesichtspunkte von Bedeutung, weil jede Fragestellung in diesem systematischen Zusammenhang ihre historischen Entwicklungsbezüge hat, die stets mitbedacht und mitberücksichtigt werden müssen.

– Zum anderen sind manche Ergebnisse der empirischen Wissenschaften beachtenswert, weil die Themen der Erkenntnis, des Verstehens, der Werte usw. auch im Rahmen empirischer Forschung bearbeitet werden, so daß es wichtig ist, relevante Ergebnisse mit einzubeziehen. Gerade die neuere psychologische und kognitionswissenschaftliche Forschung bietet hier – nach der Ablösung des behavioristisch-positivistischen Paradigmas – eine Fülle von interessantem Material.

Eine eigene Darstellung fand das Thema der Weisheit, in dem die Gewichtung philosophischer und empirischer Beiträge allerdings fast umgekehrt ist – während ‚Weisheit' für viele Philosophen nur noch ein historischer Terminus zu sein scheint und deshalb im zeitgenössischen philosophischen Diskurs allenfalls am Rande behandelt wird, hat sich in den letzten Jahren eine empirische Weisheitsforschung entwickelt, die auch für die Philosophie Impulse geben kann (B.4.).

Die besondere Bedeutung für den vorliegenden Kontext ergibt sich daraus, daß von Philosophischen Praktikern das ‚Streben nach Weisheit' häufig als wichtige Bestimmung oder sogar zentrales Ziel Philosophischer Beratung genannt wird, wobei der Begriff der Weisheit allerdings meist recht unbestimmt bleibt. Hier sind z.B. solche Beiträge der Weisheitsforschung hilfreich, die den Alltagsbegriff der Weisheit explorieren (von dem auch Philosophen meist ihren Ausgang nehmen) und die Qualitäten oder ‚Tugenden' von Menschen untersuchen, die als weise bezeichnet werden.

Damit ist die empirische Weisheitsforschung und ihr potentieller Beitrag zur Philosophischen Beratung zugleich ein Beispiel für die Bedeutung, die wissenschaftliche Ergebnisse für die Philosophie haben können. So mag der Bezug Philosophischer Beratung zu Kants Begriff der ‚Weisheitslehre' gerechtfertigt erscheinen, wenn die Berücksichtigung empirischer Forschung mit der ‚engen Pforte' der Wissenschaft verglichen wird, die für Kant auf dem Weg zur Weisheitslehre durchschritten werden muß.

3.1. ‚Erkenntnistheorie' – Wahrnehmung, Denken und Wissen

In der einleitend entwickelten ‚vorläufigen Konzeption Philosophischer Beratung' hieß es (o. S. 36), daß Beratung z.B. dann gesucht wird, wenn die (mögliche) angemessene Form des Welt- und Selbsterfassens sowie die darauf aufbauende Handlungskompetenz nicht oder nicht ausreichend gegeben sind.

Verstehen als ‚Nachkonstruieren' bzw. ‚kritisches Rekonstruieren' der ‚Welt' (Weltsicht) des Klienten geschieht auf der Basis der jeweils zugrundeliegenden (wenn auch impliziten) Konzeption des Erkenntnisvorganges, also der Vorstellung davon, wie der Sprecher/Autor die ‚eigene Welt' konstituiert, der individuellen ‚Weise der Welterzeugung', wie Goodman (1978) es genannt hat.

Wenn ein Mensch von seinen Erfahrungen berichtet, über seine Schwierigkeiten oder über Augenblicke des Gelingens etwas mitteilt, dann geschieht das vor dem Hintergrund der eigenen, phänomenalen ‚Welt', der Erfahrungen, die er/sie gemacht hat, der ‚Erkenntnisprozesse', die stattgefunden haben, und des auf der Basis eigener Erfahrung gewonnenen bzw. von anderen übernommenen Wissens (sei es durch Lernen von und mit Menschen, sei es durch Bücher oder andere Medien, in denen Wissen niedergelegt wurde). Aus all diesen Quellen konstituiert sich die ‚persönliche Welt', sie ist ‚Ergebnis' eigener Erfahrung und gelernten (übernommenen) Wissens und ist als individuelle Konfiguration spezifischen Welt-Wissens gegeben.

Die Frage nach dem Wissen über uns selbst und die Welt und die damit verbundene Frage nach der Zuverlässigkeit dieses Wissens (ist es wahres Wissen oder bloßes Meinen oder vielmehr Glauben?) hat die Philosophie seit ihren Anfängen beschäftigt, auch wenn die Bezeichnung ‚Erkenntnistheorie' erst in der Mitte des 19. Jahrhunderts geläufig wurde. ‚Erkenntnis' wird philosophisch meist als ‚gesichertes Wissen' verstanden[1] und ist eng verbunden mit der Konzeption von Wahrheit bzw. ‚wahren Aussagen'. Diese Frage findet sich im heutigen philosophischen Diskurs vor allem im Kontext der Wissenschaftstheorie und ihrer Konzeptionen wissenschaftlicher Erkenntnis, wobei oft das Paradigma naturwissenschaftlicher (empirischer) Methodik zugrundeliegt.

Im Unterschied zum Erkennen von Objekten oder Sachverhalten ist Verstehen vornehmlich auf ‚Zeichen' gerichtet, die grundsätzlich von Subjekten ausgehen und von Subjekten rezipiert werden (vgl. Krämer, 1995, 173). So stellt Verstehen eine spezifische Form des Erkennens dar (Dilthey: „Verstehen fällt unter den Allgemeinbegriff des Erkennens", GS V, 332), dessen ‚Gegenstand' ich mit Dilthey als „sinnlich gegebene Äußerungen seelischen Lebens" (ebd.) bezeichnen möchte. Insofern ist der Prozeß des Verstehens wegen der Strukturgleichheit von Erkenntnis- und Verstehensprozessen mit in diesen erkenntnistheoretischen Zusammenhang einzuordnen; die genauere Behandlung erfolgt im Hermeneutik-Kapitel (B.3.3.).

Wird die Erkenntnisfrage auf einer allgemeinen und grundsätzlichen Ebene gestellt, dann geschieht die Orientierung weniger an wissenschaftlicher Methodik und Vorgehensweise, sondern ist als ‚Theorie menschlichen Erkennens' stärker auf die Phänomene alltäglicher Weltkonstitution, Alltagswahrnehmung und der Theoriebildung im Sinne ‚naiver Theorien' bezogen.

So bewegt sich die philosophische Erkenntnistheorie in diesem Spannungsfeld zwischen ‚Alltagserkenntnis' (bzw. ‚Erkennen') und wissenschaftlicher Erkenntnis und kann sich jeweils mehr dem einen oder dem anderen Pol zuneigen.

Bei der Betrachtung der unterschiedlichen erkenntnistheoretischen Ansätze und Deutungen scheint mir eine Aussage von Dilthey auf den zentralen Punkt zu verweisen, der die Unterschiedlichkeit bis Unvereinbarkeit der Standpunkte verständlich macht: der ‚Stoff', aus dem die Erkenntnistheorien entwickelt werden, beruht auf den jeweiligen (meist impliziten) „Vorstellungen des seelischen Zusammenhangs", denen entsprechend die jeweiligen theoretischen Annahmen formuliert werden[2]. Diese These ist im philosophischen Kontext bis heute umstritten und wird teilweise immer noch als ‚psychologistisch' abgelehnt. Dennoch ist gerade ein Strukturelement dieses ‚seelischen Zusammenhangs', nämlich die Wahrnehmung, selbstverständlicher Bestandteil jeder Erkenntnistheorie

---

[1] Vgl. J. Mittelstraß: „Erkenntnis, ... ebenso wie Wissen im engeren, philosophischen und wissenschaftlichen Sinne im Unterschied zu den unabgesicherten und häufig subjektiven Orientierungsweisen des Meinens und Glaubens das begründete Wissen eines Sachverhaltes (in: Mittelstraß, 1995/96, Bd. 1, 575).

[2] GS V, 148f. Vollständiges Zitat unten S. 173, Anm.

und meist der Ausgangspunkt. Sie wird aber dann eben nicht strukturell als ‚Erkenntnisinstrument' im Kontext der anderen beteiligten Prozesse der Weltkonstitution angesehen (gemeint sind: Denken sowie Erleben/Gefühl/Gestimmtheit und deren Eingebundenheit in den Kontext konkreter Handlungen und Erfahrungen). Statt dessen wird sie vielfach als isolierbare Form ‚elementarer Erkenntnis' behandelt, die entweder in den ‚höheren' Erkenntnisvorgang einfach ‚hineingenommen' oder – quasi in umgekehrter Richtung – ‚hintergangen' wird, im Versuch, hinter die Wahrnehmungen des Alltags *und* der Wissenschaft zurückzugelangen und zu elementareren, nicht-empirischen (quasi vor-empirischen) Prozessen ‚vorzudringen'.

> Ein Beispiel für die erste Variante: Gerhard Vollmer unterscheidet in seiner ‚Evolutionären Erkenntnistheorie' drei ‚Erkenntnisstufen': Wahrnehmung, vorwissenschaftliche Erkenntnis/Erfahrung und wissenschaftliche Erkenntnis (Hypothesen, Theorien). Mit Bezug auf Stegmüller rechtfertigt er diese Abgrenzung, indem er Wahrnehmung als zweigliedrige Relation zwischen Subjekt (S) und Objekt (O) bezeichnet (S nimmt O wahr), im Unterschied zu Erkenntnis als dreigliedriger Relation (S erkennt O *als* A) (Vollmer, 1990, 42)[1].
> Von der Wahrnehmung als ‚Basis-Erkenntnis' führen dann unterschiedliche Prozesse (hier taucht das Denken als Funktion auf) zu vorwissenschaftlicher Erkenntnis und Erfahrung (er nennt hier: Beobachtung, Abstraktion, induktives Schließen, Verallgemeinerungen) sowie zu wissenschaftlicher Erkenntnis im Sinne von Hypothesen und Theorien (hier nennt er: Beobachtung, Experiment, Begriffsbildung, rein logisches Schließen).

In einer Erkenntnis-Konzeption, die Objektivität und Allgemeingültigkeit von Aussagen als ‚Ziel' hat, tritt verständlicherweise die Analyse individueller Erkennens-Vorgänge hinter der Wissensgenerierung mittels systematisch-methodischer und intersubjektiv angelegter Vorgehensweisen an Bedeutung zurück, und philosophische Erkenntnistheorie, die dieser Orientierung verpflichtet ist, wird sich hauptsächlich als Wissenschaftstheorie artikulieren. Andererseits hat gerade die neuere Kognitionsforschung die Strukturähnlichkeit von alltäglicher und wissenschaftlicher Erkenntnis aufgezeigt – die schon in den 50er Jahren von Kelly (1955) gebildete Formel vom ‚Mensch als Wissenschaftler', der Hypothesen aufstellt und sie durch Beobachtung erhärtet oder verwirft usw., ist nach der ‚kognitiven Wende' in der Psychologie als ‚epistemisches Subjektmodell' (Groeben/Scheele 1977) zu einem wichtigen Konzept geworden, das auch den Forderungen nach Selbstanwendung entspricht (vgl. dazu Kap. B.5.: Selbstanwendbarkeit als Voraussetzung einer Fundierung Philosophischer Beratung).

Die *Strukturähnlichkeit* von Alltags- und wissenschaftlicher Erkenntnis wird auch daran deutlich, daß bestimmte Konzeptionen des wissenschaftlichen Er-

---

[1] Prinz hat darauf hingewiesen, daß eine solche zweistufige Relation im Grunde nur eine verkürzte Repräsentation des perzeptuellen Erkennens bedeutet, die ebenfalls eine dreistufige Relation darstellt, nämlich: Ich erkenne x als A. „Dasjenige Glied, das in der zweigliedrigen Kurzfassung fehlt, in diesen vollständigen Formulierungen jedoch enthalten ist, bezeichnet den perzeptiv zugänglichen Gegenstand, der zu erkennen ist", der jedoch in manchen Sprachfiguren aus verständlichen Gründen ‚unter den Tisch fallen' kann (Prinz, 1983, 94).

kenntnisprozesses durchaus zutreffende und angemessene Beschreibungen für den Bereich der individuellen Alltagserkenntnis liefern, und zwar gerade auch solche ‚Erkenntnisformen', die im Kontext der Wissenschaftstheorie kritisiert und abgelöst wurden, weil sie einem strengeren Maßstab nicht mehr entsprachen. So hat die rasche Entwicklung wissenschaftstheoretischer Konzeptionen im 20. Jahrhundert eine Fülle von differenzierten Ausarbeitungen geliefert, die für die Anwendung auf den Prozeß individueller Erkenntnis fruchtbar gemacht werden können.

Die alltägliche Weltsicht und ihre epistemischen Prozesse ließen sich vor diesem Hintergrund z.B. so beschreiben, daß jedes Individuum über einen bestimmten Theoriebestand verfügt, den es teils übernommen, teils aufgrund eigener Erfahrung induktiv entwickelt hat (bzw. mit einer Verbindung von Induktion und Deduktion, die dem von Peirce beschriebenen Prozeß der ‚Abduktion' entspricht).

Das Alltagsbewußtsein glaubt mit jedem erwartungsgemäß eingetretenen Ereignis zunehmend an die ‚Richtigkeit' (‚Wahrheit') seiner Theorien, d.h. es geht quasi nach einem Verifikationsschema vor. Ereignisse, die nicht den eigenen Theorien entsprechend ablaufen, falsifizieren diese Theorien in der Regel nicht, denn es finden sich leicht Argumente, die es erlauben, an der ursprünglichen Theorie festzuhalten bzw. die Erfahrungsdaten werden der Theorie ‚angepaßt', im Sinne von Selektion, (Um-)Interpretation, Verzerrung etc. Die meisten Menschen neigen dazu, eher konservative und konventionelle ‚Wissenschaftler' zu sein und solange an ihren alten Konzepten und Vorstellungen festzuhalten[1], bis sie gegebenenfalls durch leidvolle Erfahrungen in eine Krise geraten, die u.U. zu einer Umstrukturierung ihrer Theorien und Wissensstrukturen im Sinne eines ‚Paradigmawechsels' führen kann.

> Gerade auch außergewöhnliche Erfahrungen, die in das bisherige Weltbild nur schwer integrierbar sind, können zu solchen grundlegenden Änderungen der Weltsicht führen. Die inzwischen vielfach untersuchten Fälle von Nahtod-Erfahrungen sind dafür prototypische Beispiele: in vielen Fällen wird berichtet, daß Menschen nach dieser Erfahrung ihre Weltsicht stark umstrukturierten und auch entsprechend häufig prinzipielle Änderungen in ihrer Lebensweise, der beruflichen Tätigkeit usw. vornahmen. Diese Auswirkungen bleiben erkenntnistheoretisch interessant, unabhängig von der Frage der Deutung der Phänomene, und gerade unter dem Gesichtspunkt Philosophischer Beratung sind sie beachtenswert. Den entscheidenden Veränderungsimpuls stellt die besondere Art

---

[1] Norbert M. Seel beschreibt diesen Vorgang anschaulich so: „Untersuchungen und Beobachtungen weisen darauf hin, daß es in der Tat ein schwieriges Unternehmen ist, Personen von ‚lieb gewordenen' Alltagstheorien abzubringen, wenn diese bei allem, was die Personen wissen, erlauben, eine Erscheinung der (realen oder projizierten) Welt plausibel zu machen" (Seel, 1991, 210f.)
Er schildert dann eine Interventionsform, die Personen zur Übernahme oder Konstruktion einer zutreffenderen Weltauffassung veranlassen soll und die darin besteht, „Anomalien zwischen einer falschen Alltagstheorie und unmittelbaren Erfahrungen aufzuzeigen, um einen ‚konzeptuellen Konflikt' auszulösen, der je nachdem, wie gravierend die Anomalien empfunden werden, eine ‚starke' oder ‚schwache Restrukturierung' der Wissensbasen erzwingt" (ebd. 211).

der Evaluation des bisherigen Lebens dar – sie ist für die Betreffenden in dieser Form meist völlig unvertraut und von ganz anderem Charakter als übliche Bewertungsvorgänge. Gemeint ist der vielfach beschriebene Prozeß einer klaren, unbestechlichen, aber dennoch wohlwollenden Einschätzung der Angemessenheit des bisherigen Verhaltens, die vielfach zu einer grundlegenden Umstrukturierung des persönlichen Werte-Systems führt, das Moody z.B. folgendermaßen zusammenfaßt: „Alle aus Todesnähe Zurückgekehrten fühlen sich stärker für den Verlauf ihres Lebens verantwortlich. Sie haben außerdem ein feines Empfinden für die unmittelbaren und langfristigen Folgen ihres Handelns. Der eindringliche Lebensrückblick aus der Außenperspektive ermöglicht ihnen, ihr Leben objektiv zu betrachten" (Moody, 1988, 57). Ähnliche Prozesse stellen – auch ohne die Dramatik der Nahtod-Erfahrung[1] – ein wesentliches Element konstruktiver persönlicher Veränderungsprozesse dar und bilden somit ein wichtiges strukturelles Element von Beratung.

Die besonderen Umstände dieser ‚extranormalen' Erfahrungen ermöglichen offenbar eine besondere Form einer Reflexion von ungewöhnlicher Klarheit und Qualität, quasi das Einnehmen einer ‚höheren' Außenperspektive der Selbsteinschätzung und Selbstreflexion, die – zumindest ansatzweise – in Beratungssituationen erreicht werden kann.

Solch ‚paradigmatische Veränderungen' betreffen insbesondere anthropologische Annahmen und weltanschauliche Grundpositionen. Ob ein Individuum ein ‚naturalistisches' oder ‚idealistisches Forschungsprogramm' als Weltsicht verwirklicht, hängt wesentlich davon ab, welches Weltwissen in Kindheit und Jugend vermittelt wurde und ob das übernommene oder später individuell modifizierte Ensemble von Theorien über die Welt geeignet ist, die persönlichen Erfahrungen angemessen zu symbolisieren oder nicht. Im letzteren Fall, wenn also bestimmte Erfahrungen nicht (mehr) angemessen in den eigenen Wissensbestand, die eigene Weltsicht, eingeordnet werden können, finden u.U. grundlegende Änderungen der weltanschaulichen ‚subjektiven Theorien' statt – die Philosophiegeschichte bietet für diesen Prozeß viele Beispiele.

Auch hier sind die Parallelen zwischen wissenschaftlicher Erkenntnis und Alltagsprozessen deutlich. Lange vor Kuhns Darstellung hat z.B. Ludwik Fleck auf die „soziale Bedingtheit jedes Erkennens" hingewiesen (Fleck, 1935, 53) und erkenntnistheoretische Aussagen ohne diesen Aspekt (ein nur zweigliedriger Prozeß zwischen einem Subjekt und einem Gegenstand) als unzureichend bezeichnet: „Alles Erkennen ist ein Prozeß zwischen dem Individuum, seinem Denkstil, der aus der Zugehörigkeit zu einer sozialen Gruppe folgt, und dem Objekt" (Fleck, 1983, 168).

Bei allzugroßen Unterschieden der ‚Denkstile' ist eine Verständigung (gegenseitiges Verstehen) kaum möglich – ein Vorgang, der immer wieder festgestellt

---

[1] Es gibt Berichte von Erfahrungen ganz ähnlicher Art, die ohne den Kontext eines Sterbe-Erlebnisses auftraten. Das legt z.B. für den Psychologen Kenneth Ring, der intensive Forschungsarbeit auf dem Gebiet der Nahtod-Erfahrungen geleistet hat, den Schluß nahe: „Was mit einem Menschen während eines Nah-Todeserlebnisses passiert, hat mit dem anscheinend unmittelbar bevorstehenden Tod nichts zu tun, es ist nur der notwendige Auslöser für diese Erfahrung" (Ring, 1985, 246).

werden kann, wenn Vertreter unterschiedlicher Orientierungen (gerade auch in der Philosophie) versuchen, miteinander zu kommunizieren.

Fleck definiert individuelle Erkenntnisvorgänge in Alltag und Wissenschaft so: „Erkennen heißt also vorerst, bei gewissen gegebenen Voraussetzungen die zwangsläufigen Ergebnisse feststellen. Die Voraussetzungen entsprechen den aktiven Koppelungen und bilden den kollektiven Anteil des Erkennens. Die zwangsläufigen Ergebnisse gleichen den passiven Koppelungen und bilden das, was als objektive Wirklichkeit empfunden wird. Der Akt des Feststellens ist Anteil des Individuums" (Fleck, 1935, 56).

Grundlage dieser Annahme ist eine erkenntnistheoretische Konzeption, die davon ausgeht, daß unser Wissenshintergrund wesentlich von bestimmten Denkgemeinschaften geformt ist: „Denkgemeinschaften erzeugen Meinungen, Anschauungen, Denkzusammenhänge und Vorstellungen auf eine Art, die der Bildung von Wörtern, Redewendungen und Sprachgebräuchen sehr ähnlich ist" (Fleck, 1983, 103). Weiterhin geht Fleck davon aus, daß dieser konzeptuelle Hintergrund als je persönlicher Denkstil mit spezifischen Inhalten und Ausformungen sogar die Wahrnehmung bestimmt und somit jeden Erkenntnis- bzw. Erfahrungsprozeß wesentlich determiniert: „Wir können also Denkstil als gerichtetes Wahrnehmen, mit entsprechendem gedanklichen und sachlichen Verarbeiten des Wahrgenommenen, definieren" (Fleck, 1935, 130).

Die Beachtung dieser wichtigen Gegebenheit kann zu einer größeren Achtsamkeit und Genauigkeit beim Rekonstruktionsprozeß der Erfahrungen (Erkenntnisprozesse) eines anderen Menschen im Beratungskontext führen und somit zu einer Vertiefung des Verstehensprozesses beitragen.

Mit diesen mehr angedeuteten Beschreibungen soll darauf hingewiesen werden, welche Aspekte der Erkenntnistheorie für philosophische Beratung von Relevanz sind – es geht um eine Konzeption menschlichen Selbst- und Welterfassens, die beim Beratungsprozeß für die verstehende und rekonstruktive Arbeit als Strukturierungsgrundlage dient. (Ist sie nicht ausgearbeitet und reflektiert, wird die implizit zugrundeliegende Struktur das Vorgehen des Beraters leiten.)

Eine solche Auffassung setzt nun eine bestimmte Konzeption des Subjekts und seiner Erkenntnisprozesse voraus, deren Grundlagen durch Descartes und vor allem Kant gelegt wurden, als der selbstverständliche Zugang zur ‚Wirklichkeit' (dem Sein) in Frage gestellt und ersetzt wurde durch den Bezug auf das erkennende Subjekt und seine mentalen Prozesse als konstituierenden Faktor – Schnädelbach (1991, 46ff.) hat das als Übergang vom ‚ontologischen' zum ‚mentalistischen Paradigma' bezeichnet.

Auch wenn bereits in der Antike die Relevanz des Erkenntnissubjektes und seiner Bewußtseinsprozesse für das ‚Ergebnis' des Erkenntnisvorganges, d.h. die Weltkonstitution, immer wieder akzentuiert wurde (im Sinne einer ‚erkenntnisskeptischen' Traditionslinie, an die Descartes explizit anknüpft[1]), wurde doch erst

---

[1] Vgl. dazu Schnädelbach, 1991, 59f., der diesen Zusammenhang von Skepsis und dem Übergang zum mentalistischen Paradigma beschreibt.

durch Kant eine im Grundansatz bis heute gültige systematische und fundierte Konzeption entwickelt, nach der alle Erkenntnis Wissen eines erkennenden Individuums ist.

Kant hat seinen Versuch als ‚Lösung' der Spannung von ‚Objektivismus' (= Empirismus) und ‚Subjektivismus' (= Rationalismus) angesehen, im Sinne eines Syntheseversuches; dennoch wurden diese Pole auch in der Folgezeit, bis in die Gegenwart hinein, weiterhin abgeschritten. Während der Idealismus die ‚Subjektseite' bis in die extreme Denkmöglichkeit verfolgte, um auf diese Weise wieder eine neue Art von ‚Objektivität' zu erzielen, schlug im 20. Jahrhundert das Pendel noch einmal in die andere Richtung um; es gab unterschiedliche philosophische Bemühungen, zu einer sicheren, ‚objektiven' Grundlage der Erkenntnis zu gelangen.

Husserls Ansatz, zu den ‚Sachen selbst' vorzudringen, war ein Versuch, der ‚Theorie-Imprägniertheit' der Wahrnehmung (auch im Sinne kultureller Determiniertheit) zu entgehen und zu einer reinen ‚Wahrnehmungswelt' vorzudringen. Seine Unterscheidung von Lebenswelt[1] und wissenschaftlicher Welt stellt die Frage nach der Bedeutung von Voreinstellungen und der Rolle von theoretischen Vorannahmen. Der Husserlsche Versuch, Wahrnehmung quasi zu ‚isolieren' und von theoretischen Voreinnahmen freizumachen, hat durchaus eine gewisse programmatische Wirkung gehabt und trug dazu bei, den Blick für die Phänomene wieder zu öffnen und stark theoriegeleitete Wahrnehmungen zu hinterfragen. Aber die ‚Konstruktion' einer ursprünglichen Lebenswelt, die allen spezifischen Ausprägungen (auch den wissenschaftlichen) vorgelagert ist, erscheint beim heutigen Wissensstand über den Erkenntsvorgang nicht mehr haltbar. So bleiben bei Husserls konkretem Vorgehen (im Unterschied zu seinem Grundansatz und seinem theoretischen Anspruch) die eigenen Vorannahmen weitgehend unreflektiert; Hans Lenk weist sicher zu Recht darauf hin, daß Husserls Phänomenologie „viel konstruktiver [ist] als er vermeint, viel theoretischer – und möglicherweise auch hypothetischer – als seine Betonung der absoluten Notwendigkeit des eidetischen A-priori-Zusammenhanges betont" (Lenk, 1993a, 146).

Die von Husserl thematisierte wichtige Aufgabe des kritischen Hinterfragens theoretischer Vorannahmen ist aus heutiger Sicht viel komplexer (bis komplizierter) geworden, und sie kann als Analyse eines individuellen ‚Wissenssystems' und seiner Grundlagen und Entstehungsbedingungen ein wichtiger Aspekt philosophischer Beratung sein.

Husserls Ausgangspunkt war die Wahrnehmung; werden Wahrnehmung und Denken als interaktiv aufeinander bezogenes Kontinuum der kognitiven Prozesse des Erkennens betrachtet, so ist die Betonung des anderen Pols, des Denkens, charakteristisch für bestimmte wissenschaftstheoretische Positionen, in denen –

---

[1] Ich beziehe mich hier auf den ontologischen Begriff der Lebenswelt, den J. Mittelstraß vom begründungstheoretischen Begriff unterscheidet – der letztere hat Eingang in die moderne Wissenschaftstheorie gefunden (Mittelstraß, 1991, 136).
Das ‚ontologische Programm' Husserls charakterisiert R. Welter folgendermaßen: „Husserl glaubte auf diese Weise zu einer puren Wahrnehmungswelt vordringen zu können, einer Natur frei von allen soziokulturellen Überlagerungen" (Welter, 1991, 146).

ähnlich wie in dem zitierten Beispiel der Vollmerschen Konzeption – Wahrnehmung quasi als basale Form der ‚Datengewinnung' betrachtet wird. Bei Popper war diese ‚Verselbständigung' der Denkfunktion besonders krass und führte zu einer Art ‚Ontologisierung' der Denkergebnisse als einer ‚dritten Welt', „die Welt der *objektiven Gedankeninhalte*, insbesondere der wissenschaftlichen und dichterischen Gedanken und der Kunstwerke" (Popper, 1984, 123). Es ist bezeichnend, daß Popper das Kapitel, aus dem dieses Zitat stammt, als ‚Erkenntnistheorie ohne erkennendes Subjekt' überschreibt. Popper war der Meinung, daß der erkenntnistheoretische Ausgang vom Erkennen oder Denken in einem ‚subjektiven' Sinne „die Erkenntnistheorie in Irrelevantes verwickelt" hat (ebd. 125). Er interessierte sich also überhaupt nicht für den individuellen Erkenntnisvorgang (der für ihn zu seiner ‚zweiten Welt' gehört), sondern nur für die *Ergebnisse* des Denkens, in Form von ‚objektiven Theorien, Problemen und Argumenten'.

Poppers ‚Objektivismus' ist heute bereits wissenschaftstheoretische Geschichte[1], aber sein Standpunkt ist ein prägnantes Beispiel dafür, in welche Extreme es führt, wenn eine einzelne Erkenntnisfunktion (hier das Denken) aus dem Gesamt des ‚psychischen Strukturzusammenhangs' herausgelöst und isoliert akzentuiert wird.

Die ‚Befreiung vom Objektivismus', von der Polanyi schon 1958 in seinem Buch über ‚persönliches Wissen' (*Personal Knowledge*, Polanyi 1958, 267) schrieb, führt nun keineswegs in den ‚Relativismus' oder ‚Solipsismus', sondern bedeutet ein immer wieder neu zu leistendes integratives Umgehen mit den beiden Polen erkenntnistheoretischer Positionen. Immer wieder muß auf die Fundiertheit jeglicher Erkenntnis in den – stets individuellen und notwendigerweise subjektiven – Erkenntnisprozessen der beteiligten Menschen hingewiesen werden, die dennoch, trotz ihrer material unendlichen Ausgestaltungsmöglichkeiten, den gleichen strukturellen Gegebenheiten unterliegen.

Polanyis Formulierungen betonen diesen Aspekt in einer Weise, die zum Teil wie eine Beschreibung des Vorgehens in Philosophischer Beratung klingen: „I believe that the function of philosophic reflection consists in bringing to light, and affirming as my own, the beliefs implied in such of my thoughts and practices as I believe to be valid; that I must aim at discovering what I truly believe in and at formulating the convictions which I find myself holding; that I must conquer my self-doubt, so as to retain a firm hold on this programme of self-identification" (Polanyi, 1958, 267)[2].

---

[1] Manfred Wetzel spricht von der „Kuriosität einer Erkenntnistheorie ohne erkennendes Subjekt" bei Popper und meint humorvoll, Popper habe damit „so recht im Revier der Erkenntnistheorie den Vogel abgeschossen" (Wetzel, 1978, 16 Anm. 1).

[2] Ich glaube, daß die Aufgabe philosophischer Reflexion darin besteht, die Überzeugungen ans Licht zu bringen und als meine eigenen zu bekräftigen, welche den Gedanken und Handlungsgewohnheiten implizit zugrundeliegen, die ich für gültig halte. Ich muß mich darauf ausrichten, zu entdecken, an was ich wirklich glaube und die Überzeugungen zu formulieren, die ich bei mir selbst vorfinde. Ich muß meine Selbstzweifel überwinden, um an diesem Programm der Selbstidentifikation festzuhalten.

Der erkenntnistheoretische Ansatz, dem sich ein Philosophischer Berater fast notwendigerweise verpflichtet fühlen wird, ist deswegen personzentriert, weil die Aufgabe darin besteht, Subjektivität zu rekonstruieren, und er wird fast ebenso notwendig ‚perspektivisch' sein müssen, wenn man nicht der Gefahr erliegen will, alles aus der eigenen Sicht und Einschätzung heraus zu beurteilen.

(Es ist ein anderer Aspekt einer ‚perspektivischen Beratungskonzeption', daß die – evtl. abweichende – Sichtweise des Beraters ein äußerst wertvolles ‚Instrument' des Beratungsvorganges darstellt, bis hin zur Möglichkeit der Konfrontation mit einer anderen Betrachtungsweise.)

In der Einleitung zur ‚Gedenkschrift zum Tode Friedrich Kaulbachs' (Perspektiven des Perspektivismus, Kaulbach 1992) charakterisierte Volker Gerhardt die ‚philosophische These' des Perspektivismus folgendermaßen: „Ebenso wie zu jedem Akt des Sehens ganz von selbst eine (optische) Perspektive gehört, so ist auch jeder Erkenntnisakt an eine zugehörige (epistemische) Perspektive gebunden. Alles Wissen ist perspektivisches Wissen" (Gerhardt, 1992, XII).

Kaulbach selbst beschrieb in seiner ‚Philosophie des Perspektivismus' (Kaulbach, 1990) seinen Ansatz folgendermaßen:

> „In der folgenden Darstellung ist die Absicht leitend, der Intention des Gewinns von Objektwahrheit in der Philosophie den Gedanken an die Art und Weise entgegenzusetzen, *wie* das Denken seine Objekte in den Blick nimmt. Es geht dabei um den Gedanken an Perspektiven der Weltdeutung und die Methode ihres Gebrauches. Er ist für eine perspektivistische Philosophie leitend, derzufolge philosophische Wahrheit nicht den Charakter von Objektwahrheit aufweist. Der perspektivistische Philosoph wird vielmehr darunter die Eignung je einer Perspektive der Weltdeutung verstehen, dem Denkenden und Handelnden die ihm notwendige Orientierung und Motivation seines Denkens und Handelns, ihm also für dieses einen ‚Sinn' zu geben. Einer Perspektive wird ‚Wahrheit' für das Subjekt zugesprochen werden, wenn sie es vermag, ihm eine Welt zu verschaffen, in der er eine dem Charakter seiner Stellung zum Sein und seiner Sinnerwartung gemäße Sinngebung erkennen kann" (Kaulbach, 1990, VIII).

> „Perspektivistische Philosophie besteht auf dem Gedanken, daß eine weltinterpretierende Perspektive dieser Art nicht als objektwahre zu erweisen ist, da es ihr nicht auf theoretische, objektive Aussagen über die Welt ankommt; vielmehr ist ihr *Sinnwahrheit* zu bescheinigen, da sie das Subjekt in den Stand setzt, sich in eine Welt zu versetzen, die ihm einen seiner Stellung zum Sein angemessenen Sinn bietet" (ebd. IX).

> „Im Mittelpunkt perspektivistischer Philosophie steht der Gedanke, daß die Wahrheit über unsere Welt von der Stellung abhängt, die wir dem Sein gegenüber einnehmen, und von der dieser gemäßen Art und Weise, wie wir diese Welt deuten, sie ‚sehen' und unter welchen Gesichtspunkten wir in ihr handeln.
> Die ‚Wahrheit', die perspektivistisches Denken im Auge hat, bedeutet Angemessenheit einer Weltperspektive an die Seinsstellung, die ein in seiner Welt denkender, handelnder, sie mit den Sinnen aufnehmender Mensch einnimmt" (ebd. 1f.).

Die ‚Perspektive des Perspektivismus' stellt ein ‚Programm' dar, in dem davon ausgegangen wird, daß erkenntnistheoretische Grundlagen nicht dadurch gewonnen werden können, daß man versucht, die Subjektgebundenheit der Erkenntnis durch die Konstruktion einer inhaltlich ausgearbeiteten, materialen Gestalt ‚objektiver Erkenntnis' quasi zu überwinden. Darin wird vielmehr die Gefahr gesehen, der philosophisches Denken immer wieder erliegen kann und die Volker Gerhardt so formuliert: „Unsere Erkenntnis ist *als Erkenntnis* darauf aus, die mit ihr selbst augenblicklich hervortretende Individualisierung im Akt der Erkenntnis zu überwinden, um an der Vielzahl individueller Erscheinungen *etwas Allgemeines* festzuhalten" (Gerhardt, 1997, 8).

Die ‚Lösung' dieser Problematik, deren anderes Extrem relativistische Beliebigkeit bedeuten würde, liegt in dem erwähnten Integrationsversuch, den Volker Gerhardt mit der von Simmel stammenden prägnanten Formel vom ‚indviduellen Gesetz' aufnimmt: „Seit Kant, so seine [Simmels] These, sei das moderne Bewußtsein auf dem Weg zu einem philosophischen Verständnis der es tragenden Individualität ... Mit Simmel führt dann der selbstbewußte Ausdruck von Individualität zu dem Versuch, sie selbst durch sich selbst zu begreifen, um dem in ihr hervortretenden Gesetz auch selbstbewußt folgen zu können" (Gerhardt, 1997, 3).

Wie aber kommt man zur ‚Gesetzlichkeit' individueller Erkenntnis? Eine Lösungsmöglichkeit liegt in der Herausarbeitung allgemeinerer Strukturen, als *Strukturgesetzlichkeit* individuellen Erkennens – also kein ‚allgemeines Gesetz', sondern, wie Rombach es charakterisiert hat, „die paradoxe Regelanweisung, wie man zum individuellen Gesetz kommt" (Rombach, 1971, 215).

Kant hat die Grundstruktur menschlichen Erkennens auf eine Weise ausgearbeitet, die in den Grundlinien bis heute Gültigkeit hat, indem er versuchte, Erkenntnis auf der Basis der Erkenntnis*prozesse* von Sinnlichkeit (= Wahrnehmung) und Verstand (= Denken) zu gründen. Geht man diesen Weg konsequent weiter, gelangt man, wie Schleiermacher, dann Dilthey, zu einer strukturellen Beschreibung des erkennenden Subjekts.

Ohne eine solche Besinnung auf die zugrundeliegende ‚Theorie des Strukturzusammenhangs', die Dilthey jedem erkenntnistheoretischen Ansatz notwendigerweise zuordnete, auch wenn sie implizit bleibt, ist eine komplexe Konzeption menschlicher Erkenntnis m.E. nicht zu erreichen. Auch Kaulbachs Beschreibung der perspektivistischen Sichtweise unterliegt diesem Mangel – die notwendige individuelle (quasi ‚interpretative'[1]) Grundlage des Erkenntnisprozesses wird zwar gesehen, aber strukturell hauptsächlich unter einer einzigen Modalität, nämlich der Dimension visueller Wahrnehmung, die dann analog auf das denkerische Erfassen übertragen wird.

Ferdinand Fellmann, der sich wesentlich an Dilthey orientiert, kritisiert dies in der erwähnten Gedenkschrift für Friedrich Kaulbach folgendermaßen: „Wie bei jedem bedeutenden Neuansatz bleiben auch bei Kaulbach Fragen offen. Sie ergeben sich insbesondere daraus, daß trotz der Betonung des Experimentellen Kaul-

---

[1] Fellmann sieht darin die ‚Stärke des perspektivischen Arguments', da nämlich „die rationalistische Bindung der Wirklichkeit an die vorgegebenen Denkformen der Aussagenlogik gelockert wird. Dadurch eröffnet Kaulbach gegenüber der ‚Objektwahrheit' ein weites Feld der ‚Sinnwahrheit', die der Interpretierbarkeit des Gegebenen Rechnung trägt" (Fellmann, 1992, 235).

bachs Perspektivismus stark dem optischen Modell verpflichtet bleibt. Damit expliziert der Perspektivismus immer noch den Standpunkt des reinen Denkens, dem Kaulbach eine Stellung ‚hinter dem leiblichen Standpunkt' zuweist" (Fellmann, 1992, 235f.).

Das allgemeine Prinzip, das bei Kaulbach und einer Reihe anderer vergleichbarer Ansätze zugrundeliegt, ist die Einsicht, daß Erkenntnis nur als ‚Deutung' verstanden werden kann. G. Prauss bezeichnet in seiner ‚Einführung in die Erkenntnistheorie' die ‚Deutungstheorie' als einen ‚anscheinend haltbaren Lösungsversuch' (Prauss, 1980, 66), um eine präzise Benennung der Rolle des Verstandes beim Erkenntnisvorgang zu geben, und zwar ‚deuten' oder ‚Deutung' im Sinne von ‚interpretieren' oder ‚Interpretation' (ebd., 70). Der Bezug auf Kant gewährleistet, daß die interaktive Bezogenheit von Wahrnehmung und Denken beachtet wird: „Eben dieser Ausdruck ‚Deuten' trifft genau die besondere Art von Bestimmen, die Kant vorschwebt, wenn er versucht, die Wahrnehmung als Bestimmung von Vorstellung der Sinnlichkeit durch den Begriff des Verstandes angemessen zu kennzeichnen" (Prauss, 1980, 71).

Daß Erkenntnis eine Art von ‚interpretatorischem Vorgang' des erkennenden Individuums ist, stellt heute wohl eine Formel dar, der fast jeder zustimmen kann, wenn er nicht einen ‚naiven Realismus' vertritt und glaubt, die Realität sei zu erkennen, wie sie ‚ist'.

Soll diese Aussage eine mehr als metaphorische Bedeutung haben und für das konkrete Umgehen mit subjektiven Erkenntnisvorgängen relevant sein, so muß die Strukturgesetzlichkeit der Interpretativität des Erkennens ausdifferenziert werden.

Hans Lenk ist seit Jahren um die Ausarbeitung eines ‚interpretationskonstruktionistischen' erkenntnistheoretischen Ansatzes bemüht und hat diesen in verschiedenen Publikationen vorgestellt; 1993 erschien eine umfangreiche Gesamtdarstellung unter dem Titel ‚Interpretationskonstrukte. Zur Kritik der interpretatorischen Vernunft'.

Er unterscheidet darin verschiedene Stufen der Interpretation, die hier kurz skizziert werden sollen:

1: Primäre Konstitution bzw. Schematisierung – praktisch unveränderliche produktive Urinterpretation.
2: Habituelle Kategorialisierung – gewohnheitsbildende Musterinterpretation.
3: Sozial tradierte sprachlich-konventionelle Begriffsbildung.
4: Bewußt geformte Einordnungsinterpretation.
5: Erklärende, verstehende, rechtfertigende (theoretische) begründende Interpretation.
6: Erkenntnistheoretische (methodologische) Metainterpretation der Interpretationskonstruktmethode (vgl. Lenk, 1993, 56).

Daß ein solcher Ansatz, zumindest in Aspekten, heute bereits eine allgemein anerkannte erkenntnistheoretische Grundlage bedeutet, versucht Lenk in dem genannten Buch zu demonstrieren, indem er Bezüge zu vielen verschiedenen

Richtungen, Strömungen, empirischen Forschungsergebnissen etc. aufzeigt und jeweils die Aspekte akzentuiert, die er als Parallele zu seiner erkenntnistheoretischen Auffassung des Interpretationismus betrachtet.

Eine ganz auf dem Interpretationsbegriff aufbauende Erkenntnistheorie gerät allerdings in die Gefahr, pauschalisierende, allgemeine Aussagen zu machen, die im konkreten Umgehen mit spezifischen Inhalten nur wenig nützen. So sah Lenk zum Beispiel bei den ersten Arbeiten von Günter Abel, der eine von Nietzsche ausgehende allgemeine Interpretationskonzeption entwickelt hat, die Gefahr einer generalisierenden Aussageform des Interpretationsbegriffes: „Ein Konzept, das sich auf alles unterschiedslos anwenden läßt, kann nicht zu einer begrifflichen Unterscheidung oder zum theoretischen Diskriminieren taugen. Wenn alles unterschiedslos Interpretation ist, kann die Interpretativität gar nicht mehr wahrgenommen werden" (Lenk, 1988, 73).

Dieser Einwand richtet sich vor allem auch gegen die *Wahrheitskonzeption,* die in interpretationistischen Ansätzen leicht dazu neigt, sich dem Extrem des Relativismus zu nähern. Lenk selbst versucht dem zu begegnen, indem er darauf hinweist, daß Interpretationen in unterschiedlicher Weise angemessen sind und somit auch scheitern können:

> „Daß Interpretationskonstrukte im umfassenden Netzwerk des Interpretationsschemas auch *nicht* zueinander passen können, sozusagen scheitern oder falsifiziert werden können, spricht gegen die Beliebigkeit der von unseren Interpretationen als ‚real' ausgezeichneten Entwürfen – trotz aller Interpretationsabhängigkeit ihrer Erfassung" (Lenk, 1988, 73)[1].

Doch ein anderer Einwand bleibt, wenn ‚Interpretation' als zentraler Begriff der erkenntnistheoretischen Fundierung verwendet wird, und er gilt deshalb auch für den Lenkschen Ansatz: die komplexe Struktur und Interaktion der verschiedenen Erfassungsmodi (der Diltheysche ‚Strukturzusammenhang des Psychischen') bleibt unberücksichtigt. Die ersten Ebenen der Lenkschen Gliederung werden z.B. eher der Wahrnehmung zugeordnet, die höheren dem Denken im Sinne komplexerer kognitiver Prozesse. Das interaktive Zusammenspiel elementarer Wahrnehmungsprozesse und ‚höherstufiger' kognitiver Verarbeitungsvorgänge wird dann modellhaft nicht darstellbar, weil die verschiedenen ‚Stufen' eindimensional angeordnet sind. Zudem fehlt die bedeutsame Funktion des Erlebens (der Gefühle, Gestimmtheiten, Stimmungen) beim Erkenntnisvorgang; es ist ein rein kognitives Modell[2], wobei die ‚untersten' und am wenigsten bewußten Pro-

---

[1] Eine differenzierte Darstellung der Wahrheitsproblematik unter interpretationistischem Gesichtspunkt gibt Günter Abel (1992); Wahrheit ist für ihn ein Interpretationsverhältnis (vgl. dazu auch Abel, 1993, 512ff.), und zwar zwischen verschiedenen Ebenen der Interpretation. Abel unterscheidet 3 Ebenen (1993, 15), die etwa der Lenkschen Stufung entsprechen.

[2] In ‚kognitiv transformierter' Form versucht Günter Abel, der Erfahrungstatsache Rechnung zu tragen, daß Kognitionen vielfach eine Bewertungsdimension enthalten, die er ‚Wertschätzung' nennt (Abel, 1992, 318ff.).
(Zu diesem Vorgang der ‚kognitiven Transformation von Gefühlen' vgl. unten S. 181.)

zesse praktisch identisch sind mit Primärprozessen der Wahrnehmung[1]. Aber selbst für einfache Wahrnehmungsprozesse eignet sich ein Stufenmodell der Interpretativität nicht, um die ablaufenden Vorgänge angemessen zu beschreiben, weil sich rekursive, auf- und absteigende Prozesse der verschiedenen mentalen (kognitiven und affektiven) Prozesse nicht darstellen lassen.

Auch die einfachste unmittelbare Wahrnehmung stellt ein komplexes interaktives mentales Geschehen dar, in dem in einem mehrstufigen Prozeß der Verarbeitung sensorische ‚Spuren' sukzessiv verarbeitet und damit ‚erkannt' (d.h. bekanntem Weltwissen zugeordnet) werden.

Ein Vorgang, der von perzeptuellem Erkennen im Sinne unmittelbarer Erfahrung ausgeht, hat eine ganz andere Struktur und auch Bedeutung[2] im Kontext der Weltkonstitution eines Individuums als z.B. ein solcher, der eher Erinnerungen verarbeitet oder abstrahierend bzw. in die Zukunft projizierend simulativ bestimmte Vorstellungen entwickelt und ‚durchspielt', deren Zusammenhang mit der konkreten Erfahrung des Individuums möglicherweise äußerst gering ist; gerade für ungünstige mentale Prozesse mit negativen Auswirkungen auf die Lebenswelt des Betreffenden ist das ein typisches ‚Muster'. Diese Tatsache war vielen antiken Philosophen geläufig (z.B. Epikur und in der stoischen Tradition), und ohne diese Unterscheidung würde eine wichtige Grundlage erfolgreicher Beratung fehlen.

Bei einem Ausgehen von ‚Interpretation' als zentralem Begriff geht diese wichtige Unterscheidung zwischen Wahrnehmung, Denken und Erleben verloren – die *Denkprozesse* sind sozusagen der Prototyp des Erkenntnisvorganges, während sie bei Dilthey nur ein Strukturelement des komplexen Vorganges darstellen.

So ist für ihn z.B. fraglos, daß Gefühle einen wesentlichen Bestandteil der Weltkonstituierung bedeuten, sowohl unmittelbare, reaktive Gefühle, die in einen konkreten Erfahrungskontext gehören, wie auch überdauernde Stimmungen bis hin zu persönlichkeitscharakteristischen Grundgestimmtheiten im Sinne einer eher ‚optimistischen' oder ‚pessimistischen' Natur.

Wenn ich zum Beispiel eine Landschaft ‚wahrnehme', so ist es sicher richtig, diesen Prozeß als interpretatorischen Vorgang anzusehen. Aber was bedeutet das

---

[1] Mit der ersten Stufe sind z.B. Basisprozesse der Wahrnehmung gemeint, die sich sehr früh entwickelt haben und der bewußten Kontrolle weitgehend entzogen sind, etwa die von Prinz ‚obligatorisch' genannten ‚Grundprozesse'.
Prinz unterscheidet hier die Stufe der Vorverarbeitung, die von der Beschaffenheit gespeicherter Informationen weitgehend unabhäng ist und die Stufe der Primärkodierung, in denen es um die ‚Adressierung' von ‚Spuren' geht – diese Prozesse sind bereits wesentlich von dem jeweils vorliegenden Wissensbestand geprägt (Prinz, 1983, 184).

[2] Vgl. Hume: „Der lebendigste Gedanke ist immer noch schwächer als die dumpfeste Wahrnehmung" (Eine Unters. über den menschl. Verstand, 2.Abschn.).
Der ‚Fallstrick' dabei ist allerdings: Gefühle, die von Vorstellungen erzeugt werden, können eine solche Intensität einnehmen, daß sie die von konkreter Wahrnehmung hervorgerufene noch übertreffen; deshalb werden dann auch (zumindest vom Individuum selbst) diese Vorstellungen und Konzepte für Realität gehalten. Insofern ist die Unterscheidung von Wahrnehmungswelt und Gedankenwelt nicht ganz so unproblematisch, wie einfache Beispiele es nahelegen.

im Detail? Dilthey beschreibt das am Beispiel einer Alpenlandschaft [= Wahrnehmung], die ein heiteres Gefühl hervorruft [= Erleben]. In einem sukzessivrekursiven Prozeß findet ein Vorgang statt, der diesem Erlebnis je nach Individuum ganz unterschiedliche Dimensionen geben kann, so daß quasi eine individuelle *Welt-als Alpenlandschaft-mit-wahrnehmender-und-erlebender-sowie-sich-darin-aufhaltender/bewegender-Person* ‚entsteht'. Eine zweite Person, die sich in unmittelbarer Nähe befindet, mag demgegenüber eine gänzlich ‚andere' Welt ‚hervorbringen', die sich in sehr unterschiedlichen verbalen Schilderungen dieser konkreten, je persönlichen Erfahrung niederschlagen könnte, würden die beiden Personen am Tag darauf über ihr Erlebnis befragt.

Das als unterschiedliche ‚Interpretation' zu bezeichnen, gibt keine Orientierung für die Rekonstruktion des Prozesses in seinem Ablauf, der z.B. auch ungünstige Elemente und Aspekte enthalten mag, die dann in einer kritischen Rekonstruktion in bewußter Weise umstrukturiert und verändert werden können. Es ist sogar möglich, sich an vorher unbeachtet gebliebene Wahrnehmungsdetails zu erinnern und so die gemachte Erfahrung in einer Weise zu vertiefen, daß sie die unmittelbar nach der Erfahrung vorliegende Repräsentation an Differenziertheit deutlich übertrifft.

Insofern scheint es mir sinnvoll und wichtig, wieder auf eine strukturelle, an den (individuellen) Erkenntnisprozessen orientierte Konzeption des Welterfassens zurückzugreifen, für die Dilthey eine bis heute maßgebliche Basis entwikkelt hat und diese mit empirischen Ergebnissen zeitgenössischer Forschungen zu ergänzen und zu vertiefen.

Gerade als Ergänzung zu der häufigen Dominanz der wissenschaftstheoretischen Perspektive in der philosophischen Erkenntnistheorie ist die Berücksichtigung kognitionspsychologischer Ergebnisse von Bedeutung, die auch in neueren philosophischen bewußtseinsorientierten Ansätzen kaum Beachtung finden[1]. Die spezifische Situation des Beratungskontextes als Rekonstruktion subjektiver Weltsicht läßt gerade Untersuchungen der 1. Person-Perspektive interessant werden, die erst in den letzten 15–20 Jahren wieder aufgenommen wurden.

> Hier liegt ein wesentlicher Unterschied etwa zur *Philosophy of Mind*, deren Vertreter aufgrund ihres meist reduktionistischen Interesses recht willkürlich zwischen der Perspektive der ersten und dritten Person hin- und hergehen. Als Diskussionsbeitrag zu einem Vortrag von J.R. Searle (Ciba Foundation 1992) wies der englische Psychologe Velmans darauf hin, daß sich dadurch vier unterschiedliche ‚kausale Geschichten' ergeben – die erste argumentiert ausschließlich

---

[1] Carrier und Mittelstraß konstatierten in ihrem 1989 erschienenen Buch zum Leib-Seele-Problem: „Es gehört zu den Besonderheiten der gegenwärtigen Diskussion über das Leib-Seele-Problem, daß die Entwicklung der modernen Psychologie nur selten Berücksichtigung findet" (Carrier/Mittelstraß, 1989, 139). An diesem Befund hat sich bis heute wenig geändert.
Die große Bedeutung der Untersuchung ‚subjektiver Theorien' (‚Alltagstheorien') in der empirischen Psychologie ist z.B. eine Bestätigung dafür, daß für die Untersuchung kognitiver Prozesse durch die Psychologie „kognitive, nicht neurophysiologische Begriffe die adäquaten hypothetischen Konstrukte" sind (ebd. 152).

aus der Perspektive der 3. Person (dem Beobachter) und spricht die Sprache der Neurophysiologie, von Hirnprozessen etc., die zweite ‚*causal story*' bezieht sich ganz auf die Darstellung der 1. Person-Perspektive, die dritte und vierte Art kausaler Darstellung entsteht durch den Wechsel von der Perspektive der 1. zur 3. bzw. umgekehrt von der 3. zur 1. Person. Searles Fallbeispiele bestanden für Velmans hauptsächlich aus Geschichten dieser letzten beiden Arten. Er hält zwar alle vier Darstellungsformen für legitim, fordert aber eine Bewußtheit darüber, welche Art von ‚Geschichte' man gerade erzählt (Searle, 1993, 79).

Entsprechend ist vielfach noch immer die Unterscheidung von ‚objektiver' (weil beobachtbarer) Außenwelt und ‚subjektiver Innenwelt' wirksam und weiterhin als ‚Hintergrundsfolie' aufweisbar. Hier wird jedoch etwas getrennt, was im konkreten Erfahrungsprozeß integrativ zusammengeht (Innen- und Außenwahrnehmung sowie Gewahrsein des Erlebens).

Der Grund für diese Trennung war im behavioristisch-positivistischen Ansatz ein methodischer – es war die Unterscheidung des Wirklichkeitsausschnittes, der in 3.Person-Perspektive zugänglich ist, von dem der Perspektive der 1. Person. Tatsächlich ist aber sowohl die sogenannte Außenwelt wie die (angeblich private) Innenwelt im Falle einer Interaktion zwischen zwei Personen jeweils aus beiden Perspektiven zugänglich, die in der dialogischen Situation in einem komplementären Beziehungsverhältnis stehen.

> Der Wahrnehmungstheoretiker Gibson beklagte die – aus seiner Sicht ungünstige – Trennung zwischen Außen- und Innenwelt, weil die Wahrnehmung gerade die Funktion ist, die die Trennung des Selbst von der Welt überbrückt. Es stellt für ihn eine unangemessene Verkürzung des Wahrnehmungsprozesses dar, zu sagen, wir nähmen Formen, Farben, Bewegungen bzw. Objekte oder Ereignisse wahr – statt dessen, so formuliert er es, nehmen wir uns selbst wahr, die in der Umgebung handeln (nach Reed, 1994, 279).

So ist der eigene Körper keineswegs nur Gegenstand der Innenwahrnehmung (Propriozeption und Viscerozeption), sondern er ist auch – wenngleich aus einer sehr speziellen Perspektive – exterozeptiv wahrzunehmen. In diesem Sinne ist mein eigener Körper auch immer ein Wahrnehmungsobjekt mit und neben anderen.

Der andere Aspekt, der (neben der Interozeption) in dem unscharfen Begriff der ‚Introspektion' mit enthalten ist, besteht im Gewahrsein des Erlebens (Gefühl, Gestimmtheit) – aber auch Erleben ist nicht nur aus der Perspektive der 1. Person (im unmittelbaren Gewahrsein, wenngleich nicht immer in vollem Umfang) zugänglich, sondern die Gefühle einer anderen Person sind auch aus der Perspektive der 3. Person im – verbalen und nichtverbalen – Ausdruck wahrnehmbar und erschließbar. Beide ‚Berichte' können sich in unterschiedlicher Weise ergänzen oder auch widersprechen, z.B. wegen unterschiedlicher Genauigkeit der Wahrnehmung. Es gibt Täuschungen und Irrtümer in der Selbstwahrnehmung wie in der Fremdwahrnehmung[1].

---

[1] Genau diesen Aspekt betont auch Velmans, ausgehend von einer Situation, bestehend aus einem Experimentator (E), einem Forschungssubjekt (S) und einem Objekt. „From their re-

Für das Umgehen mit komplexen Prozessen mentaler Verarbeitung hat sich im Kontext der kognitiven Psychologie ein Ansatz als besonders fruchtbar erwiesen, der aus philosophischer Perspektive eine große Nachbarschaft zur Wissenschaftstheorie aufweist, insofern eine grundsätzliche Strukturgleichheit zwischen wissenschaftlicher Erkenntnis und Alltagserkenntnis angenommen wird. Die Unterscheidung von Expertenwissen und Laienwissen oder Alltags- und wissenschaftlichen Modellen stellt dann eine graduelle, kontinuierliche Abstufung dar, nicht aber ein grundsätzlich unterschiedliches Vorgehen.

So bedeutet Erkennen, daß die Phänomene oder Erfahrungen, mit denen man jeweils neu konfrontiert ist, auf das bisherige Wissen, die derzeitigen Modelle und Theorien bezogen werden, sei es als Alltagserfahrung oder – in kontrollierter Form – im Kontext wissenschaftlicher Experimente oder Beobachtungen.

Norbert Seel hat diesen Vorgang so beschrieben, daß wir aufgrund dessen, was wir wissen, ‚Modelle' der Welt konstruieren, die er (mit Wartofsky, 1979, XV) als ‚kognitive Artefakte' bezeichnet, „als Erfindungen des Verstandes, die uns helfen, unser bereichsspezifisches Wissen so zu organisieren, daß Erscheinungen der Welt einen Sinn bekommen und subjektiv plausibel werden" (N. Seel, 1991, 2).

Modelle bzw. Theorien stellen ein Kontinuum solcher mentaler Verarbeitungsprozesse oder -strategien dar, wobei Theorien als umfassender betrachtet werden, während Modelle eher als Anwendungsformen von Theorien gelten bzw. als Theorien in einer bestimmten Situation, die schließlich zu umfassenderen, stabileren mentalen Konfigurationen im Sinne von ‚Theorien' führen.

Norbert Groeben schlug als Orientierung eine ‚Binnenstrukturierung' entlang der Dimension ‚Einfachheit – Komplexität' vor. Unter ‚Kognition' versteht er vergleichsweise einfache Phänomene, etwa Begriffe oder Konzepte, während er für komplexere ‚Aggregate' die Bezeichnung ‚Subjektive Theorien' vorschlägt, die er folgendermaßen definiert: „Kognitionen der Selbst- und Weltsicht, als komplexes Aggregat mit (zumindest impliziter) Argumentationsstruktur, das auch die zu objektiven (wissenschaftlichen) Theorien parallelen Funktionen der Erklärung, Prognose, Technologie erfüllt" (Groeben et.al., 1988, 19).

---

spective vantage points, E and S have symmetrical access to some entities and events, and asymmetrical access to others. Whether E's third-person view of S or S's first-person view of himself is privileged depends entirely on what is being accessed and what requires explanation. One can err from either perspective" (Velmans, 1993, 90).

(Von ihren jeweiligen Blickwinkeln haben E und S symmetrischen Zugang zu einigen Gegebenheiten und Ereignissen und asymmetrischen zu anderen. Ob E[xperimentator]s 3. Person-Perspektive von S oder S[ubjekt]s 1. Person-Perspektive seiner selbst privilegiert sind, hängt ganz und gar davon ab, was untersucht wird und was Erklärung erfordert. Man kann sich aus beiden Perspektiven irren.)

Symmetrisch zugängliche ‚Entitäten' (physikalische Objekte) mögen zwar schnellere intersubjektive Verständigung ermöglichen, das ist jedoch kein Grund dafür, die 3. Person-Perspektive als überlegen zu betrachten, denn jede individuelle Beobachtung ist wiederum ein subjektiver Erkenntnisprozeß aus einer individuellen 1.Person-Perspektive. Insofern entscheidet nur das Forschungsprogramm, welche Perspektive schwerpunktmäßig untersucht wird bzw. ‚führt'.

Die Praxisrelevanz einer solchen Konzeption wird deutlich, wenn man sich klarmacht, welches die anthropologischen Folgerungen sind: der andere Mensch wird in seinem Alltagsverständnis als (zumindest potentiell) reflexionsfähiges Subjekt betrachtet, und mit diesem „reflexiven (sprachmächtigen) Subjekt ‚Mensch', das für die psychologische Erkenntnis ‚Objekt' ist, [kann man] in Kommunikation treten ... und zumindest die Angemessenheit der Rekonstruktion der ‚Subjektiven Theorie' [*z.B. im Beratungskontext durch den Berater, E.R.*] im Dialog mit dem Erkenntnis-‚Objekt' feststellen ... Dies führt in letzter Konsequenz zur Einführung des Dialog-Konsenses als (hermeneutisches) Wahrheitskriterium zur Feststellung der Rekonstruktionsadäquanz der ‚Subjektiven Theorie'" (Groeben et.al., 1988, 22).

Natürlich sind mentale Modelle als kognitive Phänomene subjektiv und, wie Norbert Seel es ausdrückt, „nur dem modellschaffenden KS [Kognitionssubjekt] zugänglich" (Seel, 1991, 20). Dennoch ist auch für Modelle und Theorien im alltagstheoretischen Sinne, als ‚Subjektive Theorien' sensu Groeben, durchaus noch ein Schritt über die angemessene, durch Dialog-Konsens bestätigte Rekonstruktion hinaus möglich – sonst wäre ja ein beraterischer Prozeß, der auf eine Verbesserung der Erkenntnisprozesse abzielen muß, gar nicht konzipierbar. Hier findet sich, bedingt durch ungünstige hermeneutische Konzeptionen, gerade auch bei Philosophen häufig eine Ablehnung von ‚Kritik' (Adäquatheitsprüfung etc.) entweder – besonders im dialogischen Kontext – als Gefahr der Bewertung oder Überstülpung von eigenen Sichtweisen, oder aber, wie etwa im texthermeneutischen Bereich, als resignative ‚Glorifizierung' des Andersverstehens oder Abfinden mit einer interpretatorischen ‚Vorurteilsstruktur', d.h. auf jeden Fall Ablehnung von Wahrheitsansprüchen jeglicher Art.

Demgegenüber geht z.B. Groeben davon aus, daß der ersten ‚Phase' einer adäquaten Rekonstruktion mit dem Wahrheitskriterium des Dialog-Konsens eine weitere folgen kann, auch im Rahmen einer Untersuchung von Alltagstheorien. Die Orientierung an den neueren Entwicklungsschritten der Wissenschaftstheorie macht für Groeben deutlich, daß der Unterschied zwischen ‚Subjektiven Theorien' (naiven Alltagstheorien) und ‚objektiven (wissenschaftlichen) Theorien' nur ein gradueller, kein prinzipieller ist, und er folgert daraus, „daß die Selbsterkenntnis des reflexiven Subjekts unter Umständen – nämlich im Optimalfall der *rationalen* Reflexivität – auch als objektive Erkenntnis akzeptierbar ist; das heißt also, daß man diesen Heuristik-Speicher von Wissen auf seiten des Erkenntnis-‚Objekts' nutzt und hinsichtlich der Realitätsadäquanz überprüft" (Groeben et.al., 1988, 21).

Die Bedeutung einer solchen Konzeption der Strukturgleichheit subjektiver (Alltags-)Theorien und wissenschaftlicher Theorien für den Beratungskontext ist offensichtlich, und so können viele im wissenschaftlichen Rahmen entwickelte Prüfkriterien eingesetzt werden. Wichtig ist dabei zunächst die ‚Kohärenzprüfung', im Falle der Rekonstruktion subjektiven Welterfassens, insbesondere auch als ‚paßgenaue' Bezogenheit der strukturellen Elemente, wie etwa ‚Stimmigkeit' in der Zuordnung von Wahrnehmungsdaten zu Konzepten sowie – und das scheint mir besonders wichtig – die Überprüfung beider Elemente auf die angemessene Bezogenheit auf und ‚Resonanz' mit Prozessen des Erlebens.

Hinzu kommt die Prüfung der Erfassungs-Adäquatheit – ganz ähnlich wie bei wissenschaftlichen Theorien lassen sich auch subjektive Theorien daraufhin überprüfen, ob sie adäquat sind für die kognitive Verarbeitung bestimmter Erfahrungen, oder ob z.B. bestimmte Erfahrungsaspekte ausgeblendet oder unscharf/verzerrt repräsentiert werden ‚müssen', um den Fortbestand einer konzeptuellen Fassung, einer Modell- oder Theorieannahme, zu gewährleisten. Hierzu gehören alle strukturellen Elemente, die Erfahrung konstituieren, also beispielsweise:

a) Wahrnehmungsdetails, bezogen

>   aa) auf die Fremdwahrnehmung (Genauigkeit insbesondere in der Personwahrnehmung, Details der Verhaltensbeobachtung anderer Personen, aber auch Wahrnehmung von Gefühlsqualitäten bis hin zu Qualitätswahrnehmungen wie ‚Güte', ‚Boshaftigkeit' etc.)

>   ab) auf die Selbstwahrnehmung, als Exterozeption, d.h. Wahrnehmung des eigenen Verhaltens, wie auch als Interozeption, z.B. Wahrnehmung bestimmter körperlicher Prozesse, wie Spannungsmuster, Gehaltensein, evtl. Schmerz etc.

b) Auch das angemessene, d.h. unverzerrte und ‚vollständige' Gewahrsein des Erlebens (Gefühl, Gestimmtheit) ist ein wichtiges ‚Prüfkriterium', und sehr oft wird die Rekonstruktion hier Auslassungen, Unzugänglichkeiten, Verzerrungen etc. aufdecken, die dann zu einer Korrektur von zugeordneten Elementen entweder in den Details der Wahrnehmung oder den Konzepten führen (z.B. ungünstigen Gedanken, Befürchtungen, unrealistischen Wünschen und Hoffnungen etc.).

Natürlich gibt es auch Fälle, in denen eine subjektive Theorie auf einem ungenauen bzw. ‚falschen' Weltwissen im Sinne unzureichender Information beruht. Die subjektive Evidenz stellt sich immer dann ein, wenn ein Modell mit dem dazugehörigen Theoriehintergrund eine befriedigende ‚Erklärung' eines Weltphänomens ermöglicht – Norbert Seel weist z.B. darauf hin, daß falsche Modelle durchaus Plausibilität erzeugen und sich dann als sehr hartnäckig erweisen können.

Mentale Modelle bzw. übergreifendere Theorie-Annahmen werden also in der Regel so lange beibehalten, wie damit Plausibilität in bezug auf die Welt zu erzeugen ist. Wegen der großen menschlichen ‚Fähigkeit', Wahrnehmungsdaten aufgrund vorgegebener Vorstellungen bzw. Theorien zu interpretieren und umzudeuten, bedarf es oft massiver Konfrontation mit der Sichtweise anderer Menschen, bis eine Konzeption als unangemessen erkannt und evtl. modifiziert wird. Solche im Alltag gemachten Erfahrungen werden im Kontext Philosophischer Beratung häufig thematisiert, sie können aber auch durch Einbringung der Sichtweise des Beraters im Beratungsprozeß selbst in Gang gesetzt werden.

Unter diesen Aspekten sind für eine beraterische Tätigkeit Ergebnisse kognitiver Forschung zum Prozeß des Aufbaus und des Umgehens mit strukturellem Weltwissen von großer theoretischer und praktischer Bedeutung.

So wird der Ratsuchende als ein erkennendes Subjekt betrachtet, das eine lebenslange Lerngeschichte hinter sich hat, in deren Verlauf sich Wissen kontinuierlich erweitert und ausdifferenziert hat.

Beratung kann als eine Unterstützung angesehen werden, die bei notwendigen Prozessen der Restrukturierung im Sinne eines Umlernens oder Neustrukturierens in Anspruch genommen wird, wenn der/die Betreffende im Verlauf der Erfahrungs-(Lern-)Prozesse an Grenzen stößt. Je nach vorgegebener Situation wird der Berater dabei behilflich sein, die jeweiligen Erfahrungen durch eine Veränderung des Wissens zu integrieren, und zwar in einer der drei folgenden Weisen:
a) als Erweiterung (neue Information)
b) als Verfeinerung und Ausdifferenzierung von Wissensstrukturen
c) als Restrukturierung im Sinne einer Reinterpretation oder Neuorganisation von bereichsspezifischen Wissensstrukturen (nach N. Seel, 1991, 45).

Seel unterscheidet dabei zwischen ‚schwacher‘ und ‚starker Restrukturierung‘, letztere im Sinne der Konstruktion einer radikalen neuen Weltauffassung. Er gibt hier eine Beschreibung dieser Prozesse, die durchaus als eine Leitlinie von Beratung in krisenhaften Situationen angesehen werden könnten: „Wenn es zutrifft, und die Forschung zu mentalen Modellen deutet unmißverständlich darauf hin, daß die ‚schwache‘ Rekonstruierung von Weltwissen in vielen Fällen nicht ausreicht, um falsche Alltagsmodelle abzulösen, da unter dem Einfluß ‚alten‘ Wissens vermittelte Informationen umgedeutet und in Richtung der falschen Erklärungen verzerrt werden, ist es da nicht doch besser, Lernsysteme zu einer radikalen Veränderung ihrer Weltbilder zu veranlassen?" (Seel, 1991, 47).

Die Bedeutung der Wahrnehmungsgenauigkeit für den Beratungsvorgang wird gerade durch Untersuchungen zur allgemeinen Modelltheorie und Interpretationssemantik nahegelegt – hier wird deutlich, wie schwierig die Frage nach der ‚Wahrheit‘ subjektiver Weltkonstitutionen ist. Plausibilität und Stimmigkeit ergeben sich vor allem aus der Übereinstimmung der jeweils entwickelten Erklärungskonstruktionen (z.B. im Sinne von ad hoc entwickelten Modellen) mit dem bisherigen zugrundeliegenden bereichsspezifischen Weltwissen. Je rigider und starrer nun die Konzepte, Modelle und Theorien eines Menschen sind, umso weniger wird er/sie sich in der Welt- und Selbsterfassung von den jeweils neu gemachten Erfahrungen leiten lassen, sondern diese werden vielmehr in der jeweils erforderlichen Weise in die Konzepte und Modelle so ‚eingepaßt‘, daß die Stimmigkeit erhalten bleibt[1]. Ein rein kognitives Vorgehen (etwa mit Kriterien der internen Kohärenz oder der Überprüfung der Logik von Inferenzbildung etc.) reicht hier allerdings gerade im Beratungskontext nicht aus, auch wenn der ‚kon-

---

[1] „Das modellschaffende KS [Kognitionssubjekt] erschließt sich ‚seine Welten‘ alleine auf der Basis gespeicherten Wissens, ohne die ‚Wahrheit‘ seiner Behauptungen, Überzeugungen und Annahmen direkt in der objektiven Realität prüfen zu müssen. Dabei wirkt diese Konstruktion eines mentalen Modells wiederum auf die Entwicklung von Wissensstrukturen ein, denn so lange Wissensaussagen bzw. Überzeugungen in bezug auf Weltgegebenheiten durch diese nicht (eindeutig) widerlegt werden, gelten sie als ‚wahr‘ und stabilisieren die Wissensstruktur, aus der die Überzeugungen hergeleitet worden sind." (Seel, 1991, 151).

zeptuelle Konflikt' in manchen Fällen bereits einen Ausgangspunkt der Einflußnahme auf den Vorgang mentaler Modellbildung bedeuten kann (vgl. N. Seel, 1991, 211).

Oft sind jedoch meiner Erfahrung nach die entscheidenden Impulse für die jeweils notwendigen Restrukturierungen und konzeptuellen Veränderungen nur unter Berücksichtigung des Erlebens zu gewinnen. Eine Theorie menschlicher Erkenntnistätigkeit – ob philosophisch oder empirisch angelegt – bleibt unvollständig, wenn nicht die „kognitiv-emotive Doppelstruktur des erkennenden und verstehenden Geistes" (Schmidt, 1995, 180) berücksichtigt wird. So stellt das nächste Kapitel – zur epistemologischen Bedeutung der Gefühle – eine Fortführung der erkenntnistheoretischen Grundlagendiskussion Philosophischer Beratung dar.

3.2. Die epistemologische Bedeutung der Gefühle

Gerade auch bei komplexeren kognitiven Abläufen, wie sie sich etwa in der Entwicklung philosophischer Gedankengänge und Systeme zeigen, spielen emotionale Prozesse (Gefühl, Gestimmtheit) eine bedeutsame Rolle; aus der Perspektive Philosophischer Beratung und ihrer Rekonstruktion persönlicher Lebensphilosophien ist das von großer Bedeutung. Dilthey ging so weit, zu behaupten: „Ganz allgemein angesehen kommt in der bloßen Form des philosophischen Denkens ein bestimmtes Gefühlsverhalten zum Ausdruck" (GS VIII, 30f.). Er spricht hier von einem ‚Bildungsgesetz der Weltanschauungen': „In den verschiedenen Individuen herrschen nach ihren Eigenwesen gewisse Lebensstimmungen vor" (ebd. 81). ... Diese Lebensstimmungen, die zahllosen Nuancen der Stellung zur Welt bilden die untere Schicht für die Ausbildung der Weltanschauungen" (ebd. 82)[1].

An diesen Punkt knüpfte später Heidegger an, wenn er feststellt, „daß das Dasein je schon immer gestimmt ist" (SuZ 134). Sein Entwurf ist allerdings zugleich ein Hinweis dafür, daß die Einbindung der Gefühle in den Strukturzusammenhang der mentalen Prozesse wichtig ist, denn Heidegger baute in ‚Sein und Zeit' seine ‚Weltsicht' auf spezifischen Gestimmtheiten auf, die einerseits die Lebensstimmung Heideggers repräsentierten, aber zugleich charakteristisch für eine gewisse ‚Zeitgestimmtheit' waren. Mit dieser Annahme wird die begeisterte Rezeption des Heideggerschen Entwurfes durch einzelne wie auch die starke Ablehnung durch andere verständlich.

Das ‚Woher und Wohin' der Gestimmtheit muß jedoch keineswegs ‚im Dunkel' bleiben (SuZ 134), sondern kann auf einen spezifischen kognitiven Gehalt der Weltsicht (z.B. die Beschreibung des Daseins als ‚Geworfenheit') bezogen werden. Die dem entsprechende Gestimmtheit (etwa die Heideggersche ‚Angst')

---

[1] Dieses Thema wird bei der Behandlung des Diltheyschen hermeneutischen Ansatzes noch genauer beschrieben, vgl. unten S. 205.

kann dann z.B. mit einem bereits von Wundt geprägten Begriff als ‚Gefühlston einer Vorstellung'[1] bezeichnet werden.

Es gibt heute Versuche, Heideggers ‚Gefühlstheorie' aus der person- und zeitbedingten Gebundenheit herauszunehmen und die Bedeutung der Stimmungen für den Vorgang der Welterschließung erneut ins Bewußtsein zu rufen (z.B. Fink-Eitel, 1992, Wolf, 1993). Damit ist ein zentraler Aspekt benannt, der in einer Epistemologie auszuarbeiten ist, wenn sie einen Beitrag zur Rekonstruktion individuellen Welterfassens leisten soll. Heideggers spezielle Ausformung hat jedoch den strukturellen Ansatz Diltheys eher verdeckt[2], und so scheint es sinnvoll, wieder auf die Diltheysche Konzeption des Erlebens als Strukturkomponente der weltkonstituierenden Erkenntnisprozesse zurückzugreifen; dafür sprechen auch neuere empirische Forschungsergebnisse, die ergänzend hinzugezogen werden können.

Eine ausgewogene Berücksichtigung der Gefühle und Stimmungen würde eine Neubesinnung in der Philosophie erfordern, oder viellleicht eine neue Sensibilität für die Philosophie – so formulierte es der amerikanische Philosoph Robert

---

[1] Wundts Beschreibung erscheint heute erstaunlich aktuell: „Der Ausdruck ‚Gefühlswirkung einer Vorstellung' soll darum in diesem Zusammenhang eben nur bedeuten, daß es sich hier darum handelt, aus allen den Beziehungen, in denen die einer einzelnen Vorstellung anhaftenden Gefühle überhaupt stehen, so viel wie möglich diejenigen auszusondern, die an den konkreten Vorstellungsinhalt selbst gebunden, und die so lange dessen relativ konstante Begleiterscheinungen sind, also nicht eben jene außerhalb liegenden Bedingungen des Verhältnis ganz oder teilweise abändern.

Bezeichnen wir diesen einer Vorstellung als solcher anhaftenden Gefühlscharakter als den Gefühlston einer Vorstellung, so ist nun dieser an sich stets ein Totalgefühl, das aus einer Mehrheit einfacher Gefühle und in den meisten Fällen bereits aus Verbindungen derselben zu resultierenden Partialgefühlen besteht" (Wundt, 1911, 102).

Den Zusammenhang zwischen spezifischen Vorstellungen (Konzepten, Theorien etc.) und ‚Gefühlswirkungen' aufzuhellen sehe ich als eine wichtige Aufgabe philosophischer Beratung.

[2] So stellt insbesondere Heideggers Versuch, die Stimmungen in einen besonderen (präepistemischen) Rang zu erheben und sie somit aus dem strukturellen Kontext der welterschließenden Modalitäten herauszunehmen, m.E. eine eher ungünstige Modellvorstellung dar. (Vgl. dazu: „Daß ein Dasein faktisch mit Wissen und Willen der Stimmung Herr werden kann, soll und muß, mag in gewissen Möglichkeiten des Existierens einen Vorrang von Wollen und Erkenntnis bedeuten. Nur darf das nicht dazu verleiten, ontologisch die Stimmung als ursprüngliche Seinsart des Daseins zu verleugnen, in der es ihm selbst vor allem Erkennen und Wollen und über deren Erschließungstragweite hinaus erschlossen ist" (SuZ 136).

Beide von Heidegger genannten Alternativen beruhen auf der Strukturmodellierung von Über- bzw. Unterordnung, während Diltheys Konzeption eher einer interaktiven und rekursiven Modellierung entspricht.

Heidegger war sicher der Überzeugung, mit seiner Theorie der Befindlichkeiten allgemeinverbindliche Aussagen zu machen (etwa mit der Annahme über die ‚Grundbefindlichkeit der Angst als einer ausgezeichneten Erschlossenheit des Daseins': „Das Wovor der Angst ist das In-der-Welt-sein als solches", SuZ 186) und demonstriert damit, wie schwierig das philosophische Umgehen mit Gefühlen ist. Den entscheidenden Kritikpunkt benennt Ursula Wolf folgendermaßen: „Indem Heidegger nur eine solche Dichotomie herausgreift [sie hatte vorher mehrere benannt, E.R.], kann er so tun, als würde er die Struktur des Personseins entwickeln, obwohl er in Wirklichkeit nur eine von anderen ebenso möglichen Auffassungen des Personseins ausarbeitet" (Wolf, 1993, 129).

C. Solomon in einem Aufsatz über die Bedeutung der Gefühle in der Philosophie[1].

Daß im Erkenntnisprozeß kognitive und affektive Prozesse eng miteinander verbunden sind, ist in der abendländischen Philosophie seit der Antike in immer neuen Variationen, Modellierungen und Bewertungen, Unter- und Überordnungen behandelt worden. Man wird aber in zeitgenössischen Darstellungen philosophischer Erkenntnistheorie kaum etwas über diese Grundgegebenheit menschlicher Erkenntnisprozesse finden. Eine Erkenntnistheorie ohne Beachtung der Gefühle stellt somit eine Abstraktion dar, in der die emotionalen Prozesse systematisch eliminiert wurden. In dem erwähnten Aufsatz drückte das Robert C. Solomon pointiert so aus: Was verkehrt ist an der Erkenntnistheorie ist nicht, was sie behauptet, sondern was sie ausläßt. Philosophie ist immer noch sehr lebendig, aber sie gibt uns eine extrem begrenzte Sicht dessen, was man einmal ‚Weisheit' genannt hat.[2]

Durch diesen Abstraktionsprozeß wird aber das Individuum auf eine grundsätzliche (und beabsichtigte) Weise nicht berücksichtigt und eher zu einem ‚Störfaktor' im Prozeß der kollektiven Wissensgenerierung. Volker Gerhardt formulierte das in dem bereits zitierten Aufsatz über ‚Das individuelle Gesetz' folgendermaßen: „Die Allgemeinheit der Begriffe und der Gesetze steht somit generell für die Realität, in der die Individualität nur als kontingente Störung ihren Platz erhält. Begrifflichkeit wird zur eigentlichen Realität, das Individuelle verschwindet dahinter" (Gerhardt, 1997, 9).

Deshalb ist eine Erörterung der Gefühle im Kontext einer Fundierung Philosophischer Beratung so wichtig – hier geht es ja gerade um den individuellen Einzelfall.

Die Beachtung der Gefühle in der Philosophie ist aber nicht nur unter ihrer Erkenntnis mit-konstituierenden Funktion wichtig (Thema dieses Kapitels), sondern auch beim Prozeß des Verstehens und im Umgehen mit Werten ist die Beachtung emotionaler Prozesse von zentraler Bedeutung – das wird in den folgenden Kapiteln über Hermeneutik und Ethik thematisiert.

„Es beginnt sich abzuzeichnen", so konstatierte Hinrich Fink-Eitel in einem 1986 erschienenen Artikel, der eine ‚philosophische Bestandsaufnahme der Affekte' versucht, „was eine Philosophie versäumt, die die Schlüsselstellung der Affekte übergeht. Sie stellen, wie es scheint, unser reichstes und komplexestes Gemütsvermögen dar" (Fink-Eitel, 1986, 530).

Ursula Wolf erkennt der Behandlung der Gefühle ebenfalls einen zentralen Stellenwert in der Philosophie zu. Insofern Philosophie als wesentliche Aufgabe hat, zur Klärung unseres Selbstverständnisses beizutragen, kommt der Befassung mit der Affektivität „ein methodischer Vorrang" zu, vor allem weil „Verstehen

---

[1] „A balanced emphasis on emotions and moods would require a revisioning or, perhaps, a new sensitivity for philosophy" (Solomon, 1992, 43).
[2] Solomon, (1992, 19). „What is wrong with epistemology is not what it claims but what it leaves out. Philosophy is still very much alive and lively, but it gives us an extremely limited vision of what used to be called ‚wisdom'."

überhaupt nur im Ausgang von Gefühlen von Personen zugänglich ist" (Wolf, 1993, 112).

Die philosophische Behandlung der Gefühle stellt jedoch – sowohl historisch wie auch im zeitgenössischen Diskurs – ein schwieriges und sehr kontrovers behandeltes Thema dar. Die Ursache liegt m.E. in einer Gegebenheit, auf die zum erstenmal von Dilthey hingewiesen wurde – die epistemologischen Grundlagen einer jeden Philosophie, so Dilthey, beruhen auf den jeweiligen oft impliziten ‚Vorstellungen des seelischen Zusammenhangs'[1]. Die individuelle Konzeption dieses ‚Strukturzusammenhangs' stellt ein organisierendes ‚Modell' dar, das insbesondere den zentralen Aspekt des jeweiligen Umgehens mit dem Bereich der Gefühle regelt, nämlich den Zusammenhang zwischen Denken und Gefühl. Hier ist noch vielfach die im abendländischen Denken dominante Überordnung des Denkens in bezug zum Gefühl wirksam (wenn die ‚Schaukel' der Über- oder Unterordnung ins andere Extrem verfällt und der Verstand als ‚Sklave der Affekte' bezeichnet wird (Hume[2]), stellt das nur eine Variation derselben Modellierung dar).

Pico della Mirandola: die Stellung des Menschen (nach Carolus Bovillus, 1509)
Aus: dtv-Atlas Philosophie. Quelle: Kunzmann/Burkard/Wiedmann: dtv-Atlas Philosophie. Illustrationen von Axel Weiß © 1991 Deutscher Taschenbuch Verlag

---

[1] „Aber augenscheinlich können die geistigen Tatsachen, welche den Stoff der Erkenntnistheorie bilden, nicht ohne den Hintergrund irgendeiner Vorstellung des seel. Zusammenhangs miteinander verbunden werden. Keine Zauberkunst einer transzendentalen Methode kann dies in sich Unmögliche möglich machen. Kein Zauberwort aus der Schule Kants kann hier helfen. Der Schein, dies leisten zu können, beruht schließlich darauf, daß der Erkenntnistheoretiker in seinem eignen lebendigen Bewußtsein diesen Zusammenhang besitzt und aus ihm denselben in seine Theorie überträgt. Er setzt ihn voraus. Er bedient sich seiner. Aber er kontrolliert ihn nicht. Daher schieben sich ihm notwendig aus dem Sprachkreis und dem Gedankenkreis der Zeit Deutungen dieses Zusammenhangs in psychologischen Begriffen unter" (GS V, 148f.)

[2] Ein Traktat über die menschliche Natur. Buch II (Über die Affekte), Abschn. 3. Hamburg: Meiner 1978, 153.

Dabei läßt sich beim heutigen Wissen um die enge interaktive und rekursive Beziehung von Wahrnehmung/Denken und Gefühl eine Wertung und Sichtung der philosophischen Diskussion der Gefühle vornehmen, die deutlich macht, wie differenziert das Umgehen mit dem Phänomen der Emotionen gerade in der antiken Philosophie war – etwa die aristotelischen Definitionen von Gefühlen, in denen bereits in komplexer Weise die kognitive Komponente bei der Entstehung von Gefühlen betont und beschrieben wurde, oder die Ansätze eines ‚therapeutischen' Umgehens mit ungünstigen Gefühlen, insbesondere durch die Rückführung solcher Gefühlszustände auf unangemessene bzw. unzureichende Denkprozesse in der Epikureischen und der Stoischen Philosophie (vgl. die exemplarischen Beispiele in Kap. B.1.b.)

Allerdings besteht bei diesen historischen Ansätzen immer wieder die Gefahr, daß eine zu einseitig kausale Betrachtung vorherrscht, so daß die Sichtweise dadurch eingeengt wird. Angesichts eines strukturellen Miteinanders von Emotion und Kognition (unter Einbezug der Wahrnehmung) läßt sich die Bezogenheit jeweils im Einzelfall herausarbeiten, denn trotz typischer Abläufe, wie sie von Philosophen vielfältig beschrieben wurden (ein bekanntes Beispiel aus der beginnenden Neuzeit ist etwa die Darstellung Spinozas in seiner ‚Ethik') ist doch die individuelle Eigenart der Relationen von Wahrnehmung, Kognition und Emotion sehr groß.

> Die Frage der Ursache-Wirkung-Beziehung von Kognition und Emotion hat die Emotionsforschung der letzten Jahrzehnte intensiv beschäftigt, und es hat hier Extrempositionen gegeben, nach denen Affekte entweder als post-kognitive Phänomene oder als prä-kognitive angesehen wurden. Verständlich werden diese unterschiedlichen Auffassungen dadurch, daß es sich hier um komplexe und rekursiv gestufte Phänomene handelt, so daß die jeweiligen Deutungen wesentlich davon abhängen, wo in diesen komplexen Abläufen ein ‚Schnitt' gemacht wird. Ulich beschreibt diesen Aspekt folgendermaßen: „Es hängt grundsätzlich von der Zeitstreckung einer Person-Umwelt-Interaktion oder eines Ereignisses, einer Erfahrung oder eines Erlebnisses ab, *ob* und *wo* ich überall Einschnitte machen kann, um (willkürlich) Ursache-Wirkungs-Beziehungen herauszupräparieren ... Die emotionale Stellungnahme oder Tönung kann den kognitiven Einschätzungen sowohl vorausgehen wie folgen, je nach Art und Dauer der Person-Umwelt-Interaktion, des Ereignisses usw." (Ulich, 1989, 29).

Im Beratungskontext ist ein strukturelles Erfassen der komplexen Möglichkeiten der Bezüge von Kognition und Emotion wichtig.

Ein weiterer, bereits erwähnter kritischer Punkt der tradierten philosophischen Behandlung der Gefühle besteht in der Art der Modellierung, die meist als hierarchische Über- oder Unterordnung konzipiert wurde. Das war vielfach auch mit einer Abwertung der Gefühle bzw. ihrer Gleichsetzung mit der ‚irrationalen' oder ‚triebhaften' Natur des Menschen verbunden, die einen letzten Höhepunkt in diesem Jahrhundert in der psychoanalytischen Triebtheorie und der Modellierung einer hierarchischen Struktur von Es, Ich und Überich fand[1].

---

[1] Solche Theorien finden sich sowohl vielfältig in den üblichen ‚Alltagstheorien' wie auch in philosophischen Texten des 20. Jahrhunderts. Ein charakteristisches Beispiel aus einem Artikel

Der Neurologe Damasio beschreibt dieses Stereotyp in plastischer Weise so: „Oben in der Großhirnrinde wohnen Vernunft und Willenskraft, während unten im Subcortex Gefühl und all die schwachen, fleischlichen Regungen hausen" (Damasio, 1994, 179). Auch aus der empirischen Sicht der neueren Hirnphysiologie stellt dieses ‚Bewußtseinsmodell' keine dem heutigen Wissen entsprechende Beschreibung dar: im angemessenen Fall arbeiten alle mentalen Strukturen integriert und aufeinander abgestimmt zusammen, Gefühle sind in die ‚Netze der Vernunft' verflochten (ebd. 12).

Auch das Bild, das die heutige psychologische Emotionsforschung liefert (vgl. etwa Goleman, 1995), entspricht dieser positiven und konstruktiven ‚Modellierung', wobei z.B. die notwendige Steuerung emotionaler Impulse nicht als eine ‚Herrschaft' des Denkens über die Gefühle angesehen wird, sondern als ein ständiges Miteinander dieser beiden Funktionen auf jeder der möglichen Ebenen von Bewußtheit und Reflexivität. So steht ‚Gefühlskontrolle' nicht für ‚Unterdrückung' oder ‚Beherrschung' von Gefühlen (der Begriff des ‚Triebs' wird in der zeitgenössischen Psychologie kaum noch verwendet), sondern wird eher als im Dienste einer Vertiefung und Verfeinerung der Gefühlsfunktion stehend betrachtet, für die der Anfang der 90er Jahre geprägte Begriff der ‚emotionalen Intelligenz' (bzw. ‚Kompetenz') inzwischen zu einem treffenden Schlagwort geworden ist.

Damit läßt sich als Charakterisierung der Menschlichkeit des Menschen nicht nur seine entwickelte Rationalität (als Komplexität der kognitiven, denkerischen Abläufe und Vollzüge) benennen, sondern in gleicher Weise seine hochentwickelte und differenzierte (damit zugleich aber auch in besonderem Maße ‚störanfällige') Emotionalität – „der Mensch ist das emotionalste und das rationalste Lebewesen" (Goller, 1992, 12, vgl. auch 89ff.).

Eine weitere Charakteristik, die sich in Ansätzen bereits in den Anfängen der europäischen Philosophie findet, mit einem Höhepunkt in der Gefühlstheorie Kants, ist die Zuordnung von Denken und Gefühl zu den Kategorien von ‚objektiv' und ‚subjektiv'. Für Kant trugen die Gefühle nichts zum Erkenntnisvorgang

---

von Gadamer: „Wenn es eine ganze Dimension des unerhellten Unbewußten gibt, wenn all unsere Handlungen, Wünsche, Triebe, Entscheidungen und Verhaltensweisen, wenn somit das Ganze unserer menschlich-gesellschaftlichen Existenz auf die dunkle und verhüllte Dimension des unbewußten Triebganzen unserer Animalität zurückgeht, wenn all unsere eigenen bewußten Vorstellungen Maskierungen sein können ... dann kann ‚Selbstverständnis' gewiß nicht eine selbstverständliche Selbstdurchsichtigkeit unseres Daseins bedeuten. Wir müssen auf die Illusion verzichten, das Dunkel unserer Motivationen und unserer Tendenzen ganz aufzuklären. Wir können aber dieses neue Gebiet menschlicher Erfahrungen, das sich im Unbewußten auftut, nicht einfach ignorieren" (Gadamer, 1972, 337).

Daß hier anthropologische Grundannahmen führen, die auch ganz anders gesetzt werden können, hat die psychologische Kritik an der psychoanalytischen Triebtheorie und Konzeption des Unbewußten seit den vierziger Jahren deutlich gemacht und Alternativen vorgestellt, die zugleich mitverantwortlich waren für die Ablösung des behavioristischen Paradigmas und die Orientierung an einem Menschenbild des ‚reflexiven Subjekts' im Sinne eines ‚epistemologischen Subjektmodells' (Groeben/Scheele 1977).

als Prozeß der Wahrheitsgewinnung bei[1], sondern lieferten nur eine quasi subjektive ‚Zutat', die sich vor allem in der Form ästhetischer Prozesse[2] sowie der Moralität (durch das Gefühl der Achtung) ausdrückten und so eine Verbindung zwischen theoretischer und praktischer Vernunft herstellten.

Diese Einschätzung von Gefühlen als eher subjektiv, rationaler Argumentationen als eher objektiv (die in dieser pauschalen Zuordnung nicht haltbar ist) hat in Philosophie und Wissenschaftstheorie dazu geführt, daß meist alles Emotionale, das vielleicht beim Prozeß der Erkenntnisgewinnung beteiligt war, in der abschließenden Darstellung eliminiert wird.

Dabei beruht diese Haltung selbst auf einer emotional gefärbten ‚intellektuellen Stimmung', wie Ludwik Fleck es treffend genannt hat. Als emotionale ‚Hintergrundsquelle' des wissenschaftlichen und philosophischen Desinteresses an den Gefühlen im 20. Jahrhundert bezeichnete er u.a. die „*Verehrung* eines Ideals, des Ideals objektiver Wahrheit, Klarheit und Genauigkeit" oder als „*Glauben*, daß Verehrtes erst in weiter, vielleicht unendlich weiter Zukunft erreichbar sei" (Fleck, 1935, 187).

Wissenschaftliches Denken ist also für Fleck keineswegs gefühlsfrei (ebd. 188), und es ist für ihn evident, „daß die bestimmte Stimmung nicht nur die Arbeitsweise, sondern auch die Arbeitsergebnisse beeinflußt, d.h daß sie konkret als Bereitschaft für gerichtetes Wahrnehmen sich kundgibt" (ebd.).

Er beschreibt im einzelnen die Wirkfaktoren dieses Prozesses, durch den dann stufenweise ein Gebilde geschaffen wird, „das aus denkgeschichtlicher Einmaligkeit (*Entdeckung*) eben durch die Besonderheit denkkollektiver Kräfte zu zwangsläufig sich wiederholender, also objektiv, real anmutender *Erkenntnis* wird" (Fleck, 1935, 189).

So ging die ‚Eliminierung des Individuums' aus dem philosophischen bzw. wissenschaftlichen Diskurs Hand in Hand mit der Nichtbeachtung der Emotionen – das Beispiel der empirischen Psychologie zeigt, welch verheerende Auswir-

---

[1] „Die verschiedenen Empfindungen des Vergnügens, oder des Verdrusses, beruhen nicht so sehr auf der Beschaffenheit der äußeren Dinge, die sie erregen, als auf dem jedem Menschen eigenen Gefühl, dadurch mit Lust oder Unlust gerührt zu werden." (Beobachtungen über das Gefühl des Schönen und Erhabenen, A 1).
Während eine Wahrnehmungsqualität wie Rot oder Süß (Kant: Empfindungsqualität) „doch auch als Erkenntnisstücke auf ein Objekt bezogen werden, die Lust oder Unlust aber (am Roten und Süßen) schlechterdings nichts am Objekte, sondern lediglich Beziehung aufs Subjekt ausdrückt." (Metaphysik der Sitten, Rechtslehre, A/B 2f.)
(In einer Anmerkung vorher heißt es: „... aber das Subjektive der Vorstellung kann gar kein Erkenntnisstück werden; weil es bloß die Beziehung derselben aufs Subjekt und nichts zur Erkenntnis des Objekts Brauchbares enthält, und alsdann heißt diese Empfänglichkeit der Vorstellung Gefühl" (ebd. A/B 2).
„Dasjenige Subjektive aber an einer Vorstellung, was gar kein Erkenntnisstück werden kann, ist die mit ihr verbundene Lust oder Unlust; denn durch sie erkenne ich nichts an dem Gegenstande der Vorstellung, obgleich sie wohl die Wirkung irgendeiner Erkenntnis sein kann." (Kritik der Urteilskraft, B XLIII).
[2] „Was an der Vorstellung eines Objekts bloß subjektiv ist, d.h. ihre Beziehung auf das Subjekt, nicht auf den Gegenstand ausmacht, ist die ästhetische Beschaffenheit derselben. (Kritik der Urteilskraft, B XLIII, A XLI).

kungen auf die Forschung diese Grundhaltung hatte (im behavioristischen Ansatz, teilweise weiter fortgesetzt in dominant kognitiven Forschungsprogrammen nach der Ablösung des behavioristischen Paradigmas).

Die Unterscheidung von ‚subjektiv' vs. ‚objektiv' läßt sich jedoch nicht in einen unmittelbaren Zusammenhang mit den Gefühlen bringen, wie das Klischee von der ‚Objektivität' rationalen Denkens und der ‚Subjektivität der Gefühle' es tradiert. „Jeder Erkenntnisakt ist ein singuläres Ereignis" (Gerhardt, 1997, 5) – ausgehend von dieser Gegebenheit stellt die Perspektive eines Individuums mit dessen individuellen Erkenntnisprozessen zunächst einmal den Prototyp von Subjektivität dar, die aber in dem Augenblick in eine ‚objektive' Richtung geht, wenn die eigenen Erkenntnis-Aussagen mit einem Geltungsanspruch vorgetragen werden, der sich auf mehr als nur die eigene, individuelle Orientierung bezieht. In diesem Sinne unterscheidet auch das Alltagsbewußtsein zumindest in einer prinzipiellen Weise zwischen ‚subjektiven' (d.h. zunächst nur für die eigene Person gültigen) und ‚objektiven' Aussagen, die einen umfassenderen Geltungsanspruch erheben und sich entsprechend auch einer Prüfung durch ein anderes Individuum (z.B. den Berater im Kontext Philosophischer Beratung) unterziehen müssen und können.

In psychologischen Forschungsprogrammen hat inzwischen die Untersuchung und Erfassung individueller Subjektivität als 1.Person-Perspektive wieder ihren Platz gefunden und wird (im Sinne einer beschreibend-erklärenden Psychologie) ergänzt durch die Wahrnehmung aus der Beobachterperspektive bzw. objektivierende Untersuchungen mit dem Ziel verallgemeinerbarer Aussagen (vgl. dazu etwa Groeben, 1986).

Es gibt noch einen weiteren Aspekt, der die philosophische Behandlung der Gefühle erschwert hat – die oft fehlende oder ungenaue Unterscheidung zwischen Wahrnehmung (besonders im Sinne von Interozeption, als Propriozeption und Viscerozeption) und Erleben (als Gewahrsein der Gefühle und Stimmungen).[1] Menschen, die nicht zwischen ihren Gefühlen und Körperwahrnehmungen (‚Körperempfindungen') unterscheiden können, gelten in der Psychologie heute als mit geringer ‚emotionaler Intelligenz' ausgestattet – und das führt zu vielen Schwierigkeiten im Umgang mit sich selbst und mit anderen[2]. Körperlichen Schmerz (= Wahrnehmung) mit seelischem Schmerz (= Gefühl) zu verwechseln

---

[1] Der Begriff der Empfindung, der häufig für beide Phänomene verwendet wird, trägt mit zu diesen Schwierigkeiten bei; in der heutigen Psychologie wird er deshalb kaum noch verwendet. Über diese terminologische Ungenauigkeit hatte sich bereits Wundt beklagt und sprach von einer ‚Konfusion der Begriffe' bei denen zwischen Wahrnehmungen und Vorstellungen (deren Grundelemente er als ‚Empfindungen' bezeichnete) sowie Gefühlen nicht klar unterschieden wird (Wundt, 1908, 410).

[2] Vgl. Goleman (1996, 72). In Übersetzungen aus dem Englischen wird diese Problematik oft für den deutschen Leser noch verschärft – so verwendet z.B Goleman in seinem Buch an keiner Stelle das Wort ‚Wahrnehmung' in Zusammenhang mit Gefühlen, sondern stets nur awareness (Gewahrsein, Bewußtheit) oder attention (Aufmerksamkeit). In der deutschen Übersetzung werden beide Begriffe als ‚Wahrnehmung' übersetzt, so daß dem Leser die präzise Unterscheidung des Autors zwischen Körperwahrnehmung und Gefühlserleben als Gefühlsgewahrsein vorenthalten wird.

stellt eine unangemessene Form des Umgehens mit Gefühlen dar (nämlich eine Art des Somatisierens). In philosophischen Abhandlungen finden sich nicht selten vergleichbare begriffliche Ungenauigkeiten[1].

Alle diese benannten eher ungünstigen Perspektiven, unscharfen Begrifflichkeiten etc. sind m.E. zurückzuführen auf ungenaue oder nicht mehr angemessene Modellierungen des Strukturzusammenhangs von Wahrnehmung, Denken und Gefühl. So fordert Ursula Wolf mit Recht, daß – nach der rein deskriptiven Frage nach der Rolle der Affektivität im konkreten Leben von Personen – die tiefergehende Fragestellung philosophisch bearbeitet werden sollte, „was grundsätzlich der Ort der Affektivität in unserer allgemeinen Konzeption des Personseins ist. Diese Frage erfordert, daß wir aus den aufgezählten Aspekten durch Gewichtung und Anordnung ein bestimmtes Modell des Personseins bilden, so daß ihre Beantwortung kein deskriptives Unternehmen sein kann" (Wolf, 1993, 114)[2].

Dieses Thema gehört zu den heikelsten der Gegenwartsphilosophie. Viele Philosophen glauben, ohne Modellvorstellung des ‚psychischen Strukturzusammenhanges' auskommen zu können, und auch manche philosophische Praktiker lehnen eine Reflexion ihrer Modellvorstellungen ab, weil sie der Überzeugung sind, daß Philosophen (im Unterschied etwa zu Psychologen bzw. Psychotherapeuten) ohne Modelle auskommen können und es sollten, damit sie ihren Beratungsklienten nicht das eigene Modell ‚überstülpen'. Die eigenen (stets vorhandenen) Modelle bleiben dann implizit, wirken aber dennoch strukturierend für Wahrnehmung und Verstehen und werden entsprechend auch in den Äußerungen gegenüber dem Beratungsklienten übermittelt[3].

---

[1] Ein Beispiel: Franz von Kutschera bringt in seinem Buch ‚Grundfragen der Erkenntnistheorie' Beispiele für ‚nichtintentionales Erleben', das er als Empfindung bezeichnet.
„Ein nichtintentionales Erleben drücken wir mit Sätzen aus wie ‚Mir ist unwohl', ‚Mir ist warm', ‚Ich bin müde', ‚Ich bin zufrieden', ‚Ich habe Schmerzen', ‚Ich bin froh' etc. In solchen Fällen vor allem reden wir von Empfindungen. Dabei haben Empfindungen wiederum nicht, oder nicht direkt, mit äußerer Erfahrung zu tun" (Kutschera, 1981, 244f.)
Bei diesen Sätzen sind drei verschiedene Gruppen von Aussagen vermischt: 1. Exterozeptionen (Wahrnehmungen der sog. äußeren Welt), 2. Interozeptionen (Körperwahrnehmung oder Körperempfindung 3. Erleben (Gefühlsgewahrsein). Zwei der Sätze gehören je nach Kontext zur zweiten oder dritten Gruppe.
Praktisch alle diese Aussagen stehen in einem klaren ‚Objektbezug', so daß die Bezeichnung ‚nicht-intentionales Erleben' irreführend ist.

[2] Ursula Wolf spricht wenig später davon, daß dazu das ‚Herausarbeiten von Strukturzusammenhängen' notwendig ist (Wolf, 1993, 116), und sie erwähnt auch Dilthey, nimmt aber seine Konzeption einer strukturellen Gliederung des seelischen Strukturzusammenhanges nicht auf und gibt auch in diesem Artikel keine Hinweise darauf, welches strukturelle ‚Modell des Personseins' in bezug auf die Gefühle sie selber vertritt. Sie liefert statt dessen ein inhaltliches ‚Modell', im Sinne einer teleologischen Fragestellung, in der sie die ‚affektive Grundstimmung' als individuelle ‚Grundbewertung' des Lebens und insbesondere als Bewertung der Möglichkeit von Glück (als letztem Telos) charakterisiert.

[3] Vgl. dazu die Erfahrungen der holländischen Philosophiestudenten (s. die Berichte von Ida Jongsma und Dries Boele in Lahav/Tillmans, 1995); in beraterischen Rollenspielen, die auf Video oder Tonband aufgenommen wurden, ließ sich anhand der Aufzeichnungen und der Reaktionen des ‚Klienten' zweifelsfrei aufzeigen, wie sehr die eigenen Vorstellungen und Konzepte der ‚Berater' die Gesprächsführung leiteten, ohne daß es diesen in der unmittelbaren Situation bewußt war. Erst durch die Konfrontation mit dem eigenen Verhalten via Auf-

Ein Rückblick auf die Philosophie des 20. Jahrhunderts aus der Perspektive der nächsten Generation wird vielleicht einmal mit Verwunderung die Gründe aufzuzeigen versuchen, warum die Fortführung der von Dilthey Ende des 19. Jahrhunderts skizzierten Entwicklung einer bewußtseinsorientierten Philosophie, die in regem Austausch mit einer empirisch arbeitenden verstehend *und* erklärend vorgehenden Psychologie stünde, nicht gelungen war[1]. Die Psychologie hat jedenfalls hundert Jahre gebraucht, um Diltheys Vorschläge aufzunehmen und methodisch sein Programm ansatzweise verwirklichen zu können.[2] Für die Philosophie sind es bisher nur vereinzelte Stimmen, die sich von einer Wiederaufnahme dieses ‚Forschungsprogramms' wichtige Impulse für die philosophische Diskussion erwarten[3].

Die Bedeutung des Diltheyschen epistemologischen und hermeneutischen Ansatzes liegt gerade darin, daß hier der erste fundierte Entwurf vorliegt, in dem Wahrnehmung, Denken und Erleben (Gefühl, Gestimmtheit) in einem nicht-hierarchischen sondern strukturellen Beziehungsverhältnis für eine „begriffliche Erkenntnis der Individualität geistiger Sachverhalte" (Fellmann, 1995, 24) erfaßt waren. Die strukturelle Komponente ist dabei eine epistemische: Individualität ist „Resultat eines Individuationsprozesses, der sich nur durch Rückgang auf die Art und Weise, wie Subjekte Gegebenheiten erleben und interpretieren, erfahren läßt", wie Fellmann (1995, 24) diesen Aspekt des Diltheyschen Bezugs beschreibt, bei dem es um den inneren Zusammenhang geht, „der vom Allgemeinmenschlichen in seine Individuation führt" (Dilthey GS VII, 151).

Wie Fellmann (1995, 13) bin ich der Meinung, daß der Zeitpunkt für eine Neubewertung des Diltheyschen Strukturansatzes[4] deshalb so günstig ist wie nie zuvor, weil die neue nach-behavioristische Psychologie eine wichtige empirische Unterstützung für einen solchen Ansatz bietet, der seit vielen Jahrzehnten von der sog. ‚Humanistischen Psychologie' vorbereitet worden ist.

Im 20. Jahrhundert hat die ‚objektivistische Perspektive' in der Philosophie wie in anderen Wissenschaften zu einer massiven Nichtbeachtung oder Abwertung emotionaler Prozesse geführt. Gerade auch im Bereich der Kognitionswissenschaften oder der Philosophie (besonders der *Philosophy of Mind*) wird eine

---

zeichnung wurde der ‚distanzierte Blick' und die darauf aufbauende reflexive Leistung möglich, durch welche die impliziten Modellierungen explizit werden konnten.

[1] Dilthey selbst wurde entmutigt durch die doppelte Kritik von seiten der Psychologen (vor allem durch Ebbinghaus) und der Philosophie (besonders von Husserl, der – wie Fellmann [1995, 13] treffend charakterisiert – „mit dem Hammer der Intentionalität alle entgegengesetzten Impulse zerschlug").

[2] Norbert Groeben knüpfte bereits im Titel seines 1986 erschienenen Buches an das Diltheysche ‚Programm' an: „Handeln, Tun, Verhalten als Einheiten einer verstehend-erklärenden Psychologie. Wissenschaftstheoretischer Überblick und Programmentwurf zur Integration von Hermeneutik und Empirismus."

[3] Vgl. z.B. Fellmann (1995, 13) oder Nicole D. Schmidt (1995, 179ff., bes. 181, 190). (Diese Passagen werden später zitiert, s.u. S. 201.)

[4] Eine detaillierte Rekonstruktion des Diltheyschen Strukturmodells folgt im Kapitel über Hermeneutik (B.3.3.).

entsprechende Kritik erst aufgenommen, seit diese vermehrt auch von Seiten der Hirnphysiologen kommt. So formuliert z.B. Damasio:

> „Es dürfte keinen Sinn haben, ein umfassendes Geistkonzept zu entwickeln, ohne Gefühle und [Körper-]Empfindungen zu berücksichtigen. Doch genau das geschieht in angesehenen wissenschaftlichen Theorien der Kognition – sie klammern Gefühle und Empfindungen bei ihrer Erklärung der kognitiven Systeme aus" (Damasio, 1994, 218).

Eine Neubesinnung auf die Gefühle scheint mir deshalb für die Philosophie eine dringende Notwendigkeit zu sein – nicht nur hinsichtlich der Philosophischen Beratung, für die ohne Berücksichtigung der Gefühle keine angemessene Rekonstruktion (und damit: kein wirkliches Verstehen) einer individuellen Weltsicht möglich ist.

Doch könnte die Wiedereinbeziehung emotionaler Prozesse für die meisten philosophischen Disziplinen von Bedeutung sein, weil Gefühle bei jeder Art von Information und Informationsverarbeitung (d.h. bei Prozessen der Wahrnehmung, der Erinnerung, bei allen Denkvorgängen, Schlußfolgerungen etc.) mitlaufen und den Gesamtprozeß wesentlich mitkonstituieren, und zwar im Sinne einer Gewichtung und Wertung der jeweiligen Faktoren. Gefühle haben also *Urteilscharakter*.

> Der amerikanische Philosoph Robert C. Solomon hat das folgendermaßen ausgedrückt: „Emotionen sind in meiner Theorie ein komplexes System von Urteilen über die Welt, über Menschen und unsere Stellung in der Welt ... Eine Emotion ist kein isoliertes Urteil, sondern Teil eines Systems von Urteilen, das wiederum ein Subsystem unserer Weltanschauungen darstellt ... Emotionen sind ... Teil eines hochentwickelten Gewebes aus Erfahrungen und Überzeugungen und mit anderen Urteilen ... durch vielfältige logische Verbindungen verknüpft. Das emotionale Innenleben anderer Personen zu verstehen, verlangt nicht weniger als ein Verständnis ihrer gesamten Weltanschauung. Jede einzelne Emotion ... etabliert eine Urteilsstruktur, mittels deren die Menschen ihre Sicht der Welt errichten und ihr Sinn verleihen" (Solomon, 1981, 239f.).

Um diese Gegebenheit angemessen erfassen zu können, ist allerdings eine (Wieder-)Einbeziehung der am Bewußtsein orientierten Perspektive notwendig. Wenn die zuvor erwähnte Behauptung stimmt, daß eine ‚objektivierende', abstrahierende Darstellung die emotionale Komponente systematisch eliminiert, dann müssen hier Transformationsprozesse von der emotionalen zur kognitiven Ebene stattfinden, denn der Urteilscharakter bleibt ja auch in einer gefühls-‚gereinigten' Sprache erhalten. Geht man vom kognitiv-emotionalen Doppelcharakter der Erkenntnis aus, wird sich diese Transformation als eine ‚Emotionalisierung des Sachverhalts' im Sinne von Eigenschaftszuschreibungen manifestieren. In Anlehnung an ein Beispiel von Georg Henrik von Wright (1963, 75) über Äpfel wird dann aus einem Apfel, dessen Geschmack ich mag, ein ‚*wohl*schmeckender Apfel'.

Mit einer Strukturierung, die von den zugrundeliegenden mentalen Prozessen ausgeht, wäre das Ziel der Analyse, die beiden Dimensionen (Wahrnehmung/Denken und Gefühl) genauer zu explizieren und präzise zuzuordnen. Die emotionale ‚Markierung' würde jeweils spezifischen Wahrnehmungscharakteristika (Aussehen, Farbe, Form, Struktur, oder Geschmack, spezifische Geschmacksqualität, Saftigkeit, Süße etc. des Apfels) zugeordnet, deren Bedeutung für die Gesamteinschätzung oder die Art des ‚Vorziehens' – etwa bei einem Kauf, wo mehrere Sorten zur Auswahl stehen – in jeweils spezifischer Gewichtung vorgenommen würde.

Die Alltagssprache ist hier oft ungenau und nicht nur Philosophen neigen dazu, ihren Aussagen dadurch mehr Gewicht und weniger persönliche ‚Färbung' zu geben, daß sie ‚objektiviert' und ent-emotionalisiert werden, während der Sachverhalt durch bestimmte Charakteristika quasi ‚aufgeladen' wird mit der eigentlich emotional bestimmten und gewichteten Einschätzung. So wird aus einem Haus, das mir gefällt (aufgrund bestimmter Wahrnehmungsqualitäten, die – zumindest potentiell – benennbar sind) ein ‚wunderbares Haus'. Aus einer Gruppe von Menschen, mit denen ich mich wohlfühle, wird eine ‚fröhliche Atmosphäre'[1].

Diese kognitive Transformation hat vor allem auch bei der ‚Wert-Erkenntnis' eine Bedeutung. Erkenntnistheoretisch bedeutsam ist hier der grundsätzliche Vorgang dieser Transformation: In einer kognitivistischen Erkenntnistheorie (und hier ist die Parallele zu kognitivistischen Ethik-Ansätzen gegeben) wird der Wahrnehmung/Kognition die ganze ‚Last' des Wertens ‚aufgebürdet', die in einer strukturellen Erkenntnismodellierung ‚getragen' wird von dem Miteinander der emotionalen Stellungnahme und den Wahrnehmungsqualitäten, auf die diese exakt bezogen ist. Unter Einbeziehung emotionaler Prozesse werden Gefühle als die Prozesse angesehen, die zu einer Qualifizierung, Hervorhebung, Rangordnung, Einstufung etc. von Phänomenen führen, deren Ergebnis dann auch in kognitiven Aussagen formuliert werden kann. Ronald de Sousa definierte entspre-

---

[1] Sogenannte phänomenologische Beschreibungen geben oft die gleiche Ungenauigkeit wieder, wie sie in der Alltagssprache vorliegt. So beschreibt z.B. H. Schmitz Gefühle als ‚ergossene Atmosphären'.
Ein genaues Erfassen solcher Phänomene müßte m.E. davon ausgehen, daß Gefühle als Ausdrucksphänomene anderer Menschen wahrgenommen werden. Diese Wahrnehmung ist so differenziert auf die feinsten (meist nonverbalen) Signale abgestimmt, daß man in salopper Alltagssprache durchaus einmal von der ‚Atmosphäre' in einem Raum, bei einem Fest etc. sprechen kann.
Der enge Zusammenhang zwischen dem Zugang zu den eigenen Gefühlen (als Gefühlsgewahrsein) und der Wahrnehmung von Gefühlen anderer ist dabei wichtig und inzwischen auch empirisch nachgewiesen. Die empathische Einfühlung als ‚Einstimmung' und aktives Antworten muß dabei von der (weniger bewußten) Form der Nachahmung (,emotionale Mimikry') im Sinne einer ‚Gefühlsübernahme' unterschieden werden. (Vgl. dazu etwa Goleman, 1996, Kap. 7: Die Wurzeln der Empathie.)
Die Gefühlsanalysen von Schmitz beschreiben m.E. weitgehend solch diffuse, wenig bewußte Prozesse.
(Eine kurze Darstellung seiner Gefühlstheorie gibt Schmitz in dem Sammelband ‚Zur Philosophie der Gefühle', Schmitz, 1993, 33–56. Dort finden sich weitere Literaturhinweise.)

chend Gefühle als deutliche Muster der Hervorhebung bei Objekten der Aufmerksamkeit, Untersuchungs-Richtungen und schlußfolgernden Strategien[1].

Die Wiederaufnahme des bewußtseinsphilosophischen Paradigmas wird zwar einerseits auf die differenzierten Ausarbeitungen der Diltheyschen Strukturlehre zurückgreifen können, bedarf aber zum anderen der Orientierung an der empirischen Forschung, denn nur so wird es möglich sein, dieser Wiederanknüpfung das notwendige ‚Gewicht' zu geben.

Die grundlegend strukturierende ‚Kraft' einer bewußtseinsorientierten Ausrichtung steht und fällt mit der präzisen Unterscheidung von Wahrnehmung/Denken und Erleben. Wahrnehmungen liefern ständig Informationen aus dem eigenen Körper und der Umwelt, in der sich der Körper befindet, an die entsprechenden informationsverarbeitenden Instanzen, so daß sich mit Damasio durchaus zu Recht das Gehirn von dem ‚übrigen Körper' pragmatisch unterscheiden läßt.

Denkprozesse stellen Informationsverarbeitungsprozesse ‚höherer Ordnung' dar, in denen auf verschiedenste Weise gewonnene Informationen zu einem geordneten individuellen ‚Weltwissen' integriert werden, das inhaltliche und prozedurale Aspekte umfaßt. Dabei ist die Unterscheidung zwischen Wahrnehmung und Vorstellung bzw. Denktätigkeit zwar sehr wichtig (weil nur Wahrnehmungen uns unmittelbar über konkrete Erfahrungen Information vermitteln), aber von den ablaufenden mentalen Prozessen her sind Wahrnehmung und Denken so eng aufeinander bezogen, daß sie eine funktionelle Einheit bilden.

Will man die Rolle und ‚Aufgabe' der Gefühle für den Erkenntnisvorgang verstehen, scheint es mir sinnvoll, nach den elementaren, basalen Emotionsformen und ihrer Verankerung in der organismischen Existenz des Menschen zu fragen. Gerade die Tatsache, daß jeder kognitive Prozeß, ob Wahrnehmung, Vorstellung, Phantasie oder Befürchtung notwendigerweise mit Emotionen verbunden ist, läßt ein Wissen um die lebensweltliche Funktion von Gefühlen wichtig erscheinen.

Daß die Vielfalt der Emotionen auf eine grundlegende Unterscheidung positiver und negativer Gestimmtheit (wohl/unwohl) zurückgeführt werden kann, ist so offensichtlich, daß seit der Antike fast jede Gefühlstheorie darauf Bezug nimmt. Gefühle stellen unter diesem Aspekt eine grundlegende ‚Bewertung' dar: als günstig oder ungünstig eingeschätzt, für mich angenehm oder unangenehm, förderlich oder hinderlich bis schädlich. (Der Psychologe Rolf Oerter hat in diesem Sinne Emotion „als Beziehung zum Gegenstand definiert, genauer als eine Komponente dieser Beziehung" [Oerter, 1983, 285].)

Die Vielfalt der Erscheinungsformen der Gefühle fordert dennoch zu einer differenzierteren Ordnung heraus – gibt es mehrere ‚einfache', ‚basale' Gefühle, quasi ‚Grundgefühle', oder ist die Vielfalt der Emotionen eher auf den komplexen Bezug von Kognition und Emotion zurückzuführen? (Die erste hochdifferenzierte post-kognitive Theorie der Emotionen hat Aristoteles ausgearbeitet).

---

[1] „Emotions are determinate patterns of salience among objects of attention, lines of inquiry, and inferential strategies" (Sousa, 1980, 137).

Die in der Psychologie des 20. Jahrhunderts geführte Debatte über die Beziehung zwischen Kognition und Emotion kann inzwischen – gerade auch durch neuere physiologische Forschungen – als weitgehend gelöst angesehen werden, so daß darauf kein Bezug genommen werden soll[1].

Viele Befunde scheinen darauf hinzudeuten, daß es nur eine sehr begrenzte Zahl von ‚Grundgefühlen' gibt, die zu ganz bestimmten, charakteristischen Lebenssituationen ‚passen' und in diesem Kontext eine sinnvolle Funktion haben bzw. hatten[2].

Diese Gefühle sind in ihrer ‚primären Form' bezogen auf konkrete Erfahrungen, das Umgehen mit der wahrgenommenen Welt und ihren Erscheinungsformen, denen wir mit unserem wahrgenommenen eigenen Körpers begegnen.

Die erste Orientierungsleistung scheint darin zu bestehen, daß Weltphänomene als bekannt oder neu kategorisiert werden. Ein bekanntes Phänomen löst dann auf der Basis des individuellen Weltwissens über dieses ‚Objekt' die entsprechende Emotion aus, die eine angemessene Handlungsbereitschaft aktiviert, sofern das betreffende Objekt bzw. der Sachverhalt als für mich bedeutsam eingestuft wird. Ein unbekanntes Weltphänomen löst statt dessen zunächst einmal eine Art von Überraschung aus (diese wird manchmal als Grundgefühl genannt), die dann zu einem vorsichtigen bis interessierten Umgehen mit dem Phänomen führt, das noch nicht ‚erkannt' werden kann, weil entsprechendes Weltwissen fehlt bzw. in diesem Fall nicht in Anspruch genommen wird oder gerade nicht zugänglich ist.

Die erwähnte gefühlsmäßige Reaktion bei bekannten Objekten entsteht praktisch gleichzeitig mit der kognitiven Erfassung und kann häufig unterhalb der Bewußtseinsschwelle ablaufen. Das garantiert eine sehr rasche Aktivierung der entsprechenden Handlungsbereitschaft, bringt aber auch Irrtumsmöglichkeiten, die oft schwer kontrollierbar sind, weil die Prozesse weitgehend automatisiert und strukturell stark gebunden ablaufen.

Wird der Wahrnehmungsgegenstand als bekannt und potentiell bedrohlich eingestuft, bedeutet die emotionale Reaktion darauf die Entscheidung für Durchsetzung und Angriff (= Zorn) oder Rückzug, Flucht (= Furcht). Entsprechend wird auch (durch unterschiedliche Arten von muskulärem Grundtonus und hormoneller Ausschüttung) die Bereitschaft des Körpers zu den entsprechenden Verhaltensweisen vorbereitet.

Ein eher unbekanntes Weltphänomen, das nicht als bedrohlich eingestuft wird, erweckt ein positives Gefühl von Interesse, Neugier, Lust *auf*[3]. Für Kinder ist

---

[1] Ich verweise auf Übersichtsdarstellungen wie die bereits erwähnte von Goleman (1995), Goller (1992), Ulich (1989), Ulich/Mayring (1992).

[2] Die wichtigsten Methoden, auf die sich diese Aussage stützt, sind: EEG-Spektralanalyse (Machleidt et.al. 1989), Untersuchung der physiologischen Auswirkungen spezifischer Emotionen und ihrer verhaltenssteuernden Funktion (z.B. Goleman, 1995, 290ff.), sowie die Frage der interkulturellen Erkennbarkeit von Gefühlen (Ekman, 1981).

[3] In spektralanalytischen EEG-Auswertungen zeigte sich hier ein charakteristisches Muster, das Machleidt ‚intentionales Gefühl' nannte (Machleidt et.al., 1989, 44ff.).

fast alles neu, und deshalb fällt den Erwachsenen ihr waches Interesse und ihre daraus resultierende Aufmerksamkeit besonders auf. Das ‚Staunen' (nach Platon der Anfang der Philosophie) besteht vielleicht darin, die Routine allzu vertraut gewordener Alltäglichkeit zu durchbrechen und ein neues Interesse und damit eine vertiefte Aufnahmefähigkeit für die Weltphänomene zu gewinnen.

Schmerz bzw. Trauer und Freude sind die ‚prototypischen' Grundgefühle und stellen in der angemessenen Form jeweils Reaktionen auf konkrete Erfahrungen dar (Schmerz/Trauer z.B. auf den Verlust eines geliebten Menschen oder Objektes bzw. ein negatives Geschehen in bezug auf die eigene Person). Beiden Grundgefühlen entsprechen auch charakteristische physiologische Reaktionen, bei Trauer z.B. verringerter Stoffwechsel und damit geringer Antrieb, bei Freude allgemeine Entspannung und Hemmung negativer Gefühle (vgl. dazu Goleman, 1995, 23f.).

Auch ‚Liebe' (liebevolles, zärtliches Zugewandtsein) in den verschiedenen Erscheinungsformen (Liebe zum Partner, zum Kind, zu den Eltern) ist ein elementares Grundgefühl.

Schließlich gehört in diesen Kontext noch das Gefühl des Ekels oder Abscheus, das eng verbunden ist mit dem Geruchs- und Geschmackssinn und die ursprüngliche Funktion hat, etwas zu vermeiden bzw. auszuspucken, das widerlich riecht oder schmeckt. (Bekanntlich hat sich in der evolutiven Entwicklung das Gefühlsleben aus dem Geruchssinn entwickelt.)

Die große Vielfalt der kognitiv-emotionalen Prozesse ergibt sich nun dadurch, daß bereits die Wahrnehmung einfacher Objekte beim Menschen ein äußerst komplexes Phänomen darstellt, weil jeder Wahrnehmungsgegenstand durch das individuelle Weltwissen über diesen Gegenstand wesentlich bestimmt ist. Dadurch sind selbst die anscheinend einfachen und situations-spezifischen Reaktionen vielfältigen Variationsmöglichkeiten unterworfen. Auch hat sich die Bedeutung bestimmter emotionaler Reaktionen im Laufe der Jahrtausende verändert – eine ‚zornige' Reaktion, die angemessen bzw. überlebenswichtig gewesen sein mag, wenn plötzlich und unerwartet ein feindlicher Krieger oder ein gefährliches Raubtier auftaucht, kann z.B. im modernen Straßenverkehr verheerende Folgen haben. Die Notwendigkeit einer angemessenen kognitiven ‚Einbindung' der Gefühle ist z.B. die Grundlage der aristotelischen Gefühlstheorie und so gehört das Wissen darum zum philosophischen Grundbestand.

Die Bedeutung und Notwendigkeit der gefühlsmäßigen Reaktionen liegt aber nicht nur in ihrer handlungsmotivierenden Funktion (auch dies war ein Grundwissen der antiken Gefühlstheorien), sondern ohne Gefühle wäre kein angemessenes Planen und kein Fällen von Entscheidungen möglich.

Nicht nur konkrete Wahrnehmungen, sondern auch Vorstellungen (Kognitionen im weitesten Sinne) werden vom Individuum mit der Generierung von Gefühlen gewichtet und somit emotional ‚imprägniert' oder ‚markiert', so daß ein Entscheidungsprozeß auf diese vorgegebenen Wertungen zurückgreifen kann.

> Ronald de Sousa verwendet den Objektbegriff für jede Art der Bezogenheit von Gefühlen, und deshalb kreiert er die Gruppe der ‚propositionalen Objekte'. Er geht davon aus, „daß es Gefühle gibt, die sich normalerweise weder auf einen

Gegenstand beziehen, sei er ein Einzelding oder ein allgemeiner Gegenstand, noch auf irgendeine Tatsache oder Wahrheit. Statt dessen scheinen sie sich auf Propositionen als solche zu beziehen – oder vielleicht auf Situationstypen" (Sousa, 1987, 230).
Später faßt er definierend zusammen: „Wenn ein Gefühl ein rein propositionales Objekt besitzt, so besteht es in einer Einstellung, die einer Tatsache, einer Proposition, einem Ereignis oder einem Situationstyp mit einer Eigenschaft angemessen ist, die das formale Objekt dieses Gefühls verkörpert" (ebd., 528).

Der Vorgang des ‚Zusammengehens' von Kognition und Emotion läßt sich physiologisch im Bereich der präfrontalen Rindenfelder lokalisieren – Damasio beschrieb diesen Prozeß metaphorisch so, „daß sich Vernunft und Emotion in den ventromedialen präfrontalen Rindenabschnitten und in der Amygdala ‚überschneiden' (Damasio, 1994, 108).

Schädigungen in diesem Bereich führen (wie bei dem berühmten von Damasio neu beschriebenen Fall von Phineas P. Gage im 19. Jahrhundert) einerseits zu unkontrollierten Emotionen, andererseits fehlt die Fähigkeit der Entscheidungsfindung und Planung fast vollständig. Ein emotionsloser Verstandesmensch wäre zwar imstande, differenziert verschiedene Alternativen durchzuspielen und ihre Folgen abzuschätzen, aber er würde zu keiner persönlichen Entscheidung kommen. Am Ende eines solchen Prozesses würde er etwa sagen, wie es ein Patient von Damasio (der Schädigungen im präfrontalen Bereich aufwies) ausdrückte, nachdem er eine Vielzahl von Handlungsmöglichkeiten genannt und durchgespielt hatte: „Und trotzdem wüßte ich nicht, was ich tun sollte!" (Damasio, 1994, 83)

Durch die zyklische Bezogenheit von Emotion und Wahrnehmung/Kognition ergibt sich die schwierige Situation, daß Gefühle einerseits die zentrale motivierende und orientierende Funktion haben, andererseits aber diese Aufgabe nur optimal erfüllen können, wenn die zugrundliegenden Wahrnehmungen präzise und genau sind und die darauf aufbauenden Vorstellungen und konzeptuellen Verarbeitungen angemessen und ‚vernünftig'. Wir Menschen sind aber durch die Komplexität unserer mentalen Struktur in der Lage, fast beliebige (und das heißt vielfach auch: unangemessene) Vorstellungen und Konzeptualisierungen zu entwickeln, die dann u.U. negative Gefühlsreaktionen hervorrufen, die durch ungünstige, sich ‚aufschaukelnde' Prozesse eine solche Erlebensintensität erreichen können, daß allein dadurch ein subjektiver Realitätscharakter erzielt wird, während für einen anderen Menschen diese Intensität der Gefühle vielleicht überhaupt nicht nachvollziehbar ist. In solchen Fällen muß die ‚Therapie' der Gedanken und der Gefühle Hand in Hand gehen. So wie unkontrollierte Gefühle das Denken beeinträchtigen, können unangemessene Gedanken und ‚falsche Vorstellungen' extrem ungünstige und belastende Gefühle hervorrufen – auch wenn heute vielleicht nicht mehr die Angst vor Qualen im Hades oder der Hölle Hauptverursacher ungünstiger Gefühle ist, bleibt dieser z.B. durch Epikur so plastisch beschriebene Vorgang von unveränderter Wirksamkeit, nur mit anderen Inhalten.

In einer dem heutigen empirischen Forschungsstand angemessenen Form kann so das Wissen um die enge Bezogenheit von Wahrnehmung, Denken und Gefühl eine wichtige Grundlage Philosophischer Beratung sein.

Vielleicht wird noch einmal deutlich, warum in bezug auf die Heideggersche ‚Gefühlstheorie' betont wurde, daß durchaus eine Erhellung des ‚Woher und Wohin' selbst vager und unbestimmter Gefühle versucht werden kann, denn diese haben ihre ‚Wurzel' meist in übergreifenden Konzeptionen, die eine spezifische Einstellung dem Leben gegenüber ausdrücken. So benennt z.B. Karl Jaspers als Basis seiner Lebenseinstellung ein „Grundvertrauen zum Leben, eingegeben von geliebten Eltern, geborgen in ihrer Obhut" (Jaspers, 1953a, 155).

Selbst wenn es eine physiologische Basis des Temperamentes geben mag (Kagan stellt z.B. die Hypothese auf, daß Schüchternheit, Kühnheit, Optimismus und Melancholie jeweils charakteristische Muster zerebraler Aktivität mit sich bringen und schon sehr früh feststellbar sind [vgl. Goleman, 1995, 273ff.]), ist dennoch das persönliche Umgehen mit sich selbst, den persönlichen Erfahrungen und den darauf aufbauenden Konzepten ein prinzipiell flexibler und wandlungsfähiger Vorgang, der sich fast zu jedem Zeitpunkt umstrukturieren läßt und so zu einer Veränderung auch grundlegender Lebenseinstellungen und Gestimmtheiten führen kann. Gerade solche Aufgaben sind im Rahmen Philosophischer Beratung angehbar und lösbar.

Eine Orientierung an der komplexen Bezogenheit von Wahrnehmung, Denken und Gefühl kann so für die Rekonstruktion individueller Lebensphilosophien in der dialogischen Beratungssituation als strukturelle Grundlage dienen; unter dem Aspekt des Verstehens sowie des Zugangs zu den persönlichen Werten wird dieses Thema in den nächsten beiden Kapiteln erneut aufgenommen.

Mit dem Instrument einer präzisen Erfassung der kognitiven *und* emotionalen Komponente von Erkenntnisprozessen können aber auch philosophische Texte mit Gewinn untersucht werden und es würden sich zum Teil differenziertere und angemessenere Möglichkeit eröffnen, die älteren philosophischen Gefühlstheorien zu verstehen und zu würdigen, etwa unter dem Gesichtspunkt des Geltungsanspruchs.

Vielleicht ist es sogar auf eine neue Weise möglich, an den von Platon (Theait. 155d) benannten Ursprung der Philosophie aus dem Staunen (*thaumazein*) wiederanzuknüpfen bzw. diese Aussage neu zu verstehen. Ist das Staunen oder die Verwunderung wirklich, wie es Aristoteles meinte, eine Form des Nichtwissens?

> Die vielzitierte Stelle bei Aristoteles lautet: „Denn Verwunderung (*to thaumazein*) war den Menschen jetzt wie vormals der Anfang des Philosophierens, indem sie sich anfangs über das unmittelbare Auffällige verwunderten, dann allmählich fortschritten und auch über Größeres sich in Zweifel einließen ... Wer aber in Zweifel und Verwunderung über eine Sache ist, scheint kein Wissen zu haben ... Wenn sie daher philosophierten, um der Unwissenheit zu entgehen, so suchten sie das Erkennen offenbar des Wissens wegen, nicht um irgendeines Nutzens willen." (Met. I, Kap. 2, 982b 17f., Übers. nach Bonitz)

Vielleicht zeigt sich hier bereits die Schwierigkeit, zwischen Kognition und Emotion zu unterscheiden, denn wenn man ‚Staunen' als *Gefühl* versteht, ist es eine Reaktion auf Erkanntes (Wahrgenommenes oder denkerisch Erfaßtes) und damit – anders als bei Aristoteles – Teil eines Vorganges der Erkenntnis bzw. der Wissens*generierung*.

In diesem Sinne scheint es auch Platon aufgefaßt zu haben – Karl Albert hat in einem Aufsatz über ‚Das Staunen als Pathos der Philosophie' darauf hingewiesen, daß bei Platon das Staunen eine doppelte Charakteristik hat: es ist Ursprung *und* Ziel der Philosophie; Ziel, weil im Symposion (210e) der Aufstieg zur höchsten Erkenntnis so beschrieben wird, daß der Erkennende ein ‚staunenerregendes (*thaumaston*) wesenhaft Schönes erblickt'. „Das bedeutet: das vom Staunen ausgegangene philosophische Denken führt schließlich zu einer Erkenntnis, die selber wieder ein Staunen darstellt" (Albert, 1981, 150; vgl. auch Albert, 1996, 158f.).

Wenn wir von der Ausgangsbasis der grundsätzlich kognitiv-affektiven Struktur jeder Erkenntnis ausgehen, dann ist Staunen ein angemessenes Gefühl, wenn ich etwas wahrnehme, das mir eher unvertraut ist und mich durch bestimmte von mir wahrgenommene Qualitäten beeindruckt (‚beeindruckt sein' wäre dann eine Gefühlsreaktion, die dem Staunen eng benachbart ist). Wenn beim Anblick eines eigentlich vertrauten, alltäglichen Objektes, etwa einer Blume auf der Wiese, dieses staunende Gefühl in mir ersteht, dann deshalb, weil ich diese Blume auf eine ganz neue Weise sehe, so wie ich sie vielleicht als Kind zum erstenmal gesehen habe, aber nun erneut staunend, trotz allen Wissens über Blumen, das ich mir angeeignet habe und aller Erfahrungen, die ich mit Blumen inzwischen bereits gemacht habe. Dann mag dieses ‚philosophische Staunen' vielleicht zu Recht mit dem erwähnten Grundgefühl des Interesses gleichgesetzt werden, mit der gerichteten, positiven Aufmerksamkeit, der Wissensbegier usw. Und wenn sich nun eine neue Erkenntnis eröffnet, etwa die unfaßliche Schönheit dieses lebendigen ‚Objekts' vor mir, so ist wiederum Staunen die angemessene emotionale Reaktion, um diesen ‚Erkenntnisvorgang' abzuschließen, wie es ihn eingeleitet hat.

Karl Albert hat das Umgehen mit dem Staunen in der Philosophie durch die Geschichte verfolgt und festgestellt, daß es heute „als Ziel des Philosophierens vielfach aus dem Blickfeld geraten" ist (Albert, 1981, 166). In solchen Fällen wenden sich Philosophen gerne der Kunst zu, um einen derzeit philosophisch nur noch schwer beschreibbaren Bereich zu charakterisieren. Albert zitiert dazu den Lyriker Saint-John Perse, der diese ‚Aufgabenübernahme' sozusagen bestätigt und – anläßlich der Verleihung des Nobelpreises – sagte: „... und dann ist es die Poesie, nicht die Philosophie, die sich als ‚die wahre Tochter des Staunens' offenbart ..." (Albert, 1981, 166).

Als Beispiel bringt Albert eine Passage aus den Tagebüchern von Eugène Ionesco, in der die enge Bezogenheit von Wahrnehmung und Gefühl als Kennzeichen eines einfachen aber zugleich sehr tiefen ‚Erkenntnisvorganges' deutlich wird:

> „Ich fühle mich ganz nahe dem Eigentlichen oder dem Sein, wenn ich in leuchtender Morgenstimmung, da alles im Augenblick selbst geboren scheint, die Augen öffne, als geschähe es zum erstenmal, voller Staunen, und mich frage: ‚Was

ist das? Wo bin ich' und dann: ‚Warum das, wer bin ich, was tue ich hier?' Auf die Frage kann es natürlich keine Antwort geben, aber ich erwarte auch keine Antwort. Ich fühle im Augenblick, da die Frage auftaucht, eine grenzenlose ‚ungerechtfertigte' Freude, und diese Freude, dieser Überschwang scheint selbst die Antwort auf die Frage zu sein, die eben aufgetaucht ist"[1].

Ließe sich eine solche Passage noch vertiefen, wenn sie etwa im Kontext Philosophischer Beratung geäußert würde? Ich glaube ja – vielleicht wäre z.B. die ‚Bezogenheit' dieser grenzenlosen, für Ionesco ‚ungerechtfertigten' Freude noch weiter aufhellbar, denn die ‚Rechtfertigung' würde sich durch den Bezug der Freude zu den spezifischen Wahrnehmungsqualitäten ergeben, die sich im Morgenlicht zeigen, und so würde vermutlich die ‚Tiefendimension' charakterisiert, die dem ‚Staunen' angemessen ist. Erst dann würde Ionescos Staunen in der Fülle der Bezüge transparent werden und ließe sich aus der poetischen Unschärfe in das Licht philosophierend-reflexiven Bewußtseins überführen; eine solche Aussage würde dabei an Tiefe noch gewinnen.

Nur eine Philosophie, in der die Gefühle ihren angemessenen Platz im Prozeß des Selbst- und Welterfassens gefunden haben, kann den Hintergrund eines ‚vertieften Verstehens' bereitstellen, im Sinne einer ‚Tiefenhermeneutik', die dann auch wieder mit dem Staunen als ‚Beginn und Ziel der Philosophie' umgehen könnte.

3.3. Hermeneutik (‚Verstehen')

Nach einer kurzen begriffsgeschichtlichen Einleitung folgt die Darstellung der hermeneutischen Entwürfe von
Schleiermacher (192)
und Dilthey (199).
Danach werden diese beiden Entwürfe noch einmal in einen historischen Kontext gestellt, als Skizzierung der Hauptlinien der Hermeneutik von der Antike bis Dilthey (207).
Es folgt die Behandlung des Gadamerschen Versuchs der Wiederbelebung einer auf Mehrdeutigkeit zielenden (interpretierenden) Hermeneutik (210)
sowie eine Erläuterung des Heideggerschen Hermeneutik-Begriffs, auf den sich Gadamer bezieht (213).
Dann werden die Grundlagen einer epistemologisch fundierten Hermeneutik skizziert, im Sinne einer Explikation der strukturellen Komponenten der mentalen Prozesse des Selbst- und Welterfassens (215).

In einem zweiten Teil (218) folgt die Darstellung eines Strukturmodells in diesem Sinne, und zwar des von Elisa Ruschmann entwickelten Empathie-Modells, das in dem hier vorgelegten Entwurf Philosophischer Beratung als wichtige Orientierung dient.
Zunächst wird der Erfahrungsbegriff expliziert (218)
dann werden die strukturellen Komponenten konkreter Erfahrung dargestellt:
a) Wahrnehmung (224)

---

[1] aus: Argumente und Argumente, Neuwied 1964. Zitiert nach Albert (1981, 169).

b) Erleben (226)
　ba) Fühlen (227)
　bb) Spüren (231)
Es folgen die strukturellen Komponenten des Denkens oder kognitiven Verarbeitens (235)
des Willens, der Absicht oder Intention (237)
sowie der Werte (239).

Philosophische Beratung als dialogischer Prozeß ist ein komplexer Vorgang, in dem zwei (oder mehr) Menschen in Beziehung treten, und das auf vielfältige, nicht nur sprachlich vermittelte Weise. Dennoch ist das verstehende Aufnehmen des sprachlich Mitgeteilten, des ‚Textes' oder der ‚Erzählung' des anderen, zentraler Ausgangspunkt jeder Beratung; das rekonstruierende Nachvollziehen erschließt die wesentlichen Inhalte und Prozesse des Selbst- und Welterfassens eines Ratsuchenden und läßt auf diese Weise die ‚Welt' des anderen zugänglich werden.

Verstehen als ‚Erfassen von Welterfassen' ist damit selbst ein Erkenntnisvorgang und wurde als ‚Erkenntnis des Erkannten' bezeichnet (Boeckh[1]) – entsprechend sind für Schleiermacher Erkennen und Verstehen die beiden komplementären Hälften des Wissensprozesses (genauer gesagt: der Generierung von Wissen).

Neben der erkenntnistheoretischen Fundierung ist somit eine ‚Verstehenslehre' notwendig, die ein optimales Erfassen des vorgebrachten Anliegens und ein kritisches Umgehen mit den mitgeteilten Inhalten ermöglicht.

Daß Verstehen eine ‚Leistung' darstellt, die mehr oder weniger gut gelingen kann, wird vor allem im Mißlingen dieser Leistung deutlich, also im *Nichtverstehen* (das der Verstehende selber als solches realisiert) bzw. im *Mißverstehen*, das für Verstehen gehalten wird, so daß auf das Mißlingen hingewiesen werden muß – vom Gegenüber selbst im Dialog, oder von einem anderen Verstehenden, der eine angemessenere Weise des Verständnisses anzubieten hat.

So entwickelte sich eine ‚Verstehenslehre' zunächst im Umgang mit Texten einer anderen Sprache (in unserer Kultur vor allem mit den biblischen Schriften sowie den klassischen Texten der Antike) und hatte dabei den Schwerpunkt in der Aufhellung ‚dunkler Stellen', die der Kundige dem weniger Erfahrenen auslegend erläuterte. Die Bezeichnung ‚Hermeneutik' für die Lehre vom Verstehen oder Auslegen geht zurück auf das griechische Wort *hermeneuein*.

> G. Ebeling (1959) nennt als Grundbedeutung von *hermeneuein*: Zum Verstehen bringen, Verstehen vermitteln. Das kann sich dann in die Bedeutungsaspekte ‚aussagen (ausdrücken)', ‚auslegen (erklären)' und ‚übersetzen (dolmetschen)' modifizieren. Hier hat auch die mythische Anknüpfung an den Götterboten Hermes ihren Platz, der als Mittler zwischen Göttern und Menschen auftritt. Im

---

[1] Nach Boeckh gehört zu jeder Wissenschaft ein Verstehen ihrer Quellen, d.h. der hervorgebrachten Theorien; das ist in seiner Terminologie ‚Philologie'. „Hiernach scheint die eigentliche Aufgabe der Philologie das Erkennen des vom menschlichen Geiste Producirten, d.h. des Erkannten zu sein. Es wird überall von der Philologie ein gegebenes Wissen vorausgesetzt, welches sie wiederzuerkennen hat" (Boeckh, 1877, 10).

Kontext der Hermeneutik (bzw. der Kunst der Interpretation, vor der Prägung des Begriffes Hermeneutik), treten die anderen Bedeutungen hinter der des verstehenden Auslegens (besonders von Texten) jedoch bald zurück.

Als systematisches Umgehen mit menschlichen Aussagen spiegelt die Hermeneutik als „Lehre vom Verstehen und Auslegen von mündlicher und schriftlicher Rede" (Ineichen, 1991, 28) die jeweiligen Stadien der Subjektkonstitution und der Konzeptionen menschlichen Welterfassens.

Die Geschichte der Hermeneutik läßt sich so beschreiben, daß die Person des Autors eine zunehmend größere Rolle spielt. In den Anfängen des Umgehens mit Texten wurde der Autor als erkennendes und ‚Erkenntnis' (Wissen) mitteilendes Subjekt fast völlig übergangen; das wird am deutlichsten im Umgang mit den biblischen Texten – hier liegen ja wesentliche Wurzeln der Hermeneutik. Diese galten bis in die Neuzeit hinein gar nicht als menschliche Aussagen, sondern als göttliche Mitteilungen, die von Menschen ‚empfangen' wurden (im Sinne von Verbalinspiration). Aber auch für die klassischen Texte der Antike bestand die Aufgabe der Hermeneutik zunächst vor allem darin, ‚dunkle Stellen' aufzuklären und ansonsten den Text ‚für sich' sprechen zu lassen.

Dabei standen unterschiedliche, teilweise konträre Interpretationsansätze nebeneinander (vor allem grammatisch-rhetorische und allegorische Deutung), die Augustinus zu verbinden suchte, als „exegetische Tradition eines mehrfachen Schriftsinnes, die dann durch das ganze Mittelalter hindurch bedeutsam war" (Rusterholz, 1973, 91).

Mit der Begründung der neuzeitlichen Hermeneutik (J.C. Dannhauer prägte diesen Begriff 1629 und verwendete ihn 1654 als Buchtitel[1]), wurde zwar – zumindest für die säkularen Texte – die Bedeutung des Autors zunehmend gewürdigt (man sprach von der Autor-Intention), aber es ging doch in erster Linie um das Mitgeteilte, die Sache. Auch wenn etwa Chladenius (1710–1759) mit seinem ‚Sehepunkt' eine Art ‚Theorie der Subjektivität' zu liefern schien, war dennoch diese Subjektivität des Erkennens noch kein systematisches, positiv gefaßtes Thema, sondern eher eine zu eliminierende Fehlerquelle.

Eine Konzeption des Subjekts und seiner Erkenntnisprozesse als Grundlage des Verstehens setzt eine spezifische erkenntnistheoretische Auffassung voraus, die philosophiegeschichtlich als Übergang vom ‚ontologischen Paradigma' zum ‚mentalistischen Paradigma' bezeichnet wurde (Schnädelbach, 1991, 46ff., vgl. oben S. 156).

Kant machte deutlich, daß alle Erkenntnis Wissen eines erkennenden Individuums ist, und diese Einsicht rückt gerade in jüngster Zeit wieder neu ins Zentrum der Aufmerksamkeit, auch wenn wir heute nicht mehr (wie Kant) davon ausgehen, daß alle Menschen im wesentlichen dieselben Schemata und Prozesse des Erkennens aufweisen, sondern daß hier eine große kulturell und individuell bedingte Spannbreite besteht.

---

[1] Den Nachweis für die frühere – und zudem vor-theologische – Verwendung des Begriffs durch Dannhauer hat H.E. Hasso Jaeger geliefert (1974, 38 und 41f. sowie 44 u. 49).

Auf diesem epistemologischen Boden war es dann möglich, Verstehen auf eine ganz neue Weise zu fassen, nämlich Aussagen als Symbolisierungen subjektiver Erkenntnisprozesse zu betrachten. Schleiermacher (der sich auf Kants Erkenntnistheorie bezog) ging von der Grundannahme aus, daß unser Sein nur als Bewußtsein gegeben ist „und also eine erkennende Tätigkeit ursprünglich gesetzt" (Schleiermacher, Frank 371). Darauf aufbauend spricht er dann (mit dem von Schlegel übernommenen Terminus) vom ‚Nachkonstruieren der gegebenen Rede' (Frank, 93, Kimmerle, 83) als Beschreibung des hermeneutischen Verstehensprozesses[1].

Schleiermacher hat keine systematische Darstellung seiner Konzeption der ‚erkennenden Tätigkeit' gegeben, aber die Hauptelemente der psychischen Funktionen, die den Erkenntnisprozeß konstituieren, sind für ihn Wahrnehmung und Gefühl (bzw. Stimmung): „Die ursprüngliche menschliche Form des Erkennens im weitern Sinne ist das bestimmte Auseinandertreten von Gefühl und Wahrnehmung, in welchem der Mensch sich ein Ich wird und das Außerihm eine Mannigfaltigkeit von Gegenständen ..." (Frank, 371f.).

> In seinen Vorlesungen über Psychologie hat Schleiermacher das detaillierter ausgeführt. Scholtz faßt zusammen: „Die ... Unterscheidung von Gegenstandsbezug und Selbstbezug findet sich dann in jeder bestimmten Affektion: Wir setzen einerseits in der Wahrnehmung Gegenstände außer uns und spüren andererseits in Gefühl und Empfindung unmittelbar die durch die Affektion in uns bewirkte Veränderung (PS[2] 70f). Das führt zu der für den Menschen konstitutiven Doppelung des Bewußtseins in objektives und subjektives Bewußtsein, Gegenstands- und Selbstbewußtsein" (Scholtz, 1984, 164).

Die Wahrnehmung wird dann von der Vernunft zu „Begriffsbildung und Strukturierung der Wahrnehmungsinhalte" entwickelt, „die Sprache schließlich macht den inneren Prozeß mitteilbar" (ebd.): „Jede Rede ist einer Gedankenreihe des Redenden entsprechend, und muß also aus der Natur des Redenden, seiner

---

[1] Frank, 93: „Die Kunst [der Auslegung] kann ihre Regeln nur aus einer positiven Formel entwickeln und diese ist ‚das geschichtliche und divinatorische' (profetische) objektive und subjektive Nachkonstruieren der gegebenen Rede." (Kimmerle, 83; er weist darauf hin, daß das ‚divinatorisch' als Korrektur über ‚profetisch' steht.)
Sehr klar findet sich dieser Aspekt auch in der inzwischen zugänglichen Nachschrift der Vorlesung von 1890/10: „Man hat nur verstanden, was man in allen seinen Beziehungen und in seinem Zusammenhange nachconstruirt hat" (Schleiermacher, 1810, 1272).
Dieser Aspekt des ‚Nachkonstruierens' (und der Zusammenhang mit der Kritik) ist, wie erwähnt, bei Schlegel bereits sehr präzise ausgedrückt; so schreibt er in ‚Vom Wesen der Kritik' (1804): „Es ist nichts schwerer, als das Denken eines andern bis in die feinere Eigentümlichkeit seines Ganzen nachzukonstruieren, wahrnehmen und charakterisieren zu können. In der Philosophie ist dies bis jetzt bei weitem am schwersten ... Und doch kann man nur dann sagen, daß man ein Werk, einen Geist verstehe, wenn man den Gang und Gliederbau nachkonstruieren kann. Dieses gründliche Verstehen nun, welches, wenn es in bestimmten Worten ausgedrückt wird, Charakterisieren heißt, ist das eigentliche Geschäft und innere Wesen der Kritik" (Schlegel, Krit. Schriften 400).
[2] PS = Schleiermacher, F.D.E.: Psychologie. Aus Schleiermachers handschriftlichem Nachlasse hrsg. v. Leopold George. Sämtl. Werke, 3/VI, Berlin 1862

Stimmung, seinem Zweck, vollkommen können verstanden werden" (Schleiermacher, 1810, 1272).

Mit diesem Ausgangspunkt vom ‚subjektiven Erkennen' (Schleiermacher, Frank 374) bedeutet Schleiermachers Hermeneutik-Konzeption einen Neubeginn und zugleich – durch die große Beachtung, die Dilthey ihr schenkte – den Beginn der Philosophischen Hermeneutik der Gegenwart.

In der älteren Hermeneutik war der Ausgangspunkt durchgängig die ‚Sache', um die es in einem Text ging. In der bis ins Mittelalter gültigen Auslegungskunst war es – in der Formulierung von Augustinus – die Suche nach dem Willen Gottes in der Heiligen Schrift. Dem lag die Konzeption einer absoluten, lebendigen Wahrheit zugrunde, die durch die Heiligen Schriften zu uns spricht.

Auch die ‚säkularen Hermeneutiken' der Aufklärungszeit haben im Grunde noch eine ähnliche Ausgangsbasis: an die Stelle der göttlichen Offenbarung ist nun die durch die Vernunft erkennbare Wahrheit getreten. Trotz des großen Interesses an dem, was der Autor gemeint hat (‚Autorintention') bleibt jedoch grundlegende Ausgangsbasis die Konzeption einer Realität bzw. Wahrheit, die unabhängig ist von der subjektiven Sicht des jeweiligen Autors oder Berichterstatters.

Schleiermacher kannte die älteren universalhermeneutischen Versuche (etwa von Chladenius, Meier oder Rambach) nicht mehr; deshalb konnte er von der Feststellung ausgehen: „Die Hermeneutik als Kunst des Verstehens existiert noch nicht allgemein, sondern nur mehrere spezielle Hermeneutiken" (Schleiermacher, Frank, 75).

Er sah die Hermeneutik „im Zusammenhang mit der Kunst zu denken" (Frank, 76) und stellte sie damit in den Kontext der Philosophie, gab ihr zugleich aber eine allgemeine Bedeutung, die ihren Ausgang bei der Alltagskommunikation nahm und sie – unter dem Aspekt des Verstehens – auf jegliches Verständnis menschlicher Mitteilungen ausweitete. Er führt damit – ohne explizit darum zu wissen – die Tradition einer allgemein angewendeten ‚Universalhermeneutik' fort, allerdings auf einem neuen erkenntnistheoretischen Boden: Frank spricht hier von einer, im Anschluß an Kant vollzogenen, „transzendentalen Wende in der Hermeneutik" (Frank, 7).

> Rieger faßt diesen Aspekt in seiner fundierten Untersuchung ‚Zur Philosophischen Begründung der Hermeneutik bei Friedrich Schleiermacher' in ähnlicher Weise: „Die Abkehr von einer objektiven Hermeneutik und die Ausarbeitung einer entschieden subjektbezogenen Hermeneutik des Sinns ist eine Folge der transzendentalen Wende zum Subjekt durch die ‚Kritik der reinen Vernunft' Kants, die der Illusion eines unmittelbaren Zugangs zum Objektiven ein Ende bereitet und der Spontaneität und Kreativität des Subjekts für die Konstitution von Objektivität Raum geschaffen hat" (Rieger, 1988, 333).

Der Ausgangspunkt von den sprachlichen Äußerungen als Ausdruck einer individuellen Weltsicht sorgt dafür, daß bei Schleiermacher die Spannung zwischen Individuellem und Allgemeinem die Basis der Verstehenskonzeption ist – zentraler Aspekt einer dialogischen Hermeneutik. Jede menschliche Aussage kann zwar einerseits als eine Art ‚objektive Darstellung' gelten, „inwiefern sie aus der Sprache genommen und aus ihr zu begreifen ist", andererseits kann sie nur entstehen „als Action eines Einzelnen ... Die Ausgleichung beider Momente macht das Verstehen und Auslegen zur Kunst"[1].

„Ein Text ist dann verstanden", so faßt Rieger diesen Aspekt der Schleiermacherschen Hermeneutik zusammen, „wenn seine irreduzible Individualität bewußt geworden ist, wenn also seine partielle Nichtverstehbarkeit anerkannt wird" (Rieger, 1988, 296).

Die ‚Sprache' stellt somit das ‚allgemeine Element'[2] eines Textes dar, jede einzelne Rede aber entspringt einer spezifischen mentalen Konfiguration, einer ‚Gedankenreihe', die die individuellen Prozesse des Redenden repräsentiert, also sein Denken, seine Gefühle, seine Absichten. Entsprechend hat das Verstehen zwei Richtungen, nach der Sprache und nach dem Gedanken hin – dem entsprechen die beiden Aspekte der Interpretation, die grammatische und die psychologische bzw. technische.

> Den Unterschied zwischen grammatischer und psychologischer Auslegung charakterisiert Rieger folgendermaßen: „Während die grammatische Interpretation primär von der allgemeinen Bedeutung zum Sinn kommen will, ist die Domäne der psychologischen Interpretation das Individuelle als die innere Kraft, die die Erscheinung des Textes bestimmt" (Rieger, 1988, 321).

Wenn wir davon ausgehen, daß jede Aussage, jeder Text, einmalig und individuell ist, weil jeder Mensch die Sprache auf „eigenthümliche Weise" verwendet (Schleiermacher, 1810, 1273), ergibt sich der Sinn eines Textes keineswegs von selbst, eben weil er durch die Individualität des Sprechers mitbestimmt ist (Rieger, 1988, 302). Die Sprache des anderen Menschen muß erst in das eigene Sprachsystem transformiert werden, wobei oft eher vom ‚Durchschnittswert' der Begriffsbedeutungen ausgegangen wird. Auf dieser Basis ist jedoch ein genaues Verstehen des vom Sprecher/Autor eigentlich Gemeinten nicht möglich – Schleiermacher hat diese Art des Verstehens treffend ‚laxe Hermeneutik' genannt:

> „Die laxere Praxis ... geht davon aus, daß sich das Verstehen von selbst ergibt und drückt das Ziel negativ aus: Mißverstand soll vermieden werden" (Frank, 92).

Schleiermacher fragt in diesem Zusammenhang: „Allein wie steht es um unser gewöhnliches Umgangsgespräch?" (Frank, 179) Er beschreibt nun sehr plastisch, wozu eine ‚laxe Alltagshermeneutik' meist führt und unterscheidet dabei zwei Varianten. Die erste besteht darin, daß die Aufmerksamkeit der Sprechenden auf ein Drittes, eine Sache, gelenkt ist, um die es geht:

---

[1] Schleiermacher, (Ethik, 116). Als Zitat auch in Rieger (1988, 257).
[2] „Die Sprache ist Inbegriff alles in ihr Denkbaren, weil sie ein geschlossenes Ganze ist ... (Schleiermacher, 1810, 1272). In diesem Sinne wird z.B. in der sprachanalytischen Philosophie des 20. Jahrhunderts Sprache auf ihren ‚üblichen Gebrauch' untersucht.

> „Wenn dasselbe nicht irgendein Geschäft ist, so daß ein bestimmter Gegenstand erörtert wird und somit eine Tendenz entsteht ..."

Die zweite Möglichkeit ist ebenfalls kein Dialog, sondern stellt das so vertraute Monologisieren von zwei Personen dar:

> „... werden eben nur Vorstellungen ausgetauscht, oft ohne unmittelbare Beziehung, so daß, was der eine sagt, keinen notwendigen Einfluß hat auf die Gedankenentstehung in dem andern, man spricht mehr *neben* als *zu* einander" (Schleiermacher, Frank, 179).

Damit ist zugleich der ‚universale Charakter' der Hermeneutik Schleiermachers gegeben – eine Kunstlehre des Verstehens bezieht sich nach dieser Konzeption nicht mehr nur auf ‚dunkle Stellen', die aufgehellt werden müssen, sondern der Verstehensprozeß überhaupt, auch im Alltag, wird als ein Rekonstruieren der ‚erkennenden Tätigkeit' eines anderen Menschen aufgefaßt, wobei, wenn man genau prüft, eben nicht das Verstehen das Selbstverständliche ist, sondern das Mißverstehen. „Die strengere Praxis geht davon aus, daß sich das Mißverstehen von selbst ergibt und das Verstehen auf jedem Punkt muß gewollt und gesucht werden" (Schleiermacher, Frank, 92, § 16).

> Diese Ansicht läßt sich im Grunde nicht theoretisch, sondern nur empirisch bestätigen. So haben z.B. Untersuchungen von Carkhuff und Kollegen in den 60er Jahren ergeben, daß untrainierte Personen (‚*general public*'), wenn ihnen eine Art Beraterfunktion zugewiesen wird, ein Ausmaß an Konstruktivität erreichen, das kaum höher liegt als das von ambulanten psychiatrischen Patienten, und das gerade unter dem Aspekt des Verstehens. Empirische Grundlage war ein Instrument von Schätzskalen, mit Werten von 1–5, bei denen 3 einen neutralen Mittelwert anzeigt (weder hilfreich noch schädigend), die Stufen 4–5 bedeuten konstruktive Ausprägungen des Gesprächsverhaltens, 1–2 destruktive. Der Mittelwert für die Skala des empathischen Verstehens lag bei Patienten bei 1.43, bei Personen einer allgemeinen Population (‚*general public*') bei 1,44. Selbst Psychologiestudenten und -dozenten blieben deutlich unter dem kritischen Wert 3 (ca. 1.90 bis 2.0). (Dabei würde die Stufe 3 für diese Skala nur bedeuten, daß Inhalt und Erleben des Erzählenden angemessen erfaßt sind, ohne jede Vertiefung, die die Stufen 4–5 charakterisiert. Die Stufen 1–2 verringern deutlich, verzerren bzw. haben keinerlei Bezug zu dem Mitgeteilten.)
> Diese Ergebnisse zeigen, daß Menschen ohne spezielle Schulung in der Regel unfähig sind, die Rolle eines helfenden Gesprächspartners zu übernehmen. (Allerdings gab es in der erwähnten Untersuchung auch Ergebnisse, wo nach bestimmten Schulungen die Konstruktivität des Gesprächsverhaltens deutlich *absank*.)
> Carkhuff und Berenson interpretieren diese Ergebnisse in ihrem Buch ‚*Beyond Counseling and Therapy*' (1967, 7–10) so, daß die Ebenen konstruktiven (‚*nourishing*') menschlichen Umganges für Personen, die sich in einer Krise befinden, normalerweise inadäquat sind. „The levels of human nourishment available to the person at a crisis point are grossly inadequate" (ebd. 7). Die Menschen der Alltagswelt sind gewöhnlich nicht in der Lage, mit Personen umzugehen, die sich in Schwierigkeiten befinden, *sie sind zu einem angemessenen Verstehen eines anderen Menschen in der Regel nicht imstande*. Da diese niedrige Ebene der Verste-

hensqualität praktisch die ‚Normalität' (im Sinne einer statistischen Norm) darstellt, wird das in der ganzen Schärfe nur bewußt, wenn jemand – z.B. in einer problematischen Situation – wirklich auf ein Verstehen angewiesen ist.

Schleiermacher wußte ganz offensichtlich darum, wie selten wirkliches Verstehen ist – „so erklärt man hinein oder heraus, was nicht im Schriftsteller [bzw. dem Gegenüber] liegt" (Frank, 93). Als Ursache sieht er „die einseitige Vorliebe für das, was dem einzelnen Ideenkreis naheliegt, und das Abstoßen dessen, was außer demselben liegt" (ebd.). „Wer selbst in einer speciellen Ansicht befangen ist sucht leicht ein besonderes Thema wo es keines giebt oder ein falsches" (Schleiermacher, 1810, 1302).

In dem Hermeneutik-Heft von 1809/10 wurde dieses Mißverstehen aufgrund eigener Vormeinungen und Voreinstellungen lapidar als ‚gewöhnliche Fehler' bezeichnet, indem man nämlich „unbewußt oder indirect bey ihm [dem Autor/Sprecher] als möglich denke, was nur bey uns möglich ist, seinem Materiale das unsrige unterschiebe (Schleiermacher, 1810, 1305).

Unter dem Aspekt von Mündlichkeit und Schriftlichkeit ist bei dieser Konzeption auch deutlich, warum für Schleiermacher kein wesentlicher Unterschied zwischen dem Verstehen von mündlicher und schriftlicher Rede besteht: „Ja, ich muß noch einmal darauf zurückkommen, daß die Hermeneutik auch nicht lediglich auf schriftstellerische Produktionen zu beschränken ist; denn ich ergreife mich sehr oft mitten im vertraulichen Gespräch auf hermeneutischen Operationen, wenn ich mich mit einem gewöhnlichen Grade des Verstehens nicht begnüge …" (Frank, 315).

Er sieht allerdings auch durchaus Unterschiede unter hermeneutischem Gesichtspunkt: Einerseits sei im mündlichen Dialog Verstehen leichter, weil z.B. auch die lebendige Stimme als zusätzliche Informationsquelle gegeben ist, andererseits aber sei es schwieriger, ein ‚kunstvolles Verstehen' zu üben, da man ganz auf die Leistung des Gedächtnisses angewiesen ist und es so schwieriger wird, eine Ahnung des Ganzen zu bekommen, um dieses wiederum auf das Verstehen des Einzelnen anwenden zu können. (‚Über den Begriff der Hermeneutik …', in: Frank, 333.)

Er empfiehlt jedenfalls, eine hermeneutische Grundhaltung auch bei Gesprächen zu üben: „Insbesondere möchte ich … dem Ausleger schriftlicher Werke dringend anraten, die Auslegung des bedeutsameren Gesprächs fleißig zu üben. Denn die unmittelbare Gegenwart des Redenden, der lebendige Ausdruck, welcher die Teilnahme seines ganzen geistigen Wesens verkündigt, die Art, wie sich hier die Gedanken aus dem gemeinsamen Leben entwickeln, dies alles reizt weit mehr als die einsame Betrachtung einer ganz isolierten Schrift dazu, eine Reihe von Gedanken zugleich als einen hervorbrechenden Lebensmoment, als eine mit vielen anderen auch anderer Art zusammenhängende Tat zu verstehen, und eben diese Seite ist es, welche bei Erklärung der Schriftsteller am meisten hintangestellt, ja großenteils ganz vernachlässigt wird" (Frank, 316).

Wirkliches Verstehen erweist sich als ein eher seltener Vorgang – wenn ein Mensch sich tief verstanden fühlt, ist das in der Regel eine sehr eindrückliche Erfahrung.

Die Ursachen für diese Schwierigkeiten sind vor dem Hintergrund heutiger kognitiver Verstehensansätze gut nachzuvollziehen, und so erhält die Schleiermachersche Konzeption (und deren Fortführung durch Dilthey) eine besondere Aktualität. Da sich in der Philosophie des 20. Jahrhunderts wesentliche Ansätze und Richtungen von der Orientierung am Bewußtsein abwandten, wird auch verständlich, warum diese Hermeneutik kaum fortgeführt wurde und erst in den letzten Jahren erneute Aufmerksamkeit fand.

Eine dialogische Verstehenslehre, wie sie als Basis für professionelle Beratung wichtig ist, benötigt jedoch ein fundiertes Verständnis der mentalen Prozesse, die beim Verstehensvorgang stattfinden, und jede Verstehensleistung basiert auf Modellvorstellungen der entsprechenden Vorgänge. Werden diese nicht bewußt reflektiert, liegen sie ausschließlich implizit, als ‚prozedurales Wissen'[1] zugrunde, das sich langsam entwickelt und das Ergebnis der bisherigen Verstehens*praxis* repräsentiert – der Verstehensprozeß stellt ein komplexes, hierarchisch organisiertes System von Überwachungs- und Steuerungsprozessen dar, die zum Teil automatisiert sind und dann nichtbewußt ablaufen. Deshalb ist es so schwierig, prozedurales Wissen deklarativ mitzuteilen, und auch viele professionelle Berater oder Psychotherapeuten können zum Teil kaum mitteilen, wie sie zu vertieftem Verständnis kommen.

Der Verstehensvorgang umfaßt allerdings nicht nur kognitive Fähigkeiten, sondern auch emotionale Qualitäten – insbesondere differenziertes Gefühlsgewahrsein bei sich selbst und Gefühlswahrnehmung bei anderen und die daraus resultierende Möglichkeit ‚emotionalen Mitschwingens'. Manche Menschen besitzen diese Fähigkeiten in besonderem Maße und sind deshalb ‚geborene Berater'. Für die Fundierung einer professionellen Beratungsdisziplin, wie es die Philosophische Beratung sein möchte, bedarf es dann aber auch eines ‚metakognitiven Wissens' (Flavell), als Wissen über allgemeine Prinzipien menschlicher Informationsverarbeitung und dementsprechende Verarbeitungsstrategien, die beim Verstehensprozeß intentional eingesetzt werden können (vgl. Schnotz, 1994, 199).

Damit gewinnt Schleiermachers Hermeneutik eine neue, aktuelle Bedeutung, denn bei ihm finden sich erste klare und systematische Ansätze zu einer Verste-

---

[1] Die Bezeichnung ‚prozedurales Wissen' im Unterschied zu ‚deklarativem Wissen' bezieht sich auf die Funktion des Wissens, nicht auf dessen Inhalt. Während deklaratives Wissen Fakten, Methoden, Prozesse usw. repräsentiert, „dienen die prozeduralen Datenstrukturen innerhalb des Systems als Anweisung für den Vollzug eines Prozesses und sind ausführbar" (Schnotz, 1994, 36). Es muß allerdings keine Bewußtheit über dieses Prozeßwissen vorliegen, so daß die entsprechenden Leistungen (etwa des Verstehens) erbracht werden, aber nicht metakognitiv kommuniziert werden könnten. Umgekehrt kann jemand theoretisches Wissen über Prozesse haben, ohne diese selbst verwirklichen zu können. In diesem Sinne sind Theorie und Praxis in einer dialektischen Weise aufeinander bezogen.

So ist auch eine Bestimmung ‚impliziten Wissens' möglich (der Begriff ‚unbewußt', den die Philosophen des 19. Jahrhunderts, und so auch Schleiermacher, noch unbefangen verwenden konnten, ist inzwischen durch die psychoanalytischen Theorien bedeutungsmäßig so eingeengt, daß er fast nur noch in diesem Kontext zu verwenden ist). ‚Implizit' meint in diesem Zusammenhang, daß jedes deklarative Wissen viele noch nicht explizierte Aspekte enthält, die mit Hilfe bestimmter Vorgehensweisen, also ‚prozeduralem Wissen' expliziert werden können.

henslehre, die an den mentalen Prozessen des zu verstehenden Menschen und seiner Aussagen/Texte orientiert ist. Das ‚Verstehen im höchsten Sinn' ist für ihn ein Nachkonstruieren dieser Prozesse, die sich im individuellen Gebrauch des allgemeinen Instruments der Sprache manifestieren.

Die Spanne zwischen den Polen des Individuellen und des Allgemeinen bringt es mit sich, daß eine Hermeneutik des ‚gemeinten Sinns' die ‚partielle Nichtverstehbarkeit' anerkennen muß, so daß man bei der Verstehensfrage konsequenterweise vom *Nicht*verstehen ausgehen muß, so paradox das auf den ersten Blick scheinen mag: „Die Hermeneutik beruht auf dem Factum des Nichtverstehns der Rede. In seiner größten Allgemeinheit genommen auch in der Muttersprache und im gemeinen Leben" (Schleiermacher, 1810, 1271).

Damit ist auf der einen Seite der Tatsache Rechnung getragen, daß wirkliches Verstehen eine Leistung darstellt, die nicht ohne Ausrichtung und Bemühen zu erbringen ist und deshalb im Alltag eher die Ausnahme als die Regel bedeutet; die erwähnten empirischen Untersuchungen belegen, daß die milde Form des Mißverstehens den Prototyp der Alltagskommunikation darstellt. Auf der anderen Seite – und damit wird diese Akzentuierung ausbalanciert – besteht aber auch die Möglichkeit des vertieften Verstehens, sofern der Verstehensprozeß ‚kunstvoll' vor sich geht, sei es durch besonders ‚begabte' Verstehende, sei es durch den Erwerb von empathischen Fähigkeiten aufgrund von Erfahrung, Schulung und Anwendung hermeneutischer Prinzipien, so daß ein spezifisches prozedurales Wissen ausgearbeitet wird. Wenn das der Fall ist, besteht prinzipiell die Möglichkeit, einen Sprecher oder Autor sogar besser zu verstehen als er sich selbst versteht bzw. bei der Formulierung des Textes verstanden hat.

> Eine Reihe von hermeneutischen Ansätzen des 20. Jahrhunderts (von Gadamer bis zum Dekonstruktivismus) haben diese polare Spannung zwischen der prinzipiellen partiellen Nichtverstehbarkeit auf der einen Seite und der Möglichkeit des ‚Besserverstehens' auf der anderen eliminiert und damit die Hermeneutik um die entscheidende Tiefendimension einer dialogischen Verstehenslehre verkürzt.

Die Möglichkeit des Besserverstehens als „das vollkommene Verstehn in seinem Gipfel aufgefaßt" (Schleiermacher, 1810, 1308) beruht auf der Tatsache, daß jeder Satz, den ein Mensch äußert, in komplexer Weise mit seinem Weltwissen und dem Ganzen seiner Weltsicht verbunden ist. Deshalb sind viele Aspekte einer Aussage noch implizit und können (bzw. *müssen*) erst expliziert werden. Das ist nur in einem zweistufigen Vorgang möglich, entweder in einem Reflexionsprozeß (‚innerer Dialog'), oder im Dialog mit einem anderen Menschen, der den geäußerten Text ‚nachkonstruieren' und in bestimmten Aspekten bereits explizieren kann – hier gibt es einen stufenlosen Übergang von ‚einfachem' Verstehen zur Interpretation als Versuch eines vertieften Verstehens.

Auch der Sprecher selbst hat zum Zeitpunkt seiner Aussage oder der Niederschrift des Textes keine ‚unmittelbare Kenntnis' aller impliziten mitgemeinten Aspekte; wenn jemand z.B. seinen eigenen Text noch einmal liest, ist er in einer ganz ähnlichen Situation wie jeder andere Leser dieses Textes.

> In den Worten von Schleiermacher: „Die Aufgabe ist auch so auszudrücken, ‚die Rede zuerst ebensogut und dann besser zu verstehen als ihr Urheber'. Denn weil wir keine unmittelbare Kenntnis dessen haben, was in ihm ist, so müssen wir vieles zum Bewußtsein zu bringen suchen, was ihm unbewußt bleiben kann, außer sofern er selbst reflektierend sein eigener Leser wird.
> Auf der objektiven Seite hat er auch hier keine andern Data als wir" (Frank, 94).

Auf der ‚subjektiven Seite' hingegen hat der Autor natürlich Zugang zur komplexen Verbundenheit jeden Begriffes mit seiner persönlichen Wissensstruktur, und im dialogischen Verstehensprozeß wird der Zuhörer/Berater kontinuierlich auf dieses Wissen zurückgreifen bzw. implizite Aspekte gemeinsam mit dem Sprecher explizieren. Auf diese Weise kann das ‚vollkommene Verstehn in seinem Gipfel' dazu führen, daß man den Autor/Sprecher besser versteht als er sich selbst (zu Beginn des Dialogs).

Die Beratungsfunktion eines Dialogs basiert zu einem wesentlichen Teil auf dieser Fähigkeit vertieften Verstehens, die Rieger (1988, 306) treffend als „Überschuß des Verstehens über das unreflektierte Produzieren des Textes" (bzw. der Aussage im Dialog) bezeichnet hat.

Es muß aber in der Regel noch ein zweiter Schritt zum Verstehen hinzukommen, um einen Prozeß konstruktiver Veränderung zu ermöglichen und zu begleiten – es ist die *Kritik*, die für Schleiermacher untrennbar zur Hermeneutik gehört: „Hermeneutik und Kritik, beide ... Kunstlehren gehören zusammen, weil die Ausübung einer jeden die andere voraussetzt" (Frank, 71).

Schleiermacher unterscheidet zwei Aspekte der Kritik, eine eher formale (Textkritik, insbesondere die Frage der Echtheit von Texten), die in diesem Kontext nicht wichtig ist.

Er führt aber auch eine inhaltliche Kritik aus, die er mit einem Ausdruck von F.A. Wolf ‚doktrinale Kritik' nennt und unterscheidet dabei verschiedene Gesichtspunkte, z.B. den der historischen Kritik, „die Ermittlung der Tatsache aus den Relationen" (Frank, 246), ein für Beratungsgespräche durchaus wichtiger Punkt, denn oft ist es keine einfache Aufgabe, aus dem Mitgeteilten die tatsächlichen Erfahrungen des Sprechers zu rekonstruieren und die Angemessenheit der Repräsentation zu prüfen. Dabei kann es natürlich nicht darum gehen, die ‚Tatsachen' festzustellen, das ginge, um mit Schleiermacher zu sprechen, ‚über das hermeneutische Gebiet hinaus'. „Nur die Ermittlung der Wahrnehmung, woraus die Erzählung hervorgegangen ist, ist hermeneutische Aufgabe" (Schleiermacher, Frank, 246).

Die Bedeutung des Bezugs von Wahrnehmung und Erleben gerade für die Kritik ist ein Aspekt, den Schleiermacher noch nicht erkannte – zu sehr ist bei ihm noch Innen und Außen, ‚Subjektivität' des Gestimmtseins und ‚Objektivität' der Außenwahrnehmung getrennt. Erst Dilthey erkannte diese enge Bezogenheit und damit Einheit der psychischen Funktionen, aber er zog daraus keine praktischen Konsequenzen. (Gerade unter dem Aspekt der ‚Kritik', der ja für die Beratungssituation wesentlich ist, geben – wie im erkenntnistheoretischen Teil bereits erwähnt – die Bezogenheit von Wahrnehmung und Erleben sowie die Einschätzung der ‚Stimmigkeit' des Bezuges wichtige Hinweise auf die Angemessenheit des Erfassens.)

Schleiermachers Ausgangspunkt vom erkennenden Subjekt war ebenso für Dilthey gültig – er spricht von „der Verwandlung der Welt in das auffassende Subjekt" (GS I, 405).

Auch wenn die Analyse des Verstehensprozesses einen zentralen Aspekt der Diltheyschen Philosophie darstellt, gibt es keine systematische Ausarbeitung einer Hermeneutik, in der seine Verstehenskonzeption integriert eingeordnet wäre. Dennoch gilt Dilthey – gerade auch durch seine Darstellung und Fortführung der Schleiermacherschen hermeneutischen Ansätze – mit Recht als eigentlicher Begründer der philosophischen Hermeneutik der Gegenwart. Die Hermeneutik, „das Verständnis fremden Seelenlebens" (VII, 174) stellt für ihn ein notwendiges Element in der Gesamtstruktur des Welterfassens dar: „Sonach handelt es sich positiv um den Fortgang von der Selbstbesinnung zur Hermeneutik, von dieser zum Naturerkennen" (VIII, 174).

Dilthey vertiefte und erweiterte die Schleiermachersche Konzeption der Hermeneutik in wesentlichen Aspekten:

a) Schleiermachers Ansatz, Aussagen (Texte, Sätze) als Ausdruck der Bewußtseinsvorgänge des Autors/Sprechers ‚nachzukonstruieren', wird von Dilthey systematisch weitergeführt und *vertieft* im Sinne einer ‚Strukturlehre', eines Aufzeigens des ‚psychischen Strukturzusammenhangs', der ‚im psychischen Zusammenhang enthaltenen Strukturbeziehungen, die aufzeigbar sind'. Diese bilden ‚den Untergrund des Erkenntnisprozesses'[1].

b) *Erweitert* wird der hermeneutische Ansatz insofern, als Dilthey den Blickwinkel von unmittelbaren ‚Lebensäußerungen' einzelner Individuen ausdehnt auf größere Zusammenhänge, die er später ‚Objektivationen des Lebens' nannte. „Neben dem Erlebnis wird die Anschauung von der Objektivität des Lebens, seiner Veräußerlichung in mannigfachen strukturellen Zusammenhängen zur Grundlage der Geisteswissenschaften" (GS VII, 146).

Dieser zweite Aspekt hat Dilthey in späteren Jahren zunehmend beschäftigt, und manche haben das als Gegensatz zu seinen früheren (zum Teil als ‚psychologistisch' abgewerteten) Vorstellungen verstanden. Für Dilthey bleibt jedoch m.E. auch in seinem späteren Denken der selbstverständliche Ausgangspunkt stets die seelische Struktur des Individuums und deren Entwicklung, wie er sie insbesondere in den ‚Ideen über eine beschreibende und zergliedernde Psychologie' von 1894 beschrieben hatte. Dilthey verwendet zwar später den Hegelschen Begriff des ‚objektiven Geistes', gibt ihm aber eine völlig andere Bedeutung: „Hegel konstruiert metaphysisch; wir analysieren das Gegebene. ... So können wir den

---

[1] Vgl. GS VII; Studien zur Grundlegung der Geisteswissenschaften, 1. Studie [1905]: Der psychische Strukturzusammenhang. (Die zitierten Passagen finden sich dort auf S. 13, Anm. 1.)

objektiven Geist nicht aus der Vernunft verstehen, sondern müssen auf den Strukturzusammenhang der Lebenseinheiten, der sich in den Gemeinschaften fortsetzt, zurückgehen" (VII, 150).

Entsprechend ordnet er in ‚Das Wesen der Philosophie', (erschienen 1907) die Philosophie nach zwei Richtungen ein – in den Zusammenhang des Seelenlebens sowie den der Gesellschaft und Geschichte. Alle historisch gegebenen Züge, also auch die Philosophie in ihrer Funktion im ‚Haushalt des geistigen Lebens' „verstehen wir immer nur aus der Innerlichkeit des Seelenlebens. Die Wissenschaft, welche diese Innerlichkeit beschreibt und zergliedert, ist die deskriptive Psychologie" (V, 372). Und kurz darauf betont er, wie er es in früheren Arbeiten oft akzentuiert hatte: „Alle menschlichen Erzeugnisse entspringen aus dem Seelenleben und dessen Beziehungen zur äußeren Welt" (ebd.).

Diese Fundierung des Verstehens nach zwei Richtungen (die im Zusammenhang von Diltheys lebenslangem Bemühen um die Grundlagen der Geisteswissenschaften steht) hat auch unter dem hier leitenden Gesichtspunkt der Anwendung auf die Beratungspraxis eine Bedeutung: Dilthey bindet die ‚Objektivationen des Lebens' wieder zurück auf das Individuum und dessen Entwicklungsgeschichte und kann auf diese Weise die Lücke schließen, die in seinen früheren Verstehenskonzeptionen noch bestand:

> Dort wurde das Verstehen allein auf die eigene Erlebnisfähigkeit zurückgeführt – im Fremdverstehen fassen wir das Innere fremder Personen auf, und zwar durch einen Analogieschluß, als Übertragung aus unserem eigenen Seelenleben (‚Ideen', GS V, 198). Es fehlte dabei der Aufweis der Grundlagen der individuellen psychischen Struktur in ihrer spezifischen Ausprägung – Dilthey spricht hier eher vage von einer großen inneren „Verwandtschaft alles menschlichen Seelenlebens unter sich, daß ein Verständnis fremden menschlichen Seelenlebens dem Forscher ... durchweg möglich ist" (V, 199). Zu diesem Aspekt hatte Schleiermacher im Grunde schon spezifischere Annahmen ausgearbeitet, indem er die Möglichkeiten des Verstehens auf das gemeinsame Medium der Sprache bezog, das die Struktur des Denkens bestimmt. [Schleiermacher, Frank, 78: „Der Einzelne ist in seinem Denken durch die (gemeinsame) Sprache bedingt und kann nur die Gedanken denken, welche in seiner Sprache schon ihre Bezeichnung haben."]
> Vergleichbar, aber noch weiter gefaßt, versteht Dilthey später die Entwicklung des Individuums als ein ‚Genährtwerden' von umfassenden Wissensstrukturen, so daß ein Kind, noch ehe es sprechen lernt, „schon ganz eingetaucht [ist] in das Medium der Gemeinsamkeiten" (VII, 208). Auf dieser Basis läßt sich dann auch der Verstehensprozeß neu begründen: „Aus dieser Welt des objektiven Geistes empfängt von der ersten Kindheit ab unser Selbst seine Nahrung. Sie ist auch das Medium, in welchem sich das Verständnis anderer Personen und ihrer Lebensäußerungen vollzieht" (VII, 208).

Statt von einem Gegensatz zwischen dem früheren und späteren Dilthey möchte ich eher von einer Akzentverschiebung sprechen: Hatte er sich früher mehr dem Aspekt der *Struktur* zugewandt, wurde später für ihn der *Inhalt* und damit die individuelle Ausprägung zunehmend wichtig, gerade unter einem ausgeweiteten Blick, der die Vielfalt der Individuen und die Abläufe der Zeitepochen zu erfassen sucht.

Diltheys Ausrichtung ist dabei stets eine theoretische. Er zeigt Strukturen auf bzw. Entwicklungslinien oder ‚geistige Strömungen', die er dann wieder auf die Entwicklungsgeschichte des individuellen Bewußtseins anwendet, aber er ist – im Unterschied zu Schleiermacher – kaum an der konkreten Umsetzung im Sinne des Verstehens von Texten bzw. Aussagen eines Gesprächsgegenübers interessiert. Insofern hat er zwar die Verstehenskonzeption Schleiermachers fortgeführt, vertieft und erweitert, nicht jedoch zu einer hermeneutischen Verstehens*praxis* beigetragen.

Vom heutigen Diskussionsstand aus betrachtet hat die von Dilthey in späteren Jahren konzipierte Fundierung des Verstehensprozesses in umfassenderen Strukturen ‚geistiger Objektivationen' in den Ausarbeitungen der kognitiven Psychologie zur Bildung (und Vermittlung) von Schemata empirische Bestätigung und differenzierte Vertiefung gefunden. Aber auch im philosophischen Kontext ist dieser Aspekt der größeren Zusammenhänge, in denen das Individuum steht und die das Verstehen wesentlich konstituieren, oft akzentuiert worden.

Der erste Schwerpunkt der Diltheyschen Verstehenskonzeption, die Fundierung im psychischen Strukturzusammenhang, hat jedoch bis heute nur wenig Beachtung gefunden.

> So betont z.B. F. Fellmann in einem 1995 erschienenen Aufsatz, wie sinnvoll es sei, „an Diltheys Verbindung von Psychologie und Hermeneutik festzuhalten" (Fellmann, 1995, 13). Er fährt fort: „Seine vielgeschmähte psychologische Grundlegung könnte, würde sie nach pragmatischen Standards neu formuliert, ein sicheres Fundament für die Theorie des hermeneutischen Wissens abgeben" (ebd.).
> Ähnlich formuliert Nicole D. Schmidt in ihrer ebenfalls 1995 erschienenen Arbeit über ‚Philosophie und Psychologie': „Die Thematisierung jener ‚nichtmechanistischen' Interpretationsfähigkeiten, die gleichwohl die Basis jeden gelungenen Verstehens bilden, steht noch aus. Sie sollte psychologische und philosophische Erwägungen verbinden und um die Kritik des Psychologismus wissen ... eben dies steht noch aus. ... Rückblickend kann in Diltheys Kopplung eines ‚ganzheitlichen' Rationalitätsbegriffs an die Komplexität der menschlichen Psyche bereits ein Vorläufer dieser psychologischen Aufklärung erblickt werden (Schmidt, 1995, 190).

Von einem ‚Modell der psychischen Struktur' läßt sich bei Dilthey eigentlich noch nicht sprechen, dafür ist seine Konzeption zu fragmentarisch; es sind jedoch Grundzüge eines Strukturmodells angedeutet, die vielleicht erst heute in ihrer Bedeutung gewürdigt werden können – es beginnt sich im Kontext der sog. Kognitionswissenschaften ein neues Verhältnis von Philosophie und Psychologie zu entwickeln, das möglicherweise den Anfang jenes konstruktiven Miteinanders bedeutet, das Dilthey für unbedingt notwendig erachtet hatte: „Der bisherige Gegensatz zwischen Lebensphilosophie und psychologischer Wissenschaft muß aufgehoben werden, soll die zweite [die Psychologie] Wahrheit und volle Wirklichkeit, die erste [die Philosophie] aber Genauigkeit erhalten. Eine ungeheure Aufgabe. Nur schrittweise kann sie aufgelöst werden. Aber erst dann wird die Philosophie wieder Macht und Leben gewinnen, wenn das geschieht" (VIII, 175).

Diltheys Ansätze konnten in der damaligen Zeit weder von den Vertretern der Psychologie noch der Philosophie aufgenommen werden. Ebbinghaus' polemische Kritik an Diltheys ‚Ideen über eine beschreibende und zergliedernde Psychologie' haben diesen sehr getroffen und mit dazu beigetragen, daß er dieses Thema nicht weiter vertieft hat.

Auf der anderen Seite wurde ihm (zum Teil noch bis heute) der Vorwurf des Psychologismus gemacht, obwohl seine Konzeption von Psychologie und Philosophie und ihrem wechselseitigen Bezug diesen Vorwurf nicht rechtfertigt; F. Fellmann hat Diltheys Ansatz und seine Verbindung von Hermeneutik und Psychologie treffend eine „Verstehenslehre jenseits von Logismus und Psychologismus" genannt (Fellmann, 1995) – einen „Weg, Hermeneutik und Psychologie zusammenzuführen" (ebd. 31).

Gerade für eine praxisorientierte Philosophie als ‚Philosophische Beratung' wird deutlich, welch wertvolle Anstöße das Diltheysche Denken bietet, insbesondere seine Konzeption der Erkenntnistheorie als fundiert in der am jeweiligen Stand des Wissens orientierten Auffassung der psychischen Funktionen (vgl. GS V, 148f.).

Für Dilthey bilden die „im psychischen Zusammenhang enthaltenen Strukturbeziehungen, die aufzeigbar sind", den „Untergrund des Erkentnisprozesses" (VII, 13, Anm. 1.), d.h. der Erkenntnisprozeß kann „nur in diesem seelischen Zusammenhang studiert und nach seinem Vermögen bestimmt werden" (V, 151).

Wie beschreibt nun Dilthey diesen ‚psychischen Strukturzusammenhang'?

Zunächst einmal betont er die grundlegende Unterscheidung von äußerer Wahrnehmung und dem Gewahrwerden des eigenen Erlebens.

> Dilthey verwendet für das Gewahrwerden der Gefühle manchmal den etwas irreführenden Begriff der ‚inneren Wahrnehmung'. Dadurch wird die wichtige Unterscheidung zwischen Wahrnehmung und Erleben immer wieder auch unscharf. Die Bezeichnung ‚innere Wahrnehmung' (oder ‚Innenwahrnehmung') entspräche eher der sog. ‚Somatosensorik', die – mit der 1906 von Sherrington eingeführten Unterscheidung – der Außenwahrnehmung (Exterozeption) gegenübergestellt wird[1].
>
> Für den Erlebensbereich ist es dann besser, nicht den Begriff der Wahrnehmung zu verwenden; Dilthey selbst gebraucht häufig ‚Innewerden' oder auch ‚Gewahrnehmen' (vgl. z.B. V, 197: „Will man nun den Ausdruck ‚Wahrnehmung' in dem genaueren und engeren Sinne eines aufmerksamen Gewahrnehmens nehmen ..."). Heute wird man eher das etwas veraltete ‚Gewahrsein' bzw. ‚Gewahrwerden' verwenden, das als Rückübersetzung des engl. ‚awareness' seit einiger Zeit im Deutschen wieder vermehrt verwendet wird.

Im Begriff ‚Erlebnis' faßt Dilthey dann diese beiden Aspekte zusammen: im Erlebnis „wirken die Vorgänge des ganzen Gemütes zusammen. In ihm ist Zusam-

---

[1] Die ‚Somatosensorik' oder ‚somatoviscerale Sensibilität' wird weiter unterteilt in Propriozeption (Sensorik des Bewegungsapparates) und Viscerozeption (Organwahrnehmung). Für eine detailliertere Beschreibung s.u. S. 232.

menhang gegeben, während die Sinne nur ein Mannigfaltiges von Einzelheiten darbieten" (V, 172).

Sowohl für die Wahrnehmung wie für das Gewahrwerden der Gefühle (= Erleben) weist Dilthey auf den engen Zusammenhang mit Denkprozessen hin, – eine Tatsache, die in der Forschung der letzten Jahre eine immer klarere empirische Bestätigung erhalten hat. Er spricht – in bezug auf die Wahrnehmung – von „dem feingegliederten Zusammenhang der Wahrnehmungen, Vorstellungen und Erkenntnisse im entwickelten Seelenleben" (V, 181), oder, in Auseinandersetzung mit Kant, davon, daß in dem, was Kant ‚Anschauung' nennt, „überall Denkvorgänge oder ihnen äquivalente Akte" mitwirken (V, 149); bezüglich der Gefühle spricht er von der „Intellektualität der inneren Wahrnehmung [= Gefühlsgewahrsein]" (V, 172).

Dilthey weiß offensichtlich auch darum, daß sich das Denken ‚verselbständigen' kann, daß intellektuelle Vorgänge dann ohne Gewahrsein des eigenen Erlebens ablaufen können. Auf diese Weise entstehen *Erklärungen*, während ein *Verstehen* „unserer selbst und anderer" (V, 172) nur stattfinden kann, wenn alle psychischen Kräfte zusammenwirken und bewußt sind. Das ist m.E. der grundlegende Unterschied zwischen Verstehen und Erklären bei Dilthey. Im Umgehen mit einem anderen Menschen, auch im wissenschaftlichen Kontext, führt ein rein intellektuelles Vorgehen zu einer Verkürzung, die noch kein Verstehen bedeutet: „Wir erklären durch rein intellektuelle Prozesse, aber wir verstehen durch das Zusammenwirken aller Gemütskräfte in der Auffassung" (V, 172).

> Diltheys berühmter, aber mißverständlicher Satz, daß wir die Natur erklären, das Seelenleben verstehen (V, 145), ist im Grunde für die Abgrenzung von Natur- und Geisteswissenschaften nicht geeignet; hier wäre die Unterscheidung von Erkennen und Verstehen angemessener. (Also etwa: Die Natur erkennen und erklären wir, das Seelenleben verstehen und erklären wir.)
> Für die Psychologie, um die es Dilthey hier geht, haben Erklärung *und* Beschreibung ihre Bedeutung – das betont Dilthey selbst ausdrücklich. Eine erklärende Psychologie (heute würde man sagen: empirisch-experimentell) „erhielte in der beschreibenden ein festes deskriptives Gerüst, eine bestimmte Terminologie, genaue Analyse und ein wichtiges Hilfsmittel der Kontrolle für ihre hypothetischen Erklärungen" (V, 153).
> Das Zusammengehen von quantitativ-empirischem Zugang und qualitativ-verstehendem konnte in der Psychologie erst nach Überwindung des behavioristischen Paradigmas verwirklicht werden – insofern hat Diltheys Sichtweise einen durchaus visionären Charakter. (Vgl. Groeben [1986, 322ff.], der von der „Integration von hermeneutischer und empiristischer Tradition auf der methodologischen Ebene der Forschungsstruktur" in der Psychologie spricht.)

Damit sind als wichtigste Elemente des psychischen Strukturzusammenhanges Wahrnehmung, Gewahrwerden des Erlebens (der Gefühle bzw. Stimmungen) sowie Denken benannt.

Es fehlt noch ein wesentliches Element der ‚psychischen Struktur', das in der philosophischen Tradition vor Dilthey eine sehr wechselhafte Behandlung erfahren hatte: der Wille. Für Dilthey kommt die Willenstätigkeit als eine ganz wesentliche richtunggebende Kraft hinzu: sie drückt sich in Denken, Gefühl und Wahrnehmung aus. Für ihn ist der Wille eine psychische Funktion, die somit tiefer liegt als das mit ‚Intention' Gemeinte (und deshalb auch dafür fundierend ist) – immer wenn eine Richtung erkennbar wird, liegt für ihn eine Willenstätigkeit zugrunde. Er versucht, abzugrenzen, wie weit man dieses Konzept anwenden kann bzw. muß. Ein gerichteter Denkvorgang, der von „einer Intention und Richtung der Aufmerksamkeit geleitet" ist (V, 203), deutet für ihn sehr klar auf eine Willenstätigkeit. Demgegenüber bezeichnet er das eher richtungslose Assoziieren als ‚Fortgezogenwerden' (VII, 140).

An anderer Stelle betont er die Bedeutung des Willens*entschlusses*, der in einem gegebenen Fall den Abschluß eines Prozesses darstellen kann.

Im Nachwort zu den ‚Ideen' (1894) faßt Dilthey das Ganze dieses Gefüges sehr klar zusammen: „Darin, wie in diesem Strukturzusammenhang Wahrnehmung und Denken mit Trieben und Gefühlen und diese mit Willenshandlungen ineinandergreifen, ist innere Zweckmäßigkeit als Grundeigenschaft des seelischen Zusammenhangs primär gegeben" (V, 238).

In der 1905 vorgetragenen Studie über den psychischen Strukturzusammenhang (VII, 3–23) weist er darauf hin, daß diese Strukturelemente wiederum auf eine ganz spezifische Weise mit dem jeweiligen ‚Inhalt' verbunden sind (im Falle konkreter Erfahrung sind das die ‚Bestandteile des sinnlich Gegenständlichen'): „Die Beziehung einer Wahrnehmung *auf* einen Gegenstand, der Schmerz *über* ein Ereignis, das Streben *nach* einem Gute – diese Erlebnisse enthalten deutlich voneinander unterschiedene innere Beziehungen" (VII, 16).

Als zweiter Aspekt dieses Strukturaufbaus, der eher eine topologische (raumsymbolisch-modellhafte) Dimension charakterisiert, kommt dann noch die Zeit als Entwicklungslinie hinzu. Hier zeigt sich für ihn der teleologische Charakter des seelischen Strukturzusammenhanges, der „gleichsam in der Längsrichtung wirkt" (V, 176).

Innerhalb dieses Struktur- und Entwicklungsganzen unterscheidet Dilthey dann weiterhin den Aspekt der Zugänglichkeit – er sieht eine ständige Wechselwirkung zwischen dem, was dem Bewußtsein zugänglich ist und was nicht. („Überall handelt es sich um die Erfahrung und um die Wechselwirkung zwischen dem nicht Bewußten und dem Bewußten … "[V, 179].) Für Dilthey stellt die Unterscheidung zwischen Bewußtem und Nichtbewußtem also kein Strukturelement dar, sondern ist eine über alle Strukturen gehende durchgängige Unterscheidungsmöglichkeit und -notwendigkeit; er vermeidet damit die (wie ich meine ungünstige) Modellvorstellung der Psychoanalyse, in der ‚das Unbewußte' zu einem Strukturelement gemacht wurde.

Auch der Bezug von Physis und Psyche ist unter diesem Gesichtspunkt für Dilthey nicht von Bedeutung – er geht quasi von einem ‚pragmatischen bzw. praktischen Dualismus' (Carrier / Mittelstraß, 1989, VII) aus. Dilthey interessiert sich nur für das Beziehungsgefüge des Psychischen selbst, innerhalb der einzelnen Ebenen, Instanzen, Strukturelemente und in den Grenzen der jeweiligen Zugänglichkeit.

„Überall handelt es sich um die Erfahrung und um die Wechselwirkung zwischen dem nicht Bewußten und dem Bewußten, nie um die zwischen dem Körperlichen und dem Seelischen, innerhalb dieser Wechselwirkung handelt es sich nur um die Beschreibung ihrer einzelnen Formen" [V, 179]).

Aus heutiger Perspektive wirkt es fast so, als hätte Dilthey die kommende zweifache Entwicklungsrichtung vorausgeahnt; er warnt quasi vor dem Konzept unbewußter, inhaltlich festgelegter Vorstellungen, durch deren Konstruktion in der Psychoanalyse die Deutung das Verstehen überformt hat, und ebenso davor, sich auf ‚isolierte' physiologische Prozesse zu beziehen, wie es reduktionistische Leib-Seele-Konzeptionen getan haben:

„Ganz abzusehen ist dabei von unbewußten Vorstellungen, von physiologischen Spuren ohne Äquivalente, und überall ist die Beziehung des lebendigen Strukturzusammenhangs zu diesen Kausalverhältnissen in Betracht zu ziehen. Dann erweist sich, wie unzureichend die abstrakten Vorstellungen eines mechanischen Zusammenhangs auf diesem Gebiete sind" (V, 179).

Neben der genauen Beschreibung der einzelnen Strukturelemente (Wahrnehmung / Denken, Gefühl und Wille) findet sich bei Dilthey auch eine differenzierte Betrachtungsweise der wechselseitigen Bezogenheit dieser psychischen Funktionen in einem gegebenen Fall. Er weiß, daß stets die Gesamtheit der psychischen Funktionen ein Wirkungsgefüge darstellen, auch wenn das dem Betreffenden selbst nicht bewußt sein mag. Orientiert an der Begrifflichkeit Diltheys läßt sich also in einem konkreten Fall fragen, *worauf* eine Wahrnehmung bezogen ist, *worüber* ein Gefühl gegeben ist (sind es Wahrnehmungen oder Vorstellungen?), *wonach* das Streben eines spezifischen Willensaktes zielt (vgl. VII, 16).

Das Gefühl stellt dabei für Dilthey das „eigentliche Zentrum des Seelenlebens" dar (V, 185). In allen Lebensäußerungen, auch z.B. dem Werk eines Philosophen, kommt „ein bestimmtes Gefühlsverhalten zum Ausdruck" (VIII, 30f.). „Ich will beweisen, daß auch die philosophischen Systeme, so gut als die Religionen oder die Kunstwerke, eine Lebens- und Weltansicht enthalten, welche nicht im begrifflichen Denken, sondern in der Lebendigkeit der Personen, welche sie hervorbrachten, gegründet ist" (VII, 30).

Dilthey unterscheidet also – das wurde später in verschiedenen Variationen aufgenommen – zwischen grundlegenderen Lebensstimmungen sowie Gefühlen, die in aktuelle Weltbezüge, d.h. konkrete Erlebnisse eingebunden sind. Diese Stimmungen können zwar wechseln, „aber in den verschiedenen Individuen herrschen nach ihrem Eigenwesen gewisse Lebensstimmungen vor" (VIII, 81). So gibt es z.B. eher optimistisch oder mehr pessimistisch getönte Grundgestimmtheiten. Gerade diesen Lebensstimmungen erkennt er eine konstituierende Funktion für die jeweilige sich entfaltende Weltansicht zu: „Diese Lebensstimmungen, die zahllosen Nuancen der Stellung zur Welt bilden die untere Schicht für die Ausbildung der Weltanschauungen. In diesen vollziehen sich dann auf Grund der Lebenserfahrungen, in denen die mannigfachen Lebensbezüge der Individuen zur Welt wirksam sind, die Versuche der Auflösung des Lebensrätsels" (VII, 82).

Vor diesem komplexen Bild des Prozesses menschlichen Welterfassens, wie es Dilthey entwarf, wird, so meine ich, seine schon 1880 aufgestellte Behauptung verständlich, „daß bisher noch niemals die ganze, volle, unverstümmelte Erfahrung dem Philosophieren zugrunde gelegt worden ist, mithin noch niemals die ganze und volle Wirklichkeit" (in: ‚Grundgedanke meiner Philosophie', GS VIII, 171).

Diese ‚volle Wirklichkeit' erschließt sich nach Dilthey nur einer ‚Philosophie der Erfahrung', deren Grundlage darin besteht, daß die ‚Intelligenz' als „Wirklichkeit in den Lebensakten der Menschen [existiert], welche alle auch die Seiten des Willens und der Gefühle haben, und demgemäß existiert sie als Wirklichkeit nur in dieser Totalität der Menschennatur" (VIII, 172).

Bei aller Differenziertheit seines Verständnisses und der Tiefe seines Wissens war sich Dilthey der Begrenztheit aller menschlichen Erkenntnis sehr wohl bewußt. So sagte er bei seinem 70. Geburtstag: „Ich habe keine Lösung des Lebensrätsels, aber die Lebensstimmung, die aus dem Sinnen über die Konsequenzen des historischen Bewußtseins mir erwachsen ist, diese wollte ich ihnen [den Schülern] mitteilen" (VIII, 220f.).

Gerade die Fundierung seiner Philosophie in der Hermeneutik, also im Verstehen dessen, was andere Menschen hervorgebracht haben, ließ ihn um die Relativität der Standpunkte wissen, zugleich aber war ihm die Spannung bewußt, die dabei in dem Anspruch der Philosophie auf Allgemeingültigkeit liegt.

> „Die Philosophie zeigt ein Doppelantlitz. Der unauslöschliche metaphysische Trieb geht auf die Lösung des Welt- und Lebensrätsels, hierin sind die Philosophen den Religiösen und den Dichtern verwandt. Aber der Philosoph unterscheidet sich von ihnen, indem er durch allgemeingültiges Wissen dies Rätsel lösen will. Diese alte Verbindung muß sich uns heute lösen" (VIII, 224).

Dilthey hat dieses Problem für sich in der ‚Ordnung der Weltanschauungen' gelöst: „Die Weltanschauungen sind gegründet in der Natur des Universums und dem Verhältnis des endlichen auffassenden Geistes zu denselben. So drückt jede derselben in unseren Denkgrenzen eine Seite des Universums aus. Jede ist hierin wahr. Jede aber ist einseitig. Es ist uns versagt, diese Seiten zusammenzuschauen. Das reine Licht der Wahrheit ist nur in verschieden gebrochenem Strahl für uns zu erblicken" (VIII, 224).

Auf dieser ‚perspektivischen' Vorstellung aufbauend ergibt sich ihm die Antwort auf die Fragen, „um die es sich für die Person handelt, die doch schließlich dem Leben und dem Tode gegenüber für sich allein ist. Die Antwort auf diese Fragen ist nur da in der Ordnung der Weltanschauungen, welche die Mehrseitigkeit der Wirklichkeit für unseren Verstand in verschiedenen Formen aussprechen, die auf Eine Wahrheit hinweisen" (VIII, 225).

Mit dieser ‚Theorie der Theorien' und seinen eigenen Versuchen einer ‚Typologie der Weltanschauungen'[1] gab Dilthey Anstöße für spätere Ansätze in diese

---

[1] Vgl. bes. ‚Die Typen der Weltanschauung und ihre Ausbildung in den metaphysischen Systemen' (GS VIII, 75–118).

Richtung (z.B. Sprangers ‚Lebensformen' oder Jaspers' ‚Psychologie der Weltanschauungen'). Dieser Weg über die Inhalte scheint mir heute nicht mehr in dieser Weise gangbar; so sind m.E. die Ansätze einer Strukturtheorie des menschlichen Bewußtseins der wichtigste und ‚aktuellste' Beitrag Diltheys für eine Konzeption des Verstehens in einer dialogischen (hermeneutisch fundierten) Philosophie bzw. einer ‚Philosophischen Beratung'.

Die Geschichte der Hermeneutik zeigt somit eine recht klare Entwicklunglinie: von ihren Anfängen in den antiken bzw. christlichen Ansätzen zur Textinterpretation und -auslegung über die Entwicklung einer Allgemeinen Hermeneutik in der Neuzeit bis zur (Neu-)Begründung einer philosophisch fundierten allgemeinen Verstehenslehre durch Schleiermacher und Dilthey im 19. Jahrhundert.

Die inhaltlichen Schwerpunkte lassen sich entsprechend dieser Entwicklungslinie in drei Abschnitte unterteilen:

I. In der antiken und dann christlich-biblischen Tradition des hermeneutischen bzw. interpretatorischen Vorgehens entwickelte sich eine eher monologische Auslegungskunst, die mit den Texten als quasi eigenständigen geistigen Gebilden umging (bei biblischen Texten: als vom Hl. Geist wörtlich inspiriert).

Damit wird eine ‚Hypostasierung' der Texte zu einem ‚wirklichen Gegenstand'[1] vorgenommen, völlig losgelöst von dem Autor. Doch gerade durch diese ‚Objektivierung' des Textes wird der Subjektivität bis Willkür der Interpretation durch den Auslegenden der Weg geebnet; so ging z.B. Origenes davon aus, daß seine dreifache Auslegung der Bibel (somatisch = buchstäblich, psychisch/seelisch und pneumatisch/spirituell) so von Gott gewollt ist (vgl. Grondin, 1991, 38f.)

Die Paradoxie eines solchen Ansatzes ergibt sich dadurch, daß einerseits vom ‚mehrfachen Schriftsinn' ausgegangen wird, zugleich aber die Aufgabe darin besteht, etwa bei der Auslegung dunkler Stellen in der Bibel „in der Schrift Gottes Willen zu suchen" (Augustinus, Doctrina christiana, nach Grondin, 1991, 43). Durch die Augustinische ‚Festschreibung' sind, wie G. Ebeling in seiner Darstellung der Geschichte der Hermeneutik feststellt, „in hermeneutischer Hinsicht … auf die Dauer von ca. einem Jahrtausend nach Augustin keine grundlegend neuen Fragestellungen und Gesichtspunkte aufgekommen" (Ebeling, 1959, 249).

II. Mit dem Übergang zur Neuzeit beginnt (innerhalb und außerhalb der Theologie) eine Neueinschätzung der biblischen Texte, die Ebeling als ‚hermeneutische Wende' bezeichnet; er gibt als wesentliche Tendenzen an: Preisgabe der Lehre von der Verbalinspiration, Unterscheidung von Bibel und Wort Gottes, prinzipielle Gleichstellung der Bibel mit anderer Literatur in hermeneutischer Hinsicht usw. (Ebeling, 1959, 253).

---

[1] Paraphrasierend zu Kant, KrV A 384, der von dem ‚bloßen Blendwerk' spricht, „nach welchem man das, was bloß in Gedanken existiert, hypostasiert, und in eben derselben Qualität, als einen wirklichen Gegenstand außerhalb dem denkenden Subjekte annimmt …"

Durch diese Neuorientierung entstehen zwei neue Schwerpunkte im Umgang mit Texten bzw. Aussagen: einerseits wird die Aufgabe erkannt, die Absicht des Autors präzise zu erfassen: es geht, gerade auch bei dunklen Stellen, zunächst einmal darum, herauszufinden, was der Autor hat sagen wollen[1].

Auf der anderen Seite wird nun präzise zwischen dem gemeinten Sinn der Aussage und ihrem Geltungsanspruch unterschieden – bereits bei Dannhauer findet sich diese Unterscheidung als ‚Hermeneutik und Analyse': In einem ersten Schritt gilt es, den gemeinten Sinn zu rekonstruieren, in einem zweiten wird nach dem Wahrheitsanspruch gefragt.

(Diese wichtige Unterscheidung wird bei Schleiermacher als ‚Hermeneutik und Kritik' wieder aufgenommen.)

So unterscheidet G.F. Meier auf dieser Basis konsequent zwischen einer hermeneutischen Wahrheit, als Erfassen dessen, was der Autor gemeint hat, und der logischen, metaphysischen oder moralischen Wahrheit[2].

Diese Unterscheidung führte dann allerdings durch die unterschiedliche Gewichtung der beiden Faktoren zugleich dazu, daß diese universalhermeneutischen Ansätze nicht fortgeführt wurden und ohne weitere Wirkung blieben: der Glaube an die Möglichkeit eines unmittelbaren Zugangs zu *der* Wahrheit durch die Kraft des eigenen, vernünftigen Denkens ließ exakte Texthermeneutik an Bedeutung verlieren[3], zumal hier ja auch Täuschung möglich ist – der Autor kann betrügen oder selbst betrogen worden sein (Meier § 118, 1757, 65).

Hinzu kam, daß die Kantische Vernunftkritik der rationalistischen Vernunftkonzeption den Boden entzog, denn diese lag – trotz aller Beachtung der Autorenintention – dem hermeneutischen Ansatz zugrunde[4].

---

[1] M. Beetz hat darauf hingewiesen, daß die Ermittlung der Autorenintention in den meisten Hermeneutiklehren des 17. und 18. Jahrhunderts das zentrale Anliegen war. „Der wahre Sinn eines Textes, den die Interpretation aufzudecken sucht, soll kein beliebiger sein, sondern der vom Autor intendierte ... Der Sinn ergibt sich aus Anlaß, Motivation und Zweck eines Textes, seinem scopus. Ihm [so paraphrasiert Beetz eine Passage von Dannhauer, E.R.] fällt bei der Interpretation demnach die Schlüsselrolle zu" (Beetz, 1981, 611f).

[2] „Die hermeneutisch wahre Bedeutung (signatum hermeneutice verum) ... ist die Absicht um derentwillen der Urheber des Zeichens dasselbe braucht. ... Ein Ausleger muß die hermeneutisch wahren Bedeutungen erkennen" (§ 17, 9 f).
In § 118 nimmt er die Möglichkeit als Ausgangspunkt, daß ein Autor betrügen kann oder selbst betrogen worden sein kann, d.h. daß Täuschung möglich ist, und folgert daraus: „So kan man, von der hermeneutischen Wahrheit eines Sinnes, nicht auf seine logische, metaphysische oder moralische Wahrheit allemal schliessen; und ebenso wenig umgekehrt" (Meier, 1757, 65).

[3] So urteilte bereits Chladenius: „In der Philosophie brauchen wir nunmehro die Auslege-Kunst so sehr nicht, nachdem jeder seine eigene Kraft zu denken brauchen soll, und ein solcher Lehr-Satz, den man durch vieles Auslegen aus einer Philosophischen Schrift heraus kriegen muß, uns nicht sonderliche Dienste tun kann, weil es hernach erst die Frage sein wird, ob er wahr ist, und wie man ihn beweisen solle, worinnen die eigentliche Kunst der Philosophie besteht." (Chladenius, 1742, 105, mit leichten orthograph. Angleichungen.)

[4] M. Frank geht sogar soweit, Chladenius' Theorie des Sehepunkts den Charakter einer hermeneutischen Kategorie abzusprechen. „Sie bezeichnet lediglich verschiedene – gleich mögliche und nicht notwendig miteinander logisch unverträgliche – Vorstellungen einer und derselben Sache" (Schleiermacher, Frank, 14). Es bleibt dennoch die Überzeugung des Hermeneutikers,

III. Schleiermachers große Leistung bestand dann darin, die Verstehensfrage auf neue Weise gestellt zu haben, nämlich ausgehend von der Rekonstruktion der Erkenntnisprozesse des Textautors bzw. Sprechers; seine Lösungsvorschläge zeigen – wenn sie auch zum Teil nur fragmentarisch ausgedrückt und nicht systematisch ausgearbeitet sind – gegenüber den älteren hermeneutischen Entwürfen eine ganz neue Ebene des Zugangs, die unserem heutigen Wissen um den Prozeß des Welterfassens weitgehend entspricht.

Die Hermeneutik Schleiermachers fand ihre Fortsetzung und einen vorläufigen Höhepunkt in der vertiefenden und erweiternden Ausarbeitung durch Dilthey.

Bei Schleiermacher und Dilthey finden sich alle wesentlichen Elemente, Hermeneutik als ‚Rekonstruktion mentaler Prozesse' zu beschreiben und zu betreiben. Die wichtigsten Strömungen dieses Jahrhundert versuchten jedoch, andere Extreme auszuloten.

Dilthey, als nachkantischer Philosoph des 19. Jahrhunderts (er lebte von 1833–1911), war der Überzeugung, daß man in der Philosophie vom Ideal einer allgemeinverbindlichen Wahrheit und objektiver Erkenntnis ablassen muß. Die ganze (abendländische) geistige Tradition, die er in ihrer Fülle und Vielfalt (bis Gegensätzlichkeit) überschaute, ließ für ihn keine andere Lösungsmöglichkeit zu, als die Subjektivität des Welterfassens zu akzeptieren und zu gliedern, einerseits strukturell nach dem ‚Instrument' des Welterfassens, dem psychischen Strukturzusammenhang, zum anderen inhaltlich nach den unterschiedlichen Möglichkeiten der Weltentwürfe, die er typologisch zu erfassen suchte[1].

Die dominierenden Strömungen der ersten beiden Drittel des 20. Jahrhunderts kann man als Versuche sehen, noch einmal die Extreme zwischen allgemeinverbindlicher Objektivität und Erkenntnisskeptizismus auszuloten (mit den äußersten Polen etwa des logischen Positivismus auf der einen Seite, den dekonstruktivistischen Ansätzen auf der anderen).

Die Hermeneutik Schleiermachers und Diltheys konnte bei diesen Tendenzen und Bemühungen keine Anerkennung und Fortführung finden – der ‚mittlere Weg' eines strukturellen Erfassens menschlicher Subjektivität auf der Basis der mentalen Prozesse wurde erst in allerjüngster Zeit wieder aufgenommen.

> Es gab zwar Anfang des Jahrhunderts Versuche, im Anschluß an Dilthey eine ‚Verstehende Psychologie' zu begründen, doch fand das in der Psychologie – zwischen den Polen von Behaviorismus und Psychoanalyse – nach dem Einschnitt des 2. Weltkrieges bei uns keine systematische Fortführung; erst auf dem Umweg über Amerika, durch die Humanistische Psychologie und Psychotherapie, kamen solche Ansätze in den 70er Jahren nach Europa zurück und trugen wesentlich bei zur Überwindung des (bei uns erst nach dem 2. Weltkrieg dominant gewordenen) behavioristisch-positivistischen Paradigmas in der Psychologie

---

daß – im Falle von Zweifeln – „die authentische Vorstellung der Sache ... [entscheidet], wie sie nach den Regeln der Vernunft und der menschlichen Seele in ihrer wahren Natur re-konstruiert werden kann" (ebd.).

[1] Z.B. nach der Art der Weltbetrachtung naturalistisch bzw. materialistisch vs. idealistisch, oder nach der Art der zugrundeliegenden Grundstimmung, optimistisch vs. pessimistisch.

und zur Entwicklung alternativer Ansätze zum psychoanalytischen in der Psychotherapie.

Im Kontext der Philosophischen Hermeneutik versuchte Gadamer, den von Schleiermacher begonnenen und von Dilthey weitergeführten Ansatz, Texte als Hervorbringungen ‚auffassender Subjekte' zu analysieren[1], unter Bezug auf Heideggers Daseins-Konzeption sowie z.T. durch Rückbezug auf ältere hermeneutische Traditionen zu ‚überwinden'. So wird für Gadamer wieder die Orientierung an der ‚Sache' zentral, der Text wird erneut ‚hypostasiert', die Autorintention vernachlässigt, die ‚partielle Nichtverstehbarkeit' als ‚prinzipielles Andersverstehen' gedeutet, so daß die kritische Dimension der Hermeneutik verlorengeht.

Der hiermit vollzogene Bruch mit der hermeneutischen Tradition der Neuzeit, in der die Entwürfe Schleiermachers und Diltheys einen vorläufigen Höhepunkt darstellen, kann zu einer gewissen Unsicherheit im Umgehen mit der Philosophischen Hermeneutik der Gegenwart führen – für die einen stellt Gadamers Ausarbeitung *den* Höhepunkt dar (vgl. etwa Grondin, 1991, 1f.), für andere bedeutet sein Ansatz eher einen Rückschritt hinter Dilthey und Schleiermacher, und seine Rezeption ihrer Ansätze wird als unangemessen kritisiert[2].

Diese Schwierigkeiten versuchte Hans Krämer in einem Aufsatz ‚Zur Rekonstruktion der philosophischen Hermeneutik' (1995) ‚metahermeneutisch' zu lösen und unterschied zwei Haupttypen von Hermeneutik – eine eher ‚verstehende' Hermeneutik, „die das eigentlich Gemeinte, den richtigen Sinn zu erheben und den falschen zu eliminieren sucht und damit Eindeutigkeit anstrebt (wenn auch nicht immer erreicht)" und eine auf Mehrdeutigkeit zielende, eher interpretierende Form, „die etwas *als* etwas anderes versteht, in neue Sinnzusammenhänge rückt und damit in kreativen Erweiterungen und Fortbildungen um- und ausdeutet" (Krämer, 1995, 173).

Entsprechend charakterisiert er die unterschiedlichen Ansätze der zeitgenössischen philosophischen Hermeneutik: „Der von der Romantik bis zu Betti, Hirsch, Seebohm, Ineichen oder A. Bühler reichende, auf Eindeutigkeit festgelegte Typus hält sich an die zetetische, der von Heidegger und Gadamer ausgehende, wesentlich durch Mehrdeutigkeit bestimmte und mit den Interpretationsphilosophien konvergierende Typus mehr an die dogmatische oder allegorisierende Form der technischen Hermeneutik" (Krämer, 1995, 173).

Hinzu kommt, quasi als dritte Variante, der Dekonstruktivismus, „der Verstehen und Hermeneutik überhaupt in Frage stellt" (ebd. 174), der aber im Grunde nur eine Extremvariante des interpretationistischen Ansatzes darstellt.

---

[1] Vgl. z.B. Dilthey (GS V, 372): „Alle menschlichen Erzeugnisse entspringen aus dem Seelenleben und dessen Beziehungen zur äußeren Welt."

[2] So urteilt z.B. Frank, daß „Gadamers Schleiermacherbild Züge der Fiktion aufweist", und er wundert sich darüber, daß er dennoch „die gesamte Historiographie der neueren Hermeneutik auf eine Weise beeinflußt [hat], daß man auf eine erneute Lektüre der ohnehin schwer zugänglichen Lücke-Ausgabe glaubte verzichten zu dürfen" (Schleiermacher, Frank, S. 60).
(Diese Ausgabe hat Frank 1977, zusammen mit anderen wichtigen Texten zur Hermeneutik, neu herausgegeben. Das Zitat stammt aus Franks Einleitung zu diesem Text.)

Vom Anwendungsbereich her betrachtet ist offensichtlich, daß eine Hermeneutik der ‚Mehrdeutigkeit' oder des prinzipiellen ‚Andersverstehens' vornehmlich auf künstlerische Texte bzw. künstlerische Produktionen insgesamt zielt, denn hier ist die Autorintention, wenn überhaupt, eher von sekundärer Bedeutung. Sowohl Gadamer wie auch die meisten dekonstruktivistischen Ansätze haben auch entsprechend eine wesentlich an künstlerischen Texten oder Werken ausgerichtete Orientierung – Gadamer fordert sogar eine Einheit von Ästhetik und Hermeneutik, d.h. „die Ästhetik muß in der Hermeneutik aufgehen", umgekehrt aber gilt dann natürlich auch, daß die Hermeneutik im ganzen so bestimmt werden muß, „daß sie der Erfahrung der Kunst gerecht wird" (GW 1,170).

> H. Krämer wies auf die wesentliche Unterscheidung zwischen ‚informierenden und fiktionalen Medien' hin (Krämer, 1995, 182) und warnte vor Fehlschlüssen, die dadurch entstehen, daß man fiktionale Zeichensysteme wie Informationssysteme behandelt und umgekehrt oder beide miteinander verwechselt (ebd., 183).
> Philosophische Beratung, die den mitgeteilten ‚Text' als lebensphilosophische Äußerung betrachtet, wird entsprechend eher nach dem hermeneutischen Modell des Umgehens mit informierenden Texten vorgehen, die J. Mittelstraß mit Bezug auf Aristoteles ‚apophantisch' nennt: „Eine Rede (oder Sprache) heiße apophantisch, wenn Behauptungen formuliert werden, die sich als Problemlösungsvorschläge auffassen lassen, und Argumente bzw. Begründungen für diese Behauptungen angeführt werden, die deren Geltungsansprüche sichern sollen. Gegensatz apophantischer Rede ist die ästhetische Rede, wozu insbesondere auch Formen der fiktionalen Rede gehören" (Mittelstraß, 1982b, 172).

Mittelstraß betont – ebenso wie auch Krämer – daß es sich hier nicht um einen absoluten Gegensatz handelt: es gibt Übergänge bzw. Mischformen[1]. Dennoch scheint mir die prinzipielle Unterscheidung zwischen informierenden und ästhetischen Texten von grundlegender Bedeutung.

Ein wesentliches Charakteristikum interpretierender hermeneutischer Ansätze, bei denen die Mehrdeutigkeit keine Fehlermöglichkeit, sondern ein konstituierendes Prinzip darstellt, liegt in ihrem eher monologischen Verstehensansatz, während eine dialogisch orientierte Hermeneutik beim Umgang mit Texten eine Art ‚Dialog mit dem Text' bedeutet – im Kontext der Mündlichkeit eine echte dialogische ‚kommunikative Erschließung der subjektiven Welt' (Renn, 1993).

Entsprechend charakterisiert Renn Gadamers ‚Dialog' als „die monologisch mögliche Enträtselung der Frage, auf die der Text eine Antwort gibt", als „Beziehung zwischen einem eigentlichen Interpreten und der Objektivität des geschriebenen Textes" (Renn, 1993, 541).

Damit ist die gleiche paradoxe ‚hermeneutische Situation' wiederhergestellt, wie sie in der älteren Interpretationslehre (vor der ‚hermeneutischen Wende' der Neuzeit) vorgelegen hatte: einerseits wird der Text hypostasiert, wird zum fast

---

[1] So können fiktionale Zeichensysteme auch beabsichtigte Informationen enthalten (Krämer, 1995, 183) und in Philosophischen Texten apophantische und ästhetische Eigenschaften gemeinsam auftreten (Mittelstraß, 1982b, 172). Insofern können sich literarische Textinterpretation und Philosophische Hermeneutik durchaus gegenseitig anregen.

anonymen Repräsentanten einer absoluten Wahrheit, die als zumindest potentiell erreichbar angesehen wird[1], gleichzeitig jedoch wird der Willkür der Interpretation der Weg geebnet, da das einzige genuin hermeneutische ‚Wahrheitskriterium' (nämlich die Autorintention) als ‚regulatives Prinzip'[2] wegfällt.

Es ist verständlich, daß diese Art der Hermeneutik sich fast ausschließlich am Modell schriftlicher Texte orientiert, so wie das tatsächlich bei Gadamer, Ricoeur und den meisten dekonstruktivistischen Interpretationsansätzen der Fall ist.

> So ist für Gadamer die Schriftfähigkeit der Sprache, auch wenn sie gesprochen wird, der Garant dafür, daß das Sprechen selber „an der reinen Idealität des Sinnes Anteil hat, der sich in ihm mitteilt. In der Schriftlichkeit ist dieser Sinn des Gesprochenen rein für sich da, völlig abgelöst von allen emotionalen Momenten des Ausdrucks und der Kundgabe. Ein Text will nicht als Lebensausdruck verstanden werden, sondern in dem, was er sagt. Schriftlichkeit ist die abstrakte Idealität der Sprache" (GW 1, 396).

Damit ist die Loslösung des Textes von seinem Autor vollzogen – der Text repräsentiert nicht mehr die Aussage eines realen Menschen, sondern stellt ein eigenes Sinngebilde dar.

„Was schriftlich fixiert ist, hat sich von der Kontingenz seines Ursprungs und seines Urhebers abgelöst und für neuen Bezug positiv freigegeben" (GW 1, 399).

Von diesem monologischen Verstehen – der eigene Horizont wird dabei durch Hineinnahme eines Textes via Verschmelzung verändert – führt kein Weg zu einem dialogischen Gespräch, es kann eigentlich nur Gespräche ‚über eine Sache' geben, die Schleiermacher als ein Ergebnis der ‚laxen' Form der Alltagshermeneutik charakterisiert hat (o.S. 193)[3]. Ein Dialog als „faktischer Prozeß der Erschließung subjektiver Welt" (Renn, 1993, 540) kommt bei Gadamer nicht vor. Entsprechend kann für ihn ein Gespräch auch nicht wirklich ‚geführt' wer-

---

[1] Gadamer ist offensichtlich davon überzeugt, daß es eine ‚objektive Erkenntnis' gibt, die oft „erst aus einem gewissen geschichtlichen Abstande" heraus erreichbar ist (GW 1, 303). Er erläutert das nicht genauer, aber kurz vorher nennt er als Synonym, daß man „verbindliche Allgemeinheit beanspruchen könne" (ebd.).

[2] Krämer, 1995, 183: „Die supponierte Autorenintention ist also nur ein regulatives Prinzip, das formale Einhelligkeit stiftet, das zu konkretisieren aber eine schwierige Aufgabe der Hermeneutik bleibt. Der Autor, der hinter den Zeichen steht, bekommt dadurch einen ähnlichen Stellenwert wie das Substrat, das verschiedenen Interpretationen zugrundeliegt, aber selbst nicht direkt zu sichern ist, sondern mehrdeutig bleibt, wobei Probleme inter- und intrasubjektiver Verständigung zusätzlich in Rechnung zu stellen sind ..."

[3] Gadamer hat sich zum Thema des Gesprächs mehrfach geäußert, aber seine Auffassung geht nicht von einer dialogischen Konstellation aus, sondern vom Bezug auf eine Sache, über die gesprochen wird (vgl. etwa GW 1, 383f.).
Direkte Bezogenheit auf einen Menschen erscheint Gadamer immer zum Scheitern verurteilt – als bloße Einfühlung oder Unterwerfung (GW 1, 389). Gadamers Verstehenskonzeption bewegt sich ganz in der Polarität dieser defizienten Modi (zu deren Charakterisierung vgl. Holenstein, 1976, 191) und vermag deshalb nur einen vagen Kompromiß zwischen diesen Extremen anzubieten, via Verständigung über die Sache und Horizontverschmelzung.

den[1] – man ‚gerät' in ein Gespräch bzw. man ‚verwickelt' sich sogar hinein. So wirken die Personen in der Darstellung Gadamers passiv und wenig bewußt: „Die Verständigung oder ihr Mißlingen ist wie ein Geschehen, das sich an uns vollzogen hat" (GW 1, 387).

Die Tatsache, daß heute nebeneinander derart extrem unterschiedliche hermeneutische Ansätze bestehen, läßt Hans Krämer bei seinen metahermeneutischen Überlegungen zu dem eher skeptischen Resümee kommen, „daß die Philosophische Hermeneutik erst in den Anfängen steht" (Krämer, 1995, 184).

Verständlich wird die Verschiedenheit der Ansätze vor allem durch die Unterschiedlichkeit der epistemologischen Hintergrundannahmen. Liegt der Schwerpunkt der Betrachtung auf der Person des erkennenden/verstehenden Subjekts und dessen ‚informationsverarbeitenden Prozessen', wird die Unterscheidung zwischen Erkennen und Verstehen auf der Basis der Strukturgleichheit beider Prozesse nivelliert und verständlicherweise tritt der Interpretationscharakter von Erkennen *und* Verstehen in den Vordergrund. Dies ist ein Gesichtspunkt – das hat Krämer aufgezeigt[2] – der die an Heideggers ‚Verstehens'-Konzeption orientierte Hermeneutik (vor allem von Gadamer und Ricoeur) sowie die interpretationistischen Ansätze (z.B. Abel, Lenk) umfaßt.

> Heidegger hatte gemeint, einen dem Verstehen *und* Erkennen zugrundeliegenden Prozeß beschreiben zu können, den er jedoch ebenfalls mit dem Terminus ‚Verstehen' bezeichnet – diese Ambiguität der Bedeutung wirkt sich gerade z.B. in der Gadamerschen hermeneutischen Konzeption mit ihrem Bezug auf Heideggers Verstehens-Begriff aus. Gemeint ist bei Heidegger eigentlich ein ‚basaler Prozeß', den er z.B. in seiner Vorlesung von 1923 ganz explizit gegen das Verstehen von Lebensäußerungen anderer Menschen (also die übliche Bedeutung von ‚Verstehen') abgrenzt: „Dieses Verstehen ... ist mit dem, was sonst Verstehen genannt wird, als ein erkennendes Verhalten zu anderem Leben, ganz unvergleichlich; es ist überhaupt kein Sichverhalten zu Intentionalität, sondern ein *Wie des Daseins* selbst; terminologisch sei es im vorhinein fixiert als das *Wach-sein* des Daseins für sich selbst" (GA 63, 15).

Das so definierte ‚Verstehen' stellt für Heidegger somit den grundlegenden Selbst- und Weltbezug des Menschen dar, der allem Erkennen und Verstehen vorgelagert ist. Er definiert es als ‚entwerfendes Erschließen des Daseins' und beschreibt es so, daß das Dasein weiß, „woran es mit ihm selbst ist", ein ‚Wissen', das ein „Sichhalten in einer existenziellen Möglichkeit" darstellt (SuZ 336).

Für den hermeneutischen Zusammenhang ist von Bedeutung, daß Heidegger (in ‚Sein und Zeit' und Vorlesungen dieser Zeit) auch von ‚Hermeneutik' spricht und damit nahelegt, seinen Verstehensbegriff in diesen Kontext zu stellen. Aber so wie Heideggers ‚Verstehen' nichts mit dem entsprechenden hermeneutischen

---

[1] Der Begriff der ‚Gesprächsführung' – heute höchst aktuell – war ja bei Schleiermacher von zentraler Bedeutung für seine dialogische Konzeption der Dialektik. (Vgl. Rieger, 1988, 262ff.)

[2] „... der von Heidegger und Gadamer ausgehende, wesentlich durch Mehrdeutigkeit bestimmte und mit den Interpretationsphilosophien konvergierenden Typus ..." (Krämer, 1995, 173).

Begriff zu tun hat, ist auch seine Konzeption von ‚Hermeneutik' sehr eigenwillig und entspricht in keiner Weise dem Gebrauch der vergangenen drei Jahrhunderte. Er begründet das als Rückgriff auf die ‚ursprüngliche' Bedeutung des Wortes:

> „Im Titel der folgenden Untersuchung ist Hermeneutik *nicht* in der modernen Bedeutung und überhaupt nicht als noch so weit gefaßte Lehre *von* der Auslegung gebraucht. Der Terminus besagt vielmehr im Anschluß an seine ursprüngliche Bedeutung: eine bestimmte Einheit des Vollzugs des hermeneuein (des Mitteilens) d.h. des zu Begegnung, Sicht, Griff und Begriff bringenden *Auslegens der Faktizität*" (GA 63, 14)[1].

Auch Heideggers Beschreibung des als ‚hermeneutischer Zirkel' bekannten Phänomens basiert auf dieser epistemologischen Prämisse des Vorverständnisses und wird als „Ausdruck der existenzialen *Vor-Struktur* des Daseins selbst" bezeichnet (SuZ 153).

Dieser wichtige Aspekt des Vorverständnisses hatte im hermeneutischen Kontext bei Schleiermacher und Dilthey bereits eine spezifische Berücksichtigung gefunden, und diese Fragestellung nimmt im Rahmen der gegenwärtigen kognitionswissenschaftlichen Ansätze (wieder) eine zentrale Rolle ein. In diesem Sinne lassen sich Heideggers Ausführungen als ein historischer Lösungsversuch erkenntnistheoretischer Grundlagenfragen betrachten und können als solche im Rahmen der epistemologischen Fundierung einer Philosophischen Hermeneutik berücksichtigt werden[2]. Entsprechend hat Ineichen (1991, 175) Heideggers Hermeneutik-Konzeption als einen „Beitrag zur (Erkenntnis-)Anthropologie" bezeichnet[3].

Der enge Zusammenhang von Erkennen und Verstehen begründet die Forderung nach einer epistemologisch fundierten Hermeneutik. Dafür läßt sich einerseits an die Konzeptionen von Schleiermacher und Dilthey anknüpfen und zum anderen auf Ergebnisse der Kognitionspsychologie zurückgreifen, die sowohl zum Verständnis der Prozesse des Erkennens wie des Verstehens Wichtiges beigetragen haben. So wird auch deutlich, wie kritisch die Auswirkungen von Ansätzen sein können, die den Verstehensprozeß aus dem kommunikativen Zusammenhang, der eigentlich mit ‚Verstehen' gemeint ist, herauslösen – ein Vorgang, der nur vor der Hintergrundsfolie medialer Schriftlichkeit möglich ist. Konzep-

---

[1] Anzumerken ist, daß es sich keineswegs um die ‚ursprüngliche' Bedeutung des griechischen Begriffs handelt, sondern um eine sehr spezielle Bedeutungsverleihung, die an eine der möglichen Bedeutungen anknüpft. (Vgl. dazu etwa Jaeger, 1974, 57 Anm. 67.)

[2] A. Bühler weist darauf hin, daß die Konzeption eines von Hypothesen (= Vorverständnis) geleiteten Denkens heute in Psychologie und vielen Richtungen der Philosophie ein Gemeinplatz ist: „Vor allem scheint das Vorverständnis, das Heidegger und Gadamer hervorheben, im wesentlichen nichts anderes zu sein als das Vorgehen mit – bewußten und vor allem unbewußten – Hypothesen, die den Verstehensprozeß leiten und begleiten ... Heideggers und Gadamers Ausführungen sind zwar weniger spezifisch und damit weniger informationshaltig als entsprechende Behauptungen innerhalb der Konzeption vom Verstehen als rationalem Prozeß, die grundlegende Idee scheint aber dieselbe zu sein" (Bühler, 1995, 288f.).

[3] Das scheint mir eine angemessene Charakterisierung, trotz Heideggers Anspruch, ‚hinter' die Ebene der Anthropologien vorzudringen, so daß sein Ansatz als ein Programm der ‚Anti-Anthropologie' bezeichnet worden ist (Luckner, 1995).

tionen wie die von Gadamer, Ricoeur usw. können so dazu beitragen, das Bemühen um ein präzises Verstehen des vom Autor/Sprecher Gemeinten abzuwerten und entsprechende Versuche zu entmutigen.

> Elmar Holenstein kritisierte, daß diese Art von Hermeneutik sich „vorschnell mit einem Verständnis fremder Texte ab[findet], das auf eine ... strukturale Anpassung an mein jeweiliges Weltverständnis hinausläuft. Nicht nur das! Sie versucht, die problematische These, nach der wir im Verstehen an unsere jeweilige, geschichtlich bedingte und geformte Sprach- und Denkstruktur gebunden sind, auch noch ontologisch abzustützen und zu sanktionieren" (Holenstein, 1976, 178).

Ein ähnlicher Vorwurf wird von Gebhard Rusch erhoben (er gehört dem konstruktivistischen Kontext an) – Probleme im Bereich des Verstehens erscheinen ihm „im buchstäblichen Sinne als hausgemacht, als Resultate bestimmter Konzeptualisierungen, Schemabildungen und Operationsweisen" (Rusch, 1986, 70). Dadurch, daß jeder die Kommunikation nach der je eigenen Art des Verstehens organisiert, so führt er aus, wird es für einen potentiellen, zu verstehenden Gesprächspartner immer schwieriger, die Verstehensautonomie eines derartig ‚Verstehenden' zu durchbrechen, während es für jenen immer leichter wird, sich gegen Orientierungsanforderungen zu immunisieren. Sein Kommentar dazu lautet: „Unter solchen Bedingungen kann Kommunikation dann für alle Beteiligten äußerst unangenehm sein" (Rusch, 1986, 71).

Die Verstehenshandlung ist nun tatsächlich eine ganz eigenständige ‚Leistung' des verstehenden Subjekts – Schnotz formuliert das am Beispiel des (lesenden) Textverstehens so: „Einem Text wird bekanntlich eine bestimmte Bedeutung zugeschrieben, die der Leser beim Textverstehen erfassen muß: Der Leser muß erkennen, was der Autor mit dem Text meint, und in seinem Kopf eine entsprechende mentale Repräsentation des Gegenstands aufbauen" (Schnotz, 1994, 14). Die Loslösung dieses Verstehens-Erkennens-Prozesses von der Person des Autors ist nur deshalb möglich, weil in einem schriftlich niedergelegten Text die Wissensstruktur eines anderen Menschen (eben des Autors) ‚externalisiert' wird, wie Schnotz es bezeichnet, die der Leser dann durch einen Verstehensprozeß internalisieren kann (vgl. Schnotz, 1994, 12). Trotz physischer Abwesenheit des Autors handelt es sich dabei um einen Kommunikationsvorgang, der von bestimmten Voraussetzungen ausgeht, z.B. daß der Autor eine bestimmte verständliche Aussage hat und diese in einer Form präsentiert, die zu verstehen ist. Wenn das nicht der Fall ist, läßt sich nicht mehr von Verstehen sprechen, sondern es bedarf der Interpretation (etwa von schwerverständlichen oder nicht eindeutig aufzufassenden Passagen).

> In diesem Sinne werden in der ‚Enzyklopädie Philosophie und Wissenschaftstheorie' folgende Voraussetzungen für die Notwendigkeit der Interpretation genannt: 1. „daß der Text Verstehensschwierigkeiten bietet ... 3. daß die Verstehensschwierigkeiten nicht durch Befragung des Autors behoben werden können" (M. Gatzemeier, in: Mittelstraß, 1995/96, Bd. 2, 273f.).

Kognitives Erfassen (im Sinne des Erkennens von Sachverhalten ebenso wie beim Verstehen von Zeichen) geschieht so, daß das kognitive Subjekt das Wahrgenommene bzw. Gehörte/Gelesene auf den eigenen Wissensbestand bezieht.

> Dieser Wissensbestand besteht, wie bereits erwähnt, aus Einheiten unterschiedlicher Komplexität, von Begriffen als einer Art idealtypischer Beschreibung bis hin zu komplexen Modellen und weitreichenden Theorien, in die Begriffe in komplexer Weise eingebunden sind. Hinzu kommt ein spezifisches prozedurales Wissen, das unter anderem dazu benützt wird, aus implizitem Wissen explizites zu generieren.

„Im Falle einer hinreichenden Übereinstimmung wird der fragliche Sachverhalt der betreffenden Klasse zugeordnet und gilt damit als erkannt" (Schnotz, 1994, 29) bzw. eine Aussage als ‚verstanden'.

Verstehen geht – genauso wie Erkennen – stets über die Information hinaus, die unmittelbar dargeboten wird. Wenn das nicht der Fall wäre, könnte man keine sinnvollen verbalen Botschaften ausdrücken, denn man müßte jeden Begriff erst erläutern, Hintergrundinformation geben etc. Sprecher oder Autor gehen also selbstverständlich davon aus, daß der Leser/Zuhörer imstande ist, angemessene Inferenzen vorzunehmen, d.h. zusätzliches Wissen zu generieren, das es ermöglicht, der übermittelten Information eine kohärente Repräsentation zu geben. Wenn das nicht gelingt, wird dem Verstehenden deutlich, daß er zu einer solchen stimmigen mentalen Repräsentation nicht in der Lage ist, man sagt dann: Ich habe (den Satz, die Aussage, den Text) *nicht verstanden.*

Eine in sich stimmige Repräsentation herzustellen bedeutet allerdings nicht, daß diese dem Gegenstand adäquat ist – so wie Wahrnehmung ungenau und Theorien unzulänglich sein können, so kann auch Verstehen unangemessen sein und wird dann als *Mißverstehen* bezeichnet. „In diesem Fall wird eine mentale Repräsentation gebildet, die zwar in sich konsistent und kohärent ist, den betreffenden Sachverhalt jedoch inadäquat abbildet" (Schnotz, 1994, 33). Das einzige verläßliche Kriterium, das zur Unterscheidung von Verstehen und Mißverstehen dienen kann, ist die vom Sprecher/Autor intendierte Bedeutung.

> Das gilt allerdings nur für den Fall nicht gestörter Selbstkommunikation und bei maximaler Selbstexplorationsfähigkeit des Sprechers/Autors. Die Konzeption des ‚Besserverstehens' wird dieser Tatsache gerecht, bedarf aber als ‚Regulativ' der letztlichen (nicht immer einholbaren) Zustimmung des Sprechers zu der Rekonstruktion eines noch unklaren oder wenig explizierten ‚Textes'.
> Im Sinne der ‚Kritik' als zweitem Aspekt nach dem ‚Verstehen' bedeutet das gerade auch ein Umgehen mit Unklarheiten und Inkonsistenzen im Text, die auf Unklarheiten im Wahrnehmen und Denken des ‚Autors' zurückgehen. Für ein ‚kritisches Rekonstruieren' als wesentliches Element von Beratung ist eine Reflexion des zugrundeliegenden Menschenbildes und der darauf aufbauenden epistemologischen Grundannahmen besonders wichtig, denn danach geschieht diese kritische Rekonstruktion, die ja stets Annahmen über angemessenes Welterfassen und damit strukturell ‚korrekt' symbolisierte Aussagen enthält.

Entsprechend formuliert Schnotz: „Ein Text wird mißverstanden, wenn er vom Leser in anderer Weise verstanden wird als vom Autor intendiert", weist aber zugleich darauf hin, daß natürlich – gerade bei schriftlichen Texten – die vom Autor intendierte Bedeutung nicht bis ins einzelne definiert werden kann, so daß die Grenze zwischen dem richtigen Verstehen und dem Mißverstehen eines Textes grundsätzlich fließend ist. „Auch Mißverstehen ist ein Verstehen und basiert auf grundsätzlich gleichen kognitiven Prozessen wie richtiges Verstehen" (Schnotz, 1994, 33).

Die Preisgabe der Autorintention als zumindest ‚regulatives Prinzip' (Krämer, 1995, 183) bedeutet einen Verzicht auf die kritische Dimension und die Nivellierung der Unterscheidung von Verstehen und Interpretation innerhalb des explikativen Umgehens mit Zeichen, zugleich aber auch die Gleichsetzung von Erkennen und Verstehen und damit die Eliminierung der genuin dialogischen Komponente von Kommunikationszusammenhängen. Die sensible Balance der ‚Waage' zwischen den Extrempolen von Erkenntnis-Relativismus und Solipsismus auf der einen und naivem Realismus auf der anderen Seite neigt sich damit zum solipsistischen Pol.

Rusch hat aus vergleichbaren Überlegungen den Schluß gezogen, daß eine Verstehenskonzeption eigentlich nur an ihrer Anwendungsrelevanz auf konkrete kommunikative Situationen beurteilt werden kann[1].

Seine Forderung an eine noch zu erstellende Verstehenslehre formuliert er deshalb so: „Es kommt darauf an, sich klarzumachen, daß es auf der Ebene psychischer und intellektueller Prozesse unter dem Gesichtspunkt des Verstehens solange gar nichts zu untersuchen gibt, wie nicht ein kognitives System aufgrund seiner Erfahrungen im Orientierungshandeln den *Begriff* des Verstehens selbst konzeptualisiert hat, ihn in Kommunikationszusammenhängen verwendet, das *Schema* des Verstehenshandelns ausgebildet hat und diesem Schema gemäß – insbesondere auch in Kommunikationszusammenhängen – handelt usw." (Rusch, 1986, 70).

Die Forderung nach einer epistemologisch fundierten Hermeneutik impliziert, daß dieses ‚Schema des Verstehenshandelns' auf einem Strukturmodell menschlichen Selbst- und Welterfassens basiert, denn Verstehen als ‚kommunikative Erschließung der subjektiven Welt' kann diese ‚Welt' des anderen nur nach der eigenen Modellierung von Weltkonstitution rekonstruieren, also – wie es Dilthey bereits formuliert hatte – aufgrund der eigenen ‚Erkenntnistheorie'.

Jede Verstehensleistung basiert auf einer solchen mentalen Modellbildung als strukturelle Konzeption menschlichen Selbst- und Welterfassens, doch sind die Modelle meist implizit und beruhen auf dem jeweils vorliegenden (metakognitiv deklarativen sowie prozeduralen) Wissen, das aber wegen des impliziten Charak-

---

[1] Verstehen im ‚strengen Sinn' ist für Rusch auf dialogische Kommunikationszusammenhänge beschränkt, weil die Sicherheit, verstanden zu haben, nur aus der Zustimmung des Gegenübers zu gewinnen ist: „In nicht-kommunikativen Zusammenhängen [z.B. dem Lesen von Texten] kann es in Ermangelung eines Kommunikationspartners im strengen Sinne gar kein Verstehen, sondern höchstens dessen Simulation unter den Bedingungen der Kognition je einzelner Individuen und mit den genannten Unsicherheiten geben" (Rusch, 1986, 67f.).

ters oft wenig differenziert ist und zudem von vielen unhinterfragten Vorannahmen ausgeht.

An ein Strukturmodell, das geeignet ist, als grundlegende Orientierung dialogischen Verstehens zu dienen, müssen so bestimmte Anforderungen gestellt werden, und zwar nicht nur hinsichtlich des im eigentlichen Sinne strukturellen Aufbaus der Modellierung (als topologischer Aspekt), sondern auch danach, ob sich die komplexe Interaktion der strukturellen Elemente angemessen repräsentieren läßt.

> Diese beiden Aspekte finden sich bereits in der Verstehenskonzeption Diltheys, der neben dem Strukturaufbau und -zusammenhang als raumsymbolisch-modellhafter Dimension den ‚teleologischen Charakter' dieses Strukturzusammenhangs als gleichsam in der ‚Längsrichtung' wirkenden Ablauf charakterisiert hat (vgl. oben S. 141).
> Ähnlich werden in modelltheoretischen Annahmen unterschiedliche Abbildungsqualitäten unterschieden (vgl. Schnotz, 1994, 159); in Analogie zu den verschiedenen Aspekten, die mechanische Modelle erfassen, läßt sich an ein Verstehensmodell die Anforderung stellen, daß es strukturell komplex den topologischen Aufbau der mentalen Prozesse repräsentiert, im Sinne eines ‚Attributmodells' aber auch die verschiedenen Zustände (Attribute) dieser Prozesse erfaßt und zudem die komplexen interdependenten multi-kausalen Funktionszusammenhänge der einzelnen Komponenten des epistemischen ‚Geschehens' darstellt.

Das Empathiemodell

Ein Ansatz in diese Richtung wurde im Kontext personzentrierter Psychotherapie und Beratung als ‚Empathiemodell' von Elisa Ruschmann entwickelt und als ‚Strukturmodell zur deskriptiven Erfassung individueller Subjektivität' bezeichnet[1]. Es liegt als wesentliches fundierendes Element dem hier vorgelegten Entwurf einer Konzeption Philosophischer Beratung zugrunde.

Erfahrung

Ausgangspunkt der Modellkonstruktion ist die persönliche, konkrete ‚Erfahrung', die alle Aspekte menschlichen Selbst- und Welterfassens einschließt und damit dem Diltheyschen Erfahrungsbegriff entspricht (vgl. oben S. 206).

‚Unmittelbare, konkrete Erfahrung' stellt ein Basis-Konstrukt des Empathiemodells dar, das im Kontext ‚kommunikativer Erschließung subjektiver Welt' an die Stelle der aus der Beobachter-Perspektive stammenden eher beschreibenden Begriffe der Handlung bzw. des Verhaltens tritt – die Ebene der unmittelbaren

---

[1] Die erste systematische Ausarbeitung dieser in der Praxis von Psychotherapie und Beratung sowie Ausbildung in Beratung entstandene Konzeption wurde als psychologische Diplomarbeit vorgelegt: Entwicklung eines Strukturmodells zur deskriptiven Erfassung individueller Subjektivität im personzentrierten Kontext, Freiburg 1990 (im Folgenden zitiert als ES).

Erfahrung wird verstanden als „Wahrnehmen *im* Verhalten und Handeln *sowie* das dazugehörende gleichzeitige Erleben eines Menschen" und bildet den „Ausgangs- und Bezugspunkt für die Strukturierung von Klienten-Äußerungen" (ES 35).

In der graphischen Veranschaulichung werden diese Prozesse als zwei Halbkreise symbolisiert, die sich zu einem Kreis zusammensetzen und damit die rekursive Bezogenheit von Wahrnehmung und Erleben darstellen (der zweite Halbkreis des Erlebens wird noch weiter unterteilt in ‚Fühlen' und ‚Spüren', dazu später mehr).

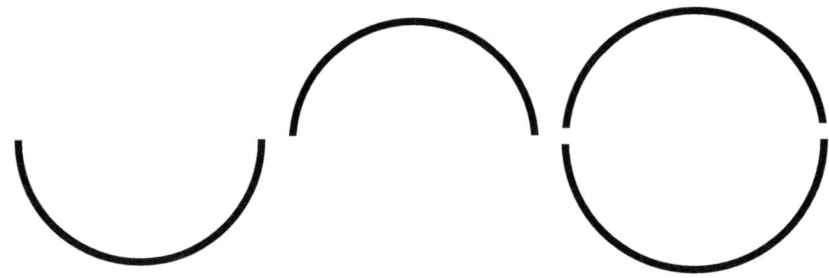

Dieser erste Kreis symbolisiert die primäre und ursprünglichste Form des Selbst- und Weltbezugs, nämlich
– Selbst- und Objektwahrnehmung, d.h. die Art und Weise, wie ich mich selbst (intero- und exterozeptiv) wahrnehme, als sich jeweils in spezifischer Weise verhaltendes (körperliches) Wesen in der von mir wahrgenommenen Umwelt
– und die Art und Weise, wie ich emotional auf das von mir Wahrgenommene ‚antworte', d.h. das die aktuelle Wahrnehmung begleitende Erleben.

Dabei stellt das Erleben in bezug zur Wahrnehmung des eigenen Körpers[1] eine Komponente dessen dar, was vielfach als ‚Gestimmtheit' [Grundgestimmtheit] bezeichnet wird, während die Objekte durch das begleitende Erleben die Bedeutung erhalten, die sie für mich haben, ausgedrückt in der unmittelbaren, sofortigen emotionalen Reaktion auf die Gegebenheiten des Wahrnehmungsfeldes.

---

[1] Der Sportpsychologe Jürgen Bielefeld beschreibt diese beiden Arten von Körpererfahrung in ganz ähnlicher Weise (er verwendet ebenfalls den Erfahrungsbegriff als übergreifenden Terminus für Wahrnehmung und Erleben).
Für den Aspekt der Körperwahrnehmung schlägt er den Terminus ‚Körperschema' vor, der „alle perceptiv-kognitiven Leistungen des Individuums bezüglich des eigenen Körpers" umfaßt (Bielefeld, 1991, 17), während ‚Körperbild' „alle emotional-affektiven Leistungen des Individuums bzgl. des eigenen Körpers" bezeichnet (ebd.).
Bielefeld betont, daß in der Körpererfahrung die Wahrnehmung des eigenen Körpers (auf der Basis von Intero- und Exterozeption) untrennbar mit Erlebnisqualitäten (Gefühlen) verbunden ist (Bielefeld, 1991, 16).

Einen erlebens- und einschätzungsfreien Selbst- und Weltbezug gibt es praktisch nicht, die primärste Einschätzung stellt vielleicht das erwähnte ‚bekannt oder neu' dar, unmittelbar gefolgt von einer zumindest elementaren positiven oder negativen Bezogenheit (vgl. oben S. 183f.).

Im Unterschied zu den anfangs erwähnten üblichen Modellierungen des Menschen mit einem Stufenmodell (nach dem von Leisegang als ‚Pyramidendenken' charakterisierten Zugang) gibt es in diesem Modell keine Gegenüberstellung von Körper[1] und Psyche (oder Leib und Seele), sondern als Bewußtseinsmodell geht es von den entsprechenden Repräsentationen aus, so daß der eigene Körper als *Wahrgenommenes* neben anderen wahrgenommenen ‚Objekten' aufgefaßt und dargestellt wird.

Wahrnehmung läßt sich pragmatisch (und ebenso physiologisch) durchaus präzise vom Denken unterscheiden, auch wenn der Bezug von ‚Sinnlichkeit und Verstand', perzeptiven und kognitiven Prozessen wie erwähnt sehr eng ist. In der symbolischen analogen Darstellung des Modells wird das Denken dadurch symbolisiert, daß es als kleinerer Halbkreis innerhalb des ersten Halbkreises (= Wahrnehmung) eingefügt wird; die wechselseitigen Bezüge können dann durch entsprechende Verbindungslinien markiert werden.

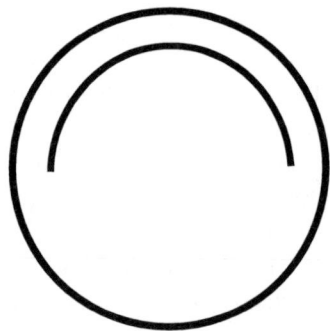

Der in der bisherigen Darstellung vielfach erwähnte (rekursive) Bezug von Kognition und Emotion (Vorstellungen bringen bestimmte Gefühle hervor, bestimmte Gefühle begünstigen spezifische Arten von Gedanken usw.) wird dadurch symbolisiert, daß auch der innere Halbkreis durch einen zweiten ergänzt wird. Wieder symbolisiert die Kreisform die rekursive Bezogenheit – damit ist das Erleben gemeint, das in Bezug zu bestimmten Gedanken steht. (Ein Beispiel

---

[1] In der oben erwähnten Trichotomie von Körper/Leib, Seele und Geist stellt ‚Körper' eine Abstraktion dar, ein Konstrukt, das kaum noch auf die zugrundeliegenden Erfahrungen zu beziehen ist. Den Körper ‚gibt' es immer nur als wahrgenommenen menschlichen Körper, entweder als (intero- und exterozeptiv) zugänglichen eigenen Körper oder (exterozeptiv – visuell, taktil, evtl. olfaktorisch) erfaßten Körper einer anderen Person.

im historischen Teil [B.1.] war die Epikureische Konzeption der Erzeugung unguter Gefühle durch Vorstellungen z.B. der Schrecknisse im Hades).

Damit liegt nun eine symbolische analoge Darstellung der Strukturelemente von Wahrnehmung mit entsprechendem Erleben (äußerer Kreis) und Denken mit entsprechendem Erleben (innerer Kreis) vor.

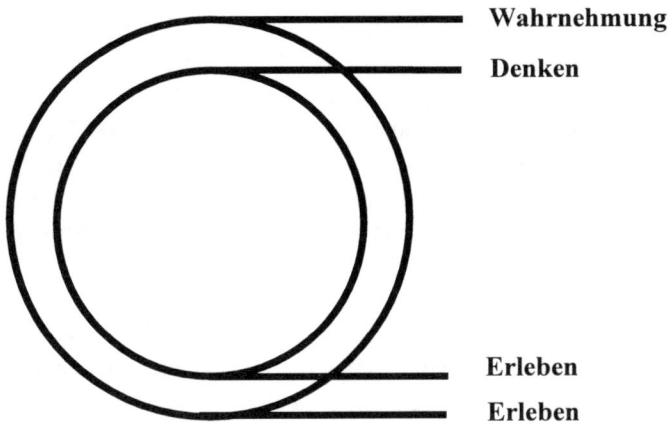

In der Arbeit von Elisa Ruschmann werden für die Darstellung der Kreise unterschiedliche Farben gewählt, für Wahrnehmung/Erleben rot, für Denken/Erleben grün. Diese ‚Farbmarkierung' hat insofern einen Informationsgehalt, als konkrete Erfahrungen (rot) im Unterschied zu Vorstellungen (grün) mit einer spezifischen Qualität ‚eingefärbt' sind, die zu einer eigenen gedächtnismäßigen Abspeicherung der Erfahrungen im sog. episodischen Gedächtnis führt und immer ein Wissen um sich selbst als handelnde und erlebende Person umfaßt.

Auch wenn durch Denken ‚hervorgebrachte' Gefühle vielfach sehr intensiv empfunden werden und somit subjektiv ‚Realitätscharakter' haben, bleibt der Unterschied zur konkreten Erfahrung doch zumindest potentiell rekonstruierbar.

> Dieser Unterschied ließe sich anhand des Epikureischen Beispiels dadurch veranschaulichen, daß man etwa von einer Situation ausgeht, in der ein Mensch am Meer sitzt und sich zunächst mit wahrgenommenem Wasser, Sonne und Wind sehr wohlfühlt, dann aber anfängt darüber nachzudenken, was ihn wohl für Qualen nach dem Tode im Hades erwarten könnten, woraufhin er in Angst und Schrecken ‚gerät'. Die ursprüngliche Wahrnehmung (Meer, Sonne, Wind) und das erlebensmäßige Wohlfühlen werden ‚überdeckt', so daß die Vorstellungen und dazu entstehenden Gefühle die konkrete Erfahrung ‚überlagern' d.h. unwirklich machen.
> Sowohl *Wohlfühlen* wie *Angst und Schrecken* sind Gefühle, aber die symbolhafte ‚Einfärbung' würde das erste (Wohlfühlen) als *rot* markieren, das zweite (Angst und Schreken) als *grün*, und zwar wegen der unterschiedlichen Bezüge (einmal zum Wahrgenommenen, das andere Mal zum Vorgestellten, Gedachten).

Entsprechend der erwähnten Forderungen, die an ein Strukturmodell zu stellen sind (oben S. 218) bzw. der Unterscheidung Diltheys zwischen topologischem und teleologischem Aspekt (oben S. 204) ließe sich eine solche Situation mit diesem Kreismodell so darstellen, daß man zwei Kreise nebeneinanderstellt, um damit die verschiedenen Prozesse der unterschiedlichen Zeitpunkte symbolisch darzustellen.

Um diese schwerfällige Darstellungsform zu vermeiden (die auch keine dynamischen Abläufe abbilden könnte), wird die topologisch-strukturelle Symbolisierung der zwei ineinandergefügten Kreise ergänzt um die jeweiligen Zeitachsen, so daß aus dem Kreis ein Zylinder wird, bei dem jeder Punkt der von links nach rechts gezogenen Linie einen spezifischen Zeitpunkt ‚t' auf der Zeitachse darstellt. Bestimmte mentale Prozesse (eine Wahrnehmung, eine Gefühlsreaktion, ein spezifischer Gedanke etc.) lassen sich dann auf den Linien eintragen, und mit entsprechenden Verbindungslinien kann auch die Bezogenheit von Wahrnehmung zu entsprechendem Erleben sowie etwaigem präaktionalem oder postaktionalem Denken dargestellt werden, das zu einer spezifischen konkreten Erfahrung gehören mag.

(In der folgenden Abbildung geschieht das mit den Elementen des ‚Epikureischen Beispiels': Meer und Sonne [Wahrnehmung] und entsprechendes Wohlfühlen [Erleben] als konkrete Erfahrung, Qualen im Hades und daraus folgend Angst und Schrecken als Vorstellung/Denken mit daraus entstehenden Gefühlen.)

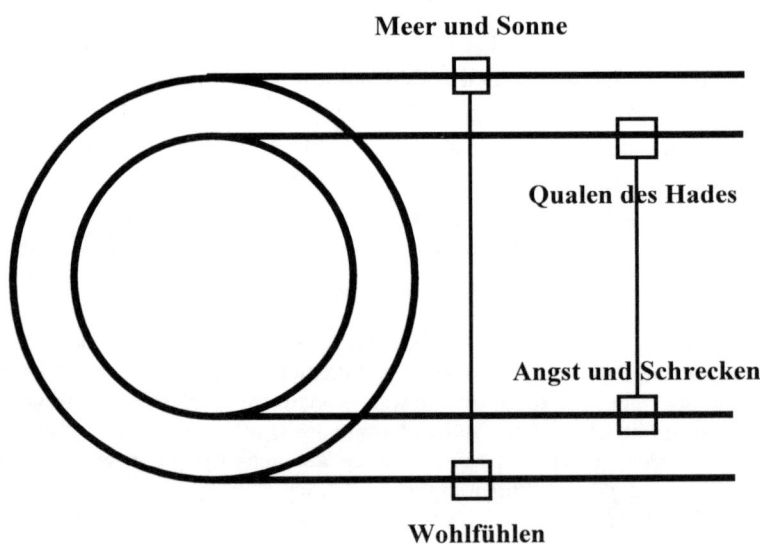

Dieser Ansatz geht damit von zwei Prämissen bzw. Grundvoraussetzungen aus – einmal, daß die Klassifikation psychischer Prozesse in Wahrnehmung, Kognition und Emotion die grundlegende Einteilung darstellt (vgl. ES 33). (Hinzu kommt noch das bereits einleitend genannte vierte Strukturelement, das schwieriger zu fassen ist und kontroverser behandelt wird, nämlich die komplexe Dimension von Wille, Entschluß, Absicht, Intention im engeren Sinne etc.)

Die zweite Annahme ist, daß der Bezug auf diese basalen mentalen Prozesse sowohl aus der ‚Beobachterperspektive' wie auch aus der Perspektive der ersten Person eine sinnvolle Strukturierung und Orientierung darstellt, und zwar im wissenschaftlichen wie im alltäglichen Zusammenhang.

> Damit sind die Implikationen dieser Strukturierung doppelt – einmal bezieht sie sich auf das Umgehen mit Aussagen anderer Menschen, stellt also den epistemologischen ‚Hintergrund' einer Verstehenskonzeption dar, zum anderen wird auch für den selbstreflexiven Vorgang davon ausgegangen, daß ein Bezug auf die jeweiligen Bewußtseinsprozesse größere Klarheit und vermehrte ‚Eigentümerschaft' ermöglicht.
> Das bedeutet konkret:
> a) alle Denkprozesse sind (zumindest potentiell) begleitet von dem Wissen, daß es sich um Gedanken/Konzepte handelt. (In Anlehnung an Kant ließe sich formulieren: Das ‚ich denke' muß/kann all meine kognitiven Prozesse begleiten).
> b) Das ‚ich nehme wahr' kann alle meine Wahrnehmungen begleiten (= reflexives Wissen darum, daß es sich um meine Wahrnehmung von etwas handelt).
> c) Schließlich: das ‚ich fühle' kann alle meine emotionalen Prozesse begleiten (= reflexives Wissen darum: es sind meine Gefühle, die ich gerade fühle/spüre; im Kontext konkreter Erfahrung z.B.: es ist *meine* emotionale Reaktion auf dieses Wahrgenommene).
> Eine beschreibende Sprache, wie wir sie in der Selbstdarstellung wie in der Erfassung anderer Personen aus der Beobachterperspektive häufig verwenden, ist meist wesentlich ungenauer (so wird z.B. aus: *ich nehme an dir wahr ...* sehr schnell: *du bist ...*). Das ist solange relativ unproblematisch, wie die zugrundeliegenden (in der Beschreibung ‚objektivierten') Abläufe präzise und genau oder adäquat sind; wenn das nicht der Fall ist, können Schwierigkeiten in vielfacher Hinsicht entstehen, z.B. bezüglich des reflexiven Selbstbezugs als Selbst-Verständnis, sowie in den kommunikativen Bezügen des Verstehens anderer Menschen und des Verstandenwerdens durch andere. Dann – so die Annahme – kann der Bezug auf diese basalen Prozesse zu einer Klärung beitragen.
> Leitende Fragen sind etwa:
> – was war wirkliche, konkrete Erfahrung, d.h. was habe ich wahrgenommen und wie gefühlt,
> – was war Denken, d.h. kognitives Verarbeiten oder Einbetten in Zusammenhänge, die der Situation mehr oder weniger angemessen sind usw.

Für die Ebene der konkreten, unmittelbaren Erfahrung sind damit Wahrnehmung und Erleben die Strukturelemente.

Während die Beobachterperspektive einen Handlungsablauf in seinem Bezug zu den Objekten bzw. Handlungszielen beschreibend erfaßt, nutzt ein bewußtseinsorientierter Vorgang die Aussagen über wahrgenommene Phänomene dazu, die mentalen Prozesse der betreffenden Person ‚nachzukonstruieren' und – im dialogischen Kontext – die rekonstruktiven Versuche dem Dialogpartner zur Prüfung vorzulegen.

a) Wahrnehmung

Das Empathiemodell repräsentiert ein pragmatisches Vorgehen, „unter dem die Begriffe Verhalten und Handlung auf Klientenaussagen bezogen werden" (ES 46), und zwar so, daß Verhalten als außengeleitete Beschreibung verstanden wird, d.h. als wahrnehmbarer Aspekt einer Handlung, auch in der Selbstbeschreibung: *„Während* eine Person etwas tut (mit oder ohne Intention) liegt dem eine explizite (oder implizite) Wahrnehmung als psychischer Vorgang zugrunde. So wird hier beim empathischen Vorgehen des Beraters davon ausgegangen, daß er die Klientenäußerungen rekonstruierend in der Weise aufnimmt, daß die *in* der Tätigkeitsbeschreibung sich zeigende Wahrnehmung fokussiert wird" (ES 47).

Die einzelnen Wahrnehmungs-Sequenzen (physiologisch sehr kleine Einheiten, phänomenal Abschnitte von unterschiedlich gegliederter Dauer) können nun auf einer Zeitachse (im Modell die obere rote Linie) angeordnet werden.

Elisa Ruschmann nimmt in der Ausarbeitung ihres Strukturmodells explizit Bezug auf Ergebnisse der Wahrnehmungsforschung (z.B. Neisser, Prinz usw.), in denen die komplexe Struktur auch scheinbar einfacher Wahrnehmungsvorgänge aufgezeigt wurde, insbesondere im Sinne des ständigen Bezugs von strukturellen Wahrnehmungsmerkmalen auf den eigenen Wissensbestand.

Wichtig ist dabei, daß die ‚Informationsbasis' der Erfahrung (die relativ festgelegten ‚Grundprozesse' der Wahrnehmung) von Klienten in der Regel nicht weiter ausdifferenziert werden, „sondern fortgeführt durch postaktionale (meist ungünstige) Verarbeitungen ... Gerade durch das Wahrnehmen solcher Abläufe bei Klienten und auch im eigenen Alltag entstand die Auffassung, daß der Fokus sich – neben dem Erleben – auf die Ausdifferenzierung der Wahrnehmung (im Sinne von Prinz: auf optionale Ergänzungsprozesse)" richten sollte (ES 59).

Aus dieser Orientierung ergibt sich die Möglichkeit, daß sich (in Mitberücksichtigung des Erlebens) „die Wahrnehmung, die in den Aussagen enthalten ist, ‚selektiv entfaltet'" und so eine „differenziertere Bedeutungswahrnehmung ‚schafft'" (ES 60).

Als wichtige Aspekte werden dabei im Empathie-Modell der raumzeitliche Kontext genannt sowie die für den Erlebenden zentralen Wahrnehmungsmerkmale, die unter der Bezeichnung ‚Faktum' bzw. ‚persönlicher Bedeutungsgehalt' zusammenfaßt werden.

Der raumzeitliche Bezugsrahmen bedarf nach Prinz keiner selektiven Aufmerksamkeit, er ist prinzipiell explizit und unmittelbar verfügbar. Für den Verstehensprozeß ist deshalb wichtig, „daß neben dem Wahrnehmungsinhalt der raumzeitliche Bezugsrahmen genau mit erfaßt wird, daß er nicht unbeachtet übergangen wird" (ES 62), gerade auch, wenn diese Angaben vom Gesprächspartner nicht oder nicht genau mitbenannt werden.

Neben dem Zeitbezug ist auch das genaue Erfassen des Ortes (räumlicher Bezug) wichtig, denn bestimmte Erfahrungen sind in spezifischer Weise mit der räumlichen Lokalisation verbunden (man denke z.B. an die unterschiedlichen Verhaltensmuster in der Öffentlichkeit oder im privaten, häuslichen Bereich).

Auch der größere Zusammenhang, in dem bestimmte Erfahrungen stehen, bedarf der Beachtung – dieser ‚situative Kontext' bezieht auch das gesamte Hintergrundswissen zu einer konkreten Situation mit ein:

> „Was nun eine Person/ein Klient in einem spezifischen situativen Kontext wahrgenommen hat, worum er ‚weiß', d.h. in der Prinzschen Terminologie, was in seinem Wissensgedächtnis ‚Spuren' hinterlassen hat, geht bereits innerhalb der (unselektiven, ‚passiven') Primärkodierung, des obligatorischen Grundprozesses, in die unmittelbare Wahrnehmung ein. Diese Kontextmerkmale stellen als solche eine Art ‚Hintergrund' der jeweiligen Erlebnisschilderung dar" (ES 64).

Im Unterschied dazu ist das im Empathiemodell ‚Faktum' bzw. ‚persönlicher Bedeutungsgehalt' Genannte der „im Fokus stehende Aspekt" (ES 64). Dieser ist nicht immer sofort zu erkennen, weil er vom Erzählenden vielfach nicht exakt benannt wird. Das Faktum ist – in der Prinzschen Terminologie – „implizit im situativen Kontext ‚verborgen' und im Prinzip durch optionale Ergänzungsprozesse bestimmbar" (ES 65).

In der Beratungssituation geht es nun weniger um die Genauigkeit von Objektwahrnehmung, vielmehr um die präzise Erfassung komplexer Sachverhalte, in denen günstige und ungünstige (belastende) Aspekte enthalten sind, oft unmittelbar nebeneinander und deshalb vielfach schwer identifizierbar und abgrenzbar.

Hier spielt die oben erwähnte ‚Erkenntnis mit-konstituierende Funktion der Emotionen' bzw. die als ‚Urteilscharakter der Gefühle' bezeichnete Gegebenheit eine Rolle (als ‚Gewichtung und Wertung' der jeweiligen Faktoren, oben S. 180): oft ist nur durch Fokussieren der Erlebens-Aspekte die Herausarbeitung des Faktums (als zentraler Bedeutungsgehalt) möglich, etwa als Frage: was genau ist es, was jemandem gefallen hat, womit er/sie sich wohlgefühlt hat usw.

Für diese „selektive Explikation der möglichen Bedeutungskomponenten des Faktums" wird im Empathiemodell der Begriff der ‚Qualität' verwendet, anstelle dem etwa von Prinz verwendeten Terminus ‚Attribut' oder dem Eigenschaftsbegriff. Qualität (entsprechend lt. *qualitas*) wird in erster Linie als ‚Beschaffenheit' verstanden, und diese ‚Beschaffenheitsqualitäten' werden dann im Kontext der Aussagenanalyse als ‚Faktum' bezeichnet.

Auch hier ist wieder der Zusammenhang von Wahrnehmung und Erleben konstitutiv: Die als ‚Faktum' bezeichneten Qualitäten repräsentieren gerade Aspekte eines Wahrnehmungsgegenstandes, „die mit einem spezifischen Erleben in Zusammenhang stehen" (ES 69).

Dieser Einbezug von ‚Qualitäten' in das verstehende Umgehen mit Erfahrungsberichten erlaubt nun auch, die Wahrnehmungsaspekte bis in die komplexen Bezüge der persönlichen Wissensbestände zu verfolgen. Hier zeigt sich die individuell unterschiedliche Differenziertheit der Wahrnehmung, denn je nach Art der Wissensbestände und des prozeduralen Wissens können ganz verschiedene Arten von Inferenzen (als Wissensgenerierung im Wahrnehmungsprozeß) vorgenommen werden. Damit läßt sich der Unterschied zwischen geübten oder erfahrenen und ungeübten Wahrnehmenden verstehen und die ‚Wahrnehmungstiefe' kann erläutert werden.

So geht in den Vorgang der Wahrnehmung von Objekten oder Sachverhalten potentiell die Gesamtheit des individuellen Weltwissens strukturierend und ergänzend ein.

Dieser Vorgang spielt nun eine besondere Rolle in der Personwahrnehmung, denn im Beratungskontext sind Erfahrungen mit anderen Menschen oft wichtiger als Objektwahrnehmung. Je nach Differenziertheit der Wissensstruktur, der subjektiven Theorien und Modelle, ist jemand imstande, Qualitäten wahrzunehmen, die in Zusammenhang mit den entsprechenden emotionalen Bezogenheiten eine differenzierte und präzise Erfassung anderer Menschen ermöglicht. Diesen Prozeß der Personwahrnehmung zu optimieren, kann im beraterischen Kontext eine wichtige Aufgabe darstellen.

Diese Qualitäten sind in hohem Maße mit dem individuellen Wertesystem verbunden; sie gehören unterschiedlichen Bereichen an und sind entsprechend auch in unterschiedlichen Wissenszusammenhängen repräsentiert. Einen wichtigen Aspekt stellt dabei die Wahrnehmung des Erlebens anderer Menschen dar. Gerade dabei ist die erwähnte Bedeutung der epistemologischen Strukturierung wichtig, d.h. hier: darum zu wissen, daß es sich um *meine Wahrnehmung* des anderen handelt, daß also der andere nicht ‚so ist', sondern daß ‚ich ihn so wahrnehme' (ES 75).

Dies kann der Berater auch immer wieder explizit einführen, indem das ‚Faktum' als zentraler persönlicher Bedeutungsgehalt benannt wird, z.B. in der Form: ‚Als Sie diese Freude an ihm/ihr wahrgenommen haben ... (haben Sie sich auch sehr gefreut)' Das kann zugleich eine ‚Unterstützung' sein bei dem Prozeß, Eigentümerschaft für die eigene Wahrnehmung zu übernehmen (ES 76).

Im Modell lassen sich diese Bezüge von konkreter Wahrnehmung und begleitendem Erleben graphisch darstellen und in der Zeitfolge wie in einer Partitur anordnen; auf diese Weise lassen sich auch komplexe Abfolgen und Abläufe veranschaulichen.

b) Erleben

Der Begriff des ‚Erlebens' wurde bereits mehrfach (auch im Einleitungsteil) als Oberbegriff für die verschiedenen Bezeichnungen verwendet, die in oft unterschiedlichem Bedeutungsgehalt gebraucht werden – z.B. Gefühl, Emotion, Affekt, Stimmung, Gestimmtheit usw. Zugleich wurde schon darauf hingewiesen, daß die interozeptive Körperwahrnehmung von einem ‚Spüraspekt' des Erlebens unterschieden werden kann. Auch aus diesem Grund ist es notwendig, einen Oberbegriff zu haben, der diese beiden Aspekte (Fühlen und Spüren) zusammenfaßt.

Der historische Blick macht deutlich, wie sehr die Unterschiedlichkeit bis Gegensätzlichkeit der Begriffsverwendung von der Begriffsgeschichte sowie der Entwicklung des empirischen Wissens über mentale Prozesse herrührt.

Geht man vom heutigen Wissen über die neurophysiologischen Grundlagen aus, dann gehört die präzise Unterscheidung von Wahrnehmung und Gefühl zum gesicherten Basiswissen[1]. Vom Sprachgebrauch her zeigt sich jedoch schon in den Grundtermini, daß sich die Gefühlsbenennungen oft als Analogien oder Übertragungen von Bezeichnungen für Wahrnehmungsphänomene herleiten, wie ja das Wort ‚Fühlen' bzw. ‚Gefühl' (von ‚tasten', also taktiler Wahrnehmung) selbst zeigt. Sogar Dilthey, der im Grunde zwischen Wahrnehmungsfunktion und Gewahrsein des Gefühls deutlich unterschied, verwischte die Präzision wieder, indem er – wie oben erwähnt – für ‚Gefühlsbewußtheit' manchmal auch den Begriff der ‚Gefühlswahrnehmung' verwendete, statt des von ihm selbst als passender und genauer bezeichneten ‚Innewerdens' oder ‚Gewahrnehmens' der Gefühle oder Stimmungen (vgl. o. S. 202).

Hier wirkt sich die Dichotomie von Innen/Außen ungünstig aus – innere und äußere Erfahrung wird dann zu einer Zweiteilung, die nur in unscharfer Weise die Unterscheidung von Wahrnehmung und Gefühl repräsentiert, während die aufgezeigte Differenzierung von Körperwahrnehmung und Körpererleben gänzlich unberücksichtigt bleibt.

Den Begriff der Erfahrung als Oberbegriff individuellen Selbst- und Welterfassens zu verwenden, scheint mir gut begründbar[2].

Der Begriff ‚Erleben' wurde teilweise synonym mit ‚Erlebnis' verwendet, hat aber als substantiviertes Verb einen stärker prozeßhaften Charakter, ist weiter gespannt und deshalb als Bezeichnung für alle Aspekte emotionaler Prozesse besser geeignet. Er wurde in der älteren Psychologie vielfach synonym für ‚bewußter Prozeß' gebraucht, während er in der (von Dilthey ausgehenden) Erlebenspsychologie bzw. Verstehenden Psychologie stärker als Bezeichnung für die emotionale Komponente der Erfahrung verwendet wurde.

‚Erleben' wird im Empathiemodell als Oberbegriff verwendet, als Bewußtseinsinhalt des ‚spezifischen Daseins und Soseins' und Ausdruck des ‚Wie bin ich', das im Gewahrwerden als Fühlen und Spüren erlebbar wird (ES 103).

ba) Fühlen

Bei einem strukturellen Ansatz erscheinen die unterschiedlichen Versuche, den Bereich der Emotionen klassifikatorisch durch verschiedene Begriffe zu charak-

---

[1] Entwicklungsgeschichtlich hat sich zwar das Gefühl aus einer speziellen Wahrnehmungsinstanz, dem Rhinenzephalon, entwickelt, doch spielt das phänomenal kaum noch eine Rolle und ist nur noch an der besonders engen Verbindung von Geruchsempfindung und Gefühl zu erkennen. Ansonsten sind die Substrate klar unterscheidbar: Wahrnehmung stellt die kortikale Verarbeitung von sensorischem ‚Input' aus den entsprechenden Rezeptionsgegebenheiten dar, während Gefühl die affektive, wertende ‚Färbung' darstellt, die vom Substrat her den Schwerpunkt im sog. ‚limbischen System' hat – eine etwas ungenaue, aber pragmatische Bezeichnung bestimmter kortikaler und subkortikaler Strukturen (vgl. z.B. Damasio, 1994, 57).

[2] J. Mittelstraß bezeichnet Erfahrung als „zentralen Terminus einer Theorie der Wissensbildung" (in: Mittelstraß, 1995/96, Bd. 1, 569); in diesem Kontext ist eher der phänomenale Begriff der Erfahrung gemeint, der sich auf ‚Anschauung' (also das hier ‚konkrete Erfahrung' Genannte) stützt.

terisieren, nicht von so großer Bedeutung, da solche Termini in der angestrebten prozeßhaften Sprache kaum verwendet werden. Sie stammen vornehmlich aus der beschreibenden Beobachterperspektive der dritten Person, die Emotionalität je nach Intensität oder Dauer der Kategorie von Affekt, Gefühl oder Stimmung usw. zuordnet. Wohl mit aus diesem Grund zieht Elisa Ruschmann die substantivierte Verbform ‚Fühlen' vor, denn sie ist weitgehend frei von den erwähnten Klassifikationsversuchen.

> Das Wort ‚Fühlen' (das älter ist als das Substantiv ‚Gefühl') bezeichnet in der ursprünglichen Bedeutung ein Verhalten (mit den Fingern prüfend berühren, betasten), dann übertragen eine Wahrnehmung (taktile Wahrnehmung bzw. Thermorezeption, im Mittelhochdeutschen durch ‚Empfinden' ersetzt). In Zusammenhang mit einem Adjektiv, das den näheren Sinn bestimmt, wird es aber auch schon in früher Zeit (z.B. bei Luther) im Sinne von ‚Gefühlsgewahrsein' benutzt, also etwa ‚sich wohl, zufrieden, glücklich fühlen usw.' (nach Grimm ‚Fühlen', 405ff.).

Das gilt vergleichsweise auch für die jüngere Wortbildung ‚Gefühl', weshalb dann noch in der Zeit der Klassik oft hinzugefügt wird: ‚inneres' Gefühl, bzw. ‚Gefühl der Seele' oder ‚des Herzens' (vgl. Grimm ‚Gefühl', 2170).

Der Fokus der Wortbedeutung von ‚Fühlen' verschiebt sich also vom Verhalten zu Wahrnehmung, um dann eine (übertragene) ‚innere Bedeutung' als Erleben zu erlangen.

Die sprachliche Benennung von Gefühlen stellt aber nicht nur bewußtseins- bzw. begriffsgeschichtlich eine Leistung von zunehmender Differenziertheit und Ausdrucksmöglichkeit dar, es gibt auch bei verschiedenen Menschen unterschiedliche Fähigkeiten sprachlicher Benennung von Gefühlen, abhängig auch von der Bewußtheit des Gefühlsgewahrseins[1]: „Das Fühlen ist unmittelbar gegeben und kann mehr oder weniger gewahr sein bzw. werden" (ES 105).

Unter diesem Aspekt hat ein Strukturmodell wie das hier vorgestellte auch eine bewußtseinslenkende und benennungsfördernde Funktion, denn die Aufmerksamkeit wird durch diese Ausrichtung auf das Fühlen gelenkt und „das Gewahrwerden und differenzierte Explizieren des Fühlens wird ermuntert und erleichtert bzw. ermöglicht" (ES 105).

Dieser Entfaltungsprozeß läßt sich (in Analogie zu implizitem und explizitem *Erkennen*) als implizites und explizites *Erleben* unterscheiden, also „*daß* da etwas Gefühltes ist, von dem bereits ein ‚globales' Bedeutungsgewahrsein ist. Dieser Prozeß brauchte dann ebenfalls, analog der Wahrnehmung, keine selektive Aufmerksamkeit, würde also ebenso unabhängig von den Intentionen der Person ‚konstitutiv vorhanden' sein" (ES 105).

In der Beratungssituation bedeutet die Bezugnahme auf das Fühlen, daß durch Aufmerksamkeitslenkung eine Entfaltung des Gewahrseins und damit die Möglichkeit der Benennung von Gefühlen gefördert wird. Die beschriebene basale

---

[1] ‚Gewahr' hat die Grundbedeutung ‚aufmerksam', sowohl als Eigenschaft, wie als Zustand (Grimm, ‚gewahr', 4767).

Dimension des Wohl- bzw. Unwohlfühlens läßt sich unter diesem Aspekt als eine erste, globale Erlebensgewahrwerdung verstehen (ES 106).

Dieser ständige Wechselbezug von Wahrnehmung (als erkannter[1] Bedeutung) und emotionaler Reaktion stellt dann als Entfaltungsprozeß eine Möglichkeit des Umgehens mit konkreten Erfahrungen dar: „Da der Entfaltungsprozeß ein Vorgang ist, der sich zeitlich erstreckt, kann er im ‚Wechselschritt' bewußt durchgeführt werden" (ES 106). Die ‚Richtung' dieses Wechselbezugs läßt sich benennen durch die Frage: ‚Fühlen *womit*?', das damit dem Bezug der Wahrnehmung als ‚Wahrnehmen von etwas' entspricht: „So wie Wahrnehmung jeweils ein ‚Wahrnehmen von etwas' ist, kann beim Erleben gesagt werden, daß dieses innerlich Gefühlte den Bezug ‚Fühlen *womit*' aufweist" (ES 106).

Allerdings kann, wie erwähnt, dieser Bezug sowohl zu perzeptuell Wahrgenommenem bestehen wie auch zu Vorstellungen, Konzepten und anderen kognitiven ‚Hervorbringungen' – diese Gleichartigkeit des Bezugs und die mögliche Intensität von Gefühlen, die durch Vorstellungen hervorgebracht wurden, macht den Bereich der Gefühle zu einem so komplexen bzw. komplizierten Feld.

Die Art der Bezogenheit kann dabei in einem Kontinuum angeordnet sein, dessen einen Pol die direkte Reaktion auf konkret Wahrgenommenes darstellt – hier sind besonders auch die ‚einfachen' Grundgefühle anzusiedeln, die mit Interesse / Neugier, Freude, Schmerz, Furcht, Ärger oder Ekel unmittelbare Einschätzungen repräsentieren und entsprechende Verhaltensweisen initiieren, einschließlich der dazugehörigen physiologischen Prozesse.

In klassifikatorischen Gefühlsbeschreibungen werden diese oft als ‚Gefühle im engeren Sinn' bezeichnet; unter zeitlichem Aspekt wird ihr kurzphasiges Anschwingen und Abklingen betont, was dem aktuellen Wahrnehmungsbezug entspricht.

Den anderen Pol stellen Gefühlszustände dar, die oft als ‚Stimmungen' bezeichnet werden; sie sind diffus bezogen bzw. ein Bezug ist oft zunächst kaum ersichtlich – man ‚findet sich vor' in guter oder schlechter Stimmung, oft ohne zu wissen, wieso.

Unter zeitlichem Aspekt haben Stimmungen eine größere zeitliche Erstreckung, sie bilden einen überdauernden emotionalen Hintergrund (vgl. Schwarz, 1988, 156).

Für einen strukturellen Ansatz sind aber auch Stimmungen, die anscheinend Gefühle ohne Womit-Bezug darstellen, durchaus bezogen, und zwar eher auf Kognitionen, also übergreifende Konzepte, Einstellungen, Weltsichten, Grund-

---

[1] ‚Erkannt' muß nicht ‚bewußt' bedeuten. So wie die orientierende Funktion der Wahrnehmung nicht unbedingt bewußt sein muß (Extrembeispiel: Blindsight), so kann auch eine gefühlsmäßige Reaktion geschehen, wenn die Wahrnehmung, auf die sie sich bezieht, subkortikal bleibt. Handelt es sich dabei um ungünstige, destruktive Reaktionsmuster, ist ein Umgehen damit sehr schwierig, weil bewußte Kontrolle zunächst kaum möglich ist. Das ist oft die Ursache sogenannten ‚unkontrollierten Verhaltens', das den Handelnden oder ‚Tätern' oft selbst ‚unverständlich' ist, eben weil Bedeutungswahrnehmung und emotionale Reaktion schnell und weitgehend unterhalb der Bewußtseinsschwelle ablaufen.

haltungen usw., die explizierbar sind, so daß der Zusammenhang zu den Gefühlen aufzeigbar ist[1].

Einen weiteren Aspekt stellen sogenante Gefühls*haltungen* dar, d.h. Dispositionen zu spezifischen Gefühlsreaktionen. Sie wurden früher als ‚Charaktermerkmale' bezeichnet, als überdauernde Persönlichkeitskonstanten, heute wird man sie eher als strukturell stark gebundene Ablaufmuster von emotionalen Reaktionen verstehen. Ulich bezeichnete diese Gefühlshaltungen (neben dem aktuellen Erleben von Gefühlen und Stimmungen) als „dispositionsartige Bereitschaften für das Erleben bestimmter Emotionen", die also „zeit- und situationsüberdauernd, jedoch bereichsspezifisch" sind und „nur von Fall zu Fall aktuell" werden, wobei es sich für ihn hauptsächlich um Typen von ‚interpersonellen Beziehungsmustern' handelt[2].

Hier ist der Bezug zu den Werten offensichtlich – es handelt sich um die Art und Weise des Umgehens mit den eigenen Gefühlen, aus denen sich günstige oder ungünstige Gewohnheiten (Muster) bilden; heute wird auch von Philosophen zur Beschreibung solcher Phänomene wieder an die Konzeption der Tugenden angeknüpft.

Im ungünstigen Fall, also bei dem, was in der Alltagspsychologie oft mit ‚schlechtem Charakter' bezeichnet wird, finden sich ungünstige emotionale Ablaufmuster, bis hin zu Destruktivität; mit dem neuen Konzept der Emotionalen Intelligenz läßt sich das als mangelnde Entwicklung, Schulung und Reifung emotionaler Reaktionsweisen und Abläufe verstehen.

---

[1] Dieser Zusammenhang von überdauernden Gestimmtheiten mit kognitiven Abläufen auf der Basis grundlegender Einstellungen, Lebensansichten, Einschätzungen usw. wurde (in der pathologischen Ausprägung) insbesondere im Umgang mit Depression überzeugend nachgewiesen und therapeutisch genutzt (vgl. z.B. Beck, 1979).
Für Beck hat dieser Grundansatz paradigmatische Bedeutung: „Unser neues wissenschaftliches Paradigma der Depression bedeutet: Das persönliche Paradigma des Patienten im depressiven Zustand bewirkt eine gestörte Selbst- und Weltsicht. Seine negativen Vorstellungen und Überzeugungen scheinen für ihn eine echte Repräsentation der Realität zu sein, obwohl sie anderen Menschen und ihm selbst, wenn er nicht depressiv ist, weit hergeholt erscheinen. Seine Beobachtungen und Interpretationen der Ereignisse werden von seinem konzeptionellen Bezugsrahmen beeinflußt – entsprechend der Kuhnschen Beschreibung eines wissenschaftlichen Paradigmas. Die groben Veränderungen in seiner kognitiven Organisation führen zu falscher Informationsverarbeitung und infolgedessen leidet er an einer Vielfalt schmerzhafter Symptome" (Beck, 1979, 52).

[2] Ulich (1984, 386). In einem 1992 erschienenen Beitrag hat Ulich diesen Aspekt noch stärker akzentuiert und als ‚Rolle emotionaler Schemata in der Aktualgenese von Gefühlsregungen' beschrieben (in: Ulich/Mayring, 1992, 73–102). Forschungsergebnisse zeigen zunehmend die Rolle von Ablaufmustern auch für den emotionalen Bereich; Ulich beschreibt diesen Vorgang so: „Gefühlsregungen entstehen mindestens auch aufgrund einer autonomen oder teilautonomen, internen Organisation der Eindrucksbildung und des Erlebens, also aufgrund von Strukturierungs- und Schematisierungsprozessen, die sich in der Weise verselbständigen und automatisieren können, daß ein Gefühl allein aufgrund der Assoziation zwischen Ereignis und emotionalem Schemata entsteht. ... Erleben erfolgt häufig auf gewohnheitsmäßig-assoziative Weise. Die wesentlichen dispositionellen Komponenten wären dann struktureller Natur, in Gestalt der emotionalen Schemata" (ebd., 82f.).

bb) Spüren

Wie erwähnt hat sich die ‚Wertigkeit' von Gefühlen (wohl/unwohl bzw. Lust/Unlust-Dimension) als besonders übereinstimmende Charakterisierung herausgestellt. Daneben erwies sich aber – auch z.B. in empirischen Untersuchungen der Einschätzungen und Klassifizierungen von Gefühlswörtern – eine weitere Dimension als wichtig und grundlegend, die bereits von Wundt genannt wurde, und zwar als Aspekt von Erregung-Beruhigung sowie Spannung-Lösung.

Daß es sich hier um eine eigene Dimension handelt, wurde für Wundt daraus ersichtlich, daß etwa die Qualität von Aufgeregtheit, Erregung, Unruhe etc. bei beiden Polen der primären Grunddimension von Freude und Schmerz auftreten kann, insofern also eine zusätzliche Qualifizierung darstellt.

Für diesen Aspekt schlägt Elisa Ruschmann den Begriff des Spürens (in Abgrenzung zum Fühlen) vor und charakterisiert ihn als ‚Spezifizierung des Fühlens' oder ‚Wie des Wie'.

Sie erläutert das am Beispiel der Freude und weist darauf hin, daß in lexikalischen Bestimmungen zu diesem Wort zwischen verschiedenen Arten der Freude unterschieden wird – z.B. eine strahlende, helle, aufgeregte, ‚laute' Freude oder eine innige, tiefe, stille, ruhige.

Ähnlich ist es mit ‚Unlust', die z.B. mit ‚Unbehagen' und ‚Spannung' näher erläutert wird[1]. „Die spezifische Emotion ‚Unlust' enthält also das *Fühlen* eines *Unbehagens*, das der oben dargestellten Dimension ‚wohl – unwohl' zugeordnet werden kann. Die *Spannung* wird nun dem *Spüraspekt* zugeordnet" (ES 115).

Dieser ‚Spüraspekt' findet sich mehr oder weniger explizit sowohl im alltäglichen Sprachgebrauch wie auch in philosophischen oder psychologischen Auseinandersetzungen mit dem Thema der Gefühle. Eine Schwierigkeit besteht jedoch darin, daß dieses ‚Spüren' oft nicht klar von der Körperwahrnehmung abgegrenzt wird, zumal die Bezeichnungen (wie auch schon für das Fühlen, Beispiel: seelischer und körperlicher Schmerz) vielfach aus dem Bereich der Körperwahrnehmung für das Benennen emotionalen Spürens übertragen wurden; ein muskulärer, wahrnehmbarer Spannungszustand z.B. kann ganz äußerlich ausgelöst sein (etwa durch Zug oder Kälte), ohne daß dem ein erlebensmäßiges Angespanntsein (‚innere Spannung') entspräche.

> Der hier als ‚Spüren' bezeichnete Aspekt des Erlebens-Gewahrseins ist also zu unterscheiden von der propriozeptiven Wahrnehmung etwa von Spannung oder Lösung im Körper über die Rezeptoren in Muskelspindeln, Bändern und Gelenken.
> Gerade im philosophischen Kontext, etwa in der Auseinandersetzung mit den Ansätzen von Scheler, Merleau-Ponty oder Schmitz (auf die hier nicht näher eingegangen werden kann) läßt sich aufzeigen, daß die Verschiedenheit der Ansätze, die versuchen, den Körper bzw. Leib des Menschen in die philosophische Diskussion mit einzubeziehen, auf unterschiedlichen und eher unscharfen Unter-

---

[1] So etwa in der ‚Brockhaus Enzyklopädie' (Wiesbaden 1974, Bd. 19, 274): „Unlust, im Gegensatz zur Lust ein spezifisches Gefühl des Unbehagens und der Spannung, das in unterschiedlicher Intensität im seelischen und körperlichen Bereich empfunden wird."

scheidungen zwischen Wahrnehmung (insbesondere Körperwahrnehmung) und Erleben beruhen.

In diesem Kontext scheint es mir wichtig, noch einmal die Einteilung der Wahrnehmung in Exterozeption und ‚Innenwahrnehmung' (Somatosensorik[1]) aufzunehmen: Zur letzteren gehören Propriozeption (Spannungs- und Lage-Wahrnehmung über Rezeptoren in Muskeln, Sehnen und Gelenken) und Viscerozeption (die Organempfindungen vermittelt); zur Exterozeption zählen primär die ‚Fernsinne' (Gesichts- und Gehörsinn sowie Geruch)[2].

Diese Einteilung kann als grundlegende Strukturierung der einzelnen Wahrnehmungs*modalitäten* dienen, wobei jedoch zu beachten ist, daß in konkreten Wahrnehmungsprozessen stets mehrere Modalitäten beteiligt sind, die auf verschiedene Weise verarbeitet und integriert werden können, so daß einheitliche Wahrnehmungsgestalten entstehen; die Wahrnehmung des Körpers setzt sich z.B. nicht nur aus den verschiedenen Modalitäten der ‚Innenwahrnehmung' (Somatosensorik) zusammen, sondern es kommt auch die charakteristische visuelle, d.h. exterozeptive Eigenwahrnehmung hinzu, ebenso – für die Lagewahrnehmung – die Information des Gleichgewichtssinns, der im Innenohr angeordnet ist.

Zugleich sind Sensorik (Wahrnehmung) und Motorik (Bewegung) eng verbunden[3] – Guski betont: „Vor allem sind die motorischen Funktionen stark von sensorischer Information abhängig" (Guski, 1996, 106). Wahrnehmung (Extero- und Interozeption) und Bewegung (Motorik) bilden auf diese Weise einen komplexen Zusammenhang, denn Exterozeption (besonders Sehen und Hören) und Propriozeption liefern zusammen Informationen über die Konsequenzen der Körperbewegung, die dann entsprechend abgestimmt werden können (Guski, 1996, 106).

Natürlich ist (wie für Wahrnehmung insgesamt) auch ein differenzierter Bezug der Körperwahrnehmung zum Erleben gegeben, und zwar einmal so, daß die Wahrnehmung des eigenen Körpers (so wie jede Wahrnehmung) stets mit entsprechendem Erleben (reaktiv in bezug auf das Wahrgenommene) verbunden ist. Ein schmerzfreier, eutonischer[4] und energetisch kräftig wahrgenommener Kör-

---

[1] Die Bezeichnungen sind hier sehr unterschiedlich; die grundlegende Unterscheidung geht auf Sherrington zurück, der sie 1906 einführte.
Den Begriff der ‚Somatosensorik' verwendet H.O. Handwerker (1995) und faßt damit die Bereiche der Propriozeption, Organwahrnehmung und Hautsensibilität zusammen.

[2] Die ‚Hautsinne' befinden sich an der Grenze des Körpers zur ‚Außenwelt' und werden deshalb unterschiedlich entweder als ‚Oberflächensensibilität' der Somatosensorik zugerechnet, oder als ‚Kontaktrezeptoren' zur Exterozeption, denn über Tasten, Schmecken, Temperatursinn – und bei Verletzung auch durch den Schmerzsinn – wird uns im unmittelbaren Kontakt sowohl Information über den eigenen Körper wie über die Objekte der Außenwelt vermittelt.

[3] ‚Handlungen' – eigene und die anderer Menschen – sind phänomenal als charakteristische Wahrnehmungen aus der 1. bzw. 3. Person-Perspektive gegeben. Der Unterschied zwischen beiden Perspektiven besteht unter diesem Gesichtspunkt darin, daß die Beobachterperspektive ausschließlich exterozeptive Information umfaßt, während die 1. Person-Perspektive die eigenen Handlungen exterozeptiv und interozeptiv (somatosensorisch) wahrnimmt, bei gleichzeitigem Gewahrsein des Erlebens und der Intentionen.

[4] Eutonus = angemessene Grundspannung, weder schlaff noch überspannt. Glaser definiert in seinem ‚Lehr- und Übungsbuch für Psychotonik' den muskulären Eutonus so: „Immer aber be-

perzustand wird in der Regel mit einem emotionalen Wohlgefühl einhergehen, im Unterschied etwa zum Körper-Erleben vor dem Wahrnehmungshintergrund muskulärer Verspannung oder gar chronischer Schmerzen, doch kann dieser Bezug individuell sehr verschieden gestaltet sein und ist keineswegs ‚zwangsläufig'.

Das Spüren nun ist demgegenüber ein Aspekt des Erlebensgewahrseins, der im Erleben stets mitgegeben ist, ohne daß er als solcher immer voll bewußt ist und wird hier gefaßt als *Wie des Wie* im Sinne einer eher ‚energetischen' Komponente (Aspekt der Intensität, der inneren – nicht muskulären – Gespannt- oder Gelöstheit, Enge oder Weite usw.).

Die Übertragung sensorischer Beschreibungsbegriffe auf den Erlebensbereich, auf den schon für den Aspekt des Fühlens hingewiesen wurde, gilt für den Spüraspekt eher in noch größerem Maße, und so gibt es eine Reihe von Begriffen, die sowohl zur Kennzeichnung von Körperwahrnehmungen wie auch von Spüren verwendet werden – dazu gehört z.B. das bereits erwähnte ‚gespannt' vs. ‚gelöst', aber auch ‚aufgerichtet' vs. ‚zusammengefallen' (als ‚Spüren' im ‚inneren Sinne' gemeint, nicht als Körperhaltung), ebenso fest/weich, kraftvoll/schwach, wach/nicht-wach usw. (Beispiele nach ES 117).

Das ist – zumindest im alltäglichen Sprachgebrauch – unproblematisch, wenn beide Aspekte in die gleiche Richtung gehen, was oft der Fall ist, weil ja Erleben sich immer auch in Körperprozessen auswirkt und entsprechende Wirkungen hervorruft (durch die Effekte vom zentralnervösen Bereich in den des peripheren Nervensystems, aber auch durch vegetative Steuerung – Para/Sympathicus – und die vom Blutkreislauf übermittelte ‚Information' durch Hormone und Neurotransmitter).

> Daß Gefühle körperliche Auswirkungen haben, die dann wiederum (vornehmlich interozeptiv) wahrgenommen werden können, stellt eine vertraute Grunderfahrung dar. Sie hat im Bereich der Theoriebildung zu der extremen Annahme geführt (James/Lange), Gefühle seien nichts anderes als Wahrnehmungen der jeweiligen Körperprozesse, der somatischen Veränderungen, die aufgrund einer bestimmten Außenwahrnehmung entstehen. Als kausale Theorie der *Entstehung* von Emotionen ist diese Theorie nachweislich falsch (Gefühle sind vielmehr primär ‚mentale Bewertungsprozesse'), dennoch gehört die Wahrnehmung der körperlichen Veränderungen aufgrund von emotionalen Reaktionen tatsächlich zum Gesamtphänomen des Erlebens und wird vielfach als besonders charakteristisch empfunden, gerade für intensive Grundgefühle. Doch wenn es stimmen würde, daß wir nicht weinen, weil wir traurig sind, sondern traurig sind, weil wir weinen, dürfte z.B. das Phänomen der *Freuden*tränen nicht auftreten.

---

steht dabei eine muskuläre Spannungsbalance, in der alle motorischen Regelungen, die der Mensch zum Umgang mit der Welt benötigt, zwar aufgerufen, aber gleichzeitig auch untereinander ausgeglichen sind" (Glaser, 1990, 12).

Für Glaser ist der Zusammenhang zwischen der Körperwahrnehmung von muskulärem Eutonus und dem damit in Zusammenhang stehenden Wohlbefinden so eng, daß er den Terminus ‚Eutonus' auch auf den Erlebensaspekt ausdehnt.

Diese *Mitwirkung* von Körperwahrnehmungen beim Erlebensvorgang ist dennoch wichtig und unbestreitbar: „Die Rückmeldung körperlicher Veränderungen *kann* für emotionales Erleben sicherlich bedeutsam sein, vor allem, was den Intensitäts-Aspekt einer Emotion betrifft" (Ulich, 1989, 107).

In diesem Zusammenhang scheint mir ein besonderes Phänomen von Interesse, das z.B. in einem bestimmten psychotherapeutischen Kontext als ‚*felt shift*' (wahrgenommene körperliche Veränderung) bezeichnet worden ist und zu der von Gendlin (1996) entwickelten Methode des Focusing geführt hat. Bei Gendlin selbst ist dieses Phänomen wechselnd zwischen dem hier ‚Spüren' Genannten und der Körperwahrnehmung angesiedelt.

Dieses Phänomen läßt sich aufgrund neuerer hirnphysiologischer Forschungsergebnisse genauer erfassen: relativ komplexe Gefühlsqualitäten, die zu einem bestimmten Objekt oder Sachverhalt entstehen (auch wenn diese nur vorgestellt werden, also nicht unmittelbar perzeptiv zugänglich sind), initiieren eine bestimmte Form körperlicher Veränderung (z.B. im unteren Bauchraum, englisch ‚*gut*'), die dann wahrgenommen werden kann (engl. wird das mit dem kaum übersetzbaren Begriff des ‚*gut feeling*' benannt, im Deutschen entsprechend manchmal als ‚Handeln aus dem Bauch' bezeichnet).

Damasio (1994, 237ff.) charakterisiert dieses Phänomen mit der Bezeichnung ‚somatische Marker' – bestimmte Reize werden mental bewertet und (aufgrund von Lernvorgängen) mit einer bestimmten ‚Klasse' von somatischen Zuständen verknüpft. Diese sind dann relativ einfach wahrnehmbar und werden oft eher bewußt als die entsprechenden, zum Teil komplexen mentalen Bewertungsprozesse (also die eigentlichen Erlebensvorgänge). Die ‚Botschaft' dieser Marker ist dabei recht einfach und stellt nur das Endergebnis eines insgesamt vielfältige Aspekte erfassenden und umfassenden Prozesses dar – Damasio beschreibt sie als negative Marker (quasi eine Alarmglocke) oder positive Marker (als ‚Startsignal').

Dieser Prozeß ist in verschiedenen Zusammenhängen (so auch im Focusing) auf der Grundlage dieses Ja/Nein-Charakters von somatischen Markern teilweise bis zu orakel-ähnlichen ‚Befragungstechniken' entwickelt worden.

(Die ‚Antworten' somatischer Marker können allerdings immer nur so zuverlässig sein wie die zugrundeliegenden mentalen Prozesse präzise und adäquat sind.)

Fühlen und Spüren weisen häufig ein bestimmtes Kovariieren auf: „Wenn jemand sich z.B. verletzt fühlt, wird er sich vielfach auch innerlich anspannen und fest/hart werden" (ES 121).

Gerade in Fällen, wo der häufige und eher typische Zusammenhang von Fühlen und Spüren *nicht* vorliegt, wird jedoch deutlich, wie sinnvoll und wichtig diese Unterscheidung im Kontext dialogischer Rekonstruktion subjektiver Erfahrung sein kann. Im Beispielfall könnte sich diese ‚Eigenständigkeit' der Spürdimension z.B. darin zeigen, „daß zum sich verletzt Fühlen auch ein anderer Spür-Aspekt hinzutreten kann: ein Mensch kann sich verletzt fühlen und sich dennoch innen ‚offen' und nicht hart (spürend) erleben" (ES 121).

Auch für den Bezug zwischen Erleben und Körperwahrnehmung gelten bestimmte typische Konstellationen – „jemand kann z.B. körperlich erschöpft und müde sein und sich auch innen müde und erschöpft erleben [= Spüren]. In diesem Falle ‚entsprechen' sich die beiden Ebenen; das muß aber nicht so sein. Es ist genauso eine Erfahrung möglich, in der eine Person körperlich müde und erschöpft ist, sich jedoch ‚innen' [also: erlebensmäßig] erfüllt und zufrieden fühlt und dabei innere Weite und Aufrechtsein spürt" (ES 121f.).

Es gibt für die dialogische Beratungspraxis einen zusätzlichen wichtigen Aspekt, der dafür spricht, die hier getroffene Unterscheidung der Erlebensaspekte (Fühlen/Spüren) und die klare Abgrenzung zur Wahrnehmung zugrundezulegen – es gibt unterschiedliche Zugangsmöglichkeiten bei verschiedenen Individuen.

So kann es etwa sein, daß ein Mensch fast keinen Zugang zu seinem Erleben hat (man könnte ihn, in Analogie zu einem ungeschulten, ungenauen ‚Wahrnehmer' als ‚schlechten Erlebensgewahrenden' bezeichnen), so daß es u.U. nötig ist, zuerst den Weg über die Körperwahrnehmung zu gehen (körperliche Spannung, somatisches Unwohlsein, oder die Phänomene der ‚somatischen Marker'), die man dann primär unter dem Aspekt ihrer Bezogenheit auf bestimmte Erlebensphänomene rekonstruieren wird, um auf diese Weise den Zugang zum Erleben zu ermöglichen bzw. zu erleichtern. Das wird vor allem über den Spüraspekt des Erlebens erfolgen – etwa über den Zusammenhang von muskulärer Verspanntheit und ‚innerer Anspannung'.

Auch für den Erlebensbereich selbst gibt es unterschiedliche Schwerpunkte – manche Menschen nehmen zuerst den Spüraspekt wahr (etwa: innere Unruhe, Schwere, Angespanntsein etc.), nicht aber die dazugehörige Dimension des Fühlens (d.h. sie sind u.U. kaum imstande, anzugeben, ob sie sich wohl oder unwohl fühlen). In diesem Fall kann der leichtere Zugang zum Spüren als Hinführung zu vollständigerem Erlebensgewahrsein hilfreich sein.

Denken / kognitive Verarbeitung

Der Prozeß der kognitiven Verarbeitung von Erfahrung (in den günstigen bzw. ungünstigen Ausprägungen) wird strukturell erfaßt und im Modell symbolisch so dargestellt, daß der Schwerpunkt auf der präzisen Erfassung der Verarbeitungsprozesse und ihrem Bezug zur Erfahrung sowie der Unterscheidung zwischen Wahrnehmung und Verarbeitung liegt, insbesondere vor dem Hintergrund, daß sowohl konkrete Erfahrungen wie Konzepte Erleben auslösen oder modifizieren.

In Selbstmitteilungen treten dabei die konkreten Erfahrungen oft hinter den Verarbeitungsprozessen zurück und sind manchmal kaum noch unmittelbar zu rekonstruieren; Konzepte, abstrakte Erwägungen und Überlegungen können die Erfahrung überdecken und den Zugang zur wirklichen, wahrnehmbaren Welt und den Gefühlen, die zu den konkreten Erfahrungen gehören, verstellen – man kann sich buchstäblich in Gedanken (Kognitionen) ‚verlieren'.

Selbst diffuse, ungünstige Verallgemeinerungen lassen sich auf zugrundeliegende Erfahrungen beziehen, „die häufig zunächst noch klar benannt werden, bis sie im (ungünstigen) Verarbeitungsprozeß immer mehr in Verallgemeinerungen und vagen Beschreibungen ‚verlorengehen', bis hin zu einem Endpunkt, etwa im depressiven Kontext, wo sich nur noch ein ‚es ist alles so furchtbar, mir geht es so schlecht' übrigbleibt" (ES 145) – ein ‚Denken', das dann wiederum direkten Einfluß auf Erfahrungen hat.

Es lassen sich drei Zeitpunkte unterscheiden, zu denen kognitive Prozesse – in bezug auf eine spezifische konkrete Erfahrung – ablaufen und emotionale Prozesse mit sich bringen: vor der Handlung (prä-aktional), während der Handlung selbst (meta-aktional) und nach der Handlung (post-aktional).

Diese Aspekte lassen sich im Modell durch entsprechende Symbolisierung im zeitlichen Ablauf (vor, während oder nach einer spezifischen Erfahrung) sowie in der Bezogenheit darstellen, z.B. in der Richtung *Erfahrung → Verarbeitung* (= kognitive Verarbeitung von Erfahrung) oder *Verarbeitung → Erfahrung* (so können z.B. Befürchtungen folgende Erfahrungen beeinflussen und angemessene Reaktionen auf konkret Wahrgenommenes erschweren bis unmöglich machen).

Die Komplexität der Zusammenhänge zeigt sich gerade auch in der Gegebenheit meta-aktionaler Kognitionen: die sogenannte konkrete, unmittelbare Erfahrung ist meist von einem kontinuierlichen inneren Kommentieren begleitet, das im ungünstigen Fall negative, bewertende Form annimmt. Dieses Phänomen wurde als ‚innerer Dialog' bezeichnet; Meichenbaum (ein wichtiger Vertreter kognitiver Psychotherapie) sieht ihn als Ausdruck der jeweiligen ‚kognitiven Struktur': „Mit dem Begriff *kognitive Struktur* möchte ich auf den Aspekt der Organisiertheit des Denkens hinweisen, durch den die Strategie, der Weg und die Wahl des gedanklichen Ablaufes überwacht und gesteuert wird. Ich denke dabei an ein ‚Ausführungsorgan', das ‚den Entwurf des Denkens festhält' und bestimmt, zu welchem Zeitpunkt der gedankliche Ablauf zu unterbrechen, zu ändern oder fortzusetzen ist" (Meichenbaum, 1979, 211).

Dieser ‚innere Dialog' ist in seinem bewertenden Charakter auf das persönliche Werte-System bezogen, in dem die individuellen Wertbezüge repräsentiert sind, die sich dann einerseits in Form von gefühlsmäßigen Reaktionen (auf Vorstellungen wie auf Wahrnehmungsaspekte konkreter Erfahrungen) manifestieren, aber ebenso selektiv in den Wahrnehmungsprozeß einfließen und kognitiv die implizite Basis von (Handlungs-)Rechtfertigungen und ethischen Argumentationen darstellen.

Mandl und Huber beschreiben das (mit Bezug auf die Emotionstheorie von Mandler) folgendermaßen: „Der aktive Organismus nimmt seine Umwelt wahr und kategorisiert sie, er interpretiert die Ereignisse, die um ihn herum passieren und er produziert (oft, aber nicht immer, innerhalb der begrenzten Bewußtseinsprozesse) eine kategoriale Konstruktion der Bedeutung dieser Ereignisse. Die strukturelle Beziehung zwischen diesen Wahrnehmungen und Interpretationen ist die konstruierte Bedeutung der Welt, in der wir leben" (Mandl/Huber, 1983, 30).

Die Vielfalt der individuellen Bewertungen und der unterschiedliche Bezug auf konkrete Wahrnehmungsaspekte oder eher auf kognitive Abläufe (wie z.B. Befürchtungen), die sich aus vorhergehenden Erfahrungen gebildet haben, macht selbst scheinbar einfache Erfahrungen im konkreten Rekonstruieren zu höchst komplexen und persönlich strukturierten Geschehnissen. „Dies heißt, daß keine zwei Individuen die genau gleiche Bedeutung in der identisch externen ‚objektiven' Welt finden können, und daß Bedeutungen Interaktionen sind zwischen

Ereignissen in der Welt und den Strukturen und Erwartungen des interpretierenden Individuums" (Mandl/Huber, 1983, 30f.).

Solche Abläufe lassen sich mit Hilfe der Strukturierung des Empathie-Modells transparent machen – im Falle von Supervision oder dem ‚Nachbereiten' einer Beratungsstunde durch Eintragungen im Liniensystem des Modells, das dann wie ein strukturelles (musikalisches) Notensystem fungiert und auch komplexe Abläufe überschaubar darstellen kann. Im konkreten dialogischen Kontext hilft diese strukturelle Modellierung, aus dem Mitgeteilten die wesentlichen Elemente zu erfassen und auftretende ungünstige Abläufe zu erkennen, evtl. aufzuzeigen und so zur Lösung beizutragen.

Wille, Absicht, Intention

Die Modellierung von konkreter Erfahrung wie auch von Vorstellungen, die sich insbesondere als Nach- oder Voraus-Denken in bezug auf bestimmte Erfahrungen oder zukünftige Ereignisse zeigen, kam bisher ohne den Aspekt der Intention oder Handlungsabsicht aus. Das Individuum wird beschrieben als handelnd sich wahrnehmend in einer spezifischen wahrgenommenen Situation (Umgebung), wobei jeweils bestimmte Gefühle als Reaktion auf das (bei sich selbst und/oder um sich herum) Wahrgenommene gegeben bzw. reaktiv entstanden und im Gewahrsein mehr oder weniger zugänglich sind.

(Die jeweils vorliegenden Gefühle, die aufgrund bestimmten Verhaltens entstehen, sind dann wiederum handlungsleitend für die nächste Handlungssequenz usw.)

Ob sich jemand nun zu einer Handlung bewußt entschlossen hat oder nicht, ist für die dritte Person – als Beobachter bzw. Zuhörer/Berater – manchmal aufgrund der verbalen Schilderung unmittelbar ersichtlich (wenn jemand das z.B. explizit benennt, etwa als: ich wollte ..., ich entschloß mich dann, ... zu tun etc.), es ist aber nicht immer so klar erschließbar und manchmal auch aus der 1. Person-Perspektive nicht problemlos festzustellen (man fragt sich dann z.B.: Habe ich das wirklich gewollt?).

Im Kontext der analytischen Handlungstheorie ist die Frage der Handlungsabsicht von zentraler Bedeutung und wird mit der Unterscheidung von ‚Handlung' gegenüber ‚Verhalten' gefaßt – Handlungen sind intentional gewollt, Verhalten nicht. (Vgl. etwa Janich, 1993, 7: „Im Sinne der Selbstaufforderung kann man sich zum Handeln entschließen, zum Verhalten nicht.")

> Der Handlungsbegriff enthält somit zwei Komponenten, die Handlung selbst als ‚Akt' sowie die Intention als ‚Handlungsabsicht' (K. Lorenz, in Mittelstraß, 1995/96, 33). Ein dritter Aspekt ist die dem Handlungsentschluß zugrundeliegende Motivation, die von den jeweiligen Präferenzen in bezug auf Wünsche bzw. Bedürfnisse abhängt.

Die Unterteilung von Tätigkeiten in Handlung und Verhalten wird jedoch nicht nur sehr unterschiedlich definiert, sie reicht auch nicht aus, die Vielfalt der Phänomene angemessen zu erfassen. Je nach Bedarf werden dann zusätzliche Beschreibungsklassen definiert, etwa die ‚Gewohnheit'[1] (als eingeschliffene, zwar ehemals bewußte, nun aber automatisch ablaufende ‚Handlung'), oder die von Groeben vorgeschlagene Zwischenstufe des ‚Tuns', die insbesondere geeignet sein soll, solche Verhaltensweisen zu charakterisieren, in denen subjektive Intention und ‚tatsächlich' zugrundeliegende Motivation auseinandergehen (die ‚tatsächliche' oder ‚objektive' Motivation muß dann durch ‚Tiefenhermeneutik', also so etwas wie das beschriebene hermeneutische ‚Besserverstehen' rekonstruiert werden).

> In einem Artikel über ‚Bewußtseinsphänomene in der experimentellen Psychologie' weist G. Mohr darauf hin, daß diese Schwierigkeiten charakteristisch sind für die Perspektive der dritten Person. „Nur für diese Perspektive machen die vorgestellten Überlegungen zu unterschiedlichen Typen von *bewußt* Sinn. Aus der Perspektive der ersten Person mag man zu einem sehr viel einheitlicheren Konzept kommen. Die Unterscheidung zwischen den beiden Perspektiven und die Auffassung, daß die eine nicht auf die andere reduzierbar ist, zeichnet möglicherweise den verbalen Bericht als Indikator aus" (Mohr, 1997, 138).
> Die Gleichrangigkeit (Nichtreduzierbarkeit) und komplementäre Ergänzung der Perspektiven der 1. und 3. Person stellt für Philosophische Beratung als dialogischen Prozeß eine Grundannahme von prinzipieller Bedeutung dar.

Mit ‚Intention' sind also willentliche, absichtliche Entschlüsse gemeint – unter diesem Aspekt sollen hier Intention, Wille und Absicht als fast synonyme Bezeichnungen eines komplexen Phänomens betrachtet werden.

Der Entschluß, eine Handlung zu tun oder zu unterlassen, der u.U. rasch und sicher gefällt werden kann, ist tatsächlich ein hochkomplexer Vorgang, in dem verschiedene Komponenten zusammenwirken, und zwar kognitive und emotionale Prozesse, in der Orientierung an persönlichen Präferenzen bzw. Werten. Deshalb scheint mir eine Modellierung günstig, in der die verschiedenen Komponenten (Kognition / Emotion / Werte / Wille) gesondert erfaßt und in ihrem interaktiven Zusammenwirken dargestellt werden können, wie das im Empathie-Modell der Fall ist.

> Auf die zentrale Bedeutung der Interaktion kognitiver und emotionaler Prozesse für das Fassen eines Entschlusses wurde bereits hingewiesen – gerade aufgrund von Ausfallserscheinungen hat sich gezeigt, daß ‚Wissen ohne Gefühle' zur Entscheidungsunfähigkeit führt, wie das in Fällen präfrontaler Schädigung meist der Fall ist. Damasio faßte sein Verständnis dieses Phänomens aufgrund der Untersuchung eines Patienten (Elliot) so zusammen: „In mir wuchs die Überzeugung, daß die Gefühllosigkeit seines Denkens Elliot daran hinderte, verschiedenen Handlungsmöglichkeiten unterschiedliche Werte zuzuordnen, so daß seine Entscheidungslandschaft völlig abflachte" (Damasio, 1994, 85).

---

[1] Kuno Lorenz definiert in dem Artikel ‚Handlung' in der ‚Enzyklopädie Philosophie und Wissenschaftstheorie': „Werden Handlungen im engeren Sinn durch unkontrollierte Wiederholungen schließlich unbewußt vollzogen und auch automatisch hervorgebracht, so treten sie wie Verhalten auf und heißen Gewohnheiten, z.B. Rauchen", die er von Fertigkeiten abgrenzt (in: Mittelstraß, 1995/96, 36).

Diese komplexe ‚Entscheidungslandschaft' läßt sich in der strukturellen Darstellungsform des Empathie-Modells erfassen und nachzeichnen, indem Willensentschlüssen eine Modellierung gegeben wird, die auf der Grundlage des eigenen Wertesystems (des strukturellen Gefüges der individuellen Präferenzen) und der entsprechenden Gewichtung der emotionalen Bezogenheit Handlungsimpulse ‚setzt' bzw. eine ganze Motivationsstruktur ‚ausspannt' – je nach Ausgangssituation, insbesondere was die Art der Ziele angeht, z.B. ob kurzfristig gesetzt oder langfristig usw.

Betrachtet man einmal die vorliegenden metaphorischen und modellhaften Beschreibungen der Willensphänomene, wie es der Psychologe Weinert in seinem Beitrag zu dem Sammelband ‚Der Wille in den Humanwissenschaften' getan hat, erweist sich, daß der Wille in der Regel als eine eigene Kraft oder Instanz angesehen wird, die auf bestimmte andere Prozesse regulierend einwirkt. Dabei kann die ‚Aufgabe' von Willensvorgängen einmal darin bestehen, aus Wünschen auszuwählen und eine bestimmte Präferenz ‚durchzusetzen', oder, als quasi umgekehrter Fall, eine bereits beginnende Handlung oder Realisierung zu stoppen und damit (als unerwünscht und nicht gewollt) zu verhindern. Entsprechende Bilder gehen dabei entweder von einer punktuellen ‚Stoßkraft' aus oder von einer eher weiter gespannten Kraft als ‚Willensspannkraft'. Andere Bilder und ‚Modelle' erfassen die regulierende Kraft des Willens, etwa im Bild des Steuermanns, des Ordnungshüters oder des Dirigenten (vgl. Weinert, 1987, 13ff.).

In praktisch allen Modellierungen ist der Wille als eine eigenständige Instanz gefaßt, die im Bild als lenkende/leitende Person (etwa als Dirigent) darüber entscheidet, welche Wünsche verfolgt (welche Noten gespielt) werden bzw. wann eine Handlung unterbrochen (ein Stück abgebrochen) wird, während die Spieler insbesondere die gegenstandsbezogenen Wahrnehmungen und Gefühle sowie daraus entstehende bzw. (auch indirekt) darauf bezogene Wünsche repräsentieren.

Die Schwierigkeiten des philosophischen und psychologischen Umgangs mit dem Phänomen des Willens liegen gerade daran, daß das implizite Alltagswissen vom Willen als einer ‚tieferen Instanz' meist keine klare Modellierung findet, sondern daß die volitionalen Prozesse in unterschiedlichster Weise zwischen, über oder unter Verstand/Vernunft und Gefühl angeordnet werden. Daraus entstanden kontroverse Darstellungen und Auffassungen, die J. Mittelstraß von einer „Leidensgeschichte des Willens in der Philosophie" sprechen ließen (Mittelstraß, 1989).

Werte

In dieser Konzeption stellen Werte quasi den tiefenstrukturellen Aspekt dar, im Sinne eines individuellen Wertegefüges, während ‚Wille' den dynamischen Faktor repräsentiert, der mit dem Wissen um die eigenen Werte als ‚Dirigent' die Einsätze gibt und entscheidet, welcher Impuls verwirklicht werden soll und welcher nicht.

Das individuelle Wertesystem, das sich biographisch entwickelt hat, kann entsprechend von unterschiedlicher ‚Qualität' sein – ein Handlungsablauf kann dann nicht ‚gelingen', wenn sich die Handlungsabsicht, der Wille, auf ein Wertgefüge bezieht, das zu ungünstigen Präferenzen und damit Handlungsentscheidungen führt.

Aber auch die ‚Kraft des Willens' hat ihre Bedeutung – ist sie nicht ausgeprägt, können sich Werte nicht durchsetzen, das ‚Orchester' der Vorstellungen und Vorlieben (= Kognition und Emotion) macht sozusagen was es will, die ‚Partitur' des eigenen Wertgefüges wird nicht ver*wirk*licht.

Im Empathiemodell wird von der Möglichkeit ausgegangen, Werte von Bewertungen und von Gefühlen (des Angezogenseins usw.) zu unterscheiden – Bewertungen stellen den kognitiven Aspekt dar (der auch die Begründung von Entscheidungen liefert), Gefühle den emotionalen, der die Valenz (Angezogensein / Abgestoßensein usw.) repräsentiert.

Demgegenüber werden ‚Werte' als Repräsentanz einer inneren ‚Werte-Instanz' betrachtet. Sie entspricht in mancher Hinsicht dem, was in der Philosophie (und Psychologie) – auf höchst kontroverse Weise – als ‚Gewissen' diskutiert wird. In der Pragmatik der Beratungssituation läßt sich ‚Gewissen' als die Repräsentation der derzeitig gültigen *eigenen* Werte verstehen, im Unterschied zu bloß übernommenen.

Damit sind bestimmte anthropologische Grundannahmen verbunden – Gewissen soll hier so definiert werden, daß es eine ‚tiefere Instanz' ist, die sich entweder in der Dimension der psychischen Funktionen als eine integrative Leistung der verschiedenen Funktionen und Aspekte mentaler Prozesse auffassen läßt (z.B. von Denken und Fühlen) oder aber im Sinne eines Zentralitätsmodells als ‚innere Ebene'. Dem liegt eine Menschenbildannahme zugrunde, die sich in der konkreten Lebens- und Verstehenspraxis bewähren muß.

Das Empathie-Modell gibt als Zentralitätsmodell den Werten eine eigene, strukturell ‚tiefere' Symbolisierung, die als eigener Kreis innerhalb der beiden bisherigen dargestellt wird (wieder mit einer eigenen Farbe symbolisiert, mit Blau):

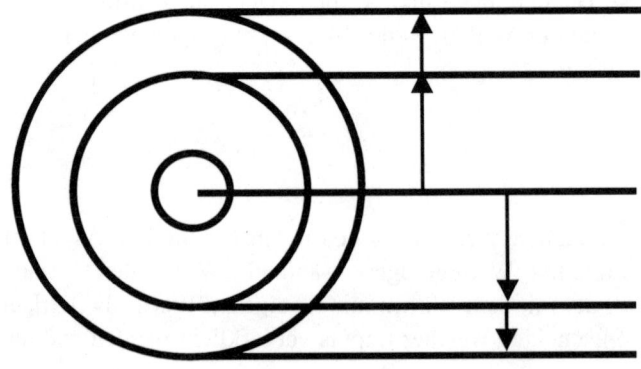

Ausgangspunkt für diese Strukturierung sind Erfahrungen, die gerade im Beratungskontext recht häufig auftreten, nämlich daß Werte zwar äußerlich übernommen wurden (im Sinne von sozialen Rollen, Normen, Konventionen etc.), aber keine wirkliche Repräsentanz im eigenen Wertgefüge gefunden haben. Daß hier eine Diskrepanz vorliegt, wird u.U. über längere Zeit hinweg gar nicht bemerkt. „Nun kann es geschehen, daß – möglicherweise erst nach vielen Jahren, in denen eine solche spezifische ‚individuelle soziale Repräsentation'[1] als ‚eigener Wert' vertreten wurde – deutlich wird, daß dieser Inhalt, Wert etc. gar nicht dem ‚Inneren' entspricht. Gerade aus der psychotherapeutischen Praxis ist dies ein sehr vertrauter Vorgang" (ES 170). Elisa Ruschmann verweist dazu auf Carl Rogers, für den diese Annahme, „daß die Übernahme von Werten (bzw. Bewertungen) von außen im Widerspruch zu den eigenen, inneren Werten stehen kann, ein Kernstück seiner Theorie der Therapie war und für ihn die ‚grundlegende Entfremdung im Menschen' darstellt" (ebd.). Sie zitiert dazu eine Passage aus der 1959 von Rogers veröffentlichten ‚Theorie der Psychotherapie, der Persönlichkeit und der zwischenmenschlichen Beziehungen': „Der Weg der Entwicklung Richtung psychischer Reife, der Weg der Therapie, besteht in der Aufhebung dieser Entfremdung des menschlichen Handelns, der Auflösung der Bewertungsbedingungen, der Erreichung eines Selbst, welches in Übereinstimmung mit der Erfahrung ist, die Wiederherstellung eines einheitlichen organismischen Bewertungsprozesses als dem Regulator des Verhaltens" (Rogers, 1959, 52).

In der modellhaften Darstellung läßt sich die Ebene der Werte und des Willens als eine Tiefendimension der Innerlichkeit und Eigentlichkeit erfassen und als integrierende, ordnende und leitende Kraft bzw. Wirkung rekonstruieren.

Die potentielle ‚Transzendenzoffenheit' findet in der Modellierung ihren Platz dadurch, daß Konzeptionen einer tieferen, transzendenten ‚Instanz' ihren Platz im Innersten der Modellierung finden können – etwa als Vorstellung eines ‚inneren Selbst' oder (mit Maslow, 1968, 83ff.) als ‚Ebene des inneren Seins'.

Wenn Beratungsklienten religiöse/spirituelle Konzepte einbringen (und das ist häufig der Fall), kann die Strukturierung des Empathie-Modells dazu dienen, die Auswirkungen solcher Konzepte auf den Bereich konkreter Erfahrung zu verdeutlichen. Durch die tiefenstrukturelle Erfassung wird ein solcher Bezug zur alltäglichen Erfahrung jedoch nicht als reduktionistisch bzw. zu oberflächlich pragmatisch empfunden.

Das Empathie-Modell repräsentiert somit eine ‚strukturelle Anthropologie', die transzendenzoffen ist, aber inhaltlich nicht festgelegt. Durch den Bezug auch religiöser oder spiritueller Konzepte auf die Lebenspraxis ergibt sich die Möglichkeit, günstige wie ungünstige Auswirkungen solcher Vorstellungen zu überprüfen und in ihrer handlungsleitenden Wirkung transparent zu machen. Eine

---

[1] Abgekürzt ISR. Ein Begriff der Berner Forschungsgruppe um Mario von Cranach, die „zwischen sozialen Repräsentationen auf der Stufe des sozialen Systems und ihrer Abbildung in der individuellen Erkenntnis" unterscheiden (Thommen et.al., 1988, 9).

solche Anthropologie auf der Grundlage eines Zentralitätsmodells basiert natürlich selbst wiederum auf bestimmten anthropologischen Grundannahmen.

Der Wert einer solchen Modellierung zeigt sich letztlich erst durch die Bewährung in der konkreten Lebens- und Verstehenspraxis. Meine Erfahrung ist, daß das hier vorgestellt Strukturmodell als ‚Hintergrund' beraterischer Tätigkeit zu einer deutlichen Verbesserung der dialogischen Kompetenz führen kann, also zu einem vertieften Verstehen des anderen, der das wiederum, aus seiner Sicht, als tiefes Verstandenwerden registriert und benennt. Hier gehen hermeneutischer Aspekt und Umgehen mit Werten Hand in Hand – weil ‚Oberflächengefühle' sowie oberflächliche Argumentationen keine verläßliche Orientierung geben können, läßt sich eine Konzeption von Wertabstufungen erarbeiten (eine individuelle ‚Wertehierarchie') und entsprechend, mit einer Art von ‚Tiefenhermeneutik', der Bereich der ‚eigenen, inneren Werte' erschließen.

3.4. Ethik (‚Werte')

Ein deutsches Nachrichtenmagazin hatte im März 1997 die Frage der Werte zum Titelthema und konstatierte für unsere Zeit eine ‚Sehnsucht nach Werten', die sich als ‚Suche nach den verlorenen Werten' manifistiere[1].

So wie hier wird – nicht nur in der Alltagskommunikation – auf vielfältige und selbstverständliche Weise von Werten gesprochen; es werden Aussagen gemacht, als seien Werte wahrnehmbare ‚Objekte', die man finden oder verlieren kann.

‚Verloren' scheinen heute die ‚ewigen Werte', die man ehrfurchtsvoll schauen kann, um sie dann zu verwirklichen, d.h. ihnen entsprechend zu leben; es wird von ‚Wertewandel' oder gar ‚Wertezerfall' gesprochen, der aber vielfach ebenso ‚objektiv' konstatiert wird wie die frühere Annahme unvergänglicher, ewiger Werte.

Ich möchte diese Ethik-Konzeption bzw. diese Art der Sprachform als eine ‚Ethik wahrgenommener oder intuitiv erkannter Werte' bezeichnen, oder kurz: *‚Perzeptionsethik'*.

Da Werte keine physikalischen Objekte sind, sondern eher ‚ideale Gebilde' darstellen, ist der ‚Perzeptionsethiker' notwendigerweise eine Art von Intuitionist – er kann z.B. wie Platon die Idee des Guten ‚schauen', hat wie Moore die Fähigkeit, das Gut-sein eines Dinges mit dem moralischen Sinn so sicher wahrzunehmen wie mit dem visuellen Sinn die ‚Gelbheit' eines Objektes, oder vermag wie Scheler mit der Wahrnehmungsfähigkeit des ‚Wertfühlens'[2] das Werte-Reich zu erfassen, sofern er nicht werte*blind* ist.

---

[1] Focus, Nr. 12, 17. März 1997, 202–212. Auf dem Umschlag: „Die ratlose Gesellschaft. Sehnsucht nach Werten. Die Rückkehr der Tugenden – wie die menschliche Kälte zu besiegen ist." Im Inhaltsverzeichnis, S. 6: „Ego-Gesellschaft: Auf der Suche nach den verlorenen Werten."

[2] Wie zwingend die Analogie der Wahrnehmung für diese Art des Ethikansatzes ist, wird bei Scheler besonders deutlich, denn obwohl er den engen Zusammenhang von Wertbewußtsein und Gefühl sehr klar erkennt, muß er dennoch aufgrund seines objektivistischen Anspruchs das

Trotz aller Verschiedenheit der Ausformungen der drei genannten ethischen Entwürfe[1] liegt die Gemeinsamkeit im Anspruch auf Objektivität und Allgemeinverbindlichkeit der konstatierten Werte, unterstrichen durch die postulierte (quasi-)perzeptive Zugänglichkeit.

Solche Ansprüche auf die Gegebenheit (und Erkennbarkeit) objektiver Werte hat zu allen Zeiten Widerspruch hervorgerufen, der die subjektive Komponente menschlicher Wertsysteme betont. Angesichts tradierter Denkformen, die ‚subjektiv' weitgehend mit ‚Gefühl' gleichsetzen, ist es naheliegend, der objektivistischen Perzeptionsethik eine subjektive *Emotionsethik* entgegenzustellen. Je stärker allerdings die anti-objektivistische Haltung ist, umso unangemessener wird die Rolle der Gefühle einseitig für eine ‚subjektivistische Gegenposition' in Anspruch genommen, die der wirklichen Bedeutung der Gefühle für die Moral nicht gerecht werden kann[2].

> Alasdair MacIntyre wies darauf hin, daß die Entstehung der emotivistischen Ethik Anfang des Jahrhunderts wesentlich von Schülern Moores getragen wurde, die sich gegen dessen objektivistischen Anspruch wehrten: „Die Anhänger Moores hatten sich so verhalten, als könnten ihre Meinungsunterschiede über das, was gut ist, durch Berufung auf ein objektives und sachliches Kriterium beigelegt werden; aber in Wirklichkeit setzte sich der stärkere und psychologisch geschicktere Wille durch. ... Wir sollten daher damit rechnen, daß emotive Theorien vor allem auf lokaler Ebene als Reaktion auf Theorien und Verfahrensweisen aufkommen, denen bestimmte zentrale Merkmale des Mooreschen Intuitionismus gemein sind" (MacIntyre, 1984, 33f.).

Die Bedeutung der Gefühle für die Moral zu betonen, bedeutet allerdings nicht unbedingt eine subjektivistische Position; auch wenn man Werte wesentlich als Ausdruck emotionaler Reaktionen betrachtet, läßt sich doch durch die Gleichartigkeit solcher Reaktionen bei vielen Menschen eine Übereinstimmung in mo-

---

Wertfühlen zu einem Wahrnehmungsvorgang machen, so daß Gefühl und Wahrnehmung in eine Kategorie gehören, Denken in eine andere.
Scheler ist also im Grunde ein ‚Gefühlsethiker', der aber zu einem ‚Perzeptionsethiker' wird, indem er die Gefühle der Wahrnehmungsfunktion ‚zuschlägt'.
Hier liegt m.E. der Grundfehler des Schelerschen Ansatzes, der die vielen prägnanten und wertvollen Einzelbeobachtungen nicht zur Geltung kommen ließ, die sie verdient hätten. Dazu müßte man Scheler eher als ‚Emotionsethiker' auffassen, den objektiven Anspruch seiner ‚materialen Ethik' beiseitelassen und seine Ausführungen als Beiträge individualethischer Ausformungen betrachten.

[1] Platon könnte man etwa als ‚intuitionistischen Idealisten' bezeichnen, Moore als ‚empiristischen Intuitionist', während Scheler nur durch einen epistemologischen ‚Kunstgriff' in diese Gruppe gelangt ist, nämlich indem er das Wertfühlen als Wahrnehmungsvorgang deklarierte.

[2] Ich beschränke mich in diesem Kontext auf die metaethische Diskussion. Der Emotivismus des 20. Jahrhunderts stellt jedoch eine eher schwache Repräsentation einer am Gefühl orientierten Ethiktheorie dar, weil die subjektivistische Komponente zu stark ausgeprägt war. Auf die in diesem Zusammenhang wichtige englische Moralphilosophie des 18. Jahrhunderts (besonders die Vertreter des ‚moral sense', Shaftesbury und Hutcheson, weiterhin Hume, Adam Smith, oder auch der Holländer Hemsterhuis) kann hier nicht näher eingegangen werden (vgl. dazu etwa Schrey, 1977, 99ff.) Die Philosophie des ‚moral sense' gewinnt vor dem Hintergrund der ‚Wiederentdeckung' der Gefühle in der Philosophie derzeit eine neue Aktualität.

ralischen Urteilen erklären; so ging schon Hume davon aus, daß, „solange das menschliche Herz aus denselben Elementen zusammengesetzt ist wie jetzt, wird es niemals gegenüber dem allgemeinen Wohl gänzlich gleichgültig sein", und deshalb ist für ihn die Menschenliebe, also ein Gefühl, „die Grundlage für die Moral oder für ein allgemeines System des Lobes und des Tadels" (Hume, 1751, 201, Birnbacher/Hoerster, 1976, 73).

Der Emotivismus des 20. Jahrhunderts wurde jedoch weitgehend subjektivistisch interpretiert, und in dieser extremen Spielart (die besonders in den frühen Versionen durchaus aufzufinden ist[1]) wird in der Tat jeder normative Anspruch aufgehoben, ethische Geltungsansprüche können nicht erhoben werden; entsprechend formuliert z.B. von Kutschera: „Danach hätte sich die Ethik auf die metaethische Feststellung der Tatsache zu beschränken, daß normative Aussagen nichtkognitiv sind, und damit wäre sie dann auch schon am Ende" (Kutschera, 1982, 48).

In dieser krassen Dichotomisierung wird der Bezug auf Gefühle als argumentativ eher irrelevant betrachtet und dem kognitiv-normativen Zugang die emotional-subjektive Stellungnahme entgegengesetzt, der eher eine ‚begleitende'[2] Funktion zukommt.

Allerdings konnte sich die Forderung, daß ethische Sätze normativen Charakter haben und Geltungsanspruch erheben, also wahr oder falsch sein können, angesichts der philosophischen (erkenntnistheoretischen) bzw. wissenschaftstheoretischen Entwicklungen im 20. Jahrhundert nicht auf die epistemologische Basis einer ‚Perzeptionsethik' stützen, weder in der ontologisch vager gefaßten Mooreschen Weise des Intuitionismus noch etwa in der Form einer ‚materialen Wertethik' (Scheler), die auf der Annahme objektiv ‚gegebener' und somit ‚wahrnehmbarer' Werte beruht.

Zum ‚Mainstream' wurde vielmehr eine auf Kant bezogene Ethik, die ihrem Charakter nach objektivistisch ist und deontologisch (die also die Aufgabe der Ethik vor allem darin sieht, mit dem umzugehen, was verpflichtend ist, was getan bzw. unterlassen werden *sollte*) sowie kognitivistisch auch in dem Sinne, daß nur der Verstand (bzw. die Vernunft) die Basis für moralische Begründungen sein kann. „Der Rekurs auf Gefühle erweist sich", so formulierte es Christoph Dem-

---

[1] Alfred J. Ayer betonte die Unangemessenheit seiner eigenen früheren Ansichten: „Zu behaupten (wie ich es früher getan habe), daß moralische Urteile lediglich gewisse Gefühle der Billigung bzw. Mißbilligung zum Ausdruck bringen, ist eine unzulässige Simplifizierung. Zutreffend ist vielmehr, daß das, was man als eine moralische Einstellung bezeichnen kann, auf ein bestimmtes Verhaltensmuster hinausläuft und daß die Äußerung eines moralischen Urteils ein Element in einem solchen Verhaltensmuster darstellt" (in: Birnbacher/Hoerster, 1976, 61).

[2] Vgl. Nida-Rümelin (1996, 54): „Nur wenn eine moralische Überzeugung zutreffend ist, sind bestimmte begleitende Emotionen (wie etwa Abscheu) oder Handlungsempfehlungen (etwas dagegen zu unternehmen) angemessen.
Der ethische Emotivismus und Präskriptivismus stellen die tatsächliche Begründungsrelation auf den Kopf. Imperative und die Äußerung von Emotionen haben nur dann eine normative Kraft, wenn sie moralisch angemessen sind.
Über moralische Angemessenheit aber entscheiden nicht die Präferenzen und Emotionen derjenigen Person, die ein moralisches Urteil fällt, sondern adäquate normative Kriterien, die zu rekonstruieren und aufzudecken die eigentliche Aufgabe normativer Ethik ist."

merling, „in kognitivistischer Perspektive als hoffnungslos indiskutabel (Demmerling, 1995, 259).

In einer Typologisierung anhand des jeweiligen epistemischen Schwerpunktes läßt sich eine solche Konzeption als ‚*Kognitionsethik*' charakterisieren.

Daß es überhaupt in der Geschichte der Ethik zu einem Nebeneinander bis Gegeneinander von Perzeptions-, Emotions- und Kognitionsethiken kommen konnte, liegt wohl daran, daß die neuzeitliche Ethik bis in die jüngste Vergangenheit weitgehend als rein theoretische Disziplin aufgefaßt wurde – die Problematik solcher schwerpunktmäßig auf *einer* epistemischen Komponente beruhenden Ansätze zeigt sich nämlich vor allem (bzw. überhaupt erst) in der Anwendung auf konkrete Situationen[1], und sie erweisen sich als einseitige Perspektive, wenn die Prozesse der Wertegenerierung (also die tatsächliche Entstehung von Wertsystemen) betrachtet werden.

> Gerade die Diskussion um den Kommunitarismus[2] hat diesem Aspekt eine neue Aufmerksamkeit zukommen lassen; die Forderung, sich wieder mehr auf Werte zu besinnen und im täglichen Handeln darauf zu beziehen, findet – quer durch alle politischen Gruppierungen – vielfach Zustimmung, auf die Frage, *wessen* Werte zu verwirklichen sind und wie Werte überhaupt entstehen, werden jedoch eher vage Antworten gegeben. Etzioni z.B. äußert sich zu dieser von ihm selbst als ‚provokant' bezeichneten Frage so, daß es erst einmal um unsere „zahllosen gemeinsamen Werte" gehe (Etzioni, 1993, 117).
>
> Der Soziologe Hans Joas, der dem Kommunitarismus nahesteht, hat in seinem 1997 erschienenen Buch über ‚Die Entstehung der Werte' darauf hingewiesen, daß diese drängende Frage, die im Kontext von Wertvermittlung und Werterziehung steht, „weder in den moralphilosophischen noch in den politischen oder zeitdiagnostisch-sozialwissenschaftlichen Beiträgen angemessen beantwortet" wurde (Joas, 1997, 7).
>
> Seine eigene Antwort bringt er auf die kurze Formel: „Werte entstehen in Erfahrungen der Selbstbildung und Selbsttranszendenz" (Joas, 1997, 10) – er geht also, ähnlich wie in dem hier vorgelegten Entwurf, von der individuellen Wertegenerierung im Erfahrungskontext aus, ohne daß damit eine individualistisch-relativistische Position impliziert wäre.

Die Frage, was Werte eigentlich sind und wie sich im philosophischen Kontext angemessen darüber sprechen läßt, hat zwar die Philosophen immer wieder beschäftigt oder zumindest mitbeschäftigt, am Anfang des 20. Jahrhunderts wurde das Sprechen über ethische Fragen jedoch so prinzipiell problematisiert, daß daraus eine eigene Disziplin entstand, die Metaethik, in der es um die Möglichkeiten ethischer Argumentation und Sprechweise überhaupt ging. Die Diskussion auf diesem Gebiet ist inzwischen zu einem gewissen Abschluß gekommen, ethische Aussagen werden heute überwiegend als theoretische Sätze mit Geltungsanspruch betrachtet. Bei der allgemeinen wissenschaftstheoretischen Entwick-

---

[1] In bezug auf die Kognitivisten (unter Einbezug Kants) spricht z.B. Demmerling davon, daß sie „von einer permanenten Anwendungsproblematik heimgesucht" werden (Demmerling, 1995, 260).

[2] Vgl. etwa: Walter Reese-Schäfer: Was ist Kommunitarismus? Frankfurt/M.: Campus 1995

lung nimmt allerdings der ‚Objektivismus' des kognitiven Ansatzes eine mehr und mehr ‚gemäßigte' Form an; so formuliert z.B. Julian Nida-Rümelin (1996, 41f.):

> „Ethische Theorien sind ganz normale Theorien, sie beruhen nicht auf selbstevidenten Vernunftwahrheiten, sie lassen sich nicht aus kritikresistenten Propositionen als Bedingung der Möglichkeit des normativen Diskurses ableiten, sie stellen aber auch nicht bloße Verallgemeinerungen unserer situationsbezogenen singulären moralischen Intuitionen dar."

Auf der Basis eines solchen metaethischen Standpunktes stellen sich allerdings wieder neue Fragen nach der Ausgangsbasis ethischer Sätze und ethischen Argumentierens – wenn der philosophische Ethiker Werte oder Prinzipien weder rein aus der Vernunft ableiten noch sie ‚schauen' kann, dann entspricht das Umgehen mit Werten eher den allgemeinen Erkenntnisprozessen und beruht somit auf der Alltagserfahrung. Entsprechend fungieren für Nida-Rümelin (1996, 42) als ‚Ausgangsmaterial' der Ethik „unsere normativen Überzeugungssysteme, die sie versucht, kohärenter zu machen, oftmals durch Modifikation".

Die zunehmende Einsicht in die erkenntnisstiftende Funktion der Gefühle läßt allerdings den metaethischen Gegensatz von Kognitivismus und Emotivismus als eine verzerrte und irreführende Repräsentation dieser Funktionen erscheinen – die Dichotomie ‚objektivistisch/subjektivistisch' oder ‚partikularistisch/universalistisch', um die es eigentlich geht, hängt mit den epistemischen Funktionen von Wahrnehmung/Kognition und Emotion nicht in wesentlichem Sinne zusammen.

Werden ethische Theorien – wie von Nida-Rümelin gefordert – tatsächlich als ‚ganz normale Theorien' betrachtet, läßt sich die Auffassung der Gefühle als bloß ‚begleitend' zu bestimmten Überzeugungen nicht aufrechterhalten[1], vielmehr gehören spezifische (und angemessene) gefühlsmäßige Reaktionen auf bestimmte Handlungen ebenso in den *Begründung*skontext, wie sie selbstverständlicher und sogar in vieler Hinsicht zentraler Aspekt konkreter *Handlung*szusammenhänge sind.

Zudem zeigt sich damit ein gangbarer Weg zur Lösung der Anwendungsfrage; sie hat zu einer zweiten ‚Grundlagenkrise' der philosophischen Ethik geführt, die auch von Vertretern einer objektivistischen Ethik eingeräumt wird[2]. Ethische

---

[1] So stellt sich z.B. für Graeser unter der Fragestellung ‚Erfahrung und Ethik' die Aufgabe, „die Eigenart moralischer Erfahrung in Begriffen von Wahrnehmung und Emotionen bzw. Gefühlen zu charakterisieren" (Graeser, 1996, 213).

[2] Vgl. z.B. Nida-Rümelin (1996, 63): „Wenn man will, kann man deswegen durchaus von einer Grundlagenkrise der ethischen Theorie sprechen, die durch Probleme ihrer Anwendung heraufbeschworen wurde und verständlich macht, daß in jüngster Zeit eine erneute Hinwendung zu metaethischen und erkenntnistheoretischen Problemen erfolgt ist. Zugleich aber hat die verstärkte Anwendungsorientierung normativer Ethik wesentliche Erkenntnisfortschritte erzwungen."
Gemeint ist damit vor allem die Etablierung von ‚Bereichsethiken' (der zitierte Text stammt aus der Einleitung zu einem Sammelband über Angewandte Ethik im Sinne von Bereichs-

Theorien müssen sich – genau wie andere Theorien auch – in doppelter Weise auf den Erfahrungsbezug befragen lassen; einmal geht es darum, welche Erfahrungen eine spezifische Theorie ‚repräsentiert', d.h. welche Erfahrungsgrundlage besteht, zum anderen stellt sich als Theorie-Praxis-Bezug die Frage, ob die Theorie anwendungsgeeignet ist, im Sinne einer handlungsleitenden und handlungsfördernden Funktion.

Ethische Theorien, die ausschließlich rationale Begründungen für moralisches Handeln liefern, beziehen sich damit nur auf einen sehr schmalen Ausschnitt konkreter Erfahrungszusammenhänge und können der Komplexität moralischer Erfahrungen nicht angemessen gerecht werden.

Eine deontologische Ethik ist in gewisser Weise nach dem Vorbild einer gesetzgebenden Instanz konzipiert, die allgemeine Prinzipien formuliert, ohne sich dabei um die Anwendung auf konkrete Einzelfälle zu kümmern. Je rigoroser (verpflichtender) ethische Grundsätze formuliert werden, umso deutlicher wird diese ‚Lücke' zwischen Theorie und Praxis. Christoph Demmerling hat entsprechend das Kantische Verbot zu lügen gedeutet: „Die kontraintuitive Konsequenz, welche Kant zieht, wenn er behauptet, auch den Verfolgern eines von uns versteckten Freundes müsse die Wahrheit über dessen Aufenthaltsort gesagt werden, verdankt sich der Zielrichtung seiner Fragestellung: ihm ging es um die Begründung allgemeiner Maximen des Handelns. Um nichts anderes. Mit unserer moralischen Praxis hat dies recht wenig zu tun. Hier sind wir stets als Handelnde in ganz bestimmten Situationen gefordert" (Demmerling, 1995, 261).

In diesem Anwendungszusammenhang wird oft (in unterschiedlicher Weise) die Bedeutung der Gefühle für das konkrete moralische Handeln betont – Tugendhat führt sie z.B. als Motivation zu moralischem Handeln ein (1993, 310ff.), Demmerling will damit die ‚Lücke' zwischen Theorie und Praxis schließen, weil Gefühle – so seine Deutung – in der konkreten Situation eine große Rolle spielen und bei dem Beispiel des versteckten Freundes etwa Mitleid und Sympathie gegenüber dem Freund handlungsleitend werden, statt des abstrakten Lüge-Verbots.

Bei der hier zugrundegelegten epistemologischen und hermeneutischen Konzeption soll statt dessen von dem interaktiven Zusammenhang konkreter Erfahrungen sowie vorliegender und handlungsleitend wirkender ‚Theorien' (Prinzipien, Maximen, Wertvorstellungen) ausgegangen werden – jedes (moralisch relevante) Gefühl läßt sich auch abstrakt – kognitiv transformiert – als Prinzip formulieren, und umgekehrt sind unsere moralischen Gefühle auch in bestimmtem Maße durch unsere Konzepte und Prinzipien bedingt.

Auf das kantische Beispiel angewandt: Es stehen hier zwei ethische Grundsätze im Konflikt – das Gebot der Aufrichtigkeit, sowie das Prinzip, insbesondere uns nahestehende (von uns geliebte) Menschen vor Schaden zu bewahren (Nicht-Verletzungs-Prinzip). Angesichts der konkreten Erfahrung – der Verfolger vor

---

ethiken), aber diese bleiben primär theoretische Disziplinen; die Anwendungsproblematik zeigt sich im Grunde erst in den konkreten Fragen des Bezuges auf individuelle ethische Fragen und Probleme, also auf Individualethiken.

der Tür, der Freund im Hinterzimmer – geschieht nun eine Abwägung und Gewichtung der Prinzipien, unter Berücksichtigung der möglichen Folgen, wenn einem Prinzip der Vorrang eingeräumt und entsprechend gehandelt wird. Dabei gehen die aktuellen Gefühle in den Prozeß des Abwägens mit ein: der Grundsatz der Aufrichtigkeit ist eine allgemeine Forderung, die in diesem speziellen Fall dem Verfolger gegenüber geprüft werden muß (Kant dagegen betrachtet die Situation eher aus dem Blickwinkel späterer Beurteiler).

In der konkreten Situation des Abwägens gehen nun die aktuellen Gefühle als wesentlicher Faktor in den Prozeß mit ein – möglicherweise empfinde ich eine Abneigung gegenüber diesem Menschen und seiner gewalttätigen Haltung und Gesinnung. Demgegenüber bezieht sich das Prinzip der Nicht-Verletzung (bzw. Schadens-Abwendung) auf den Freund und steht im Kontext der Zuneigung zu diesem vertrauten Menschen und der Anteilnahme, die wir für ihn empfinden.

In dieser Konstellation von ethischen Prinzipien und konkreten Gefühlen fällt die Gewichtung den meisten Menschen nicht schwer, die Nichtverletzung hat in diesem Kontext den höheren Rang und wird so u.U. unmittelbar als ‚tieferer Wert' empfunden. Deshalb wird Kants Aussage – sofern man sie wirklich anwendungsbezogen interpretiert – eben als ‚kontraintuitiv' bezeichnet[1].

Jeder wird andere Situationen kennen, in denen um der Aufrichtigkeit willen in Kauf genommen wird, daß der andere Mensch voraussichtlich in einen schmerzlichen Zustand geraten wird.

Um solche Situationen adäquat erfassen und verstehen zu können und eine angemessene Lösung zu ermöglichen oder zu erleichtern, ist die hier vorgeschlagene strukturelle Modellierung der beteiligten Faktoren hilfreich (konkrete Wahrnehmung in der Situation mit den dazu in Beziehung stehenden Gefühlen sowie die relevanten Konzepte, als Maximen oder Wertvorstellungen, die in den konkreten Handlungsablauf einwirken); die traditionelle Gegenüberstellung von Verstand und Gefühl, noch dazu in der üblichen Unter- und Überordnung, reicht für eine angemessene Symbolisierung solcher Handlungsabläufe nicht aus.

Die Fähigkeit, mit problematischen Situationen adäquat umzugehen, ist ein Aspekt dessen, was ‚ethisches Können' genannt worden ist – Francisco J. Varela hat den tugendhaften oder weisen Menschen als jemanden bezeichnet, „der weiß, was gut ist, und es spontan tut" (Varela, 1994, 10). Darin ist auch der enge Zusammenhang von Wissen und Handeln ausgedrückt – den ‚ethischen Könner' definiert Varela so: „Auf der höchsten Ebene entspringen die Handlungen den Neigungen, welche die klugen Dispositionen eines Menschen in Reaktion auf die besondere Situation hervorbringen" (Varela, 1994, 36).

---

[1] Kant selbst geht bei diesem hypothetischen Beispiel einen quasi kognitiv-sicheren Weg über die Pflicht – wenn jemand dem absoluten Wahrhaftigkeitsgebot folgt, kann ihm niemand einen Vorwurf für die erstehenden Folgen machen, wohl aber, wenn aus einer Lüge schlimme Folgen entstehen. Seine Konstruktion, was alles passieren könnte, wenn man aus Gutmütigkeit lügt, hat jedoch eher den Charakter theoretisch-kognitiver Rechtfertigung und hat wenig mit der Struktur tatsächlicher Entscheidungssituationen dieser Art zu tun. (Über ein vermeintes Recht aus Menschenliebe zu lügen, 1797).

Diese ‚Könnerschaft' setzt voraus, daß die eigenen ethischen Prinzipien explizit bewußt und vielfach geprüft und damit ‚eingeübt' sind, und zugleich, daß die Wahrnehmung und die entsprechenden Gefühle in konkreten Situationen präzise und angemessen sind – eine hohe Forderung. Die großen Verkünder ethischer Prinzipien (im abendländischen Kontext etwa Moses und Jesus) lassen sich in diesem Sinne als herausragende ‚ethische Könner' verstehen, die deshalb beispielhafte Wirkung auf andere ausübten, weil die von ihnen formulierten ethischen Prinzipien in hohem Maße den tiefsten eigenen, wenngleich vielleicht noch impliziten, also weniger bewußt zugänglichen, moralischen Überzeugungen entsprach.

So wird auch deutlich, warum sich aus dem Umgehen mit hypothetischen Konflikten nur sehr begrenzte Aussagen über reale Erfahrungen und die dabei tatsächlich wirkenden handlungsleitenden moralischen Prinzipien gewinnen lassen; Helen Weinreich-Haste (1986) wies in ihrer Kritik an Kohlberg darauf hin, daß seine Methode nur einen begrenzten Ausschnitt der Moralität erfaßt, nämlich die kognitiven Strukturen und das moralische Urteilen. In realen Situationen entstehen aber sehr starke affektive Reaktionen, die in die konkrete Situationseinschätzung (und Handlungsentscheidung) wesentlich mit eingehen. Dadurch kann eine erhebliche Diskrepanz der moralischen Stufe beim Umgehen mit realen bzw. hypothetischen Situationen vorliegen – abhängig von dem erreichten Grad des ‚moralischen Könnens', zu dem in wesentlichem Maße auch angemessene affektive Reaktionsmöglichkeiten gehören[1].

Helen Weinreich-Haste hat ein Modell entwickelt, um die Prozesse von Wertveränderungen abbilden zu können, das dem hier vorgestellten in manchen Aspekten ähnelt; sie geht davon aus, daß zur Rekonstruktion der komplexen Abläufe beim Wertewandel eine Modellierung benötigt wird, in der mehrere Variablen integriert werden, um so den interaktiven Ablauf beschreiben zu können. Anhand von Beispielen zeigt sie auf, wie stark einerseits konkrete Erfahrungen durch vorliegende Konzepte bestimmt sind, daß aber andererseits eine irritierende oder beunruhigende Erfahrung im darauffolgenden kognitiven Verarbeiten zu einer Modifikation von Konzepten und (moralischen) Theorien führen kann, die dann wiederum bei zukünftigen Erfahrungen auf nun veränderte Weise handlungsleitend wirken.

Für den Beratungskontext sind beide erwähnte Aspekte wichtig, denn sie sind häufige Themen – sowohl das Umgehen mit moralischen Dilemmata (prä-aktionale Situation), wie das Thema der Veränderungen von Werten aufgrund konkreter Erfahrungen (post-aktionale Situation). Aus dem reflektierenden Umgehen

---

[1] Weinreich-Haste weist auf Untersuchungen von Blasi hin, der zwei verschiedene Bewältigungsstrategien unterscheidet, die zur Aufrechterhaltung von Selbstkonsistenz dienen – Bewältigungs- und Abwehrmechanismen. Abwehrmechanismen vermindern die Selbstkonsistenz und damit die Selbstverantwortlichkeit. In empirischen Untersuchungen zeigte sich, daß Personen mit hoher Abwehrneigung in realen Dilemmata auf niedrigerem Niveau argumentierten als in den hypothetischen – ein Hinweis darauf, daß die hypothetischen Dilemmata vor allem kognitiv angegangen werden, was in konkreten Lebenssituationen nicht möglich ist (Weinreich-Haste, 1986, 381f.).

mit solchen Erfahrungen kann sich eine Verbesserung des ‚ethischen Könnens' ergeben, so daß in zukünftigen Situationen ein angemesseneres Umgehen zu erwarten ist; es kann dann z.B. bereits in der Situation selbst ein relativ bewußtes, also meta-aktionales Reflektieren möglich sein.

So betrachtet kann das Projekt Philosophischer Beratung als angewandte Ethik im Sinne von Individualberatung verstanden werden.

Die darin liegende Forderung an die philosophische Ethik, auch konkret handlungsleitende Funktionen zu übernehmen, hat aber neben der unmittelbaren Anwendungsdimension auch eine theoretische Implikation und trägt dem zunehmenden Unbehagen an einer primär normativ ausgerichteten Ethik Rechnung.

> Werner Stegmaier wies 1992 in einem Vortrag bei einer Tagung mit dem Thema ‚Der Rat als Quelle des Ethischen' (Stegmaier, 1993) darauf hin, „daß es mit den Begründungen allgemeiner Normen und Werte zunehmend schwierig geworden ist. Sie werden zwar weiterhin allenthalben versucht, doch inzwischen auf so vielfältige und untereinander widersprechende Weisen, daß keine mehr recht vor den anderen überzeugen kann. Damit ist aber auch unklar geworden, worin solche allgemeinen Normen und Werte überhaupt bestehen könnten, und so verfängt sich die Ethik, die sich begründen will, mehr und mehr in sich selbst. Sie ist zunehmend mit sich selbst beschäftigt, sie ist zu einem Gedankenspiel für Ethiker geworden, dem die Öffentlichkeit, wenn überhaupt, nur noch ratlos zuschaut" (Stegmaier, 1993, 13).
>
> Aus diesem Grund erkundet er die Möglichkeit, die Beratungssituation als ‚prototypisch' für die Philosophische Ethik zu betrachten und das ‚Expertentum' des Ethikers eher als eine Expertise im ethischen Ratgeben zu verstehen, wobei die Handlungs*entscheidung* dem Individuum überlassen bleibt, während – via Beratung – Handlungs*wissen* zugänglich gemacht wird (Stegmaier, 1993, 15f.).
>
> Diese orientierende Funktion philosophischer Ethik ist jedoch bei ihrer weitgehend theoretischen Ausrichtung bisher kaum ausgebildet.

Manche Ethiker glauben, daß die Anwendungsfrage für die Ethik und die dadurch ausgelöste Krise durch die Schaffung von speziellen Ethiken lösbar ist; allerdings zeigt sich, daß auch diese ‚Bereichsethiken' meist weitgehend theoretisch bleiben. Demgegenüber fordert z.B. Hans Krämer eine auch praxisbezogene Funktion der Ethik, als deren vordringlichen Zweck er „die möglichst effiziente und weitreichende Regulierung von Praxis" sieht (Krämer, 1992, 342). Als ‚Instrument' dieser Praxisanwendung versteht Krämer vor allem das konkrete Beratungsgespräch:

> „Generell ist kein Zweifel daran möglich, daß das philosophische Beratungsgespräch den traditionellen neuzeitlichen Vermittlungsformen von Ethik weit überlegen ist. Dies sei gegenüber den Skeptikern und Kritikern der Philosophischen Praxis innerhalb der philosophischen Zunft nachdrücklich festgehalten. Der Weg des herkömmlichen Literatur- und Vortragswesens, das durch meditative Textlektüre des Einzelnen oder durch Lehre Gesinnungen zu erzeugen sucht, bleibt in der Regel intellektualistisch an der Oberfläche und steril. Darin wirkt zwar das Modell religiösen Schrifttums und der Predigt nach, doch wird in der Profanethik gerade das seelsorgerische *Beratungsgespräch* eliminiert und damit die religiöse Tradition halbiert und entscheidend verkürzt.

> Die Neuzeit hat das Beratungsgespräch offenbar als autonomiefeindlich verworfen und zum Syndrom von Prinzipien/Autonomie/Urteilskraft folgerichtig auch das Beratungsverbot gesellt. Wenn jedoch Praktische Philosophie und Ethik praktisch werden sollen, ... dann ist das philosophische Beratungsgespräch unverzichtbar. ... Der Ethiker ist dann kraft seines eigenen Ethos und seiner Verantwortung als Praktischer Philosoph dazu aufgerufen, den Weg der Philosophischen Praxis entweder zu beschreiten oder durch Kooperation zu befördern" (Krämer, 1992, 333 f).

Dieser enge und zentrale Bezug von Ethik und Philosophischer Beratung ist jedoch derzeit wenig mehr als eine Zukunftsvision, und Krämers Anregungen und Vorschläge in diese Richtung sind noch kaum aufgenommen worden und werden auch im Kontext der Philosophischen Praktiker bislang wenig diskutiert[1].

Für Krämer ist dabei der Bezug von Ethik-Theorie und Beratungspraxis keineswegs nur einseitig, im Sinne einer Anwendung und Nutzbarmachung theoretischer Ansätze und Ergebnisse – er hält es auch für möglich, „daß die Erfahrungen der Beratungspraxis mehr oder weniger und in verschiedener Weise im Sinne einer dynamischen Induktion auf die Theorieebene zurückwirken, daß also die Relation von Theorie und Anwendung keine asymmetrische, sondern grundsätzlich eine symmetrische ist", im Sinne eines Verhältnisses „der Anwendung und Bewährung, aber auch der Korrektur und Erweiterung" (Krämer, 1992, 334).

Von dieser praxisbezogenen Ausgangsbasis her sollen nun noch einige wichtige Aspekte der Ethik und ihrer Anwendung im Beratungskontext betrachtet werden.

Die Frage nach dem richtigen Handeln steht auf eine grundsätzliche Weise im Spannungsverhältnis von Selbst- und Fremdbeziehung. Ist die primäre Frage darauf gerichtet, was ich *will*, oder darauf, was ich tun *soll*, geht es also um Pflichten – vor allem gegenüber anderen Menschen – oder um die Art und Weise des eigenen Leben*könnens*, mit dem Ziel eines guten (gelingenden) Lebens?

Der Unterschied von Pflichtethik und Ethik des gelingenden Lebens läßt sich in der historischen Entwicklung sehr klar fassen und beschreiben – dazu sei auf die Darstellung von Krämer verwiesen (1992, 9ff.). Sein Ansatz einer ‚Integrati-

---

[1] Eine Ausnahme ist Urs Thurnherr, der an der Universität Basel mit dem Schwerpunkt Ethik tätig ist und zugleich Erfahrung als Philosophischer Berater hat. In seinem Aufsatz ‚Was ist Philosophische Praxis' (Thurnherr, 1997) bezieht er sich an vielen Stellen explizit auf Krämers Entwurf.
Krämers Ausführungen werden von einigen Philosophischen Praktikern eher kritisch beurteilt, hauptsächlich wegen seiner Betonung der Beraterkompetenz und Formulierungen, die im Sinne einer stark lenkenden (‚präskriptiven'), ja autoritären Beratung verstanden werden können – für Krämer allerdings nur das Extrem in einem Spektrum des methodischen Vorgehens.
Es mag hier auch eine Reaktion auf die recht kritischen Bemerkungen Krämers zu dem theoretisch und praktisch noch wenig ausgearbeiteten Status der Philosophischen Praxis zugrundeliegen – Krämer äußert z.B. die Befürchtung, eine sich autark wähnende Philosophische Praxis sei in der Gefahr, „zu einer Art von isolierter Popularphilosophie mit unklarem Status zu verkommen und dadurch systematisch ortlos zu werden" (Krämer, 1992, 335) oder er warnt vor einer ‚Abkoppelung' von dem vorliegenden Theoriebestand der Ethik, wodurch die Philosophische Praxis der Illusion verfallen würde, „den Bewußtseinszustand des Sokrates in die moderne Welt zurückholen zu können" (ebdt. 335).

ven Ethik' besteht darin, diesen Gegensatz als scheinbaren aufzuzeigen, der vor allem in der Auffassung gründet, daß nur die Pflichten, die wir gegenüber anderen Menschen haben (evtl. heute unter Einbezug der übrigen Natur), regulationsbedürftig und damit Thema philosophischer Ethik sind. Die von ihm vorgeschlagene ‚Integrative Ethik' umfaßt beide Aspekte, sowohl die Pflichten gegenüber anderen (Sollensethik) wie auch die gegenüber der eigenen Person (Strebensethik).

Ein gutes, gelingendes Leben zu leben ist nun gewiß nicht selbstverständlich[1] – in der antiken Philosophie war das Wissen darum sehr präsent, denn der zu dieser Zeit entstehende weltanschauliche und soziale Wandel mit dem daraus folgenden Verlust an Rückgebundenheit in Religion und sozialer Gemeinschaft problematisierte die Frage des Leben*könnens*. Die antike Antwort darauf (in expliziter Form zuerst bei Platon) war die Betonung von Selbstverantwortung und ‚Sorge um sich selbst', die dann wiederum die (neue) Basis für eine angemessene Form des Miteinanders bedeutet[2]. Die Problematik einer vornehmlich deontologisch ausgerichteten Ethik wurde in den letzten Jahren deshalb meist unter ausdrücklichem Bezug auf antike Ethik-Konzeptionen aufgezeigt, und der Begriff der ‚Selbstsorge' gewann durch das bekannte Buch von Hadot (1991) und die Aufnahme des Begriffes durch Foucault eine neue Bedeutung.

Für Kant stand das Glück an zweiter Stelle, Pflicht ohne Neigung erschien ihm das Höchste, und eine gewisse Form des Glücks anzustreben war für ihn nur deshalb wichtig, weil sonst die Versuchung zur Übertretung der Pflichten allzu groß würde – er ordnete diesen eigentlich nicht zur deontologischen Ethik gehörenden Aspekt dadurch ein, daß er die Sicherung der eigenen Glückseligkeit ebenfalls als Pflicht, zumindest im indirekten Sinne, bezeichnete[3].

Hans Krämer spricht hier von einem Perspektivenwechsel, ja einer Umkehr der Perspektiven, nämlich von der Fremdorientierung zur Selbstorientierung, von der geforderten Selbstlosigkeit zur Wiedereinbeziehung der Sorge um sich selbst (1992, 84). Hier liegt zugleich ein verändertes Menschenbild zugrunde – mit den Worten von Krämer wird in einer Strebensethik der einzelne „nicht als der zu disziplinierende potentielle Amoralist gesehen, sondern primär als bedürftiges, aber der Entfaltung und Lebensführung mächtiges Wesen" (ebd.).

Im Sinne eines solchen integrativen Ansatzes wird Philosophische Beratung aus der Perspektive der Ethik sowohl mit den konkreten Pflichten gegenüber anderen Menschen umgehen, wie auch mit den Pflichten der eigenen Person ge-

---

[1] Vgl. Krämer (1992, 76f.): „‚Ethik' liegt dem Wortsinn nach primär immer dann vor, wenn in der Lebensführung sich feste Formen des ‚Ethos', also Grundhaltungen und Verhaltens- oder Handlungsdispositionen abzeichnen, aus denen heraus die einzelnen Handlungen oder Verhaltensweisen vollzogen werden. Diese Grundhaltungen bilden sich ihrerseits aus durch das wiederholte und beständige Handeln oder Sichverhalten auf konstante Ziele hin, seien sie nun spezieller oder genereller Art wie Selbsterhaltung, Selbstverwirklichung, Identität, Glück und dergleichen …
Die richtige Lebensführung ergibt sich also nicht von selbst, sondern sie muß geleistet werden."

[2] Vgl. dazu Wilhelm Schmids ‚Biographie' des Begriffs der Selbstsorge (Schmid, 1995, 98).

[3] Die entsprechenden Passagen finden sich in der ‚Grundlegung zur Metaphysik der Sitten'.

genüber, eben der Sorge um sich selbst und der Frage, wie das Lebenkönnen zu verbessern ist, um dem Ziel eines guten, gelingenden Lebens näherzukommen[1].

Welches sind nun die Kriterien, um zwischen einer ‚guten' und einer ‚schlechten' Handlung zu unterscheiden? Die kognitivistische Ethik geht davon aus, daß es bestimmte moralische Prinzipien gibt, die gut begründet sind und von daher einen gewissen Geltungsanspruch erheben können. „Die ethische Theorie versucht, allgemeine Kriterien für gut, richtig, gerecht etc. zu entwickeln, die im Einklang sind mit einzelnen unaufgebar erscheinenden moralischen Überzeugungen" (Nida-Rümelin, 1996, 3). Der normative Charakter ethischer Kriterien ist nun gerade das, was den philosophischen Ethiker mit dem Beratungsklienten *verbindet*; denn so wie – mit den Worten von Nida-Rümelin – ethische (normative) Kriterien nicht „vorfindliche moralische Überzeugungen" beschreiben, sondern „selbst eine moralische Überzeugung" formulieren (ebd.), so tritt uns ja auch jedes Individuum mit bestimmten moralischen Überzeugungen entgegen, die in der Regel mit einem weit über die eigene Person hinausreichenden Geltungsanspruch versehen sind. Der Unterschied zwischen ausgearbeiteten philosophischen ethischen ‚Systemen' und den Konzeptionen der Ratsuchenden, mit denen man als Berater zu tun hat, besteht im Grunde nur in der Differenziertheit der Ausarbeitung, der Ausgewogenheit der Argumentation, des Bezugs zu bisherigen (philosophischen) Entwürfen usw.

Den ‚Boden' für die Entwicklung unserer moralischen Überzeugungen (die wiederum die Basis philosophisch-ethischer Überlegungen bilden), stellt sicher die kulturgebunden tradierte Übermittlung von Wertvorstellungen und Wertbegriffen dar; gerade auch von Gegnern objektivistischer und universalistischer Ethik-Ansätze wird darauf regelmäßig hingewiesen. Andererseits gibt es zweifellos auch eine ‚anthropologische Basis' für bestimmte Wertvorstellungen; bestimmte Grundwerte können in den meisten Kulturen in änlicher Weise aufgefunden werden. Will man nun angemessen mit dem individuellen ‚Sinn- und Wertsystem' eines Menschen im Beratungskontext umgehen, kann ein Verständnis der Genese bestimmter Wertvorstellungen hilfreich sein, und ebenso das Wissen um die spezifische *Einbettung* der vorliegenden individuellen Werte in einen größeren Kontext; denn jede Ethik, ob im Rahmen der Alltagsphilosophie eines Ratsuchenden oder als publizierte Ethik-Konzeption eines akademischen Philosophen, ist unter strukturellem Gesichtspunkt gleich aufgebaut.

---

[1] Das philosophische Interesse an der Thematik des ‚guten Lebens' hat in den letzten Jahren deutlich zugenommen. So schreibt Holmer Steinfath in seiner Einführung zu dem 1998 von ihm herausgegebenen Sammelband ‚Was ist ein gutes Leben': „Die Frage, was ein glückliches, gelingendes oder gutes Leben ist, erlebt in der gegenwärtigen philosophischen Diskussion eine erstaunliche Renaissance" (Steinfath, 1998, 7). Er weist auf Kants Kritik an eudämonistischen Moralbegründungen hin, die wesentlich dazu beigetragen hat, diese Frage aus der Mitte der Philosophie an die Ränder zu drängen – „und von dort nicht selten entweder in die empirischen Sozialwissenschaften (vor allem die Psychologie) oder in die verschiedenen Spielarten populärer Lebensberatung" (ebd.).
Gerade dieser Tatbestand gibt dem Projekt einer philosophisch orientierten Beratung besonderes Gewicht.

Moralische Urteile sind stets in den größeren Zusammenhang einer Weltsicht ‚eingebunden'. Diese ‚Gesamtkoordination', wie Fetz und Oser (1986) die ‚natürliche Philosophie' eines Menschen nennen, bestimmt moralische ebenso wie weltanschaulich-religiöse Urteile: „So betrachtet, erscheinen das moralische und noch viel mehr das religiöse Urteil als der Weltbildentwicklung untergeordnet" (ebd. 455). In diesem Sinne ist jedes System moralischer Überzeugungen Teil einer Gesamtkonzeption, eines Weltentwurfs, eine Tatsache, die bei philosophischen Ethik-Konzeptionen oft unberücksichtigt bleibt, d.h. nicht expliziert wird, im Kontext philosophischer Beratung jedoch von großer praktischer Bedeutung ist.

Unter dem erstgenannten Aspekt, der Genese von Wertvorstellungen, möchte ich mich an den ‚Grundbereichen' der Moral orientieren – in der Formulierung von Ursula Wolf (1984) die Bereiche der Nicht-Verletzung[1], der Aufrichtigkeit und der Gerechtigkeit. Das Wissen um diese ethischen Dimensionen und die Fähigkeit, sich entsprechend den darin vorgegebenen Werten zu verhalten, entwickelt sich nun in sehr charakteristischer Weise, und zwar von den ersten Tagen des menschlichen Lebens an.

Bereits Säuglinge reagieren nachweislich auf das Weinen anderer Kinder – für die moderne Entwicklungspsychologie ist damit die anthropologische Basis für Mitgefühl und Empathie gegeben.

> Der amerikanische Psychologe Martin L. Hoffman bezeichnet dieses erste Stadium als ‚globale Empathie' (Hoffman, 1991, 278) – zu weinen, wenn ein anderer Mensch weint, stellt somit eine erste, gänzlich unwillentliche Reaktion dar, die später weitgehend verschwindet, weil sie kontrollierbar wird. Aus der anfänglichen Mimikry, die quasi Leid verdoppelt (kleine Kinder reagieren auf Aufregung oder Schmerz anderer Kinder, als wären sie selbst betroffen), entwickelt sich dann ab dem dritten Lebensjahr die Fähigkeit zur Empathie, „denn nun erkennen sie, daß das Leid des anderen etwas anderes ist als ihr eigenes Leid, und können ihn besser trösten" (Goleman, 1995, 130).

Auf dieser Basis kann sich dann als ‚Prinzip' die Einsicht entwickeln, nach Möglichkeit andere Menschen nicht zu verletzen; eine akzeptierende, zugewandte Haltung gilt als hoher Wert. So sieht Hoffman in der sich entwickelnden Empathiefähigkeit eine wesentliche Quelle der Moralität[2].

---

[1] Diese Symbolisierung basiert auf einer deontologischen Perspektive, die das Gebot nicht zu verletzen bzw. das Verbot zu verletzten formuliert. Ein Ethikansatz, der von der Grundpolarität des Selbst- und Fremdbezugs und dem Ziel einer dynamischen Ausgewogenheit ausgeht, wird eher Grundhaltungen (Tugenden) statt Pflichten formulieren und diese Dimension positiv als Mitgefühl oder liebevolles Zugewandtsein beschreiben sowie den Zusammenhang mit empathischem Verstehen betonen. Selbst die Abwehr aggressiven, destruktiven Verhaltens kann im Idealfall mit dieser Haltung geschehen, so daß keine ‚Ausnahmen' berücksichtigt werden müssen, deren das Nichtverletzungsgebot etwa im Falle der Selbstverteidigung bedarf – es gilt vielmehr die strukturelle ‚Regel', daß im Einzelfall die Sorge um sich selbst Vorrang vor der Sorge um den anderen Menschen haben kann, während in anderen Situationen die Gewichtung genau umgekehrt sein mag.

[2] „Empathic affects are congruent with two of Western society's major moral principles – caring and justice – both of which pertain to victims and beneficiaries of human actions. Empa-

Aber auch die Dimension der Aufrichtigkeit spielt schon zu diesem frühen Zeitpunkt eine wichtige Rolle, denn wenn die Eltern nicht imstande sind, ein authentisches und kongruentes Verhalten zu realisieren, entwickelt sich anstelle von Vertrauen in die Aufrichtigkeit und Verläßlichkeit der Bezugspersonen Mißtrauen und Unsicherheit. In diesem Fall muß ein Kind ständig damit rechnen, daß unvorhersehbare Reaktionen kommen (bis hin zu unmotivierten Bestrafungen etc.), was dann sehr bald zur Entwicklung eigener Inkonsistenz führt. Kinder, die solchen Einflüssen ausgesetzt sind, können z.B. nach ersten Versuchen, ein weinendes Kind zu trösten, die nicht sofort gelingen, dieses unvermittelt schlagen und gelten dann als ‚böse' – tatsächlich wiederholen sie nur das Verhalten ihrer Eltern, die ihre Spannungen und Inkongruenzen in vergleichbarer Weise ‚ausleben'.

Kinder entwickeln auch bald ein Gespür für Gerechtigkeit und können z.B. zwischen einer angemessenen und nicht angemessenen (‚ungerechten') Bestrafung unterscheiden. Ein wirkliches Verständnis für das Prinzip von Gerechtigkeit entwickelt sich allerdings erst ab dem 6. Lebensjahr, vor dem Erfahrungshintergrund erlebten Unrechts, sowohl von Eltern und anderen Bezugspersonen wie auch durch ältere Kinder.

Betrachtet man die moralische Entwicklung jedoch vor allem aus der Perspektive der ‚Opfer', so wird nicht verständlich, wieso ‚unmoralisches Verhalten' überhaupt entstehen kann, wenn doch in dieser Weise der Mensch in seinen Grundanlagen auf Mitgefühl und Empathie hin ausgerichtet ist. Doch ist jeder Mensch nicht nur ‚Erleider', sondern auch *Verursacher* von Leid.

Die Antwort liegt in dem oben erwähnten grundsätzlichen Spannungsverhältnis von Selbst- und Fremdbezug, das für das moralische Bewußtsein konstitutiv ist.

In dem Maße, wie sich ein ‚Ich' zu entwickeln beginnt, zeigen sich auch die möglichen negativen Aspekte des Selbstbezugs, und zwar in Form von Ichzentriertheit und Egoismus[1]. Daraus entstehen dann Konflikte mit anderen Menschen, und die entwicklungsgeschichtlich erste ‚Basis' der Moral, die Empathie, vermag zwar „den Bereich der Moral zu *erschließen*", wie es der Pädagogische Psychologe Walter Herzog ausdrückt, „ausfüllen kann sie ihn nicht". Er begründet das so: „Aus der Empathie wächst die Moral des *Wohlwollens* und der *Fürsorge*. Diese ist eine konfliktfreie Moral, die aktiv das Gute sucht. Menschen sind aber keine konfliktfreien Wesen ... Eine bloss empathische Moral genügt daher nicht, um moralisch zu handeln. Konflikte verlangen nach einer *reaktiven* Moral. Sie verlangen nach *Gerechtigkeit*" (Herzog, 1991, 348).

---

thic affects may therefore provide motivation for the operation of these principles in moral judgment, decision-making, and behavior. The integration of empathy and moral principles may thus provide the heart of a comprehensive moral theory" (Hoffman, 1991, 275).

[1] Vgl. dazu die Ausführungen von Walter Schulz (1972, 723ff.) über die ‚Ambivalenz des Ich – Egoismus und reine Negation'. Er expliziert dort die ‚Zweideutigkeit des Ich', die bereits bei Kant, noch deutlicher dann bei Fichte und Schelling, als Basis zum Verständnis des ‚Bösen' benutzt wird. Unter Berücksichtigung der hier zugrundeliegenden ontogenetischen und anthropologischen Gesichtspunkte ergibt sich jedoch eine wesentlich optimistischere Sicht.

Das Prinzip der Gerechtigkeit erweist sich demnach als notwendig, weil es *Unrecht* gibt, also das sogenannte ‚Böse', über dessen Entstehung es die unterschiedlichsten Mythen, Konzepte und Theorien gibt.

Ich sehe zwei primäre Quellen für die Entwicklung destruktiven (‚bösen') Verhaltens. Die eine besteht in Defiziten bei der Entwicklung der sozialen oder emotionalen Intelligenz – bei ungünstigem Verhalten der Bezugspersonen wird die natürliche Entwicklung zu Empathie und Sympathie verformt oder behindert, und daraus erwachsen Verhaltensweisen im Umgehen mit anderen, die als destruktiv empfunden und eingestuft werden.

Die andere Quelle liegt in der Angelegtheit des Menschen auf Selbstbezug, ein Bezogensein auf die eigene Person, das sich als Konsequenz der Ichentwicklung herausbildet und dann vielfach dominant wird. Kant hat das treffend beschrieben: „Von dem Tage an, da der Mensch anfängt durch Ich zu sprechen, bringt er sein geliebtes Selbst, wo er nur darf, zum Vorschein, und der Egoism schreitet unaufhaltsam fort"[1].

Daß die Ichbezogenheit die eigentliche Quelle des ‚Bösen' ist, gehört zu den ältesten Einsichten der Menschheit[2], im westlichen wie östlichen[3] Denken.

Neuere entwicklungspsychologische Befunde stützen dieses alte Wissen und widerlegen Konzepte, nach denen es eine aggressive, quasi animalische Komponente des Menschen gebe. In diesem Sinne fordert Walter Schulz, die Frage menschlicher Aggression auf dem Boden der ‚Tatsache der Ichhaftigkeit' anzusetzen und damit dialektisch anzugehen (Schulz, 1972, 771). Entsprechend formuliert Herzog, mit Bezug auf Schulz: „Nicht das ‚Animalische' im Menschen verkörpert das Böse, sondern seine pervertierte ‚Ichhaftigkeit'" (Herzog, 1991, 338).

Diese egoistische Ichbezogenheit kann dabei durchaus nach außen hin Erfolg haben; deshalb unterscheidet Kamlah zwei Formen ‚eigenmächtiger Selbstgefangenheit' – den vitalen Lebenskönner, der zwar erfolgreich ist, aber rücksichtslos und bedenkenlos, sowie den neiderfüllten ‚zu kurz Gekommenen'. „Beide sind ganz und gar mit sich selbst beschäftigt, d.h. mit der sicher gelingenden oder chronisch mißlingenden Befriedigung ihrer Begehrungen, Wünsche und Hoffnungen, und daher unaufgeschlossen für die Bedürftigkeit des Mitmenschen" (Kamlah, 1972, 157).

Kamlah weist zugleich darauf hin, daß diese menschliche Schwäche nicht mit einer deontologischen Ethik zu erfassen ist – das Gebot, sich von der selbstbefangenen Begehrlichkeit zu befreien, ist praktisch nicht erfüllbar. Eine Ethik des gelingenden Lebens würde statt dessen den paradox anmutenden Rat geben: „Es

---

[1] Anthropologie in pragmatischer Hinsicht (1789/1800), B/A 5f.
[2] Vgl. Schulz (1972, 723f.), zum Thema des ‚Bösen': „Daß der Ursprung dieser Negation etwas mit der Konstituierung des Ich zu tun hat, ist von jeher behauptet worden: wir meinen mit Recht."
[3] Im Yogasûtra des Patanjali z.B. ist asmitâ, die Ichhaftigkeit, eine der Grundschwächen [kleśa] der menschlichen Natur, die sich aus der ersten Ursache, der Unwissenheit [avidyâ] entwickeln.

liegt in deinem wohlverstandenen Interesse, dich aus der gierigen Verfolgung deiner Interessen zu befreien" (ebd.).

Selbst- *und* Fremdbeziehung können gelingen oder mißlingen. Sie sind keine Gegenspieler, und Egoismus kann sicher nicht durch überzogene Sorge für andere ausgeglichen werden. Während die antike Philosophie (in der jüngeren Stoa) zwischen gelungener Selbstsorge (cura sui) und ängstlicher Besorgnis um sich unterschied – das Gegenteil war Nachlässigkeit – begann in der christlichen Tradition schon Paulus, beide Formen zu diskreditieren und als ‚Sorge um das Fleisch' zu denunzieren (Schmid, 1995, 110). Dabei gibt es keine treffendere Beschreibung des Zusammenhangs von (gelungenem) Selbst- und Fremdbezug als das neutestamentliche Liebesgebot – sich selbst zu lieben, um dadurch überhaupt in der Lage zu sein, andere zu lieben[1].

Gerechtigkeit ist ein Prinzip, das dann gegensteuern kann, wenn die ‚natürliche' Basis der Moral – Sympathie und Empathie – nicht mehr führt, sondern eine falsche Ichzentriertheit dominant wird. Gerechtigkeit ist ein kognitives Prinzip, das man mit dem Verstand einsehen kann, auch wenn die moralischen Gefühle nicht (mehr) angemessen vorliegen. Die Quelle der Gerechtigkeitskonzeption kann dabei durchaus auch eine Form des Egoismus sein – eine Art ‚gezähmter Egoismus', wie es sich im ‚Schleier des Nichtwissens'[2] am deutlichsten zeigt: das Gerechtigkeitsprinzip als ‚Gleichverteilung' leuchtet am meisten ein, wenn ich nicht weiß, in welcher Form ich betroffen bin, und der ‚Schleier des Nichtwissens' simuliert ja gerade diese Situation. Also muß ich auch in meinem eigenen Interesse für Gerechtigkeit sein; in diesem Sinne ist es ein Prinzip, das den Egoismus voraussetzt und eigentlich sogar auf ihm basiert.

---

[1] Es gibt auch eine andere Interpretation des biblischen Liebesgebotes, die z.B. Hermann Cohen für die alttestamentliche Version (bes. 3. Moses, 19, 18) der üblichen Übersetzung ‚wie dich selbst' vorzieht. Er bezieht sich dabei auf Wessely, den Mitarbeiter an Mendelssohns Bibelübersetzung: „Nicht wie mich selbst, sagt er, soll ich den Nächsten lieben, sondern er übersetzt: Liebe deinen Nächsten, er ist wie du. Das ist der neue Gedanke: daß die Menschen als Menschen einander gleich sind, nämlich als Kinder und Ebenbilder Gottes. Daraus entspringt die Möglichkeit zur Pflicht der Nächstenliebe. Nicht der Grad der Liebe wird anbefohlen ..., sondern die Gleichheit der Menschen wird gelehrt und daraus die Liebe abgeleitet" (Cohen, 1935, 17f.).
Cohen kritisiert zudem die Übersetzung Luthers von ‚rea' als ‚der Nächste' – gemeint ist der andere Mensch, gleich ob Jude oder Fremder. Buber nimmt das in seinem Vorwort zu dem von ihm herausgegebenen Band mit Abhandlungen von Cohen (Der Nächste) vor dem Hintergrund seiner Begegnungsphilosophie so auf: „Rea, Genosse, ist der Mensch, mit dem ich gerade zu tun habe, der mir eben jetzt begegnende Mensch, der Mensch also, der mich in diesem Augenblick ‚angeht', gleichviel ob er mir volkseigen oder volksfremd ist. Ich soll ... mich ihm liebend zuwenden, ihm Liebe erzeigen, ... und zwar als einem, der ‚wie ich' ist: liebesbedürftig wie ich, der Liebestat eines Rea bedürftig wie ich, – wie ich es eben von meiner eigenen Seele her weiß" (Cohen, 1935, 6).

[2] Von Rawls entwickelte gedankliche Konstruktion, um zur Realisierung des Gerechtigkeitsprinzips zu gelangen: „Irgendwie muß man die Wirkung von Zufälligkeiten beseitigen, die die Menschen in ungleiche Situationen bringen und zu dem Versuch verführen, gesellschaftliche und natürliche Umstände zu ihrem Vorteil auszunutzen. Zu diesem Zweck setze ich voraus, daß sich die Parteien hinter einem Schleier des Nichtwissens befinden. Sie wissen nicht, wie sich die verschiedenen Möglichkeiten auf ihre Interessen auswirken würden, und müssen Grundsätze allein unter allgemeinen Gesichtspunkten beurteilen" (Rawls, 1971, 159).

Die Dialektik von Egoismus und Altruismus läßt sich allerdings versöhnen, wenn das höchste moralische Ziel so definiert wird – wie im christlichen Liebesgebot –, daß man sich selbst liebt und für sich sorgt in gleicher Weise wie für (bestimmte) andere; dann löst sich die negative Ausprägung von Selbst- und Fremdbezug bzw. der scheinbare Gegensatz zwischen Egoismus und Altruismus auf.

Dann wird auch kein Gerechtigkeitsprinzip mehr benötigt, um moralisch zu handeln – die Gerechtigkeitsethik ist nicht so sehr eine männliche Moral, wie Gilligan es Kohlberg vorgeworfen hat, sondern vielmehr eine kognitive Moralbegründung, die vor allem aus der Distanz heraus zum Tragen kommt; je stärker die persönliche Betroffenheit ist, umso mehr führen andere Prinzipien, insbesondere das der Nichtschädigung bzw. Fürsorge sowie das der Aufrichtigkeit und Ehrlichkeit.

Durch die Erweiterung der Ethik um die Dimension des gelingenden Lebens sind die *Tugenden* wieder zu einem wichtigen Bezugspunkt geworden und die Frage der *Werte* stellt sich auf eine vertiefte Weise. ‚Tugend' wird seit Aristoteles als die Fähigkeit verstanden, das Gute zu tun. Höffe definiert sie in der Sprache unserer Zeit als „Disposition der emotionalen und kognitiven Fähigkeiten und Kräfte einer Persönlichkeit, ihr Leben sittlich zu führen" (Höffe, 1979, 627).

Eine solche Orientierung an den Tugenden ist für viele Vertreter der kognitivistischen Ethik allerdings eher fremd, denn für sie sind *Handlungen*, nicht *Haltungen* der Ausgangspunkt; dennoch kann die erwähnte Neubesinnung auf die Tugenden als ein deutliches Charakteristikum in der zeitgenössischen philosophischen Ethik-Diskussion bezeichnet werden.

Tugenden und Werte gehören sehr eng zusammen, denn spezifische Tugenden stellen in der Regel die Verwirklichung eines bestimmten Wertes dar. So lassen sich die erwähnten Grundbereiche der Ethik auch als Tugenden fassen, die bestimmte Werte repräsentieren: Aufrichtigkeit, Mitgefühl (Akzeptierung bzw. Fürsorge) und Gerechtigkeit.

Vor diesem Hintergrund erscheint nun allerdings die Bestimmung von Werten etwa als ‚normativen Prinzipien' oder ‚ethischen Theorien' eher oberflächlich, und auch die Einbeziehung der Gefühle ändert daran nicht viel, denn auch Gefühle können von oberflächlicher Qualität sein. Es fehlt also eine Tiefendimension, die uns auf eher indirektem bzw. narrativem Weg bei der Beschreibung von Tugenden entgegenkommt[1]. In bezug auf die psychischen Strukturkomponenten ist uns diese Art der Differenzierung geläufig: wir sprechen von ‚tiefen Gedanken' ebenso wie von ‚tiefen Gefühlen', oder wir erkennen einem Menschen einen ‚hohen Bewußtseinszustand' bzw. einen ‚hohen Grad von Bewußtheit' zu.

Es sollen hier zwei unterschiedliche Weisen skizziert werden, wie tiefe bzw. (in umgekehrter Perspektive) hohe Werte oder die entsprechende Haltung (Tugend) eines Umgehens mit Werten und den Möglichkeiten eines gelingenden Lebens charakterisiert werden können.

---

[1] Eine zeitgenössische Darstellung der Tugenden in Erzählform ist das ‚Brevier der Tugenden und Werte' des französischen Philosophen André Comte-Sponville (1995).

Einmal läßt sich damit eine besondere Form von Bewußtheit und reflexivem Selbstbezug verbinden. Das Bild von Bewußtseinsstufen ist geläufig, mit dem die Möglichkeit beschrieben wird, immer ‚höhere' Stufen des Bewußtseins oder besser: der Bewußtheit bzw. des Gewahrseins zu erreichen.

Ernst Oldemeyer (1979) hat eine solche Konzeption im Sinne einer Funktions- oder Prozeßanthropologie vorgestellt.

Er unterscheidet verschiedene Bewußtseinsstufen, wobei die Bewußtheit mit jeder Stufe zunimmt. Einbezogen ist dabei auch das Phänomen der Gewohnheitsbildung (*habits*), d.h. ein ‚Absinken' zunächst willentlich und bewußt ausgeführter Handlungen zu (teil)automatischen Abläufen (Oldemeyer, 1979, 739ff.)[1]; solche Abläufe unterscheiden sich deutlich von den einfachen nicht-reflexiven Bewußtseinsvorgängen, wie elementaren Wahrnehmungen (intero- wie exterozeptiv) und den entsprechenden emotionalen Reaktionen bzw. eher unspezifischen Grundgefühlen oder Gestimmtheiten.

Mit der dritten Stufe als ‚intentionales Bewußtsein' wird ein Subjekt fähig, etwas *als* etwas aufzufassen, d.h. daß explizite Wahrnehmung mit der gleichzeitigen Fähigkeit begrifflicher Einordnung und Symbolisierung verbunden ist.

> Oldemeyer meint hier wohl die Form *gerichteter* Aufmerksamkeit, die z.B. von einer automatisch, also von außen – etwa einem Wahrnehmungsobjekt – ‚in Gang gesetzten' Wahrnehmung sehr deutlich unterschieden ist.

Die nächste Stufe ist die erste Form reflexiven Bewußtseins (‚einfache Reflexion'), d.h. ein niedererstufiges Bewußtsein wird seinerweits wieder zum Gegen-

---

[1] Die Automatisierung bestimmter Prozesse (mental im Sinne von Denk- und Gefühlsmustern, motorisch als fest etablierte Bewegungsabläufe) wird im philosophischen Kontext nur selten thematisiert, ist aber für den Beratungskontext von Bedeutung.
Oldemeyer betont einerseits die Entlastungsfunktion von Automatismen, „die die Aufmerksamkeit unter Umständen für andere Leistungen freisetzen" (1979, 742), weist aber auch auf die (schwierige) Möglichkeit hin, Gewohnheitsmuster ‚aufzubrechen' („... die Tendenz zur Zyklisierung seiner Aktivitäten aufzubrechen") und damit zu einer „Linearisierung und Finalisierung der eigenen Tätigkeiten zu gelangen" (ebd., 746).
Will man ungünstige Muster verändern, ist ein Erkennen des Ablaufes nötig, dann ein Stoppen. Jan-Ivar Lindén thematisiert das in seiner ‚Philosophie der Gewohnheit' (Lindén, 1997): „Das Verhältnis zwischen laufender Gewohnheit und Anhalten ist ein Grundzug der Existenz, der auch von der philosophischen Existenz berücksichtigt werden muß ..." (ebd. 183). Der Veränderungsvorgang besteht dann darin, daß Muster ‚gestört' (angehalten) „und danach reflexiv in der Pause bearbeitet werden" (ebd. 192).
Für das Umgehen mit automatischen Denk- und Bewegungsabläufen und die Möglichkeit, sie zu ‚stoppen' und dann zu verändern, finden sich bei John Dewey wichtige Hinweise; entscheidende Anregungen dazu verdankt er seiner Kenntnis der Alexander-Technik – er wurde von F.M. Alexander persönlich darin unterrichtet und gab an, davon sehr profitiert zu haben. (Richard Shusterman weist darauf hin, daß der Einfluß von Alexander auf Dewey noch nicht gebührend wahrgenommen worden ist [Shusterman, 1996, 117] und gibt dazu selbst einige Hinweise.)
Wegen der Vergleichbarkeit der Prozesse bei Denk- und Bewegungsmustern kann die Alexander-Technik auch für Philosophische Beratung Anregung geben – darauf hat z.B. der amerikanische Philosoph John Borowicz in seinem Vortrag in Leusden hingewiesen (Borowicz, 1997, 105 Anm. 30).

stand eines übergeordneten Bewußtseins, was durch Reflexionsakte zweiten Grades noch erweitert werden kann. Es entsteht ein Wissen des Wissens.

Nur durch die Realisierung von Reflexivität ist ein bewußtes und selbstbestimmtes Handeln möglich: „Reflexion ist das *Transformationsmedium von Verhalten zu Handeln* im engeren Sinne, das heißt: von einem automatisierten Agieren, das durch Abruf angelegter oder eingefahrener ‚Programme' sich der Situation anpaßt, zu einem von seinem Subjekt willenskontrollierten, selbstbestimmten und einseitig ausgerichteten (‚finalisierten') Tun" (Oldemeyer, 1979, 751).

Durch diese Modellierung der Bewußtseinsstufen und ihrer zunehmenden Grade von Bewußtheit und Reflexion möchte Oldemeyer für die Phänomene von Selbstkontrolle und Selbstorientierung eine an den Prozessen und (psychischen) Funktionen ausgerichtete Beschreibungsform bereitstellen.

Reflexion ist dabei für ihn kein privater Vorgang, sondern dazu gehört auch, sich mit den Augen anderer zu sehen.

Diese Dimension im Bewußtseinskontinuum ergibt sich für Oldemeyer daraus, daß der Gesamt-Verhaltens-Bewußtseins-Strom eines Individuums (mit diesem Begriff deutet er die Verflochtenheit von Verhalten und Bewußtsein an) aus zwei Perspektiven betrachtet werden kann: der eines außenstehenden Beobachters sowie der des erlebenden Teilnehmers (ebd. 735).

> Hier wird ein wichtiger Gesichtspunkt angesprochen – Oldemeyer formuliert es so, daß Reflexion kein nur privater Vorgang, sondern auch Bestandteil der kommunikativen Auseinandersetzung mit der Umwelt ist. „So wird der Einzelne als Kommunikationspartner immer wieder dazu bewegt, sich ‚mit den Augen von Anderen' zu sehen" (ebd., 750).
> Aus einem ganz anderen Kontext heraus hat E.F. Schumacher in seinem 1977 erschienen *‚Guide for the Perplexed'* (deutsch: Rat für die Ratlosen) auf eben dieses Phänomen hingewiesen, das eine ganz spezielle Form reflexiver Selbstbewußtheit darstellt: Es ist möglich, sich selbst aus einer ‚Außenperspektive' wahrzunehmen. Schumacher beschreibt das folgendermaßen: „Selbstkenntnis *muß*, soll sie gesund und vollständig sein, aus zweierlei bestehen – Kenntnis der eigenen Innenwelt (Bereich eins) und Kenntnis meiner selbst, wie andere mich kennen (Bereich drei[1]). Ohne das letztere kann das erste tatsächlich zu den schlimmsten und zerstörerischsten Illusionen führen" (Schumacher, 1977, 131). Die Frage, auf die dieser Bewußtseinszustand die ‚Antwort' ist, lautet nach Schumacher: „Was sähe ich, könnte ich mich so sehen, wie man mich sieht? Das ist eine sehr schwere Aufgabe. Ohne ihre Erfüllung sind harmonische Beziehungen zu anderen Menschen unmöglich" (ebd. 132).

Diesen Bewußtseinszustand zu realisieren, ist vor allem deshalb schwierig, weil wir uns dann auch mit allen Schwächen und Fehlern erkennen – und das kann ein schmerzlicher und nicht leicht auszuhaltender Vorgang sein. Bei dem Prozeß wachsender Selbstreflexivität und der dabei zunehmenden ‚Objektivität' der Selbstwahrnehmung (‚objektiv' hier im Unterschied zu Selbsttäuschung und illusionärer Selbstwahrnehmung und Selbsteinschätzung gemeint) kann der philoso-

---

[1] Der ‚Bereich zwei' erschließt sich durch die Untersuchung der anderen Lebewesen.

phische Berater durch Anleitung zu Reflexion und Bewußtheit wie auch durch gelegentliche Mitteilung eigener Wahrnehmungen beitragen.

Der zweite Gesichtspunkt hat zu tun mit einer Qualität, die sich am besten in einem Zentralitätsmodell mit der Dimension der *Tiefe* ausdrücken läßt. Für den Bereich der Gefühle hat das – im philosophischen Kontext – Max Scheler versucht; seine Beobachtungen sind unter dem Aspekt einer Tiefendimension von Bedeutung, auch wenn man die konzeptuelle Einbindung in seine Wertlehre und seine Zuordnung von Wahrnehmung und Gefühl nicht akzeptiert[1].

Mit der Symbolisierung von ‚Gefühlstiefe' ist z.B. verständlich, wieso scheinbar gegensätzliche Gefühle gleichzeitig gegeben sein können – Scheler unterscheidet dann Tiefe und Peripherie des Gefühlserlebens: man kann z.B. inmitten eines schweren Leides froh lächeln. „In dieser Frohheit bewegen wir uns fühlbar doch aus unserer zentralen Ichtiefe heraus in eine peripherere Schicht unserer seelischen Existenz; ob wir hier lange oder kurz verweilen, immer bleibt doch das ‚tiefe Leid' in jener Ichtiefe liegen, und gibt in dem Wechsel der Gefühlszustände auf jener peripheren Schicht unserem Gesamtzustand sein kernhaftes Gepräge" (Scheler, 1980, 333f.).

Hier hat Scheler den Schmerz der Tiefe zugeordnet, das Lächeln als Ausdruck eines positiven Gefühls einer peripheren, oberflächlicheren Ebene. Es gibt aber auch das umgekehrte Phänomen, daß ‚unter' einem tiefen Schmerz eine noch tiefer empfundene innere Ruhe bis Gelöstheit zugänglich wird, oder daß in einer intensiven Glücks- und Freude-Erfahrung sich ‚aus der Tiefe' ein kleiner ‚Schuß' schmerzliche Wehmut mischt.

Was für Scheler durch seine eigenwillige Modellierung der psychischen Funktionen nicht zugänglich wird, ist die Möglichkeit, solche unterschiedlichen, gleichzeitig oder unmittelbar nacheinander gewahrwerdenden Gefühlszustände entweder bestimmten Wahrnehmungsaspekten zuzuordnen, oder aber zu einem konzeptuellen Element, einer Vorstellung, einem Begriff in Bezug zu setzen – hier zeigt sich ein Weg, Schelers ‚Wertfühlen' epistemologisch exakt abzubilden: eine Wahrnehmung ebenso wie Konzepte (z.B. der Begriff für eine Tugend, einen Wert) können auf eine so ‚innerliche' Weise ‚gefüllt' werden, daß verständlich wird, wie Scheler aus eigener oder miterlebter Erfahrung zur Annahme eines ‚unmittelbaren Wertfühlens' kommen konnte. Werte, die aus einer ‚Tiefendimension' heraus erfaßt und empfunden werden, können für die eigene Person wie auch für andere, zu denen man darüber spricht, eine solche ‚Dichte' und ‚Substanz' bekommen, daß solche Objektivierungen wie bei Scheler zumindest nachvollziehbar sind.

In dem oben dargestellten Empathiemodell wird diese Tiefendimension der Werte als zentrale ‚Ebene' innerer Werte symbolisiert, die als qualifizierendes Charakteristikum Wahrnehmungen, Gefühle und Konzepte quasi zu ‚Werttra-

---

[1] Schelers eigenwillige Zuordnung macht seine Beispiele nur begrenzt nutzbar, weil er immer wieder (interozeptive) Wahrnehmungen, wie etwa Schmerzwahrnehmungen oder ein ‚peinliches Hautgefühl' (Druckwahrnehmung) etc. als Gefühl ansieht und dadurch zu falschen Bezügen kommt.

gern' werden läßt, insofern sie von einem verinnerlichten Wert-Bewußtsein ‚durchdrungen' sind. Eine angemessene sprachliche Symbolisierung dafür ist: *für mich* richtig bzw. falsch, d.h. aus meinen Werten heraus eingeschätzt.

Im Unterschied dazu werden kognitive, eher objektivierende Bewertungen (Dimension: gut/schlecht) oder emotionale Reaktionen (anziehend/abstoßend, gefällt mir/gefällt mir nicht, spricht mich an oder nicht usw.) als vergleichsweise oberflächlicher empfunden, auch hier wieder sowohl in der Selbst- wie auch in der Fremdwahrnehmung bzw. reflexiven Einstufung.

Auf diese Weise läßt sich auch das Phänomen des Gewissens strukturell-theoretisch wie auch pragmatisch anwendungsorientiert beschreiben und erfassen: Die ‚Stimme' des Gewissens wird als von ‚innen her' kommend empfunden und unterscheidet sich damit deutlich von einem bloß kognitiven Bewerten bis Abwerten von Handlungen bzw. der eigenen Person insgesamt. So lassen sich auch oberflächlich übernommene Werte von eigenen bzw. zu eigenen gewordenen unterscheiden. (Auch hier ist die Tiefendimension alltagssprachlich geläufig, etwa in der Bezeichnung ‚verinnerlicht').

Vor einem solchen Hintergrund kann schließlich die Sinnfrage auf echte und tiefe Weise in die Ethik bzw. die ethische Dimension der Beratung hineingenommen werden.

Allgemeinverbindliche Antworten auf Sinnfragen sind heute noch weniger als jemals zuvor möglich, denn das Individuum steht nur noch selten in einer überlieferten Tradition von Werten und Antworten auf letzte Fragen; so wird heute zunehmend deutlich, daß die Selbstverantwortung und Sorge um sich selbst, von der bereits Platon sprach, auch die ‚Sorge um die eigene, persönliche Sinngebung' umfaßt.

Der Mensch unserer Zeit muß also nicht nur Verantwortung für seine Handlungen übernehmen, sondern auch für die von ihm/ihr vertretenen Werte und seine Weltsicht insgesamt, aus der heraus sich Möglichkeiten einer Sinnstiftung wesentlich ergeben.

Bei dieser ganz individuellen Suche nach dem Sinn des eigenen, persönlichen Lebens sollte ein Philosophischer Berater behilflich sein können. Wichtig dafür ist eine Beschäftigung mit Fragen der Werte (sowohl theoretisch wie auch persönlich, auf das eigene Leben bezogen) sowie ein *strukturelles* Wissen um die Möglichkeiten eines gelingenden Lebens, die wesentlich von der angemessenen ‚Einbettung' der inhaltlichen Vorstellungen dazu in den größeren Kontext der eigenen Weltsicht abhängen.

„In der Tat ist Sinn mit dem gelingenden Leben synonym", so formuliert Hans Krämer den ersten dieser beiden Aspekte, und fährt mit der Charakterisierung des zweiten fort: „und die Sinnfrage betrifft zuletzt und vor allem das Welt- und Selbstverhältnis und die richtige Koordination von Selbst und Welt im ganzen" (Krämer, 1992, 296).

Sinn ergibt sich also nur aus einem Kontext – das gilt ebenso für den Sinn oder die Bedeutung eines Wortes wie für den ‚Sinn' des Lebens. Ist ein Mensch nicht in der Lage, sein ‚Leben', also das Ganze seiner Existenz von der Geburt bis zum Tod, in einen Kontext zu stellen, dann wird er es als ‚sinnlos' bezeichnen. Das bedeutet keineswegs, daß der/die Betreffende sein Leben nicht leben kann oder möchte: das heroische Annehmen der Sinnlosigkeit kann dieser Weltsicht eine gewisse Würde verleihen, die oft auch mit dem entsprechenden Pathos einhergeht; so meint z.B. Franz Joseph Wetz in einem resümierenden Satz über Hans Blumenberg: „Vermutlich aber werden wir dabei lernen müssen, ohne großen Sinn auszukommen, ja, mit ihm erst gar nicht mehr zu rechnen" (Wetz, 1993, 48).

Etwas weniger objektivierend hat Camus mit dem ‚Mythos von Sisyphos' inzwischen vielen Menschen seine Botschaft übermittelt, die außer der Aussage, keinen Sinn zu wissen[1], noch seine Auflehnung vermittelt, seine Freiheit und seine Leidenschaft (Camus, 1942, 69).

Nun ist die ‚Sinnlosigkeit' keineswegs eine ‚bittere Wahrheit', die uns Philosophen wie Blumenberg ‚zumuten' (Wetz, 1993, 48), sondern sie folgt aus dem ‚Entschluß', das menschliche Leben *nicht* in einen sinngebenden Kontext zu stellen.

‚Sinngebung' bedeutet somit, das persönliche Leben in einen Kontext hinein zu erweitern; diese ‚transpersonale Bewegung' kann in zwei Richtungen erfolgen:
– ‚horizontal', d.h. hin zum anderen Menschen oder zur ‚Welt' (Universum) als Ganzem
– bzw. ‚vertikal' im Sinne einer Öffnung und Ausrichtung zur Transzendenz.

3.5. Trans-personale Philosophie – die ‚horizontale Dimension'

Der Mensch steht im Spannungsfeld von Ichbezug und der Bezogenheit auf andere – das wurde als ‚anthropologischer Hintergrund' der (unterschiedlichen bis kontroversen) ethischen Entwürfe und Standpunkte aufgezeigt.

In der Ethik der Neuzeit ist die Frage nach der ‚ursprünglichen' Natur des Menschen vielfach unter dem Aspekt der polaren Qualitäten von Egoismus bzw. Altruismus diskutiert worden; man denke etwa an Hobbes, der davon ausging, daß die Menschen egoistisch sind, vom Selbsterhaltungstrieb bewegt – der ‚Gesellschaftsvertrag' muß mit Strafen, die alle fürchten, die Menschen voreinander schützen. Ganz ähnlich bezeichnete Mandeville in seiner berühmten ‚Bienenfabel' den Menschen als „ein außerordentlich selbstsüchtiges und widerspenstiges sowie auch schlaues Tier" (Mandeville, 94).

---

[1] ‚Weniger objektivierend', weil Camus seine Sätze als ‚persönliches Wissen' bezeichnet, das eine ‚objektive' Aussage nicht ermöglicht: „Ich weiß nicht, ob diese Welt einen Sinn hat, der über mich hinausgeht" (Camus, 1942, 57). Für sich selbst spricht er aber dann durchaus mit Gewißheit: „Aber ich weiß, daß ich diesen Sinn nicht kenne und daß ich ihn zunächst unmöglich erkennen kann" (ebd.).
Zu den ‚vielen Menschen': Die deutsche Übersetzung von ‚Der Mythos von Sisyphos' kam 1956 heraus, als Rowohlt Taschenbuch 1959; sie hat inzwischen eine Auflage von ca. 400 000 Exemplaren erreicht!

Demgegenüber argumentierten andere[1] – mit Bezug auf ein ursprüngliches moralisches Gefühl (*moral sense*) –, daß es eine innere Quelle der Sittlichkeit gebe und wohlwollende Neigungen anderen gegenüber.

Der hier vertretene Ansatz geht davon aus (Kap. 3.4. Ethik), daß die Pole von Egoismus und Altruismus eher defiziente Modi menschlicher Entwicklung benennen, die im gelingenden, optimalen Fall zu einer konstruktiven Spannung von angemessenem Selbst- und Fremdbezug führt, im Sinne einer liebevollen Haltung sich selbst *und* anderen gegenüber, einer Fürsorge, die sich ebenso sehr auf die eigene Person richtet wie auf (bestimmte) andere.

Nimmt man als Ausgangspunkt der Überlegungen den ‚durchschnittlichen Erwachsenen', dann ist – mit Kants Worten – der fortgeschrittene Zustand des Egoismus sicher eher die Regel als die Ausnahme, und fast jeder bringt ‚sein geliebtes Selbst, wo er nur darf, zum Vorschein' – vor diesem Hintergrund ist die Grundhaltung der deontologischen Ethik verständlich, die an die menschliche Einsicht appelliert und daran erinnert, daß auch der andere Mensch ichbezogenes Wollen hat, das mir dann als Sollen entgegentritt und deshalb meinem Eigenwollen Grenzen setzt. So betrachtet erscheint Moral als eine Art notwendiger Mahnung und Forderung, die dem ichzentrierten Menschen Rücksicht auf andere abringt, weil er selbst auch auf die Rücksichtnahme der anderen angewiesen ist; das Prinzip, das dem zugrundeliegt und auf das verwiesen wird, ist das der Gerechtigkeit.

Diese Haltung ist ganz aus der Perspektive des Individuums gefaßt, das sich als konkretes, einzelnes ‚Ich' den eher abstrakt gefaßten Anderen gegenübersieht. Die Frage, in welcher Beziehung sich dieses Ich zu einem *konkreten* anderen Du befindet, in welcher Weise sich dieser Bezug etwa vom sonstigen Objektbezug unterscheidet, wurde im philosophischen Kontext erst sehr spät artikuliert. In dieser Hinsicht spiegelt die Geschichte des philosophischen Denkens in gewisser Weise die Entwicklung des Individuums – so wie das Kind noch vor der Entwicklung eines eigentlichen, eigenständigen ‚Ich' ganz selbstverständlich auf den konkreten anderen Menschen bezogen ist, so wurde in den Anfängen der Philosophie das Thema des Anderen nicht problematisiert, weil die Bezogenheit des Menschen auf den Mitmenschen (in Familie und größerer Gemeinschaft, etwa der griechischen Polis) als selbstverständlich galt.

Auch im Christentum war der Bezug zum Mitmenschen selbstverständlich vorausgesetzt, nicht nur auf der Basis der sozialen Gemeinschaft, sondern – im Sinne des Liebesgebotes – zumindest potentiell ausgedehnt auf alle Menschen, die, wie man selbst, Geschöpfe Gottes sind.

Die Neuzeit mit ihrem Rückgang auf das Erkenntnissubjekt ließ den Bezug zum anderen Menschen auf eine neue und radikale Weise fragwürdig werden:

---

[1] Shaftesbury (1671–1713) gilt als Begründer der moral-sense-Schule. Hutcheson (1694–1747), der dessen eher unsystematisch vorgetragene Gedanken fortführte, verstand seine Schrift ‚An Inquiry into the Original of our Ideas of Beauty and Virtue' als Verteidigung der Prinzipien Shaftesburys gegen den Autor der Bienenfabel.

„Man zweifelt an der Existenz des Anderen, seiner selbst aber ist man sicher durch das Cogito. Also heißt es von hier eine Brücke zum anderen Ich zu finden. Man versucht es auf verschiedenste Weise. Doch nie wird die Gefahr des theoretischen Solipsismus ganz beseitigt" – so formulierte es Josef Böckenhoff (1970, 81f.) als Zusammenfassung seiner geschichtlichen Hinführung zur ‚Begegnungsphilosophie' des 20. Jahrhunderts.

Wird der andere Mensch als ein Objekt unter anderen betrachtet, dann ist es tatsächlich schwierig, wirklich zu *wissen*, daß er ein ‚Ich' ist wie ich selber. Wenn außer meinem Denken nichts gewiß ist, kann es keine unmittelbare Gewißheit des Du geben. Für Descartes war das nur aufgrund eines Analogieschlusses von der Körperlichkeit und den wahrgenommenen Ausdrucksformen eines anderen Menschen auf das Vorhandensein eines Ich ‚im' anderen möglich – aber auch nur unter der Voraussetzung, daß uns nicht ein trügerisches Bild vorgegaukelt wurde, so daß wir unseren eigenen Schlüssen auf der Basis unserer Wahrnehmungen glauben können.

Kants Forderung, den anderen Menschen nie als Mittel zum Zweck, also zur Erreichung eigener Ziele, zu gebrauchen, sondern stets als Person und Zweck (‚Ziel') für sich selbst zu betrachten, läßt sich demgegenüber schon fast als ein ‚Programm' zwischenmenschlicher Beziehung interpretieren, jedoch bleibt das durch die abstrakte und kategoriale Form eine ethische *Forderung*, die sich nicht am konkreten anderen Menschen orientiert, sondern mehr auf die ‚Formel' des Mitmenschen bezogen ist.

Die Frage nach dem Du, nach dem anderen Menschen, als theoretische Frage im philosophischen Kontext des neuzeitlichen Ausgangs vom erkennenden Subjekt, war zuerst darauf gerichtet, wie wir überhaupt wissen können, daß der andere ein Ich ist wie ich selbst. Dieses Thema verschob sich dann hin zu der Frage, inwieweit das Ich sogar in einer *konstitutiven* Beziehung zum Du steht –im Brief F.H. Jacobis von 1775 an einen Ungenannten findet sich eine Passage, die Martin Buber als frühe Äußerung eines zuvor mehr ‚geahnten' Wissens um die Rolle und Bedeutung des Du bezeichnet hat; Jacobi formulierte dort, „daß also das Du-Sagen des Ich im Ursprung alles einzelnen Menschwerdens steht" (Buber, DP, 301). Buber schildert diese Einsicht Jacobis als Übergang von dessen erster Äußerung „Ich öffne Aug oder Ohr, oder ich strecke meine Hand aus, und fühle in demselbigen Augenblick unzertrennlich: Du und Ich, Ich und Du" [ebd.]) über die als ‚Quelle aller Gewißheit' bezeichnete Einsicht „Du bist und Ich bin" bis hin zu der von Buber als ‚reife Formulierung' apostrophierten Äußerung von 1785: „Ohne Du ist das Ich unmöglich".

Damit ist einerseits ein genetischer Gesichtspunkt benannt (ontogenetisch ist das Du früher als das Ich), aber auch ein erkenntnistheoretischer. „Die Personbegegnung geht", so formulierte es Böckenhoff, „der Objekterkenntnis voraus und begründet diese. Wir erkennen die Welt erst im Umgang mit den Mitmenschen" (Böckenhof, 1970, 219).

Als ‚Vorläufer' und Anreger dieser zentralen Aussage der als ‚Dialogische Philosophie' bezeichneten Strömung des 20. Jahrhunderts werden vor allem Fichte und Feuerbach genannt.

J.G. Fichte hat (entgegen dem Vorwurf des Subjektivismus und Solipsismus, der ihm gemacht wurde) die Bedeutung des Du für das Ich zunehmend berücksichtigt und zu einer Art ‚transzendentaler Interpersonalitätslehre'[1] entwickelt, die Ivaldo (1989, 170) so zusammenfaßt: „Unser individuelles Ichbewußtsein geht nicht der konkreten Begegnung mit einem anderen Wesen unseresgleichen voraus, sondern ist die schöpferische Folge einer realen Kommunikation. Daß wir überhaupt individuelles Bewußtsein haben, ist somit entscheidendes Indiz für die Existenz eines anderen Vernunftwesens ‚außer' uns." Unser Selbstbewußtsein bedarf des Aufgefordertwerdens durch den anderen, sonst bestünde die Gefahr, sich in einem unendlichen Regreß zu verlieren.

Doch bleiben Fichtes Ausführungen zu diesem ‚anderen' theoretisch und rein kognitiv hergeleitet – es ist verständlich, daß er für Buber kaum Bedeutung hatte.

Dagegen betont Buber, daß er Ludwig Feuerbach entscheidende Anregungen verdankt (Problem des Menschen, W I, 342).

Feuerbachs Betonung des Du entstand aus seiner Opposition zu der Philosophie Hegels und dem Idealismus insgesamt, die sich nach anfänglicher Schülerschaft entwickelt hatte. Die fehlende Berücksichtigung der Sinnlichkeit und des Du bei Hegel sind seine entscheidenden Kritikpunkte; er sieht sich als *menschlicher* Philosoph (im Unterschied zum absoluten Philosophen, der wie ein absoluter Monarch bzw. absoluter Gott denkt), und sagt als solcher: „Ich bin auch im Denken, auch als Philosoph Mensch mit Menschen" (Feuerbach, 1846, § 61).

Vor diesem Hintergrund steht sein ‚dialogischer Ansatz' (§ 62): „Die wahre Dialektik ist kein Monolog des einsamen Denkers mit sich selbst, sie ist ein Dialog zwischen Ich und Du."

Bei Feuerbach blieben das jedoch vereinzelte, fragmentarische Äußerungen, die er nicht weiter ausarbeitete und die eher rückblickend aus der Perspektive der Begegnungsphilosophie Bedeutung erlangt haben.

a) Philosophie des Dialogs – Philosophieren als Begegnung

So entsteht eine ‚Philosophie des Dialogs' in der neuzeitlichen Philosophie erst am Beginn des 20. Jahrhunderts, wobei die entscheidende Basis von drei jüdischen Denkern gelegt wurde – Buber, Rosenzweig und Ebner – die, zunächst weitgehend unabhängig voneinander, Grundlagen einer ‚Begegnungsphilosophie' erarbeiteten.

Die Bedeutung dieser Begegnungsphilosophie wird sehr unterschiedlich eingestuft – für manche stellt sie ein ‚neues Denken' dar[2], für den Theologen Karl Heim ein Ereignis, „das genau so folgenschwer ist wie die Ich-Entdeckung des

---

[1] Ivaldo zieht diesen Begriff dem der Intersubjektivitätslehre vor: „Für berechtigter halte ich daher, bei Fichte von einer Interpersonalitätslehre im Sinne einer Theorie von konstitutiver Relevanz der Beziehung zwischen Personen zu sprechen" (Ivaldo, 1989, 166).

[2] Vgl. Schrey, 1977, 52. Schrey weist darauf hin, daß sich auch die Vertreter der Dialogik selbst bewußt sind, „ein neues Denken zu entwickeln" und verweist auf Rosenzweigs Aufsatz mit diesem Titel (Das neue Denken) oder Grisebachs ‚Altes und neues Denken'.

Idealismus und zu einem zweiten Neuanfang des europäischen Denkens führen muß"[1].

Für die meisten akademischen Philosophen ist jedoch das dialogische Denken Bubers oder der anderen ‚Dialogiker' nur von geringer Bedeutung und zudem wegen des expliziten Transzendenzbezugs nur schwer rezipierbar[2]. Bei Buber wirkt auch die Sprache erschwerend, die – besonders in seinem dialogischen Hauptwerk ‚Ich und Du' – immer wieder von einem für manche nur schwer erträglichen Pathos ist.

Die entscheidenden Gesichtspunkte einer ‚Dialogischen Philosophie' sind bei Buber in klarer und relativ leicht zugänglicher Form ausgearbeitet, und deshalb sollen in dieser Darstellung vor allem zu seinem Werk Bezüge hergestellt werden. Spätere Entwürfe setzen diese Grundlage entweder selbstverständlich voraus, wie etwa Jaspers[3], oder wenden sich anderen Aspekten der Beziehung zu, wie z.B. Lévinas[4].

Das Wort ‚Begegnung' steht für eine besondere *Qualität* des Bezogenseins und des Kontaktes, die nicht beschränkt ist auf den Bereich des Umgehens mit anderen Menschen, aber im Kontext des Zwischenmenschlichen ihren eigentlichen ‚Ort' hat. Es ist eine bestimmte Art und Weise des Miteinanders, der Beziehung und der Kommunikation, die abzugrenzen ist von einer anderen Form, in der keine Begegnung stattfindet, das Du also nicht erreicht wird, so daß Buber dies als ‚Ich-*Es*-Beziehung' charakterisiert.

Das Wort ‚Dialog' (zwischen zwei oder mehr Personen) steht hier in einem Kontrast zu Gesprächen, die eher Monologe sind, wobei für Buber Sprache nur zum Monolog werden konnte, „nachdem der Dialog abbrach oder zerbrach". Der Monolog ist also keine ursprüngliche Sprachform: „Nie ist Sprache gewesen, ehe Ansprache war."[5]

---

[1] Zitiert nach Buber, Das Problem des Menschen (W I, 342).

[2] Wohl um diese ‚Hürde' zu verringern, trägt eine neue Anthologie mit ausgewählten Texten von Buber den Titel ‚Buber für Atheisten'. Der Herausgeber, Thomas Reichert, begründet die Titelwahl so: „Martin Buber ist ein Autor auch für diejenigen, die keiner Religion zugehören wollen" (Buber/Reichert, 1996, 9).

[3] Karl Jaspers hat im zweiten Band seiner 1932 erschienenen dreibändigen ‚Philosophie' (‚Existenzerhellung') den ersten Hauptteil dem Thema der Kommunikation gewidmet (‚Ich selbst in Kommunikation und Geschichtlichkeit').
Jaspers benutzt bei der Entwicklung seiner Konzeption einer ‚existentiellen Kommunikation' häufig die Grundbegriffe der Buberschen Begegnungsphilosophie. In negativer Abgrenzung spricht er z.B. von der „Möglichkeit des losgelösten Ich, jedes andere Ich als Sache zu behandeln (Jaspers, 1932/2, 52).
Ebenso ist die positive Schilderung ‚existentieller Kommunikation' (ebd. 58) an manchen Stellen bis in die Wortwahl ähnlich und erlaubt den Bezug zu Buber, auch wenn Jaspers in dieser systematischen Darstellungsform keine Angaben über Einflüsse oder Quellen macht.

[4] Während Buber den positiven Aspekt und die Freiheit zur Begegnung betont, sieht Lévinas eher aus der negativen Perspektive das Leid der Verweigerung konstruktiven, nichtverletzenden Bezogenseins und leitet daraus quasi einen Anspruch auf diesen Bezug ab; dafür ist der Begriff der ‚Verantwortung' zentraler, und so vermeidet Lévinas auch den der Begegnung und ersetzt ihn durch ‚Illeität' – „eine Art, mich zu betreffen, ohne mit mir in eine Verbindung einzutreten" (nach Esterbauer, 1992, 64).

[5] In: Das Wort, das gesprochen wird (W I, 447).

Entsprechend unterscheidet er verschiedene Arten (bzw. ‚Qualitäten') von Gesprächen – er spricht (in ‚Zwiesprache') von drei Arten des Dialogs: es gibt den echten Dialog, den technischen „und den dialogisch verkleideten Monolog, in dem zwei oder mehrere im Raum zusammengekommene Menschen auf wunderlich verschlungenen Umwegen jeder mit sich selber reden" (Buber, DP, 166).

> Ganz ähnlich hatte Schleiermacher, bei der Frage nach wirklichem oder oberflächlichem (‚laxem') Verstehen, die übliche Form des Alltagsgesprächs so charakterisiert, daß häufig kein wirklicher Bezug auf den Gesprächspartner genommen wird – „man spricht mehr *neben* als *zu* einander (Schleiermacher, Frank, 179).

Zur genaueren Charakterisierung der ‚verschlungenen Umwege', von denen Buber spricht, verwendet er den Begriff der ‚Rückbiegung' und meint damit: „Wenn einer sich der wesensmäßigen Annahme einer anderen Person in ihrer Sonderheit ... entzieht und den Andern nur als das eigne Erlebnis, nur als eine Meinheit bestehen läßt. Da wird denn Zwiesprache zum Schein ... und in der Ablehnung des gegenüberlebenden Wirklichen beginnt sich die Essenz aller Wirklichkeit zu zersetzen" (DP 173).

Man wird an Heideggers spätere Unterscheidung von eigentlichem und uneigentlichem Dasein erinnert, nur daß sich bei Heidegger kaum präzisierende Kennzeichnungen der Eigentlichkeit finden lassen[1] und daß der Zusammenhang von Eigentlichkeit und deren Auswirkung auf die Beziehung zu anderen Menschen nur angedeutet wird – die objektivierende Terminologie von ‚Mitsein' bzw. ‚Mitdasein'[2] stellt eher eine formale und beschreibende Bestimmung aus der Außenperspektive dar.

Diese unterschiedlichen Qualitäten des In-der-Weltseins als *Grundhaltungen* der Bezogenheit zum anderen Menschen, aber ebenso in der Begegnung mit der Natur sowie der Art des Bezugs (oder Nichtbezugs) zur Transzendenz sind die

---

(Dieser Aufsatz findet sich auch in: Logos. Zwei Reden. Heidelberg: Lambert Schneider 1962)

[1] Das ‚Vorlaufen zum Tode' ist die expliziteste Kennzeichnung der Eigentlichkeit, und zugleich findet sich hier der deutlichste Bezug von Eigentlichkeit zum Mitdasein, dem anderen Menschen. Heidegger hat das ‚Vorlaufen' offenbar als eine Möglichkeit gesehen, die übliche Ichzentriertheit und Fixiertheit (‚Versteifung') durch die Konfrontation mit der eigenen Endlichkeit zu durchbrechen: „Das Vorlaufen erschließt der Existenz als äußerste Möglichkeit die Selbstaufgabe und zerbricht so jede Versteifung auf die je erreichte Existenz" (SuZ 264).
Zugleich scheint damit für Heidegger die Möglichkeit gegeben, zu einem anderen Bezug zum Mitmenschen zu kommen als dem üblichen, den er als ‚Verkennen' charakterisierte (es erinnert an das Wort ‚Vergegnung', das Buber als Jugendlicher gebildet hatte, um das Verfehlen einer wirklichen Begegnung zwischen Menschen zu bezeichnen, W I, 2). Eine andere Formulierung Heideggers erinnert an Bubers ‚Rückbiegung' – das ‚Zurückzwingen der Existenzmöglichkeiten der Anderen auf die eigene Existenz', eine Art ichzentrierten Mißverstehens.
(„Frei für die eigensten, vom Ende her bestimmten, das heißt als endliche verstandenen Möglichkeiten, bannt das Dasein die Gefahr, aus seinem endlichen Existenzverständnis her die es überholenden Existenzmöglichkeiten der Anderen zu verkennen oder aber sie mißdeutend auf die eigene zurückzuzwingen – um sich so der eigensten faktischen Existenz zu begeben" (SuZ 264).

[2] ‚Mitsein' = das Sein mit anderen, ‚Mitdasein': das Sein des Anderen selbst.

Grundaussage der Dialogik Martin Bubers, im wesentlichen dargestellt in dem 1923 veröffentlichten (aber schon Jahre vorher entworfenen) ‚Ich und Du', ergänzt durch spätere Ausarbeitungen[1].

Eine solche ‚Tiefendimension' des Menschen zu erfassen, ist eine schwierige Aufgabe – diese Vorgänge sind in einer ‚mentalistischen' Sprache (Benennung von Bewußtseinsprozessen) nur dann adäquat auszudrücken, wenn eine explizite Tiefendimension modellhaft zugrundeliegt, wie z.B. bei Max Scheler, mit dem sich Buber auseinandergesetzt hat.

Eine derartige ‚Tiefenmodellierung' nahm Buber eher auf eine negative Weise vor, nämlich durch Hinweise darauf, daß er jeweils ein ‚Mehr' meint als in der Beschreibung dieses Prozesses (üblicherweise) ausgedrückt.

Anders als Heidegger, der sich nach einer Zeit des Gebrauchs der Bewußtseinssprache schließlich (endgültig mit ‚Sein und Zeit') entschloß, diese Sprache durch eine ontologische zu ersetzen, nahm Buber die ontologische (objektivierende) Beschreibungs- und Sprachform mit hinzu und ließ beide Formen nebeneinanderbestehen. Die Bewußtseinssprache dient ihm eher zur Charakterisierung der ‚Oberfläche': „Ich nehme etwas wahr. Ich empfinde etwas. Ich stelle etwas vor. Ich will etwas. Ich fühle etwas. Ich denke etwas" (DP 8). Sofort wird aber hinzugefügt, daß das noch nicht das ‚ganze Leben' des Menschen ausmacht: „Aus alledem und seinesgleichen allein besteht das Leben des Menschenwesens nicht" (DP 8).

Um die ‚Tiefendimension' zu charakterisieren, wechselt er dann häufig die Sprachform, verläßt sozusagen die Perspektive des wahrnehmenden, empfindenden, wollenden, fühlenden und denkenden Subjekts, das mit einem anderen Subjekt in Beziehung tritt, welches ebenfalls wahrnimmt, fühlt und denkt usw. Er nimmt dann die Sicht der dritten Person ein, die zwei im Dialog befindliche Menschen aus einer ‚objektiven Außenperspektive' betrachtet, die keine Bewußtseinsinhalte (subjektive Erkenntnisprozesse) rekonstruiert, sondern unmittelbar ‚Sein' erfaßt, als einen neuen ‚Bereich', der in der hier zitierten Passage mit der pathetischen Sprachform ‚Reich des Du' bezeichnet wird: „Aber das Reich des Du hat anderen Grund" (DP 8).

---

[1] Die wichtigsten Texte zur Dialogik Bubers sind 1954 als Sammelband erschienen, unter dem Titel ‚Die Schriften über das dialogische Prinzip', dann 1962 als ‚Das Dialogische Prinzip'. Diese Sammlung enthält neben ‚Ich und Du' (1923, mit dem Nachwort vom Okt. 1957) die folgenden Texte: Zwiesprache (1930), Die Frage an den Einzelnen (1936), Elemente des Zwischenmenschlichen (1954), Zur Geschichte des dialogischen Prinzips (Nachwort zu dieser Zusammenstellung).
Diese Ausgabe wird hier mit der Abkürzung des Titel (Dialogisches Prinzip) = DP zitiert. (Nach dem ersten Erscheinen 1962 unter diesem Titel wurde der Band mehrfach neu aufgelegt.)
Um die Auffindung der Titel bei Verwendung anderer Ausgaben zu erleichtern hier die Seitenzahlen der Ausgabe DP:
Ich und Du: 7–136
Zwiesprache: 137–196
Die Frage an den Einzelnen: 197–276
Elemente des Zwischenmenschlichen: 269–298
Nachwort. Zur Geschichte des dialogischen Prinzips: 299–319

Am Beispiel der Liebe wird so das ‚Gefühl Liebe' zu einer oberflächlichen Qualität, während ‚die Liebe' zu einer eigenen Seinsform transformiert wird, in die er dann den Menschen regelrecht ‚hineinstellen' kann: „Gefühle wohnen im Menschen; aber der Mensch wohnt in seiner Liebe" (DP 18). In dieser Beschreibung ist ‚die Liebe' eigentlich schon eine transzendente Größe geworden; sie wird dann durch die Einführung des ‚Zwischen' wieder auf ein ‚menschlicheres Maß' zurückgeführt[1], obgleich die Symbolisierungen ‚in der Liebe wohnen' und ‚die Liebe ist *zwischen* Ich und Du' nur mit Mühe aufeinander bezogen werden können.

Dahinter stehen sicher tiefe persönliche Erfahrungen, doch ebenso sicher gibt es unterschiedliche Möglichkeiten, solche Erfahrungen auszudrücken, insbesondere mit der Differenzierung zwischen oberflächlicheren und ‚tiefgegründeten' Gefühlen, die aus einer menschlichen Tiefendimension kommend sich auf eine ebensolche ‚Ebene' im anderen Menschen richten.

Das von Buber Gemeinte wird aber nur dann ohne Reduzierung wiederzugeben sein, wenn die zentrale Tiefendimension (das ‚Reich des Du') erfaßbar und abbildbar ist. Mir scheint das anhand des dargestellten Persönlichkeitsmodells und der darin symbolisierten ‚Tiefenstruktur' möglich, so daß mit einer solchen Sprache z.B. Erfahrungen dieser Art, auf die Buber sich stützt, im dialogischen Kontext adäquat aufgenommen und vertiefend bearbeitet werden können.

Wenn Wahrnehmung, Fühlen, Denken und Wollen die zentralen menschlichen Funktionen sind, die objekthafte Beziehung hervorbringen, also das ‚Reich des Es' begründen, so ließe sich in einer ‚Bewußtseinssprache' sagen, es seien *vertiefte* Wahrnehmung, *tiefes* Fühlen, Denken und Wollen bzw. eine bestimmte *Qualität* und *Art* des Erfassens, der Haltung sowie des handelnden Umgehens, die wirkliche Begegnung ermöglichen.

‚Begegnung' in diesem Sinne stellt die intensivste und ‚höchste' Art und Weise menschlichen Kontaktes dar. Das ist nicht die alltägliche Umgangsform, und sie kann es auch nicht sein, weil diese intensive Form des Miteinander in vielen Formen des Umgehens mit anderen Menschen gar nicht herstellbar wäre – die distanziertere, objekthafte und damit weniger intensive Weise (Ich-Es) ist dem alltäglichen Umgang oft durchaus angemessen. Es ist allerdings eine Art des Umgehens mit der Welt, die keine volle Präsenz in der unmittelbaren Gegenwart bedeutet – diese Bewußtseinshaltung verweilt sozusagen nie richtig bei dem, wo sie gerade ist, sondern ist eher flüchtig und immer in der Bewegung zum nächsten Ziel oder Augenblick hin. Dadurch aber kann eine Personhaftigkeit, die für Begegnung konstitutiv ist, gar nicht erstehen, der andere Mensch ist nur ein Objekt unter anderen, die augenblickliche Wahrnehmung, das gerade stattfindende Ansprechen oder Angesprochenwerden, hat nicht die ‚Dichte' und ‚Dauer', die

---

[1] „Die Liebe haftet dem Ich nicht an, so daß sie das Du nur zum ‚Inhalt', zum Gegenstand hätte, sie ist zwischen Ich und Du" (Buber, DP 18f.).

durch wirkliche Präsenz ermöglicht wird, sondern jeder Moment ist schon Vergangenheit, bevor er zur Gegenwart werden könnte[1].

Auch wenn echte Begegnung sich nicht ‚machen' läßt, sondern eher eine bestimmte innere offene Gelöstheit oder Gelassenheit voraussetzt, ergibt sich aus der Bedeutung der *Präsenz* doch eine anzustrebende Richtung – die vollkommene Präsenz in der Gegenwart ist das, worauf es ankommt, und diese setzt „die vollkomme Akzeptation der Gegenwart" (DP 79) voraus.

Buber weist darauf hin, daß kaum ein Mensch dazu wirklich in der Lage ist und daß die volle Präsenz in der Gegenwart mehr eine grundsätzliche *Umkehr* voraussetzt als daß es eine langsam und stetig sich steigernde Fähigkeit oder Fertigkeit wäre. Diese Umkehr bedeutet für ihn eine Art von ‚Lassen' (Loslassen), aber nicht ein Aufgeben des Ich, sondern eher der Haltung einer gewissen Ich*haftigkeit*, die er als ‚falschen Selbstbehauptungstrieb' bezeichnet (also eine ‚Ichbezogenheit' im Sinne etwa der erwähnten permanenten ‚Rückbiegung' aller Erfahrungen auf die eigene Person). Buber formuliert: „Ein Aufgeben also nicht des Ich, aber jenes falschen Selbstbehauptungstriebs, der den Menschen vor der unzuverlässigen, undichten, dauerlosen, unübersehbaren, gefährlichen Welt der Beziehung in das Haben der Dinge[2] flüchten läßt" (DP 79).

So stellt eine echte und tiefe Kommunikation auch Forderungen; Karl Jaspers spricht z.B. davon, daß ‚Angst vor der Kommunikaton' eine wesentliche Ursache für die Seltenheit ‚existentieller Kommunikation' darstellt (Jaspers, 1932/2, 82): das ‚dunkle Wissen' darum, daß ich nicht wirklich ich selbst bin, läßt mich eine scheinbare Festigkeit in der Fassade suchen, die mein eigentliches Selbstsein verdeckt (ebd.): „Der Angst vor der Kommunikation glaube ich entronnen zu sein, indem ich sie meide" (ebd. 83).

Diese ‚Fassade' (von Buber plastisch als ‚Panzer'[3] bezeichnet) verhindert die Qualität der ‚Echtheit'[4] die zu allen Zeiten und in allen Kulturen als eine der wichtigsten menschlichen Tugenden benannt und beschrieben worden ist. Der französische Philosoph Comte-Sponville hat sie in seinem ‚Kleinen Brevier der Tugenden und Werte' als ‚Aufrichtigkeit' benannt und so beschrieben: „Als Ei-

---

[1] Vgl. Buber: „Insofern der Mensch sich an den Dingen genügen läßt, die er erfährt und gebraucht, lebt er in der Vergangenheit, und sein Augenblick ist ohne Präsenz. Er hat nichts als Gegenstände; Gegenstände aber bestehen im Gewesensein" (DP 16).

[2] Buber verwendet hier den Begriff des ‚Habens', den Erich Fromm in seiner bekannten Unterscheidung von ‚Haben oder Sein' verwendet. Ganz ähnlich wie Buber geht Fromm davon aus, daß diese Unterscheidung von grundsätzlicher Bedeutung für die menschliche Existenz ist: „Daß Haben und Sein zwei grundlegend verschiedene Formen menschlichen Erlebens sind, deren jeweilige Stärke Unterschiede zwischen den Charakteren von einzelnen und zwischen verschiedenen Typen des Gesellschafts-Charakters bestimmt" (Fromm, 1976, 27f.).
In Fromms Bezug auf ihm wichtige Quellen (etwa Buddha, biblische Passagen, Meister Eckhart usw.) kommt Buber allerdings nicht vor.

[3] Buber: „Jeder von uns steckt in einem Panzer, dessen Aufgabe ist, die Zeichen abzuwehren. Zeichen geschehen uns unablässig, leben heißt angeredet werden, wir brauchten nur uns zu stellen, nur zu vernehmen. Aber das Wagnis ist uns zu gefährlich ... Jeder von uns steckt in einem Panzer, den wir bald vor Gewöhnung nicht mehr spüren. Nur Augenblicke gibt es, die ihn durchdringen und die Seele zur Empfänglichkeit aufrühren" (Zwiesprache, DP 153).

[4] Buber: ‚Echtheit des Zwischenmenschlichen' (DP l279).

genschaft bedeutet sie die Übereinstimmung von Tat und Wort mit dem Seelenleben oder dieses letzteren mit sich selbst; als Tugend die Liebe zur Wahrheit oder die Achtung vor ihr" (Comte-Sponville, 1995, 229).

In diesem Sinne kann Echtheit als *Wahrheitsaspekt von Beziehung* bezeichnet werden[1].

Wird das als ‚Forderung' aufgefaßt, so kann sich daraus leicht das Mißverständnis ergeben, man müsse alles sagen, was einem in den Sinn kommt, ohne darauf zu achten, ob es angemessen ist für die derzeitige Situation bzw. für den anderen Menschen. Buber weist diese Auffassung zurück und betont: „Es kommt nicht darauf an, daß einer dem andern alles sage, was ihm einfällt, sondern darauf allein, daß er zwischen sich und den andern keinen Schein sich einschleichen lasse. Es kommt nicht darauf an, daß einer sich vor einem anderen ‚gehen lasse', sondern daß er dem Menschen, dem er sich mitteilt, an seinem Sein teilzunehmen gewähre. Auf die Authentizität des Zwischenmenschlichen kommt es an; wo es sie nicht gibt, kann auch das Menschliche nicht authentisch sein" (DP 280).

> Das gleiche Mißverständnis hat die Variable der Echtheit / Selbstkongruenz im personzentrierten Kontext gefunden, so daß sie teilweise als Rechtfertigung für unkontrollierte, destruktive eigene Reaktionen und Interventionen verwendet wurde. Wenn jedoch hinter einer professionellen Fassade eine eher defensive Haltung steht, läßt sich das auch nicht durch Einbringung eigener Gefühle oder Einstellungen revidieren; solche Äußerungen sind dann sozusagen ‚echt destruktiv'. Die Echtheits-Skala in der von Carkhuff revidierten Form (Carkhuff, 1969, II, 319ff.) drückt das für die Stufe 1 (destruktivste Ausprägung) so aus: „Es zeigt sich eine deutliche Diskrepanz zwischen dem inneren Erleben der ersten Person und seinen unmittelbaren Äußerungen. Zeigt sich keine Diskrepanz, so wirken die Äußerungen der ersten Person ausschließlich destruktiv" (ebd. 319, Übers. E.R.).
>
> Entsprechend besteht bei der höchsten konstruktiven Verwirklichung (Skalenstufe 5) die Möglichkeit für den Berater/Therapeuten, auch eventuelle negative Reaktionen, unterschiedliche Sichtweisen oder Einschätzungen, konstruktiv einzubringen – mit den Formulierungen der Skala: Der Berater ist in dem Beziehungsverhältnis zu der zweiten Person in freier und tiefer Weise er selbst. Er ist völlig spontan und offen für Erfahrungen aller Art, angenehm und unangenehm. Bei negativen Reaktionen versuchen die Äußerungen des Beraters, einen neuen Bereich des Zugangs für beide Personen zu eröffnen (vgl. ebd. 320).
>
> Die Verwirklichung dieser Stufe der Interaktion stellt allerdings hohe Anforderungen an Selbstgewahrsein und Selbstreflexivität, denn im Falle einer unzureichenden Bewußtheit der eigenen kognitiven und emotionalen Abläufe und Reaktionsmuster wird bei Themen, die problematische Bereiche berühren, eine defensive Haltung die Folge sein, und damit fehlende Echtheit, die sich destruktiv auswirkt, gleich ob sie in der Variante des Verbergens als Diskrepanz wahrnehmbar wird (eben als ‚professionelle Fassade', deutlich z.B. an der Diskrepanz zwischen verbalem und nichtverbalem Ausdruck), oder beim Versuch, eigene

---

[1] Buber: „Was immer in anderen Bereichen der Sinn des Wortes ‚Wahrheit' sein mag, im Bereich des Zwischenmenschlichen bedeutet es, daß Menschen sich einander mitteilen als das was sie sind" (DP 279f.).

Gedanken, Wahrnehmungen oder Gefühle einzubringen, denn solche Versuche werden aufgrund der nicht erkannten Defensivität zwangsläufig destruktive Auswirkungen haben. Supervision und Selbsterfahrung (z.B. als ‚philosophisches Lehrgespräch') im Kontext einer Ausbildung zum Berater können hier wesentliche Hilfestellung geben.

Eine andere Bezeichnung für das Gemeinte (neben Echtheit und Authentizität) ist der Begriff der ‚Aufrichtigkeit' – Buber verwendet auch diese Bezeichnung, fordert aber, sie von dem „dünnen Moralpredigtton" zu befreien „und ihn wieder an den Begriff der Aufrechtheit anklingen [zu] lassen" (DP 280).

Um wirkliche Begegnung geschehen zu lassen, ist es also wichtig, sich dem anderen Menschen in einer echten, authentischen und aufrecht-aufrichtigen Weise zu nähern; dann wird Unechtheit verhindert, die für Buber häufig ‚das Wachstum des Zwischenmenschlichen hemmt' (DP 287).

Doch ist dies für Buber nur eine Grundvoraussetzung, die nicht fehlen darf[1] – „die Hauptvoraussetzung zur Entstehung eines echten Gesprächs ist, daß jeder seinen Partner als diesen, als eben diesen Menschen meint" (DP 283) und ihn annimmt – das bedeutet vor allem auch eine „Akzeptation der Anderheit"[2]. Hier ist die Dimension der Liebe von Buber auf eine leichter nachvollziehbare Weise formuliert – als eine Haltung, die ich dem anderen entgegenbringe und die „das Fundament des Mensch-mit-Mensch-seins" darstellt[3], die ‚Antwort' auf den „Wunsch jedes Menschen, als das was er ist, ja was er werden kann, von Menschen bestätigt zu werden", dem auf der anderen Seite auch die entsprechende Fähigkeit, dies zu realisieren, entspricht, als „die dem Menschen eingeborene Fähigkeit, seine Mitmenschen eben so zu bestätigen" (ebd.).

Auch hier ist ein Mißverständnis möglich – als müsse man den anderen einfach so akzeptieren wie er ist. Buber weist darauf hin, daß sich dieses Annehmen zum Beispiel nicht auf bestimmte Überzeugungen bezieht, die jemand hat und äußert, sondern auf ihn selbst als „personhaften Träger der Überzeugung" – ihn nehme ich „in seinem Sosein an", während ich im Einzelfall eine geäußerte Überzeugung für irrig und ungünstig halten kann, aus der Einschätzung heraus, daß da etwas „nicht stimmt" (DP 283).

> Das gilt für Überzeugungen oder Vorstellungen ebenso wie für Handlungen oder Verhaltensweisen und -muster, die z.B. in der Beratungssituation aus der Sicht und Einschätzung des Beraters ‚nicht stimmen' und die er deshalb in einer konstruktiven Weise ansprechen möchte.
> Die dafür notwendige Haltung ist im personzentrierten Ansatz als ‚nicht an Bedingungen gebundene positive Wertschätzung' beschrieben worden; auch diese ‚konstruktive Grundvariable' ist vielfach mißverstanden worden, in dem eben er-

---

[1] Ganz ähnlich formulieren Truax und Carkhuff (1967, 330): „Obwohl die Echtheit des Therapeuten grundlegend für seine interpersonalen Fähigkeiten scheint, ist Echtheit alleine und für sich nicht maximal therapeutisch; eher ist die Abwesenheit von Echtheit antitherapeutisch."
[2] Buber (1951, 30 /W I 421). Ähnlich vorher: „... das Anreden gründet sich auf die Setzung und Anerkennung der selbständigen Anderheit des Anderen, mit dem man auf eben diesem Grunde anredend und Rede stehend Beziehung pflegt" (1951, 29 / W I, 420).
[3] Buber (1951, 28) bzw. Werke I, 419f.

wähnten Sinne, als müsse der andere einfach so akzeptiert werden wie er ist[1]. Es wird dabei meist übersehen, daß auch hier die Akzeptierung auf den anderen *in seinem Menschsein* bezogen wird, nicht auf sein Denken, Fühlen oder Verhalten, das aus meiner eigenen Einschätzung durchaus destruktiv, unangemessen, boshaft etc. sein kann.

Die Formulierung ‚nicht an Bedingungen gebunden' bezieht sich dabei auf die häufige ‚Einbindung' positiver Zuwendung, die an bestimmte Bedingungen geknüpft bzw. wieder entzogen wird, wenn sich das Verhalten des anderen Menschen ändert. (In der Erziehung ist das vertraut als Interaktionsmuster ‚Wenn du das tust, bist du nicht mehr mein liebes Kind'.) Dieses Gewähren bzw. Entziehen von Zuwendung und Akzeptierung erweist sich in der Alltagsinteraktion ebenso wie in Beratung und Therapie als häufig eingesetzes ‚Mittel', um den anderen Menschen in die gewünschte Richtung zu lenken; eine Form der ‚Manipulation', die sich vielfach dem Selbstgewahrsein entzieht.

Eine konstruktive Konfrontation mit Negativität und Destruktivität ist jedoch nur vor dem Hintergrund einer grundsätzlichen Akzeptierung des anderen als Mensch (trotz all seiner Schwächen, Fehler usw.) möglich; in diesem Sinne stellt Akzeptierung auch eine Bedingung für Echtheit in der konstruktiven Ausprägungsform dar – die Grundhaltungen stehen in einem Beziehungsverhältnis.

Diese Grundhaltung bekommt dann eine besondere Bedeutung, wenn der Dialog einen ‚agonalen Charakter' bekommt – J. Mittelstraß hat darauf hingewiesen, daß dies bei Problemen jeder Art unvermeidlich ist:

„Wo Probleme sind, da sind auch verschiedene *Meinungen* … Weil die Ideen des Vernunftwesens und des vernünftigen Lebens sich nicht an Problemlösungen binden lassen, die der ‚technische' Verstand bewirkt, … ist die Philosophie immer ‚im Streit'." Der ‚agonale Charakter' des Philosophischen (Sokratischen) Dialogs „leitet sich aus dem Ernst der Auseinandersetzung her, in der nicht irgendwelche Meinungen oder Probleme, sondern die Subjekte selbst auf dem Spiel stehen" (Mittelstraß, 1982a, 141f.).

Dennoch muß sich in solchen Situationen die Akzeptierung des Gegenübers in seinem Menschsein nicht verringern – sie stellt im Gegenteil die Basis dafür her, daß auch im Ringen um ‚Stimmigkeit' die Grundlage der Begegnung erhalten bleibt: „Ich sage Ja zu der Person, die ich bekämpfe, partnerisch bekämpfe ich

---

[1] So meint zwar der amerikanische Philosoph Roger Paden in dem bereits erwähnten Vortrag in New York (Paden, 1997), daß der klientenzentrierte Ansatz mit seiner Schaffung einer unterstützenden, nicht-bedrohlichen Beziehung, in der sich der Klient wohl genug fühlt, um seine grundlegendsten Annahmen zu überprüfen, den philosophischen Beratern gut dienen könnte. Die Forderung Rogers nach ‚nicht an Bedingungen gebundener positiver Wertschätzung' scheint ihm jedoch mit philosophischer Beratung nicht vereinbar zu sein – hier liegt das erwähnte Mißverständnis zugrunde, denn die von Paden geforderte Haltung des philosophischen Beraters, den Klienten zwar emotional zu unterstützen, aber in seinen Konzeptionen als ‚rationales Wesen' anzusehen und gegebenenfalls Behauptungen als ungünstig oder ‚falsch' in Frage zu stellen, entspricht der im personzentrierten Ansatz betonten Unterscheidung von ‚Akzeptierung im Menschsein', die es dennoch (bzw. gerade) möglich macht, auf destruktive Denk-, Gefühls- bzw. Verhaltensmuster hinzuweisen und den anderen in seinen Schwächen zu fordern.

sie, ich bestätige sie als Kreatur und als Kreation, ich bestätige auch das mir entgegen Stehende als das mir gegenüber Stehende" (Buber, Elemente, DP 283).

Um den anderen in diesem Sinne wirklich annehmen zu können, muß allerdings die Wahrnehmungsfähigkeit imstande sein, zu dieser Ebene zu gelangen, d.h. den anderen in der Tiefendimension seines Menschseins zu erkennen – die ‚Unzulänglichkeit der Wahrnehmung'[1] wirkt sonst hemmend.

Es gibt noch ein weiteres Hemmnis für echte Begegnung: dem anderen seine Meinung und Haltung aufzuerlegen (Buber, DP 287).

Hier geht es um ein zentrales Thema, mit dem Berater immer wieder konfrontiert sind: Die Frage, ob es Möglichkeiten gibt, in einer nicht-manipulativen Weise zu konstruktiver Veränderung beizutragen und die eigene Wahrnehmung von Schwächen und ungünstigen Aspekten oder ‚falschen Vorstellungen' dem anderen sozusagen als hilfreiches ‚Instrument' zur Verfügung zu stellen, ohne ihn in seiner Eigenständigkeit und Freiheit zu beeinträchtigen[2]. Bubers Versuch, hier eine orientierende Aussage zu machen, kann zumindest als Anregung dienen und zur Überprüfung der eigenen Antwort auf diese wichtige Frage im Beratungskontext auffordern.

Als ‚Alternative' zu der häufigen Umgehensweise, die „dem anderen seine Meinung und Haltung auferlegen" will, beschreibt Buber eine ‚zweite Grundweise der Einwirkung': Hier „will einer das, was er in sich selber als das Rechte erkannt hat, auch in der Seele des andern, als darin angelegt, finden und fördern" (Elemente, DP 287).

Es liegt dann durchaus so etwas wie ein ‚Einflußwille' vor, aber das „bedeutet dann nicht die Bestrebung, den andern zu ändern, ihm meine eigne ‚Richtigkeit' einzupfropfen, sondern die, das als richtig, als recht, als wahr Erkannte, das ja eben darum auch dort, in der Substanz des andern angelegt sein muß, dort, eben durch meinen Einfluß, in der der Individuation angemessenen Gestalt aufkeimen und erwachsen zu lassen (Buber, 1951, 31, W I, 421).

Ähnlich spricht er in ‚Elemente des Zwischenmenschlichen' von dem anderen als jemandem, der ‚werden kann' und dessen Möglichkeiten in der Begegnung erschlossen werden: „Der andre muß nur in dieser seiner Potentialität erschlossen werden, und zwar im wesentlichen nicht durch Belehrung, sondern durch Begegnung, durch existentielle Kommunikation zwischen einem Seienden und einem Werden-könnenden" (DP 287).

Eine solche Haltung, will sie in einem echten Sinne freilassend und nichtmanipulativ sein, bedarf eines tiefen Vertrauens in das konstruktive Potential des

---

[1] Buber: „Ich habe auf zwei Momente hingewiesen, die das Wachstum des Zwischenmenschlichen hemmen: den sich eindrängenden Schein und die Unzulänglichkeit der Wahrnehmung" (Elemente, DP 287).

[2] Leonard Nelson hat für diese Aufgabe eine paradoxe Formulierung gewählt: „Ist das Ziel der Erziehung vernünftige Selbstbestimmung, d.h. ein Zustand, in dem der Mensch sich nicht durch äußere Einwirkung bestimmen läßt, vielmehr aus eigener Einsicht urteilt und handelt, – so entsteht die Frage, wie es möglich ist, durch äußere Einwirkung einen Menschen zu bestimmen, sich nicht durch äußere Einwirkung bestimmen zu lassen" (Nelson, GS I, 291; SM 20f.).

anderen, d.h. des Menschen überhaupt, sie basiert also auf bestimmten anthropologischen Voraussetzungen und Grundannahmen. Buber spricht von einer ‚aktualisierenden Kraft im Menschen' – ganz ähnlich dem Begriff der ‚Aktualisierungstendenz', der in einem anderen Kontext, der psychologischen Beratung und Psychotherapie, für Carl Rogers zu einer Grundorientierung und anthropologischen Grundannahme geworden ist[1].

> Daß es sich hier um eine ‚anthropologische Annahme' handelt und nicht um eine ‚Theorie' im üblichen Sinne, war Rogers bewußt, und er wies deshalb darauf hin, „daß diese grundlegende Aktualisierungstendenz das einzige Motiv ist, welches in diesem theoretischen System als Axiom vorausgesetzt wird" (Rogers, 1959, 22). Der Begriff der ‚Aktualisierungstendenz' bezeichnet für Rogers „die dem Organismus innewohnende Tendenz zur Entwicklung all seiner Möglichkeiten; und zwar so, daß sie der Erhaltung oder Förderung des Organismus dienen" (ebd. 21). Damit ist nicht nur das Bedürfnis nach Befriedigung der sog. Grundbedürfnisse gemeint, sondern auch komplexere Entwicklungstendenzen, hin zur Differenzierung des Selbst und seiner Funktionen, als Erweiterung im Sinne von Wachstum oder als Entwicklung hin zu Autonomie, weg von Heteronomie oder der Kontrolle durch äußere Zwänge (ebd. 22).

Ähnlich ging Buber davon aus, daß jeder Mensch als einmalige, einzigartige Person sich in diesem Personsein erfüllt, im Sinne eines ‚Seins-Auftrags', der nur durch diese Person erfüllbar ist. Aus dieser Einstellung und dem ihr zugrundeliegenden Menschenbild ergibt sich dann die Aufgabe des Erziehers oder Beraters: „Er hat sich als einen Helfer der aktualisierenden Kräfte verstehen gelernt. Er kennt diese Kräfte: sie haben auch an ihm gewirkt und wirken ... Er kann sie nicht auferlegen wollen, denn er glaubt an das Wirken der aktualisierenden Kräfte, das heißt, er glaubt, daß in jedem Menschen das Rechte in einer einmaligen und einzigartig personhaften Weise angelegt ist; keine andere Weise darf sich diesem Menschen auferlegen, aber eine andere Weise, die dieses Erziehers, darf und soll das Rechte, wie es eben hier werden will, erschließen und dazu helfen, daß es sich entfalte" (DP 289).

Während bisher vor allem Grundhaltungen und -ausrichtungen beschrieben wurden, gibt es noch eine weitere Komponente der Begegnung, die im Bera-

---

[1] Carl R. Rogers ist der Begründer des klientenzentrierten bzw. personzentrierten Ansatzes; Buber gehörte, neben Kierkegaard, zu den bevorzugten philosophischen Autoren Rogers. Von einem direkten Einfluß kann man allerdings nur mit Einschränkung sprechen – so kam Rogers z.B. zur Lektüre von Buber und Kierkegaard erst relativ spät, als die wesentlichen Aspekte seines eigenen Ansatzes bereits entwickelt waren.
(Während seiner Lehrtätigkeit in Chicago wurde er von Studenten gebeten, einmal Buber und Kierkegaard zu lesen. Als er es dann tat, war er überrascht über die Ähnlichkeit vieler Aussagen zu seinen eigenen Gedanken und Konzeptionen [Evans, 1975, 70].)
1957 fand ein Gespräch zwischen diesen beiden ‚Dialogikern' statt, auf das Buber in dem Oktober 1957 geschriebenen Nachwort zu ‚Ich und Du' anspielt – er spricht dort von einem ‚wahrhaften Psychotherapeuten', der nicht nur analysiert, sondern imstande ist, die verschüttete latente Einheit der leidenden Seele zu erfassen – „und das ist eben nur in der partnerischen Haltung von Person zu Person, nicht durch Betrachtung und Untersuchung eines Objekts zu erlangen" (DP 131f.)

tungskontext von besonderer Bedeutung ist: in der Sprache der philosophischen Hermeneutik (und ganz ähnlich formuliert als dritte ‚Grundvariable' bei Carl Rogers) ist es das ‚vertiefte Verstehen'; Buber spricht vergleichbar von der Erschließung des sonst Unerschlossenen (DP 295) – „daß einer auf den anderen erschließend einwirke" ist für ihn dazu geeignet, „zu einer höheren Stufe des Zwischenmenschlichen zu führen" (Elemente, DP 291).

In ‚Urdistanz und Beziehung' benannte Buber diesen Vorgang mit dem Begriff der ‚Vergegenwärtigung' – er meint damit die Fähigkeit, sich das zu *vergegenwärtigen*, „was ein anderer Mensch eben jetzt will, fühlt, empfindet, denkt und zwar nicht als abgelösten Inhalt, sondern eben in seiner Wirklichkeit, das heißt, als einen Lebensprozeß dieses Menschen" (Buber, 1951, 33 / W I, 422).

Buber beschreibt nicht genauer, wie er sich diesen Prozeß eines intensiven Ein- und Mitfühlens vorstellt, aber die Grundlage scheint eine Art strukturellen Wissens zu sein, vielleicht vergleichbar dem, was in Kap. B.3.3. (Hermeneutik – ‚Verstehen') als ‚strukturelle Modellierung' vorgestellt und expliziert wurde; so läßt sich jedenfalls eine Formulierung wie die folgende interpretieren: „Das erkannte Prinzip des Menschseins gibt uns das Verständnis der Vergegenwärtigung in ihrer ontologischen Bedeutung an die Hand" (Buber, 1951, 34 / W I, 422).

Daß ein Dialog, in dem wirkliche Begegnung geschehen soll, sich nicht auf verstehendes ‚Begleiten' beschränken kann, sondern auch aktives, persönliches Einbringen erfordern mag, wird von Buber mit einer kurzen, prägnanten Formel ausgedrückt: ‚Jeder muß sich selber einbringen'[1].

Dies ist eine wichtige Konsequenz, die sich aus der Grundhaltung der Echtheit oder Authentizität ergibt; Buber führt das genauer aus, wobei er nochmals betont, daß nicht damit gemeint sei, alles sagen zu müssen, was in einem vorgeht. „Und das bedeutet, daß er willens sein muß, jeweils zu sagen, was er zu dem besprochenen Gegenstand im Sinn hat. Und das wieder bedeutet, daß er jeweils den Beitrag seines Geistes ohne Verkürzung und Verschiebung hergebe. Auch sehr redliche Menschen wähnen, im Gespräch durchaus nicht gehalten zu sein, alles zu sagen ‚was sie zu sagen haben'. Aber in der großen Treue, welche der Atemraum des echten Gesprächs ist, hat das, was ich jeweils zu sagen habe, schon in mir den Charakter des Gesprochenwerdenwollens, und ich darf es nicht davon ab-, darf es nicht in mir zurückhalten" (DP 294). Er bezeichnet das als ‚Rückhaltlosigkeit', die aber „das genaue Gegenteil des Drauflosredens" ist (ebd.).

Damit sind die wesentlichen Elemente benannt, die konstitutiv für eine Form ‚existentieller Kommunikation' (Jaspers) sind und zu einer tiefen und echten Weise des Miteinanders, zur ‚Begegnung', führen können:
– Präsenz in der Gegenwart, einschließlich des Selbstgewahrseins, wodurch Echtheit in allen Formen des Miteinanders ermöglicht wird,
– Akzeptierung des anderen in seiner ‚Einzigartigkeit' (unter Einschluß seiner Eigenheiten und Schwächen), ohne diese Zugewandtheit von besonderen Be-

---

[1] „Des weiteren muß, wenn ein echtes Gespräch entstehen soll, jeder, der daran teilnimmt, sich selber einbringen" (Elemente, DP 293).

dingungen abhängig zu machen, insbesondere der Veränderung in eine gewünschte Richtung,
- ein tiefes Erkennen (Wahrnehmen) des anderen in seinem Menschsein (denn nur darauf kann die Akzeptierung gegründet sein),
- das zu einem vertieften Verstehen und somit ‚erschließendem Einwirken' führt.

b) Philosophieren in und mit der Gruppe

Für Buber ist das Zweiergespräch der ‚Prototyp' des Dialogischen, aber es gibt für ihn auch den Dialog zwischen mehreren Personen – einen ‚mehrstimmigen Dialog'[1]. Das Phänomen der Gruppe ist in der Philosophie theoretisch und praktisch (im Sinne des in der Überschrift benannten ‚Philosophierens in der Gruppe') kaum zum Thema geworden, in philosophischen Lexika wird der Begriff ‚Gruppe' eher als soziologischer Terminus behandelt bzw. es findet sich ein Hinweis auf die Gruppendynamik, die insbesondere durch Peter Heintel und andere an der Universität von Klagenfurt in den philosophischen Kontext einbezogen wurde[2].

So sind die ersten frühen (aber kaum aufgenommenen) Hinweise in diese Richtung durch Buber (‚mehrstimmiger Dialog') und Nelson (Sokratischer Dialog als Gruppengespräch) besonders interessant.

Buber beschreibt eine Erfahrung, die er 1914, kurz vor Beginn des 1. Weltkrieges, in einer Gruppe gemacht hatte und die für ihn einen „Triumph des Zwischenmenschlichen" bedeutete (Elemente, DP 296). Es war ein Zusammentreffen von ‚geistigen Vertretern einiger europäischer Völker', mit dem Ziel, über mögliche vorbeugende Maßnahmen bezüglich der von allen geahnten Katastrophe zu sprechen. Vielleicht war es die Besonderheit dieses Augenblicks, die dazu führte,

---

[1] Im Anschluß an die bereits zitierte Erfahrung der ‚Dynamik eines elementaren Mitsammenseins', von der Menschen ‚in ihrer Tiefe ergriffen und erschlossen werden', schreibt Buber: „Aus der Zwiesprache ist dieses Phänomen ja vielfach bekannt, aber auch im mehrstimmigen Dialog habe ich es zuweilen erfahren" (Elemente, DP 295).

[2] Dieser Bezug geht besonders auf den Kontakt zu dem Gruppendynamiker Traugott Lindner zurück, der Anfang der fünfziger Jahre einer der ersten aus dem deutschsprachigen Raum war, der diese Methode erlernte (s. dazu Gerhard Schwarz: Interview mit Traugott Lindner. in: Schwarz [et.al.], 1996, 19–36).
Gerhard Schwarz knüpft in einem Aufsatz zum Thema ‚Philosophie und Gruppendynamik' an den Reflexionsaspekt der Gruppendynamik an und stellt so eine Verbindung zur Philosophie her: „Die Gruppendynamik kann als eine der vielen Reflexionsvarianten der Gegenwart angesehen werden. Im Prinzip operationalisiert sie die alte aristotelische Forderung: nicht in Unwissenheit über die eigene handelnde Person zu sein. Man könnte hinzufügen: insoferne sich diese eigene Person in einem Kommunikationsprozeß mit anderen befindet.
Selbstreflexion ist daher Voraussetzung der Selbstbestimmung ... Diese Selbstreflexion kann aber nicht allein eine des Individuums sein, sondern sie ist eine eines sozialen Systems, d.h. zunächst der Gruppe, später der Organisation.
In der Gruppendynamik wird die Grundidee der Philosophen nur in Form einer handhabbaren Methode sozusagen operationalisiert" (Schwarz, 1996a, 78).

daß hier von Anfang an ein ‚Dialog in der Gruppe' stattfand: „Ohne daß man etwelche Modalitäten der Aussprache vorweg vereinbart hätte, waren alle Voraussetzungen des echten Gesprächs erfüllt. Von der ersten Stunde an herrschte Unmittelbarkeit zwischen allen, von denen manche einander eben erst kennen gelernt hatten, jeder sprach mit einer unerhörten Rückhaltlosigkeit, und offenbar war nicht ein einziger unter den Teilnehmern dem Scheine hörig" (DP 295).

Die Teilnehmer dieser Gruppe verwirklichten also die ‚Haltungen', die auch im Zweiergespräch Voraussetzungen echter Begegnung sind: Unmittelbarkeit der Beziehung sowie Aufrichtigkeit und Echtheit im Ausdruck.

In ‚Das Problem des Menschen'[1] bezeichnet Buber diesen Aspekt als ‚wesenhaftes Wir'. So wie in der Zweierbeziehung nur in wirklicher Begegnung das ‚Du' erscheint, wird aus dem ‚Man' einer Gruppe ein ‚Wir' – „das Entsprechende zum wesenhaften Du auf der Stufe des Selbstseins im Verhältnis zu einer Schar von Menschen nenne ich das wesenhafte Wir" (W I, 373).

Dieses ‚Wir' bedeutet für Buber „eine Verbindung mehrerer selbständiger, zum Selbst und zur Selbstverantwortung erwachsener Personen, die gerade auf dem Grunde dieser Selbstheit und Selbstverantwortung beruht und durch sie ermöglicht wird. Die besondere Beschaffenheit des Wir bekundet sich darin, daß zwischen seinen Gliedern eine wesentliche Beziehung besteht oder zeitweilig entsteht; d.h. daß in dem Wir die ontische Unmittelbarkeit waltet, die die entscheidende Voraussetzung des Ich-Du-Verhältnisses ist. Das Wir schließt das Du potentiell ein. Nur Menschen, die fähig sind, zueinander wahrhaft Du zu sagen, können miteinander wahrhaft Wir sagen" (W I, 373f.)

In Gegensatz zu Heideggers Konzeption des ‚Man' betont Buber: „Nicht schon die Aussonderung erlöst wahrhaft vom Man, sondern erst die echte Verbundenheit" (W I, 375).

Diese bereits 1943 geschriebenen Aussagen lassen sich in bezug auf das Phänomen der ‚Gruppe' vielleicht in ähnlicher Weise deuten wie die von Buber selbst mit Erstaunen festgestellte Tatsache, daß in der Zeitspanne des 1. Weltkrieges und der ersten Nachkriegsjahre das Phänomen der Begegnung und des Du von verschiedenen Personen, weitgehend ohne direkten Einfluß, artikuliert wurde.

> Buber berichtet in dem 1954 veröffentlichten Nachwort zu der erwähnten Aufsatzsammlung ‚Das dialogische Prinzip' (Zur Geschichte des dialogischen Prinzips, DP 299–319), was ihm 1922 bei der ersten Lektüre von Ebners ‚Pneumatologischen Fragmenten' (Ebner, 1921) bewußt wurde (zu diesem Zeitpunkt war die Niederschrift von ‚Ich und Du' bis auf den dritten und letzten Teil beendet): „Das Buch zeigte mir, wie kein anderes seither, stellenweise in einer fast unheimlichen Nähe, daß in dieser unserer Zeit Menschen verschiedener Art und Tradition sich auf die Suche nach dem verschütteten Gut begeben hatten. Ähnliches ergab sich mir bald auch von anderer Seite" (DP 309). (Hier sind u.a. zu

---

[1] In hebräischer Sprache 1943, dt. zuerst 1947 (in: Dialogisches Leben). In der späteren Sammlung ‚Das dialogische Prinzip' wurde dieser Text nicht mehr aufgenommen. Zitiert nach Werke I, 307–407.

nennen: Hermann Cohen, Georg Simmel, Franz Rosenzweig, Ferdinand Ebner – vgl. Schrey, 1970, 74ff.)

So wie nach dem 1. Weltkrieg der Ich-Du-Bezug auf eine neue Art und Weise in den Mittelpunkt des Interesses rückte, wurde das Phänomen der Gruppe in der Zeit des zweiten Weltkrieges und danach explizit zum ‚Forschungsgegenstand', im Sinne konkreter, praktischer Erfahrungen wie auch wissenschaftlicher Erforschung von Prozessen und Abläufen in (Klein-)Gruppen.

Bubers Äußerungen zum Phänomen der Gruppe aus dem Jahre 1943 stehen vergleichbar in zeitlicher Nähe zu der damals beginnenden Beschäftigung mit dem Phänomen der Gruppe durch den Cassirer-Schüler Kurt Lewin (er ist der Begründer der T-Groups [T für Training], aus der sich dann die gruppendynamischen Methoden entwickelten), und den bereits mehrfach erwähnten Carl R. Rogers – diese beiden Ansätze legten die Grundlage für das Umgehen mit Gruppenprozessen, das sich zu einer regelrechten ‚Gruppenbewegung' entwickelte.

> Rogers war nach dem Krieg (1946/47) damit beauftragt, einen kurzen, intensiven Trainingskurs für die Ausbildung von Beratern zu entwickeln (an der Universität von Chicago), die damit auf ihre Aufgabe vorbereitet werden sollten, mit den Problemen der heimkehrenden GIs umzugehen. Bloß kognitives Training schien ihm nicht angemessen, sie auf diese Aufgaben vorzubereiten, „und so experimentierten wir mit einer intensiven Gruppenerfahrung. Die Trainierenden fanden sich mehrere Stunden am Tag zusammen, um sich selbst besser verstehen zu lernen und sich der Einstellungen bewußt zu werden, die in der Beratungsbeziehung zu Fehlschlägen führen können. Sie sollten in einer Weise in Beziehung zueinander treten, die hilfreich war und auf ihre Beratungsarbeit übertragen werden konnte. Es war dies ein Versuch, kognitives Lernen und das Lernen durch Erfahrung ... zu verbinden ... Dieser Prozeß vermittelte den Gruppenmitgliedern tiefe, bedeutsame Erfahrungen und erwies sich in der Folge als so erfolgreich, daß wir das Verfahren auch nach der Ausbildung von Beratern in Sommer-Workshops weiter benutzten (Rogers, 1970, 11[1]).
> Daraus entwickelte sich die spätere Praxis der Gruppenform des personzentrierten Ansatzes, deren Bezeichnung den Begegnungsaspekt akzentuiert: Rogers nannte seine Gruppenkonzeption ‚Basic Encounter' – grundlegende Begegnung.

Im philosophischen Kontext gab es allerdings bereits vor diesem Zeitpunkt (in der Zeit nach dem ersten Weltkrieg) eine Art philosophischer ‚Gruppenarbeit': Die sokratische Methode nach Leonard Nelson (1882–1927), die er in einem 1922 in Göttingen gehaltenen Vortrag öffentlich vorgestellt hatte[2]. Anfangs war es allerdings eher eine Form des Philosophie-Unterrichts, mit dem Ziel ‚Philoso-

---

[1] Die Übersetzung wurde leicht überarbeitet. Im engl. Original S. 3f.
[2] ‚Die sokratische Methode' war der Titel dieses Vortrags; der Text findet sich in: Ges. Schriften Bd. I, 269–316. (Veröffentlicht 1929, also nach Nelsons Tod 1927.) Als Einzelausgabe: Kassel: Weber, Zucht & Co. 1987. (Seitenangaben nach beiden Ausgaben, GS I bzw. SM = Die sokratische Methode, Einzelausgabe 1987).
Gustav Heckmann, als damals 24jähriger einer der Zuhörer bei diesem Vortrag, hat das ‚Sokratische Gespräch' nach dem zweiten Weltkrieg neu belebt, so daß es zu einer bis heute lebendigen Tradition (und Praxis) geworden ist (Heckmann, 1981).

phieren zu lernen'. In Anlehnung an Kant (KrV B 865f.) betonte Nelson, daß man nur die Geschichte der Philosophie ‚vortragen' könne – „wer im Ernst philosophische Einsicht vermitteln will, kann nur die Kunst des Philosophierens lehren wollen ... Soll es also überhaupt so etwas wie philosophischen Unterricht geben, so kann es nur Unterricht im Selbstdenken sein" (GS I, 283; SM 14). Für Nelson bestand das hauptsächlich in der ‚Kunst des Abstrahierens': „Philosophieren ist demnach nichts andres, als mit Hilfe des Verstandes jene abstrakten Vernunftwahrheiten zu isolieren und in allgemeinen Urteilen auszusprechen" (GS I, 282; SM 14).

Die wesentlichen Grundformen des ‚Sokratischen Gesprächs', wie es heute praktiziert wird, finden sich bereits bei Nelson: der Ausgang von konkreten Erfahrungsbeispielen und der Versuch, im gemeinsamen Prozeß zu allgemeinen Aussagen zu kommen, denen alle Gruppenteilnehmer zustimmen können. In den späteren Fortentwicklungen durch Gustav Heckmann[1] und dem (zunächst von ihm selbst ausgebildeten) Kreis von sokratischen Gesprächsleitern fanden dann auch Ergänzungen und Modifikationen statt, die bereits auf die Ergebnisse und Entwicklungen der Gruppenarbeit nach dem 2. Weltkrieg Bezug nehmen, so z.B. das ‚Metagespräch' (Heckmann, 1981, 9/16), das – vergleichbar dem Grundsatz der Themenzentrierten Interaktion ‚Störungen haben Vorrang' – von Heckmann mit dem Motto erläutert wird: „Jedes Unbehagen muß artikuliert werden" (ebd.). Hier werden somit – neben dem eher kognitiven und sachbezogenen eigentlichen Sokratischen Gespräch – auch Aspekte des Miteinanders, evtl. auftretender störender gefühlsmäßiger Reaktionen auf Gruppenteilnehmer oder das Verhalten des Gruppenleiters usw. zum Thema gemacht, allerdings abgetrennt vom ‚eigentlichen', d.h. thematischen Vorgehen.

In der heutigen Form wird dieses Metagespräch meist fest in den Zeitplan eingefügt.

Nelson benannte sein Vorgehen ‚Sokratische Methode', denn für ihn war Sokrates in erster Linie vom ‚Wahrheitsgefühl' geleitet (GS I, 276; SM 9). Er spannte den Bogen seiner Bezüge für diese Methode von Sokrates und seinem Vorgehen, das sich für ihn ‚am Einzelproblem entfaltet' (GS I, 277; SM 10) über Kant und Fries zu seinem eigenen erkenntnistheoretischen Ansatz – es ging Nelson darum, wie man vom Besonderen, der einzelnen, konkreten Erfahrung, zu „obersten Sätzen", den „allgemeinsten Prinzipien", d.h. der Wahrheit, kommen kann (GS I, 278; SM 11).

---

[1] Nach dem Zweiten Weltkrieg war diese Unterrichts- bzw. Gesprächsform von Nelsons Schüler Gustav Heckmann (1898–1996) neu vorgestellt und weiterentwickelt worden, einmal als Teil seiner Lehrtätigkeit an der PH Hannover, sowie dann im Rahmen der (1922 entstandenen und 1949 wiederbegründeten) Philosophisch-Politischen Akademie. Es gibt inzwischen eine Reihe von ausgebildeten Gesprächsleitern für das Sokratische Gespräch (nicht nur in Deutschland, sondern z.B. auch in Holland und England), und es werden regelmäßig Sokratische Gesprächsgruppen angeboten, an denen jede(r) Interessierte teilnehmen kann. Der bisherige Träger (die ‚Philosophisch-Politische Akademie e.V.') wurde kürzlich um eine ‚Gesellschaft für Sokratisches Philosophieren e.V.' als Vereinigung der Gruppenleiter für Sokratische Gespräche ergänzt.

Das ist bis heute die Grundausrichtung der Methode des ‚Sokratischen Gesprächs' geblieben, auch wenn die zeitgenössischen Vertreter nicht mehr die von Nelson (und ähnlich auch von Heckmann, mit gewissen Relativierungen[1]) vertretene Konzeption einer objektiven und uns zumindest prinzipiell zugänglichen Wahrheit zugrundelegen, sondern die ‚bescheidenere' des Dialog-Konsenses; das Ziel dieses Ansatzes besteht demnach darin, ausgehend von bestimmten Ausgangssätzen (auf der Grundlage konkreter, individueller Erfahrung) zu Prinzipien (‚wahren allgemeinen Sätzen') bzw. zu konsensfähigen allgemeinen Aussagen zu kommen.

Das ‚Sokratische Gespräch' (nach Nelson und Heckmann) stellt also eine Form des ‚Philosophierens in der Gruppe' dar, die themenzentriert vorgeht und dabei einem streng regelgeleiteten Ablauf folgt.

Während in der Anfangszeit die Themen durchaus auch von den Teilnehmern ausgewählt werden konnten, hat sich in der gegenwärtigen Praxis eingebürgert, daß sie vorher festgelegt werden, unter anderem auch deswegen, weil sich die Gruppenleiter oft vorher gründlich mit dem Thema beschäftigen und sich so auf die Gruppe vorbereiten.

Ausgangspunkt ist eine konkrete Erfahrung zu dem vorgegebenen Thema, die gemeinsam aus den anfangs von jedem der Teilnehmer vorgestellten Beispielen ausgewählt wird. Auf dieses Beispiel wird im Verlauf der Arbeit (die in der jetzigen ‚Standardform' in Blockseminaren über mehrere Tage durchgeführt wird) immer wieder zurückgegriffen, so daß der/die BeispielgeberIn im Gesprächsprozeß eine besondere Rolle einnimmt; die eingebrachten Erfahrungen der übrigen Gruppenteilnehmer bleiben meist unberücksichtigt.

Es gibt bestimmte Regeln für die Teilnehmer, vor allem wird das Äußern eigener Gedanken verlangt, während Bezugnahmen auf philosophische Texte oder sonstige ‚Autoritäten' unerwünscht sind.

Der Gesprächsleiter sorgt für einen angemessenen Ablauf, hält sich aber persönlich zurück, d.h. er ist vor allem für die *Strukturierung* des Ablaufs zuständig. Dazu gehört unter anderem auch, darauf zu achten, daß die Teilnehmer sich verständlich ausdrücken – von Nelson wird berichtet, daß er diesem Punkt besondere Aufmerksamkeit schenkte und z.B. fragte: ‚Verstehen Sie, was Sie eben gesagt haben'? Er forderte auch – ähnlich wie in manchen zeitgenössischen Dialog-Techniken – gelegentlich dazu auf, die Aussagen eines anderen Teilnehmers zu wiederholen, oder bat, wenn das schwierig war, den Sprecher darum, seine Aussage noch einmal in verständlicher Form zu wiederholen[2].

---

[1] Vgl. Heckmann (1981, 68/87) „Wenn wir im sokratischen Gespräch Konsensus über eine Aussage erreicht haben, dann hat dieser den Charakter des Vorläufigen: Bis auf weiteres bestehen keine Zweifel mehr an der erarbeiteten Aussage. Jedoch kann uns ein bisher nicht erwogener Gesichtspunkt in den Blick kommen, der neue Zweifel hervorruft. Dann muß die bisher nicht mehr angezweifelte Aussage von neuem geprüft werden. Niemals aber wird eine Aussage erreicht, die neuer Revisionsbedürftigkeit grundsätzlich entzogen wäre."

[2] Ein Teilnehmer der damaligen Gespräche, Kurt Bär, berichtete folgende Beispiele: „Nicht nur für das Ohr deutlich sprechen. Auch der Inhalt sollte einfach und klar sein! Ich erinnere mich an Nelsons Gegenfrage: ‚Verstehen Sie, was Sie eben gesagt haben?' Oder: ‚Haben Sie Herrn X. verstanden? Ja? Dann wiederholen Sie bitte mit ihren Worten! Nein' Dann bitte, Herr X.,

Die wesentlichen Aufgaben des Gesprächsleiters hat Heckmann in seinem Buch über das Sokratische Gespräch skizziert (Kap. 7: Sechs pädagogische Maßnahmen): Bei eigener Zurückhaltung achtet er darauf, daß die Teilnehmer ‚im Konkreten Fuß fassen' und sich dabei für alle verständlich ausdrücken. Wenn die Diskussion abgleitet, sorgt er dafür, daß die gerade erörterte Frage wieder aufgenommen wird. Durch Prüfen der Gründe werden die Teilnehmer dazu angehalten, über ‚bloß subjektives Meinen' hinauszustreben und nach ‚intersubjektiv Gültigem', nach ‚Wahrheit' zu streben, im Sinne eines ‚Hinstrebens auf Konsensus'.

Der Gruppenleiter ist dabei in struktureller Hinsicht stark lenkend, und er sorgt durch Festhalten aller wichtigen Ergebnisse und Aussagen an der Tafel für eine gute Übersicht über den Verlauf des Gesprächs; auch das ausgewählte Beispiel wird vollständig aufgeschrieben.

Ganz im Sinne Nelsons[1] geht es nicht so sehr um das Erzielen detaillierter, ausgearbeiteter *Resultate*, sondern vielmehr um den *Prozeß* des Ringens um eine gemeinsame Aussage. Dieser Prozeß ist oft recht mühsam und geht vielfach nur in kleinen Schritten voran; erfahrene Teilnehmer (viele kommen regelmäßig zu solchen Seminaren) wissen das bereits und erwarten entsprechend auch keine besonderen inhaltlichen Ergebnisse. Hier ist die Rolle des Gesprächsleiters von großer Bedeutung, und so gibt es durchaus gewisse individuelle Unterschiede in der Art der Lenkung; über ein von Nelson 1922 geleitetes Seminar wird berichtet, daß die Teilnehmer einmal mit dessen Leitung sehr unzufrieden waren: „Daß er sich so völlig zurückhielt von jeder zustimmenden Hilfe, ja uns stundenlang im Denken irren ließ, empfanden die meisten von uns als Schikane und Schinderei, und das führte zu einer wahren Meuterei der Teilnehmer. Er war aufs äußerste betroffen" (Lehmann, 1983, 81).

Manche Gesprächsleiter haben auch persönliche Modifikationen eingeführt, so etwa Detlef Horster, der durch Einbeziehung anderer Methoden der Gruppenarbeit bzw. umgekehrt durch Einbringung von Elementen des Sokratischen Gesprächs z.B. in philosophische Lektürekurse eigenständig neue Varianten der philosophischen Gruppenarbeit erprobte (Horster, 1989).

Horster betont zwar die klare Abgrenzung philosophischer zu psychologischer Gruppenarbeit (ebd. 157f.), hat aber keine Scheu, ihm günstig erscheinende Elemente aus diesem Rahmen einzufügen, um die Gruppenerfahrung der Teilnehmer zu erleichtern (vgl. auch Horster, 1994, 120ff.).

Beide Modifikationen des üblichen Vorgehens haben ihm allerdings Kritik der ‚orthodoxen' Sokratiker eingetragen.

Die Bezogenheit auf die konkrete, persönliche Erfahrung verbindet die Vertreter des Sokratischen Gesprächs und der Philosophischen Praxis; so schreibt etwa Horster in der Einleitung zu seinem Buch über ‚Das Sokratische Gespräch

---

aber so, daß Herr YX. sie auch versteht! ‚Bitte kurze Sätze!' ‚Bitte ein Beispiel!' So ging es auch in Nelsons Universitäts-Seminaren zu" (Lehmann, 1983, 81f.).

[1] Vgl. Nelson (GS I, 293; SM 22): „Wenn wir festhalten, daß es dem philosophischen Unterricht nicht darum geht, Lösungen zu häufen, überhaupt nicht darum, Resultate aufzustellen, sondern nur darum, die Methode der Lösung kennen zu lernen ..."

in Theorie und Praxis': „Das Ziel ist demnach ein pragmatisches: die enge Anbindung der Theorie an die Praxis und umgekehrt" (Horster, 1994, 7). Dennoch hat im deutschsprachigen Raum ein tatsächlicher Kontakt zwischen Philosophischen Praktikern und ‚Sokratikern' bisher kaum stattgefunden, und erst die Internationale Konferenz in Leusden, Holland, stellte diese Verbindung ‚offiziell' her, vor allem deshalb, weil es in Holland Überschneidungen gibt – einige Praktiker arbeiten als Individualberater *und* Sokratische Gesprächsleiter. (Als Folge war auch bei den nächsten Internationalen Konferenzen, 1997 in New York und 1998 in Bergisch Gladbach, die Form des Sokratischen Gesprächs – als konkretes Erfahrungsangebot – vertreten.)

Die Philosophischen Praktiker im deutschsprachigen Raum arbeiten zwar fast alle ebenfalls mit Gruppen, aber eher in Form von Seminaren über philosophische Texte, Persönlichkeiten oder Themen, ähnlich der Form von Theorieseminaren, wie sie an Universitäten oder anderen Bildungseinrichtungen (z.B. Volkshochschulen) üblich sind.

Wenn Philosophen selbständig tätig sein wollen, ist die Gruppenarbeit deshalb von Bedeutung, weil sie einen wichtigen ökonomischen Faktor darstellen kann; nur von Einzelberatung, die von den Klienten selbst bezahlt wird, läßt sich ein angemessener Lebensunterhalt kaum bestreiten.

Es gibt aber auch gute inhaltliche Gründe, der Gruppenarbeit im Rahmen einer Philosophischen Praxistätigkeit angemessenen Raum zu geben, denn die Arbeit in der Gruppe kann tatsächlich zu einer ganz besonderen Form der ‚Begegnung' führen, die sehr befriedigend und für alle Beteiligten höchst bereichernd sein kann.

Neben der ‚traditionellen' und von der Universität her vertrauten Form der Seminararbeit mit Texten (auf die hier nicht eingegangen zu werden braucht) stellt die erfahrungsorientierte Arbeit, als ‚Philosophieren in und mit der Gruppe', eine gute und interessante Form dar; sie soll hier als Erweiterung und Fortführung der philosophischen Einzelberatung bzw. der dort geltenden Prinzipien und wirkenden Prozesse betrachtet und behandelt werden.

Damit repräsentiert allerdings das Sokratische Gespräch in seiner traditionellen Form nur eine (sehr spezielle) Möglichkeit. Sie hat den Vorteil, gut ausgearbeitet zu sein und von daher dem Gruppenleiter eine gewisse Sicherheit bei der Durchführung zu bieten (auch durch den organisierten Rahmen und die Ausbildungs- und Supervisionsmöglichkeiten für Gruppenleiter), andererseits bedeutet die strenge formale Struktur auch eine starke Einengung.

So gibt z.B. die Einschränkung auf nur *ein* Beispiel dem ‚Beispielgeber' eine gewisse Sonderrolle und regt für die anderen TeilnehmerInnen den Bezug des gestellten Themas zu ihren eigenen Erfahrungen nicht an; sie werden eher zu Fragenden, der Beispielgeber zum Antwortenden in bezug auf die Erfahrungsfundierung[1].

---

[1] Der holländische philosophische Praktiker Dries Boele, der als Berater, aber auch als Leiter Sokratischer Gesprächsgruppen tätig ist, vertritt eine ähnliche Auffassung und bezieht deshalb – im Unterschied zu der traditionellen Form des Vorgehens – teilweise auch die Beispiele der

Auch die Themenvorgabe durch den Gruppenleiter und die Beschränkung auf dieses eine Thema während des ganzen Ablaufs stellt nur *eine* Möglichkeit dar, und es gibt viele denkbare Alternativen. Wenn man die epistemologischen Grundannahmen des Sokratischen Gesprächs nicht teilt, verliert die Methode sehr an Anziehungskraft, die sie am stärksten noch vor dem Hintergrund des fast missionarischen Wahrheitsanspruches von Nelson selbst hatte. Sobald jedoch der Konsens nicht mehr als Substitut für ‚Wahrheit' akzeptiert wird, verliert auch das konkrete Vorgehen seine Fundierungsbasis. Auch unter theoretischem Gesichtspunkt ist das ‚Sokratische Gespräch' deshalb kritisierbar und revisionsbedürftig.

Die Ausrichtung auf Konsens hat unmittelbare Wirkungen für den Gruppenprozeß – er wird dadurch sehr verlangsamt[1] und auch von der Themenwahl her stark eingeschränkt.

Das ist wohl ein Hauptgrund, warum die ‚klassische' oder ‚orthodoxe' Form des Sokratischen Gesprächs bei den Philosophischen Praktikern eher geringen Anklang findet – Berater sind viel eher darauf ausgerichtet, individuelle Eigenständigkeit und Einzigartigkeit zu respektieren und auch Meinungen zu akzeptieren, die mit der eigenen *nicht* übereinstimmen, sofern sie im Lebensvollzug des zu Beratenden stimmig sind und nicht gegen sehr basale ethische Grundprinzipien verstoßen, zu denen z.B. eben diese ‚Akzeptation der Anderheit' (Buber) gehört.

Durch die starke Orientierung am Konsens bekommt das Sokratische Gespräch seine enge themenorientierte sowie primär kognitive Struktur, und der Aspekt des konkreten Bezugs auf die eigene Person und das Lebensganze sowie auf die anderen TeilnehmerInnen der Gruppe hat wenig Raum.

Daß sich das Sokratische Gespräch in dieser klassischen Form überhaupt erhalten konnte, liegt wohl vor allem an dem institutionellen Rahmen, in dem allerdings die ideologischen ‚Wurzeln' des Begründers Nelson noch deutlich sind – die Arbeit der Gruppenleiter ist z.B. in der Regel unbezahlt. Wird das Konzept außerhalb dieses geschlossenen Rahmens angewandt (wie etwa bei Horster), werden in der Regel sehr bald Modifikationen durchgeführt – besonders deutlich ist das bei den holländischen Praktikern, für die das Sokratische Gespräch viel-

---

anderen Teilnehmer mit ein. In einem Vortrag beim Kongreß in New York, 1997, sagte er dazu: „Die Anerkennung der Erfahrung zeigt sich im sokratischen Dialog im Vergleich der Beispiele. Wir sprechen nicht nur über das ausgewählte Beispiel – obwohl es der Ausgangspunkt ist und das wichtigste Material für die Untersuchung. Auch andere Beispiele können erwähnt werden: zum Vergleich, etwa um Empathie zu erleichtern, oder um ein Problem in dem ausgewählten Beispiel zu klären. Gelegentlich müssen wir zu unseren eigenen Erfahrungen zurückkehren, um uns in die Situation des gewählten Beispiels zu versetzen" (Boele, 1998, 55, Übers. E.R.).

[1] Birnbacher würdigte in einer Besprechung des Buches von Gustav Heckmann (1981) zunächst die positiven Möglichkeiten (‚Chancen') des Sokratischen Gesprächs (insbesondere Vermeidung jeglicher Indoktrination, Entwicklung eigener Gedanken usw.) und formulierte dann bezüglich der ‚Grenzen' des sokratischen Programms: „Auf der anderen Seite läßt sich jedoch nicht verkennen, daß der Ertrag an philosophischen Einsichten, den das sokratische Gespräch in der von HECKMANN praktizierten Form für die Teilnehmer einbringt, geringfügig ist" (Birnbacher, 1982, 45).

fach Teil ihrer professionellen Tätigkeit ist. So wird hier das Instrument des ‚Sokratischen Gesprächs' viel flexibler und individuell unterschiedlicher angewandt und sogar in der philosophischen Firmenberatung eingesetzt.

Eine freie und unstrukturierte Form des themenzentrierten Vorgehens philosophischer ‚Gruppenarbeit' ist in letzter Zeit bekanntgeworden – und zwar das von dem französischen Philosophen Marc Sautet begründete ‚Philosophische Café' (Sautet, 1997). Hier wird in der Regel das Thema erst zu Beginn jeder Sitzung gemeinsam festgelegt. Allerdings ist die Teilnehmerzahl meist erheblich höher als die für intensive Gruppenprozesse günstige (als Maximum gelten 15–16 Teilnehmer), zudem ist die zur Verfügung stehende Zeit relativ kurz (meist etwa 2–3 Stunden), so daß eine ganz eigene, spezifische Dynamik gegeben ist. Dabei besteht u.U. die Gefahr, daß der Prozeß entweder mehr an der Oberfläche bleibt, oder – bei stärkerer Lenkung durch den Philosophen – dieser als ‚Experte' auftritt; so schreibt z.B. Sautet: „Die Gesprächsteilnehmer im Café haben im allgemeinen den Wunsch, einen Standpunkt darzulegen, und sie wollen wissen, was er taugt. Meine Anwesenheit ist für sie eine Gelegenheit, ihre Meinung dem Feuer einer Kritik auszusetzen, die über die Hilfsmittel der philosophischen Tradition verfügt. Man traut mir zu, Überzeugungen zu testen, und ich tue mein Möglichstes, meiner Aufgabe gerecht zu werden. Diese Debatte stellt also ein Verfahren dar, durch das die Philosophie ihre ursprüngliche Funktion wiedererlangt: sie trägt dazu bei, die Widersprüche in der öffentlichen Meinung aufzudecken" (Sautet, 1997, 53).

Das große Interesse an diesen quasi ‚öffentlichen' philosophischen Gesprächen in einer (größeren) Gruppe zeigt auf jeden Fall, daß hier ein echtes Bedürfnis vorliegt; in Frankreich sollen inzwischen fast 100 solche Einrichtungen existieren[1], und auch im deutschsprachigen Raum beginnen ähnliche Aktivitäten, teilweise auch in selbstorganisierter Form.

> Eine besondere Variante des Philosophischen Cafés hat Lutz von Werder, Berlin, entwickelt: um die Beteiligungsmöglichkeit angesichts relativ großer Teilnehmerzahlen zu verbessern, läßt er die TeilnehmerInnen kurze Texte schreiben und verlesen, die dann diskutiert werden.
> Ausgangspunkt kann z.B. ein (philosophisches) Zitat sein, mit einigen Bemerkungen des Leiters zum Autor, dann wird die ‚Schreibaufgabe' für die Teilnehmer formuliert und mit einer Anleitung zum Schreiben verbunden. Die so entstandenen ‚freien Texte' der TeilnehmerInnen werden anschließend vorgelesen und diskutiert (Werder, 1998, 101)[2].

---

[1] Vgl. dazu den Bericht von Sabine Günther über ‚Die philosophischen Cafés in Frankreich' (Günther, 1998).
[2] Ein Bericht darüber erschien in ‚Information Philosophie', 1997,5, 76f.
   Lutz von Werder hat auch zwei Bücher mit Anleitungen zu ‚philosophischen Schreibübungen' veröffentlicht (Werder, 1996, 1997), die als Grundlage für diese Art des ‚Philosophischen Cafés' dienen.

Auch in meiner eigenen Tätigkeit versuche ich, Formen philosophischer Gruppenarbeit einzubeziehen und zu entwickeln. So arbeite ich seit einiger Zeit mit einer Konzeption, die auf der gleichen theoretischen Grundlage beruht wie die hier vorgestellte Fundierung Philosophischer Einzelberatung: Die Ausgangsbasis ist, daß jeder Mensch eine eigene ‚Lebensphilosophie' entwickelt hat (im Sinne eines konzeptuellen Rahmens theoretischer Hintergrundannahmen, als ‚subjektive Theorien' oder ‚Alltagsphilosophie'), die aus verschiedenen Quellen gespeist ist.

Als strukturelle ‚Vorgabe' für das ‚Umgehen mit der eigenen Lebensphilosophie' (so lautet das Leitthema) dient eine Fragensammlung, die an der Systematik der klassischen Philosophie orientiert ist und so zu einer detaillierten Beschäftigung mit den eigenen, persönlichen Vorstellungen etwa zu Kosmologie/Naturphilosophie, Metaphysik, Erkenntnistheorie, Ethik und Anthropologie auffordert. Diese Fragen werden den TeilnehmerInnen schon einige Zeit vor dem Gruppentermin zugänglich gemacht, so daß eine entsprechende Vorbereitung möglich ist. (Die Philosophiegeschichte als ‚Fragensammlung' zu nutzen, hat die TeilnehmerInnen meist sehr angesprochen und wurde als anregende Möglichkeit betrachtet.)

Je nach zur Verfügung stehenden Zeit stellt dann jede(r) Teilnehmer(in) die eigene Lebensphilosophie in einer eher systematischen Form vor, bzw. es werden bestimmte Aspekte ausgewählt, die für den einzelnen besonders wichtig, schwierig oder ‚fragwürdig' sind bzw. geworden sind.

Diese Erfahrungen bestätigen die Annahmen, die einen wichtigen Hintergrund der hier vorgelegten Konzeption darstellen, daß nämlich die Systematik gerade der älteren Philosophie alle wesentlichen Aspekte umfaßt, die zu einer Weltsicht oder Lebensphilosophie gehören und die mehr oder weniger ausgearbeitet bei jedem Menschen repräsentiert sind; unter diesem Gesichtspunkt stellt die Geschichte der Philosophie mit ihren unterschiedlichen Entwürfen und Konzeptionen die Summe und zugleich Entwicklungsgeschichte individueller, persönlicher Lebensphilosophien dar.

Die wichtigsten Fragen, wie sie als Vorbereitungsgrundlage für die Seminare zur ‚eigenen Lebensphilosophie' dienen, sollen hier wiedergegeben werden:

Kosmologie / Naturphilosophie

Welche Vorstellungen über die Natur des Seienden haben Sie? Wie stellen Sie sich die Entstehung des Weltalls vor? Hat es eine Bedeutung für Sie, ob das All einen Beginn und ein Ende (bzw. einen Beginn, aber kein Ende) hat oder ob es sich in einem fortwährenden und unendlichen Prozeß der Veränderung (des kontinuierlichen Werdens und Vergehens) befindet?
Wie ist das Leben entstanden? Was verstehen Sie eigentlich unter ‚Leben'? Wie erklären Sie sich die Höherentwicklung des Lebens bis hin zum Menschen (‚Evolution')?

Metaphysik / Theologie bzw. Transzendenz-Konzeption

Welches ist Ihre Antwort auf die Frage nach der Transzendenz? Was für ein ‚Gottesbild' haben Sie, oder wie benennen Sie das ‚Umgreifende' (vielleicht ‚Energie' oder ‚Kraft der Evolution')?

Wenn Sie eine explizite Gottesvorstellung haben, wie ist dann der Bezug der Einheit zur Vielheit gefaßt? Wie fassen Sie das Verhältnis von Immanenz zu Transzendenz? Gehen Sie dabei einen Weg über die Dualität bzw. Polarität?
Wenn das der Fall ist, legen Sie dann die Polarität in das Göttliche selbst? Gibt es in Gott eine Entsprechung von männlich/weiblich (oder: wie stehen Sie zu der Frage eines männlichen oder weiblichen oder männlich/weiblichen Gottesbildes?) bzw. von Gut und Böse (etwa im Sinne einer erschaffenden und zerstörenden göttlichen Kraft)?
Hat die Konzeption der Trinität (in der christlichen Konzeption oder in einem anders gefaßten spekulativen Sinn) für Sie eine Bedeutung?
Wie gehen Sie mit den unterschiedlichen Gottesvorstellungen in verschiedenen Religionen um?
Neigen Sie eher zu einer persönlichen oder unpersönlichen Transzendenzvorstellung?
Haben Sie einen persönlichen, erfahrungsorientierten Bezug zur Transzendenz, der im Alltag Relevanz und Auswirkung hat?

Erkenntnistheorie

Wie kommt der Mensch zu Wissen? Wie stellen Sie sich den Vorgang der Erkenntnis vor? Was ist Wahrheit? Gibt es sicheres, unbezweifelbares Wissen?
Wie fassen Sie für sich den Unterschied zwischen Wissen und Glauben?
Haben Sie eine Bewußtheit davon, was in Ihrer Weltsicht Theorien und Konzepte sind und wie diese auf Ihre konkrete Erfahrung bezogen sind?
Wie sind Ihre Konzepte, Theorien, Überzeugungen, Glaubenssätze usw. ‚entstanden‘, d.h. wissen Sie um deren Quellen?

Ethik

Welches sind Ihre Werte – und Ihre Ziele?
In welcher Form sind Werte für Sie repräsentiert – eher als ‚Pflichten‘ d.h. in der Form: Was soll ich tun?
Oder eher am ‚Wollen‘ ausgerichtet: was sind meine Ziele, worin sehe ich den Sinn oder die ‚Richtung‘ meines Lebens etc.
Gibt es einen Wert bzw. mehrere Werte, die einen zentralen Platz einnehmen, während andere eher sekundär sind? (D.h. wie sieht Ihre persönliche Werte-Hierarchie aus?)

Anthropologie

Was ist der Mensch? Was für ein Menschenbild (Menschenmodell) haben Sie?
Wie unterscheiden Sie die verschiedenen ‚Ebenen‘ bzw. ‚Instanzen‘ oder ‚Instrumente‘ des Menschen – nach der Dimension eines Oben und Unten? Oder eher nach Innen und Außen? Tiefe und Oberfläche?
Wie ist in Ihrem Menschenbild die Frage des Guten und Bösen repräsentiert, d.h. wie ‚erklären‘ oder ‚verstehen‘ Sie Destruktivität?
(Oder: ist der Mensch seinem ‚Wesen‘ nach konstruktiv bzw. ‚gut‘ oder destruktiv bzw. egoistisch etc.)
Gibt es in Ihrem Menschenbild eine ‚Instanz‘ der Relation zur Transzendenz?
Welche Symbolisierung haben Sie dafür (mit welchen Begriffen, welchem Bild, welcher Modellierung) und wo ordnen Sie diese Instanz an?
Wie stehen Sie zu den unterschiedlichen Vorstellungen bezüglich einer Postexi-

stenz? (Zum Beispiel: Persönliches Überleben des Todes, Aufgehen in Gott, *Prä- und* Postexistenz im Sinne der Reinkarnationslehre usw.)
Was bedeuten für Sie die Vorstellungen von Himmel und Hölle?
Welche Bedeutung haben solche Vorstellungen (auch wenn sie vielleicht nur noch ‚implizit' vorhanden sind bzw. eigentlich der Vergangenheit angehören) auf Ihre Handlungen bzw. deren Einschätzung?

Die persönlichen Theorien und Konzeptionen sind in den genannten Bereichen in unterschiedlicher Weise ausgearbeitet und ‚durchdacht'; in der bisherigen Durchführung der Seminare zur eigenen Lebensphilosophie fand sich oft ein klarer Transzendenzbezug, der ganz individuell und persönlich symbolisiert wurde und in einem differenzierten Zusammenhang zu den eigenen Erfahrungen stand.

Es geht mir bei dieser Arbeit mit der eigenen Lebensphilosophie nicht nur um die Darstellung im Sinne einer Explizierung, sondern auch um die *Überprüfung* der persönlichen Vorstellungen. Konzepte sind mehr oder weniger angemessen, und hier kann der Gruppenleiter (unter Einbeziehung der Reaktionen und Ansichten der Teilnehmer) hilfreich sein bei dem Prozeß, ungünstige Aspekte der persönlichen Weltsicht zu prüfen, zu modifizieren bzw. bestimmte Konzeptualisierungen ‚aufzugeben', wenn sie die aktuellen Erfahrungen nicht mehr angemessen repräsentieren können und sie durch neue, angemessenere Symbolisierungen zu ersetzen.

Auf diese Weise kann sich ein offenes und freies ‚Philosophieren in und mit der Gruppe' entwickeln, wobei mir wichtig ist, daß durchgängig die interaktive Bezogenheit kognitiver und affektiver Prozesse berücksichtigt wird.

> Ein Beispiel soll diesen engen Zusammenang von Konzepten und emotionalen Reaktionen erläutern: Ein Gruppenteilnehmer berichtete davon, wie er beim Umgehen mit seiner ‚Lebensphilosophie' (als Vorbereitung auf die Gruppe) immer wieder mit der Frage nach seiner Gottesvorstellung beschäftigte. Auch bei der Frage nach eigenen ‚kosmologischen' (naturphilosophischen) Fragen kam sofort die Frage: ‚Wer ist der Verursacher dieses Ganzen?' Dabei wurde zugleich deutlich, wie negativ das Wort ‚Gott' für ihn besetzt war, es hatte etwas Einengendes, Beengendes. Er führte das auf seine Kindheit zurück, wo er sich in starkem Maße Gott als ‚Richter' vorstellte. „Also den Begriff ‚Gott' und ‚Richter' könnte ich gleichsetzen, und dann eben halt negativ besetzt"[1].
> Er suchte dann nach Symbolisierungen, die frei waren von dieser Verknüpfung – er sprach von dem ‚Anderen', von dem für ihn ‚ganz Großen', und wenn er sich dem zuwendet, „da geht was in mir auf". So gibt die emotionale Reaktion auf gewisse Begriffe Hinweise auf ihre Angemessenheit zur Symbolisierung bestimmter Aspekte der eigenen Lebensphilosophie. Es begann nun ein zweiphasiger Prozeß: zunächst wurde nach angemessenen Symbolisierungen gesucht – es wurde deutlich, daß sehr offene Benennungen dafür (etwa der Jaspersche Begriff des Umgreifenden) ausreichten, um das Gemeinte zu symbolisieren – als unmittelbar zutreffend wurde vor allem der Satz empfunden: ‚Das ist unbenennbar', so daß schließlich dieses ‚DAS' als angemessenste Bezeichnung erschien: „Da ist

---

[1] Die Gruppenarbeit wird auf Tonband aufgenommen, so daß ich mich in der Darstellung sehr eng an den tatsächlich geäußerten Wortlaut halten kann. Mit Anführungszeichen werden wortwörtlich wiedergegebene Passagen gekennzeichnet.

die Bewegung drin und die Unbenanntheit"; wichtig war zudem, daß in dieser Benennung (die einen ‚zeigenden' Charakter hatte) Weite ‚in alle Dimensionen' hinein enthalten war. Das ergab dann als eigene Erlebensreaktion: „Dann ist es auch in mir weit."

Es wurde deutlich, daß diese Art der Benennung zwar für ihn persönlich stimmte und auch ausreichend erschien, daß es aber im Kontakt mit anderen schon schwierig ist, das Wort ‚Gott' zu hören: „Und dann kommt in mir so die Sorge, wie kommuniziere ich damit, im drüber Sprechen, das Wort ‚Gott' fällt sehr oft, und dann hab ich noch kein – also wenn ich jetzt mit jemandem spreche, höre ich das Wort Gott sehr oft, dann kriegt's bei mir immer sowas Enges. Ich müßte es neu ausprobieren."

Im zweiten Schritt ging es dann darum, mit dieser negativen Reaktion auf das Wort ‚Gott' umzugehen – es war dem Betreffenden klar, daß diese Enge durch seine persönliche Deutung und Bedeutungsverleihung dieser ‚Chiffre' entsteht: „Ich weiß ja nicht, wie die anderen empfinden", d.h. wie bei ihnen dieser Begriff ‚gefüllt' ist. Er äußerte unter diesem kommunikativen Aspekt den Wunsch, das Wort ‚Gott' von dieser festen Verbindung mit ‚Strafen, Richten' zu lösen – es wurde ihm deutlich, daß er versuchte, dem durch eine andere Begrifflichkeit quasi zu entfliehen.

Dann bat ich darum, daß jemand einen Satz zu dem Betreffenden sagen sollte, in dem – auf ernsthafte Weise – das Wort ‚Gott' vorkam. Ein Teilnehmer sagte daraufhin: „Ich glaube, daß Gott alles in der Welt durchdringt." Bei diesem Satz blieb die übliche negative (verengende, verschließende) Reaktion aus – auf Nachfragen wurde deutlich, wieso: „Ich habe zu ihm hingeschaut, ihn auch wahrgenommen, wie er es gesagt hat, war also zu ihm hin geöffnet, also mein Tun war, mich ihm gegenüber zu öffnen, genau zu schauen, wie er es macht, wie er es sagt, und es war eine Ich und Du –, es war schon eine Begegnung, es war nicht so dahingesagt. Aber es war schon eine Hinwendung zu ihm, von mir."

Damit wurde deutlich, daß sowohl die ‚Echtheit' und Offenheit des anderen wie auch die eigene Öffnung und Hinwendung *zum* anderen diese neue Erfahrung ermöglicht hatten. Da es in diesem Fall um den Austausch von ‚Sätzen' über Transzendenz ging, war die Grundvoraussetzung für diese Art der Begegnung auch die beidseitige ernsthafte Ausrichtung auf das Gemeinte – der Betreffende wies darauf hin, wie oberflächlich das Wort ‚Gott' oft verwendet wird, so daß es nicht ‚überzeugend ankommt'. Vor dem erarbeiteten Hintergrund war allerdings klar, daß diese Reaktion auf ‚Unechtheit' und ‚oberflächliches Sprechen über Gott' eine ganz andere Basis hat als das automatische reaktive ‚Engwerden', das mit der eigenen Koppelung von ‚Gott' mit ‚richtend/strafend' zusammenhing.

Mit diesem Beispiel wird vielleicht deutlich, daß die Form des Gruppengesprächs eine Dimension zugänglich machen kann, die über das hinausgeht, was in der Einzelberatung möglich ist – eben die Form des ‚mehrstimmigen Dialogs', die zu einem ‚qualifizierten Wir' führen kann und eine besondere Qualität zwischenmenschlicher Begegnung ermöglicht.

3.6. Transpersonale Philosophie – die ‚vertikale Dimension':
Philosophie und Transzendenz

Alles ist trivial, wenn das Universum nicht in einem metaphysischen Abenteuer begriffen ist.

(Nicolás Gómez Dávila)[1]

Jeder Mensch ist sein eigener Metaphysiker.

(Charles Sanders Peirce)[2]

„Und was ist Religion?" fragt Charles Sanders Peirce in einem Text aus dem Jahr 1893. Er antwortet auf diese rhetorische Frage: „Sie ist eine Art Gefühlsregung [*sentiment*] in jedem einzelnen Menschen, oder auch: eine verborgene Wahrnehmung – eine tiefe Erkenntnis von etwas im uns umgebenden All; und wenn wir versuchen, dem Ausdruck zu geben, so wird es sich in mehr oder weniger extravagante Formen kleiden und als mehr oder weniger zufällig erscheinen, immer aber wird es ein Erstes und Letztes, das A und Ω, anerkennen, und ebenso ein Bezogensein des individuellen Selbst eines Menschen als relatives Sein auf jenes Absolute."[3]

Diese Äußerung mag als Beispiel dafür dienen, daß (philosophische) Rationalität – die bei Peirce gewiß vorlag – auch ein rationales Umgehen mit der Transzendenz einschließen kann. So wie es irrationale Gedanken und Gefühle gibt, kann auch Religiosität oder Transzendenzbezug irrational (bzw. *antirational*[4])

---

[1] In: Einsamkeiten (Gómez Dávila, 1977, 14).

[2] ‚Private Gedanken zur Lebensführung', LIV, 25. Nov. 1860. In: Peirce (RS, 23).

[3] Peirce (RS, 208f.). Die Übersetzung wurde z.T. überarbeitet (Text nach CP 6, 302).
(„And what is religion? In each individual it is a sort of sentiment, or obscure perception, a deep recognition of a something in the circumambient All, which, if he strives to express it, will clothe itself in forms more or less extravagant, more or less accidental, but ever acknowledging the first and last, the A and W, as well as a relation to that Absolute of the individual's self, as a relative being.")

[4] Die unterschiedliche Haltung der katholischen und evangelischen Theologie zur Philosophie stellt einen wichtigen Faktor bei der Loslösung der Philosophie aus dem theologischen Rahmen im Übergang zur Neuzeit dar – Luther betonte den Gegensatz von Vernunft und Glaube in besonderer Weise, verbunden mit einer expliziten Ablehnung der Philosophie, so daß damit zugleich die ‚ontologische Option' (Schaeffler) des Sprechens über Transzendenz, die bis heute charakteristisch ist für die katholische Theologie, diskreditiert wurde. (Vgl. hierzu Richard Schaeffler [1989], der den christlich-katholischen Philosophen den Vorschlag macht, diese ontologische Option des Sprechens über Transzendenz durch eine ‚transzendental verstandene Grammatik' neu zu begründen.)

Für den Kontext Philosophischer Beratung spielt diese Entwicklung insofern eine Rolle, als sich daraus in der Gegenwart ein Nebeneinander von christlicher (katholischer) Philosophie und ‚säkularer' akademischer Philosophie ergeben hat.

Die erwähnte ‚ontologische Option' des Sprechens über Transzendenz findet sich nun häufig bei Menschen mit explizitem Transzendenzbezug, die den allzu anthropomorphen Sprachgebrauch persönlicher Gottesvorstellungen vermeiden wollen. Auch wenn sie in der Regel eher nicht kirchlich orientiert sind, können doch für das Umgehen mit solchen Lebensphilosophien manche Beiträge aus der Religionsphilosophie (wie etwa die erwähnten Ausführungen von Schaeffler) sowie von christlichen Philosophen (vgl. etwa Muck, 1997) Anregungen bieten, symbolisiert und gefaßt sein, und umgekehrt läßt sich eine Zielvorstellung von Rationalität formulieren, die außer der Rationalität des Denkens und Fühlens[1] auch ein ‚rationales', d.h. begrifflich klares und erfahrungsorientiertes Umgehen mit dem Bereich der Transzendenz umfaßt.

Für Peirce basieren all die unterschiedlichen ‚extravaganten' Einkleidungen religiöser Konzepte auf gewissen Grundannahmen des natürlichen menschlichen Bewußtseins (‚common sense'), die er einer ‚epistemischen Tiefendimension' zuordnet (‚tiefe Erkenntnis' / ‚verborgene Wahrnehmung' / ‚eine Art Gefühlsregung'), wobei er – ganz im Sinne der hier zugrundeliegenden Modellierung – kognitive Prozesse (*Wahrnehmung* und *Erkennen*) *und* emotionale (*Gefühlsregung*) benennt, um die ‚Entstehung' von Religion zu charakterisieren.

Ein philosophischer Berater, der es nicht für möglich hält, auf eine rationale Weise mit religiösen (spirituellen) Fragen umzugehen, müßte viele seiner Beratungsklienten mit der Bemerkung wegschicken, daß er mit ihren Themen nicht angemessen umgehen könne.

Wer allerdings versucht, das Thema der Transzendenz auf reflektierte und rationale Weise zu erfassen und zu symbolisieren, erfährt bald, wie schwierig es ist, die verwendeten Begriffe exakt zu definieren. Peirce weist auf einen üblichen und häufigen Ablauf hin: „Nachdem es dann zu falschen Definitionen gekommen ist, und mehr können Menschen nicht erreichen, sehen sie sich mit der Widerlegung dieser Definitionen konfrontiert" (Peirce, RS, 286).

Viele Aussagen über Gott – in der Philosophie ebenso wie in der Alltagskommunikation – bewegen sich auf dieser Ebene. Dann werden einfache Fragen gestellt (z.B. ob es Gott gibt oder nicht, ob er lebt oder tot ist) und einfache Antworten darauf gegeben. In solchen Sätzen ist ‚Gott' zunächst nicht viel mehr als ein Begriff, den es selbstverständlich ‚gibt'; ob ‚Gott' lebt oder tot ist, hängt davon ab, in welcher Weise dieses Wort vom Sprecher lebendig gefüllt werden kann oder nicht.

Für viele Menschen ist dieser Begriff heute fraglich geworden (das *Wort* ‚Gott' ist für sie ‚gestorben' – so ließe sich umgangssprachlich ein bekannter Satz[2] paraphrasieren), so daß dann versucht wird, andere Symbolisierungen zu finden, wenn sie versuchen, über das eigentlich ‚Unbenennbare' zu sprechen.

> Diese Haltung zur Transzendenz ist heute so weit verbreitet, daß in einer Berliner Umfrage (Jörns, 1997) die Notwendigkeit gesehen wurde, dieser Gruppe eine eigene Repräsentanz zu geben – im Unterschied zu den ‚Gottgläubigen' wurden sie ‚Transzendenzgläubige'[3] genannt. Diese Unterscheidung ist also nicht eine von

---

denn der Hauptstrom des neueren philosophischen Diskurses hat für eine ‚Hermeneutik der Transzendenzerfahrung' nicht viel anzubieten.

[1] ‚Rationale Gefühle' lassen sich als gutbegründet und angemessen charakterisieren. Sie stehen in einem klaren und entsprechend prägnant symbolisierbaren Bezug zu konkreter Erfahrung (Wahrgenommenem) bzw. zu Konzepten (Gedachtem, Vorgestelltem).

[2] Gemeint ist natürlich Nietzsches „Gott ist tot! Gott bleibt tot! Und wir haben ihn getötet!" (Fröhliche Wissenschaft § 125)

[3] In dieser Typologie sind Buddhisten ‚Transzendenzgläubige', nicht aber ‚Gottgläubige' im Sinne einer monotheistischen, persönlichen Gottesvorstellung. Die Anziehungskraft des Bud-

,Gottestypen', sondern orientiert sich an den Weisen, „wie Menschen sich Gott und/oder transzendenten Mächten gegenüber verhalten" (ebd. 56).

Für den Kontext Philosophischer Beratung soll hier die Frage des Transzendenzbezugs ganz pragmatisch behandelt werden. Unter historischem Gesichtspunkt ließe sich allerdings leicht die Scheu vieler zeitgenössischer Philosophen verständlich machen, sich rational mit dem Thema der Transzendenz zu beschäftigen, oder etwa zu hinterfragen, welche Rolle Transzendenzkonzeptionen im Bewußtsein der Menschen unserer Zeit haben, wie solche Vorstellungen symbolisiert werden und welche lebenspraktische Bedeutung die jeweiligen Konzepte haben.

Viele Philosophen neigen dazu, derartige Fragen als ‚religiös' zu deklarieren und in eine andere Kompetenz zu verweisen (vornehmlich die der christlichen Theologie). Doch heute haben viele Menschen in ihrer persönlichen Lebensphilosophie Transzendenz-Konzeptionen entwickelt, die weit entfernt sind von den tradierten Begriffen und Konzepten der verschiedenen christlichen Theologien. Es ist vielfach eher so, daß ‚ungünstige' Vorstellungen bezüglich der Transzendenz aus dem religiösen Kontext stammen, also solche mit lebenspraktischen Auswirkungen, die von dem/der Betreffenden selbst wie auch aus der Außenperspektive z.B. eines Beraters als negativ eingeschätzt werden, wie etwa der ‚richtende Gott' in dem erwähnten Beispiel; wenn die ungünstigen Auswirkungen derartiger Vorstellungen deutlich werden, kann eine wichtige Beratungsaufgabe darin bestehen, den Prozeß zu begleiten, die eigene Weltsicht von solchen Elementen freizumachen und neue, angemessene Symbolisierungen zu finden.

Doch wer kann bei einem solchen ‚Unternehmen' als Berater dienen, wenn Beratungsbedarf besteht? Gerade hier liegt eine Möglichkeit *Philosophischer* Beratung, mit Themen, Fragen und Problemen umzugehen, für die seelsorgerliche oder psychologische Berater[1] oft nicht als Ansprechpartner in Frage kom-

---

dhismus für viele westliche Menschen unserer Zeit liegt sicher wesentlich mit an dessen strikter Weigerung, positive, festlegende Symbolisierungen für die Transzendenz zu geben, weder in bezug auf den transzendenten ‚Kern' des Menschen (das Selbst [atta/âtman]), noch auf die transzendente ‚Dimension' oder ‚Ebene'. Dabei wird im frühen Buddhismus weder das spirituelle Selbst noch die spirituelle Dimension geleugnet, es wird nur konsequent jede Aussage darüber verweigert. In dieser Hinsicht nimmt der Buddhismus eine Sonderstellung ein, die zu vielen Mißverständnissen geführt hat, etwa daß es sich um eine ‚atheistische Religion' handele, die leugne, daß es ein ‚inneres Selbst' gebe.
In der erwähnten Befragung wurde der Atheismus als eine von vier Weisen aufgefaßt, sich Gott und Transzendenz gegenüber zu verhalten: Neben den Gottgläubigen, den Transzendenzgläubigen und den Unentschiedenen sind es diejenigen Menschen, „die jeder Form von transzendenten Wesen oder transzendenter Macht eine ausdrückliche Absage erteilen" (Jörns, 1997, 57).

[1] Hier soll kurz auf die Ende der 60er Jahre entstandene ‚Transpersonale Psychologie' hingewiesen werden. Jürgen Kriz beschrieb ihr Anliegen folgendermaßen: „In ihrem Welt- und Menschenbild ähnelt die Transpersonale Psychologie der Humanistischen Psychologie: Beide rücken Wachstum und ganzheitliche Entwicklung des Menschen ins Zentrum ... Doch erweitert die Transpersonale Psychologie die Orientierung und Entwicklungsmöglichkeit des Menschen eben explizit um die ‚vertikale' Dimension, hin auf ein Ziel, das die Person transzendiert ... Abraham Maslow, der zu den wesentlichen Begründern der Humanistischen Psychologie zählt,

men, so daß vielfach nur die ‚Szene' des psycho-spirituellen bzw. esoterischen ‚Marktes' bleibt, mit der großen Gefahr, dabei an unseriöse Berater zu geraten.

In einem gegebenen Weltbild lassen sich vor allem zwei ‚Aufgaben' erkennen, die Vorstellungen und Konzeptionen der Transzendenz erfüllen: eine transzendentale (erkenntnis-konstituierende) sowie eine sinn-stiftende Funktion.

Unter epistemologischem Gesichtspunkt überschreiten Transzendenzvorstellungen den ‚Boden' des Erkennbaren und ‚benennen' damit die Erkenntnis-Grenzen, und zwar durch die ‚Definition' eines Unerkennbaren, Nicht-Benennbaren, wobei sich in den gebrauchten Begrifflichkeiten notwendigerweise eine gewisse ‚Vagheit' (Peirce[1]) ergibt.

Das epistemologische ‚Ergebnis' speist sich dabei aus der Möglichkeit, auf diese Weise die Grenzen des Erkennens gleichzeitig zu ‚ziehen' und zu überschreiten. Dadurch wird eine ‚epistemische Tiefendimension' geschaffen, die wiederum als ‚Grundlage' für die Erkenntnis dient.

Bei Schleiermacher ist diese Bewegung sehr klar formuliert – für ihn würde eine Erkenntnis, die nur auf Gegenstände bezogen wäre, ein ‚schlechthinniges Freiheitsgefühl' hervorbringen, während der Bezug zur Transzendenz das Wissen bringt, Geschöpf zu sein und in diesem Sinne ‚schlechthin abhängig'. So liefert für ihn Gott als das „*Woher* unseres empfänglichen und selbsttätigen Daseins" (Schleiermacher, 1830, 28) zugleich die Basis für unsere Welterkenntnis. Das Wort ‚Gott' stellt dabei die Verbindung her, es ist – wie Rieger (1988, 229) zusammenfaßt – „die Repräsentation des transzendenten Grundes im Gegenstandsbewußtsein" und bezieht sich damit „auf eine fundamentalere Ebene als die des Wissens, nämlich auf die Bedingung der Möglichkeit von Wissen überhaupt, die selbst kein Gegenstand des Wissens werden kann, weil sie dessen transzendenter Grund ist. Dieser kann vom Wissen nur erfaßt werden in einer endlichen Repräsentation, wie es das Wort Gott ist[2]".

---

formuliert selbst, daß er diese nur als ‚vorübergehend' und als Vorbereitung für eine Psychologie sehe, welche transpersonal und transhuman sei, ‚ihren Mittelpunkt im All hat ... und über menschliche Identität, Selbstverwirklichung und ähnliches hinausgeht'" (Kriz, 1988, 797).
Im diesem Kontext entstanden auch psychotherapeutische Ansätze, die in besonderem Maße die Offenheit für Sinnfragen und Transzendenz-Erfahrungen akzentuieren (vgl. Boorstein, 1980). Von der akademischen Psychologie – jedenfalls in Europa – wird die Transpersonale Psychologie noch wenig beachtet, die Ergebnisse ihrer seriöseren Vertreter (der Begriff wird inzwischen in sehr unterschiedlichen Zusammenhängen verwendet) verdienen im Kontext Philosophischer Beratung sicherlich Beachtung. (Die wichtigsten Beiträge finden sich in dem seit 1969 erscheinenden ‚Journal of Transpersonal Psychology'; ausgewählte Aufsätze daraus sind durch den auch ins Deutsche übersetzten, 1980 von Roger N. Walsh und Frances Vaughan herausgegebenen Sammelband ‚Beyond Ego' [Walsh/Vaughan, 1980] zugänglich.)

[1] Peirce meint, daß es durchaus ‚Klarheit', im Sinne von ‚Verständlichkeit', in bezug auf Begriffe geben kann, die notwendigerweise vage sind. Er weist darauf hin, daß viele Worte der Alltagssprache vage sind und dennoch ihren Zweck erfüllen- und „das gilt betontermaßen im Falle des besonders vagen Wortes ‚Gott', das auch dadurch nicht an Vagheit verliert, daß man sagt, es bedeute ‚Unendlichkeit' etc., denn diese Attribute sind zumindest ebenso vage" (RS, 288).

[2] M. Eckert hat das – mit Bezug auf Schleiermachers ‚Dialektik' von 1822 – als eine Verbindung von ‚Selbstbewußtseinstheorie und negativer Theologie' bezeichnet (Eckert, 1997), im

Eine solche ‚Denkform' stellt sozusagen das Gegenteil einer erkenntnisskeptischen Konzeption dar, wie sie in zeitgenössischer Form z.B. der radikale Konstruktivismus repräsentiert, nach dem unser Erkennen und Wissen ohne jeden ‚tragenden Grund' einfach wie ein Netz über die Welt ausgespannt oder -geworfen wird und allein aufgrund der adaptiven Handlungsorientierung Funktion und pragmatische Geltung hat bzw. bekommt.

Beide Vorstellungen beruhen auf unhintergehbaren Hintergrundannahmen anthropologischer und weltanschaulicher Art, wobei ihre ‚Funktionen' im Ganzen eines Weltbildes sehr unterschiedlich sein können. So läßt sich aus einer ‚objektiven' Perspektive wohl sagen, daß es keine verbindlichen Kriterien für die Beurteilung solch basaler Konzeptionen gibt, die letztlich in einer weltanschaulichen Perspektive begründet sind; aus der Sicht des welterfassenden Subjekts ist es aber keineswegs beliebig, welche Wahl der Theorie getroffen wird und welche ‚Welt' (Weltsicht) damit hervorgebracht wird.

Der zweite Aspekt betrifft die Sinnkonstitution – ‚Sinngebung' wurde als ein Prozeß charakterisiert, in dem das persönliche Leben in einen Kontext gestellt, über die Grenzen der Person hinaus ‚erweitert' wird, als ‚transpersonale Bewegung', die in zwei Richtungen erfolgen kann, horizontal und vertikal.

> Dabei wird das *trans* der horizontalen Richtung als ‚über hinaus' verstanden (über die eigene Person hinausgehend, hin zum anderen Menschen bzw. in den äußeren Raum der Welt oder des Universums), während das *trans* der vertikalen Richtung eher ein ‚durch hindurch' bedeutet, im Sinne eines Offen- und Durchlässigwerdens der Person zur Transzendenz hin, um so für diese ‚transparent' zu werden[1].

Mit ‚horizontalem trans-personalem Kontext' ist vor allem der Bezug zu anderen Menschen gemeint – so kann das eigene Leben seinen Sinn durch gelebte Beziehungen bekommen, aber auch durch Vorstellungen, etwa für die Familie (besonders vielleicht die Kinder) dazusein und so in konkreten Menschen ‚weiterzuleben'[2], oder etwas für die Menschheit geleistet zu haben und damit in den Wer-

---

Sinne eines ‚vom Subjekt gesetzten wissenden Nichtwissens vom Realgrund als mitgesetztem Anderen' (ebd. 118).

[1] Diese beiden Bedeutungen von lt. trans lassen sich z.B. in der Gegenüberstellung von ‚transzendent' (überschreitend, übersteigend) und ‚transparent' (durchlässig, durchsichtig) veranschaulichen.
  In den Kapitelüberschriften soll die unterschiedliche Schreibweise (trans-personal für die erste, transpersonal für die zweite ‚Richtung') auf die unterschiedliche Bedeutung hinweisen.

[2] Das kann sich einmal mehr auf die Erblinie der Familie beziehen, aber auch das ‚Weiterleben' in der Erinnerung der Menschen meinen, mit denen man zu tun hatte, und ist dann nicht auf die Verwandtschaft beschränkt. In diesem Sinne formulierte Peirce auf die Frage, ob er an ein zukünftiges Leben glaube: „Über eine Art von zukünftigem Leben kann kein Zweifel sein. Ein Mensch mit starkem Charakter hinterläßt eine Wirkung, die nach ihm weiterlebt. Lebendig sein heißt: persönlich sein. Nach meiner Auffassung ist es durchaus richtig, diese persönliche Wirkung ein zukünftiges Leben zu nennen" (RS, 311).
  Auf dieser Basis läßt sich Sinn für die eigene Person generieren, aber durchaus auch bei einem anderen Menschen ‚induzieren', wie ein Beispiel von Viktor E. Frankl, dem Begründer der Logotherapie, zeigt. Eine 80jährige krebskranke Frau, die nur noch eine kurze Zeit zu leben

ken weiterzuleben bzw. sich einfach nur als integrierter Teil der Menschheit zu verstehen; all dies kann dem eigenen Leben einen gewissen Kontext und damit Sinn geben.

> Wird die Diskrepanz zwischen solchen Vorstellungen und der tatsächlichen Lebenswirklichkeit allzu stark, liegt eine ‚defiziente' Form der Sinngebung vor, die es in dieser horizontalen Transpersonalität ebenso gibt wie bei der vertikalen, transzendenzbezogenen. Wird jemandem z.B. im Alter bewußt, daß seine derartig vollzogene Sinngebung (etwa: ‚für die Kinder leben') keinen wirklichen Boden von Bezogenheit und Begegnung hat, verliert diese Vorstellung ihre sinnstiftende ‚Kraft', und es kann rückwirkend das ganze Leben als ‚sinnlos' abgewertet werden.

Diese horizontale Bewegung läßt sich auch in Richtung auf ein ‚Ganzes' hin erweitern, das alles Leben (‚die Natur') bzw. sogar das gesamte Universum umfaßt, in dessen Kontext ich mich selbst ‚hineinstelle' – solche Vorstellungen können fast religiösen Charakter annehmen[1].

Die ‚vertikale Dimension' des Transpersonalen ‚überschreitet' den Bereich des menschlichen und sonstigen Seienden in eine transzendente Dimension hinein, wobei der Bezug von Immanenz und Transzendenz sehr unterschiedlich gefaßt werden kann – von einer starken Getrenntheit (etwa: Gott als Schöpfer steht der Welt als Schöpfung gegenüber) bis zur grundsätzlichen Einheit, ohne daß dadurch die Unterscheidung der beiden Dimensionen nivelliert werden muß, etwa im Sinne der Transparenz des Seienden für das Göttliche bzw. umgekehrt der durchscheinenden Diaphanie des Göttlichen im Seienden.

> Den beiden Formen der horizontalen transpersonalen Bewegung – hin zum anderen Menschen bzw. in die eher unpersönlich/überpersönliche Dimension des Universums hinein – entsprechen auch zwei unterschiedliche Formen der vertikalen Bewegung des Transzendierens, eine mehr persönliche, in der ein endliches

---

hatte, war bedrückt von der Sorge, „daß sie nur ein nutzloses Leben geführt habe". Frankl ließ sie im Rahmen einer Patientenvorstellung vor 150 Studenten aus ihrem Leben berichten und sagte ihr dann zum Schluß: „Sie können stolz sein auf dieses Leben. Und wie wenig Menschen gibt es, die stolz sein können auf ihr Leben! Ich möchte sagen, Frau Kotek: Ihr Leben ist ein Denkmal. Ein Denkmal, das kein Mensch aus der Welt schaffen kann!" (Frankl, 1974, 96).
Eine Woche später starb die Frau, ihre letzten Worte waren die folgenden: „Mein Leben ist ein Denkmal, hat der Professor gesagt. Zu den Studenten im Hörsaal. Mein Leben war also nicht umsonst" (ebd.).
Philosophische Beratung wird versuchen, den Prozeß von ‚Sinngenerierung' angemessen zu begleiten, wird auf ‚Sinn-Induzierung' aber eher verzichten.

[1] So spricht z.B. Thomas Rensch in seinem Buch ‚Das universale Weltbild. Evolution und Naturphilosophie' davon, daß sein ‚evolutionäres Weltbild', in dem ein persönlicher Transzendenzbezug keinen Platz hat, für ihn durchaus ein Gefühl der Erhabenheit und Geborgenheit vermitteln kann, durch das Wissen um ein unentrinnbares Eingefügtsein in eine universale Gesetzlichkeit (Rensch, 1991, 269). Er kann sogar den Begriff ‚Gott' für seine Konzeption der ‚Weltgesetzlichkeit' einsetzen.
‚Einheit' oder ‚Ganzheit' als sinnstiftendes Konzept kann also jeglichen Transzendenzbezugs im hier gemeinten Sinne ‚entkleidet' sein; im philosophischen Kontext läßt sich auf diese Weise eine ‚säkularisierte Mystik' beschreiben (ein charakteristisches Beispiel dafür bietet Gernot Böhme, 1985, 208–220).

Ich in eine Beziehung zum göttlichen (unendlichen) Du tritt, und eine mehr unpersönliche, in der sich das menschliche Individuum durch ein Loslassen des Ich als Teil des (göttlichen) Ganzen erfährt.

Die formale Unterscheidung zwischen horizontaler und vertikaler transpersonaler Sinnstiftung hat allerdings noch keine lebenspraktische Bedeutung – beide Formen können ‚leer' sein, im Sinne von defizient, oder ‚gefüllt'. So kann der Satz *Ich glaube an Gott* Ausdruck großer menschlicher Reife und zugleich hoher Rationalität sein, aber auch aus bigotter Frömmelei oder enger, dogmatischer Überzeugung gesprochen sein. Der Theologe mag diese Unterscheidung Gott überlassen, der ‚das Herz ansieht'[1], aber Berater und Psychotherapeuten haben ständig mit Menschen zu tun, die unter anderem auch an den Folgen unauthentischer Religiosität ihrer Bezugspersonen mit lebenspraktisch schädlichen Auswirkungen leiden.

Martin Buber hat versucht, diese Unterscheidung mit den Begriffen ‚gottbezogen' und ‚gottlos' zu kennzeichnen, statt vom ‚religiösen Menschen' zu sprechen. In dieser Terminologie kann ein Mensch wohl religiös sein, aber nicht gottbezogen, ein anderer sich als ‚gottlos' bezeichnen, und doch – ohne das Wort ‚Gott' zu verwenden – auf Transzendenz bezogen sein. Mit dem Pathos seines dialogischen Hauptwerkes ‚Ich und Du' beschreibt Buber das so: „Wer die Welt als das zu Benützende kennt, kennt auch Gott nicht anders. Sein Gebet ist eine Entlastungsprozedur; es fällt ins Ohr der Leere. Er – nicht der ‚Atheist', der aus der Nacht und Sehnsucht seines Kammerfensters das Namenlose anspricht – ist der Gottlose" (Buber, DP 109).

Das hier Gemeinte läßt sich auch dadurch erfassen, daß zwischen Transzendenz als Konzept (‚*Theorie*') und Transzendenz-*Erfahrung* unterschieden wird.

Transzendenz ist einmal in Form von Begriffen und Konzepten gegeben – der Begriff ‚Gott' z.B. ist so betrachtet ein theoretisches Konstrukt, eine konzeptuelle Rahmentheorie, die in spezifischer Weise im Gefüge der ‚subjektiven Theorien', also der individuellen Lebensphilosophie, ihren Platz hat[2], zum anderen gibt es Transzendenz-*Erfahrungen*, d.h. biographisch festzumachende Erlebnisse, die explizit in einen Zusammenhang mit ‚Transzendenz' gebracht werden[3]. Bei

---

[1] 1.Sam. 16,7.
[2] Menschliches Welterfassen kann ohne derartige ‚Rahmentheorien' nicht auskommen. So finden sich häufig Konzepte, die der naturwissenschaftlichen Terminologie entlehnt sind (z.B. Energie, Evolution oder Selbstorganisation, Autopoiese etc.) aber in einem gegebenen Weltbild so verwendet werden, daß sie über die zulässigen Definitionen weit hinausgehen und sozusagen wie Mythen eingesetzt werden.
Das wird offensichtlich in sprachlichen Formulierungen, in denen etwa ‚Evolution', als Subjekt mit transitiven Verben verbunden, zu einer Art ‚Göttin' wird: „... wenn ich später etwa die Morphologie beschreibe, ist wohl noch eindrucksvoller, was die Evolution geleistet hat, als sie durch die natürliche Auslese Lebewesen mit einem sehr differenzierten Gehirn entstehen ließ" (Edelman, 1992, 39).
[3] Die Häufigkeit solcher Erfahrungen ist beachtlich – in Umfragen die z.B. in den USA und in England durchgeführt wurden, ergab sich, daß mehr als ein Drittel der Befragten einer repräsentativen Erhebung angaben, wenigstens einmal eine Erfahrung mit Transzendenz (‚mystische Erfahrung') gemacht zu haben. Spilka, Hood und Gorsuch (1985, 184) fassen diese Er-

der Beschreibung solcher Erfahrungen und dem Versuch, sie kognitiv in die eigene Weltsicht zu integrieren, werden die vorliegenden Begriffe, Konzepte und weitergespannten Theorien auf ihre ‚Brauchbarkeit' im Sinne adäquater Erfassung und Symbolisierung geprüft und gegebenenfalls modifiziert, angepaßt, bzw. es werden neue Ausdrucksformen und Symbolisierungen gesucht und entwickelt.

Je weniger religiöse/spirituelle Konzepte einen konkreten Bezug zur gelebten Erfahrung haben, umso deutlicher werden die Diskrepanzen zwischen den Vorstellungen und der tatsächlichen Lebenspraxis sein – mit den erwähnten belastenden bis traumatisierenden Wirkungen z.B. für die Kinder solcher Menschen. ‚Gott' ist dann tatsächlich kaum mehr als ein Begriff, der zu eher engen übernommenen Konzepten gehört, die zusammen mit anderen Vorstellungen ein geschlossenes, aber vermutlich auch eher starres Weltbild ergeben, das z.B. viele Forderungen enthalten kann, die offensichtlich von den Eltern selbst nicht erfüllt werden.

Umgekehrt können Erfahrungen, die in bezug zur Transzendenz gedeutet werden, eine ‚auflockernde' Funktion für ein spezifisches Weltbild haben, denn solche Erfahrungen ‚sperren' sich eher gegen eine festlegende Einfügung in vorgegebene kognitive Strukturen bzw. stehen u.U. sogar in Widerspruch damit.

Die Schwierigkeiten, solche Erfahrungen angemessen zu symbolisieren, haben in der Gegenwart eine besondere Form angenommen, die der Religionspädagoge Ulrich Hemel in einem Aufsatz über ‚Alltagserfahrung und Transzendenz' (Hemel, 1992) so charakterisiert, daß es zu den „verfügbaren und gängigen Handlungsstrategien der Neuzeit gehört ..., Transzendenzerfahrungen abzuwehren, zu verdrängen und zu rationalisieren." Transzendenzerfahrung wird dadurch zwar nicht verunmöglicht, „sie wird aber so weit aus dem Raum der Öffentlichkeit herausgenommen und individualisiert, daß sie weithin nur noch im Rahmen eines *privaten Symbolsystems* gedeutet und geduldet werden kann. Einen angemessenen Ort öffentlicher Kommunikation gibt es für sie nicht mehr" (Hemel, 1992, 90).

Die ‚akzeptierte' Beschäftigung mit Transzendenz bleibt auf ‚Experten' beschränkt, z.B. Philosophen und Theologen. Hemel weist darauf hin, daß von diesen ‚Transzendenz-Experten' eine Sprachform entwickelt wird, die vielfach nicht mit eigenen Transzendenz-Erfahrungen verbunden ist. Im Falle der Philosophie ist das besonders offensichtlich, denn hier geschieht die Beschäftigung mit Gottesvorstellungen und Transzendenzkonzeptionen vornehmlich in dem unproblematischen Umgehen mit Entwürfen der Philosophiegeschichte, während im zeitgenössischen Diskurs der systematischen Philosophie dieses Thema weitgehend ausgespart bleibt[1].

---

gebnisse so zusammen: „Survey data appear remarkably consistent in finding that between 30 percent and 40 percent of persons in America and Britain have experienced mystical-type phenomena" (dort, S. 182ff. auch Literaturhinweise zu den entsprechenden Untersuchungen etwa der Gallup-Befragungen, von Greeley, Hay und Morisy u.a.).

[1] Es gibt einige Ausnahmen, die aber eher den philosophischen ‚Außenseitern' zugerechnet werden. Dazu ist unter diesem Aspekt auch Karl Jaspers zu zählen, der in einem seiner 1949 gehaltenen Radiovorträge formulierte: „Philosophen unserer Zeit scheinen die Frage, ob Gott

Nun erweisen jedoch Umfragen und zeigt die Beratungspraxis, daß in unserer Zeit sehr viele Menschen angeben, Erfahrungen zu haben, die für sie in einem Bezug zur Transzendenz stehen. Diese Erfahrungen angemessen zu symbolisieren, wird jedoch vielfach als schwierig empfunden, u.a. durch die Kontextgebundenheit vieler traditioneller Begriffe. So ergibt sich eine paradoxe Situation, die Hemel treffend so beschreibt: „Der unartikulierten Transzendenzerfahrung ohne Deutung entspricht als Kehrseite die Hochkonjunktur professioneller Deutungen ohne originäre Erfahrung von Transzendenz" (Hemel, 1992, 92).

Prinzipiell lassen sich die genannten Erfahrungen optional aus dem Zusammenhang einer transzendenzbezogenen wie auch einer transzendenz-verschlossenen bzw. Transzendenz negierenden Haltung und Weltsicht heraus interpretieren. Auch hier ergibt sich eine paradoxe Situation, weil gerade Wissenschaftler zunehmend Interpretationsmodelle der letzteren Art anbieten – die (dann nur noch ‚sogenannten') Transzendenzerfahrungen werden zu ‚bloß subjektiven', psychologisch ‚erklärbaren' Vorgängen, denen entsprechend keine sinn-stiftende Funktion zuerkannt wird[1].

Weder empirische Ergebnisse noch wissenschaftstheoretische und epistemologische Überlegungen lassen jedoch Aussagen über die ‚Zulässigkeit' eines religiösen bzw. nicht-religiösen ‚Deutungsrahmens' in bezug auf Transzendenzerfahrungen zu. Abgesehen von dieser theoretisch gut begründeten ‚Toleranzforderung', gegen die auch Philosophen immer wieder verstoßen, gibt es einen pragmatischen Gesichtspunkt, der einer transzendenzoffenen Deutung solcher Erfahrungen zumindest wohlwollend gegenüberstehen muß: sie haben in der Regel nachhaltig positive Wirkungen, besonders durch den meist darin enthaltenen ‚Imperativ der Transformation' (Hemel, 1992, 96), d.h. es ergeben sich daraus oft konkrete und lebenspraktisch günstige Anregungen und Anstöße[2].

Im Rahmen der von mir durchgeführten Seminare zur ‚eigenen Lebensphilosophie' berichtete ein 40jähriger Mann, daß er mit 18–20 Jahren eine Zeitlang ger-

---

sei, gern zu umgehen. Weder behaupten sie sein Dasein, noch leugnen sie es. Aber wer philosophiert, hat Rede zu stehen" (Jaspers, 1953, 33).

[1] Thomas Metzinger, der eine derartige Position vertritt, ist sich der möglichen negativen Auswirkungen solcher Erklärungsansätze bewußt, er vermutet, „daß die wichtigen neuen Beiträge [er bezieht sich vor allem auf entsprechende Ergebnisse der Kognitionsforschung bzw. Texte der ‚Philosophy of Mind'] zu unserem Bild vom Menschen in einigen Aspekten ... und besonders im subjektiven Empfinden vieler Menschen eine Demütigung und Kränkung darstellen" (Metzinger, 1996, 1473). Da er offenbar von der ‚Wahrheit' der weltanschaulichen Hintergrundannahmen dieser Beiträge überzeugt ist, ruft er als Konsequenz die Philosophen dazu auf, die Öffentlichkeit auf diese Entwicklung „so bald wie möglich in Gestalt einer rationalen und alle Betroffenen einschließenden Diskussion" vorzubereiten.

[2] Jaspers spricht in seinem Nachlaßwerk zur Philosophischen Logik vom ‚Postulat einer Wirklichkeit der Transzendenz', „die gehört und erfahren wird", erkennbar vor allem in ihren Auswirkungen: „Was darin geschieht, ist, wenn auch im Ursprung unerkennbar, in den Objektivierungen erkennbar. Es sind die Sprünge im Menschsein, im einzelnen Menschen und geschichtlich in den Möglichkeiten aller. Es tritt etwas in die Welt, was von da an da ist oder da sein kann ... Es ist ein Anderswerden des Menschen im Offenbarwerden der Wirklichkeit für ihn" (Jaspers, 1991, 167f.).

ne abends ins Münster ging, einfach nur, um da zu sitzen, zur Ruhe zu kommen. Er kniete sich aber nie hin.

„Und dann gab es ein Erlebnis, war plötzlich sowas wie ein Impuls: Knie dich doch mal hin. Da war erstmal Abwehr, Widerstand, nein, das mach ich nicht, ich geb mich doch nicht so, – und dann: Jetzt komm doch, probier's doch mal aus. Also es war immer wieder mal diese innere Aufforderung. Und dann hab ich's gemacht, das ausprobiert, und was dann war: in dem Moment war ich wie ein Stück weit verbunden mit was Größerem, es kam eine Ruhe, es kam irgendwie so ein Vertrauen ins Leben, es kam ein Stück weit ein Aufgehobensein im Leben auch, und das hab ich seitdem nie mehr richtig verloren, das hab ich als eine Grundschwingung in mir, und da achte ich manchmal auch drauf. Das ist manchmal weg, aber ich achte immer darauf, daß ich es immer wieder in die Bewußtheit mit hineinnehme. Und ich hab auch eine Möglichkeit gefunden für mich, da immer wieder ein wenig hinzukommen auch, in diese Art von Ausrichtung."

Hier sehe ich eine wichtige Aufgabe Philosophischer Beratung – sie kann bei der Symbolisierung solcher Erfahrungen helfen, die Integration in das bisherige Weltbild erleichtern und bei der Modifikation bis ‚Entlassung' nicht mehr angemessener dysfunktionaler Elemente bisheriger Transzendenzkonzeptionen hilfreich sein.

Zugleich kann damit der von Hemel beschriebenen zunehmenden ‚Abkoppelung' der philosophischen und theologischen Fachsprache von der Spache der gegenwärtigen Alltagserfahrung entgegengewirkt werden – sie stellt für ihn ein deutliches „Hindernis für die angemessene sprachliche Artikulation gegenwärtiger Transzendenzerfahrung" dar (Hemel, 1992, 97).

Dazu bedarf es allerdings vielfach der Entwicklung neuer Sprach- und Symbolisierungsmöglichkeiten. „Die Suche nach einer Sprache, die der Alltagserfahrung des neuzeitlichen Menschen hilfreich entgegenkommt, um sie in Worte zu kleiden, gehört folglich zu den Bedingungen der Möglichkeit für die Überwindung der Distanz zwischen Lebenswelt und akademischer Reflexion, auch im Hinblick auf Erfahrungen von Transzendenz" (ebd.).

Mit neu entstehenden Formen eines erfahrungsbezogenen Transzendenzbezugs umzugehen, stellt an den Philosophischen Berater hohe Anforderungen. Obwohl die Beschäftigung mit der Vielfalt historischer Transzendenzvorstellungen in der Philosophie sicherlich eine günstige Voraussetzung darstellen kann, liegt darin auch die Gefahr, allzu schnell Zuordnungen und Klassifizierungen durchzuführen. So stellen etwa die Kategorien von Pantheismus bzw. Panentheismus vs. ‚persönlicher Gott' möglicherweise ungeeignete bzw. irreführende Schemata dar, um ein Weltbild zu erfassen, in dem etwa Erlebnisse in und mit der Natur eine Quelle der Transzendenzerfahrungen darstellen, wobei aber zugleich (in anderen Situationen) eine ganz persönliche Kontaktaufnahme zur Transzendenz möglich ist bzw. gesucht wird.

So können verschiedene Formen der Transzendenzkonzeption in einem gegebenen Weltbild ohne Schwierigkeit nebeneinanderstehen, weil sie unterschiedliche Aspekte der Transzendenzvorstellungen und verschiedene Akzente der Erfahrung beschreiben und dementsprechend eingesetzt werden.

Die Orientierung des Beraters ergibt sich vor allem daraus, daß die jeweiligen Konzepte in bezug zu dem damit zusammenhängenden bzw. dadurch entstehenden Erleben gesehen und in ihrem Bezug zum Lebensalltag geprüft werden.

Eine charakteristische ‚Bewegung', in der die Dynamik zwischen ‚unpersönlichen' und ‚persönlichen' Aspekten vor sich gehen kann, besteht darin, daß die unpersönlichen Transzendenz-Vorstellungen wie eine ‚negative Theologie' benutzt werden, um sich von solchen Aspekten des tradierten persönlichen Gottesbildes freizumachen, die durch ihren Inhalt oder das *Wie* der Vermittlung mit ungünstigen Auswirkungen verbunden waren. Später wird dann oft wieder ein direkterer Zugang mit neuen Symbolisierungsmöglichkeiten für einen persönlichen Transzendenzbezug gesucht.

> Eine Frau (Ende 20) berichtet bei der Darstellung ihrer ‚persönlichen Lebensphilosophie' davon, daß sie in einem katholischen Elternhaus aufgewachsen ist, in dem viel an Werten in einer starren Weise vermittelt wurde. Als Jugendliche hatte sie sich dann einer christlichen Gruppe angeschlossen, die ihr eine starke Sicherheit vermittelte: dadurch, daß sie sich für Jesus entschieden hatte, war sie ‚gerettet'.
>
> Mit 18–19 Jahren ‚warf sie das alles über Bord', unter anderem aus den Zweifeln, die sich daraus ergaben, daß nach dieser Konzeption ‚die anderen' dann verloren sein mußten. Doch dieser Schritt hatte seinen ‚Preis' – die Eigenständigkeit des Denkens forderte, die nun entstehende Unsicherheit auszuhalten: „Mich hat das schon sehr verunsichert, als ich damals da weggegangen bin, daß ich erstmal so'ne Leere im Prinzip hatte, und da auch jetzt nichts hatte, was ich dann anstelle dessen hätte nehmen können. Und dann eben erstmal umzugehen, ich bezieh mich jetzt quasi auf mich, ich bin jetzt aus Religion ausgestiegen, aus Kirche, oder ich hab jetzt keine spezielle Religion, der ich mich zugehörig fühle, also so das überhaupt erstmal auszuhalten: ich geh jetzt mal nur mit mir, ich guck jetzt mal nur für mich."
>
> Es blieb dennoch eine Art von Gewißheit, aber diese war ‚reduziert auf was ganz Basales'. Sobald sie spezifische Vorstellungen entwickelte, wurde ihr bewußt, daß es sich um Konzepte handelte, und sie erinnerte sich daran, mit welcher Sicherheit sie an bestimmte christliche Vorstellungen geglaubt hatte, die für sie jetzt keine Bedeutung mehr hatten. (Dazu zählt vor allem der ganze Bereich, der mit Sünde, Schuld und dergleichen zu tun hat, die Vorstellung von Himmel und Hölle – „wer an Gott glaubt und an Jesus glaubt, der kommt in den Himmel, und die anderen, die kommen in die Hölle und so", ebenso aber auch die christliche Erlösungsvorstellung: „Ja, und auch die Kreuzigung, den Sinn der Kreuzigung, dieser Geschichte, den find ich so jetzt dann auch nicht mehr damit. Also daß jemand stellvertretend Schuld übernimmt.")
>
> Als Grundgewißheit nannte sie: „Und was ich in mir vorfinde, ist schon Bezug zur Transzendenz oder zu Gott, wobei ich glaube, daß mein Gottesbild jetzt im Augenblick nicht sehr persönlich ist, das war früher mal anders, aber jetzt ist es eher sowas wie: es gibt etwas Allumfassendes, so alles in sich Beinhaltendes, eine Kraft, auch eine göttliche Kaft, und die ist, von meinem Verständnis her will die zur Entfaltung, also in konstruktive Richtung, also die Welt ist erschaffen und will sich entfalten, weiterentwickeln. Also ich hab vom Grund her sowas ganz Positives, wie so'n Urvertrauen, sowas find ich in mir vor, so in mich, in die anderen Menschen, auch in die Welt, auch in das Göttliche, also eher so als Grundprinzip was ‚Gutes'."

Auch wenn sie es manchmal als ‚anstrengend' empfindet, ihren eigenen religiös/spirituellen Weg zu gehen, hat sie dennoch keinen Wunsch nach der früheren Sicherheit – eher besteht die Sehnsucht, den Bezug zur Transzendenz im Alltag mehr zu leben, dem auch eine Form zu geben und mehr Ausdruck zu verleihen.

Diese Geborgenheit als ‚Grundgefühl' des Vertrauens in die Welt ist ein ‚Geschenk', mit dem sich manche Menschen vorfinden, und die ‚Wurzeln' lassen sich oft in konkreten Erfahrungen mit den Bezugspersonen der frühen Kindheit auffinden, wobei ein Zusammenhang mit religiösen Vorstellungen vorliegen kann aber nicht muß.

Wenn dieses Geborgenheitsgefühl gegeben ist, kann der spätere Prozeß der Erarbeitung eines eigenständigen Transzendenzbezugs daran wieder anknüpfen, auch wenn die Vorstellungen, die ursprünglich damit zusammenhingen, keine Gültigkeit mehr haben.

> So berichtet z.B. eine 40jährige Frau, daß ihr eine im Haus wohnende Frau (keine Verwandte, sie wurde aber ‚Tante B.' genannt) eine Kinderbibel und ein Jesusbild schenkte und ihr biblische Geschichten erzählte, während ihre Eltern keine explizit christlichen Inhalte vermittelten. Diese Tante B. erzählte ihr von Jesus, einem persönlichen Gott, zu dem sie dadurch einen ganz konkreten Bezug gewann. „Wenn's mir nicht gut ging, bin ich dann zu diesem Bild und hab gebetet. Ja und diese Geschichten, die haben sich ganz tief in mir so verankert, in Vorstellungsbildern. Das war so'n Geborgensein. Wenn ich dann auch im Wald war oder allein war, dann brauchte ich mich nur dadran zu erinnern, und dann war schon ein schönes Gefühl."
> Diese Form der Religiosität und den Bezug zu einem persönlichen Gott verlor sie zwar später, es blieb aber die Sehnsucht nach dieser Geborgenheit, und so begann sie eine aktive ‚Suche', um auf neue Weise daran wieder anzuknüpfen:
> „Ich hab's eben angedeutet, es gibt für mich diesen persönlichen Gott oder das Jesusbild eigentlich so jetzt nicht mehr, aber es ist jetzt auch eher göttliche Kraft, eine Energie, die ich im Gebet spüren kann oder wenn es mir gelingt, so tief bei mir zu sein manchmal in der Meditation. Dann ist es auch eine Gewißheit, daß die da ist und mich begleitet."

Wenn diese Form des Vertrauens und Geborgenseins in der Welt nicht vorliegt, wird der Transzendenzbezug nicht so sehr durch ein ‚Anknüpfen' daran charakterisiert sein, sondern die ‚Suche' kann dann eher die Form einer Überwindung der ‚Unbehaustheit' annehmen.

> Eine 46jährige Frau berichtete, daß sie dieses Gefühl, sich geborgen zu fühlen, nicht habe. Auch ihre Gottesvorstellung enthält das nicht unmittelbar, eher ‚theoretisch' weiß sie um diese Möglichkeit. Für sie ist z.B. in Meditationserfahrungen Transzendenz eher als ‚Energie' greifbar, die sie aber ganz wertfrei empfindet – „die will mir weder was Gutes noch was Schlechtes".
> Auf Nachfragen gibt sie an, daß solche Erfahrungen durchaus eine erlebensmäßige Wirkung haben, und zwar ein Gefühl von Weite oder mehr Raum, und auch eine Art von Heiterkeit, ein Schmunzeln über sich selbst und die Menschen – das sogenannte Böse ist für sie eher eine Form von Dummheit.
> Durch den Anstoß der vorgelegten Fragen hat sie allerdings gemerkt, „daß das eigentlich eine Sehnsucht ist von mir, mich so aufgehoben zu fühlen", und sie

wird von einer starken inneren Bewegung ergriffen, während sie das sagt. Aber sie stellt zugleich fest, daß sie eigentlich gar nicht aktiv danach sucht – sie weiß, daß sie das könnte, und sei es nur dadurch, daß sie das als Frage in sich lebendig hätte, das wäre für sie schon ein erster Schritt.

Ihr ist auch verstehbar, daß sie dieses Geborgenheitsgefühl nicht hat, denn ihre Eltern konnten ihr das in der Kindheit nicht vermitteln; aber in ihrer Konzeption ist das nicht der einzige Weg dorthin: „Es ist ja entstanden durch die Erfahrung mit meinen Eltern, daß ich das durch Menschen jetzt nicht in der frühen Kindheit erfahren habe, dieses Aufgehobensein, aber daß es nicht unmöglich ist für mich jetzt, das zu erfahren, trotzdem, und daß das irgendwas Aktives von mir braucht, daß das nicht von allein kommt."

Während der Vorbereitung auf das Seminar wurde ihr deutlich bewußt, daß sie die guten Erfahrungen, die sie in dieser Hinsicht durchaus gemacht hat, nicht genug genutzt hat, um sich aktiv ein ‚Mehr' an Geborgenheit zu erarbeiten. „Also es ist nicht so, daß ich nicht schon sehr gute Erfahrungen auch gemacht hätte, wo ich mich geführt gefühlt habe und wo ich gemerkt hab, daß nicht alles von mir kommen muß. Aber das möchte ich eigentlich noch mehr nähren, und dem bin ich so ein bißchen aus dem Weg gegangen."

Zugleich wurde ihr bewußt, daß hier immer noch ‚Reste' aus der Kindheit am Wirken waren, denn für ihre Eltern galt es als Zeichen von Dummheit, sich mit religiösen Fragen zu beschäftigen. „Und da hab ich eben auch gemerkt, wie stark ich da noch drin verhaftet bin, in dem von meiner Familie, also irgendwie ist das noch so da, dieses Verbot, wirklich solche tiefen Gefühle zuzulassen oder mich so anzubinden. Das muß ich mich noch trauen."

Es wurde ihr auch bewußt, wie wenig eigentlich die damaligen ‚Drohungen' noch für sie Geltung haben, etwa sich vor anderen lächerlich zu machen oder in Abhängigkeit zu geraten. Ihr wurde eher die Paradoxie klar, wie abhängig sie von dieser alten Warnung vor Abhängigkeit war.

Zugleich wurde deutlich, daß hier auch ein ungünstiges Transzendenz-Konzept wirksam war, und zwar, daß die Geborgenheit – wenn sie als Qualität in Gott ist und von Gott kommt – sie ja irgendwie erreichen muß, „und ich muß nicht danach suchen sozusagen, die Vorstellung hatte ich". An die Stelle dieser Vorstellung tritt nun eine andere, daß sie sich auch ausrichten und ihren Teil ‚leisten' muß oder besser: kann.

Es wird ihr deutlich, daß sie zu diesem aktiven Prozeß des ‚Suchens' bereit ist und sogar ein Vertrauen in diesen Prozeß spürt: „Zu dem Suchen hab ich auch irgendwie viel mehr Vertrauen in mir, auch als Fähigkeit, daß ich das gut kann."

Beim Umgang mit Transzendenz im Kontext Philosophischer Beratung tut man gut daran, immer wieder den Bezug zum eigenen Lebensalltag des Klienten zu akzentuieren und so die Aufmerksamkeit darauf zu richten. Mein Eindruck ist, daß sich der Transzendenzbezug im Kontext einer Lebensphilosophie oder Weltsicht heute bei vielen Menschen immer weniger in ‚extravagante Formen' kleidet, daß sie vielmehr versuchen, auch beim Umgehen mit religiösen oder spirituellen Fragen bzw. ihrer Form des Transzendenzbezugs den konkreten Zusammenhang mit dem Lebensvollzug in den Mittelpunkt zu stellen.

Dann bilden die persönlichen Erlebnisse, die als Transzendenzerfahrungen verstanden werden, den Ausgangspunkt, aus dem sich kognitiv-konzeptuell zunächst eine Art persönlicher Gewißheit ergeben kann, daß es eine transzendente Dimension gibt. Die spezifischen Symbolisierungen eines ‚Gottesbildes' verlieren demgegenüber an Bedeutung, und viele traditionelle ‚Glaubensinhalte' der Religionen werden u.U. einfach als unterschiedliche Vorstellungen betrachtet, die eher Symbolcharakter haben und in der eigenen Lebensphilosophie vielleicht nur von geringer Bedeutung sind.

Ob solche Themen in der Philosophischen Beratung bearbeitet werden können oder nicht, hängt wesentlich von der Weite und Offenheit der Konzepte und Modelle des Beraters ab, d.h. von der Art seiner Welt- und Menschenbild-Annahmen und der ‚Tiefe' seines Strukturverständnisses menschlichen Selbst- und Welterfassens.

In der Beratungssituation werden immer wieder Fragen nach Sinn, nach Transzendenz usw. auftauchen, und die Schwierigkeiten und Probleme, die sich aus bestimmten Konzepten und Vorstellungen in diesem Bereich ergeben, können dann zum Thema werden. Damit angemessen umgehen zu können, fordert vom Berater – neben der eigenen Offenheit – ein strukturelles Verständnis auch für diese ‚tieferen' Dimensionen des Menschseins. Dem (wieder) einen Platz in der Philosophie zu geben, in einer dem heutigen Bewußtsein entsprechenden Form, stellt wohl eine noch zu leistende Aufgabe dar.

4. Lebenserfahrung und Lebenssinn – der Beitrag der empirischen Weisheitsforschung

Ob jemand imstande ist, gute Beratung durchzuführen oder nicht, hängt von Fähigkeiten und Fertigkeiten ab, die nur zum Teil in einem akademischen Studiengang vermittelt werden können. Das wird auch von den Philosophischen Praktikern so gesehen, zumal einige Versuche, Philosophische Beratungspraxen zu gründen, gescheitert sind. Häufig wird in diesem Zusammenhang auf die Bedeutung von ‚kommunikativen Fähigkeiten' und ‚Lebenserfahrung' hingewiesen, und nicht selten wird Weisheit als ‚Leitbegriff' genannt; so formulierte z.B. Gerd B. Achenbach in seinem Vortrag bei der 3. Internationalen Konferenz für Philosophische Praxis (1997 in New York): „Die Philosophische Praxis ist das Bemühen um praktische Weisheit", und er bezeichnete dann Weisheit als den ‚Schlüsselbegriff Philosophischer Praxis' (Achenbach, 1997).

Aber hat Philosophie in ihrer zeitgenössischen Gestalt noch etwas mit Weisheit zu tun, abgesehen von der historischen Tatsache der Namensgebung in der frühgriechischen Philosophie?[1]

Es geht dabei um das Spannungsverhältnis von Wissen (bzw. Wissenschaft) und Weisheit, in dem sich die Philosophie seit ihren Anfängen befindet. Die beiden zentralen Begriffe (Wissen und Weisheit) stehen dabei selbst in einer eige-

---

[1] Die Begriffsgebung wird Pythagoras zugeschrieben, doch ist die Unterscheidung von göttlicher Weisheit und dem menschlichen Bemühen darum als ‚Liebe zur Weisheit' (philo-sophia) „eine Erfindung Platons", wie Bien (1989, 39) es pointiert ausdrückte. Die Zuschreibung an Pythagoras gilt „als eine Rückprojizierung aus späterer Zeit" (Hist. Wörterbuch d. Phil. Bd. 7, 1989, Sp. 574).

nen Tradition, stellen also nichts ‚Philosophiespezifisches' dar – W. Oelmüller hat das für den Weisheitsbegriff so formuliert: „Es gab und gibt außerhalb der Philosophie in verschiedenen Kulturen und Gesellschaften eine Vielzahl von Weisheitsformen und Weisheitsvorstellungen. Auch innerhalb der gegenwärtigen Philosophie gibt es eine Vielzahl von Formen und Vorstellungen von Liebe zur Weisheit zwischen den Extremen: Verwissenschaftlichung der Philosophie ohne Liebe zur Weisheit und Kritik des Logozentrismus und der Verwissenschaftlichung der Philosophie sowie Suche nach einem einfacheren, scheinbar unmittelbareren Selbst- und Weltverhältnis ..." (Oelmüller, 1989, 180f.)

Mit dieser Spannung zwischen Wissen[schaft] und Weisheit wird bereits in den Anfängen der Philosophie sehr unterschiedlich umgegangen – während Platon von einem Gegensatz zwischen (göttlicher) Weisheit und menschlichem Wissen ausgeht, so daß den Menschen nur die *Liebe* zur Weisheit bleibt, also diese selbst ihnen verwehrt bleibt, ist für Aristoteles *sophia* „das Wissen und die Kennerschaft in der reinen, höchsten und vollendeten Form" (Bien, 1989, 43): „Sophia ist das vollkommenste Wissen"[1].

Nachdem die christliche Tradition eher die platonische Unterscheidung von Weisheit und Wissen akzentuiert hatte – auch im Bezug auf die ausführliche Behandlung der Weisheit im Alten Testament – versuchte Kant (und vorher vergleichbar Descartes), diese Trennung aufzuheben und Weisheit und Wissen/schaft wieder in einen Zusammenhang zu bringen: Kant spricht von der Wissenschaft als ‚enger Pforte', durch die man zur Weisheit gelangt.

> „Wissenschaft (kritisch gesucht und methodisch eingeleitet) ist die enge Pforte, die zur *Weisheitslehre* führt, wenn unter dieser nicht bloß verstanden wird, was man *tun*, sondern was *Lehrern* zur Richtschnur dienen soll, um den Weg zur Weisheit, den jedermann gehen soll, gut und kenntlich zu bahnen, und andere vor Irrwegen zu sichern" (KpV A 292).

Doch kommt in der Philosophie der Neuzeit dem Weisheitsbegriff keine zentrale Rolle mehr zu; in der genannten Spannung zwischen Wissen und Weisheit hat sich der Schwerpunkt der Philosophie immer mehr dem Pol des Wissens bzw. der Orientierung an den Wissenschaften zugeneigt[2].

Andererseits mehren sich gerade in den letzten Jahren die Stimmen, die eine Wiederbesinnung auf ‚Weisheit' ganz allgemein und auch für die Philosophie für wichtig halten, wie z.B. der Prager Philosoph Milan Machovec, der die ‚Rückkehr zur Weisheit' fordert und behauptet, daß es ohne das Wiedererwachen we-

---

[1] Nik.Eth. VI 7, 1141 a16.
[2] Vgl. dazu Piepmeier (1989, 122f.). Er weist darauf hin, daß keiner der Philosophen des 20. Jahrhunderts ‚Weisheit' zur Grundlage und zum Ziel seines Philosophierens gemacht habe, und daß auch, wo in der Neuzeit noch von Weisheit gesprochen wird, wie etwa bei Descartes und Kant, dieser Begriff verhältnismäßig unbestimmt bleibt. Er nennt als Gründe dafür u.a. die Auseinandersetzung mit den modernen (Natur-)wissenschaften und einem darin begründeten veränderten Theoriebegriff, der sich vom antiken und mittelalterlichen Theoria-Begriff deutlich absetzt.

nigstens eines Minimums an menschlicher Weisheit „keine tatkräftige Aktion für die Rettung unseres Planeten geben" wird (Machovec, 1988, 54).

Wenn sich Philosophen mit der Frage der Weisheit beschäftigen, nehmen sie ihren Ausgangspunkt oft beim Alltagsverständnis dieses Begriffes. So stellt Piepmeier z.B. fest, daß ein wesentliches Merkmal des ‚intuitiv vorausgesetzten Begriffs des Weisen' mit *Wahrhaftigkeit* zu kennzeichnen ist: „Daß man das, was man theoretisch und philosophisch als richtig und wahr erkannt hat und bekennt, auch als Person lebt" (Piepmeier, 1989, 123).

Diese Forderung, als wesentliches Merkmal von Weisheit, gilt nach Piepmeier für Philosophen nur unter sehr speziellen Aspekten, so daß „solche Forderungen sinnvoll allenfalls noch an den Philosophen der Praxis und der Ethik erhoben werden können" (ebd. 123). Meinte er damit vielleicht die Vertreter der Philosophischen Praxis, für die dieser Grundsatz in besonderem Maße gilt? Gerd B. Achenbach war Teilnehmer dieses Kolloquiums, und man könnte seinen späteren Diskussionsbeitrag als eine Anknüpfung an diese Äußerung verstehen: „Philosophie kann noch Liebe zur Weisheit sein – und könnte sie es nicht, so müßte sie es wieder werden –, sofern es die Philosophische Praxis gibt" (in: Oelmüller, 1989, 288).

Weisheit, Wissen bzw. Wissenschaft und Philosophie können also durchaus zu einer Einheit kommen; diese Überschneidung findet – von der Philosophie her bestimmt – allerdings nur in den Bereichen statt, wo sich die Philosophie mit der ‚fundamentalen Pragmatik des Lebens' befaßt und so ‚Philosophie als Lebensform' wird.

So ließe sich Philosophische Beratung als eine Form des dialogischen *Philosophierens* definieren, in welcher der Berater sein (philosophisches und sonstiges) *Wissen* einbringt, um das ‚persönliche Wissen' des zu Beratenden – dessen ‚Welt' bzw. sein ‚Leben' – zu ‚prüfen'[1] und sich auf diese Weise vielleicht ein wenig auf das Lebensziel der *Weisheit* zuzubewegen, ein Ziel, das in gleicher Weise für Berater und Ratsuchenden gilt und dem sich der Berater schon ein wenig mehr genähert haben sollte, um seinem Gegenüber ein hilfreicher Begleiter und Gegenüber zu sein.

Ob es Philosophen sind, die Weisheit definieren, oder ob das Alltagsverständnis befragt wird, die Beschreibungen stimmen in vielen Aspekten überein; diese Gegebenheit haben Baltes und Staudinger – vor dem Hintergrund empirischer Weisheitsforschung – pointiert so ausgedrückt, daß Weisheit „zwar relativ schwierig selbst zu produzieren, aber relativ leicht zu erkennen" ist (Staudinger/-Baltes, 1996, 60).

Zur Weisheit gehört mehr die *Qualität* des Wissens als die Quantität, und zudem besonders das praktische Wissen um Lebensführung und Lebensgestaltung (‚Lebenserfahrung'), weniger theoretisches bzw. Fakten-Wissen.

---

[1] Damit soll der sokratische Satz paraphrasiert werden, das ungeprüfte Leben sei nicht lebenswert (Apol. 38a).

Ein weiser Mensch ist aber nicht nur durch die Art seines Wissen charakterisiert, sondern auch durch bestimmte menschliche Qualitäten (ein ‚vortrefflicher Charakter'[1]) sowie interpersonale Kompetenz (‚soziale bzw. emotionale Intelligenz'), aus der sich besondere Fähigkeiten des Verstehens, Einfühlens und Urteilens ergeben. Hier findet sich auch ein Zusammenhang von Weisheit und Beratung, denn dadurch ist zugleich eine konsiliarische Fähigkeit gegeben: weise Menschen werden gerne als Berater aufgesucht[2] und umgekehrt haben Berater eine gewisse Chance, durch die Herausforderungen ihrer Arbeit und das ständige Umgehen mit konkreten Lebensfragen Weisheit zu entwickeln. Unter diesem Aspekt sind mit ‚Weisheit' auch spezifische ‚Tugenden' gemeint, die wichtige Qualitäten im Beratungskontext charakterisieren[3].

‚Weisheit' kann auch deshalb als Schlüsselbegriff für (Philosophische) Beratung gelten, weil sie als Zielvorstellung menschlicher Reife fast alle Qualitäten umfaßt, die sich als Entwicklungsziele für den *erwachsenen* Menschen formulieren lassen – Weisheit wird mit Wissen um Lebensziele und Lebenssinn verbunden, für die eigene Person ebenso wie im (beratenden) Umgang mit anderen Menschen. Im Kontext menschlicher Entwicklung gesehen, findet sie ihren Höhepunkt oft erst in relativ fortgeschrittenem Alter; entsprechend formuliert Günther Bien:

> „Mit Weisheit ist, so meine ich, unabdingbar die Vorstellung eines gewissen Lebensalters verbunden. Weisheit ist durch gelungene und vernünftige Lebensführung in mannigfachen Situationen erworbene Lebenskennntnis und Lebenserfahrung, Erfahrenheit in den Dingen menschlicher Daseinsgestaltung" (Bien, 1989, 50).

Im empirisch-wissenschaftlichen Rahmen hat die Erforschung von Weisheit erst in den letzten Jahren eingesetzt, und zwar einmal in der Intelligenzforschung, deren früherer Schwerpunkt auf einer eng instrumental gesehenen Intelligenz durch die ‚kognitive Wende' erweitert wurde, eben um die Betrachtung komplexerer Wissensformen, kreativer Prozesse und der besonderen Art des Wissens, die als Weisheit bezeichnet wird.

Auch entwicklungspsychologisch haben sich durch die Einbeziehung der Entwicklung im späten Erwachsenenalter neue Aspekte ergeben, die einen Beitrag

---

[1] In einer Befragung nach den Eigenschaften von Personen, die als weise eingestuft wurden (Sowarka, 1989), war ‚vortrefflicher Charakter' – neben Kenntnissen und Erfahrungen – wichtigstes Attribut (Sowarka, 1989, 104).

[2] Dieser Aspekt wird im Kontext der empirischen Weisheitsforschung immer wieder erwähnt. Deirdre A. Kramer z.B. zählt verschiedene Bereiche der Weisheit auf, und nennt dabei als zweiten die Fähigkeit, andere zu beraten (Kramer, 1990, 286). (Die anderen Bereiche sind: Lebensplanung; Management und Führung der Gesellschaft; Lebensrückschau; Fragen nach dem Sinn des Lebens.) Die Fähigkeit, andere gut zu beraten, sieht sie wiederum als eine Bereicherung für die betreffende Person: „Größere Erfahrung darin, eigene Lebensentscheidungen zu fällen und andere zu beraten, führt zu einem reicheren kognitiven Bezugsrahmen zum Interpretieren und Lernen aus vergangenen Erfahrungen und erlaubt so einen reicheren Lebensrückblick (ebd. 287).

[3] Vgl. dazu C. 4.: Berater-Tugenden – Grundhaltungen, Fähigkeiten und ‚Fertigkeiten'.

zur Weisheitsforschung liefern. Hier hat die Berliner Forschergruppe um Paul B. Baltes (Max Planck Institut für Bildungsforschung) wesentliche Impulse gegeben; Baltes und Jacqui Smith formulierten in ihrem Beitrag zu einem 1990 von Robert J. Sternberg herausgegebenen Sammelband mit grundlegenden Arbeiten zum Thema Weisheit, daß diese eines der wenigen Attribute in bezug auf menschliches Alter darstelle, das positive Entwicklungsziele des späten Lebens charakterisiere, und ihre empirischen Ergebnisse bestätigten, daß dieses Ziel – unter günstigen Bedingungen – von älteren Menschen erreicht werden könne[1].

Gerade vor diesem Hintergrund empirischer Weisheitsforschung und ihrer Ergebnisse erscheint es gerechtfertigt, ‚Weisheit' als zentralen Begriff Philosophischer Beratung anzusehen und das damit Gemeinte als allgemeines ‚Entwicklungsziel' im Kontext von Beratungsgesprächen zu benennen.

In der von Baltes und Mitarbeitern entwickelten Definition wird ‚Weisheit' als eine besondere Form des Wissens charakterisiert, die als ein spezielles ‚Expertentum' bezeichnet wird, nämlich „höchstes Wissen und höchste Urteilsfähigkeit im Umgang mit fundamentalen Problemen der Lebensplanung, Lebensgestaltung und der Lebensdeutung (Staudinger/Baltes, 1996, 59).

> Dieses Expertentum hat zwei Bezugsmöglichkeiten – auf die eigene Person sowie in einer allgemeinen Form und damit (auch) auf andere Menschen bezogen. So definieren Ursula Staudinger und Freya Dittmann-Kohli Weisheit als ‚umfassende Lebenserfahrung', die sie in der zweiten Variante als „höchste Form des Wissens in grundlegenden Fragen des Lebens allgemein" beschreiben, auf das eigene Leben bezogen (als ‚selbstbezogene Weisheit') zugleich als „höchste Stufe der Entwicklung persönlicher Sinngebung" (Staudinger/Dittmann-Kohli, 1994, 420f.).
> Im optimalen Fall kommen bei einer Beraterpersönlichkeit beide Aspekte zusammen, es gibt aber durchaus die Möglichkeit (auf die auch von den Autorinnen hingewiesen wird[2]), daß jemand zwar ein differenziertes allgemeines Wissen über die Lebenspragmatik hat, dies jedoch auf die eigene Person nicht anwenden kann; dann wird ein wichtiges Kriterium für ‚Weisheit' (noch) nicht erfüllt.

Die Gruppe um Baltes unterscheidet ‚Basiskriterien', „die in ähnlicher Weise für jedes Expertentum kennzeichnend sind", und Metakriterien, „die spezifisch sind

---

[1] „In terms of people's beliefs about changes during adulthood and old age ..., wisdom appears to be one of the very few attributes in our mental scenarios about aging that typifies positive late-life goals and accomplishments" (Baltes/Smith, 1990, 113).
In bezug auf erste empirische Ergebnisse formulieren sie entsprechend: „These findings are preliminary, but they are consistent with our theoretical expectations and the notion that wisdom may be a positive late-life goal that, under supportive conditions, could be attained by older adults" (ebd. 114).

[2] „Diese selbstbezogene Weisheit wäre gleichzeitig die höchste Stufe der Entwicklung persönlicher Sinngebung. Es ist durchaus vorstellbar, daß eine Person guten Rat geben kann und tiefe Einicht hat in grundlegende Fragen des Lebens und von ihrer Umgebung auch als weise bezueichnet wird, diese Einsichten jedoch nicht auf das eigene Leben anwenden kann ... Im Idealfall kommen beide Formen der Weisheit, die selbst- und die weltbezogene, in einer Person zusammen" (Staudinger/Dittmann-Kohli, 1994, 421).

für Expertentum in der fundamentalen Pragmatik des Lebens" (Staudinger/Baltes, 1996, 61).

Basiskriterien sind:

1. *Faktenwissen* im Sinne eines Wissens um Lebensprobleme, um die menschliche Grundsituation, mit einer entsprechenden Breite und Tiefe in der Problembearbeitung.

2. *Prozessuales Wissen* in grundlegenden Fragen des Lebens; damit sind hier besondere Umgehensweisen gemeint, Strategien und Heuristiken im Umgang mit Lebensfragen, der Entscheidung, der Lebensdeutung und Lebensplanung ebenso wie spezifische Kompetenzen des Ratgebens. Gerade in dieser Hinsicht erscheint es sinnvoll, Weisheit als eine Form des ‚Expertentums' zu bezeichnen, denn prozessuales Wissen entwickelt sich nur sehr langsam, vor dem Hintergrund vielfältiger Erfahrungen, es steht dann aber sehr leicht und zuverlässig zur Verfügung.

Gerade Prozeßwissen läßt sich aber nur schwer vermitteln und noch schwerer in deklaratives Wissen überführen – so finden sich in der Weisheitstradition oft sehr spezielle Darstellungsformen, zum Beispiel in narrativer Form als ‚Weisheitsgeschichte', oder als Sentenzen, Sprichwörter, Aphorismen usw.
Allerdings ist in dieser Form niedergelegtes Prozeßwissen ohne eigenen Erfahrungshintergrund kaum wirklich zu verstehen – man muß also selbst schon ein wenig weise sein, um das wirklich aufnehmen zu können, was weise Menschen als Essenz niedergelegt haben.

> Um sich ein gewisses ‚Expertentum' zu erarbeiten, bedarf es nach mancher Einschätzung mindestens zehnjähriger Erfahrung sowie eines gutgeplanten Programms von Praxis, Training und Supervision (vgl. Baltes/Smith, 1990, 99). Insofern muß davon ausgegangen werden, daß die Entwicklung einer neuen Beratungsrichtung, wie Philosophische Beratung sie darstellt, lange Zeit braucht, bis sich eine Art Ausbildungstradition entwickeln kann, ohne die sie auf die besondere Leistung einzelner Persönlichkeiten beschränkt bliebe, wie es derzeit noch der Fall ist – bisher mußten sich die Philosophischen Praktiker ihre Beratungskompetenz weitgehend selbst erarbeiten. Dieser Prozeß ist langwierig und mühsam und wird dann nicht gelingen, wenn nicht bestimmte Ausgangsqualitäten bereits vorliegen. Ausbildung durch erfahrene Berater kann diesen Prozeß wesentlich abkürzen und erleichtern.

Neben diesen Basiskriterien werden drei ‚Metakriterien' benannt, die für das Expertentum in der ‚fundamentalen Pragmatik des Lebens' spezifisch sind:
– Ein hohes Maß an Wissen über *Lebenskontexte*
– Einsicht in und Strategien zur Bewältigung von *Unsicherheit* – Einsicht in *Relativismus* (Sowarka, 1989, 88f.).

Lebensspannen-Kontextualismus

Um ein Individuum angemessen zu erfassen, muß es vor dem *Kontext* gesehen werden, in dem es steht, d.h. die „vielfachen thematischen (z.B. Familie, Beruf, Freizeit, Freunde usw.) und lebenszeitlichen Bezüge (Vergangenheit, Gegenwart, Zukunft)" sollten berücksichtigt werden (Staudinger/Baltes, 1996, 61).

Da all diese Aspekte in der Beratungssituation fast nur aus der Perspektive des Klienten zu erschließen sind – andere Informationen, etwa eigene Beobachtungen des Kontextes stehen in der Regel nicht zur Verfügung – läßt sich dieser lebensweltliche Zusammenhang auch mit dem Strukturbegriff des ‚persönlichen Sinnsystems' beschreiben, also der lebensweltlich verankerten ‚subjektiven Theorien' bzw. der Lebensphilosophie des Betreffenden, die vom Berater erfaßt und rekonstruiert werden.

> Freya Dittmann-Kohli hat in ihrer Konzeption des ‚persönlichen Sinnsystems' (1995) diese Bezüge als Grundstruktur der ‚kognitiven Organisation des Sinnsystems' charakterisiert und als ‚topologische' bzw. ‚temporale' Konfiguration bezeichnet.
> Aus der *topologischen* Perspektive (einer mehr statischen Sichtweise) wird ein ‚Lebensraummodell' konstruiert, innerhalb dessen sich das Individuum zwischen den ‚Regionen' des Lebensraums bewegt, mit den unterschiedlichen Bereichen, Plätzen und Personen sowie auf der Seite des Subjekts den dazugehörigen Mustern, Routinen und Rollen (Dittmann-Kohli, 1995, 67).
> Die *temporale* Konfiguration von Elementen hebt die zeitlichen Ablaufmuster hervor. In der selbstbeschreibenden ‚Geschichte', die der Klient erzählt, spielt die eigene Person darin die Hauptrolle, „die sich von der Geburt bis zur Gegenwart in einer Folge von Ereignissen und Veränderungen abspielt" (ebd.). Die Art und Weise, wie diese Geschichte konstruiert wird, stellt ein Deutungsmuster dar, sie vermittelt den jeweiligen Sinn, der dem eigenen Leben gegeben wird (ebd. 68).

Die zeitliche Dimension ist im Beratungskontext von großer Bedeutung – die Perspektive der Vergangenheit wird im ‚Lebensrückblick' realisiert, die der Zukunft in der ‚Lebensplanung', während die Gegenwart als Erfahrung und Organisation des jetzt gelebten Lebens thematisiert wird.

> Dieser zeitliche Aspekt ist gerade auch in der philosophischen Ethik vielfältig akzentuiert worden. Zur ‚Weisheit' im Zeitkontext gehört ein Wissen um die zeitangemessene ‚Plazierung' einzelner Lebensmöglichkeiten und Sinnpotentiale, wie es Hans Krämer in seinen Überlegungen zum ‚Umgang mit der Zeitdimension des Lebens' formulierte (Krämer, 1992, 299ff.) Diese ‚Zeitrichtigkeit' oder ‚Rechtzeitigkeit' herauszuarbeiten, stellt im Beratungskontext eine wichtige Aufgabe dar. „Das Ganze eines Lebens ist nämlich dann am besten gelungen", so formuliert Krämer zusammenfassend, „wenn alle einzelnen Lebensmöglichkeiten und Sinnpotentiale in ihrer Jeweiligkeit, d.h. in der richtigen Zeitphase und Zeitdauer sowie temporichtig ausgeschöpft worden sind" (ebd. 306).

Staudinger und Baltes beschreiben dieses zweite Metakriterium als „Erkennen und Bewältigen von Ungewißheit", das Wissen darum, „daß die Zukunft nicht völlig vorhersehbar und weder die Vergangenheit noch die Gegenwart umfassend bekannt und erklärbar sind" (Staudinger/Baltes, 1996, 62). Die Möglichkeit des Umgehens mit dieser Unsicherheit basiert auf der Einsicht und Kompetenz, daß es „Bewältigungsstrategien und Interpretationsheuristiken [gibt], die es erlauben, mit den Ungewißheiten des Lebens umzugehen" (ebd.).

> Der amerikanische Psychologe John A. Meacham betont in diesem Zusammenhang besonders die Bedeutung des *In-Frage-Stellens (to doubt)*, das der Gefahr des ‚leichten Weges' bloßer Wissensanhäufung entgegenwirkt; statt dessen bestehe die Herausforderung der Weisheit darin, mit dem Wissenserwerb gleichzeitig neue Unsicherheiten, Zweifel und Fragen über das potentielle Wissen hervorzubringen[1]. So kommt er zu der Definition: Weise sein ist, zu wissen und in Frage zu stellen *(To be wise is to know and to doubt*, Meacham, 1990, 181) – in der Weisheit kann man wissend handeln, während man gleichzeitig zweifelt.
> Entsprechend bezeichnet es die kanadische Psychologin Patricia Kennedy Arlin als ein wesentliches Kennzeichen weiser Menschen, daß sie gute Problem*finder* sind – gerade im Umgang mit schlecht-definierten Problemen, zu denen viele Lebensprobleme eindeutig gehören, ist es oft wichtiger, die richtige *Frage* zu finden, als zu schnell nach einer Antwort zu suchen. In diesem Sinne läßt sich ‚Problemfinden' auch als eine qualifizierte Form des Nichtwissens beschreiben: zu wissen, was man nicht weiß, kann durch die Fragen, die man stellt, repräsentiert sein, die Zweifel, die man hat und die Ambiguitäten, die man toleriert[2]. Auf diese Weise erschließt sich die ‚Tiefenstruktur' eines Sachverhalts, während eine zu schnell auf Problem*lösung* ausgerichtete Haltung oft eher an der Oberfläche bleibt.
> Arlin bezeichnet diese Art des Denkens als ‚postformal' und charakterisiert es näher als meta-systematisch, reflexiv und dialektisch (Arlin, 1990, 239). So gesehen stellt Problem*finden* eine höhere Stufe dar als Problem*lösen* – man muß ein guter Problemlöser sein, bevor man ein guter Problemfinder sein kann (ebd. 238). Mit dieser Art des Denkens können dann Lösungen bzw. Urteile erreicht werden, die sich gerade dadurch als ‚weise' bezeichnen lassen, daß sie Standards an ihre Grenze bringen, so daß sich der ‚Denkweg' nicht in den üblichen Geleisen bewegt, sondern neue, kreative Richtungen einschlagen kann (ebd. 237).

Diese Haltung gegenüber dem Faktor der Unsicherheit und das Umgehen damit stellt im Grunde genommen eher einen umfassenderen Persönlichkeitsfaktor dar, als daß es sich in eine spezifische Wissenskonzeption einbinden ließe. Entsprechend faßt Sternberg das Verständnis von Ambiguität, Unsicherheit und Hindernissen als ein Persönlichkeitsmerkmal auf, das sich bei weisen Menschen in ganz

---

[1] „The challenge of wisdom is to avoid this easy course of merely acquiring more and more knowledge and instead to strive simultaneously to construct new uncertainties, doubts, and questions about what might be known" (Meacham, 1990, 183).

[2] „Knowing what one does not know can be represented by the questions one asks, the doubts one has, and the ambiguities one tolerates" (Arlin, 1990, 230).

anderer Weise zeigt als bei solchen, die als ‚intelligent' oder ‚kreativ' bezeichnet werden.

Normalerweise werden ja Unsicherheiten, Ambiguitäten, Zweifelhaftigkeiten, als ‚Probleme' angesehen, die gelöst werden müssen – und Menschen gelten als intelligent, wenn sie sich als besonders fähig erweisen, Ungewißheiten zu überwinden und Probleme zu lösen.

Menschen, die als weise bezeichnet werden, sehen Ungewißheit nicht als Problem an, sondern als eine Grundgegebenheit, mit der wir ständig konfrontiert sind und die dazu herausfordert, in einen unendlichen dialektischen Prozeß mit sich selbst, den Mitmenschen und der Welt insgesamt einzutreten. Deshalb charakterisiert Sternberg den weisen Menschen als jemanden, der mit Ungewißheit gut zurechtkommt und der angesichts von Herausforderungen, die andere belasten würden, eine innere heitere Ruhe bewahren kann[1].

Wert-Relativismus

Das Wissen über Unterschiede zwischen individuellen und kulturellen Zielen, Werten und Prioritäten ist für die Berliner Forschergruppe ein weiteres wesentliches Kennzeichen für Weisheit[2]. Menschen unterscheiden sich voneinander in vielfältiger Hinsicht – etwa im persönlichen Stil, den Motiven, Werten, Interessen und Fähigkeiten, und das führt dazu, daß Individuen unterschiedliche Lebenswege wählen und Lebensereignisse aus verschiedenen Perspektiven betrachtet werden[3].

Baltes und Smith erwarten deshalb, daß ein Experte im Bereich fundamentaler Lebenspragmatiken genügend Flexibilität hinsichtlich von Werten zeigt, wenn er Lebensgeschichten und Lebensentscheidungen von anderen interpretiert[4]. Das umfaßt auch die Fähigkeit, die eigenen Werte und Ziele von denen anderer zu unterscheiden und zu trennen.

Baltes und Smith betonen dabei, daß dies keineswegs zu Relativismus führt – im Gegenteil: sie nehmen an, daß weises Wissen die Möglichkeit einbezieht, zu

---

[1] „The wise person is comfortable with ambiguity, and, indeed, sees it as inherent in virtually all interactions people have with the world. The wise person views him- or herself and others as engaged in an unending dialectic with each other and with the world, with the result that truly nonambiguous situations never exist. Ambiguity is something to be understood, appreciated, and treated as fundamental to the nature of things. Hence, the wise person can be serene in the face of challenges that would distress the less wise" (Sternberg, 1990a, 155).

[2] „We have defined the criterion relativism in terms of knowledge about differences in individual and cultural goals, values, and priorities" (Baltes/Smith, 1990, 102).

[3] „Individual differences in personal style, motives, values, interests, and ability imply that individuals will choose different life paths and interpret events in their lives from different perspectives" (Baltes/Smith, 1990, 102).

[4] „Thus, we expect an expert in the domain fundamental life pragmatics to show sufficient value flexibility when interpreting life histories and life decisions of others" (Baltes/Smith, 1990, 102).

beurteilen, welche Interpretation oder Lösung am angemessensten ist, angesichts einer bestimmten Wertperspektive[1].

Die empirische Erforschung individueller Erkenntnisprozesse zeichnet hier auf interessante Weise Entwicklungslinien nach, die sich auch in den verschiedenen Stadien der philosophischen Erkenntnistheorie dieses Jahrhunderts manifestiert haben – eine ‚reife' Form des Denkens und Erkennens ist gerade dadurch gekennzeichnet, daß ein waches Bewußtsein für die Grenzen des Wissens vorhanden ist, für das noch nicht gewußte bzw. prinzipiell Unerkennbare und die Relativität und kulturelle Eingebundenheit jeglichen Wissens.

In diesem Sinne haben Karen Strohm Kitchener und Helene G. Brenner ein Stufenmodell epistemischer Annahmen entwickelt; es geht von der Grundannahme aus, daß die Bewußtheit um das Unbekannte und dessen Implikationen für die Lösung von Problemen der Realität und für die Urteilsfunktion zentrale Charakteristika der ‚Weisheit' – als höchster Stufe des Erkennens und Wissens – darstellen[2].

Ihr Modell – das hier nicht ausführlich dargestellt werden kann – durchläuft in insgesamt 7 Stufen die Pole des ‚Dogmatismus' (Naives Wissen, das keiner Begründung bedarf) über den Relativismus oder ‚Skeptizismus' (Wissen ist idiosynkratisch und relativ – wir können nicht mit Sicherheit wissen, auch Wissensbegründungen sind zweifelhaft und subjektiv) zur höchsten Stufe, die sie als ‚reflexives Urteil' bezeichnen, in dem das Wissen um den Konstrukt-Charakter des Wissens verbunden ist mit einer an klare Kriterien gebundenen Form der Begründung des Wissens bzw. der Überzeugungen (Kitchener/Brenner, 1990, 218).

> Unter epistemischem Gesichtspunkt und mit dieser Skalierung ließe sich die anzustrebende ‚Richtung' Philosophischer Beratung als eine hin zu ‚höheren' Stufen der epistemischen Annahmen beschreiben.

Die Betonung von Reifung, konstruktiver Veränderung und Entwicklung während des ganzen Lebens stellt einen Gesichtspunkt dar, der für jeden Beratungsansatz von großer Bedeutung ist. Unter dem Aspekt der Weisheit ist damit einerseits die positive Richtung dieser Entwicklungs*möglichkeit* charakterisiert, zugleich weisen viele Autoren aber auch auf die Schwierigkeiten dieses Prozesses hin, so daß Weisheit als ‚Ziel' nur von wenigen erreicht wird.

Wird Weisheit als ‚Expertentum' definiert, dann wird sozusagen unter positivem Aspekt (‚Weisheitserwerb') verständlich, welche Schwierigkeiten dieser Prozeß mit sich bringt – Baltes und Smith weisen darauf hin, daß jegliches Expertentum viele Jahre kontinuierlicher Beschäftigung und übenden Umgehens

---

[1] „Despite this recognition of individual and cultural relativism, however, we do not maintain that such knowledge would result in rampant relativism and the inability to evaluate. On the contrary, we assume that wise knowledge implies the potential to judge which interpretation or solution is most appropriate relative to a particular value perspective" (Baltes/Smith, 1990, 102).

[2] „... an awareness of the unknown and its implications for real-world problem solving and judgment have been identified as central characteristics of wisdom" (Kitchner/Brenner, 1990, 212).

mit dem betreffenden Wissensgebiet bedarf (Baltes/Smith, 1990, 99). Menschen, die als ‚weise' bezeichnet werden, haben sich – ob als professionelle Berater oder in dem sonstigen persönlichen Lebenskontext – lange und intensiv mit der ‚Pragmatik des Lebens' auseinandergesetzt, haben sich selbst und andere Menschen ‚studiert' und auf diese Weise ihr Wissen erworben. Das bedarf eines hohen Einsatzes, einer besonderen Wachheit, Bewußtheit und Reflexivität im Umgehen mit sich selbst und anderen.

Aus der entgegengesetzten Blickrichtung bedeutet allerdings der *Verzicht* auf dieses Streben nach ‚Expertentum' häufig ein Zurückfallen hinter Stufen des Wissens bzw. Erkennens oder der ‚epistemischen Grundannahmen', die man sich in jüngeren Jahren erworben hatte; Meacham hat diesen Aspekt besonders betont und auf die Gefahren hingewiesen, mit zunehmendem Alter in die Extreme von Dogmatismus oder Skeptizismus zu verfallen (Meacham, 1990, 207).

Im Kontext des Wissens um die Lebenspragmatik wirkt sich das eine Extrem so aus, daß jemand durch kontinuierliches Ansammeln von Wissen zunehmend sicher wird, viel zu wissen glaubt und damit dogmatisch wird und unfähig, sich neuen Aspekten zu öffnen.

Die andere Möglichkeit besteht darin, daß jemand angesichts der offensichtlichen Ungewißheiten des Lebens und des vielen Nichtgewußten, das sich als Bezweifeln und Fragen manifestiert, von Unsicherheit überwältigt wird und dadurch in einen Zustand extremer Vorsicht bis Handlungsunfähigkeit gerät (Meacham, 1990, 204).

Gerade diese Gesichtspunkte einer Entwicklung hin zu Weisheit weisen deutlich darauf hin, daß der Weg ‚von Wissen zu Weisheit' nicht nur ein kognitiver Prozeß etwa der Wissenskumulation bzw. der Differenzierung und Vertiefung von Wissensstrukturen ist, sondern daß diese Entwicklung eine Integration vielfältiger Aspekte umfaßt, auch solche der Persönlichkeitsentwicklung. So wird ‚Offenheit für neue Erfahrungen' von vielen Autoren als wesentliche Bedingung für die Entwicklung zur Weisheit genannt[1].

Diese Offenheit zu realisieren setzt allerdings ein hohes Ausmaß an Integration der Persönlichkeit voraus. Juan Pascual-Leone beschreibt das weise Individuum als eines, das die vielfachen Aspekte seiner Selbst-Erfahrung in eine vielfältige Totalität integriert, dabei in der Gegenwart verankert ist, und das nicht nur konzeptuell, sondern auch erfahrungsmäßig[2].

Dazu bedarf es einer Reflexionsform, die sich auf ein integrierendes ‚Zentrum' bezieht, das er als ‚wahres Selbst' oder ‚Ultra-Selbst' bezeichnet; dadurch wird

---

[1] Vgl. etwa Staudinger/Baltes, 1996, 65: „Auch im Bereich der Persönlichkeit muß eine Grundfunktionsfähigkeit ... gewährleistet sein. Darüber hinaus sollte beispielsweise eine Person mit größerer Offenheit für neue Erfahrungen und höherer sozialer Kompetenz bessere Möglichkeiten zur Entwicklung weisheitsbezogenen Wissens und Urteils haben."

[2] „The wise individual, although anchored in the present, has dialectically integrated into a manifold totality the multiple aspects of his or her self-experience and has done so not just conceptually but experientially (as empirical self and as existence), historically (as unique historically conditioned evolving totality immersed in an evolving society), and culturally" (Pascual-Leone, 1990, 245).

es möglich, das eigene Ich oder Ich-selbst zu prüfen, als ein Objekt introspektiven Wissens[1].

Diese fortgeschrittene Selbst-Entwicklung führt immer weiter fort von Ich-zentriertheit, die vielmehr als ein wesentliches Hindernis auf dem Weg zur integrierten Persönlichkeit und damit zur Weisheit bezeichnet wird.

> Mit Bezug auf Untersuchungen von Greenwald nennen Ursula Staudinger und Freya Dittmann-Kohli neben der Egozentriertheit noch zwei weitere hemmende Faktoren: Bequemlichkeit und Widerstand gegen Veränderung, als Tendenz, am Bestehenden festzuhalten: „Aus kognitiv-psychologischer Sicht hat Greenwald (1980) drei zentrale Verzerrungsmechanismen des Selbst identifiziert und beschrieben. Erstens die Egozentriertheit in der Verarbeitung, das heißt, das Selbst wird zum Bezugspunkt alles Wissens und Erkennens gemacht. Zweitens die Vorliebe dafür, den Weg des geringsten Übels zu wählen oder die Verantwortung nur für die angenehmen Dinge zu übernehmen, und drittens eine Tendenz zur Bewahrung des Bestehenden, also ein Widerstand, bestehende Kategorien zu verändern" (Staudinger/Dittmann-Kohli, 1994, 420).

Fortgeschrittene Selbst-Entwicklung und Selbst-Transzendenz stellen also zwei zentrale Persönlichkeitsfaktoren dar, die bei der Entwicklung zur Weisheit eine wesentliche Rolle spielen. Lucinda Orwoll und Marion Perlmutter haben in empirischen Untersuchungen von Menschen, die als weise bezeichnet wurden, diese beiden Faktoren identifizieren können und kommen so zu der Aussage, daß Weisheit auf einer ungewöhnlich integrierten Persönlichkeitsstruktur beruht, die Menschen ermöglicht, die persönlichen Perspektiven zu überschreiten und kollektive und universale Belange zu erfassen[2].

Dabei sind diese Persönlichkeitsfaktoren eng mit einer Denkstruktur verbunden, die sich auf einem hohen Niveau der Reflexion und Dialektik bewegt – relativistisches und dialektisches Denken, so formuliert Deirdre A. Kramer, fördert die Ansicht, daß wir in einem ständigen Zustand der Veränderung sind, wobei dialektisches Denken noch einen Schritt weitergeht, indem es vorschlägt, daß Widerspruch und Konflikt, der bei allen Interaktionen und Ereignissen inhärent ist, Impulse für Wachstum mit sich bringen, wenn man die Konflikte löst[3].

---

[1] „The attempt to resolve these contradictions dialectically, common in adulthood ..., produces new and encompassing self-structures, which constitute a new, more autonomous self; this is an ultraself control center ..., which is a distant self-organization superordinate to the subject's own interpersonal/empirical self ... This ultraself ... makes it possible for the subject to examine his or her own ‚I' or I-self (the operative/affective self) as a detailed object of introspective knowledge" (Pascual-Leone, 1990, 246).

[2] „We identify two key indicators of personality-based wisdom: advanced self-development and self-transcendence. Wisdom depends on an unusually integrated personality structure that enables people to transcend personalistic perspectives and embrace collective and universal concerns" (Orwoll/Perlmutter, 1990, 160).

[3] „Relativistic and dialectical thinking allow for the recognition that one can transcend the rigid characterization of other people and groups as fitting into traits and recognize the primacy of change over stability. Relativistic and dialectical thinking both foster the view that one is in a constant state of change, although dialectical thinking goes a step further to propose that contradiction and conflicts inherent in all people, interactions, and events provide the impetus for growth as one resolves conflicts (via synthesis of contradiction)" (Kramer, 1990, 303).

Gerade kritische Lebensereignisse können hier einen Anstoß zur Veränderung geben und starre, ichzentrierte Strukturen lockern und verändern (und damit flexibler werden lassen) – Freya Dittmann-Kohli weist in ihrer Beschreibung von ‚kognitiver Reorganisation im Erwachsenenalter' (Dittmann-Kohli, 1995, 84f.) darauf hin, daß eine solche Entwicklung nicht unbedingt kontinuierlich vor sich geht, sondern daß sich auch ‚Sprünge' in den Systemzuständen des persönlichen Sinnsystems erwarten lassen: „Sprünge würden zustande kommen, wenn eine kritische Menge von Einzelkorrekturen in elementaren Wissenselementen oder ein intensiver ‚Stoß' durch kritische Lebensereignisse erfolgt, die den Veränderungsdruck intensivieren" (ebd. 85). Wenn die dadurch ausgelösten Veränderungen zu einer Verbesserung in Struktur und Funktionsweise des persönlichen Sinnsystems beitragen, „kommt es zu einer Differenzierung und Höherentwicklung des Sinnsystems, die vielleicht als zunehmende Weisheit bezeichnet werden kann" (ebd. 86).

Weisheit ist aber nicht einfach eine besondere Form der Intelligenz bzw. der kognitiven Prozesse – die dazu gehörende Integration der Persönlichkeit umfaßt gerade auch die emotionalen Faktoren: ohne angemessenen Umgang mit den Gefühlen kann sich keine Weisheit entwickeln, so drückt es Kramer pointiert aus (Kramer, 1990, 296), denn die Fähigkeit, Kognition, Affekt und Reflexion zu koordinieren, kann als eine synthesierende Funktion des Ich betrachtet werden[1].

Daß kognitive und emotionale Prozesse bei allen Erkenntnisprozessen integrativ ineinanderwirken, wird heute vielfach (und zunehmend auch in der Philosophie) betont und beschrieben; bei der Entwicklung von Weisheit nun, deren ‚Gegenstand' die Pragmatik des Lebens darstellt, ist das von besonderer Bedeutung, und so wurde dieser ‚Wissensgegenstand grundlegender Lebensfragen' als „ein prototypisches Beispiel für die Verschmelzung von Denken, Fühlen und Wollen" bezeichnet (Staudinger/Dittmann-Kohli, 1994, 413).

Ein reifes und bewußtes Umgehen mit den eigenen Gefühlen (also eine hohe ‚emotionale Intelligenz' bzw. ‚Kompetenz') ist aus verschiedenen Gründen wesentlich für diesen Entwicklungsprozeß. Ohne Einbezug der Gefühle und ihre Integration mit kognitiven Prozessen wäre es zum Beispiel nicht möglich, Prinzipien und konkrete Erfahrungen in Verbindung zu bringen – ein Aspekt, der etwa in ethischen Überlegungen Voraussetzung für eine Anwendung und konsoliarische Umsetzung darstellt.

> Kramer weist unter Hinweis auf Ausführungen von Roodin, Rybash und Hoyer (1984) darauf hin, daß die Integration von Kognition und Affekt die Fähigkeit einschließt, angesichts aktueller, manchmal widriger Erfahrungen zu reflektieren, um so Eindrücke zu bilden, die auf Prinzipien beruhen, wie Gerechtigkeit, Gleichheit usw., ohne jedoch dabei die Erfahrung an den Intellekt zu verlieren oder die emotionalen Reaktionen zu ignorieren, die in der Situation entstehen können (Kramer, 1990, 292).

---

[1] „The ability to coordinate cognition, affect, and reflection might be seen as a synthesizing function of the ego" (Kramer, 1990, 306).

Ohne eine klare Bewußtheit der eigenen Gefühle (z.B. in ihrer reaktiven Form auf Erlebtes oder von anderen Personen Mitgeteiltes) ist ein solcher, für Weisheit charakteristischer, Prozeß nicht möglich, weil dann ein Abwehrvorgang einsetzt, der die eigenen Gefühle ‚dissoziiert', d.h. dem Gewahrsein entzieht oder sie projektiv auf andere bezieht – ein Vorgang, der in Gesprächssituationen sehr häufig vorkommt, oft unbemerkt bleibt und deshalb ein wesentliches Thema von Supervision im Beratungskontext darstellt.

Viele Menschen in unserer Kultur haben einen ausgeprägten und entwickelten Intellekt, aber wenig Zugang zu ihren Gefühlen – Machovec hat das pointiert so ausgedrückt, daß „viele Individuen – die männlichen relativ sogar mehr als die weiblichen – ... nur halbmündig [bleiben], nur äußerlich erwachsen. Mit vielen Teilen ihres Innenlebens – besonders mit ihrer Emotionalität – stecken sie das ganze Leben tief in der Kindheit oder in der Pubertät" (Machovec, 1988, 44f.).

> Im Falle mangelnder Integration, also ‚fehlender Weisheit' macht sich die Wechselwirkung zwischen Emotion und Kognition in negativer Weise bemerkbar; Menschen, die wenig Zugang zu ihren Gefühlen haben, werden entsprechend starre und unflexible Konzepte entwickeln und so werden auch von dieser Seite her Entwicklungs- und Reifungsprozesse erschwert bzw. verhindert. Alltagstheorien oder Lebensphilosophien können aufgrund der engen Bezogenheit von Kognition und Emotion in hohem Maße ‚veränderungsresistent' sein, wie es Kramer ausdrückt, so daß viele Menschen *gegen* das Weise-werden arbeiten[1].

Durch die vielfältigen Möglichkeiten des Menschen, in seinen selbst- und welterfassenden Prozessen unangemessene Repräsentationen und Konzepte rigide und hartnäckig aufrechtzuerhalten, sind es vor allem kommunikative Situationen, die hier die notwendigen Anstöße und Impulse geben. Die Fähigkeit, konstruktiv mit solchen Prozessen umzugehen, ist allerdings an eben solche Qualitäten gebunden, wie sie in der Weisheitsforschung benannt werden – deshalb ist es so wichtig, auf dem Wege hin zu Reifung und Entwicklung den Austausch und die Begleitung von Menschen zu haben, die auf dem Wege der Persönlichkeitsintegration schon ein Stück weiter fortgeschritten sind. Der Umgang mit impliziten Theorien und kaum zugänglichen Gefühlen stellt besondere Anforderungen – der Schweizer Psychologe Hans Aebli weist für den kognitiven Bereich darauf hin, daß die Theorien des Alltagswissens wegen ihres meist impliziten Charakters eher unbeweglich sind. Man kann zwar im Alltagswissen ein implizites Weltbild entdecken und bloßlegen, „aber das erfordert die analytische Leistung eines Betrachters" (Aebli, 1981, 274).

Die vielen Bezüge zu Beratung insgesamt und speziell zu einer philosopisch fundierten Beratung sind offensichtlich, und sie bilden eine wesentliche Grundlage des hier entwickelten Beratungskonzeptes.

---

[1] „As such, the lay theories are seen as incorporating both affective and cognitive dimensions of experience and sometimes as highly resistant to change – thus, many people resist becoming wise" (Kramer, 1990, 291).

Weisheit wird von der empirischen Weisheitsforschung, einem relativ neuen und sich rasch entwickelnden Forschungsgebiet, als ein integrativer Aspekt des menschlichen Lebens gesehen – so fassen James E. Birren und Laurel M. Fisher im Abschlußkapitel des von Sternberg herausgegebenen Sammelbandes ‚Wisdom' zusammen (in: Sternberg, 1990, 324ff.).

Eine weise Person, so formulieren sie, hat gelernt, die oft gegenläufigen Valenzen von Kognition, Affekt und Wille in Balance zu bringen. „Eine weise Person gewichtet das Gewußte und Nichtgewußte, hält überwältigenden Emotionen Stand, während sie interessiert bleibt und sorgfältig abwägt, wann und wo zu handeln ist" (ebd. 331f.).

Das Beispiel der Weisheitsforschung zeigt zugleich in besonders klarer Weise, wie wichtig es ist, bei einer Fundierung Philosophischer Beratung relevante empirische Ergebnisse zu berücksichtigen. Weisheitsforschung als (empirische) Wissenschaft kann so ein Teil der ‚engen Pforte' Kants sein, die zur *Weisheitslehre* führt, eine Bezeichnung, die sich vielleicht dazu eignet, die Zielvorstellung Philosophischer Beratung auszudrücken.

Ganz in diesem Sinne hat auch Willi Oelmüller im Rahmen des Kolloquiums über ‚Philosophie und Weisheit' den Bezug zur Wissenschaft als wesentliche Bedingung für eine an Weisheit orientierte Philosophie genannt:

> „Mindestens drei Bedingungen sollte heute eine an Weisheit orientierte Philosophie respektieren:
> Sie kann nicht an den Wissenschaften vorbei nach Weisheit suchen.
> Sie muß eine Brücke schlagen zwischen dem Gelehrten- und Forschungswissen auf der einen Seite und dem durch kritische und selbstkritische Lebensweisheit gewonnenen Erfahrungswissen.
> Sie muß in Denkmodellen philosophisches Orientierungswissen für unser Erkennen, Handeln und Leiden entwickeln und diskutieren" (Oelmüller, 1989, 181).

So kann Philosophische Beratung als Anwendungsversuch einer an Wissen *und* Weisheit orientierten Philosophie verstanden werden.

5. Selbstanwendbarkeit als Voraussetzung einer Theorie Philosophischer Beratung

Eine Konzeption Philosophischer Beratung macht in vielfacher Hinsicht Aussagen über ‚den Menschen': Modelle werden entworfen und reflektiert, theoretische Annahmen aufgestellt, anthropologische Grundannahmen hinterfragt und gerechtfertigt, Vorstellungen über mißlingendes bzw. gelingendes Selbst- und Welterfassen geäußert usw.

Diese Vorstellungen, Theorien und Modelle zum Menschen sind verständlicherweise in erster Linie auf die Person des/der Ratsuchenden hin entworfen und sollen die handlungsleitenden Prinzipien des Beraters in möglichst reflektierter Weise bereitstellen, transparent und anwendbar machen.

Hier, wie bei allen Disziplinen, bei denen der Mensch das ‚Erkenntnisobjekt' darstellt, ist nun auf eine prinzipielle Weise das ‚Erkenntnissubjekt', also der

Forscher, Wissenschaftler, oder in diesem Falle der Philosophische Berater, auch sein eigenes ‚Erkenntnisobjekt', auf das die eigenen Theorien und Konzepte zumindest potentiell bezogen werden können bzw. sogar müssen.

Hans Krämer sieht diese Forderung an den praktischen (d.h. beratenden) Philosophen in ganz besonderer Weise gestellt:

> „Die Verantwortung des Praktischen Philosophen ist in dem Maße größer denn die des Wissenschaftlers, als seine Optionaliät weiter reicht und er den Interessenstandpunkt der Praxis vertritt. Eben darum ist von ihm im Unterschied zum Wissenschaftler auch die Übereinstimmung von philosophischer Theorie und eigener Lebenspraxis zu fordern" (Krämer, 1992, 327).

Die Forderung nach *Übereinstimmung* von philosophischer Theorie und eigener Lebenspraxis wird man sicherlich eher als ein anzustrebendes Ideal betrachten müssen, doch das Prinzip der Selbstanwendung setzt Krämer damit – jedenfalls für den Bereich Philosophischer Beratung – als selbstverständlich und fraglos voraus.

> Für die Philosophie insgesamt ist das keineswegs eine allgemein geteilte Annahme. So vermutet z.B. Robert Spaemann: „Prof. Albert denkt eben in Wirklichkeit nicht daran, den kritischen Rationalismus auf gleiche Weise zur ständigen Disposition zu stellen, wie er es für wissenschaftliche Theorien und moralische Normen verlangt. Wenn ein solches Zur-Disposition-stellen Bedingung für Philosophie wäre, dann gäbe es gar keinen Philosophen" (Spaemann, 1978, 95f.).

Doch gerade für das beraterische Umgehen mit anderen Menschen muß das Prinzip der Reflexivität der Theorien oder der Selbstanwendung als wesentliche Grundvoraussetzung angesehen werden – sonst müssen sich die Philosophen den Vorwurf gefallen lassen, wie ihn Achenbach erhob, daß sie nämlich „für die andern denken, sich zugleich jedoch die Anwendung des Ausgedachten auf sich selber zu ersparen wissen" (Achenbach, 1984, 19).

Aber auch jede andere systematische Form der Aussage über den Menschen führt zu tiefgehenden Widersprüchen, wenn dieses Prinzip nicht beachtet wird, so daß die aufgestellten Theorien ihrerseits dann nicht mit diesem System erklärt werden können und sich die Person des Theoretikers selbst mit dessen eigenen Theorien nicht angemessen beschreiben läßt.

> Die Aufdeckung dieser Diskrepanz in der behavioristisch-positivistischen Psychologie trug wesentlich zu ihrer Ablösung bei; Norbert Groeben und Brigitte Scheele leisteten dazu in unserem Sprachraum mit ihrem 1977 erschienenen Buch einen wichtigen Beitrag, und schon der Titel bezog sich auf diesen Punkt: ‚Argumente für eine Psychologie des *reflexiven Subjekts*' – eine Kurzform für das Menschenbild, das in dem neuen Paradigma konstitutiv ist: sie nennen es ‚epistemologisches Subjektmodell'. Dem liegt der Ansatz zugrunde, die Kognitionen des menschlichen Erkenntnisobjekts (d.h. des ‚normalen Menschen' oder der ‚Versuchsperson' des behavioristischen Paradigmas) als Reflexionen analog zum Selbstbild des Wissenschaftlers aufzufassen, nämlich als subjektive Theorien (Groeben/Scheele, 1977, VII).

In diesem Punkt hat die Psychologie nach der Ablösung des behavioristischen Paradigmas eine Sensibilität erreicht, die in der Philosophie noch eher die Ausnahme ist – hier werden (z.B. in der ‚Philosophy of Mind') noch vielfach Theorien hervorgebracht, die auf die ‚anderen' angewendet werden, deren reflexive Anwendung auf die Person des philosophischen Theoretikers jedoch teilweise erhebliche Widersprüche aufdecken würde; insbesondere läßt sich aufzeigen, daß der Modellcharakter der eigenen Konzepte oft vernachlässigt wird; es bleibt dann unbeachtet, daß bestimmte Grundannahmen die Basis der Welt- und Theorienkonstituierung darstellen und daß jederzeit andere Entwürfe möglich sind, die mit den Phänomenen ebenso gut kompatibel sind.

> Die aufgezeigten Inkonsistenzen und Schwierigkeiten liegen wesentlich an der durchgängigen Bevorzugung der Beobachterperspektive bei der ‚Philosophy of Mind' und ähnlichen philosophischen bzw. kognitionswissenschaftlichen Ansätzen.
> Das Prinzip der Selbstanwendung zwingt quasi dazu, alle Phänomene auch aus der 1. Person-Perspektive zu prüfen und auf ihre Relevanz für die eigene Person zu befragen.

Groeben wies in einem späteren Buch (Handeln, Tun, Verhalten, 1986, 81) darauf hin, daß die Erkenntnis des Menschen durch den Menschen immer auch Selbsterkenntnis bedeutet – ein Grundsatz, der zweifellos gerade für die Philosophie Geltung hat. Konsequent angewandt führt das zu einer wachsenden Übereinstimmung in der Welt- und Selbstsicht beider Seiten, des Philosophierenden und der anderen Menschen, die vielfach als ‚Gegenstand' philosophischer Reflexion auftreten.

Das ist für eine philosophische Beratung von besonderer Bedeutung, weil sich hier unmittelbar die Frage nach den Menschenmodellen stellt, die den eigenen philosophischen (Beratungs-)Theorien zugrundeliegen.

> Für die Psychologie hat das in ähnlicher Weise Walter Herzog akzentuiert, und seine Aussagen könnten fast unverändert auf eine Theorie philosophischer Beratung bezogen werden: „Jede Psychologie ruht auf einem Feld von Annahmen über das ‚Wesen' des Menschen, die im Kontext der theoretischen und empirischen Arbeit der betr. Psychologie nicht weiter hinterfragt werden. Solche Menschenmodelle bilden ein wesentliches Element der ‚disziplinären Matrix' (Kuhn), der ‚Stipulationen' (Israel), der ‚Annahmekerne' (Herrmann) etc. der Psychologie" (Herzog, 1984, 83).

Es ist erstaunlich, wie spät sich diese Erkenntnisse in der Psychologie Anerkennung verschaffen konnten, waren sie doch in differenzierter Form bereits Mitte der 50er Jahre formuliert worden, und zwar durch George A. Kelly und seine ‚Konstrukt-Theorie' (1955). Er charakterisierte pointiert den Unterschied zwischen dem Wissenschaftler (Psychologen) und seinen Probanden:

> „Ich als Psychologe und darum als Wissenschaftler führe dieses Experiment durch, um die Vorhersage und Kontrolle gewisser menschlicher Phänomene zu verbessern; aber mein Proband, der nur ein menschlicher Organismus ist, wird

offensichtlich von unerbittlichen, in ihm aufsteigenden Trieben bewegt oder befindet sich auf der unaufhörlichen Jagd nach Nahrung und Zuflucht" (Kelly, 1955, 19).

Konsequent stellte Kelly als Wissenschaftler die Frage, ob man nicht den Menschen aus einem anderen Blickwinkel sehen könne, und zwar als jemanden, der sich eher wie ein Wissenschaftler verhält, der Theorien hat, Hypothesen testet etc.

> Bannister und Fransella charakterisierten die ‚Psychologie der persönlichen Konstrukte' u.a. dadurch, daß diese Theorie reflexiv sei. „Die Theorie der persönlichen Konstrukte ist ein Akt der Konstruktion, der wiederum durch die Theorie der persönlichen Konstrukte begründet ist und durch sie erklärt wird. Anders gesagt: sie erklärt nicht, wie die Lerntheorie, alle Arten menschlichen Verhaltens, *ausgenommen* die Formulierung der Lerntheorie. Die Konstrukttheorie behandelt Forscher als Personen und Personen als Forscher" (Bannister/Fransella, 1981, 5).

Diese Konzeption wurde zunächst vom damaligen ‚Mainstream' der Psychologie nicht beachtet, nur einige Vertreter der Humanistischen Pychologie (bes. Carl Rogers) nahmen sie in ihre Theoriekonzeption auf. So konnte Brian R. Little in einem 1972 erschienenen Artikel auf diese beiden Richtungen (die Personal-Construct-Theoretiker und einzelne Humanistische Psychologen) als zu diesem Zeitpunkt einzige Vertreter reflexiver Modelle für die Persönlichkeitsforschung hinweisen.

> Er präzisierte die damals dominanten ‚gespaltenen' Persönlichkeitstheorien und charakterisierte sie als das ‚nichtreflexive Paradox' von *Us-Models* und *Them-Models*:
> *Us-Models* (Modelle von ‚uns') – sie beschreiben das Verhalten von solchen Personen, die die Pespektive des Theoretikers, der das Modell vorschlägt, teilen.
> *Them-Models* (Modelle von ‚den anderen'): beziehen sich auf jeden, der nicht die spezielle Perspektive des Theoretikers teilt. Das schließt Versuchspersonen ein, Patienten bzw. Klienten, aber auch rivalisierende Theoretiker.

Für die Aufgabe einer Fundierung Philosophischer Beratung ergibt sich daraus, philosophische Positionen darauf zu prüfen, ob sie den Anspruch der Reflexivität erfüllen, unter der Voraussetzung, daß derartige Theorien und Konzeptionen für eine Theorie und Praxis Philosophischer Beratung eher von Bedeutung sind als solche, die diesem Maßstab nicht entsprechen.

Prüft man philosophische Positionen einmal unter dem Aspekt, ob hier ein reflexiver Standpunkt vorliegt oder ob mit ‚zweierlei Maß' gemessen wird, so findet man durchaus viele Beispiele für diese zweite Haltung – es gibt Konzeptionen, die den Philosophen in einer quasi überhöhenden Weise gegen die ‚anderen Menschen' absetzen, was dann wiederum zu einer Gegenbewegung führen kann, die darauf dringt, den ‚common sense' des Alltagsbewußtseins nicht abzuwerten. Diese ‚Besonderheit' des Philosophen kann eine positive Akzentuierung haben, aber durchaus auch eine negative, quasi tragische.

Die positive Überhöhung setzt eigenständiges Philosophieren mit Originalität des Denkens gleich, die etwa ein neues System hervorbringt. So spricht Gernot Böhme z.B. von dem ‚unerhörten Anspruch', der seiner Ansicht nach in der Philosophie herrscht: „Derjenige, der in die Philosophie eingeleitet wird, solle dazu angeleitet werden, selbst zu philosophieren. Dieser Anspruch erscheint unerhört, geradezu maßlos, sowohl gemessen an der Wissenschaft als auch an der Philosophie. Denn von einem Studenten einer Wissenschaft wird in der Regel nicht erwartet, daß er diese Wissenschaft selbst produktiv fortsetzt", so daß also „produktiv *philosophieren* nur ganz wenigen vorbehalten ist, den großen Philosophen" (Böhme, 1994, 12).

Ähnlich, fast noch schärfer, drückt das Wulff D. Rehfus aus, der behauptet, in der Philosophie sei gefordert, „daß nur der als Philosoph gilt, der auch Eigenständiges denkt, der ein philosophisches ‚Paradigma' entwirft, d.h. eine ‚allgemein anerkannte wissenschaftliche' Leistung, die für eine gewisse Zeit einer Gemeinschaft von Fachleuten maßgebende Probleme und Lösungen" liefert [er zitiert hier Kuhn, 1976, 10]. Solche Leistungen gelingen nur den allerwenigsten" (Rehfus, 1992, 17).

Im Unterschied dazu verneinen manche, daß es einen prinzipiellen Unterschied zwischen Philosophen und ‚den anderen' gibt – diese Ansicht findet sich allerdings eher als Bonmot denn als ausgearbeitete (reflexive) Theorie d.h. Modellierung des Menschen ‚als Philosoph'.

> So meint z.B. Hans Georg Gadamer: „Es werden Fragen an die Philosophie gestellt, als gebe es eine besondere Art von Leuten auf der Welt, die Philosophie betreiben. Das ist nicht wahr. Alle Leute treiben Philosophie, nur meistens noch schlechter als die sogenannten Philosophen" (Gadamer, 1993, 6).
>
> Und ähnlich Popper: „Wir haben alle unsere Philosophien, ob wir dessen gewahr werden oder nicht, und die taugen nicht viel. Aber ihre Auswirkungen auf unser Handeln und unser Leben sind oft verheerend. Deshalb ist der Versuch notwendig, unsere Philosophien durch Kritik zu verbessern (Popper, 1984, 33).

Mit solchen Äußerungen ist der enge Zusammenhang zwischen philosophischen Theorien und dem alltäglichen Bewußtsein angedeutet. Mit ‚Alltagsphilosophie' ist gemeint, daß jeder Mensch über eine Vielfalt von Überzeugungen, Meinungen, Annahmen, Theorien usw. verfügt, in diesem Sinne also eine persönliche, individuelle Philosophie ‚hat'. Der Umgang damit läßt sich dann durchaus als ‚Philosophieren' bezeichnen.

Andererseits ist ‚Philosophie' auch die Bezeichnung für eine akademische Disziplin, und ‚Philosoph' eine Art Berufsbezeichnung für Menschen, die sich professionell damit beschäftigen.

Diesen Unterschied faßt Jay Rosenberg so, daß er sagt, jedermann habe eine Philosophie, aber deswegen müsse nicht unbedingt jeder als ‚Philosoph' bezeichnet werden[1].

---

[1] „Common sense kann so als ein mehr oder weniger geordnetes Arsenal von Überzeugungen, Theorien und Prinzipien dienen, auf das man in kritischer oder konstruktiver Argumentation zurückgreifen kann. Und daß er dazu dient, ist der wahre Kern der Behauptung, daß ‚jeder-

Hinter einem solchen Sprachgebrauch, der jedem Menschen eine Philosophie und die Fähigkeit des Philosophierens zubilligt, findet sich die Annahme einer prinzipiellen Strukturgleichheit alltäglicher und wissenschaftlicher (hier: philosophischer) Konzeptionen, aus der die grundsätzliche Selbstanwendbarkeit der Theorien folgt.

So wird – mit den Worten von Groeben/Scheele – eine widersprüchlich-asymmetrische Subjekt-Objekt-Relation vermieden und von einer grundsätzlichen Parallelität zwischen Wissenschaftler (Philosoph) und ‚Erkenntnisobjekt' (dem ‚Menschen' bzw. im Kontext Philosophischer Praxis: dem Beratungsklienten) ausgegangen.

Wenn so vom ‚Mensch als Philosoph' gesprochen wird, ist das in diesem Sinne struktureller Parallelität gemeint und nicht in dem der Berufsbezeichnung. Ähnlich läßt sich sagen, daß alle Menschen auf irgendeine Weise Berater sind und in bestimmten Situationen als solche mit anderen Menschen umgehen.

Ekkehard Martens wandte diese Sichtweise bei einem Vortrag[1] auch auf die Philosophische Praxis an und bezeichnet Ratgeber und Ratsuchenden in gleicher Weise als praktizierende Philosophen, wobei im günstigsten Fall das Ergebnis sein mag: „die gemeinsam Beratenden haben sich geändert" (Martens, 1984, 143).

Dennoch ist der ‚Philosophische Praktiker' als Berufsbezeichnung an bestimmte Qualifikationen gebunden, die Martens etwa als ‚vertiefte Einsicht in und größere Erfahrung mit dem Prozeß der Selbsterkenntnis' beschreibt – das ist eine zentrale Qualität, die einen Berater ausmacht, und läßt sich mit der Bezeichnung ‚differenziertes Prozeßwissen' charakterisieren.

> Hier scheint mir Littles Vorschlag hilfreich, der ein inhaltlich nicht festgelegtes ‚reflexives Menschenmodell' entwickelt hat (Little, 1972), das er mit der Bezeichnung *man as specialist* charakterisiert – jeder Mensch hat auf bestimmten Gebieten eine Kompetenz, ein gewisses Expertentum, seine ‚Verdienste' oder Fähigkeiten, aber auf anderen Gebieten kann er sehr schwach sein. Diese Konzeption ermöglicht, in flexibler Weise den unterschiedlichen Wissens- und Erfahrungsstand des einzelnen zu berücksichtigen, ohne in eine polarisierende, pauschale Unterteilung nach dem ‚Us-Them-Model' zu verfallen.

Entsprechend kann dann für den Beratungskontext auch davon gesprochen werden, daß der Berater Spezialist oder Experte für Prozeßwissen ist, während der Klient die notwendige Information über die Inhalte seines eigenen Lebens, seiner Erfahrungen sowie seiner Konzepte, Modelle und Theorien bereitstellt.

In diesem Sinne scheint es auch gerechtfertigt, davon zu sprechen, daß der philosophische Berater mit dem Klienten ‚philosophiert' – jemand, der Philosophie studiert hat, philosophiert mit einem anderen Menschen, der in der Regel kein Philosophie-Studium absolviert hat (wenn doch, kann man ein solches Ge-

---

mann eine Philosophie hat'. Jedoch folgt daraus nicht, daß jedermann ein Philosoph ist (Rosenberg, 1984, 62).

[1] Beim 1. Kolloquium der GPP, Oktober 1983 in Bergisch-Gladbach.

spräch dann als ‚Philosophisches Lehrgespräch' charakterisieren, wie Mittelstraß [1986] es nennt).

Damit wird zugleich das Alltagswissen zu einer wichtigen Quelle von Information und Anregung für die wissenschaftliche Theoriebildung – Groeben und Scheele benutzten gerade diesen Aspekt als zentralen Kritikpunkt am damaligen psychologischen Menschenbild; sie betonten die Bedeutung des Alltagswissens als Konsequenz einer Berücksichtigung möglicher Selbstanwendung bei der Problemstellung bzw. Gegenstandskonstituierung und bezeichneten wissenschaftliche Theorien entsprechend als ‚objektive Konstrukte' über ‚subjektive Konstrukte', also Metatheorien (Groeben/Scheele, 1977, 24).

Die Annahme einer Strukturgleichheit von ‚Alltagsphilosophie' (individueller Lebensphilosophie) und den Entwürfen und Konzeptionen der wissenschaftlichen (akademischen) Philosophie betont damit den Zusammenhang und die wechselseitige Einflußmöglichkeit; zugleich ist die prinzipielle Selbstanwendung der Theorien des Philosophen auf die eigene Person ebenso selbstverständlich vorausgesetzt wie die Möglichkeit, mit einer individuellen Weltsicht oder Lebensphilosophie vor dem strukturellen Hintergrund der philosophischen Systeme umzugehen, wie z.B. in den erwähnten Seminaren zur ‚eigenen Lebensphilosophie' (vgl. oben S. 287ff.).

Diese methodologische Grundhaltung wird in den vorliegenden Ansätzen zur Philosophischen Praxis bzw. Beratung noch wenig berücksichtigt. Vielleicht ist es gerade die bisherige Außenseiterrolle – sowohl im Beratungsfeld, in dem sich Philosophen nun zu etablieren versuchen wie auch im Gesamtgebiet der Philosophie – die dazu verführt, im Sinne einer Us-Them-Kategorisierung die eigene Tätigkeit durch Abgrenzung gegen andere Berater (bzw. die Gruppe der Psychotherapeuten) und zugleich gegenüber der akademischen Philosophie ‚aufzuwerten'.

> Auf diesen Aspekt hat Hans Krämer deutlich hingewiesen: „Es gibt indessen bei den Philosophischen Praktikern, die in den achtziger Jahren im deutschsprachigen Raum hervorgetreten sind, eigene Tendenzen, die Verbindung zur Ethiktheorie zu lockern und sich und ihre Klienten als Philosophierende eigenen Rechts theoriefrei und autark zu setzen" (1992, 334) ... Die Philosophische Praxis pflegt sich im übrigen ihrer neu errungenen Ungebundenheit und Praxisnähe zu rühmen, die sie aller Schuldoktrin und Schematisierung enthebt" (ebd. 339).

So können sich Philosophische Praktiker Qualitäten zuschreiben, die weder ihre Klienten noch andere Theoretiker haben – in diesem Sinne also eine typische Us-Them-Unterscheidung. ‚Die anderen' Menschen sind in festen Denksystemen gefangen – die Klienten in ihrer unreflektierten, nicht hinterfragten Weltsicht, Berater oder Therapeuten anderer Provenienz in starren, diagnostizierenden, die Klienten festlegenden Theorien, insbesondere über den Ablauf von psychischen Prozessen und die Genese von psychischen Belastungen, Problemen oder Störungen.

Eine reflexive Konzeption würde unter Berücksichtigung des Prinzips der Selbstanwendung ein strukturelles Persönlichkeitsmodell entwerfen, das davon ausgeht, daß jedes Selbst- und Welterfassen (einschließlich des Verstehens anderer Menschen) grundsätzlich durch die jeweiligen Theorien, Konzepte und Modelle ‚gefärbt' ist. Zu dieser ‚Alltagsphilosophie' gehört auch eine ‚Alltagspsychologie' mit Annahmen z.B. über psychische Strukturen und Abläufe, Möglichkeiten von Veränderung etc., auch wenn dies nicht als explizite Theorie formuliert, sondern nur implizit (aber dennoch erkenntnis- und handlungsleitend) zugrundeliegt.

Der Unterschied zwischen einem (philosophischen) Berater und einem Ratsuchenden würde dann nicht so gefaßt werden, daß der philosophische Berater ohne Theorien auskommt, sondern daß er eine größere Bewußtheit über seine Theorien hat, ein Wissen darüber, daß ein Erfassen der ‚Wirklichkeit' immer die eigene Wahrnehmung, das persönliche Erkennen und Verstehen darstellt, geleitet von den persönlichen ‚subjektiven Theorien'. Durch ein verfügbares Prozeßwissen, das um die Verschiedenheit der jeweiligen Inhalte weiß und zugleich die strukturelle Gleichheit kennt und für den Beratungsprozeß nutzt, kann sich daraus eine offene und flexible Haltung ergeben, sowohl auf die eigene Lebenspraxis bezogen wie auf das Umgehen mit dem Anliegen oder Problem des Klienten.

Diese Art des Wissens (als theoretisches und prozedurales bzw. Handlungswissen) um die Möglichkeit ständiger menschlicher Entwicklung hin zu mehr Verstehen der eigenen Person und anderer Menschen mit unterschiedlichen Weltentwürfen ist ein wesentliches Charakteristikum menschlicher Reife oder von ‚Weisheit', d.h. es ist keineswegs ein spezifisch philosophisches Konzept und findet sich in wissenschaftlicher Form z.B. in bestimmten psychologischen Persönlichkeitstheorien (etwa der Prozeßskala von Carl Rogers) oder der empirischen Weisheitsforschung.

> Rogers gibt in seiner Darstellung der Prozeßskala (Rogers, 1961, 130–162) abschließend eine allgemeine Beschreibung dieses Entwicklungsprozesses: Dieser „bewegt sich von einem Punkt der Starrheit, an dem alle die oben beschriebenen Elemente und Fäden getrennt feststellbar und getrennt verstehbar sind, hin zu den wechselnden Höhepunkten in der Therapie, in denen alle diese Fäden untrennbar ineinander verwoben werden. In der neuen Unmittelbarkeit des Erfahrens, das in solchen Augenblicken stattfindet, durchdringen sich gegenseitig Gefühl und Erkenntnis; das Selbst ist in der Erfahrung subjektiv gegenwärtig; das Wollen ist einfach das subjektive Beachten eines harmonischen Gleichgewichts in der Ausrichtung des gesamten Organismus. Wenn der Prozeß also diesen Punkt erreicht, wird der Mensch eine Einheit des Flusses, der Bewegung. Er hat sich geändert; was jedoch wohl am bedeutsamsten sein mag: Er wurde zu einem zusammenfassenden Prozeß an Veränderungen" (ebd. 161f.).

Eine Strukturtheorie menschlichen In-der-Welt-seins könnte so ein Kontinuum von Möglichkeiten beschreiben, mit dem einen Pol von Rigidität und Befangenheit in den eigenen Konzepten, Theorien, ‚Vor-Urteilen' usw., während am anderen Pol dieses Kontinuums die Weisheit einer flexiblen und offenen Haltung zu finden wäre, die sich bewußt ist, daß die eigenen Konzepte Konzepte sind und nicht ‚die Realität', wie ‚es wirklich ist', sondern eben mein – theoriegeleitetes – Erfassen der Wirklichkeit einschließlich der anderen Menschen und der eigenen Person.

Das darin liegende Entwicklungs- und Reifungsziel hat Weischedel als ‚ethische Grundhaltung der Offenheit' bezeichnet und darauf hingewiesen, daß diese nur durch eine innere Aktivität zu erzielen ist: Die Offenheit setzt ein Sich-öffnen voraus: ein Tun. „Daher bedarf die Offenheit eines ausdrücklichen Entschlusses ..." (Weischedel, 1976, 190).

Dieses ‚Postulat der Offenheit' erfüllt in deutlicher Weise die Forderung der Selbstanwendung; Weischedel formuliert es so, daß es „für den Menschen gleichermaßen in seinem Verhältnis zu sich selber wie in seiner Beziehung zu den anderen" gilt (ebd. 191) – auf die Beratungssituation übertragen: Offenheit ist für den Berater ebenso wie für den Ratsuchenden Ausrichtung und Ziel zugleich.

Weischedels Formulierungen sind ein Beispiel dafür, daß philosophische Konzeptionen, die reflexiven Charakter haben, also der Forderung der Selbstanwendung entsprechen, fast von selbst die Struktur einer ‚Beratungstheorie' annehmen; im folgenden Zitat muß man nur den Begriff des ‚Skeptikers' durch den des ‚Beraters' ersetzen: „Das Offensein für die Mitmenschen entspringt daraus, daß der Skeptiker, der alles als fraglich empfindet, auch sich selber nicht als den fraglos Richtigen weiß und sich daher dem anderen und dessen Anspruch öffnet. Die Offenheit verwirklicht sich somit in einer grundsätzlichen Zuwendung zu den anderen ... Überall wird der Skeptiker auf die anderen hören und in einen ständigen Dialog und in ein kontinuierliches Zusammenwirken mit ihnen eintreten. Dabei liegt ihm vor allem daran, daß der Partner seinerseits zur Offenheit finde. Denn er wird die anderen aus dem Gehäuse, in das sie eingeschlossen sind, als wäre es fest und beständig, in die Weite ihrer Möglichkeiten führen und ihnen die Gestalt eines offenen Lebens weisen" (ebd. 191f.).

Eine weitere Variante der ‚Us-Them-Unterscheidung', die sich in der Philosophie und entsprechend auch bei einigen Philosophischen Praktikern findet, geht von potentiell eher ungünstigen bzw. beunruhigenden Auswirkungen der Philosophie aus, so daß der Philosoph sich eher durch größere Unsicherheit von ‚den anderen' unterscheidet. Aus dem philosophischen Staunen, das auch scheinbar Selbstverständliches hinterfragt, kann in der Übertreibung Verunsicherung werden – sozusagen die negative Form des Skeptizismus, die dem Übermaß der Möglichkeiten und des Zweifels erliegt.

Auf diese Gefahr des Philosophierens weist z.B. Rehfus in seiner ‚Einführung in das Studium der Philosophie' hin (allerdings ohne daß die eigene Stellungnahme zu dieser möglichen Entwicklung deutlich wird):

> „... die Gewißheit, die der Philosoph sucht, verläßt die Alltagsgewißheit. Dadurch wird der Denkende gefährdet. Philosophie ist problematisierendes Denken, es hinterfragt, was dem Alltagsdenken das Selbstverständliche ist, und stellt fest, daß das Selbstverständliche sich nicht von selbst versteht. Damit verliert der Denkende seinen Halt im Alltag, die Normal-Praxis wird in Dauerreflexion aufgelöst" (Rehfus, 1992, 18).

Eine solche Position kann, wenn sie Dominanz gewinnt, beim Versuch einer Ausübung Philosophischer Beratung äußerst irritierend wirken und hat in einzelnen Fällen auch dazu geführt, daß Praktiker diese Tätigkeit wieder aufgegeben haben bzw. mit der Form der Einzelberatung eher ungünstige Erfahrungen machen mußten.

> Für Siegfried Blasche sind Philosophen Menschen, die alles problematisieren und deshalb Verunsicherung erzielen. Die ‚anderen' machen das eher nicht, sie müssen vom Philosophen darauf gestoßen werden, das – so ist offenbar seine Erfahrung – will jedoch keiner, außer vielleicht, wenn er sein Leben als ‚gelungen' ansieht und deshalb eine Art Überdruß entsteht. „Man hört es immer wieder durch die Geschichte hindurch, daß das Philosophieren nicht glücklich mache; daß es trenne, was zueinander gehört und daß es niemals mehr synthetisieren könne, was es getrennt habe. Hier liegt ein wesentlicher Grund für das Praxisproblem der Philosophie, daß sie nämlich die ihr ganz gewissen Adressaten nur gegen einen untergründig bei ihnen wirksamen ‚Widerstand' erreicht, der jedenfalls durch die Philosophiegeschichte hindurch seit den leidvollen Erfahrungen ihres halbsophistischen Stammvaters und Verunsicherers Sokrates identifizierbar ist" (Blasche, 1991, 15).

Auch für diesen Aspekt könnte die Wissenschaft die ‚enge Pforte' sein, die zur Weisheit führt – im Kontext der empirischen Weisheitsforschung wird die Einsicht in Relativität als ein Kriterium von Weisheit genannt, zu dem Erkennen von Unsicherheit gehört, sowie die Möglichkeit, konstruktiv mit Unsicherheit umzugehen, aus dem Wissen heraus, daß es Bewältigungsstrategien und Interpretationsheuristiken gibt, die es erlauben, mit den Ungewißheiten des Lebens umzugehen[1]. Zweifel ist ein wesentliches Kennzeichen von Weisheit, aber nur als Pol, der allzu rigide Sicherheit des Wissens auflockert – in diesem Sinne definierte Meacham weise zu sein als ‚zu wissen und zu bezweifeln' (Meacham, 1990, 181), so daß Zweifeln dazu beiträgt, wissend zu handeln.

Zusammenfassend läßt sich formulieren, daß für eine Fundierung Philosophischer Beratung bei der Entwicklung von Theorien und Grundsätzen das Prinzip der Reflexivität im Sinne prinzipieller Selbstanwendbarkeit beachtet werden muß. Das gilt in gleicher Weise für die Methoden, die auch in der Selbstanwendung erprobt und erfahren sein sollten, als Umgang mit sich selbst bzw. als ‚Philosophisches Lehrgespräch', für die Phase der Ausbildung oder später als mögliche Supervision und Reflexionsmöglichkeit in bezug auf die beraterische Tätigkeit.

Das Gleiche gilt aber auch für das ‚Ziel' Philosophischer Beratung, das – in einer strukturellen, nicht inhaltlich festgelegten Weise – für Berater und zu Beratenden gleich sein sollte. Dafür eignet sich der Weisheitsbegriff, wenn er differenziert gefaßt wird (vgl. Kap. 3.4.). So könnte als ‚Zielvorstellung' Philosophischer Beratung gelten, daß sowohl der zu Beratende durch die Gespräche ein wenig weiser wird wie auch der Berater in seinem eigenen Prozeß des Menschseins bzw. Menschwerdens.

---

[1] Staudinger/Baltes (1996, 62) – vgl. oben S. 311.

C. Grundprinzipien philosophischer Beratung – Versuch einer Zusammenfassung

Nachdem in der Einleitung bereits eine ‚vorläufige Konzeption Philosophischer Beratung' vorgestellt wurde (A.3) – quasi als Vorausentwurf und Basis für den folgenden zweiten Teil (B), der Quellen Philosophischer Beratung zum Inhalt hat –, sollen nun in diesem dritten Teil Grundprinzipien Philosophischer Beratung zusammengefaßt werden, die sich aufgrund dieser theoretischen Beschäftigung und der praktischen Erfahrung als Berater und Ausbilder für Beratung herauskristallisiert haben.

> Das zuvor dargestellte Material ist dabei ständiger Bezugspunkt – die angegebenen Seitenzahlen beziehen sich auf den vorhergehenden Teil der Arbeit, so daß keine weiteren Literatur- und Quellenangaben notwendig sind.

In jeder Form hilfreicher Interaktion (Erziehung/Bildung, Beratung, Psychotherapie) wird das Gegenüber aus einer bestimmten Perspektive betrachtet und es wird mit ihm/ihr auf eine spezifische Weise umgegangen.

Philosophische Berater beziehen ihre Orientierung aus der Philosophie, und hier gilt das Gleiche wie für die anderen Formen der ‚Lebens- und Entwicklungshilfe' (20): Die jeweilige Theorien bestimmen weitgehend die Anwendungsverfahren (23).

Keine der Humanwissenschaften vermochte ein einheitliches ‚Theoriegebäude' zu errichten, und die Versuche, eine an der Naturwissenschaft orientierte methodische Strenge zu erzielen, wie es z.B. das Ziel der behavioristischen Psychologie war, sind gescheitert. Bei jeder ‚Sichtweise' oder ‚Perspektive' in den Disziplinen, deren Thema der Mensch ist, gilt die Vielfalt des ‚Phänomens Mensch' nicht nur für die untersuchten Personen, sondern auch für die untersuchenden Wissenschaftler, Berater oder Psychotherapeuten. Insofern muß der Satz *‚Die jeweiligen Theorien bestimmen weitgehend die Anwendungsverfahren'* präzisiert werden zu: Die Anwendungsverfahren eines Erziehers, Beraters oder Psychotherapeuten sind weitgehend bestimmt durch die jeweils vorliegende Theorie von Erziehung, Beratung oder Psychotherapie in der individuellen Ausprägungsform dieses Menschen.

Philosophen sind gewissermaßen ‚Experten für Theorien', da philosophische Ansätze explizite theoretische Entwürfe darstellen. Allerdings sind Philosophen auch anfällig dafür, die Theoriegeleitetheit ihrer eigenen Perspektive zu übersehen und entweder vehement für die ‚Wahrheit' ihrer Sichtweise (bzw. ‚Schule') zu streiten, oder zu meinen, sie seien in besonderer Weise ‚geschützt' gegen die einengende Wirkung von Theorien. Es bleibt der unhintergehbare Tatbestand, daß jeder Philosophische Berater ein persönliches Verständnis von Philosophie hat und eine handlungsleitende Theorie der eigenen Beratungstätigkeit, auch wenn diese nur implizit zugrundeliegt (25).

Jede Wissenschaft vom Menschen muß die Vielfalt individueller Erscheinungsformen berücksichtigen. Für die Philosophie bedeutet das, mit der Verschiedenheit möglicher Weltsichten umzugehen; im Falle Philosophischer Beratung in der Form, daß der Berater als ‚Experte für Weltsichten' (Lebensphilosophien) ein konstruktives Beratungsangebot machen kann.

Hier sind sehr unterschiedliche Zugänge möglich, die sich z.B. in der Verschiedenheit hermeneutischer Ansätze zeigen (210) – folgt jemand eher einer ‚interpretierenden Hermeneutik', wird das ‚Andersverstehen' und Erweitern den Schwerpunkt des Umgehens darstellen.

Eine ‚verstehende Hermeneutik' wird zunächst versuchen, das tatsächlich Gemeinte zu rekonstruieren, unter Einbezug eines kritischen Hinterfragens, das den ‚Geltungsanspruch' bzw. die Bewährung im Lebensvollzug prüft, wobei dann auch alternative Sichtweisen erarbeitet werden.

Der hier entwickelte Ansatz Philosophischer Beratung geht primär von dieser Position aus; mit einer epistemologisch fundierten Hermeneutik wird die individuelle Weltsicht und Lebensphilosophie des Gesprächspartners in mehreren strukturellen Erfassungsmodi erschlossen und dialogisch rekonstruiert; diese ‚Strukturen des Selbst- und Welterfassens' stellen das grundlegende Orientierungsmuster dar.

1. Strukturen des Selbst- und Welterfassens

Die erste ‚Verstehensfolie' ist dabei die Unterscheidung von Theorie und Praxis; der erste Fokus im Beratungsprozeß gilt der Lebenspraxis als konkreter Erfahrung.

Wenn Philosophische Praktiker den ‚narrativen Charakter' des vom Ratsuchenden Mitgeteilten betonen, dann hat das eben diesen Hintergrund: die ‚Erzählung' ist die Form, in der Lebenspraxis geschildert wird.

Mit einer epistemologischen Hermeneutik wird eine ‚erzählte Geschichte' zunächst einmal als Schilderung *konkreter Erfahrung* aufgefaßt und die Aufgabe des Philosophen ist (mit Diltheys Worten), die ‚volle, unverstümmelte Erfahrung' dieses Menschen zugrundezulegen, mithin zu versuchen, dessen ‚ganze und volle Wirklichkeit' zu erfassen (206). Das stellt sozusagen die ‚Praxisebene' des verstehenden Umgehens dar, der als zweite strukturelle Dimension die der ‚Theorie' folgt, im Sinne des Erfassens und Rekonstruierens von Konzepten, Theorien, Hintergrundannahmen, eben der ‚eigenen Weltsicht' oder ‚Lebensphilosophie' des Betreffenden, auch wenn diese meist nur in impliziter Form vorliegt und möglicherweise noch kaum reflektiert oder überhaupt benannt wurde.

Die strukturelle Gliederung des Selbst- und Welterfassens nach den epistemischen Modalitäten (Wahrnehmung, Denken und Erleben sowie Intention/Absicht/Wille) und die inhaltliche Gliederung nach den Philosophischen Disziplinen stellen die Grundstruktur des vorliegenden Ansatzes Philosophischer Beratung dar.

Philosophische Beratung steht so mitten im Spannungsfeld von Theorie und Praxis und wird beiden Polen die angemessene Aufmerksamkeit zukommen lassen.

a) Lebenspraxis (konkrete Erfahrung)

Die Mitteilung des Ratsuchenden geht häufig von konkreten Erfahrungen aus, beginnt also mit ‚erzählter Lebenspraxis'. Dort setzt dann auch die Beratungsarbeit an, allerdings wird die ‚ganze und volle Wirklichkeit' des anderen Menschen kaum sofort zugänglich sein.

Das liegt vor allem an zwei Gegebenheiten, die eher die Regel als die Ausnahme darstellen:

1) Die ‚erzählte Geschichte' ist – trotz der Ich-Form – meist nicht die eines handelnd erkennend-erlebenden Menschen, sondern wird eher in einer beschreibenden Sichtweise präsentiert, in der Geschehnisse wie aus einer Beobachterperspektive geschildert werden. Die ‚Welt' des Klienten wird beschrieben, ohne daß sich dabei das ‚Selbst', das diese Beschreibung liefert und zentraler ‚Akteur' des Berichteten war, in klarer und bewußter Weise zeigt. So liegt die Beschreibung oft eher diffus im Zwischenbereich von Theorie und Praxis.

Um zur Konkretheit der Erfahrung vorzudringen, ist deshalb eine Orientierung an den Modalitäten notwendig, in denen Erfahrung zugänglich wird: hierzu gehört die Selbst- und Objektwahrnehmung, mit den entsprechenden Gefühlen, die dazu in Beziehung stehen (218), und schließlich die einer spezifischen Handlung zugrundeliegende Motivation und der intentionale, richtungsgebende Willensimpuls (239). Nur wenn alle diese Komponenten symbolisierbar und damit bewußt zugänglich sind, wird die Erfahrung wirklich in lebendiger Form repräsentiert und bildet damit eine angemessene Basis für die weitere Exploration. (Fehlen einzelne Elemente, können sie anhand der Orientierung dieser Verstehensausrichtung erfragt und damit in die Bewußtheit gehoben werden – etwa mit den erwähnten Fragen, worauf eine Wahrnehmung bezogen, worüber ein Gefühl gegeben sei, oder wohin das Streben eines spezifischen Willensaktes ziele [205].)

2) Konkrete Erfahrungen werden in den typischen Schilderungen oft mit kognitiven Verarbeitungsprozessen (= Denken) vermischt präsentiert oder treten sogar hinter oberflächlichen Reflexionen, Assoziationen, verallgemeinernden, resümierenden Aussagen usw. so zurück, daß die tatsächliche, lebendige Erfahrung kaum noch erkennbar ist. Gerade wenn es sich dabei – wie häufig im Beratungskontext – um ungünstige, negative, abwertende usw. Gedanken handelt, erzeugen diese Beschreibungen teilweise sehr intensive Gefühle (etwa Verzweiflung, Resignation, Auflehnung, Verbitterung, Schuldgefühle, diffusen Ärger usw.), so daß sie subjektiv für die Person selbst und ebenso für einen nicht in dieser Weise diskriminierenden Zuhörer ‚Realitätscharakter' bekommen – so kann man sich tatsächlich buchstäblich ‚in Gedanken verlieren' (235).

Eine Äußerung wie z.B. ‚Es gibt keine Rücksicht mehr in dieser Gesellschaft' ist weder eine Schilderung konkreter Erfahrung (wahrgenommener Handlungen und entsprechender emotionaler Reaktionen), noch repräsentiert sie eine angemessene Verarbeitung von Erfahrungen; es handelt sich vielmehr um eine generalisierende Feststellung und bewertende Verallgemeinerung, die sich auf die Lebensführung und -gestaltung eher ungünstig auswirkt.

Solch allgemeine Sätze – ‚Theorien' über den Menschen oder die Gesellschaft – könnten prototypisch, einschließlich des zugrundeliegenden Erfahrungshintergrundes, strukturell etwa folgendermaßen rekonstruiert werden: Ich habe (neulich, mehrfach, immer wieder) Erfahrung(en) gemacht, bei denen sich Menschen – aus meiner Wahrnehmung und Einschätzung – destruktiv oder egoistisch (‚rücksichtslos') verhalten haben, und das war jedesmal sehr schmerzlich, hat mich verletzt bzw. es entstand Ärger und Aufruhr in mir.

Die auf solchen Erfahrungen aufbauenden Verarbeitungsschritte und generalisierenden Konzeptionen würden folgende sprachliche Form annehmen, wären sie als solche erkannt (hier deskriptiv rekonstruiert, also unter Beibehaltung der ungünstigen ‚Richtung' der Verarbeitung): Ich entwickle die Vorstellung bzw. Überzeugung, es gebe keine Rücksicht mehr in dieser Gesellschaft, und wenn ich solche Vorstellungen und Gedanken entwickle, werde ich entweder deprimiert und hoffnungslos oder ich lehne mich auf und gerate in einen diffusen Ärger, ein ungerichtetes, wütendes Unleidigsein.

So liegt eine wichtige ‚Funktion' eines Bewußtseinsmodells im hier beschriebenen Sinne darin, daß durch die Orientierung an den spezifischen Modalitäten des Erfahrungs-(Erkenntnis)-Prozesses ein Gewahrsein der ‚Eigentümerschaft' des Erkennens entsteht, das häufig weder in der Situation selbst noch im nachfolgenden Umgehen damit erreicht wird. Gemeint ist die beschriebene (223f.) Bewußtheit, daß in einer konkreten Situation ich es bin, der das Geschehen wahrnimmt, und zwar mich selbst (Selbstwahrnehmung) als Handelnden und die anderen beteiligten Menschen (Personwahrnehmung) sowie die relevanten Objekte bzw. Details der Umgebung (Objektwahrnehmung) und daß ich in dieser konkreten Situation Gefühle habe, für die ich Eigentümerschaft übernehme: Es sind *meine* Gefühle, die ich gerade fühle oder spüre, es ist meine emotionale *Reaktion* auf das, was ich gerade wahrnehme, und zwar ist es speziell dieser Aspekt (= Bedeutungsgehalt, 225), auf den ich mit Freude, Schmerz, Ärger, Heiterkeit etc. reagiere. (In der Rekonstruktion kann diese Bewußtheit ‚nachträglich' erzielt werden; sie nimmt dann sprachlich die Vergangenheitsform an: In dieser Situation habe ich so wahrgenommen und so emotional reagiert etc.).

Wenn sich aus – einzelnen oder wiederholten – Erfahrungen Vorstellungen entwickeln, Konzepte oder Annahmen mit ‚Theoriecharakter', sind solche Prozesse bzw. ihr ‚Ergebnis' im optimalen Fall von dem Wissen begleitet, daß es sich um Gedanken, Konzepte und Vorstellungen handelt und daß diese ganz spezifische Gefühlswirkungen nach sich ziehen. Eine wichtige Aufgabe von Beratung im hier skizzierten Sinne besteht darin, diese Bewußtheit zu fördern, indem diese Abläufe rekonstruiert werden. Dann kann eine Veränderung eintreten, die z.B. dem entspricht, was in der Antike als ‚Therapie pathischer Prozesse' beschrieben wurde (71) – ungünstige Vorstellungen, als solche erkannt, verlieren oft unmittelbar einen Teil der Wirkung, die sie zuvor aufgrund ihres scheinbaren Realitätscharakters ausüben konnten.

Selbst und Welt lassen sich aus der Perspektive des Selbst- und Welt*erfassens* so beschreiben, daß es sich dabei um die Ergebnisse epistemischer Prozesse handelt (Erkenntnis = Erfahrung, aber auch rein kognitives Lernen etc.), die sich zu komplexen Konfigurationen verbinden; in diesem Sinne ist es berechtigt, dem ‚Selbst' ebenso wie der ‚Welt' Theoriecharakter zuzuschreiben (131) und darauf hinzuweisen, daß sich die Vorstellungen über mich selbst (‚Selbstkonzept') wie über die Welt auf ihre Angemessenheit überprüfen lassen, sich als ‚besser/günstiger' oder ‚schlechter/ungünstiger' erweisen oder auch – im Sinne eines kontextangemessenen Wahrheitskriteriums – als ‚wahr' oder ‚falsch' bezeichnen lassen: Wir können uns in verschiedener Hinsicht über uns selbst täuschen und unangemessene Vorstellungen über die Welt haben.

Begriffe wie Selbst und Welt können nun aus unterschiedlichen Perspektiven betrachtet und sehr verschieden strukturiert werden. Aus der Sicht des Philosophischen Beraters ist es die primäre Aufgabe, die *Welt* des Klienten zu rekonstruieren, deren Mittelpunkt dieser *selbst* ist, mit dem Wissen, daß dies vor dem Hintergrund des eigenen Selbst- und Weltverständnisses geschieht.

Die hier zugrundeliegende Strukturierungsweise läßt sich folgendermaßen beschreiben:

Die Konzeption, die ein Mensch von sich selbst und von der Welt (in ihren immanenten und transzendenten Aspekten) hat, stellt eine dynamische, jederzeit veränderbare Konstellation dar, die aus verschiedenen Quellen gespeist ist, deren ‚Basis' und ständiger Bezugspunkt zumindest potentiell die konkrete Erfahrung ist. Unmittelbare Erfahrung ist epistemisch betrachtet durch Wahrnehmung und Erleben konstituiert; deshalb ist es – trotz des engen Bezugs von Wahrnehmung und Denken – wichtig, in der Erfassung einer Lebensphilosophie immer wieder zur konkreten Erfahrung rekonstruktiv Bezug aufzunehmen und diese von kognitiver Verarbeitung zu unterscheiden.

Diese ‚Welt', in deren Mittelpunkt sich das erkennende Subjekt befindet, ist nach verschiedenen Gesichtspunkten strukturierbar – ein wichtiger Aspekt ist die Gliederung nach Raum und Zeit (310):

> Die topologische Perspektive umfaßt die verschiedenen ‚Regionen', in denen sich ein Individuum bewegt, mit den entsprechenden Personen.
> Die ‚temporale Konfiguration' hebt die zeitlichen Ablaufmuster hervor – der ‚narrative Aspekt' stellt eine Geschichte dar, die der Klient erzählt; sie hat eine Vergangenheit, eine Gegenwart, sowie eine Zukunft als temporale Projektion des eigenen Lebens, etwa im Sinne von Lebensplänen, Wünschen, Zielvorstellungen, Hoffnungen/Befürchtungen oder Erwartungen usw. (vgl. 310).

In dieses raumzeitliche Kontinuum ist die konkrete Erfahrung eingebettet, und der Berater wird sich immer wieder darauf beziehen.

Der Bezug der Erfahrung zu den Konzepten, oder – anders ausgedrückt – von Praxis und Theorie, Lebens*vollzug* und Lebens*philosophie*, wirkt sich nun auch so aus, daß die Reichhaltigkeit (Quantität) und Differenziertheit (Qualität) der konzeptuellen Struktur darüber entscheidet, auf welche Weise Selbst und Welt erkannt werden, denn jede **Wahrnehmung** bedeutet ein Erkennen, d.h. ein Zuordnen der sensorischen ‚Spuren' zu bekanntem Weltwissen (163).

Deshalb spricht man von ‚geübten Wahrnehmenden', denen ein reich differenziertes konzeptuelles ‚Netzwerk' zur Verfügung steht, so daß sie z.B. imstande sind, bestimmte ‚Qualitäten' (225) ‚wahrzunehmen', d.h. in einer konkreten Erfahrung bestimmte anscheinend abstrakte Merkmale wie etwa Güte, Freundlichkeit, Zugewandtheit, Offenheit etc. im Sinne einer Tiefendimension der Personwahrnehmung (226) unmittelbar auf bestimmte Wahrnehmungscharakteristika zu beziehen, so daß dann Erfahrungssätze möglich sind wie: Ich nehme an diesem Menschen Güte, Freundlichkeit, Offenheit etc. wahr. So besteht die Qualität der Wahrnehmung unter anderem darin, daß Konzepte bzw. Begriffe von einem gewissen Abstraktionsgrad in verläßlicher und zumindest potentiell explizierbarer Weise auf konkrete Erfahrung bezogen werden können, und zwar vor allem solche Begriffe bzw. Konzepte, die durch ihren Bedeutungsgehalt imstande sind, bestimmte Aspekte des persönlichen Wertegefüges auszudrücken (neben moralischen Werten gehören dazu auch ästhetische, wie etwa ‚Schönheit').

Umgekehrt bedeutet es, daß spezifische und genau erfaßte Wahrnehmungsdetails in die ‚Qualitätswahrnehmung' eingehen, d.h. deren Grundlage darstellen, so daß in der Exploration im Einzelfall genau aufzeigbar ist, woran die Qualität der Güte erkennbar ist oder welches die individuellen Charakteristika für Schönheit sind.

In diesem Zusammenhang ist die Bewußtheit für den Wahrnehmungscharakter des Erfaßten von besonderer Bedeutung – bis in die sprachliche Formulierung hinein ist der Unterschied deutlich zwischen Sätzen wie: *Du bist* gut bzw. boshaft, oder: *Ich nehme* (jetzt, immer wieder) Güte / Boshaftigkeit an dir *wahr*, und zwar in diesen spezifischen Situationen, auf der Grundlage detailliert wahrnehmbarer und benennbarer Ausdrucks- und Verhaltensmerkmale.

Neben der Wahrnehmung stellt **Erleben** den zweiten konstitutiven epistemischen Faktor dar – es gibt keine neutrale Erfahrung (220), jede Wahrnehmung ist, zumindest in Ansätzen, in eine bestimmte Richtung positiv oder negativ ‚getönt', im Sinne eines Wohl- bzw. Unwohlfühlens *mit* (182); als ‚neutral' bezeichnete Erfahrungselemente sind eher in der primären Einstufung als ‚bekannt und für mich nicht wichtig' klassifiziert worden.

In der konkreten Erfahrung haben Gefühle, als unmittelbare Einschätzung und Gewichtung von Wahrnehmungsinhalten, eine zentrale motivierende und orientierende Funktion. Allerdings gibt es hier vielfältige Fehlermöglichkeiten – so werden z.B. durch die Schnelligkeit der ablaufenden Prozesse auch eher vage und ungenaue Wahrnehmungen auf diese Weise emotional ‚aufgeladen', so daß die Gefühlsqualitäten dann rekursiv die weitere Wahrnehmungsverarbeitung mitgestalten können; so entstehen im ungünstigen Fall Verzerrungen und Fehldeutungen.

Da sowohl Wahrnehmungen wie Gefühle auch durch jeweils relevante Konzepte und Theorien mitbedingt sind, bedarf diese komplexe Bezogenheit in der Beratung eines Entfaltungsprozesses, der einen ständigen Wechselbezug zwischen Wahrnehmung (als erkannter Bedeutung) und emotionaler Reaktion herstellt, unter explizitem Einbezug von Kognitionen (Konzepten etc.), wenn diese in die konkrete Erfahrung einwirken (229).

Gefühle entstehen in konkreten Situationen, als Reaktion auf die wahrgenommenen Situationen, in denen man handelnd steht, aber zum Verständnis von Erfahrungen ist auch die Beachtung der schon vorher bestehenden ‚Gefühlstönung' wichtig, die den ‚emotionalen Hintergrund' darstellt. Sie läßt sich als ‚Gestimmtheit' mit größerer zeitlicher Erstrekung von den kürzer schwingenden emotionalen Reaktionen (Gefühlen) unterscheiden.

Neben dem ‚Beitrag' der unmittelbaren Wahrnehmung des Körperzustandes, der einen Aspekt der jeweiligen Befindlichkeit ausmacht (232), stellen hier bestimmte Kognitionen die entscheidende Quelle dar – also übergreifende Konzepte, Einstellungen, Weltsichten, Grundhaltungen usw., die durchaus explizierbar sind, so daß der Zusammenhang zu den Gefühlen aufzeigbar ist (229). Sie bringen eine bestimmte ‚Erkenntnishaltung' mit sich und gehen deshalb mitkonstitutiv in den Erkenntnisprozeß ein.

Die theoretisch klare Unterscheidung zwischen ‚realer', konkreter Erfahrung und Vorstellungen (als Überzeugungen) ist aus der subjektiven Perspektive oft schwer zu treffen, gerade dadurch, daß Vorstellungen sehr intensive Gefühle hervorrufen können; so wird ein subjektiver Realitätscharakter erzielt, der nur angehbar ist, wenn der Zusammenhang bestimmter Gefühlsqualitäten mit Vorstellungen aufgezeigt wird (185).

Kognitive Prozesse (‚**Denken**' in einem sehr weiten Sinn) spielen auch im direkten Zusammenhang mit konkreten Erfahrungen eine wichtige Rolle, etwa als ‚Vorplanen' bzw. ‚Vorstellen', oder ‚Nachdenken'.

Das unmittelbar erfahrungsbezogene Denken stellt dabei die konkreteste, am meisten wirklichkeitsbezogene Form dar, prä-aktional etwa als Planung im Sinne vorbereitender Überlegungen, meta-aktional als ‚inneres Kommentieren', post-aktional als kognitive Verarbeitung und Einbettung in die Wissensstruktur, im Sinne von Theoriebildung bzw. konzeptueller Modifikation (236) bis hin zur Restrukturierung (169).

In der strukturellen Form handelt es sich um das Gesamtgefüge der kognitiven Konfiguration, die ein komplexes Netzwerk von Begriffen, Konzepten und Theorien darstellt, wobei sich dieses ‚Gefüge' z.B. mit Groeben entlang der Dimension Einfachheit / Komplexität gliedern läßt: Begriffe und Konzepte sind dann von eher einfacher Struktur, während komplexere Gebilde als ‚subjektive Theorien' bezeichnet werden können, Kognitionen der Selbst- und Weltsicht mit impliziter Argumentationsstruktur, die in ihrem Aufbau wissenschaftlichen Theorien vergleichbar sind (166).

Während in der Beratungssituation aus der persönlichen Lebensphilosophie nur die jeweils relevanten Aspekte von Bedeutung sind und entsprechend thematisiert werden, läßt sich eine inhaltliche Gliederung der kognitiven Struktur aus philosophischer Sicht nach dem Vorbild der systematischen Philosophie vornehmen (vgl. 34 u. 287ff.); im Kontext der Seminare zur eigenen Lebensphilosophie wird diese Struktur als ‚Fragensammlung' vorgegeben und kann dann bis hin zu einer relativ umfassenden Explikation der persönlichen Lebensphilosophie in allen wesentlichen Aspekten führen; unter diesem Gesichtspunkt lassen sich die Disziplinen der systematischen Philosophie als differenziert ausgearbeitete inhaltliche Gliederung individueller Lebensphilosophien betrachten.

Die bisher beschriebenen epistemischen Prozesse von Wahrnehmung/Erleben und Denken/Erleben müssen noch um den **Willen** ergänzt werden, den Dilthey als ‚richtunggebende Kraft' bezeichnet hat, die sich in Denken, Gefühl und Wahrnehmung ausdrückt (203).

Auch einfach wirkenden Handlungsentschlüssen liegt eine sehr komplexe Konfiguration zugrunde; deshalb ist es günstig, für ein strukturelles Erfassen eine Modellierung zu wählen, in der die einzelnen Komponenten (Wahrnehmen, Denken und Erleben sowie der Wille) gesondert erfaßt und symbolisiert werden, so daß der interaktive Zusammenhang darstellbar ist, wie das im Empathiemodell versucht wird (239).

Auch der Bereich der **Werte** gehört diesem ‚tiefenstrukturellen Aspekt' an und wurde als ‚individuelles Wertegefüge' bezeichnet (239), während der Wille den dynamischen Faktor darstellt, der aus den handlungsleitenden Konzepten heraus mit mehr oder weniger hergestelltem Bezug zu den Werten die ‚Richtung' des jeweiligen Handelns bestimmt (239ff.).

b) ‚Lebensphilosophie' (Weltsicht und Weltwissen)

Nach den epistemischen Prozessen strukturiert läßt sich *Praxis* als ‚konkrete Erfahrung' charakterisieren, die jede Form eigenen Handelns bzw. Verhaltens einschließt und durch Selbst- und Welt-Wahrnehmung und die entsprechenden Gefühle zugänglich wird.

Die kognitiven Elemente (Begriffe, Konzepte, Modelle, Theorien) wirken wahrnehmungsstukturierend und handlungsleitend, und umgekehrt werden diese Strukturen wiederum durch Erfahrungen kontinuierlich modifiziert, erweitert oder umstrukturiert.

Der Bezug zwischen dem ‚Theoriebestand' eines Individuums und dessen ‚Praxis' kann allerdings recht unterschiedlich sein.

Einmal gibt es Formen der Lebenspraxis, deren kognitiver ‚Hintergrund' schwerer zugänglich ist; dazu gehören etwa bestimmte Handlungsschemata, Verhaltens- und Bewegungsmuster, die so habitualisiert sind, daß sie als solche kaum bewußt sind und deshalb noch wenig reflektiert wurden.

In der groben Kategorisierung von ‚Theorie' (‚Wissen') und ‚Praxis' haben auch derartige Abläufe einen ‚theoretischen' Anteil, und insofern sind sie ebenfalls Teil der individuellen ‚Lebensphilosophie'; Jaspers spricht hier von einer

‚erlebten, aber nicht formulierten und bewußten Form eines Weltbildes' (33, Anm.).

Andererseits gibt es ‚Theorie-Elemente' (‚Wissensinhalte'), die kaum mit dem konkreten Lebensvollzug verbunden sind – eine ‚bloß gewußte, nicht erlebte Form des Weltbildes' (ebd.).

Die grundsätzliche Strukturgleichheit zwischen wissenschaftlicher Erkenntnis und Alltagserkenntnis, wissenschaftlichen Modellen/Theorien sowie solchen des alltäglichen Bewußtseins (324) hat potentielle Wirkungsmöglichkeiten in beide ‚Richtungen'; so ist es sinnvoll, auch für Alltagstheorien von der ‚Qualität der Konzepte' zu sprechen (225), die Auswirkungen auf einen gelingenden oder mißlingenden Lebensvollzug hat, und es lassen sich auch bestimmte Prüfkriterien auf die individuelle Lebensphilosophie anwenden, etwa Erfassungs-Adäquatheit, Genauigkeit des Bezugs zur Erfahrung usw. (167).

Allerdings reicht hier ein rein kognitives Vorgehen nicht aus – die entscheidenden Impulse für die jeweils notwendigen Restrukturierungen der Theorien und die konzeptuellen Veränderungen sind meist nur unter Berücksichtigung des Erlebens (Gefühl, Gestimmtheit) zu gewinnen (226)[1].

So ist es im Kontext Philosophischer Beratung auch im Umgehen mit umfassenderen theoretischen Annahmen von großer Bedeutung, die Gefühle zu berücksichtigen, und zwar sowohl im Sinne der emotionalen ‚Wirkung' bestimmter Vorstellungen, als auch umgekehrt als Einfluß gewisser ‚Lebensstimmungen', die Dilthey als wichtige Grundlage für die Ausbildung der individuellen Weltsicht bezeichnete (170).

Die kognitiven Strukturen bilden mit ihren unterschiedlichen Graden von Komplexität ein umfassendes Netzwerk der Wissensorganisation; selbst einfache Begriffe, die unmittelbar auf Wahrnehmungsobjekte angewandt werden können, lassen sich als ‚Modelle' verstehen, die unser Wissen organisieren. In diesem Sinne stellen Begriffe, Konzepte, Modelle und Theorien ein strukturelles Kontinuum nach dem Grad der Komplexität dar, die auf jeweils bereichsspezifische Weise dazu beitragen, unser Wissen so zu organisieren, daß die Erscheinungen der Welt einen Sinn bekommen und subjektiv plausibel werden (166).

Eine wesentliche Aufgabe von Beratung besteht darin, zur Veränderung von Konzepten, Modellen und Theorien anzuregen, die ihre Aufgabe der Orientierung im Umgang mit Wissen und Erfahrung sowie deren wechselseitigem Bezug nicht (mehr) angemessen erfüllen können und deshalb modifiziert bzw. ersetzt werden sollten. Allerdings sind subjektive Theorien – darin wissenschaftlichen prinzipiell ähnlich – keineswegs leicht zu verändern, und Menschen wie Wissenschaftler neigen dazu, an ihren alten Konzepten und Vorstellungen festzuhalten (154), auch wenn diese sich schon längst nicht mehr bewährt haben. ‚Plausibilität' des Erklärens oder Verstehens ergibt sich allein durch die interne Überein-

---

[1] Die Bedeutung der Gefühle für die Theorien, auch für übergreifende Konzeptionen und Hintergrundannahmen, gilt allerdings in gleicher Weise für die wissenschaftlichen ‚Denkgemeinschaften' (156) wie für das Individuum – Ludwik Fleck hat darauf hingewiesen, daß es bestimmte ‚Hintergrundsquellen' des wissenschaftlichen Diskurses gibt, die selbst wesentliche emotionale Wurzeln haben, auch wenn diese oft eher implizit bleiben (176).

stimmung von z.B. ad hoc entwickelten Modellen mit dem bisherigen Weltwissen bzw. umfassenderen Theorien. Je rigider die Strukturen, Modelle und Theorien eines Menschen sind, umso schwieriger wird es für sie/ihn, die eigenen Konzepte als solche zu erkennen, und es wird eher die Erfahrung den Konzepten ‚angepaßt' (bis hin zur Wahrnehmungsverzerrung), als daß die Konzepte verändert würden, wenn sie nicht mehr erfahrungsadäquat sind. Hier wird der philosophische Berater gegebenenfalls auf Diskrepanzen zwischen bestimmten Konzepten, Vorstellungen oder Überzeugungen und den konkreten Erfahrungen hinweisen bzw. auch mit eigenen Einschätzungen oder Sichtweisen konfrontieren (274).

Die Einbettung auch einzelner Wahrnehmungen bzw. erfahrungsbezogener Aussagen in ein theoretisches Gesamtgefüge kann im Beratungskontext von großer Bedeutung sein und stellt von daher hohe Forderungen an die erkenntnistheoretische Modellierung des Beraters – der topologische Aufbau der mentalen Prozesse sollte strukturell komplex erfaßt werden, und ebenso die vielfältigen interdependenten multi-kausalen Funktionszusammenhänge der einzelnen Komponenten des ‚epistemischen Geschehens' (218). Stets liegt ein bestimmtes ‚Selbstmodell' zugrunde (38), wobei die prinzipielle ‚Symmetrie' in der formal asymmetrischen Konstellation der Beratung durch die Forderung der Selbstanwendung der Theoriebildung gewährleistet wird – jede Annahme, Konzeption, Modellierung oder Theorie über ‚den Klienten' gilt in gleicher Weise für den Berater selbst (321, 324).

Wie sehr gerade auch moralische Urteile in umfassende Strukturen einer Weltsicht, eines Weltentwurfs ‚eingebunden' sind, ist in einem individuellen moralischen Konflikt offensichtlich, und eine angemessene Lösung ist nur möglich, wenn dies berücksichtigt wird (254)[1].

Vor diesem Hintergrund ist auch der Vorgang der Sinnfindung (‚Sinnkonstitution') zu verstehen – es handelt sich um die ‚Einbettung' konkreter Erfahrungen bzw. einer ganzen ‚Lebensgeschichte' in einen größeren Kontext (262); das läßt sich als ‚transpersonale Bewegung' bezeichnen, die ‚horizontal' zum anderen Menschen bzw. hin zur ‚Welt' als Ganzem erfolgen kann oder ‚vertikal' im Sinne einer Öffnung und Ausrichtung zur Transzendenz (263).

Darin drücken sich bestimmte Hintergrundannahmen aus, die – wie explizit und reflektiert auch immer – bei jedem Menschen vorliegen (57), im gelingenden Fall als Sinngebung (oder als positives Akzeptieren der Unerkennbarkeit eines letzten Sinnes), im mißlingenden Fall als erlebte Sinnlosigkeit und Verzweiflung bis hin zu Lebensüberdruß und Lebensverneinung.

Das angemessene Umgehen mit ‚letzten Fragen' (55) wird von einem Philosophischen Berater in besonderer Weise erwartet, und damit ist eine offene Haltung gerade auch gegenüber dem Thema des Transzendenzbezugs wichtig (241), so daß ein Begleiten in verschiedene Richtungen möglich ist: als Unterstützung bei dem Prozeß, Erfahrungen neu zu symbolisieren und damit zu integrieren, die vorher schwer artikulierbar waren, sowie beim ‚Entlassen' spekulativer Elemente

---

[1] In ethischen Konzeptionen und Entwürfen von Philosophen ist das prinzipiell ebenso der Fall, wird aber aufgrund der objektivierenden Darstellungsform selten expliziert.

der Weltsicht, die in keinem wesentlichen Zusammenhang zur Erfahrungswelt stehen bzw. eher ungünstige Auswirkungen haben (55).

Es gibt eben auch *defiziente* Sinngebungsversuche, in denen die (kognitive, theoretische) Einbettung des Lebensganzen in einen größeren Kontext in deutlicher Diskrepanz zur tatsächlichen Lebenspraxis steht – das kann sowohl bei der horizontalen Transpersonalität der Fall sein als auch bei der vertikalen, transzendenzbezogenen. Beide Formen nehmen dann ideologischen Charakter an, und bei einer Realisierung der Diskrepanz zur Lebenswirklichkeit kann rückwirkend das ganze Leben als ‚sinnlos' erscheinen (296); unter diesem Aspekt stellen Lebensrückblick und Lebensplanung wichtige Elemente einer philosophischen Beratung dar (310).

2. Der Vorgang des Verstehens – Philosophische Beratung als ‚Tiefenhermeneutik'

Der entscheidende Ausgangspunkt Philosophischer Beratung – darüber besteht weitgehend Konsens unter den Philosophischen Praktikern – ist das verstehende Aufnehmen des Mitgeteilten; so erschließen sich die wesentlichen Inhalte und Prozesse des Selbst- und Welterfassens eines Ratsuchenden und die ‚Welt' des anderen wird zugänglich (189). Unter diesem Aspekt läßt sich Philosophische Beratung als ‚angewandte, dialogische Hermeneutik' bezeichnen (150).

Das Erkennen von Sachverhalten und das Verstehen von Sätzen bzw. Zeichen als ‚Erfassen von Welterfassen' oder ‚Erkennen des Erkannten' (189) geschehen in der Regel anscheinend mühelos, weil der Vorgang des Beziehens gewonnener Information auf die eigene Wissensstruktur ganz selbstverständlich und in vielen Aspekten wenig bewußt (sozusagen ‚automatisch') vor sich geht; wenn dieser Bezug hergestellt ist, gilt ein Sachverhalt als ‚erkannt', ein Satz oder Text als ‚verstanden'.

Aber Erkennen wie Verstehen ist mehr oder weniger angemessen; ich kann mich in meiner Wahrnehmung täuschen und fälschlich etwas zu erkennen meinen, und ebenso kann ich die Worte eines anderen Menschen bzw. einen schriftlich vorliegenden Text mißverstehen, ohne dessen bewußt zu sein, weil *Mißverstehen* – ohne Rückmeldung – zunächst für Verstehen gehalten wird, im Unterschied zu *Nichtverstehen*, das als solches erkannt wird (189).

Diese Schwierigkeiten des Verstehens – auf die Schleiermacher bereits mit Nachdruck hingewiesen hat – sind beim heutigen epistemologischen Wissensstand leicht nachzuvollziehen: Jeder lebt buchstäblich in seiner eigenen ‚Welt', nämlich der Struktur seines Weltwissens, das nach Quantität und Qualität bei verschiedenen Menschen höchst unterschiedlich sein kann. Zudem ist diese ‚Welt' keine ‚neutrale Gegebenheit', in der bloßes Faktenwissen wie in einem Lehrbuch oder Lexikon versammelt wäre, sondern alle lebenspraktisch bedeutsamen mentalen Strukturen (Begriffe, Konzepte, bis hin zu den komplexesten und weitreichendsten Theorien und Hintergrundannahmen) sind zugleich in einen lebendigen Erfahrungskontext eingebunden, sind also ebenso im semantischen (lexikalischen) wie episodischen Gedächtnis repräsentiert. Das wird deutlich an so einfachen Beispielen wie dem Wort ‚Baum', das bei verschiedenen Personen einen völlig anderen Bedeutungs- und Wissenszusammenhang haben kann – man denke an die ‚Welten' von Förstern, Holzindustriellen, Großstadtmenschen, oder etwa die von Angehörigen eines Volkes, das im tropischen Regenwald lebt.

So besteht immer bereits ein ‚Vorverständnis'; dennoch ist ein vorschnelles Abfinden mit dem Interpretationscharakter des Verstehens für eine dialogische Verstehenslehre nicht sinnvoll, da die wichtige Unterscheidung zwischen Verstehen, Mißverstehen und Nichtverstehen sonst keine Grundlage mehr hat (145, 216).

Der für den Beratungskontext entscheidende Gesichtspunkt liegt darin, daß sowohl Selbstverstehen wie Fremdverstehen von unterschiedlicher Qualität oder Genauigkeit sein kann. Auf diese Weise kann ein geübter ‚Versteher' einem Menschen, der sich selbst nicht versteht, beim Prozeß der Verbesserung des Selbstverstehens behilflich sein; so läßt sich ein wesentlicher Aspekt Philosophischer Beratung charakterisieren.

Die philosophische Hermeneutik – jedenfalls in ihrer klassischen Form (vgl. 210), an die heute zunehmend wieder angeknüpft wird – wurde dieser Gegebenheit dadurch gerecht, daß der Verstehensprozeß in den polaren Möglichkeiten des Mißverstehens und des Besserverstehens ‚ausgespannt' war, oder anders ausgedrückt: Verstehen kann weit hinter dem zurückbleiben, was derzeit als Selbstverstehen gegeben ist, kann aber auch deutlich darüber hinausgehen, indem jemand von einem anderen Menschen tief verstanden wird (und das auch selber so empfindet), sogar in Bereichen, die ihm/ihr selbst als unklar oder unverständlich erscheinen.

Insofern ist es sinnvoll, den Beratungsprozeß mit der Prämisse ‚partieller Nichtverstehbarkeit' zu beginnen (193), d.h. von der ‚irreduziblen Individualität' einer jeden ‚Weltversion' und damit auch einer einzelnen Äußerung oder eines Textabschnittes auszugehen.

Das ist nicht nur eine *kognitive* ‚Erkenntnishaltung', sondern es drückt sich darin auch der Beziehungsaspekt des Respektes vor der Individualität und Einzigartigkeit des anderen Menschen aus; insofern ist es ein ‚berührtes Nichtwissen' (145), das dem anderen mit einer offenen Haltung gegenübertritt und die ‚Gewaltsamkeit' vermeidet, die schnellem interpretierendem ‚Verstehen' innewohnt.

Auf dieser ersten Ebene gibt es in der dialogischen Situation auch ein eindeutiges ‚Wahrheitskriterium' des Verstehensprozesses, nämlich die Bestätigung des Gesprächspartners, das Mitgeteilte sei angemessen erfaßt. Aus diesem Grunde ist eine Zusammenfassung des jeweils Verstandenen und das Mitteilen zum Überprüfen ein wichtiges Instrument des Beratungsprozesses: die Wahrheit des Verstehens liegt bis zu diesem Punkt in der Ausrichtung am ‚Dialog-Konsens'.

Würde sich dieses Nachvollziehen jedoch auf ein bloßes ‚aufnehmendes Merken' und Wiederholen des Mitgeteilten beschränken, wäre die Tragweite selbst in der Anfangsphase sehr begrenzt, wenngleich darin schon ein Fortschritt gegenüber dem üblichen alltäglichen Dialogverhalten bestünde, das dem Gegenüber sehr bald mit eigenen Sichtweisen oder Meinungen bzw. persönlichen Erfahrungen ‚antwortet', wobei der Bezug zu dem Mitgeteilten meist nur vage und assoziativ ist.

Wie leicht und vielfältig die Möglichkeiten des Mißverstehens sind, wird aus dem Verstehensprozeß selbst unmittelbar deutlich: einerseits ist verstehendes Zuhören stets selektiv, denn es stellt einen aktiven Konstruktionsvorgang dar, bei dem aus den ausgewählten und damit im Gedächtnis ‚gehaltenen' Elementen eine eigene Repräsentanz der mitgeteilten Inhalte aufgebaut wird. Andererseits ist man als Verstehender ständig darauf angewiesen, durch Inferenz neues Wissen zu generieren, das im Mitgeteilten nur implizit mitenthalten ist, vom Sprecher/Autor aber vorausgesetzt wird und zum Verständnis des Zusammenhanges notwendig ist (216).

Wie aber läßt sich ‚vertieftes Verstehen' verwirklichen, so daß Philosophische Beratung dem Anspruch einer ‚Tiefenhermeneutik' gerecht wird?

Jede einzelne Aussage eines Menschen ist in komplexer Weise mit dessen Weltwissen verbunden, mit seiner gesamten Weltsicht oder Lebensphilosophie. So schwingen in jedem Satz viele implizite Aspekte mit, die expliziert werden können bzw. müssen, wenn sich daraus ungünstige Auswirkungen ergeben. Ein solcher Vorgang ist nur in einem zweistufigen Prozeß möglich, und so wies bereits Schleiermacher darauf hin, daß im Verstehensprozeß durch eine andere Person viele implizite Aspekte zu Bewußtsein gebracht werden können, die dem Autor/Sprecher selbst nur dann zugänglich werden, wenn er sich den eigenen Aussagen reflektierend zuwendet.

Das ‚tiefenhermeneutische *Besserverstehen*' kann sich nun aus unterschiedlichen Vertiefungsweisen ergeben.

Der erste Gesichtspunkt ist auf die narrative Struktur als Mitteilung der Lebenspraxis gerichtet und beachtet die Repräsentanz der einzelnen epistemischen Komponenten. So ist z.B. das Erleben oft kaum oder gar nicht repräsentiert, die Wahrnehmung evtl. in bestimmten Aspekten ungenau und wenig ausdifferenziert; Besserverstehen bedeutet dann zunächst einmal das Wissen darum, daß hier für einen bestimmten Erkenntnisbereich nur wenig Bewußtheit vorliegt.

Eine günstige Form des Umgehens besteht darin, durch Fragen die Aufmerksamkeit auf ‚Lücken' zu lenken (etwa: ‚Irgendetwas an dem Wahrgenommenen hat Sie offenbar sehr unangenehm berührt'), oder Vermutungen etwa über die zugrundeliegende oder mitschwingende Erlebensqualität mitzuteilen – z.B. als fragende Aussage ‚Hat Sie das ... schmerzlich berührt?' ‚Haben Sie sich über ... gefreut?' Das lenkt die Aufmerksamkeit auf diesen Bereich, und selbst wenn die vorläufige angebotene Symbolisierung nicht ganz zutreffend sein sollte, eröffnet sie diesen Bereich und führt zu einer vertiefenden Selbstexploration und somit besserem Selbstgewahrsein; das wird in der dialogischen Situation unmittelbar als ‚Verstandenwerden' empfunden. Häufig ergeben sich durch die stärkere Beachtung des Erlebens ganz neue Aspekte der erlebten Erfahrungen, d.h. die persönlichen Geschichten verändern sich bereits. Auf diese Weise entstehen zugleich wachsende Selbstreflexivität und zunehmende ‚Objektivität' der Selbstwahrnehmung (im Unterschied zu Selbsttäuschung und illusionärer Selbstwahrnehmung und Selbsteinschätzung), die sich im Umgehen mit Erfahrungen der Vergangenheit aufgrund der Anleitung zu Reflexion und Bewußtheit durch den Berater entwickeln und dann zum ‚Bestand' werden können (260); die Veränderung der ‚Geschichten' ist Hinweis auf eine Veränderung des Menschen.

Eine weitere Vertiefungsmöglichkeit liegt darin, daß Erfahrungen selten präzise erfaßt sind, weder was den Bedeutungsgehalt angeht (225) noch die Bezüge von Erleben und Wahrnehmung bzw. Bedeutungsgehalt. Auch hier spielt das Erleben oft eine Schlüsselrolle – nur durch Explikation der Gefühle werden die erlebten Phänomene in ihrer Qualifizierung, Einstufung bzw. Rangordnung innerhalb der Weltsicht eines Menschen transparent (181).

Insofern kann auch zu diesem Zeitpunkt schon von Rekonstruktion gesprochen werden; nach der hier entwickelten Konzeption versucht der Berater, im Dialog mit dem anderen Menschen dessen Welt zu erfassen und sie genau zu repräsentieren, auch wenn der Bericht des Ratsuchenden zunächst lückenhaft ist, wesentliche strukturelle Aspekte des Selbst- und Welterfassens ausläßt, wichtige Hintergrundannahmen nicht berücksichtigt usw.

In diesem Sinne läßt sich die hermeneutische ‚Kritik' als wichtiges Element philosophischer Beratung bezeichnen und bedeutet gerade auch ein Umgehen mit Inkonsistenzen in dem ‚Text' des Erzählenden, die auf Unklarheiten im Wahrnehmen und Denken bzw. in fehlendem Gewahrsein für bestimmte epistemische Prozesse zurückgehen; ein solches ‚kritisches Rekonstruieren' setzt in besonderem Maße eine Reflexion des eigenen Menschenbildes und der darauf aufbauenden epistemischen Grundannahmen voraus, die stets auch Konzeptionen über angemessenes Welterfassen und damit vollständige, strukturell ‚korrekt' symbolisierte Aussagen enthalten (42).

Diese ‚Verstehensleistung' erfordert ein komplexes Wissen, gerade auch im Sinne eines Prozeßwissens, das sich nicht nur theoretisch erwerben läßt, sondern durch Erfahrung aufgebaut wird, im Sinne eines prozeduralen (196) bzw. prozessualen Wissens (309).

Gerade bei diesen ‚Prozeßqualitäten' handelt es sich nicht um rein kognitive Vorgänge; vielmehr ist ohne eine klare Bewußtheit der eigenen Gefühle – die z.B. ständig als Reaktion auf das vom Klienten Mitgeteilte gegeben sind – ein vertieftes Verstehen nicht möglich. Menschen, die als ‚weise' bezeichnet und deshalb als Berater geschätzt werden, sind vor allem auch deshalb so gute dialogische ‚Tiefenhermeneutiker', weil sie ‚integrierte Persönlichkeiten' sind, denen es gelungen ist, die vielfältigen eigenen Aspekte (‚Selbst-Erfahrung') so zu integrieren, daß sie offen sind für sich selbst und damit auch für Erfahrungen, die ihnen von anderen mitgeteilt werden (314).

Der Verstehensprozeß bezieht sich auf das Gesamt dessen, was zuvor als Lebenspraxis und Lebensphilosophie bezeichnet wurde. Ausgangspunkt und ständiger Bezugspunkt ist die konkrete Erfahrung; zu deren vertieftem Verstehen gehört jedoch auch die Rekonstruktion und Entfaltung von umfassenden theoretischen Hintergrundannahmen, weitgespannten Vorstellungen über die Welt und den Menschen, bis hin zu kaum bewußten, handlungssteuernden Wahrnehmungs-, Denk-, Gefühls- bzw. Bewegungsmustern. Auf der Grundlage eines epistemologisch fundierten hermeneutischen Ansatzes wird die Welt des anderen aus dessen Perspektive rekonstruiert, d.h. er/sie wird als erkennendes Subjekt ernstgenommen, dennoch ist die strukturelle Ordnung des eigenen Verstehensprozesses als verstehensleitende Modellierung bewußt und reflektiert von Anfang an die Orientierung beim Vorgang des Verstehens.

Das strukturelle Merkmal der ‚Tiefe' ist insbesondere auch beim Verstehen des Erlebens von Bedeutung – die Dimension der Gefühls*tiefe* gegenüber oberflächlichem oder peripherem Gefühlserleben ist gerade für existentielle Erfahrungen eine wichtige Orientierungsmöglichkeit, die auch zu einer Unterscheidung von tieferen oder oberflächlicheren bzw. übernommenen Werten beiträgt (261).

Eine solche strukturelle Orientierung im Verstehensprozeß der Beratungssituation erfordert hohe Aufmerksamkeit; sie ermöglicht jedoch eine Ausweitung und Vertiefung des Verstehens, auch wenn erfahrungsgemäß in der Phase des Einübens dialogischer Kompetenz eine solche Achtsamkeit zunächst als anstrengend und mühsam empfunden wird und in der Regel nicht über längere Zeit aufrechterhalten werden kann.

Je erfahrener ein Berater ist, umso freier wird er allerdings im dialogischen Umgang mit anderen Menschen sein, und der Verstehens- und Beratungsprozeß wird vielleicht diejenige (jedenfalls so erscheinende) Mühelosigkeit und Leichtigkeit annehmen, die sich aufgrund jahrelanger Tätigkeit und des damit verbundenen Erwerbs prozessualen Wissens ergeben kann.

3. Der Umgang mit Werten

Im Beratungskontext sind ‚Werte' immer wieder zentrales Thema – Handlungsentscheidungen oder Handlungsimpulse sind von persönlichen Werten geleitet bzw. werden an den Werten geprüft, und der handlungsinitiierende bzw. hemmende Willensimpuls wird von diesem ‚Hintergrund' mitgestaltet (239).

Das gilt in gleicher Weise für Handlungen, die andere Menschen betreffen, wie für solche, die primär auf die eigene Person bezogen sind: unter Anwendungsaspekt ist offensichtlich, daß eine vornehmlich an den Pflichten orientierte (deontologische) Ethik einen viel zu kleinen Bereich der Lebenspraxis berührt. Aus der Sicht des Individuums erscheint die Unterscheidung zwischen Sollensethik und Wollensethik oder ‚Ethik des gelingenden Lebens' (142, 251) künstlich, und eine ‚Integrative Ethik' aus dieser Perspektive wird eher durch die *Ähnlichkeit* im Umgehen mit den ethischen Aspekten von Selbst- und Fremdbeziehung geprägt sein; als Ziel kann sich ein integriertes ‚Miteinander' von Selbst- und Fremdbezug ergeben, so daß *Wollen* und *Sollen* zu einer persönlichen Synthese finden können.

Weite Bereiche des alltäglichen Lebens verlaufen in gewissen Bahnen, die nicht ständig neu auf ihre moralische Angemessenheit und die Übereinstimmung mit den persönlichen Lebenszielen geprüft werden müssen. Doch gibt es immer wieder neue Situationen oder problematische Konstellationen in den vertrauten Lebensfeldern, die einer Prüfung bedürfen, damit die Handlung vor dem eigenen Wertesystem Bestand hat; diese Fähigkeit läßt sich als ‚ethisches Können' bezeichnen (248).

Wirkliche ‚Könnerschaft' ist sicher eher die Ausnahme als die Regel, denn sie setzt voraus, daß die eigenen ethischen Prinzipien explizit bewußt und vielfach geprüft sind, also ‚eingeübt'.

So gilt für die ethische Dimension die gleiche zeitliche Relation zum Handlungsvollzug wie sie bereits allgemein charakterisiert wurde: Die individuelle ethische *Theorie* kann in dreifacher Weise auf die Handlungs*praxis* bezogen sein:

1) prä-aktional im Sinne eines Abwägens etwa im Falle moralischer Dilemmata oder schwieriger moralischer Entscheidungen, aber auch langfristiger als Lebensplanung, Zielsetzung etc., die vor dem Hintergrund des eigenen Wertesystems steht und im optimalen Fall der Realisierung präferierter Werte bzw. der Entwicklung von bestimmten Qualitäten (‚Tugenden') dient, mit der Zielrichtung eines ‚gelingenden Lebens'.

2) meta-aktional als ständig mitlaufende Gewichtung und Bewertung von Handlungen, die zum erwähnten Phänomen unmittelbarer Initiierung ebenso wie Unterbrechung bzw. Inhibition (Unterbindung, Hemmung) von Handlungsimpulsen führen kann,

3) post-aktional als (mögliche) Reflexion vergangener Handlungen, ihre Einschätzung vor dem Hintergrund des derzeitigen Wertegefüges, die zu unterschiedlichen Ergebnissen führen kann: entweder wird die Handlung als mehr oder weniger übereinstimmend mit den eigenen Werten eingestuft und entsprechend ‚beurteilt' bzw. ‚gerechtfertigt', oder das Wertesystem ist nicht (mehr) imstande, der gemachten Erfahrung gerecht zu werden und bedarf deshalb der Veränderung (250). Bei beiden Prozessen kann der Philosophische Berater hilfreiche Begleitung bieten.

Aus der Reflexion konkreter Erfahrungen unter dem Aspekt des eigenen Wertesystems kann sich eine Verbesserung des ‚ethischen Könnens' ergeben, so daß in zukünftigen Situationen ein angemesseneres Umgehen zu erwarten ist. Zudem wird dadurch die Möglichkeit eines bewußten Prüfens bereits während der Handlung oder unmittelbar davor erleichtert, also im Sinne eines meta-aktionalen Einschätzens von Handlungen nach ihrer ethischen Bedeutung.

Unter diesem Aspekt läßt sich Philosophische Beratung als ‚Angewandte Ethik' im Sinne von Individualberatung bezeichnen (250).

Die Aufgabe des Philosophischen Beraters ist dabei nicht die eines ‚normativen Ethikers', der imstande wäre, ethische Konzeptionen oder Theorien mit weitreichendem Geltungsanspruch zu vertreten und so ‚gültige' moralische Urteile zu fällen, sondern sein Expertentum besteht eher darin, mit einem differenzierten inhaltlichen und strukturellen Wissen um Werte den Prozeß der Prüfung von Handlungen vor dem Hintergrund ethischer Konzeptionen und ‚Theorien' (hier: dem Wertesystem des Klienten) anzuleiten und zu begleiten (vgl. 250).

Für dieses strukturelle Wissen sind bei der Rekonstruktion einer individuellen Ethik vor allem drei ‚Struktur-Parameter' bedeutsam:

(a) die Unterscheidung übernommener Werte von eigenen bzw. im eigenen Wertesystem integrierten,

(b) die unterschiedliche Gewichtung von Werten (individuelle Werte-Hierarchie), so daß bestimmten Werten eine deutliche und dauerhafte Präferenz zukommt,

(c) das Wissen darum, daß auch Grundwerte, die zunächst gleiches Gewicht in einer individuellen Ethik-Theorie haben, in der praktischen Anwendung sehr wohl in Konflikt geraten können und von daher situationsangemessen gewichtet werden können bzw. müssen, um zu einer adäquaten Handlungsentscheidung zu kommen.

a) Übernommene vs. ‚eigene' Werte

Jedes individuelle Wertesystem steht in einem Kontext, der sich aus unterschiedlichen Faktoren zusammensetzt: der jeweiligen sozialen Realität mit ihren Rollen, Normen, Konventionen usw., die in der Lebensgeschichte eines Menschen auf spezifische Weise vermittelt wurden, den eigenen Lernerfahrungen (aufgrund konkreter Erlebnisse, aber auch durch Lektüre bestimmter relevanter Texte), und schließlich gewissen anthropologischen Konstanten und Entwicklungsgesetzmäßigkeiten (253ff.), die in unterschiedlicher Weise zur Ausprägung kommen, je nach Konstruktivität oder Destruktivität des pädagogischen Umfeldes, d.h. der konkreten Bezugspersonen im Erziehungs- und Bildungsprozeß.

So ist jedes Wertesystem eine individuelle Konfiguration, die sich durch den Prozeß der ‚Verinnerlichung' von tradierten Werten, aber evtl. auch ihrer Prüfung und Ablehnung in unterschiedlicher Weise gestaltet. Die mögliche Integration ist niemals ganz abgeschlossen und ist zudem – abhängig von der Bewußtheit des Betreffenden – unterschiedlich reflektiert und ‚durchgearbeitet'. So kann die Situation gegeben sein, die in Beratungssituationen recht häufig auftritt: ein bestimmter Wert oder eine Gruppe von Werten wurden zwar äußerlich übernommen und waren vielleicht über lange Zeit hinweg handlungsleitend, fanden aber keine wirkliche integrierte Repräsentanz im eigenen Wertegefüge; oft wird eine solche Diskrepanz (268) erst im Zusammenhang sehr spezifischer Handlungsentscheidungen oder konkreter Erfahrungen bewußt, in denen etwa eine Handlungsweise der genauen Prüfung nicht standhält, obwohl sie nach den ‚üblichen Regeln' durchaus als moralisch gelten mag.

Um diese ‚prüfende Instanz' zu bezeichnen, wird häufig der Begriff des Gewissens (262) verwendet (‚Gewissensprüfung'), das in der Pragmatik der Beratungssituation als die Repräsentation der derzeitig gültigen *eigenen* Werte charakterisiert werden kann, im Unterschied zu bloß übernommenen.

So kann im Rahmen Philosophischer Beratung eine Prüfung des persönlichen Wertesystems auf Elemente stattfinden, die zwar übernommen, aber nicht wirklich integriert wurden und die einer Prüfung durch die innere ‚Werte-Instanz' nicht standhalten, etwa mit Fragen wie: Ist es das, was ich *wirklich* will? Stimmt das wirklich für mich ganz persönlich? Empfinde ich das als tatsächlich richtig und gut?

Eine Individualethik läßt sich zwar auch eher abstrakt rekonstruieren, indem nach dem persönlichen Wertesystem gefragt wird, z.B. mit Fragen, die an der Struktur der philosophischen Ethik orientiert sind (288), die Unterscheidung von übernommenen und integrierten eigenen Werten ist jedoch in der Regel nur dann möglich, wenn von konkreten Situationen ausgegangen wird, in denen z.B. einer ‚Außenforderung' nachgekommen wurde, einem Wert oder bestimmten Werten entsprechend zu handeln. Auch wenn sich Werte nicht unmittelbar ‚fühlen' lassen (wie es etwa Scheler meinte), ist doch gerade die Beachtung des Erlebens (des Fühlens und ebenso des Spürens) in einer gegebenen Situation oft ein untrügliches Zeichen dafür, daß eine Handlung in Diskrepanz zum eigentlichen, inneren Wertesystem steht, auch wenn das noch kaum expliziert und von daher wenig bewußt sein mag; das erlebensmäßige Spüren, oder auch – gerade bei geringerer Bewußtheit über einen Wertekonflikt – die Wahrnehmung körperlicher Gespanntheit und das damit verbundene zunächst scheinbar vage und diffuse ‚Unwohlfühlen' (234) läßt sich in der post-aktionalen Reflexion häufig als latenter Wertekonflikt herausarbeiten und kann damit den Anstoß zu einer Restrukturierung und Neugewichtung des persönlichen Wertesystems geben.

Die Übernahme äußerer Bewertungen, die nicht wirklich in Übereinstimmung mit dem eigenen, inneren Wertesystem stehen, ist als ‚grundlegende Entfremdung' im Menschen bezeichnet worden (Rogers – 241), und die Herausbildung eines integrierten persönlichen Wertesystems und der darauf fußenden Bewertungsprozesse kann als ein zentraler Aspekt von Entwicklung und Reifung angesehen werden.

b) Wertehierarchie – Präferenz von Werten

Werte sind zunächst Benennungen von Qualitäten, die bestimmte Präferenzen implizieren und von daher gewisse Arten von Handlungen fördern bzw. hemmen. Als Begriffe stellen sie ‚Abstraktionen' dar, sind jedoch auf sehr komplexe Weise mit der ganzen Weltsicht oder Lebensphilosophie verbunden (254), und sie stehen durch ihre handlungsleitende Funktion in einer lebendigen Beziehung zum gesamten Erfahrungshintergrund eines Menschen.

Sie sind auf unterschiedlich differenzierte Weise mit konkreten Erfahrungen verknüpft und können so wahrnehmungsstrukturierend wirken, so daß Werte auch unmittelbar durch wahrnehmbare Qualitäten repräsentiert sind – in der Personwahrnehmung (226) z.B. als ‚menschliche Qualitäten' (Güte, Großzügigkeit, Offenheit, Lebendigkeit etc.), in der Objekt- oder Naturwahrnehmung etwa als ‚ästhetische Qualitäten' (Schönheit, Ausgewogenheit, ‚Komposition' etc.).

Selbst- und Fremdwahrnehmung aus der Perspektive des eigenen Wertesystems stellt dabei ein dynamisches Interaktionsfeld dar, in dem die Wahrnehmung meiner selbst durch mich und durch andere sowie die Wahrnehmung anderer durch mich in komplexer, ‚dialektischer' Weise aufeinander bezogen sind (vgl. 260f.).

Es gibt eine Vielzahl von Qualitäten, die sich in diesem Sinne als ‚Wert' bezeichnen lassen, und sie können in einem individuellen Wertesystem unterschiedlich ‚gewichtet' werden. Werte, die man auch innerhalb einer Individualethik als ‚ethische Theorien' auffassen kann (246), haben unterschiedlichen Geltungsanspruch, mit den Extremen: ‚Das ist ein Wert nur für mich persönlich' bis hin zu: ‚Diesen Wert erachte ich als verbindlich für alle Menschen auf der Welt bzw. er sollte es sein'. Die persönliche Gewichtung von Werten steht allerdings nicht in einem linearen Verhältnis zu dem Geltungsanspruch, der damit verbunden wird, so daß in der Beratungssituation in entsprechenden Situationen stets die individuelle Gewichtung zugrundegelegt (das heißt oft zunächst: erfragt) werden muß, wenn es gilt, Konflikte zu verstehen und die Entwicklung konstruktiver Lösungen zu fördern.

Für die Charakterisierung der unterschiedlichen Gewichtung von Werten wird in einer eher beschreibenden, objektivierenden Sprechweise oft die Raumsymbolik der Höhe verwendet; so spricht man von ‚hohen Werten' und solchen von niederem Rang oder geringerer Bedeutung. Diese Sprechweise impliziert zugleich einen Geltungsanspruch, der jedoch – je nach Bewußtheit – auch wenig reflektiert sein kann.

In der Form bewußter Selbstreflexivität ist eher eine epistemologische Sprechform günstig, die den Prozeß nachzeichnet, wie persönliche Werte ‚zugänglich' werden; hier wird oft das Bild der Tiefe verwendet, und die Strukturierung des Empathiemodells kann entsprechend zugrundegelegt werden, um etwa die innere ‚Stimme des Gewissens' zu charakterisieren (262), die sich deutlich von einem rein kognitiven Bewerten bis Abwerten von Handlungen bzw. der eigenen Person insgesamt unterscheidet, und ebenso deutlich von den Präferenzen eines nicht wertbezogenen emotionalen Angezogen- oder Abgestoßenseins.

Zugleich lassen sich mit der Raumsymbolik der Tiefe eigene Werte als ‚verinnerlicht' gegenüber bloß übernommenen unterscheiden.

c) Situationsgebundene Gewichtung von Werten

Werte – und gerade solche von grundsätzlicher Bedeutung – stehen teilweise in einem dialektischen Spannungsverhältnis zueinander und sind nur in einer ausgewogenen Balance ‚wirkliche' Werte; so geschieht immer wieder neu ein prüfendes Abwägen und Gewichten vor der innersten ‚Werte-Instanz'. Es sind vor allem zwei Gruppen von Werten, die in einer solchen Relation stehen: die des

Selbstbezugs und des Fremdbezugs (zu anderen Menschen, im weiteren Sinne auch zu Tieren und der gesamten Natur). Sie sind keine Gegenspieler, und beide können gelingen oder mißlingen (257); Egoismus und Altruismus stellen die beiden defizienten Extrempole dar.

Ohne Beachtung dieser Gesetzmäßigkeit kann es leicht geschehen, daß ein Wert wie etwa Autonomie, Selbständigkeit, Selbstvertrauen usw. in defizienter Weise in die Lebenspraxis umgesetzt wird, so daß er seinen Wertecharakter verliert; das führt häufig zu Resignation, Verbitterung, Hadern usw.

> Ein Beispiel: für eine Frau (Anfang 50) war ‚Intensität' oder ‚Lebendigkeit' ein hoher Wert. Im Gespräch mit Freunden und Bekannten war diese Intensität dann am höchsten, wenn sie sehr engagiert das Thema von Weltanschauung, Lebenssinn usw. verfolgte. Immer wieder machte sie jedoch die Erfahrung, daß die andere Person sich nicht mehr wohlfühlte und das Gespräch abbrach. Ihre stark resignative ‚Schlußfolgerung' daraus war, daß Lebendigkeit und Intensität des Erlebens allenfalls allein realisierbar seien, nicht jedoch im Kontakt mit anderen Menschen.
> Hier liegt offensichtlich eine ungenügende Beachtung der Werte des Fremdbezugs vor – zum Beispiel Achtsamkeit zum anderen hin, einfühlende und zugewandte Haltung etc., während die ichbezogene Begeisterung und das thematische Interesse führten. Der Hinweis auf diesen Wertebereich ließ sofort deutlich werden, daß auch ‚Achtsamkeit anderen gegenüber' für sie ein hoher Wert war. Es ergab sich daraus die Einsicht, daß extreme Orientierung an *einem* Wert bei gleichzeitiger Vernachlässigung eines *anderen* Grundwertes zu Konflikten, Spannungen und nachfolgenden ungünstigen Verarbeitungen bis hin zur Resignation führen kann.

Aber auch innerhalb eines dieser beiden Hauptbereiche können verschiedene Werte in Diskrepanz zueinander geraten, so daß ungünstige Wirkungen entstehen; so mag etwa der Wert der ‚Harmonie' das Umgehen mit anderen Menschen so dominieren, daß eine angemessene und wirklich befriedigende Form der Beziehung, die auch dem ‚agonalen' Charakter der dialogischen Situation (274) einen Wert beimißt, nicht möglich ist[1].

Das flexible Umgehen mit Werten und eine situationsadäquate Prüfung der jeweils angemessenen Gewichtungen und Präferenzen sind wesentliche Aspekte dessen, was anfangs als ‚ethisches Können' bezeichnet worden ist; dies zu fördern und zu entwickeln kann ein Ziel Philosophischer Beratung als ‚angewandte Ethik' sein (250). Insofern kann der Beratungsprozeß neben dem unmittelbar spezifisch inhaltsbezogenen Aspekt (etwa ein vorgebrachtes ‚Problem', ein Dilemma etc.) auch eine Arbeit an Grundhaltungen und das Einüben von flexiblem Umgehen bedeuten; auf diese Weise kann jemand sich grundsätzliche Lösungsstrategien im Umgang mit Werten und insbesondere Wertkonflikten erarbeiten, die in vergleichbaren zukünftigen Situationen zur Verfügung stehen.

So wird Philosophische Beratung als ‚Angewandte Ethik' auf eine sehr spezifische Weise mit dem ‚ethischen System' als einer Individualethik umgehen,

---

[1] Nach einem Beispiel aus der eig. Beratungspraxis, ausführlicher dargestellt in Ruschmann (1997, 855).

kann aber zugleich Anregungen für eine Neuorientierung der Philosophischen Ethik geben, etwa in dem Sinne, daß Beratungsgespräche als entscheidende Vermittlungsform von Ethik bezeichnet werden (Krämer – 250) bzw. sogar als ‚prototypisch' für die Philosophische Ethik (Stegmaier – 250).

Die Lebenspraxis des Individuums wird *als Ganzes* gesehen und nicht in regulationsbedürftige und andere Bereiche unterteilt, denn jede Handlung steht in einem spezifischen Bezug zum eigenen Wertesystem, auch wenn das noch niemals expliziert wurde. Die Beziehung zur eigenen Person, zu anderen Menschen sowie zum Gesamt der Natur, insbesondere dem Leben in der Vielfalt seiner Erscheinungsformen, stellt das Thema der Ethik dar, und die Art und Weise der Formulierung sowie der Verwirklichung der darauf bezogenen Werte entscheidet wesentlich darüber, ob ein Leben als gelingend oder nicht, als befriedigend und sinnvoll oder leer und sinnlos eingeschätzt und empfunden wird.

Die Polarität von Egoismus und Altruismus erweist sich als defiziente Akzentuierung der Pole von Selbst- und Fremdbezug, die in einer dialektischen Spannung stehen, aber keinen Gegensatz bedeuten.

Je mehr die Verwirklichung von konstruktivem, akzeptierendem und empathischem Selbst- und Fremdbezug gelingt, umso deutlicher wird der Wert der Gerechtigkeit miterfüllt und verliert seine regulative Bedeutung. So läßt sich die Spannung zwischen Selbst- und Fremdbezug versöhnen, wenn das höchste moralische Ziel definiert wird wie im christlichen Liebesgebot: sich selbst zu lieben und für sich zu sorgen in gleicher Weise wie für (bestimmte) andere (258).

4. Berater-Tugenden – Grundhaltungen, Fähigkeiten und ‚Fertigkeiten'

Ganz allgemein läßt sich ein guter Berater als ein Mensch charakterisieren, der bestimmte Qualitäten verwirklicht (21f.) und Fähigkeiten entwickelt hat, die als ‚wertvoll' gelten; gute Berater weisen bestimmte ‚Tugenden' auf, die als Verwirklichung spezifischer Werte verstanden werden können (258), insbesondere solcher, die im zwischenmenschlichen Bereich und im Umgang mit Lebensfragen von Bedeutung sind.

Daß manche Menschen in besonderem Maße als Berater geeignet sind, ist eine Gegebenheit, für die sich in allen Zeiten und Kulturen Beispiele finden lassen. Vom Ratsuchenden werden diese Qualitäten geschätzt und ihre Verwirklichung erscheint vielleicht einfach und selbstverständlich; es handelt sich jedoch um sehr komplexe und vielfältige ‚Leistungen' oder ‚Fähigkeiten'. Sie repräsentieren eine besondere Form des Wissens, die sich in der Interaktion unmittelbar auswirkt und für die es in den meisten Kulturen und Sprachen eine eigene Bezeichnung gibt, um sie von bloß intellektuellem Wissen oder Faktenwissen zu unterscheiden: *Weisheit.*

Insofern ist es verständlich, daß Weisheit häufig als ein zentraler Begriff im Kontext Philosophischer Beratung genannt wird[1], und umgekehrt ist eine wichti-

---

[1] Vgl. 307, 318f., 107.

ge und immer wieder betonte Charakteristik von ‚weisen' Menschen, daß sie gerne als Berater aufgesucht werden (307).

Aus der anderen Perspektive, nämlich der des (potentiellen bzw. ‚werdenden') Beraters, stößt man jedoch auf einen zweiten Aspekt dieses allgemeinen Wissens – daß Weisheit zwar leicht zu erkennen, aber schwierig selbst zu erlangen ist (306).

Es handelt sich hier offensichtlich um sehr zentrale Grundgegebenheiten menschlicher Interaktion und Kommunikation, und die entscheidenden Qualitäten sind immer wieder beschrieben worden – ein frühes Beispiel ist die von Aristoteles benannte ‚Trias' von Einsicht, Wohlwollen und ‚gutem Charakter'; wer diese Qualitäten verwirklicht, wird nach Aristoteles' Meinung notwendigerweise ein guter Berater und überzeugender Redner sein (69).

Zu ganz ähnlichen Ergebnissen kommt die moderne empirische Forschung, die sich mit der Untersuchung solcher Qualitäten oder Tugenden beschäftigt, etwa wenn die Aspekte oder Faktoren untersucht werden, die bei guten Beratern und Psychotherapeuten wirksam sind, oder wenn der Begriff der Weisheit selbst zum Gegenstand der Untersuchung gemacht wird, so daß auf diesem Weg genau die Qualitäten ins Blickfeld geraten, die auch für konstruktive Beratung konstitutiv sind.

Insofern besteht aus der Perspektive der sich entwickelnden (bzw. zu entwickelnden) Philosophischen Beratung die Möglichkeit, einerseits an den spezifischen Bezug der Philosophie zur Weisheit wieder anzuknüpfen und zugleich von der Vielfalt des heute verfügbaren relevanten Wissens zu profitieren und dieses als ‚Pforte zur Weisheit' (305) zu nutzen. So gibt es philosophisch gewichtige und empirisch gutfundierte Gründe, das ‚Ziel' oder die Richtung Philosophischer Beratung als ‚Suche nach Weisheit' zu definieren und zugleich die entscheidenden ‚Beratertugenden' so zu kennzeichnen, daß sich der Berater diesem allgemeinen Lebensziel der Weisheit schon ein wenig mehr genähert hat als sein Klient, so daß er diesem ein hilfreicher Begleiter und Gegenüber sein kann (306).

Die Qualität der **Aufrichtigkeit** (Echtheit / Kongruenz / Authentizität) gilt als ‚Grundtugend' (254), und ihre Verwirklichung ist zugleich die Grundlage, auf der jede konstruktive Interaktion – gerade auch in der Situation professioneller Beratung – aufbaut. Aufrichtigkeit kann nicht gespielt werden: sie läßt sich als *Wahrheitsaspekt* von Beziehung bezeichnen (Buber – 272). Wenn ein Mensch sich so gibt, wie er ist, also wahrhaftig-aufrichtig oder authentisch in der beraterischen Situation sich zeigt und mitteilt, kann Vertrauen entstehen (255).

Aufrichtigkeit oder Selbstkongruenz ist zunächst eine Haltung, die als Liebe zur Wahrheit oder Achtung vor ihr bezeichnet werden kann (272), ihre konkrete Realisierung ist jedoch nicht einfach durch bewußtes Einnehmen einer Haltung oder Annehmen einer Einstellung zu erzielen, denn sie setzt nicht nur den Verzicht auf absichtliche Täuschung des anderen voraus, sondern zugleich die *Abwesenheit von Selbsttäuschung* (131, 260). Insofern stellt die Realisierung von Echtheit in der dialogischen Situation hohe Anforderungen an Selbstgewahrsein und Selbstreflexivität (272), da unzureichende Bewußtheit der eigenen kognitiven und emotionalen Abläufe und Reaktionsmuster Defensivität zur Folge hat und damit fehlende Echtheit, die sich destruktiv auswirkt, gleich ob jemand versucht, diese Gegebenheit zu verbergen oder einzubringen (272), denn es entsteht leicht die Tendenz, das Sich-Verbergen in bestimmten Aspekten durch die ebenso destruktive Form des Mitteilens einer aus Defensivität rührenden negativen Reaktion ‚auszugleichen', ein Vorgang, der sich im beraterischen Kontext nicht selten abspielt und kaum anders zu bearbeiten ist als durch Supervision mit Personen, die solche Prozesse aus eigener Erfahrung kennen und theoretisch angemessen in ihrem eigenen Beratungskonzept repräsentiert haben[1].

Insofern ist die Grundhaltung der Aufrichtigkeit schwer zu verwirklichen – sie steht in direktem Zusammenhang mit der Fähigkeit, Präsenz in der unmittelbaren Gegenwart zu realisieren, die Voraussetzung für wirkliche Begegnung ist (271). Das entscheidende Hindernis stellt hier die *Ichhaftigkeit* dar (271), die uns in unseren eigenen Vorstellungen gefangenhält und ein volles Gewahrsein der Welt und des anwesenden anderen Menschen ebenso verhindert wie das Selbstgewahrsein und die Selbstreflexivität im Sinne von Bewußtheit der eigenen kognitiven und emotionalen Abläufe und Reaktionsmuster (272).

Unter einem anderen Aspekt betrachtet – dem strukturellen Gesichtspunkt von Rigidität vs. Flexibilität – kann diese Präsenz auch als ‚*Offenheit für Erfahrung*' charakterisiert werden[2], die im dialogischen Kontext gewährleistet, daß die Erfahrung des anderen adäquat erfaßt wird, statt sie durch Anwendung starrer Konzepte in die eigene Wissensstruktur ‚einzupassen' (146).

Aufrichtigkeit oder Wahrhaftigkeit hat noch einen weiteren Aspekt, nämlich den der Selbstanwendung: wenn das theoretisch (philosophisch) als richtig und wahr Erkannte nicht auf die eigene Person angewendet bzw. gelebt wird (306), entsteht eine für andere wahrnehmbare Fassade, die auf Diskrepanzen zwischen bloß gedachter/gewußter und gelebter Lebensphilosophie hinweist.

Während diese Form der Wahrhaftigkeit im Grunde für alle Formen praktischer Philosophie Bedeutung hat (306), besteht für die Philosophische Beratung noch eine andere Forderung, die sich durch ihre konkrete Anwendungsform ergibt: die der prinzipiellen Selbstanwendbarkeit der Theorien (318ff.), d.h. die eigene Beratungstheorie sollte keine Elemente über den ‚anderen Menschen' (also den Ratsuchenden) enthalten, die nicht auch für die eigene Person gelten und einen lebendigen Teil der eigenen Lebensphilosophie und Lebenspraxis darstellen.

Echtheit bzw. Aufrichtigkeit stellen eine Grundvoraussetzung konstruktiver Interaktion und Beziehung dar, die nicht fehlen darf; der entscheidende Faktor jedoch, der die Qualität einer Beziehung ausmacht, liegt in der Fähigkeit, den anderen Menschen zu akzeptieren, gerade auch in seinem Anderssein (273), und zwar so, daß diese **Akzeptierung** dem anderen wahrnehmbar entgegenkommt;

---

[1] Vgl. dazu etwa die Ausführungen von Buber (305) oder die Echtheitsskala des personzentrierten Konzeptes (272).
[2] Vgl. 326.

auch hier ist die Wahrnehmung des ‚Empfängers' sensibel und rasch (wenngleich nicht immer präzise), und wird dann mehr oder weniger bewußt symbolisiert als: Ich werde akzeptiert und respektiert.

Die Dimension der Akzeptierung sollte jedoch nicht als eine Forderung nach abstrakter, allgemeiner Menschenliebe mißverstanden werden; sie bedarf einer differenzierten Ausarbeitung, die den sehr unterschiedlichen Beziehungsformen gerecht wird, von den allernächsten Bezugspersonen über Freunde und Verwandte bis hin zu Menschen, deren Verhalten ich ablehne oder zu denen ich mich in deutlichen Gegensatz stelle (274).

Jeder Dialog, auch der konsiliarische, kann einen ‚agonalen Charakter' bekommen (274); doch auch in solchen Situationen muß sich die Akzeptierung des Gegenübers nicht verringern, sondern stellt vielmehr die Basis dar, um auch dann konstruktiv mit dem anderen umgehen zu können.

Entscheidend dafür ist, daß die Akzeptierung nicht dem *Verhalten* des anderen gilt – das unter Umständen destruktiv ist – sondern diesem individuellen Menschen in seiner einzigartigen Weise des Menschseins, mit all seinen Möglichkeiten, und trotz all seiner Schwächen.

Akzeptierung (achtsames Zugewandtsein, Mitgefühl) stellt somit eine zweite Beratertugend dar, die ebenfalls bei angemessener Verwirklichung hohe Anforderungen stellt. Insbesondere ist in der Rolle des ‚Senders' oft schwer zu erkennen, ob die akzeptierende Haltung mit bestimmten Bedingungen verbunden ist, die die Zugewandtheit wieder reduzieren, wenn das Gegenüber nicht die vom Berater gewünschte Richtung einschlägt. Sowohl in der Erziehung wie in jeder anderen Form von Interaktion und besonders auch im Beratungskontext ist ‚an Bedingungen gebundene Akzeptierung' (274) eine charakteristische und vertraute (jedoch ungünstige) Interaktionsform. Wie schwierig es ist, anderen nicht die eigenen Ansichten aufzuerlegen, ist den meisten Menschen nicht bewußt und wird oft erst durch unmittelbare Konfrontation mit solchen Verhaltensweisen deutlich, wie das durch Tonband- oder Videoaufnahmen möglich ist (112). Auch dies weist auf die große Bedeutung von Ausbildung hin, die (neben theoretischem Wissen über diesen Aspekt) durch Üben und Supervision die konkreten Erfahrungen einbezieht.

Das bedeutet nicht, daß ein Berater keine Ziele in bezug auf den zu Beratenden haben dürfte, doch sind sie eher struktureller als inhaltlicher Art und die insgesamt freilassende Haltung ergibt sich aus dem ‚Wie' dieser Zielorientierung: sie nicht in bestimmter inhaltlicher Weise zu *wollen*, sondern sie zu *ermöglichen*, wobei die Kraft einer nicht an Bedingungen gebundenen Akzeptierung von zentraler Bedeutung ist, so daß auch ein klares Umgehen mit Schwächen sowie gegebenenfalls eine Konfrontation mit ungünstigen Abläufen etc. auf konstruktive Weise zu verwirklichen ist.

Wenn die Haltung der Aufrichtigkeit und Akzeptierung jedoch nicht zugleich von vertieftem **Verstehen** begleitet wäre, würde sich ein konstruktiver Beratungsprozeß nicht ergeben; das verstehende Erfassen und rekonstruktive Explorieren der Lebensphilosophie des Klienten stellt den zentralen Faktor und Ausgangspunkt Philosophischer Beratung dar; so läßt sich Philosophische Beratung als ‚Tiefenhermeneutik' auffassen (339ff.) und empathisches Verstehen als eine weitere zentrale ‚Tugend' des Beraters bezeichnen[1].

Diese drei Grundhaltungen (Aufrichtigkeit oder Authentizität, nichtmanipulierende Akzeptierung und empathisches Verstehen) repräsentieren die zentralen Qualitäten oder Tugenden, die einen guten Berater ausmachen und die sich entsprechend auch als Kennzeichen ‚weiser Menschen' finden, etwa als interpersonale Kompetenz, aus der sich besondere Fähigkeiten des Verstehens, Einfühlens und Urteils ergeben, die zugleich beraterische Qualitäten bedeuten (307).

Zu diesen Grundhaltungen kommt ein spezifisches **Wissen**, das den Berater zu einem kompetenten Gesprächspartner macht (21f., 309). Das für den Philosophischen Berater relevante Faktenwissen betrifft dabei in erster Linie den Bereich der systematischen Philosophie und der Geschichte der Philosophie sowie Kenntnisse über gewisse ausgearbeitete Formen konsiliarischen Umgehens mit Lebensproblemen und ein basales Wissen über psychische Störungen, um diese erkennen zu können und gegebenenfalls eine angemessene psychotherapeutische Behandlung empfehlen zu können.

Neben diesem ‚inhaltlichen' Wissen, das im Studium, in Fortbildungen und im Eigenstudium erworben wird, ist ein ausdifferenziertes prozedurales bzw. prozessuales Wissen in den relevanten Bereichen von zentraler Bedeutung, etwa besondere Umgehensweisen und Heuristiken im Umgang mit Lebensfragen und Themen der Lebensdeutung und Lebensplanung (309). Man kann hier durchaus von einem ‚Expertentum' sprechen, das sich Menschen erwerben, wenn sie mit den genannten Grundhaltungen über viele Jahre hinweg beraterisch mit anderen umgehen (309); so läßt sich ein guter Berater auch als ‚Experte für *Prozeß*wissen' charakterisieren (323).

Der Schwerpunkt auf dem prozessualen Aspekt macht deutlich, daß es hier eher um die *Qualität* als die *Quantität* des Wissens geht. Dabei ist besonders das praktische Wissen um Lebensführung und Lebensgestaltung von Bedeutung, das sich vor dem Hintergrund der persönlichen Lebenserfahrung entwickelt (306).

Prozessuales Wissen schließt auch eine spezifische Form des ‚**Metawissens**' ein, im Sinne eines Wissens um Wissen; hier zeigen sich bei der Untersuchung individueller Erkenntnis- und Wissensprozesse ganz ähnliche Entwicklungslinien, wie sie sich in den verschiedenen Stadien der philosophischen Erkenntnistheorie dieses Jahrhunderts manifestiert haben: eine ‚reife' Form des Denkens und Erkennens weiß um die Grenzen des Wissens und die Relativität und kulturelle Eingebundenheit jeglichen Wissens (313). Dabei kann (Be-)Zweifeln oder ‚qua-

---

[1] Manche Philosophische Praktiker verwenden hier Bezeichnungen, in denen die akzeptierende und die verstehende Haltung miteinander verbunden sind – etwa ‚zugewandte Empathie' (Norman – 140) oder ‚wohlwollendes Verstehen' (Lindseth – 148).

lifiziertes Nichtwissen' als ein wichtiges Regulativ des Wissens betrachtet werden, das sonst zu Dogmatismus erstarren würde. In diesem Sinne läßt sich das Stellen von Fragen oder *Finden* von Problemen (statt vorschnellen Antwortens und Problem*lösens*) als eine besondere Beratertugend bezeichnen (311); auf diese Weise wird das Einschlagen neuer, kreativer Richtungen gefördert.

Eine besondere Herausforderung im Beratungskontext stellt die Notwendigkeit dar, mit sehr unterschiedlichen Lebensphilosophien und Lebensformen angemessen umzugehen; insofern ist ein differenziertes theoretisches und prozedurales Wissen um individuelle Unterschiede wichtig. Auch hier sind Selbstreflexivität und Selbstwissen bzw. Selbsterfahrung bedeutsam und ermöglichen es, klar zwischen den eigenen Belangen und persönlichen Werten sowie denen des Ratsuchenden zu unterscheiden (113). Wissen um individuelle Unterschiede und ‚Relativität' besonders auch von Werten bedeutet jedoch keineswegs Relativismus; es zeigt sich vielmehr, daß gerade diese Haltung förderlich dafür ist, daß die angemessenste Lösung oder Interpretation – in bezug zu einer bestimmten Wertperspektive – gefunden wird.

Die Anknüpfung an den Begriff der Tugend ist zur Charakterisierung der günstigen Qualitäten eines Beraters vor allem auch deshalb sinnvoll und angemessen, weil es sich bei diesen ‚Grundhaltungen, Fähigkeiten und Fertigkeiten' nur zum Teil um Wissensformen handelt, die sich im Sinne von Faktenwissen kognitiv erlernen ließen. Es sind vielmehr eher Prozeßqualitäten, im Sinne umfassender Persönlichkeitsmerkmale, die stets kognitive und emotionale Faktoren umfassen und deren Entwicklung in Handlungszusammenhängen geschieht. Diese Persönlichkeitsmerkmale – in der Alltagssprache als ‚guter Charakter' bezeichnet – können auch als spezifische Gefühlshaltungen verstanden werden, sind also das Ergebnis des persönlichen Umgehens gerade auch mit den eigenen Gefühlen, so daß sich konstruktive und günstige Reaktionsmöglichkeiten bzw. ‚Gewohnheiten' herausgebildet haben (230).

Entsprechend kann die Arbeit an den ‚Problemen' des Ratsuchenden zugleich einen Abbau von ungünstigen kognitiven und emotionalen Mustern mit sich bringen und in diesem Sinne eine Schulung und Reifung des ‚Charakters' bedeuten bzw. die Entwicklung von Tugenden ermöglichen, ein Ziel, das Berater und Ratsuchenden verbindet.

5. Der Mensch im Werden – Prozesse und Ziele Philosophischer Beratung

Jeder Mensch ist – potentiell – in ständiger Entwicklung begriffen; Lernvorgänge, Reifung und Differenzierung sind bei mentalen (kognitiven, emotionalen und volitionalen) sowie motorischen Prozessen bis ins hohe Alter möglich und – entsprechend der jeweiligen Entwicklungsphase – erstrebenswert; selbst der Erhalt der bestehenden Fähigkeiten ist nur möglich durch Aktivität und Ausüben. Da jede Handlung in einem weiten Kontext von Zielen steht – von unmittelbaren Handlungszielen, die vielfach implizit sind, eingebunden in automatisierte Abläufe und Handlungsroutinen, bis hin zu übergreifenden Lebensplänen und Lebenszielen – ist das Umgehen mit Zielen im Beratungskontext von größter Bedeutung (104).

Häufig wird in Beratungskonzeptionen die Frage problematisiert, ob Berater in bezug auf ihre Klienten Zielvorstellungen haben und Ziele verfolgen dürfen (42).

Zunächst ist die Unterscheidung inhaltlicher und struktureller (bzw. prozessualer) Ziele wichtig; es ist naheliegend, daß der Berater nur in Ausnahmefällen inhaltliche, äußere Ziele vorschlagen und einbringen wird – das ist Sache des Klienten, der z.B. ein bestimmtes angestrebtes oder erwogenes Ziel in der Beratungssituation prüfend besprechen möchte.

Eine wichtige Aufgabe Philosophischer Beratung bei solcher ‚Zielanalyse' kann z.B. im Entfalten der beteiligten Interessen bestehen (107), sowie im Abwägen der möglichen Folgen (75). Oft kann es auch wichtig sein, Hintergrundsüberzeugungen aufzudecken (117), die möglicherweise auf implizite, noch unerkannte Weise die Zielwahl bestimmt haben.

In manchen Fällen mag es sogar günstig und wichtig sein, Alternativen zu dem urspünglichen Ziel zu entwickeln oder selbst einzuführen, um auf diese Weise zu einem bewußteren Umgehen zu ermuntern, zum kritischen Prüfen, also einem autonomen Umgehen mit den eigenen Zielen (141), die in vieler Hinsicht auch durch Konventionen etc. (mit)bestimmt sein können.

Demgegenüber sind *strukturelle* Ziele für den Beratungsprozeß von besonderer Bedeutung; hier handelt es sich z.B. um bestimmte Qualitäten, die als wertvoll und sinnvoll betrachtet werden, aber auf individuell verschiedene Weise angestrebt und verwirklicht werden können.

Da es sich hier eher um ‚Ziele des Menschseins' handelt (*Wie* statt *Was*, ‚Sein' statt ‚Haben' etc.), lassen sich die strukturellen Ziele des Klienten als ‚Reifungsziele' bestimmen; für den Berater stellen sie zentrale ‚Beratungsziele' dar. Sie manifestieren sich etwa als Vorstellungen eines gelingenden Lebens[1], als Konzeption ‚angemessenen Selbst- und Welterfassens' (42f.) oder als Streben nach Weisheit, das kognitive wie emotionale Qualitäten umfaßt und auch das umschließt, was als ‚guter Charakter' bezeichnet wird (307).

‚Lebensziele des Klienten' und ‚Beratungsziele des Beraters' stehen in einem inneren Bezug, denn strukturelle Ziele unterliegen in besonderem Maße dem Postulat der Selbstanwendung (318ff.), im Unterschied zu inhaltlichen Zielen, die sehr spezifische und individuelle Formen annehmen können. Ein explizites strukturelles Ziel des Beraters kann also in der Selbstanwendung geprüft und als ‚strukturell' im eigentlichen Sinne bezeichnet werden, wenn es in ähnlicher Weise für den Klienten wie für den Berater selbst gilt, wie das für die meisten ‚Ziele des Menschseins' der Fall sein wird.

Ziele können auf unterschiedliche Weise entstehen oder sich entwickeln – zunächst oft als Reaktion auf ungünstige Zustände oder belastende Lebenssituationen, die überwunden werden sollen, so daß die Zielvorstellung als ‚Freiwerden von …' oder ‚Beseitigung von …' formuliert wird, also im Sinne eines ‚weg von'.

---

[1] Vgl. 58, 68, 252, 258, 262, 337.

In positiver Ausformulierung sind Ziele mehr ein ‚hin zu', als Lebensziel, Plan, Wunsch, Ausrichtung etc. Diese zweite Weise orientiert sich an einem gewünschten ‚Inhalt' oder einer explizit formulierten Qualität, die als erstrebenswert betrachtet und deren Erreichung Zielvorstellung wird.

In der dialogischen Situation sind Selbstwahrnehmung (des Klienten) und Fremdwahrnehmung (durch den Berater) in besonderer Weise aufeinander bezogen, wobei sich das Ausmaß der Diskrepanz oder Ähnlichkeit von Selbst- und Fremdwahrnehmung auch als Indikator des Reflexionsgrades verstehen läßt (vgl. 260f., 320). So kann in der Anfangsphase die Zielvorstellung aus der Selbstdarstellung des Klienten und der Fremdwahrnehmung des Beraters noch sehr unterschiedlich sein, doch werden die eventuellen Diskrepanzen im Verlauf der Beratung abnehmen, – nicht weil der Klient die Perspektive des Beraters ‚übernommen' hätte, sondern weil dessen Reflexionsstufe zugenommen hat und das vorher vielleicht vornehmlich egozentrierte Selbst- und Welterfassen einer weniger ichzentrierten Erkenntnisform Platz gemacht hat, wobei insbesondere auch die Möglichkeit entsteht, sich quasi mit den Augen anderer zu sehen (260), so daß die Selbstwahrnehmung ‚objektiver' wird, weil Selbsttäuschungen (illusionäre Selbstwahrnehmungen und Selbsteinschätzungen) abnehmen (131, 260).

So mag etwa ein Klient, der sich in einer schwierigen Situation befindet, seine Zielvorstellung zunächst nur so formulieren, daß er/sie von den Belastungen freiwerden will und die schmerzliche Situation beenden möchte, um sich endlich wieder wohlzufühlen.

Der Berater wird zunächst einzuschätzen versuchen, ob diese erlebte Belastung dysfunktional ist oder nicht, ob es sich also um ‚Schmerz' handelt oder vielmehr um ‚selbst hervorgebrachtes Leiden' (28) bzw. um eine Vermischung von beidem. Je nach Einschätzung wird das Vorgehen unterschiedlich sein und der Schwerpunkt kann dann einmal mehr darin liegen, die dysfunktionalen Prozesse aufzuhellen, d.h. das erlebte Leiden wird als Möglichkeit gesehen, durch Erkennen ungünstiger mentaler Abläufe zu einer ‚höheren' Stufe der Bewußtheit bzw. des Gewahrseins zu gelangen (259f.), oder aber – im Falle einer eher situationsangemessenen schmerzlichen Reaktion – kann etwa versucht werden, eine ‚tiefere' Dimension des Erlebens zu erschließen; dann mag im genauen Verstehen dieser schmerzlichen Erfahrung – als menschlicher Grunderfahrung – die Möglichkeit zugänglich werden, angesichts der bestehenden Herausforderungen zumindest ansatzweise dennoch innere Ruhe oder Aufgehobensein zu empfinden (312) bzw. nach neuen Möglichkeiten des ‚Weitergehens' oder ‚Lösens' zu suchen.

Die meisten Zielvorstellungen, die ein Berater in bezug auf seine Klienten entwickelt (‚Beratungsziele'), lassen sich in gleicher Weise auch als ‚Lebensziele' für die eigene Person formulieren; im erwähnten Beispiel könnte etwa der Berater in der Selbstanwendung (und entsprechend auch ein Klient mit hoher Selbstreflexion) als Zielvorstellung formulieren: Ich möchte (im Dialog) prüfen, ob in den Erfahrungen, die mich belasten, Schmerz mit ‚zusätzlichem Leiden' verbunden ist, so daß die Möglichkeit besteht, z.B. durch das Erkennen ungünstiger kognitiver Verarbeitungen Leid loszulassen und dem Schmerz seinen angemessenen Platz zu geben. Oder: Ich möchte daran arbeiten, in der derzeitigen schmerzlichen Situation immer wieder Zugang zu einem inneren Ort zu finden und so im Schmerz und durch den Schmerz mir selbst näherzukommen, statt mich zu ‚verlieren'.

Aus prozeß- und zielorientierter Perspektive ist das größte ‚Übel' **Rigidität**, die sich als Starrheit der Muster im Denken, Gefühl und ebenso in motorischen Abläufen (Bewegungsmustern) manifestiert. Dieses ‚Gehäuse', wie es metaphorisch charakterisiert wurde (103), bietet scheinbare Sicherheit, zu einem hohen Preis. Es gibt dann keine Offenheit für Erfahrung, denn die starren Konzepte dienen vornehmlich der Abwehr von Wahrnehmungsaspekten und dem entsprechenden Erleben.

Rigidität ist Ausdruck einer Art ‚konservativer Tendenz', die das Bestehende bewahren möchte und von daher einen Widerstand mit sich bringt, vorgegebene Kategorien, Abläufe und ‚Routinen' zu ändern (315).

Wenn starre Ablaufmuster und rigide Denk-, Gefühls- und Bewegungsmuster tatsächlich Sicherheit gäben und so eine spezifische Form des ‚Glücks' garantieren könnten, würde kein Beratungsbedarf bestehen. Tatsächlich ist aber gerade diese Haltung Quelle fortwährenden Leids, das subjektiv als innere Anspannung, Unwohlfühlen, mißmutige bis gereizte Stimmung, Feindseligkeit gegen Andersdenkende, fehlende Möglichkeit von Bezogensein und Nähe zu anderen Menschen etc. spürbar wird.

Im Kontakt zu sein mit dem ‚natürlichen Fluß des Lebens' (Tuedio – 129) ist das ‚Natürliche' und ‚Gesunde', so daß Starrheit immer auch *Dissoziation* bedeutet.

Durch die reduzierten Entwicklungsmöglichkeiten und den geringen Zugang zum eigenen Erleben wirken Menschen mit rigiden Strukturen eher unreif und insbesondere gefühlsmäßig unentwickelt (317); die enge Wechselbeziehung zwischen Emotion und Kognition wirkt sich in diesem Fall ungünstig aus – der geringe Zugang zu den eigenen Gefühlen bringt entsprechend starre und unflexible Konzepte mit sich, die Entwicklungsprozesse erschweren bzw. verhindern (317).

Wird menschliches Leben als (potentiell) kontinuierlicher Entwicklungs- und Reifungsprozeß aufgefaßt, gibt es auch die Möglichkeit von Stagnation bzw. des Zurückfallens hinter Stufen des Wissens bzw. Erkennens, die bereits erworben wurden (314). Starrheit kann zu Dogmatismus führen, einer scheinbaren Sicherheit, die mit zunehmendem Alter immer überzeugter wird, auch wenn diese ‚Erkenntnishaltung' nur um den Preis der Abwehr vieler Informationen und der Dissoziation eigener Reaktionen und Einschätzungen bzw. bestimmter Aspekte der eigenen Persönlichkeit möglich ist.

Philosophen verstehen sich oft als Vertreter eines problemorientierten Denkens, das scheinbare Gewißheiten hinterfragt; doch wenn sich diese Haltung ganz in der Polarität von Dogmatismus und Skeptizismus bewegt, stellt sie nur eine andere Variante der Haltung dar, die es versäumt, zum Experten des (eigenen) menschlichen Lebens zu werden und so das Ziel der Weisheit anzustreben. Wenn diese Haltung dominant wird, macht sie den Philosophen zu einem ungünstigen Berater, der irritierend wirkt, vor allem Verunsicherung hervorruft (326) und damit die zweite ungünstige Möglichkeit der Entwicklung im Erwachsenenalter forciert (Skeptizismus / Unsicherheit gegenüber Dogmatismus und falscher Sicherheit). Das ‚Bezweifeln' sollte nur eine relative Position darstellen, die geeignet ist, allzu rigide Sicherheit des Wissens aufzuheben (311).

Mit dem bisher Gesagten ist implizit auch eine weitere Schwäche benannt, ein ‚hemmender Faktor', an dem zu arbeiten einen wesentlichen Aspekt Philosophischer Beratung bedeutet – es ist eine Tendenz zur ‚**Trägheit**' und Bequemlichkeit, die sich vor den Mühen der ‚Arbeit an sich selbst' scheut und es vorzieht, den Weg des geringsten Übels zu wählen (315).

Auch heute gilt in gleicher Weise wie zur Zeit der antiken Philosophie der dort klar aufgezeigte Grundsatz, daß ein gelingendes Leben eines gewissen Einsatzes bedarf; wer nicht wirklich nach Weisheit strebt, schreckt zurück, sobald er mitbekommt, daß dieser Weg persönlicher Entwicklung auch Anstrengungen und Mühe erfordert (Platon – 67), daß Tugenden nicht von selbst entstehen, sondern der Einübung bedürfen (Aristoteles – 68), im Sinne einer kontinuierlichen Arbeit an sich selbst, die versucht, jeden Tag ein wenig vollkommener zu gestalten als den vorhergehenden (Epikur – 75).

Diese ‚Arbeit an sich selbst' hat nichts mit Egozentrizität zu tun; dieses schon bei Paulus entstandene Mißverständnis (257) richtet sich heute auch gegen östliche Formen der bewußten Arbeit an der persönlichen Entwicklung. Dabei gilt als ein zentrales Element der östlichen wie westlichen Weisheitstradition, daß **Ichbezogenheit** den Kern der menschlichen Schwächen ausmacht (256) und ein wesentliches Hindernis auf dem Weg zu einer integrierten Persönlichkeit und damit zur Weisheit bedeutet (315). Wenn das Ich zum Bezugspunkt allen Wissens und Erkennens gemacht wird, ist auch keine Begegnung mit anderen Menschen und kein Aufbau von Nähe möglich, weil jeder Ausdruck oder jede Äußerung von anderen sofort auf die eigene Person ‚zurückgebogen' wird (Buber – 268).

Es geht hier nicht um eine Disqualifizierung der Personalität, sondern um die Unterscheidung falscher Ichbezogenheit vom Bezug auf das ‚wahre Selbst' (271), und auch nicht um terminologische Spitzfindigkeiten, denn die Unterscheidung von ‚Ich' und ‚Selbst' kann auch anders gefaßt oder sogar in umgekehrter Begrifflichkeit ausgedrückt werden; wichtig ist nur, daß im dialogischen Prozeß der Beratung die ungünstige Form der Ichbezogenheit (Egozentrizität/Ichhaftigkeit), die das Ich zum Bezugspunkt alles Wissens und Erkennens macht (315), in ihrer entwicklungshemmenden und beziehungsverhindernden Rolle erkannt, benannt und angegangen wird.

Alle diese genannten Schwächen – Rigidität, Trägheit und Ichzentriertheit – verhindern ‚**Offenheit für Erfahrung**', die ein zentrales Kriterium auf dem Weg zur Selbstverwirklichung darstellt (326, 351). Sie als positives Ziel formulieren zu können, setzt ein gewisses Ausmaß an Wissen um menschliche Entwicklungsprozesse voraus; aus der Perspektive des Individuums, das sich in einem konstruktiven Entwicklungsprozeß befindet, ist der Weg dahin immer wieder auch mit Ängsten und Befürchtungen erfüllt, und Schritte ‚nach vorne' können zunächst Verunsicherung hervorrufen, weil Konzepte, scheinbar sichere Überzeugungen und Vorstellungen in Frage gestellt werden. Widersprechende Fakten können nun nicht mehr ‚eingeebnet' und ‚eingepaßt' werden; die daraus anfänglich erstehende kognitive und emotionale Verunsicherung auszuhalten, ohne sich der Situation zu verschließen, bedarf innerer Kraft (149, Anm.).

So bedeutet konstruktive Veränderung, Entwicklung und Reifung aus epistemischer Perspektive eine Entwicklung, die sich aus den Polaritäten von Dogmatismus und Skeptizismus hinausbewegt und eine Stufe der Reflexivität erreicht, in der die Bewußtheit vom Konstrukt-Charakter des Wissens verbunden ist mit einer an klare Kriterien gebundenen Form der Begründung des Wissens und der Überzeugungen (313).

Damit wird auch deutlich, daß ‚Offenheit für Erfahrung' kein ‚Zustand' ist, den man erreichen kann und dann verfügbar hat, sondern daß es sich um eine ‚innere Aktivität' handelt, die einer stets erneuernden Aktivität bedarf (326).

Diese Prozesse benötigen eine Form der **Wachsamkeit** oder Achtsamkeit, die zu allen Zeiten und in allen Kulturen als eine zentrale und notwendige Voraussetzung konstruktiver Veränderung und Entwicklung bezeichnet worden ist (82).

Das hier beschriebene Entwicklungsziel ist damit nicht primär an der Überwindung von Problemen orientiert; es geht letztlich um die Entwicklung der Persönlichkeit hin zu einer **Integration** der vielfältigen Aspekte und Funktionen, die es zugleich notwendig macht und ermöglicht, daß die persönliche Perspektive überschritten wird (315). **Selbstverwirklichung** und **Selbsttranszendenz** sind zwei dialektische Aspekte bzw. Ziele des Prozesses zunehmender Reflexivität, Erfahrungsoffenheit und **Flexibilität**.

Gerade durch die vielfach (auch) verunsichernde Auswirkung von Entwicklungsschritten geschehen Veränderungsprozesse nicht unbedingt kontinuierlich, sondern sie werden häufig durch kritische Lebensereignisse ausgelöst: dadurch erfolgt ein ‚Stoß' auf eine konzeptuelle Konfiguration als Element der Lebensphilosophie, die nicht imstande ist, diese Erfahrungen angemessen zu verarbeiten, einzuordnen und zu symbolisieren. Auf diese Weise wird ein ‚Veränderungsdruck' ausgeübt, der zu einer Differenzierung und Weiterentwicklung der individuellen Lebensphilosophie beitragen kann, ein Reifungs- und Entwicklungsvorgang, der sich als ‚zunehmende Weisheit' beschreiben läßt (316).

Weisheit als Orientierung und ‚Ziel' Philosophischer Beratung zu bezeichnen, ist gut begründbar. In dem hier zugrundeliegenden Begriff der Weisheit sind die wesentlichen Merkmale enthalten, die für eine philosophisch fundierte Beratung konstitutiv sind, insbesondere der perspektivische und strukturelle Ansatz, denn Weisheit impliziert eine perspektivische Haltung und eine strukturelle Orientierung und Ausrichtung.

> Perspektivisch wird und muß Philosophische Beratung sein, weil der philosophische Berater mit einer Vielfalt von Weltsichten konfrontiert ist, die eine jeweils

individuelle ‚Perspektive' und Sichtweise dieser Welt darstellen, in der wir alle leben und die wir doch auf unsere ganz persönliche Weise handelnd wahrnehmen und damit ‚hervorbringen'.

Perspektivisch sollte Philosophische Beratung auch in dem Sinne sein, daß sie neue Perspektiven eröffnet, einmal für den Berater selbst, in der Begegnung mit einer neuen und einzigartigen Weltsicht, dann für den zu Beratenden, der möglicherweise in seiner eigenen Perspektive ‚verhangen' ist und deshalb immer wieder ‚anstößt', weil die eigene Weltsicht, die persönliche Perspektive, keine gute Repräsentation der Wirklichkeit bedeutet, in welcher der Betreffende sich befindet.

Strukturorientiert sollten philosophische Berater sein, weil auf diese Weise eine Orientierung in der Vielfalt der Sichtweisen und Perspektiven zu gewinnen ist, die weder dogmatisch erstarrt noch relativistisch verschwimmt.

Im Unterschied zu inhaltlich ausgeformten Systemen, die festlegend wirken und dogmatischen Charakter haben, zielt der strukturelle Ansatz auf eine Tiefendimension und versucht, Gesetzmäßigkeiten zu erfassen und abzubilden, nach denen sich die Phänomene und ihre Strukturierung in den jeweiligen Weltbildern gestalten und ordnen; dazu gehört auch ein Verständnis der Unterschiede der Erfassungs*qualität*. Strukturelle Ordnung ist dynamisch und gegenwartsbezogen, beachtet aber auch Entwicklungsabläufe im Sinne der Genese individueller Weltbilder.

Perspektivische und strukturorientierte Sicht und ebenso die weiteren mit dem Weisheitsbegriff gemeinten Qualitäten finden sich bei Menschen verschiedener Berufsgruppen, und so gibt es in anderen Disziplinen und Forschungsrichtungen Entsprechungen, Anregungen und Bestätigungen für diese Aspekte Philosophischer Beratung.

Der konsiliarische Umgang mit Menschen kann dabei für den Berater/die Beraterin ein wichtiger Beitrag zur eigenen Entwicklung und Reifung darstellen; Beratung als eine Möglichkeit, Erkenntnis über ‚den Menschen' zu gewinnen, ist stets auch eine Form der Selbsterkenntnis (320).

So läßt sich der Versuch einer Bewegung ‚von Wissen zu Weisheit' als allgemeines Ziel Philosophischer Beratung formulieren (306) – ein Entwicklungsziel, das für Berater und Klienten in gleicher Weise gilt und ein ‚Lebensziel' im besten Sinne darstellt, dessen Höhepunkt nach allgemeiner Einschätzung oft erst in fortgeschrittenem Alter erreicht wird (307).

D. Didaktischer Ausblick

1. Didaktik der Philosophie

Erziehung/Bildung, Beratung und Therapie lassen sich als ‚Formen der Lebens- und Entwicklungshilfe' bezeichnen (vgl. oben S. 20), von denen die Tätigkeit Philosophischer Praktiker in der Regel zwei umfaßt, nämlich Bildung und Beratung.

> Philosophische *Bildungsarbeit* nimmt ihren Ausgangspunkt von bestimmten Inhalten, philosophischen Texten, Persönlichkeiten bzw. Themen, Problemen, Fragestellungen, während *Beratung* von der je individuellen Lebensphilosophie bzw. persönlichen Erfahrungen, Fragen oder Problemen ausgeht; die Philosophie liefert vornehmlich den strukturellen Hintergrund, philosophische Inhalte werden nur dann explizit eingeführt, wenn sie aus der Sicht des Beraters einen wertvollen Beitrag (Anstoß, Hinweis, Anregung etc.) für den Klienten oder die Gruppenteilnehmer leisten.
> Beide Formen – sowohl der Ausgang von philosophischen Texten oder Problemstellungen wie der von persönlichen Fragen, Themen usw. – können zu einer dialogischen Form vertieft werden, die sich als ‚Philosophieren' bezeichnen läßt; der Gegensatz von ‚Philosophie lernen' und ‚Philosophieren lernen' hat nichts mit der hier gemeinten Unterscheidung von Bildung/Pädagogik und Beratung zu tun.

Bei der ‚Didaktik' als Reflexion pädagogischer Tätigkeit lassen sich allgemeine Didaktik und Fachdidaktiken unterscheiden, wobei neben der *Schul*didaktik zunehmend auch der Bereich der *Hochschul*didaktik Berücksichtigung findet. Hochschullehrer sehen jedoch oft wenig Veranlassung zu didaktischen Überlegungen bzw. der Reflexion der eigenen Methoden des universitären Unterrichtens. Didaktik bedeutet in wesentlicher Hinsicht, die Bedürfnisse der zu Unterrichtenden (‚Edukanden') zu berücksichtigen, und die universitäre Lehrtätigkeit ist vielfach primär inhalts- und themenbezogen.

So ist es nicht verwunderlich, daß eine Philosophische Didaktik im eigentlichen Sinne[1] erst im Kontext des Philosophieunterrichts an Schulen entwickelt wurde; in Deutschland hat die Einführung der Philosophie als (wählbares) Schulfach im Jahre 1972[2] neue Impulse gegeben, so daß einige Jahre darauf mehrere

---

[1] Über die Entwicklung der Philosophiedidaktik s. die Darstellung von Ingrid Stiegler: Philosophiedidaktik von ca. 1800 bis 1972 – Findung, Konsolidierung und Modifikation ihrer ‚pädagogisierten' Identität (in: Rehfus/Becker, 1986, 20–37).

[2] Im Zuge der Reform der gymnasialen Oberstufe wurde eine Differenzierung des Unterrichts in Pflicht- und Wahlbereich beschlossen; in diesem Zusammenhang wurden neue Disziplinen in das Fächerangebot aufgenommen – dazu gehörte auch die Philosophie, die seitdem im Pflicht- und Wahlbereich für Grund- und Leistungskurse empfohlen wird (vgl. die Darstellung bei Vogel, 1986, 38ff.).

unterschiedliche Didaktik-Entwürfe vorgelegt wurden[1]. Auf die dort erarbeiteten Ergebnisse können Philosophische Praktiker insbesondere für ihre Seminartätigkeit zurückgreifen; eine erste Übersichts-Darstellung, mit Beiträgen von 45 Autoren, wurde 1986 von Wulff D. Rehfus und Horst Becker als ‚Handbuch des Philosophie-Unterrichts' herausgegeben (Rehfus/Becker, 1986). Auch die seit 1979 erscheinende ‚Zeitschrift für Didaktik der Philosophie' (ZDP) bietet eine Fülle von Material, das für Philosophische Praktiker von Interesse ist.

Für den Bereich der Philosophischen Beratung, auf den die vorliegende Darstellung beschränkt ist, sind didaktische Überlegungen in dem Augenblick von Bedeutung, wo es um die Ausbildung künftiger Berater geht, denn Didaktik stellt die Reflexion pädagogischer Tätigkeit (in Erziehung, Bildung, Aus- oder Fortbildung etc.) dar[2].

Dennoch ist eine Berücksichtigung der neueren philosophie-didaktischen Überlegungen auch für einen Philosophischen Beratungsansatz sinnvoll und wichtig, und zwar wegen gewisser Gemeinsamkeiten in Haltung und Ausrichtung des Philosophielehrers und des Philosophischen Beraters; beide sind mit der konkreten Forderung konfrontiert, Philosophie auf Lebenswirklichkeit anzuwenden bzw. zu beziehen, während die meisten akademischen Philosophen eine solche Anwendung auf konkrete Individuen eher ablehnen und die Aufgabe der Philosophie auf eine *Theorie* der Praxis beschränken.

Die genannte Ähnlichkeit der Positionen zeigt sich auch in der Entstehungsgeschichte der Philosophischen Praxis, denn die philosophischen Praktiker nahmen in der Anfangszeit wichtige Impulse von den Didaktikern auf – Achenbach stand z.B. in engem Austausch mit Ekkehard Martens sowie der Klagenfurter Gruppe (Peter Heintel und besonders Thomas Macho).

> Auf diesen Punkt wies Heinz-Peter Krienen (1986) hin, betonte aber zugleich die Unterschiede zwischen Schulunterricht und Philosophischer Beratung: „Dabei nimmt *Achenbach* wesentliche Impulse der dialogisch-pragmatischen Philosophiedidaktik *E. Martens* auf und proklamiert außerinstitutionell von Schule und Universität existentielle Betroffenheit durch Philosophie und deren Anbindung an diese. Innerhalb der Universitäts- und Schulphilosophie ist existentielle Betroffenheit derzeit, so *Achenbach*, nicht möglich, da es hier um kognitive Aneignung und Reproduktion von philosophischem Wissen geht. *Achenbach*s Anspruch an Philosophie, existentielle Betroffenheit und Angebundensein von persönlichen Lebensproblemen an sie in der Schule zu praktizieren, scheint mir schwer einlösbar, denn dazu bedarf es mehr als des Philosophen und des Philosophielehrers ..." (Krienen, 1986, 201).

---

[1] 1979/80 erschienen fast gleichzeitig und unabhängig voneinander Arbeiten zur Didaktik des Philosophieunterrichts an Schulen: Martens (1979), Rehfus (1980), Schmucker-Hartmann (1980).
[2] Für die Beratungstätigkeit selbst kann man entsprechend von Reflexion der Beratungsstrategien und -ziele sowie der konsiliarischen Interventionsformen sprechen; Beratung und Bildung/Erziehung (bzw. Ausbildung) sind zumindest idealtypisch klar unterscheidbar, während sich in der Praxis Überlappungen, Gemeinsamkeiten und Verbindungen zeigen.

Dieser wichtige Gesichtspunkt der unterschiedlichen situativen Bedingungen ebenso wie der Anforderungen an die Durchführenden in bezug auf ein freies Philosophieren mit Laien (im Sinne von Philosophischer Gruppenarbeit) und Philosophieunterricht wurde anfangs zum Teil nicht genügend beachtet; gerade pädagogische Praktiker machten darauf aufmerksam, daß es sich bei manchen schuldidaktischen Konzeptionen um ideale Konstruktionen handle.

> Ludwig Gehlen und Pieter Mostert formulierten in einem 1986 in der ‚Zeitschrift für Didaktik der Philosophie' erschienenen Artikel thesenartig: „Die Interpretation des Philosophieunterrichts als Dialogsituation ist eine Fiktion" (Gehlen/Mostert, 1986, 54). Nach ihrer Erfahrung sei der Philosophieunterricht in der Praxis sehr wenig dialogisch, und das aus guten Gründen. Insbesondere wiesen sie darauf hin, daß die ‚Alltagsphilosophie' der Schüler vielfach eine relativ starre, dezidierte Sinnorientierung impliziere, „was heißt, daß sie über ein relativ starres Begriffs- und Verstehensmuster verfügen, mit dem sie agieren" (ebd.).

Das ‚freie Gespräch' im Philosophieunterricht – dem auch Gehlen und Mostert eine wichtige Bedeutung beimessen – kann bzw. muß deshalb eher als eine Form des philosophischen Gruppengesprächs und einer entsprechenden zugrundeliegenden Konzeption durchgeführt werden, die sich als Gruppenform philosophischer Beratung verstehen läßt (vgl. B.3.5.b.: Philosophieren in und mit der Gruppe).

Die von Gehlen und Mostert kritisierte Didaktik-Konzeption, die „dem Unterricht, allein kraft des Dialogs, zutraut, philosophische Qualität zu gewinnen", wie Rehfus (1986, 20) pointiert formulierte, ergab sich aus einem spezifischen Philosophieverständnis mancher Didaktiker, nach dem Philosophie als ‚Lehr-Lern-Situation' bestimmt wird, so daß sich erst durch ihre Vermittlung Philosophie konstituiere. Peter Heintel formulierte diese sogenannte ‚Konstituierungsthese' in einem Aufsatz, der 1979 im ersten Jahrgang der ‚Zeitschrift für Didaktik der Philosophie' erschien, folgendermaßen:

> „Von Beginn unserer Tradition an blieb bis heute der Gedanke wirksam, Philosophieren sei selbst eine bestimmte Form von Lernen (Selbsterkenntnis, Selbstreflexion, Sterbenlernen usw.), *im eigentlichen Sinn kein Fach*, kein Verfügungswissen, kein Stoff, der von Lehrern in abgerundeter Gestalt an Schüler weitergegeben werden könnte.
> Philosophie als Fach, als Wissen, als Weisheit (in Form praktischer Identität von Tugend und Wissen) *konstituiert sich erst* als Resultat eines je und je erfolgenden Prozesses des Philosophierenlernens, Didaktik kommt nicht von außen an das Fach heran, sie ist *innerstes Prinzip* der Philosophie selbst" (Heintel, 1979, 8f.)

Die dabei vorgenommene Gleichsetzung von ‚Laienphilosophie' und ‚professioneller Philosophie' bzw. ‚Philosophieren/eine Philosophie haben' und ‚(wissenschaftliche) Philosophie hervorbringen' stellt den entscheidenden Kritikpunkt an dieser anfänglichen, ‚radikalen' Formulierung der Konstituierungsthese dar. Auf diese Weise wird das eigentliche, zugrundeliegende Thema der Anwendung von Philosophie auf den Lebensalltag, also die Theorie-Praxis-Frage, eher verschleiert[1]. Verwendet man die Unterscheidung von Beratung und Bildung/Erziehung, dann ließe sich die anfängliche Form der Konstituierungsthese auch als Gleichsetzung bzw. Vermischung von Beratung und Pädagogik/Bildung charakterisieren und kritisieren, wobei zugleich der Anspruch erhoben wurde, mit der Konzeption von Philosophie als Lehr-Lern-Situation – einem sehr speziellen Aspekt der Philosophie – die ‚eigentliche' Philosophie zu repräsentieren.

Es gibt jedoch auch wesentliche Gemeinsamkeiten bzw. Ähnlichkeiten der Standpunkte zwischen Philosophielehrern und Philosophischen Praktikern. So wurde von beiden der fehlende oder unzureichend berücksichtigte Praxisbezug der akademischen Philosophie kritisiert; der Pädagoge Lassahn forderte z.B. bereits 1972: „Philosophie in der Schule wird nur dann eine Chance haben, wenn es ihr gelingt, einen Gegenstandsbereich zu bearbeiten, der für unser Leben notwendig ist, wo offene Fragen liegen, die sich unabweisbar einstellen ... Wir müssen wieder bei den Fragen ansetzen und nicht bei den Antworten, die andere Zeiten gegeben haben" (Lassahn, 1972, 15).

Peter Vogel (1986, 44) faßt die Kritik einiger Philosophiedidaktiker an der Philosophie so zusammen: „Der in Variationen vorgetragene Grundgedanke ist, daß Philosophie sich im Lauf ihrer Institutionalisierungsgeschichte als Wissenschaft von ihren ursprünglichen Problemen – und das waren allemal Probleme der alltäglichen Umwelt – immer mehr entfernt und sich so selbst den Ruf einer ‚ausweglosen Esoterik' (Heintel 1979, 10) eingebracht hat."

Die Frage des Praxisbezugs der Philosophie verbindet somit Philosophielehrer und Philosophische Praktiker; während im Kontext akademischer Philosophie das Verhältnis Theorie/Praxis eher als ein theoretisches Problem betrachtet und angegangen wird, ist der Lehrer wie der Praktiker mit entsprechenden Fragen ganz konkret durch die Bedürfnisse der Schüler bzw. Seminarteilnehmer/Klienten konfrontiert.

In dieser Hinsicht besteht auch bei den Vertretern unterschiedlicher didaktischer Positionen Konsens – auch Rehfus bezeichnete es z.B. als Intention seiner 1980 erschienenen ‚Didaktik der Philosophie', „den Praxis-Bezug der Philosophie zurückzugewinnen" (Rehfus, 1980, 11). Die Erfahrung zeigt, daß Schüler sehr am Bezug der Philosophie zu ihrem Lebensalltag interessiert sind.

> Helmuth Weiland führte in seinem 1975 gesendeten Fernsehfilm ‚Wem nützt Philosophie' mit Hamburger Schülern ein Gespräch über die Motivation, Philosophie als Fach zu wählen. Ein Schüler äußerte, daß er etwa zum Thema ‚Gerechtigkeit' eine Klärung erhoffe und erwarte, zu diesem Thema im Philosophieunterricht bessere Antworten zu bekommen als etwa im Religionsunterricht; eine Schülerin wünschte sich „irgendwie Antworten, die mit dem wirklichen Leben zu tun haben, und nicht irgendwie an Gott gebunden sind oder so ..." – dazu gehöre z.B. auch das Thema des Glücks und die Möglichkeit, die gefundenen Erklärungen „in das alltägliche Leben übersetzen" zu können. Weiland fragte dann provozierend: „Und wenn Ihnen die Philosophie nicht helfen kann, das auch

---

[1] Eine vergleichbare Ansicht äußert Michael Lönz in einem Aufsatz mit dem Titel „Philosophie mit ‚Laien'"? (Lönz, 1986).

praktisch zu verwirklichen, dann interessiert Sie auch die Philosophie nicht mehr?" Die Schülerin antwortete: „Nein, dann hat sie ja gar keinen Sinn für mich" (zitiert nach Martens, 1979, 116).

Auch viele Studenten der Philosophie kommen aufgrund derartiger ‚Anfangsmotivationen' zum Studium der Philosophie – Heintel erkannte die Nichtbeachtung dieses Faktors als wesentliche Ursache eines jahrelang von ihm empfundenen Unbehagens im akademischen Lehrbetrieb:

> „Ich entdeckte plötzlich, was das schale Gefühl in meiner Lehrtätigkeit immer wieder hervorrief: ich mußte bemerken, daß Erwachsene, Schüler, Studenten nicht deshalb zur Philosophie kommen, um im Tempel der Wahrheit als bloße theoretische, geschlechtslose ‚Individuen', als ‚Träger' der Wahrheit angesiedelt zu werden, sondern daß sie sich primär Antworten auf ihre Lebensprobleme mit Sorgen erwarteten ... Ich mußte mir sagen, daß ich aus dem Anspruch der Sache heraus ständig gegen diese Bedürfnisse und Zugangsmotivationen gearbeitet hatte ... Mir ging es daher eher darum, ein von einem Individuum geäußertes Problem, das es noch so existentiell betreffen mochte, in philosophischen Thesen und Zusammenhängen ‚wieder'-zufinden, es sozusagen dem Individuum wegzunehmen und es als Fall unter bestehende Theorie zu subsumieren" (Heintel, 1980, 73).

Unabhängig davon, auf welche Weise der Bezug zur Lebenswirklichkeit der Personen hergestellt wird, die als Schüler oder Gruppenteilnehmer bzw. Klienten mit Philosophie in Berührung kommen, stellt sich eine Forderung für denjenigen, der Philosophie vermitteln[1] will: in dem Augenblick, wo eine Verbindung zwischen philosophischen Theorien und dem Lebensalltag der ‚Empfänger' hergestellt wird, bedarf es einer Reflexion und Offenlegung des eigenen philosophischen Ansatzes, denn eine einzige, für alle verbindliche Bestimmung und Definition von Philosophie ist – darüber besteht weitgehend Konsens – nicht möglich[2]. Diese Forderung – die im Grunde für jeden besteht, der Philosophie professionell betreibt – ist in dem Augenblick nicht mehr abzuweisen, wo man als ein-

---

[1] Zum Begriff der ‚Vermittlung' vgl. Claus-Peter Becke, der in einem 1990 erschienenen Aufsatz (‚Textarbeit und Selbstdenken', Becke 1990) vorschlug, „die Konstituierungsthese durch die Vermittlungsthese zu ersetzen, derzufolge Philosophieunterricht als ein Geschehen aufgefaßt wird, in dem, ausgehend vom Erfahrungshorizont der Schüler, deren Lebenswirklichkeit mit den in der Tradition der philosophischen Forschung entwickelten Argumenten zu vermitteln ist" (ebd., 6).
Er weist darauf hin, daß auch Martens den anfangs vertretenen Anspruch der Konstituierungsthese in seinem 1983 erschienenen Buch verringert habe und nur noch von einer ‚stärkeren Akzentuierung der Subjektseite in der Vermittlung' spreche (Martens, 1983, 91).
[2] Vgl. Rehfus (1986, 23): „Philosophie ist in eine Wahrheitskrise geraten und deshalb nicht mehr selbstverständlich. Die Philosophiedidaktik kann deshalb nicht mehr eine geschlossene Philosophie voraussetzen, die sie dann auf ihre Übermittlungsmöglichkeit befragen kann. ... Unter der Bedingung der Krise der Philosophie heißt das, daß die Philosophiedidaktik zunächst rekonstruieren muß, was für sie Gegenstand des Unterrichts sein soll. Sie muß also eine Rekonstruktion der Philosophie erstellen, und die ist schlechterdings nur philosophisch möglich." Martens wirft er vor, daß er sein persönliches Philosophieverständnis stillschweigend voraussetzt und nicht als persönliche Rekonstruktion von Philosophie kenntlich mache (Rehfus, 1986, 24).

zelner ‚*die Philosophie*' zu repräsentieren hat (im Unterschied zur Universität, wo sich fast immer mehrere Lehrpersonen diese Repräsentation teilen), und zudem in einer Situation, in der es nicht bloß abstrakte Theorien sind, die zur Disposition stehen, sondern die Person selbst, die sie vertritt und auf konkrete Lebenszusammenhänge anderer Personen, und zwar der anwesenden, bezieht[1].

Diese Art der ‚Anwendung' philosophischer Theorien wird im Rahmen der universitären Lehre kaum berücksichtigt oder eingeübt, und das wird von vielen Vertretern der akademischen Philosophie gerechtfertigt: Philosophie sei inzwischen ein ‚Fach unter anderen Fächern'[2], eine Anwendung sei allenfalls als Reflexion möglicher Praxis vorgesehen, aber nicht in konkreter Form, die jedem Individuum selbst überlassen bleibe (bzw. sogar, im Sinne einer Rechtfertigung, überlassen bleiben *müsse*, um sich nicht in Lebenspraxis einzumischen).

Das hier zugrundeliegende Problem wurde vielfach auf die sog. Esoterik-Exoterik-Spannung in der Philosophie bezogen[3] – es geht dabei um die Diskrepanz zwischen dem immer wieder erhobenen Anspruch auf ein ‚besonderes Wissen' der Philosophen, das auch nicht für jeden zugänglich ist, und der Behauptung, zu allgemeingültigen Aussagen zu kommen, die somit Relevanz für ‚jeden' beanspruchen. Bereits in der antiken Philosophie, mit einem ersten Höhepunkt bei Platon, wird diese Spannung zwischen ‚dem Philosophen und den Vielen'[4] deutlich – sie drückt sich vornehmlich in einer ambivalenten Haltung gegenüber der Meinung der Vielen aus, die je nach Interessenslage entweder als Kronzeuge für die eigene Meinung herangezogen wird (etwa durch Berufung auf den ‚gesunden Menschenverstand', über den die Philosophen nicht hinauskommen könnten) oder herablassend als ‚Meinung der Menge' disqualifiziert wird, die unmöglich die Wahrheit ausdrücken könne, – natürlich vor dem Hintergrund einer davon abweichenden eigenen Überzeugung[5].

Diese ganze Fragestellung hat ihre Brisanz insofern verloren, als sie auf der impliziten Annahme von *einer Wahrheit* beruht, gleich ob von einer prinzipiellen Zugänglichkeit dieser Wahrheit ausgegangen wird oder einer Annäherung daran in einer fernen Zukunft. Mit einem eher pragmatischen, kontextabhängigen Wahrheitsbegriff, wie er sich heute weitgehend durchgesetzt hat, stellt sich die gleiche Thematik auf eine etwas veränderte Weise: nicht mehr als Frage der Annäherung an die objektive Wahrheit, sondern vielmehr als Bezug der philosophischen Theorie zu den konkreten, lebensweltlichen Themen und Phänomenen,

---

[1] Vgl. Mittelstraß (1982a, 141) bzw. (1986, 247).
[2] Vgl. Heintel (1979, 9), der diese Benennung allerdings kritisch meint, nicht rechtfertigend: „Philosophie ist zu sehr Fach neben anderen Fächern geworden, so daß sie eines ihrer wesentlichen Konstitutionsprinzipien vergessen hat."
[3] Vgl. zu diesem Thema etwa den Sammelband ‚Esoterik und Exoterik der Philosophie' (Holzhey/Zimmerli, 1977), sowie spezifisch für den didaktischen Kontext: Heintel/Macho (1983).
[4] ‚Der Philosoph und die Vielen' ist der Titel der umfangreichen Arbeit von Hanns-Dieter Voigtländer über dieses Thema, das im Untertitel so beschrieben wird: „Die Bedeutung des Gegensatzes der unphilosophischen Menge zu den Philosophen ... im philosophischen Denken der Griechen bis auf Aristoteles" (Voigtländer, 1980).
[5] Vgl. dazu die ‚Zusammenfassung der Ergebnisse und Ausblick' in der Arbeit von Voigtländer (1980, 617ff.).

von denen sie ihren Ausgang genommen hat und auf die sie wieder bezogen werden kann bzw. muß; mit anderen Worten: der Theorie-Praxis-Bezug wird zum wichtigen ‚Prüfstein'.

Mit der in dieser Arbeit vorgeschlagenen Terminologie läßt sich die Beziehung von philosophischen Konzepten und Theorien zur alltäglichen Lebenspraxis so formulieren, daß es – ausgehend von der prinzipiellen Strukturgleichheit zwischen wissenschaftlichen und Alltags-Theorien – sinnvoll ist, die Weltsicht eines Menschen als (Alltags-)Philosophie zu bezeichnen und aus philosophischer Perspektive und mit philosophischen Mitteln zu betrachten und zu prüfen und so zur Klärung von Lebensfragen oder Schwierigkeiten beizutragen.

Dies gilt in gleicher Weise für ‚Laien' wie für professionelle Philosophen; es kann z.B. einen deutlichen Unterschied zwischen der (handlungsleitenden) ‚Alltagsphilosophie' eines Philosophen und ‚bloß gewußten' (Jaspers[1]) philosophischen Theorien geben, die keinen Bezug zum eigenen Leben haben.

Darin liegt ein wesentliches Grundprinzip des vorliegenden Fundierungsversuchs Philosophischer Beratung, das zugleich bei einer zu entwickelnden Didaktik der Ausbildung zum Philosophischen Berater von Bedeutung ist, weil es gerade die Anwendungsfrage ist, in bezug auf die es nachzuholen gilt, was an der Universität theoretisch weniger beachtet und praktisch kaum geübt wurde.

Didaktische Überlegungen für Curricula einer Aus- bzw. Weiterbildung zum Philosophischen Berater werden deshalb primär vom Praxisbezug der künftigen BeraterInnen ausgehen, ihn theoretisch und praktisch-übend vorbereiten.

Eine Didaktik Philosophischer Beratung im Sinne ausgearbeiteter Konzeptionen einer Aus- oder Fortbildung zum Philosophischen Berater gibt es noch nicht; die ersten Philosophischen PraktikerInnen haben sich weitgehend aus der eigenen Erfahrung eine philosophisch-beraterische Kompetenz erarbeitet bzw. an Fortbildungen, Trainings oder Schulungen anderer beraterischer Ansätze teilgenommen.

Das Philosophiestudium bietet – wenn überhaupt – derzeit nur wenige Elemente mit direktem Bezug auf eine zukünftige beraterische Tätigkeit der Philosophiestudent(inn)en.

Aber auch für eine Postgraduierten-Weiterbildung gibt es noch kaum ausgearbeitete Konzeptionen; im Rahmen der ‚Gesellschaft für Philosophische Praxis' (GPP) hat es zwar in den Anfangsjahren lebhafte Diskussionen über die ‚Anforderungen an den praktizierenden Philosophen' gegeben, diese kamen aber nie zur Abstimmung und haben deshalb nicht einmal empfehlende Bedeutung.

In Holland gibt es eine Tradition von Einführungsseminaren zur Philosophischen Praxis und Beratung, die kontinuierlich angeboten werden, so daß hier Erfahrungen vorliegen und Konzepte erarbeitet wurden; darüber berichtete Anette Prins beim zweiten Internationalen Kongreß in Leusden (‚On the Way to a Companion to Philosophical Counseling', Prins, 1997).

Insgesamt gibt es jedoch an Universitäten wie auch im außeruniversitären Bereich noch kaum Möglichkeiten, sich gründlich auf eine Tätigkeit als Philo-

---

[1] Vgl. oben S. 33, Anm.

sophischer Berater vorzubereiten, auch wenn manchmal der Eindruck erweckt wird, als läge hier schon ein neues Berufsbild vor.

> So erkennt der in ‚rowohlts enzyklopädie' erschienene ‚Grundkurs Philosophie' (Martens/Schnädelbach 1991) in dem Kapitel ‚Berufe für Philosophen' dem ‚Philosophischen Berater' eine eigene Rubrik zu (Rohbeck, 1991, 804f.). (6 Jahre zuvor, in der ersten Auflage, wurde noch die Bezeichnung ‚Freiberufler' verwendet.)
> Eine 1994 veröffentlichte Umfrage von Peter Moser ergab jedoch, daß die meisten Praktikerinnen und Praktiker ihre Tätigkeit nur nebenberuflich ausüben (Moser, 1994, 58). Bei vielen haben sich die Erwartungen nicht erfüllt, sie haben ihre Arbeit oft mit „idealistisch überzogenen inhaltlichen Zielsetzungen" begonnen (ebd.) „Ein erfahrener Praktiker empfiehlt deshalb seinen jungen Kollegen ‚mehr Bescheidenheit in der Eigenwerbung: Sie wecken sonst falsche Erwartungen bei mangelnder Kompetenz'" (ebd.).
> Beklagt wird nach Moser von den Praktikern die mangelnde Unterstützung durch die akademische Philosophie „sowie die fehlenden praxisbezogenen Ausbildungsmöglichkeiten an Universitäten" (ebd. 60).

Die Qualität künftiger Fort- und Weiterbildungsgänge für Philosophische BeraterInnen wird wesentlich darüber entscheiden, ob sich diese Form ‚Angewandter Philosophie' eine gewisse Anerkennung verschaffen wird, so daß sie als Grundlage einer praktischen Berufstätigkeit von Philosoph(inn)en dienen kann.

2. Fortbildung ‚Philosophische Beratung'

Eine Fortbildung zum Philosophischen Berater, die aufbaut auf einem Studium der Philosophie, wird an die bereits erworbenen Kenntnisse und Fähigkeiten anknüpfen. Dazu gehört inhaltliches Wissen, insbesondere der Geschichte der Philosophie, ihrer Hauptströmungen bzw. VertreterInnen, aber auch gewisse Fertigkeiten, die beim Umgang mit philosophischen Texten und Themen entwickelt wurden, etwa die Fähigkeit des Erfassens komplexer Zusammenhänge, klares Denken und stringentes Argumentieren usw.

Beide Aspekte (theoretisches Wissen und Fertigkeiten im Sinne prozeduralen Wissens) werden im Rahmen einer Fortbildung, die zu beraterischer Tätigkeit qualifizieren soll, in sehr spezifischer Weise ihren Platz finden. Während im theoretischen Teil eine stärkere Anknüpfung an bereits erarbeitetes Wissen möglich ist, wird bei den ‚Fertigkeiten' insbesondere im Bereich der kommunikativen Kompetenz vielfach ein ‚Loslassen' ungünstiger, eingeschliffener Kommunikationsmuster den Anfang bilden, also ein Prozeß des ‚Verlernens' und ein Neulernen, das sich aufgrund des kontinuierlichen praktischen Übens einer spezifischen dialogischen Ausrichtung entwickelt, um zunehmend zur Verfügung zu stehen.

Schließlich wird Selbsterfahrung als Wissen um die eigene Lebensphilosophie und Kenntnis der persönlichen kognitiven und emotionalen Inhalte, Abläufe und Muster einen wichtigen Beitrag für eine künftige Beratungstätigkeit leisten: ‚erkenne dich selbst', so ließe sich formulieren, damit du imstande bist, dich in einer offenen, nicht-defensiven Haltung einem anderen Menschen zuzuwenden und dessen Perspektive, seine Lebensphilosophie und Weltsicht, zu erfassen, ohne ständig durch eigene (unerkannte) kognitive und emotionale Reaktionen und Muster in den Möglichkeiten des Verstehens und konsiliarischen Begleitens eingeschränkt zu werden.

Theorie

Auch wenn bei den TeilnehmerInnen einer Fortbildung zum Philosophischen Berater Grundkenntnisse der Philosophiegeschichte und ihrer wichtigsten Konzeptionen vorausgesetzt werden können, sind die Schwerpunkte aus der Perspektive Philosophischer Beratung deutlich anders gesetzt, so daß auch in theoretischer Hinsicht bestimmte Grundlagen gemeinsam erarbeitet werden müssen.

Ein erster wichtiger Zugang kann darin bestehen, anhand ausgewählter Beispiele (mit Bezug auf spezifische Vorinformationen der TeilnehmerInnen) die Perspektive einzunehmen, Philosoph(inn)en als Repräsentanten einer persönlichen Weltsicht zu betrachten, wie das in Kap. B.1.a. ansatzweise versucht wurde.

Ein weiteres Vorgehen wird darin bestehen, sich mit den Konzeptionen einer ‚Philosophie als Lebensform' zu beschäftigen. Die entsprechenden Lehren der antiken Philosophie sind hier der erste Anknüpfungspunkt – in der vorliegenden Darstellung wurden einzelne Konzeptionen skizziert (B.1.b.: Beispiele ‚beratender Philosophie' bzw. ‚Philosophie als Lebensform', mit Ausführungen über Sokrates, Platon, Aristoteles, Epikur und die Stoa). Auch die frühen neuzeitlichen Anknüpfungsversuche, z.B. durch Montaigne, werden stärkere Aufmerksamkeit finden als in der philosophiegeschichtlichen Betrachtung sonst meist üblich.

Schließlich sind die verschiedenen zeitgenössischen Darstellungen dieser lebensbezogenen und lebenspraktischen Aspekte der Philosophie von besonderem Interesse, etwa von Rabbow, Hadot und deren Aufnahme und Weiterführung z.B. durch Foucault und Schmid. Wilhelm Schmids Ausführungen ‚Zum Ort der Lebenskunst in der Geschichte der Philosophie' (Schmid, 1998, 27–38) skizzieren überblicksartig die Linien, die unter dem Anwendungsaspekt zu ziehen sind und die sich deutlich von den üblichen Akzentuierungen unterscheiden.

Die systematische Philosophie findet in der Regel an den Universitäten im deutschsprachigen Raum weniger Berücksichtigung als die Philosophiegeschichte; deshalb wird hier ein wichtiger, ergänzender Schwerpunkt der Fortbildung liegen. So wie es in Teil 3. dieser Arbeit versucht wurde (‚Systematische Philosophie und Philosophische Beratung'), läßt sich die umfangreiche und schwer übersehbare Vielfalt der Diskussionen mit ihren teilweise extrem divergierenden Positionen und Ansätzen dadurch ‚bündeln', daß stets die Praxisrelevanz bei der Bearbeitung führt. Bei der Erkenntnistheorie ebenso wie bei Hermeneutik und Ethik lassen sich dadurch Kriterien gewinnen, die eine Orientierung erleichtern bzw. ermöglichen.

Zum theoretischen Teil eines solchen zu entwerfenden Fortbildungsganges sollten auch ausgewählte Ergebnisse relevanter Nachbardisziplinen gehören, etwa entsprechende Themen aus der Psychologie, auch im Sinne einer fundierten Abgrenzung von Beratung und Psychotherapie (vgl. A.2.: Beratung und Psychotherapie).

Von besonderem Interesse für eine Tätigkeit als Philosophischer Berater sind die Ergebnisse der empirischen Weisheitsforschung (vgl. B.4.), deren Definition von Weisheit als ‚Wissen um Lebensziele und Lebenssinn' ein ‚Bildungsziel' beinhaltet, dem eine Fortbildung zum Philosophischen Berater vor allem auch durch die Berücksichtigung der Bedeutung prozessualen Wissens (neben Faktenwissen) Rechnung tragen wird. Prozessuales Wissen in grundlegenden Fragen des Lebens läßt sich jedoch nicht rein theoretisch vermitteln, denn es entwickelt sich aufgrund konkreter Erfahrungen. Deshalb sind wesentliche Aspekte des ‚Beratungswissens' nur in praktischen Übungen und durch die Supervision eigener Beratungsgespräche zu vermitteln.

Praxis und Supervision

Ein wichtiger Teil der Fortbildung wird in der praktischen Einübung dialogischer Kompetenzen bestehen, anfangs innerhalb der Gruppe, bald ergänzt durch (Übungs-)Gespräche zunächst mit Freunden und Bekannten, in denen erste ‚Gehversuche' mit einer bewußten, reflektierten Form des konsiliarischen Gesprächs gemacht werden können. Später (bzw. in einem zweiten Teil der Fortbildung) wird die Supervision realer Beratungssituationen den Schwerpunkt der praktischen Arbeit darstellen.

Es empfiehlt sich, die Gespräche auf Tonband aufnehmen zu lassen bzw. innerhalb der Gruppe geführte Dialoge aufzunehmen, so daß eine präzise Supervision möglich ist, die z.B. auch die schwer zu erkennenden Aspekte subtiler bis massiver Manipulation in die Richtung der eigenen Überzeugungen aufzeigt[1].

Wichtig ist auch eine Berücksichtigung besonderer Gesprächssituationen, wie etwa Erstgespräch, häufiger auftretende schwierige Situationen, Abschluß einer Beratung usw.

Selbsterfahrung

Die ‚Selbstanwendung', die in der vorliegenden Darstellung als wichtiges Prinzip bezeichnet wurde (B.5.: Selbstanwendbarkeit als Voraussetzung einer Theorie Philosophischer Beratung), gilt nicht nur für den theoretischen Bereich, also in bezug auf Konzeptionen über ‚den Menschen'; für den Bereich der Praxis ist

---

[1] Vgl. die Ausführungen von Ida Jongsma, oben S. 118 sowie die entsprechenden Punkte in der Konzeption der holländischen Einführungsseminare zur Philosophischen Beratung (Prins, 1997).

dieses Prinzip ebenso wichtig: die Methoden und Vorgehensweisen, die man im Umgang mit Beratungsklienten anwendet bzw. auf die man sich vorbereitet, sollten auch in wesentlichen Aspekten selbst erfahren worden sein. Dries Boele betonte aufgrund seiner persönlichen Erfahrungen mit Übungsgesprächen in den ersten, selbstorganisierten Kursen in Holland, wieviel man in der Rolle des zu Beratenden lernt und daß Philosophen, die ohne ein solches professionelles Training eine Beratertätigkeit aufnehmen, ein großes Risiko eingingen (Boele, 1995, 37).

Diese Anwendung der Beratungskonzepte und -vorgehensweisen auf die eigene Person kann sowohl in der Gruppe stattfinden (nach dem jeweils zugrundeliegenden Konzept Philosophischer Gesprächsgruppen) wie auch einzeln, als ‚philosophisches Lehrgespräch' bzw. ‚Lehrberatung'.

Die Bedeutung der Selbsterfahrung (als ‚Selbsterkenntnis') liegt darin, daß Beratung, wie jede Form hilfreicher Interaktion, nicht nur auf erlerntem Wissen und erworbenen Fertigkeiten beruht, sondern in ganz wesentlichem Ausmaß von grundlegenden Persönlichkeitsmerkmalen bestimmt ist. Darüber besteht weitgehend Konsens, und auch die erwähnten curricularen Vorschläge der GPP unterscheiden bei den ‚Anforderungen an den praktizierenden Philosophen' deutlich zwischen ‚theoretischen' und ‚persönlichen Kompetenzen' – unter letzteren werden Selbsteinsicht, Authentizität, Sensibilität für andere und Wahrnehmung der Interaktion verstanden; die wichtigsten Passagen sollen hier wiedergegeben werden:

> *Selbsteinsicht*: Impliziert Kenntnis eigener Motive zum Philosophieren und zur Aufnahme einer Philosophischen Praxis; Frage nach der Toleranz, mit der man anderen Menschen ihren Meinungen, Lebenseinstellungen, ihrer Lebensführung usw. begegnen kann usw.
>
> *Authentizität*: Impliziert Kenntnisse der Tendenzen zum Bluff, zum Überfordern und Dominieren; Fähigkeit, sich durch andere relativieren lassen zu können usw.
>
> *Sensibilität für andere*: Impliziert die Fähigkeit, den anderen als eine fremde Welt auffassen zu können; nicht zu glauben, etwas im vorhinein von ihm zu wissen oder zu verstehen usw.
>
> *Wahrnehmung der Interaktion*: Impliziert die Fähigkeit, auch im Gespräch das Hier und Jetzt bestimmter Geschehnisse nicht aus dem Auge zu verlieren; Toleranz gegenüber auftretenden Konflikten, die nicht ‚weginterpretiert' werden sollten; Vorsicht bei eigenen Fluchtbedürfnissen und ‚Tabu'-Zonen usw.[1]

---

[1] Eine erste Version dieser Vorschläge wurde in den Anfangsjahren des Bestehens der GPP erarbeitet, hauptsächlich von Thomas H. Macho in Zusammenarbeit mit anderen Klagenfurter Mitgliedern und im Gespräch mit E. Martens und G.B. Achenbach.
Das ‚Seminar der praktizierenden Mitglieder der GPP' überarbeitete diese Vorschläge im Jahre 1994 und stellte sie erneut als ‚Ausbildungsempfehlungen' zur Diskussion, die jedoch nicht zustandekam.
Bei den wiedergegebenen Passagen wurde teilweise auf die älteren Formulierungen zurückgegriffen.

Eine praktische Umsetzung solcher theoretisch formulierter Gesichtspunkte für eine Fortbildung zum Philosophischen Berater hat jedoch bisher noch kaum stattgefunden.

In der vorliegenden Darstellung wurden die wesentlichen Aspekte, um deren Entwicklung und Ausarbeitung es geht, unter der Bezeichung ‚Berater-Tugenden' (Grundhaltungen, Fähigkeiten und ‚Fertigkeiten' [C.4.]) zusammenfassend charakterisiert. Die dort genannten Qualitäten von Aufrichtigkeit, akzeptierender Grundhaltung und vertieftem Verstehen sind auf offensichtliche Weise mit der Entwicklung und Reifung der Persönlichkeit verbunden und darauf gegründet. Philosophische Berater sind in einem primären und konkreten Sinne ‚dialogische Philosophen', und sie sind bzw. werden es aufgrund bestimmter Qualitäten der Kontaktaufnahme und Kommunikation, bis hin zu der von Buber als ‚Begegnung' charakterisierten Form eines existentiellen Miteinanders, in dem die Rollen von Ratsuchendem und Berater zurücktreten hinter der Wirklichkeit der Beziehungsaufnahme, die dennoch zugleich integraler Bestandteil der professionellen und finanziell vergüteteten Tätigkeit des philosophischen Beraters darstellt. Darauf hinzuführen ist ein wichtiger und für Ausbilder wie Auszubildende fordernder Aspekt einer Fortbildung zum Philosophischen Berater.

Abschluß der Fortbildung

Als Abschluß einer Fortbildung zum Philosophischen Berater sollte eine schriftliche Arbeit in einem Kolloquium in der Gruppe vorgestellt sowie der Aufweis erbracht werden, daß bestimmte Beraterqualitäten in konkreten Gesprächssituationen realisiert werden können, z.B. durch Gesprächsmitschnitte, Verlaufsdarstellungen eines Beratungsprozesses etc.

Literatur

Verwendete Abkürzungen:

ZDP: Zeitschrift für Didaktik der Philosophie
ZPP: Zeitschrift für Philosophische Praxis
Zs.: Zeitschrift

Abel (1992) Abel, Günther: Zum Wahrheitsverständnis jenseits von Naturalismus und Essentialismus. in: Kaulbach (1992), 309–330
Abel (1993) Abel, Günther: Interpretationswelten. Gegenwartsphilosophie jenseits von Essentialismus und Relativismus. Frankfurt/M.: Suhrkamp 1993 (1995 als stw 1210)
Achenbach (Chronik) Kleine Chronik der Philosophischen Praxis. 1981–1995. Zugleich ein Lesebuch. 3. Ausgabe (Stand: November 1995; als Manuskript vervielfältigt)
Achenbach (1984) Achenbach, Gerd B.: Philosophische Praxis. Köln: Dinter 1984 (2. Aufl. 1987 ohne zweiten Teil)
Achenbach (1991) Achenbach, Gerd B.: Philosophische Praxis als Lebensberuf (Auskunft über die Möglichkeiten für Philosophen, in der Philosophischen Praxis einen Lebensberuf zu finden). in: Agora / ZPP, 10/11 (1991), 4–7
Achenbach (1993) Achenbach, Gerd B.: Philosophische Praxis. in: Agora / ZPP, 14/15 (1993), 37–41
Achenbach (1995) Achenbach, Gerd B.: Philosophische Praxis als Alternative zu Psychotherapie und Seelsorge. Vortrag auf dem 10. Kolloquium der GPP am 27. Okt. 1995 in Hannover (Privatdruck, 1995)
Achenbach (1996) Achenbach, Gerd B.: Zur Mitte der Philosophischen Praxis. Vortrag zur Eröffnung des ‚Second International Congress on Philosophical Practice' am 25. August 1996 in Amersfoort/Leusden, Niederlande (Privatdruck, 1996; englisch in Vlist, 1997, 7–15)
Achenbach (1997) Achenbach, Gerd B.: Zur Weisheit der Philosophischen Praxis. Vortrag zur Eröffnung der ‚Third International Conference on Philosophical Practice', am 22 Juli 1997 in New York, USA (Privatdruck, 1997)
Achenbach (1997a) ‚Der Philosoph ist Menschenwissenschaftler!' Ein Interview mit Gerd B. Achenbach über das Elend akademischer Philosophie und die Chancen praktischen Philosophierens [Gesprächspartner: Thomas Schäfer]. in: Berliner Debatte Initial, 8 (1997), 11–23
Achenbach (1997b) Achenbach, Gerd B.: Lebensform und Therapie. Ein Brief an die ‚Neue Rundschau'. in: Neue Rundschau, 108,2 (1997), 11–23
Aebli (1981) Aebli, Hans: Denken: Das Ordnen des Tuns. Bd. II: Denkprozesse. Stuttgart: Klett-Cotta 1981

Albert (1981) Albert, Karl: Das Staunen als Pathos der Philosophie. in: Cramer-Ruegenberg (1981), 149–171

Albert (1996) Albert, Karl: Einführung in die philosophische Mystik. Darmstadt: Wiss. Buchges. 1996

Angelett (1990) Angelett, William: Philosophy and a Career in Counseling. in: Internat. Journal of Applied Philosophy, 5 (1990), 73–75

Aristoteles / Gigon Aristoteles: Die Nikomachische Ethik. Übersetzt von Olof Gigon. Zürich/München: Artemis 1967/1991

Aristoteles / Sieveke Aristoteles: Rhetorik. Übersetzt von Franz G. Sieveke. München: Fink 1980

Arlin (1990) Arlin, Patricia Kennedy: Wisdom: the art of problem finding. in: Sternberg (1990), 230–243

Assmann (1993) Assmann, Jan (Hrsg.): Die Erfindung des inneren Menschen. Studien zur religiösen Anthropologie. Gütersloh: Mohn 1993

Audretsch/Mainzer (1989) Vom Anfang der Welt. Wissenschaft, Philosophie, Religion, Mythos. Hrsg. v. Jürgen Audretsch und Klaus Mainzer. München: C.H.Beck 1989

Baltes/Smith (1990) Baltes, Paul B. / Jacqui Smith: Toward a psychology of wisdom and its ontogenesis. in: Sternberg (1990), 87–120

Bannister/Fransella (1981) Bannister, Don / Fay Fransella: Der Mensch als Forscher. (Inquiring Man). Die Psychologie der persönlichen Konstrukte. Münster: Aschendorf 1981 (Inquiring Man. The Theory of Personal Constructs. 1971)

Baumgartner (1990) Baumgartner, Hans Michael: Von der Notwendigkeit dualer Weltbetrachtung. in: Scheffzyk (1990), 185–206

Beck (1979) Beck, Aaron T. / A. John Rush, / Brian F. Shaw / Gary Emery: Kognitive Therapie der Depression. München: Beltz 1994 (4. Aufl.) (Cognitive Therapy of Depression. New York 1979)

Becke (1990) Becke, Claus-Peter: Textarbeit und Selbstdenken. Konstituierungsthese versus Vermittlungsthese. in: ZDP, 12 (1990), 3–7

Becker (1964) Becker, Gertraud: Geist und Seele im Altsächsischen und im Althochdeutschen. Der Sinnbereich des Seelischen und die Wörter *gêst-geist* und *seola-sêla* in den Denkmälern bis zum 11. Jahrhundert. Heidelberg: Carl Winter 1964

Becker (1982) Becker, Peter: Psychologie der seelischen Gesundheit. Bd. 1. Theorien, Modelle, Diagnostik. Göttingen: Hogrefe 1982

Beetz (1981) Beetz, Manfred: Nachgeholte Hermeneutik. Zum Verhältnis von Interpretations- und Logiklehren in Barock und Aufklärung. in: Dt. Vierteljahresschrift für Literaturwiss. und Geistesgeschichte, 55 (1981), 591–628

Berg (1992) Berg, Melanie: Philosophische Praxen im deutschsprachigen Raum. Eine kritische Bestandsaufnahme. Essen: Verlag Die Blaue Eule 1992 (Phil. Praxis, Bd. 4)

Bielefeld (1991) Bielefeld, Jürgen: Zur Begrifflichkeit und Strukturierung der Auseinandersetzung mit dem eigenen Körper; in: J. Bielefeld (Hrsg.) Körpererfahrung. Grundlagen menschlichen Bewegungsverhaltens. Göttingen: Hogrefe 1991², 3–35

Bien (1989) Bien, Günther: Einige Bemerkungen zum Verhältnis von Philosophie, Wissenschaft und Weisheit. in: Oelmüller (1989), 39–53

Birnbacher (1982) Birnbacher, Dieter: Philosophieunterricht als sokratisches Gespräch. Zu einem Buch von Gustav Heckmann, in: ZDP, 4 (1982), 43–45

Birnbacher/Hoerster (1976) Texte zur Ethik. Hrsg. v. Dieter Birnbacher und Norbert Hoerster. München: dtv 1976

Blasche (1991) Blasche, Siegfried: Praxis der Philosophie und philosophische Praxis. in: Witzany (1991), 11–22

Böckenhoff (1970) Böckenhoff, Josef: Die Begegnungsphilosophie. Ihre Geschichte – ihre Aspekte. Freiburg: Alber 1970

Boeckh (1877) Boeckh, August: Encyklopädie und Methodologie der philologischen Wissenschaften. Hrsg. v. Ernst Bratuscheck. Leipzig: Teubner 1877

Boele (1995) Boele, Dries: The Training of a Philosophical Counselor. in: Lahav/Tillmans (1995), 35–47

Boele (1998) Boele, Dries: The ‚Benefits' of a Socratic Dialogue. Or: Which Results Can We Promise? in: Inquiry, 17,3 (1998), 48–70

Böhme (1985) Böhme, Gernot: Anthropologie in pragmatischer Hinsicht. Darmstädter Vorlesungen. Frankfurt/M.: Suhrkamp 1985 (es 301 NF)

Böhme (1994) Böhme, Gernot: Weltweisheit, Lebensform, Wissenschaft. Eine Einführung in die Philosophie. Frankfurt/M.: Suhrkamp 1994 (stw 1142)

Boorstein (1980) Transpersonale Psychotherapie. Hrsg. Seymour Boorstein. Bern, München: Barth/Scherz 1988 (Transpersonal Psychotherapy, Palo Alto 1980)

Borowicz (1997) Borowicz, Jon: How Is Philosophical Practice Practical? in: Vlist (1997), 91–105 (auch in: ZPP, 1996/2, 8–14)

Brem-Gräser (1993) Brem-Gräser, Luitgard: Handbuch der Beratung für helfende Berufe. Bd. 1–3. München/Basel: Reinhardt 1993

Buber (W I) Buber, Martin: Werke. Erster Band. Schriften zur Philosophie. München/Heidelberg: Kösel/Lambert Schneider 1962

Buber (DP) Buber, Martin: Das dialogische Prinzip (Ich und Du / Zwiesprache / Die Frage an den Einzelnen / Elemente des Zwischenmenschlichen / Nachwort) Heidelberg: Lambert Schneider 1962 (4. Aufl. 1979)

Buber (Reichert) Buber für Atheisten. Ausgewählte Texte. Hrsg. u. kommentiert v. Thomas Reichert. Gerlingen: Lambert Schneider 1996

Buber (1951) Buber, Martin: Urdistanz und Beziehung. Heidelberg: Lambert Schneider 1951 (auch in: Werke I, 411–423)

Bühler (1995) Bühler, Axel: Hermeneutischer Intentionalismus und die Interpretation philosophischer Texte. in: Logos, N.F. 2 (1995), 1–18

Camus (1942) Camus, Albert: Der Mythos von Sisyphos. Ein Versuch über das Absurde. Reinbek b. Hamburg: Rowohlt 1959 (Dt. Erstausgabe Düsseldorf 1956. Original: Le Mythe de Sisyphe, Paris: Gallimard 1942)

Carkhuff (1969) Carkhuff, Robert R.: Helping and Human Relations. A Primer for Lay and Professional Helpers. Vol. I, II. New York: Holt, Rinehart and Winston 1969

Carkhuff/Berenson (1967) Carkhuff, Robert R. / Bernard G. Berenson: Beyond Counseling and Therapy. New York: Holt, Rinehart and Winston 1967

Carrier/Mittelstraß (1989) Martin Carrier / Jürgen Mittelstraß: Geist, Gehirn, Verhalten. Das Leib-Seele-Problem und die Philosophie der Psychologie. Berlin: de Gruyter 1989

Chladenius (1742) Chladenius, Johann: Einleitung zur richtigen Auslegung vernünftiger Reden und Schriften. Mit einer Einl. v. Lutz Geldsetzer. Düsseldorf: Stern 1969 (Photomechan. Nachdruck der Ausgabe Leipzig 1742)

Cohen (1935) Cohen, Hermann: Der Nächste. Vier Abhandlungen über das Verhalten von Mensch zu Mensch nach der Lehre des Judentums mit einer Vorbem. v. Martin Buber. Berlin: Schocken 1935

Comte-Sponville (1995) Comte-Sponville, André: Ermutigung zum unzeitgemäßen Leben. Ein kleines Brevier der Tugenden und Werte. Reinbek b. Hamburg: Rowohlt 1996 (Petit traité des grandes vertus. Paris: Presses Univ. de France 1995)

Corsini (1983) Corsini, Raymond J. (Hrsg.): Handbuch der Psychotherapie. Bd. 1, 2. Weinheim: Beltz 1983 (4. Aufl. 1994)

Cramer-Ruegenberg (1981) Pathos, Affekt, Gefühl. Hrsg. v. Ingrid Cramer-Ruegenberg. Freiburg/München: Alber 1981

Damasio (1994) Damasio, Antonio R.: Descartes' Irrtum. Fühlen, Denken und das menschliche Gehirn. München: List 1995 (Descartes' Error. Emotion, Reason and the Human Brain. New York 1994)

Damiani (1998) Damiani, Kathleen: Philosophical Counseling. in: Alexandria (4, 1998): The Order and Beauty of Nature. Ed. by David Fideler, 231–243 (The journal of the western cosmological traditions. Grand Rapids, Mich.: Phanes Press)

Dávila s. Gómez Dávila, Nicolás

Demmerling (1995) Demmerling, Christoph: Vernunft, Gefühl und moralische Praxis. Überlegungen zur Kultur der praktischen Vernunft. in: Vernunft und Lebenspraxis. Hrsg. v. Christoph Demmerling [et.al.] Frankfurt/M.: Suhrkamp 1995 (stw 1206), 246–270

Diels/Kranz (DK) Die Fragmente der Vorsokratiker. Gr. u. dt. Von Hermann Diels, hrsg. von Walther Kranz. Bd. 1–3. Zürich/Berlin: Weidmann 1964 (11.Aufl.)

Dietrich (1991) Dietrich, Georg: Allgemeine Beratungspsychologie. Eine Einführung in die psychologische Theorie und Praxis der Beratung. Göttingen: Hogrefe 1991[2] (1. Aufl. 1983)

Dilthey (GS) Dilthey, Wilhelm: Gesammelte Schriften. Göttingen: Vandenhoeck & Ruprecht

Dittmann-Kohli (1995) Dittmann-Kohli, Freya: Das persönliche Sinnsystem. Ein Vergleich zwischen frühem und spätem Erwachsenenalter. Göttingen: Hogrefe 1995

(DP) s. Buber (DP)

Düsing (1997) Düsing, Klaus: Selbstbewußtseinsmodelle. Moderne Kritiken und systematische Entwürfe zur konkreten Subjektivität. München: Fink 1997

Dux (1982) Dux, Günter: Die Logik der Weltbilder. Sinnstrukturen im Wandel der Geschichte. Frankfurt/M.: Suhrkamp 1982 (stw 370)

Ebeling (1959) Ebeling, G.: Artikel ‚Hermeneutik'. in: Die Religion in Geschichte und Gegenwart (RGG), 3. Bd. Tübingen: Mohr 1959, 242–262

Ebner (1921) Ebner, Ferdinand: Das Wort und die geistigen Realitäten. Pneumatologische Fragmente. Innsbruck: Brenner 1921 (Frankfurt: Suhrkamp 1980, auch in: Schriften Bd. I, München: Kösel 1963)

Eckert (1997) Eckert, Michael: Selbstbewußtseinstheorie und negative Theologie. Schleiermachers philosophische Theorie der Religion. in: Religion als Gegenstand der Philosophie. Hrsg. v. Georg Wieland. Paderborn: Schöningh 1997, 103–120

Edelman (1992) Edelman, Gerald M.: Göttliche Luft, vernichtendes Feuer: wie der Geist im Gehirn entsteht. München: Piper 1995 (Bright Air, Brilliant Fire. New York: Basic Books 1992)

Edelstein/Nunner-Winkler (1986) Zur Bestimmung der Moral. Philosophische und sozialwissenschaftliche Beiträge zur Moralforschung. Hrsg. v. Wolfgang Edelstein und Gertrud Nunner-Winkler. Frankfurt/M.: Suhrkamp 1986 (stw 628)

Ekman (1981) Ekman, Paul: Universale emotionale Gesichtsausdrücke. in: Kahle (1981), 177–186

Endreß (1995) Zur Grundlegung einer integrativen Ethik. Für Hans Krämer. Hrsg. von Martin Endreß. Frankfurt/M.: Suhrkamp 1995 (stw 1205)

Epiktet / Steinmann Epiktet: Handbüchlein der Moral. Gr./dt. Übers. u. hrsg. v. Kurt Steinmann. Stuttgart: Reclam 1992

Epikur / Gigon Epikur. Von der Überwindung der Furcht. Eingel. u. übertr. von Olof Gigon. Zürich: Artemis 1949

Epikur / Krautz Epikur: Briefe, Sprüche, Werkfragmente. Gr./dt. Übers. u. hrsg. v. Hans-Wolfgang Krautz. Stuttgart: Reclam 1980

Epikur / Usener (Us.) Epicurea. Edidit H. Usener. Leipzig: Teubner 1887

Erler (1994) Erler, Michael: Epikur / Die Schule Epikurs. Kap. 1 u. 2 in: Grundriss der Geschichte der Philosophie. Begründet von Friedrich Überweg. Völlig neubearb. Ausg. Die Philosophie der Antike, Die hellenistische Philosophie, Bd. 4, 1. Hrsg. v. Hellmut Flashar. Basel: Schwabe 1994, 29–380

ES s. Ruschmann, Elisa (1990)

Esterbauer (1992) Esterbauer, Reinhold: Transzendenz-‚Relation'. Zum Transzendenzbezug in der Philosophie Emmanuel Levinas'. Wien: Passagen 1992

Etzioni (1993) Etzioni, Amitai: Die Entdeckung des Gemeinwesens: Ansprüche, Verantwortlichkeit und das Programm des Kommunitarismus. Stuttgart: Schäffer-Poeschel 1995 (Orig. New York: Crown 1993)
Evans (1975) Evans, Richard I.: Carl Rogers. The Man and His Ideas. New York: Dutton 975

Fellmann (1992) Fellmann, Ferdinand: Perspektivismus und symbolischer Pragmatismus. in: Kaulbach (1992), 235–249
Fellmann (1995) Fellmann, Ferdinand: Hermeneutik und Psychologie: Diltheys Verstehenslehre jenseits von Logismus und Psychologismus. in: Dilthey-Jahrbuch 9 (1994–95) Göttingen: Vandenhoeck & Ruprecht 1995, 13–31
Fetz/Oser (1986) Fetz, Reto Luzius und Fritz Oser: Weltbildentwicklung, moralisches und religiöses Urteil. in: Edelstein/Nunner-Winkler (1986), 442–469
Feuerbach (1846) Feuerbach, Ludwig: Grundsätze der Philosophie der Zukunft. Krit. Ausg. mit Einl. u. Anm. v. Gerhart Schmidt. Frankfurt/M: Klostermann 1967 (Dieser Text entspricht der Werkausgabe von 1846 und bringt deren Paginierung; in den Zitaten wird die Nr. des Paragraphen angegeben.)
Feyerabend (1986) Feyerabend, Paul: Wider den Methodenzwang. Frankfurt/M.: Suhrkamp 1986 (stw 597)
Fillinger (1997) Philosophie und den Alltag zusammenbringen. Dorothee Vögeli im Gespräch mit Wili Filligner über seine philosophische Praxis ‚kopfvoran'. in: Information Philosophie (1997/5), 72–76
Fink-Eitel (1992) Fink-Eitel, Hinrich: Die Philosophie der Stimmungen in Heideggers ‚Sein und Zeit'. in: Allg. Zs. für Philosophie. 17 (1992), S. 27–44
Fink-Eitel (1986) Fink-Eitel, Hinrich: Affekte. Versuch einer philosophischen Bestandsaufnahme. in: Zs. für philosophische Forschung, 40 (1986), 520–542
Fink-Eitel/Lohmann (1993) Zur Philosophie der Gefühle. Hrsg. v. Hinrich Fink-Eitel und Georg Lohmann. Frankfurt/M.: Suhrkamp 1993 (stw 1074)
Fischer (1992) Das Ende der großen Entwürfe. Hrsg. v. Hans Rudi Fischer [et.al.] Frankfurt/M.: Suhrkamp 1992 (stw 1032)
Flashar (1983) Flashar, Hellmut: Aristoteles. in: Grundriss der Geschichte der Philosophie. Begründet von Friedrich Überweg. Völlig neubearb. Ausg. Die Philosophie der Antike, Bd. 3: Ältere Akademie, Aristoteles – Peripatos. Hrsg. v. Hellmut Flashar. Basel/Stuttgart: Schwabe 1983, 175–457
Fleck (1935) Fleck, Ludwik: Entstehung und Entwicklung einer wissenschaftlichen Tatsache. Frankfurt/M.: Suhrkamp 1980 (stw 312) (Erste Ausgabe: Verlag Benno Schwabe 1935)
Fleck (1983) Fleck, Ludwik: Erfahrung und Tatsache. Gesammelte Aufsätze. Frankfurt/M.: Suhrkamp 1983 (stw 404)
Frank s. Schleiermacher (Frank)
Frankl (1974) Frankl, Viktor E.: Der unbewußte Gott. Psychotherapie und Religion. München: Kösel 1974
Fromm (1976) Fromm, Erich: Haben oder Sein. Die seelischen Grundlagen einer neuen Gesellschaft. Stuttgart: DVA 1976 (Als Taschenbuch: München: dtv 1979) (To Have or to Be? New York: Harper & Row 1976)

Gadamer (GW 1) Gadamer, Hans-Georg: Hermeneutik I. Wahrheit und Methode. Grundzüge einer philosophischen Hermeneutik. Tübingen: Mohr 1990 (GW Bd. 1)

Gadamer (GW 2) Gadamer, Hans-Georg: Hermeneutik II. Wahrheit und Methode. Ergänzungen, Register. Tübingen: Mohr 1993 (GW Bd. 2)

Gadamer (1972) Hans-Georg Gadamer: Die Unfähigkeit zum Gespräch (1972). in: GW 2, 207–215

Gadamer (1993) Gadamer, Hans-Georg: Über die politische Inkompetenz der Philosophie. in: Sinn und Form, 45, 1993, 5–12

Gebser (GA) Gebser, Jean: Gesamtausgabe (Bd. 1–8) Schaffhausen: Novalis 1986

Gebser (UG) Gebser, Jean: Ursprung und Gegenwart, München: dtv 1973 (Bd. 1–3) (1. Aufl. Stuttgart: DVA 1949/53; 2. Aufl. 1966. 1986 in der Gesamtausgabe als Bd. 2–4)

Gehlen/Mostert (1986) Gehlen, Ludwig / Pieter Mostert: Warum ist der Philosophieunterricht so wenig dialogisch? in: ZDP, 8 (1986), 54–59

Gendlin (1996) Gendlin, Eugene T.: Focusing-orientierte Psychotherapie. Ein Handbuch der erlebensbezogenen Methode. München: Pfeiffer 1998 (Focusing-oriented Psychotherapy. A Manual of the Experiental Method. New York/London: Guilford Pr. 1996)

Gerhardt (1992) Gerhardt, Volker: Die Perspektive des Menschen. in: Kaulbach (1992), V–XV

Gerhardt (1997) Gerhard, Volker: Das individuelle Gesetz. Über eine sokratisch-platonische Bedingung der Ethik. in: Allg. Zs. für Philosophie, 22 (1997), 3–21

Gethmann (1978) Gethmann, Carl Friedrich: Ist Philosophie als Institution nötig? in: Lübbe (1978), 287–312

Gigon s. Epikur / Gigon bzw. Aristoteles / Gigon

Glaser (1990) Glaser, Volkmar: Eutonie. Das Verhaltensmuster des menschlichen Wohlbefindens. Heidelberg: Haug 1990 (3. Aufl., die 1. Aufl. erschien 1980)

Goble (1970) Goble, Frank: Die Dritte Kraft. A. H. Maslows Beitrag zu einer Psychologie seelischer Gesundheit. Olten/Freiburg: Walter 1979 (The Third Force. New York: Grossman 1970)

Goleman (1995) Goleman, Daniel: Emotionale Intelligenz. München: Hanser 1996 (Emotional Intelligence. Why it can matter more than IQ. New York: Bantam 1995)

Goller (1992) Goller, Hans: Emotionspsychologie und Leib-Seele-Problem. Stuttgart: Kohlhammer 1992

Gómez Dávila (1977) Gómez Dávila, Nicolás: Einsamkeiten. Glossen und Text in einem. Wien: Karolinger 1987 (Originalausgabe: Bogotá 1977)

Goodman (1978) Goodman, Nelson: Weisen der Welterzeugung. Frankfurt/M.: Suhrkamp 1984 (stw 1990) (Ways of Worldmaking, Cambridge 1978)

Graefe (1991) Graefe, Steffen: Philosophische Selbstverwirklichung. Vom Ethos einer philosophischen Praxis. in: Witzany (1991), 41–65

Graeser (1996) Graeser, Andreas: Erfahrung und Ethik – Ethik und Erfahrung. in: Der Begriff der Erfahrung in der Philosophie des 20. Jahrhunderts. Hrsg. v. Jürg Freudiger, Andreas Graeser und Klaus Petrus. München: Beck 1996, 199–219

Grawe (1994) Grawe, Klaus: Psychotherapie ohne Grenzen. Von den Therapieschulen zur Allgemeinen Psychotherapie. in: Verhaltenstherapie & psychosoziale Praxis. Verhaltenstherapie in der Diskussion, (1994, 1), 357–370

Grawe (1996) Grawe, Klaus: Umrisse einer zukünftigen Psychotherapie. in: Erfolg und Mißerfolg in der Psychotherapie. Hrsg. v. H. Bents [et.al.] Regensburg: S.Roderer 1996, 38–58

Grawe (1998) Grawe, Klaus: Psychologische Therapie. Göttingen: Hogrefe 1998

Grawe/Donati/Bernauer (1994) Klaus Grawe, Ruth Donati, Friederike Bernauer: Psychotherapie im Wandel. Von der Konfession zur Profession. Göttingen: Hogrefe 1994

Greenwald (1980) Greenwald, A.G.: Self and memory. in: The Psychology of Learning and Motivation, G.H. Bower (Ed.). New York: Academic Press 1980, 201–236

Greve/Roos (1996) Werner Greve und Jeanette Roos: Der Untergang des Ödipuskomplexes: Argumente gegen einen Mythos. Bern: Huber 1996

(Grimm) Deutsches Wörterbuch von Jacob Grimm und Wilhelm Grimm, Bd. 1–16. Leipzig: Hirzel 1854–1954

Groeben (1986) Groeben, Norbert: Handeln, Tun, Verhalten als Einheiten einer verstehend-erklärenden Psychologie. Wissenschaftstheoretischer Überblick und Programmentwurf zur Integration von Hermeneutik und Empirismus. Tübingen: Francke 1986

Groeben et.al. (1988) Norbert Groeben / Diethelm Wahl/ Jörg Schlee / Brigitte Scheele: Das Forschungsprogramm Subjektive Theorien. Eine Einführung in die Psychologie des reflexiven Subjekts. Tübingen: Francke 1988

Groeben/Scheele (1977) Groeben, Norbert / Brigitte Scheele: Argumente für eine Psychologie des reflexiven Subjekts – Paradigmawechsel vom behavioralen zum epistemologischen Menschenbild. Darmstadt: Steinkopff 1977

Grondin (1991) Grondin, Jean: Einführung in die philosophische Hermeneutik. Darmstadt: Wiss. Buchges. 1991

Günther (1998) Günther, Sabine: Die philosophischen Cafés in Frankreich. Ein Bericht. in: Information Philosophie (1998/1), 23–29

Guski (1996) Guski, Rainer: Wahrnehmen – ein Lehrbuch. Stuttgart: Kohlhammer 1996

Guttandin (1979) Guttandin, Friedhelm: Beratung – Kompetenzerweiterung oder Kompetenzentzug? Versuch der Begriffserklärung. in: Inflation der Therapieformen. Herbert Nagel / Monika Seifert (Hrsg.) Reinbek b. Hamburg: Rowohlt 1979, 185–194

Hadot (1991) Hadot, Pierre: Philosophie als Lebensform. Geistige Übungen in der Antike. Berlin: Gatza 1991. (Exercices spirituels et philosophie antique. Paris 1981, 1987)

Hahlweg (1982) Hahlweg, K. / L. Schindler / D. Revenstorf: Partnerschaftsprobleme: Diagnose und Therapie. Handbuch für den Therapeuten. Berlin: Springer 1982

Handwerker (1995) Handwerker, H.O.: Somatosensorik. in: Neuro- und Sinnesphysiologie. Hrsg. v. Robert F. Schmidt. Berlin: Springer 1995□, 221–248

Hanke (1986) Hanke, Michael: Der maieutische Dialog. Aachen: Rader 1986

Heckhausen (1987) Heinz Heckhausen, Peter M. Gollwitzer, Franz E. Weinert (Hrsg.): Jenseits des Rubikon. Der Wille in den Humanwissenschaften. Berlin: Springer 1987

Heckmann (1981) Heckmann, Gustav: Das sokratische Gespräch. Erfahrungen in philosophischen Hochschulseminaren. Hannover: Schroedel 1981 (Nachdruck mit einem Vorwort v. Dieter Krohn, hrsg. von der Philosophisch-Politischen Akademie. Frankfurt/M.: dipa 1993)

Heidegger (GA 63) Heidegger, Martin: Ontologie (Hermeneutik der Faktizität) Frankfurt/M.: Klostermann 1982 (Gesamtausgabe Bd. 63)

Heidegger (SuZ) Heidegger, Martin: Sein und Zeit, Tübingen: Niemeyer 1986 (15.Aufl.) (1.Aufl. 1927)

Heintel (1979) Heintel, Peter: Fachdidaktik Philosophie. in: ZDP, 1 (1979), 8–15

Heintel (1980) Heintel, Peter: Thesen zum Problem der Motivation: Konsequenzen für den Philosophieunterricht. in: ZDP, 2 (1980), 69–76

Heintel/Macho (1983) Heintel, Peter / Thomas Macho: Noch einmal: ‚Konstituierungsthese'. in: ZDP, 5 (1983), 3–10

Heisenberg (1986) Heisenberg, Werner: Erste Gespräche über das Verhältnis von Naturwissenschaft und Religion. in: Physik und Transzendenz. Hrsg. Hans-Peter Dürr. München: Scherz 1986, 295–307

Hemel (1992) Hemel, Ulrich: Differenzierung und Transformation. Phänomenologische und strukturanalytische Anmerkungen zum Thema ‚Alltagserfahrung und Transzendenz'. in: Alltag und Transzendenz. Studien zur religiösen Erfahrung in der gegenwärtigen Gesellschaft. Hrsg. v. Bernhard Casper und Walter Sparn. Freiburg: Alber 1992, 89–98

Henrich (1995) ‚Bewußtes Leben und Metaphysik'. Gespräch mit Dieter Henrich. in: ZPP, (1995/1), 4–9

Hersh (1980) Hersh, Seymon: The counseling philosopher. Facing change in one's life is often difficult; the counseling philosopher, like a coach, can help guide one's game plan. in: The Humanist, (1980, 3), 32–33 und 60

Herzog (1984) Herzog, Walter: Modell und Theorie in der Psychologie. Göttingen: Hogrefe 1984

Herzog (1991) Herzog, Walter: Das moralische Subjekt. Pädagogische Intuition und psychologische Theorie. Bern: Huber 1991

Hirzel (1895) Hirzel, Rudolf: Der Dialog. Ein literarhistorischer Versuch. Leipzig: Hirzel 1895

Hochkeppel (1989) Hochkeppel, Willy: Artikel ‚Pragmatismus' in: Handlexikon der Wissenschaftstheorie. Hrsg. v. H. Seiffert u. G. Radnitzky. München: Ehrenwirth 1989 (München: dtv 1992)

Höffe (1979) Höffe, Otfried: Sittliches Handeln: Ein ethischer Problemaufriß. in: Lenk (1979), 617–641

Hoffman (1991) Hoffman, Martin L.: Empathy, Social Cognition, and Moral Action. in: Handbook of Moral Behavior and Development. Vol. 1: Theory. Ed. by William M. Kurtines, Jacob L. Gewirtz. Nillsdale, N.J.: L. Erlbaum Ass. 1991, 275–301

Hogrebe (1992) Hogrebe, Wolfram: Metaphysik und Mantik. Die Deutungsnatur des Menschen. Frankfurt/M.: Suhrkamp 1992 (stw 1039)

Holenstein (1976) Holenstein, Elmar: Linguistik, Semiotik, Hermeneutik. Plädoyers für eine strukturale Phänomenologie. Frankfurt/M.: Suhrkamp 1976

Holzhey/Zimmerli (1977) Holzhey, Helmut / Walter Ch. Zimmerli (Hrsg.): Esoterik und Exoterik der Philosophie. Beiträge zu Geschichte und Sinn philosophischer Selbstbestimmung. Basel/Stuttgart: Schwabe 1977

Holzkamp (1972) Holzkamp, Klaus: Verborgene anthropologische Voraussetzungen der allgemeinen Psychologie. in: Kritische Psychologie. Vorbereitende Arbeiten. Frankfurt/M.: Fischer 1972, 35–73 (und in: Psychologische Anthropologie. Neue Anthropologie, hrsg. v. Hans-Georg Gadamer / Paul Vogler, Bd. 5, Stuttgart: Thieme 1973, 237–282)

Horster (1983) Vernunft, Ethik, Politik. Gustav Heckman zum 85. Geburtstag. Detlef Horster / Dieter Krohn (Hrsg.) Hannover: SOAK 1983

Horster (1989) Horster, Detlef: Sokratische Gespräche in der Erwachsenenbildung. in: Krohn (1989), 147–165

Horster (1994) Horster, Detlef: Das sokratische Gespräch in Theorie und Praxis. Opladen: Leske + Budrich 1994

Hübner (1985) Hübner, Kurt: Die Wahrheit des Mythos. München: C.H.Beck 1985

Hume (1751) Hume, David: Eine Untersuchung über die Prinzipien der Moral. Übers. u. hrsg. v. Gerhard Streminger. Stuttgart: Reclam 1996^2

Huxley (1944) Huxley, Aldous: Die ewige Philosophie (Philosophia perennis). Zürich: Steinberg 1949 (The Perennial Philosophy, 1944)

Ineichen (1994) Ineichen, Hans: Philosophische Hermeneutik. Freiburg/München: Karl Alber 1991 (Handbuch Philosophie)

Ivaldo (1989) Ivaldo, Marco: Transzendentale Interpersonalitätslehre in Grundzügen nach den Prinzipien der Wissenschaftslehre. in: Transzendentalphilosophie als System. Die Auseinandersetzung zwischen 1794 und 1806. Hrsg. v. Albert Mues. Hamburg: Meiner 1989, 163–173

Jaeger (1974) Jaeger, H.E. Hasso: Studien zur Frühgeschichte der Hermeneutik. in: Archiv für Begriffsgeschichte, 18 (1974), 35–84

James (1907) James, William: Der Pragmatismus. Ein neuer Name für alte Denkmethoden. Hamburg: Meiner 1977 (Pragmatism: A New Name for Some Old Ways of Thinking. New York 1907)

Janich (1993) Janich, Peter: Erkennen als Handeln. Von der konstruktiven Wissenschaftstheorie zur Erkenntnistheorie. Erlangen/Jena: Palm & Enke 1993

Jaspers (1932/1–3) Jaspers, Karl: Philosophie Bd. 1–3. Berlin: Springer 1956 (3.Aufl.) (1. Aufl. Berlin 1932)

Jaspers (1953) Jaspers, Karl: Einführung in die Philosophie. Zwölf Radiovorträge. München: Piper 1953 (als TB München/Zürich: Piper 1971)

Jaspers (1953a) Jaspers, Karl: Philosophische Autobiographie (1953). in: Philosophie und Welt. München 1963. Zitiert nach: Philosophische Aufsätze. Frankfurt/M.: Fischer 1967

Jaspers (1962) Jaspers, Karl: Der philosophische Glaube angesichts der Offenbarung. München/Zürich: Piper 1962

Jaspers (1971) Jaspers, Karl: Psychologie der Weltanschauungen. [1. Aufl. 1919. 4. Aufl. 1954. Text der 6. Aufl.v. 1971.] München/Zürich: Piper 1985 (Serie Pieper 393)

Jaspers (1981) Jaspers, Karl. Die großen Philosophen. Nachlaß 1. Darstellungen und Fragmente. Hrsg. v. Hans Saner. München/Zürich: Piper 1981

Jaspers (1991) Jaspers, Karl: Nachlaß zur Philosophischen Logik. Hrsg. v. Hans Saner u. Marc Hänggi. München/Zürich: Piper 1991

Joas (1997) Joas, Hans: Die Entstehung der Werte. Frankfurt/M.: Suhrkamp 1997

Jörns (1997) Jörns, Klaus-Peter: Die neuen Gesichter Gottes. Was die Menschen heute wirklich glauben. München: C.H.Beck 1997

Jonas (1988) Jonas, Hans: Materie, Geist und Schöpfung. Kosmologischer Befund und kosmogonische Vermutung. Frankfurt/M.: Suhrkamp 1988 (st 1580)

Jongsma (1995) Jongsma, Ida: Philosophical Counseling in Holland: History and Open Issues. in: Lahav/Tillmans (1995), 25–34

Jopling (1996) Jopling, David A.: Philosophical Conselling, Truth and Self-Interpretation. in: Journal of Applied Philosophy, 13 (1996), 297–310

Kaam (1983) Kaam, Adrian van: Transzendenztherapie. in: Corsini (1983), Bd. 2, 1357–1381

Kahle (1981) Logik des Herzens. Die soziale Dimension der Gefühle. Hrsg. v. Gerd Kahle. Frankfurt/M: Suhrkamp 1981 (es, N.F. 42)

Kamlah (1972) Kamlah, Wilhelm: Philosophische Anthropologie. Sprachkritische Grundlegung der Ethik. Mannheim: BI 1972

Kant (KpV) Kant, Immanuel: Kritik der praktischen Vernunft (A): 1. Aufl. 1788

Kant (KrV) Kant, Immanuel: Kritik der reinen Vernunft (A): 1. Auflage 1781 (B): 2. Aufl. 1787

Kaulbach (1990) Kaulbach, Friedrich: Philosophie des Perspektivismus. 1. Teil: Wahrheit und Perspektive bei Kant, Hegel und Nietzsche. Tübingen: Mohr 1990

Kaulbach (1992) Perspektiven des Perspektivismus. Gedenkschrift zum Tode Friedrich Kaulbachs. Hrsg. von Volker Gerhardt und Norbert Herold. Würzburg: Königshausen & Neumann 1992

Kelly (1955) Kelly, George A: Die Psychologie der persönlichen Konstrukte. Paderborn: Junfermann 1986 [Auszug] (The Psychology of Personal Constructs, New York 1955)

Keßler (1983) Keßler, Bernd H.: Rational-emotive Therapie. in: Corsini (1983), Bd. 2, 1105–1126

Kirk (1994) Kirk, Geoffrey S., John E. Raven, Malcolm Schofield: Die vorsokratischen Philosophen. Einführung, Texte und Kommentare. Stuttgart: Metzler 1994

Kitchener/Brenner (1990) Kitchener, Karen Strohm / Helene G. Brenner: Wisdom and reflective judgment: knowing in the face of uncertainty. in: Sternberg (1990), 212–229

Krämer (1990) Krämer, Hans: Was ist Philosophische Praxis? Kurze Beantwortung der Frage, was das philosophische Interesse der Philosophie an der Philosophischen Praxis ist. in: Einheit und Vielheit. 14. Dt. Kongr. für Philosophie, Gießen 1987. Hamburg: Meiner 1990, 309–310

Krämer (1992) Krämer, Hans: Integrative Ethik. Frankfurt/M.: Suhrkamp 1992 (1995 als stw 1204)

Krämer (1995) Krämer, Hans: Zur Rekonstruktion der philosophischen Hermeneutik. in: Journal for General Philosophy of Science (Zs. f. Allg. Wissenschaftstheorie), 26 (1995), 169–185

Kramer (1990) Kramer, Deirdre A.: Conceptualizing wisdom: the primacy of affect-cognition relations. in: Sternberg (1990), 279–313

Krautz s. Epikur / Krautz

Krienen (1986) Krienen, Heinz-Peter: Begründungsversuche des Philosophieunterrichts in der gymnasialen Oberstufe. in: Rehfus/Becker (1986), 200–210

Kriz (1988) Artikel ‚Transpersonale Psychologie', in: Handwörterbuch der Psychologie, hrsg. v. Roland Asanger u. Gerd Wenniger (4. Aufl.). München, Weinheim: Psychologie Verlags Union 1988, 797–802

Krohn (1989) Das Sokratische Gespräch – Ein Symposion. Hrsg. von Dieter Krohn, Detlef Horster und Jürgen Heinen-Tenrich. Hamburg: Junius 1989

Kuhn (1976) Kuhn, Thomas S.: Die Struktur wissenschaftlicher Revolutionen. 2. rev. Aufl. Frankfurt/M.: Suhrkamp 1976 stw 25)

Kutschera (1981) Kutschera, Franz von: Grundfragen der Erkenntnistheorie. Berlin: de Gruyter 1981

Kutschera (1982) Kutschera, Franz von: Grundlagen der Ethik. Berlin: de Gruyter 1982

Lahav (1992) Lahav, Ran: Applied Phenomenology in Philosophical Counseling. in: International Journal of Applied Philosophy, 7 (1992), 45–52.

Lahav (1992a) Lahav, Ran: Phenomenological Tools to Facilitate Self-Change in Philosophical Counseling. in: Agora / ZPP, 12/13 (1992), 34–36

Lahav (1993) Lahav, Ran: Using Analytic Philosophy in Philosophical Counseling. in: Journal of Applied Philosophy, 109 (1993), 243–251

Lahav (1994) Lahav, Ran: Is Philosophical Practice that different from Psychotherapy? in: ZPP (1994, 1), 32–36

Lahav (1995) Lahav, Ran: A Conceptual Framework for Philosophical Counseling: Worldview Interpretation. in: Lahav/Tillmanns (1995), 3–24

Lahav (1995a) Lahav, Ran: We have hardly the beginning if anything at all. Gespräch mit Ran Lahav in den Colli Liguri, geführt vom Michael Schefcyk. in: ZPP (1995, 2), 4–7

Lahav (1995b) Lahav, Ran: The First International Conference on Philosophical Counseling. in: ZPP (1995, 1), 37–40

Lahav (1995c) Lahav, Ran: (Leserbrief) in: ZPP (1995, 1), 45

Lahav (1996) Lahav, Ran: What is Philosophical in Philosophical Counseling? in: Journal of Applied Philosophy, 13 (1996), 259–278

Lahav (1996a) Lahav: Philosophical Counseling and Taoism: Wisdom and Lived Philosophical Understanding. in: Journal of Chinese Philosophy, 23, 3 (1996), 259–276

Lahav/Tillmanns (1995) Essays on Philosophical Counseling. Ed. by Ran Lahav and Maria da Venza Tillmanns. Lanham/New York: Univ. Press of America 1995

Lain Entralgo (1958) Lain Entralgo, Pedro: Die platonische Rationalisierung der Besprechung (epode) und die Erfindung der Psychotherapie durch das Wort. in: Hermes, 86 (1958), 298–323

Lain Entralgo (1970) Lain Entralgo, Pedro: The Therapy of the Word in Classical Antiquity. New Haven/London: Yale Univ.Press 1970 (Original: Madrid 1958).

Lassahn (1972) Lassahn, Rudolf: Zum Philosophieunterricht an Gymnasien. in: Aufgaben und Wege des Philosophieunterrichts, N.F. 4 (1972), 1–20

Lehmann (1983) Lehmann, Hans: Leonard Nelson in Sokratischen Gesprächen. in: Horster (1983), 77–82

Leisegang (1951) Leisegang, Hans: Denkformen. (2. neu bearb. Aufl.) Berlin: de Gruyter 1951 (Die erste Aufl. erschien 1928)

Lenk (1979) Handlungstheorien interdisziplinär II. Handlungserklärungen und philosophische Handlungsinterpretation. Zweiter Halband. München: Fink 1979

Lenk (1986) Lenk, Hans: Perspektiven pragmatischen Philosophierens. in: Was ist Philosophie? Hrsg. v. Kurt Salamun. Tübingen: Mohr 1986, 313–334

Lenk (1988) Lenk, Hans: Welterfassung als Interpretationskonstrukt. Bemerkungen zum methodologischen und transzendentalen Interpretationismus. in: Allg. Zs. für Philosophie, 13 (1988), 69–78

Lenk (1993) Lenk, Hans: Interpretationskonstrukte. Zur Kritik der interpretatorischen Vernunft. Frankfurt/M.: Suhrkamp 1993

Lenk (1993a) Lenk, Hans: Philosophie und Interpretation. Frankfurt/M.: Suhrkamp 1993 (stw 1060)

Lenk (1994) Lenk, Hans: Von Deutungen zu Wertungen. Eine Einführung in aktuelles Philosophieren. Frankfurt/M.: Suhrkamp 1994 (stw 1089)

Lenk (1994a) Lenk, Hans: Der Kuß als Interpretationskonstrukt. in: Conceptus. 27 (1994), 285–294

Lindén (1997) Lindén, Jan-Ivar: Philosophie der Gewohnheit: Über die störbare Welt der Muster. Freiburg: Alber 1997

Lindseth (1990) Lindseth, Anders: Was ist Philosophische Praxis? in: Agora / ZPP, 8–9 (1990), 12–15

Lindseth (1994) Lindseth, Anders: Leben als Bewegung zum Anderen. in: ZPP (1994, 2), 32–35

Lindseth (1994a) Lindseth, Anders: Was der Andere sagt – und wovon er spricht. Einige Grundlagen einer Theorie Philosophischer Praxis. Vortrag beim 9. Koll. der GPP, Tübingen, 1994 (Mskrpt.)

Lindseth (1995) Lindseth, Anders: Die Anerkennung des Diskurses des Anderen – zum Wesen der Philosophischen Praxis. Vortrag beim 10. Koll. der GPP, Hannover, 1995 (Mskrpt.)

Lindseth (1997) Lindseth, Anders: Ethics as first Philosophy. Why philosophizing has to be philosophical practice. Vortrag bei der ‚Third Internatinal Conference on Philosophical Practice', New York, 1997 (Mskrpt.)

Lindseth (1997a) Anders Lindseth: Philosophische Praxis im akademischen Rahmen – Erfahrungen an der medizinischen Fakultät der Universität Tromsø, Norwegen. Vortrag beim 12. Koll. der GPP, Freiburg, 1997 (Mskrpt).

Linehan (1996) Linehan, Marsha M.: Dialektisch-Behaviorale Therapie der Borderline-Persönlichkeitsstörung. München: CIP-Medien 1996

Linehan (1996a) Linehan, Marsha M.: Trainingsmanual zur Dialektisch-Behavioralen Therapie der Borderline-Persönlichkeitsstörung. München: CIP-Medien 1996

Little (1972) Little, Brian R.: Psychological man as scientist, humanist and specialist. in: Journal of Exp. Research in Personality, 6 (1972), 95–118

Loch (1986) Loch, Wolfgang: Perspektiven der Psychoanalyse. Stuttgart: Hirzel 1986

Lönz (1986) Lönz, Michael: Philosophie mit ‚Laien'? Bemerkungen zur Konstituierungsthese. in: ZDP, 8 (1986), 50–54

Löw-Beer (1990) Löw-Beer, Martin: Selbsttäuschung. Philosophische Analyse eines psychischen Phänomens. Freiburg: Alber 1990

Lorber (1981) Lorber, John: Is your brain really necessary? in: Nursing Mirror, 152, 18 (1981), 28–29

Lovejoy (1936) Lovejoy, Arthur O.: Die große Kette der Wesen. Geschichte eines Gedankens. Frankfurt/M.: Suhrkamp 1985 (The Great Chain of Being. A Study of the History of an Idea. The William James Lectures delivered at Harvard Univ. 1933. Cambridge 1936 / 1964.)

Lübbe (1978) Lübbe, Hermann (Hrsg.): Wozu Philosophie? Stellungnahmen eines Arbeitskreises. Berlin/New York: de Gruyter 1978

Lübbe (1988) Hermann Lübbe und Gerd B. Achenbach: Über das Interesse an Philosophie und Philosophischer Praxis. in: Agora / ZPP, 4 (1988), 4–5

Luckner (1995) Luckner, Andreas: Martin Heidegger: Fundamentalontologie als Anti-Anthropologie. in: Philosophische Anthropologie der Moderne. Hrsg. v. René Weiland. Weinheim: Beltz Athenäum 1995, 86–98

Machleidt et.al. (1989) Machleidt, W., L. Gutjahr, A. Mügge: Grundgefühle. Phänomenologie, Psychodynamik, EEG-Spektralanalytik. Berlin: Springer 1989

Machovec (1988) Machovec, Milan: Die Rückkehr zur Weisheit. Philosophie angesichts des Abgrunds. Stuttgart: Kreuz 1988

MacIntyre (1966) MacIntyre, Alasdair: Geschichte der Ethik im Überblick. Frankfurt/M.: Hain 1984, 1991 (A Short History of Ethics. New York 1966)

MacIntyre (1984) MacIntyre, Alasdair: Der Verlust der Tugend. Zur moralischen Krise der Gegenwart. Frankfurt/M.: Suhrkamp 1995 (stw 1193) (After Virtue. A Study in Moral Theory. Notre Dame, Indiana: Univ. of Notre Dame Press 1984²)

Maier (1989) Maier, Gert: Philosophieren – wie geht das? Wege zum selbständigen Denken. Frankfurt/M.: J.Knecht 1989

Mandeville Mandeville, Bernard: Die Bienenfabel oder Private Laster, öffentliche Vorteile. Frankfurt/M.: Suhrkamp 1980 (stw 300)

Mandl/Huber (1983) Mandl, Heinz und Günter L. Huber: Theoretische Grundpositionen zum Verhältnis von Emotion und Kognition. in: Emotion und Kognition. Hrsg. v. Heinz Mandl und Günter L.Huber. München: Urban & Schwarzenberg 1983, 1–60

Margenau (1992) Cosmos, Bios, Theos. Scientists Reflect on Science, God, and the Origins of the Universe, Life, and *Homo sapiens*. Ed. by Henry Margenau, Roy Abraham Varghese. La Salle, Ill.: Open Court 1992

Marinoff (1995) Marinoff, Louis: On the Emergence of Ethical Counseling: Considerations and Two Case Studies. in: Lahav/Tillmanns (1995), 171–191

Marquard (1989) Marquard, Odo: ‚Praxis, Philosophische'. in: Ritter/Gründer (Hrsg.): Historisches Wörterbuch der Philosophie, Bd. 7, Sp. 1307–1308. Basel 1989

Martens (1979) Martens, Ekkehard: Dialogisch-pragmatische Philosophiedidaktik. Hannover: Schroedel 1979

Martens (1983) Martens, Ekkehard: Einführung in die Didaktik der Philosophie. Darmstadt: Wiss. Buchges. 1983

Martens (1984) Martens, Ekkehard: Sokrates als philosophischer Praktiker. in: Achenbach (1984), 131–143

Martens/Schnädelbach (1991) Martens, Ekkehard / Herbert Schnädelbach (Hrsg.): Philosophie. Ein Grundkurs. Bd. 1, 2. Reinbek b. Hamburg: Rowohlt 1991 (Überarb. u. erw. Neuausg.; 1.Aufl. 1985)

Maslow (1966) Maslow, Abraham H.: Die Psychologie der Wissenschaft. Neue Wege der Wahrnehmung und des Denkens. München: Goldmann 1977 (The Psychology of Science. New York: Harper & Row 1966)

Maslow (1968) Maslow, Abraham H.: Psychologie des Seins. München: Kindler 1973 (Toward a Psychology of Being. New York 1968)

May/Angel/Ellenberger (1958) Existence. A New Dimension in Psychiatry and Psychology. Ed. by Rollo May, Ernest Angel, Henri F. Ellenberger. New York: Basic Books 1958

May (1958) May, Rollo: The Origins and Significance of the Existential Movement in Psychology. in: May/Angel/Ellenberger (1958), 3–36

McCall (1997) McCall, Catherine: Philosophical Inquiry – Origin and Development. in: Vlist (1997), 67–86

Meacham (1990) Meacham, John A.: The loss of wisdom. in: Sternberg (1990), 181–211

Meichenbaum (1979) Meichenbaum, Donald: Kognitive Verhaltensmodifikation. München: Urban u. Schwarzenberg 1979

Meier (1757) Meier, Georg Friedrich: Versuch einer allgemeinen Auslegungskunst. Mit einer Einl. v. Lutz Geldsetzer. Düsseldorf: Stern 1965 (Photomech. Nachdr. d. Ausg. Halle 1757)

Metzinger (1996) Metzinger, Thomas: Hirnforschung, Neurotechnologie, Bewußtseinskultur. Medizin-ethische, anthropologische und sozialphilosophische Fragen der Zukunft. in: Cognitio humana – Dynamik des Wissens und der Werte. Hrsg. v. Christoph Hubig und Hans Poser. Leipzig 1996, 1467–1474 (Bd. 2).

Mittelstraß (1982) Mittelstraß, Jürgen: Wissenschaft als Lebensform. Reden über philosophische Orientierungen in Wissenschaft und Universität. Frankfurt/M.: Suhrkamp 1982 (stw 376)

Mittelstraß (1982a) Mittelstraß, Jürgen: Versuch über den Sokratischen Dialog. in: Mittelstraß (1982), 138–161

Mittelstraß (1982b) Mittelstraß, Jürgen: Was heißt: sich im Denken orientieren? in: Mittelstraß (1982), 162–184

Mittelstraß (1982c) Mittelstraß, Jürgen: Wissenschaft als Lebensform. Zur gesellschaftlichen Relevanz und zum bürgerlichen Begriff der Wissenschaft. in: Mittelstraß (1982), 11–36

Mittelstraß (1986) Mittelstraß, Jürgen: Das philosophische Lehrgespräch. in: Rehfus/Becker (1986), 242–249

Mittelstraß (1989) Mittelstraß, Jürgen: Der arme Wille. Zur Leidensgeschichte des Willens in der Philosophie. in: Der Flug der Eule. Frankfurt/M.: Suhrkamp 1989, 142–163 (vorher in: Heckhausen, 1987, 33–48)

Mittelstraß (1989a) Mittelstraß, Jürgen: Die Kosmologie der Griechen. in: Audretsch/Mainzer (1989), 40–65

Mittelstraß (1991) Mittelstraß, Jürgen: Das lebensweltliche Apriori. in: Lebenswelt und Wissenschaft. Studien zum Verhältnis von Phänomenologie und Wissenschaftstheorie. Hrsg. v. Carl Friedrich Gethmann. Bonn: Bouvier 1991, 114–142

Mittelstraß (1995/96)) Enzyklopädie Philosophie und Wissenschaftstheorie. Hrsg. v. Jürgen Mittelstraß. Stuttgart: Metzler; Bd. 1–3: 1995; Bd. 4: 1996

Mohr (1997) Mohr, Gilbert: Bewußtseinsphänomene in der Neuropsychologie und der experimentellen Allgemeinen Psychologie. in: Psychologische Rundschau, 48 (1997), 125–140

Moody (1988) Moody, Raymond A., mit Paul Perry: Das Licht von drüben. Neue Fragen und Antworten. Reinbek b. Hamburg: Rowohlt 1989 (The Light Beyond. New York: Bantam 1988)

Moser (1994) Moser, Peter: Die Situation der Philosophischen Praxen. Ein Bericht. in: Information Philosophie, (1994/3), 58–60

Muck (1997) Muck, Otto: Weltanschauliche Bedingungen religiöser Erfahrung. in: Erfahrung – Geschichte – Identität. Zum Schnittpunkt von Philosophie und Theologie. Für Richard Schaeffler. Hrsg. v. Matthias Laarmann und Tobias Trappe. Freiburg: Herder 1997, 71–90

Müller (1981) Müller, Rüdiger: Wandlung zur Ganzheit. Die Initiatische Therapie nach Karlfried Graf Dürckheim und Maria Hippius. Freiburg: Herder 1981

Murris (1997) Murris, Karin: The Baby and the Bath Water. What can Academic Philosophy offer the Consultant Philosopher? in: Vlist (1997), 117–134

Nelson (SM) Nelson, Leonard: Die sokratische Methode. [Einzelausgabe:] Leonard Nelson: Die sokratische Methode. Vorwort von Gisela Raupach-Strey. Kassel: Weber, Zucht & Co. 1987 (in GS: Bd. 1, 269–316)

Nelson (GS) Nelson, Leonard: Gesammelte Schriften in neun Bänden. Hamburg: Meiner 1970ff.

Nestmann (1988) Nestmann, Frank: Beratung. in: Handwörterbuch der Psychologie, hrsg. v. R. Asanger u. G. Wenninger. München: Psychologie Verlags Union 1988 (4.Aufl.), 78–84

Neubauer (1998) Neubauer, Patrick: Schicksal und Charakter. Darstellung und Interpretation der ‚Philosophischen Praxis'. Phil.Diss. Berlin (Entwurf 1998)

Neuhäusler (1957) Neuhäusler, Anton: Telepathie, Hellsehen, Präkognition. Bern/München: Francke 1957

Nida-Rümelin (1996) Nida-Rümelin, Julian: Theoretische und angewandte Ethik: Paradigmen, Begründungen, Bereiche. in: Angewandte Ethik. Julian Nida-Rümelin (Hrsg.) Stuttgart: Kröner 1996, 2–85

Norman (1995) Norman, Barbara: Philosophical Counseling: The Arts of Ecological Relationship and Interpretation. in: Lahav/Tillmanns (1995), 49–58

Nussbaum (1994) Nussbaum, Martha C.: The Therapy of Desire. Theory and Practice in Hellenistic Ethics. Princeton, N.J.: Princeton Univ.Pr. 1994

Oelmüller (1989) Philosophie und Weisheit. Hrsg. v. Willi Oelmüller. Paderborn: Schöningh 1989

Oerter (1983) Oerter, Rolf: Emotion als Komponente des Gegenstandsbezugs. in: Heinz Mandl und Günter L.Huber (Hrsg.): Emotion und Kognition. München: Urban & Schwarzenberg 1983, 282–315

Oldemeyer (1979) Oldemeyer, Ernst: Handeln und Bewußtsein. Anthropologische Überlegungen zu ihrem Verhältnis. in: Lenk (1979), 729–764

Orwoll/Perlmutter (1990) Orwoll, Lucinda / Marion Perlmutter: The study of wise persons: integrating a personality perspective. in: Sternberg (1990), 160–180

Paden (1997) Paden, Roger: Defining Philosophical Counseling (Vortrag bei der ‚Third International Conference on Philosophical Practice', New York, 1997. Mskrpt.)

Pascual-Leone (1990) Pascual-Leone, Juan: An essay on wisdom: toward organismic processes that make it possible. in: Sternberg (1990), 244–278

Paulus (1994) Paulus, Peter: Selbstverwirklichung und psychische Gesundheit. Konzeptionelle Analysen und ein Neuentwurf. Göttingen: Hogrefe 1994

Peirce (RS) Peirce, Charles Sanders: Religionsphilosophische Schriften. Hamburg: Meiner 1995 (Philosophische Bibliothek, Bd. 478)

Peterman (1992) Peterman, James F.: Philosophy as Therapy. An Interpretation and Defense of Wittgenstein's Later Philosophical Project. Albany, N.Y.: State Univ. of N.Y. Pr. 1992

Pfeifer (1994) Pfeifer, Karl: Philosophy outside the academy: The role of philosophy in people-oriented professions and the prospects for philosophical counseling. in: Inquiry (14, 1994), 58–69

Piepmeier (1989) Piepmeier, Rainer: E philosophos ē toioutos ti – Ein Freund der Weisheit oder so etwas Ähnliches – in: Oelmüller (1989), 122–134

Pluta (1986) Pluta, Olaf: Kritiker der Unsterblichkeitsdoktrin in Mittelalter und Renaissance. Amsterdam: Grüner 1986

Pohlen/Bautz-Holzherr (1995) Manfred Pohlen / Margarethe Bautz-Holzherr: Psychoanalyse – das Ende einer Deutungsmacht. Reinbek b. Hamburg: Rowohlt 1995

Pohlenz (1978) Pohlenz, Max: Die Stoa. Geschichte einer geistigen Bewegung. Bd. 1. Göttingen: Vandenhoeck & Ruprecht 1978[5] (1.Aufl. 1959)

Polanyi (1958) Polanyi, Michael: Personal Knowledge. Towards a Post-Critical Philosophy. London: Routledge & Kegan Paul 1958, 1962

Popper (1984) Popper, Karl R:: Objektive Erkenntnis. Ein evolutionärer Entwurf. Hamburg: Hoffmann und Campe 1984 (4. Aufl.)

Popper (1992) Popper, Karl R.: Die offene Gesellschaft und ihre Feinde. II. Falsche Propheten. Hegel, Marx und die Folgen. Tübingen: Mohr 1992 (7.Aufl.)

Prauss (1980) Prauss, Gerold: Einführung in die Erkenntnistheorie. Darmstadt: Wiss. Buchges. 1980 (1988[2])

Prins (1997) Prins, Anette: Towards a Companion to Philosophical Counseling. in: Vlist (1997), 87–90

Prinz (1983) Prinz, Wolfgang: Wahrnehmung und Tätigkeitssteuerung. Berlin: Springer 1983

Prinz (1998) Prinz, Wolfgang: Die Reaktion als Willenshandlung. in: Psycholog. Rundschau, 49 (1998), 10–20

Quitmann (1991) Quitmann, Helmut: Humanistische Psychologie. Zentrale Konzepte und philosophischer Hintergrund. Göttingen: Hogrefe 1991[2]

Rabbow (1954) Rabbow, Paul: Seelenführung. Methodik der Exerzitien in der Antike. München: Kösel 1954

Rawls (1971) Rawls, John: Eine Theorie der Gerechtigkeit, Frankfurt/M.: Suhrkamp 1979 (stw 271) (A Theory of Justice. Harvard 1971)

Reed (1994) Reed, Edward C: Perception is to self as memory is to selves. in: Ulrich Neisser / Robyn Fivush (Eds.): The Remembering Self. Construction and Accuracy in the Self-narrative. Cambridge Univ. Press 1994, 278–292

Reese-Schäfer (1995) Reese-Schäfer, Walter: Was ist Kommunitarismus? Frankfurt/M.: Campus 1995²

Rehfus (1980) Rehfus, Wulff D.: Didaktik der Philosophie. Grundlage und Praxis. Düsseldorf: Pädagog. Verl. Schwann 1980

Rehfus (1986) Rehfus, Wulff D.: Der Philosophieunterricht. Kritik der Kommunikationsdidaktik und unterrichtspraktischer Leitfaden. Stuttgart: Frommann-Holzboog 1986

Rehfus (1986a) Rehfus, Wulff D.: Methodischer Zweifel und Metaphysik. Der bildungstheoretisch-identitätstheoretische Ansatz in der Philosophiedidaktik. in: Rehfus/Becker (1986), 98–113

Rehfus (1992) Rehfus, Wulff D.: Einführung in das Studium der Philosophie. 2. überarb. Aufl. Wiesbaden: Quelle & Meyer 1992

Rehfus/Becker (1986) Rehfus, Wulff, D. / Horst Becker (Hrsg.): Handbuch des Philosophie-Unterrichts. Düsseldorf: Schwann 1986

Renn (1993) Renn, Joachim: Die kommunikative Erschließung der subjektiven Welt. Die existentielle Genese als dialogische Reflexion expressiver Sprechakte in: Deutsche Zs. für Philosophie, 41 (1993), 359–561

Rensch (1991) Rensch, Bernhard: Das universale Weltbild. Evolution und Naturphilosophie. Darmstadt: Wiss. Buchges. 1991² (1.Aufl. 1977)

Riedel (1972) Riedel, Manfred (Hrsg.): Rehabilitierung der praktischen Philosophie. Bd. I: Geschichte, Probleme, Aufgaben. Freiburg: Rombach 1972

Rieger (1988) Rieger, Reinhold: Interpretation und Wissen. Zur philosophischen Begründung der Hermeneutik bei Friedrich Schleiermacher und ihrem geschichtlichen Hintergrund. Berlin: de Gruyter 1988 (Schleiermacher-Archiv, Bd. 6)

Ring (1984) Ring, Kenneth: Den Tod erfahren – das Leben gewinnen. Bern: Scherz 1985

Rogers (1959) Rogers, Carl R.: Eine Theorie der Psychotherapie, der Persönlichkeit und der zwischenmenschlichen Beziehungen, entwickelt im Rahmen des klientenzentrierten Ansatzes. Köln: GwG 1987 (A Theory of Therapy, Personality and Interpersonal Relationship, as developed in the Client-Centered Framework. in: S. Koch, Ed.: Psychology, Vol. III, New York 1959)

Rogers (1961) Rogers, Carl R.: Entwicklung der Persönlichkeit. Psychotherapie aus der Sicht eines Therapeuten. Stuttgart: Klett-Cotta 1973 (8.Aufl. 1991) (On Becoming a Person. A Therapist's View of Psychotherapy. Boston: Houghton Mifflin 1961)

Rogers (1970) Rogers, Carl R.: Encounter-Gruppen. Das Erlebnis der menschlichen Begegnung. München: Kindler 1974 (Carl Rogers on Encounter Groups. New York: Harper & Row 1970)

Rohbeck (1991) Rohbeck, Johannes: Berufe für Philosophen, in: Martens/Schnädelbach (1991), 798–805

Rombach (1971) Rombach, Heinrich: Strukturontologie. Eine Phänomenologie der Freiheit. Freiburg: Alber 1988 (2. unveränd. Aufl. der Ausg. 1971 mit einem Nachwort zur Neuausgabe)

Roodin/Rybash/Hoyer (1984) Roodin, P.A. / J. Rybash / W.J. Hoyer: Affect in adult cognition: a constructivist view of moral thought and action. in: Emotion in Adult Development, C.H. Malatesta / C.E. Izard (Eds.). Beverly Hills: Sage 1984

Rorty (1980) Explaining Emotions. Ed. by Amélie Oksenberg Rorty. Berkeley: Univ. of Calif. Press 1980

Rosemann / Kerres (1986) Rosemann, Bernhard und Michael Kerres: Interpersonales Wahrnehmen und Verstehen. Bern: Huber 1986

Rosenberg (1984) Rosenberg, Jay F.: Philosophieren. Ein Handbuch für Anfänger. Frankfurt/M.: Klostermann 1986 (Orig.: The practice of philosophy. 1984)

Rusch (1986) Rusch, Gebhard: *Verstehen Verstehen* – Ein Versuch aus konstruktivistischer Sicht. in: N. Luhmann / K.E. Schorr (Hrsg.) Zwischen Intransparenz und Verstehen. Frankfurt/M.: Suhrkamp 1986 (stw 572), 40–71

Ruschmann, Eckart (1997): Philosophische Beratung als Pragmatismus. in: Die Rolle der Pragmatik in der Gegenwartsphilosophie. Hrsg. v. P. Weingartner, G. Schurtz, G. Dorn. Kirchberg am Wechsel 1997 , 851–857 (20. Internat. Wittgenstein Symposium)

Ruschmann, Elisa (1990/ES): Entwicklung eines Strukturmodells zur deskriptiven Erfassung individueller Subjektivität im personzentrierten Kontext. Psycholog. Diplomarbeit Freiburg 1990

Rusterholz (1973) Rusterholz, Peter: Hermeneutik. in: Grundzüge der Literatur- und Sprachwissenschaft. Hrsg. v. Heinz Ludwig Arnold und Volker Sinemus. Bd. 1: Literaturwissenschaft. München: dtv 1973, 89–105

Sachse (1997) Sachse, Rainer: Persönlichkeitsstörungen. Psychotherapie dysfunktionaler Interaktionsstile. Göttingen: Hogrefe 1997

Sautet (1997) Sautet, Marc: Ein Café für Sokrates. Philosophie für jedermann. Düsseldorf: Artemis & Winkler 1997

Schaeffler (1989) Schaeffler, Richard: Die Neubegründung der Metaphysik angesichts ihrer Kritik – eine philosophische Aufgabe im Dienst der katholischen Theologie. in: Sinngestalten. Metaphysik in der Vielfalt menschlichen Fragens. Festschrift für Emerich Coreth, hrsg. von Otto Muck. Innsbruck – Wien: Tyrolia 1989, 13–28

Schefczyk (1993) Schefczyk, Michael: Einige Überlegungen zum Text. in: Agora / ZPP, 14/15 (1993), 41–42

Scheffzyk (1990) Scheffzyk, Leo (Hrsg.): Dualismus versus Dualität. Aspekte neuzeitlicher Weltbetrachtung. Freiburg/München: Alber 1990

Scheler (1980) Scheler, Max: Der Formalismus in der Ethik und die materiale Wertethik. Neuer Versuch der Grundlegung eines ethischen Personalismus (6. durchges. Aufl.) Bern/München: Francke 1980 (1. Aufl. 1916, 3. Aufl. 1926)

Schlegel (Krit. Schriften) Schlegel, Friedrich: Kritische Schriften. Hrsg. v. Wolfdietrich Rasch. München: Hanser 1964[2]

Schleiermacher (Ethik) Schleiermacher, Friedrich Daniel Ernst: Ethik (1812/13). Auf der Grundlage d. Ausg. v. Otto Braun hrsg. u. eingel. v. Hans-Joachim Birkner. Hamburg: Meiner 1981

Schleiermacher (Frank) Schleiermacher, F.D.E.: Hermeneutik und Kritik. Mit einem Anhang sprachphilosophischer Texte Schleiermachers. Hrsg. u. eingel. v. Manfred Frank. Frankfurt/M.: Suhrkamp 1977 (stw 211)

Schleiermacher (1810) Schleiermacher, F.D.E.: Allgemeine Hermeneutik von 1809/10. Hrsg. v. Wolfgang Virmond (Eine Abschrift von August Twestens aus dem Jahre 1811). in: Schleiermacher Archiv, Bd. 1,2. Hrsg. v. Hermann Fischer [et.al.] Berlin: de Gruyter 1985, 1271–1310

Schleiermacher (1830) Schleiermacher, F.D.E.: Der christliche Glaube nach den Grundsätzen der evangelischen Kirche im Zusammenhange dargestellt. Auf Grund der 2. Aufl. [1830] hrsg. v. Martin Redeker. Berlin: de Gruyter 1960

Schmid (1995) Schmid, Wilhelm: Selbstsorge. Zur Biographie eines Begriffs. in: Endreß (1995), 98–129

Schmid (1998) Schmid, Wilhelm: Philosophie der Lebenskunst. Eine Grundlegung. Frankfurt/M.: Suhrkamp 1998 (stw 1385)

Schmid (1962) Schmid, Wolfgang: Epikur. in: Reallexikon für Antike und Christentum (RAC). Hrsg. v. Theodor Klauser, Bd. V. Stuttgart: Hiersemann 1962, Sp. 681–819

Schmidt (1995) Schmidt, Nicole D.: Philosophie und Psychologie. Trennungsgeschichte, Dogmen und Perspektiven. Reinbek b. Hamburg: Rowohlt 1995 (re 556)

Schmidt-Biggemann (1998) Schmidt-Biggemann, Wilhelm: Philosophia perennis. Frankfurt/M.: Suhrkamp 1998

Schmitz (1993) Schmitz, Hermann: Gefühle als Atmosphären und das affektive Betroffensein von ihnen. in: Fink-Eitel (1993), 33–56

Schmucker-Hartmann (1980) Schmucker-Hartmann, Josef: Grundzüge einer Didaktik der Philosophie. Bonn: Bouvier 1980

Schnädelbach (1991) Schnädelbach, Herbert: Philosophie, in: Martens/Schnädelbach (1991), 37–76

Schnotz (1994) Schnotz, Wolfgang: Aufbau von Wissensstrukturen. Untersuchungen zur Kohärenzbildung bei Wissenserwerb mit Texten. Weinheim: Psychologie Verlags Union 1994

Scholtz (1984) Scholtz, Gunter: Die Philosophie Schleiermachers. Darmstadt: Wiss. Buchges. 1984

Schrey (1977) Schrey, Heinz-Horst: Einführung in die Ethik. Darmstadt: Wiss. Buchges. 1977[2]

Schulz (1972) Schulz, Walter: Philosophie in der veränderten Welt. Pfullingen: Neske 1972

Schulze (1994) Schulze, Gerhard: Gehen ohne Grund. Eine Skizze zur Kulturgeschichte des Denkens. in: Philosophische Ansichten der Kultur der Moderne. Andreas Kuhlmann (Hrsg.) Frankfurt/M.: Fischer 1994, 79–130

Schumacher (1977) Schumacher, E.F.: Rat für die Ratlosen. Reinbek b. Hamburg: Rowohlt 1979 (1986 als rororo sachbuch) (A Guide for the Perplexed. London: Cape 1977)
Schuster (1991) Schuster, Shlomit C.: Philosophical Counselling. in: Journal of Applied Philosophy, 8 (1991), 219–223
Schuster (1992) Schuster, Shlomit C.: Philosophy as if it Matters: The Practice of Philosophical Counseling. in: Critical Review, 6 (1992), 587–599
Schuster (1995) Schuster, Shlomit C.: Report on Applying Philosophy in Philosophical Counseling. in: International Journal of Applied Philosophy, 9 (1995), 51–55
Schuster (1997) Schuster, Shlomit C.: Sartres ‚Words' as a Paradigm for Self-description in Philosophical Counseling. in: Vlist (1997), 20–34
Schuster (1997a) Schuster, Shlomit C.: Philosophical Narratives and Philosophical Counselling. (Vortrag bei der ‚Third International Conference on Phil. Practice', New York) in: Journal of the Society for Existential Analysis, 8 (1997)
Schwarz [et.al.] (1996) Gruppendynamik. Geschichte und Zukunft. Gerhard Schwarz, Peter Heintel, Mathias Weyrer, Helga Stattler (Hrsg.), Wien: WUV 1996 (2. überarb. Aufl.)
Schwarz (1996a) Schwarz, Gerhard: Philosophie und Gruppendynamik. in: Schwarz [et.al.] (1996), 75–95
Schwarz (1988) Schwarz, N.: Stimmung als Information. in: Psycholog. Rundschau, 38 (1988), 148–159
Searle (1993) Searle, J.R.: The Problem of Consciousness, in: Experimental and Theoretical Studies of Consciousness. (Ciba Foundation Symposium 174) Chichester: Wiley 1993, 61–79
Seel (1991) Seel, Norbert M.: Weltwissen und mentale Modelle. Göttingen: Hogrefe 1991
Seneca Seneca: Epistulae morales ad Lucilium / Briefe an Lucilius über Ethik. Stuttgart: Reclam 1988
Sepp (1988) Sepp, Hans Rainer (Hrsg.): Edmund Husserl und die phänomenologische Bewegung. Zeugnisse in Text und Bild. Freiburg: Alber 1988
Shusterman (1996) Shusterman, Richard: Vor der Interpretation. Sprache und Erfahrung in Hermeneutik, Dekonstruktion und Pragmatismus. Hrsg. von Peter Engelmann. Wien: Passagen 1996
Solomon (1980) Solomon, Robert C.: Emotions and Change. in: Rorty (1990), 251–281
Solomon (1981) Solomon, Robert C.: Emotionen und Anthropologie: Die Logik emotionaler Weltbilder. in: Kahle (1981), 233–253
Solomon (1992) Solomon, Robert C.: Beyond Reason: The Importance of Emotion in Philosophy. in: Revisioning Philosophy. Ed. by James Ogilvy. Albany: State Univ. of New York Press 1992, 19–47
Sousa (1980) Sousa, Ronald de: The Rationality of Emotions. in: Rorty (1909), 127–151

Sousa (1987) Sousa, Ronald de: Die Rationalität des Gefühls. Frankfurt/M.: Suhrkamp 1997 (The Rationality of Emotion. Cambridge, Mass.: MIT Press 1987)

Sowarka (1989) Sowarka, Doris: Weisheit und weise Personen: Common-Sense-Konzepte älterer Menschen in: Zs. für Entwicklungspsychologie u. Pädagog. Psychologie, 21 (1989), 87–109

Spaemann (1978) Spaemann, Robert: Der Streit der Philosophen. in: Lübbe (1978), 91–106

Specht (1978) Specht, Rainer: Zur Metaphysik-Funktion der Philosophie. in: Lübbe (1978), 163–180

Spencer (1904) Spencer, Herbert: A System of Synthetic Philosophy. Vol. 1. First Principles. (Reprint of the ed. 1904) Osnabrück: Zeller 1966

Spilka/Hood/Gorsuch (1985) The Psychology of Religion. An Empirical Approach. Bernard Spilka, Ralph W. Hood, Richard L. Gorsuch. Englewood Cliffs, N.J.: Prentice-Hall 1985

Staudinger/Baltes (1996) Staudinger, Ursula M. / Paul B. Baltes: Weisheit als Gegenstand psychologischer Forschung. in: Psycholog. Rundschau, 47 (1996), 57–77

Staudinger/Dittmann-Kohli (1994) Staudinger, Ursula M. / Freya Dittmann-Kohli: Lebenserfahrung und Lebenssinn. in: Alter und Altern: Ein interdisziplinärer Studientext zur Gerontologie. Hrsg. v. Paul B. Baltes, Jürgen Mittelstraß und Ursula M. Staudinger. Berlin: de Gruyter 1994, 408–436

Stegmaier (1993) Der Rat als Quelle des Ethischen. Zur Praxis des Dialogs. Hrsg. von Werner Stegmaier und Gebhard Fürst. Stuttgart: Akad. der Diözese Rottenburg-Stuttgart 1993 (Hohenheimer Protokolle, 45)

Steinfath (1998) Was ist ein gutes Leben? Philosophische Reflexionen. Hrsg. von Holmer Steinfath. Frankfurt/M: Suhrkamp 1998 (stw 1323)

Steinmann s. Epiktet / Steinmann

Steinmetz (1994) Steinmetz, Peter: Die Stoa. Kap. 4 in: Grundriss der Geschichte der Philosophie. Begründet von Friedrich Überweg. Völlig neubearb. Ausg. Die Philosophie der Antike, Die hellenistische Philosophie, Bd. 4, 2. Hrsg. v. Hellmut Flashar. Basel: Schwabe 1994, 491–716

Sternberg (1990) Sternberg, Robert J. (Ed.): Wisdom. Its Nature, Origins, and Development. New York: Cambridge Univ. Press 1990

Sternberg (1990a) Sternberg, Robert J.: Wisdom and its relations to intelligence and creativity. in: Sternberg (1990), 142–159

Taylor (1987) Taylor, Charles: Overcoming Epistemology, in: After Philosophy. End or Transformation? Ed. by Kenneth Baynes [et.al.] Cambridge, Mass.: MIT Press 1987, 464–488

Thommen [et.al.] (1988) Thommen, Beat / Rolf Ammann / Mario von Cranach: Handlungsorganisation durch soziale Repräsentation. Bern: Huber 1988

Thurnherr (1997) Thurnherr, Urs: Was ist Philosophische Praxis? in: Studia Philosophica, 56 (1997), 157–181

Toulmin (1990) Toulmin, Stephen: Kosmopolis. Die unerkannten Aufgaben der Moderne. Frankfurt/M.: Suhrkamp 1991 (1994 als stw 1126) (Cosmopolis. The Hidden Agenda of Modernity. New York 1990).

Truax/Carkhuff (1967) Truax, Charles B. and Robert R.Carkhuff: Toward Effective Counseling and Psychotherapy: Training and Practice. Chicago: Aldine 1967

Tuedio (1997) Tuedio, James A.: Postmodern Perspectives in Philosophical Practice. Reconstructing Life-Narratives on the Frontiers of Human Development. in: Vlist (1997), 182–188

Tuedio (1997a) James A. Tuedio: Philosophical Counseling as a Window on the Abstract Realities of Everyday Life (Vortrag bei der ‚Third International Conference on Philosophical Practice', New York, 1997, Mskrpt.)

Tugendhat (1993) Tugendhat, Ernst: Vorlesungen über Ethik. Frankfurt/M.: Suhrkamp 1993 (stw 1100)

Überweg (1926) Friedrich Überwegs Grundriß der Geschichte der Philosophie. Erster Teil: Die Philosophie des Altertums. Hrsg. v. Karl Praechter. (12.Aufl. 1926). Darmstadt: Wiss. Buchges. 1961

Ulich (1989) Ulich, Dieter: Das Gefühl. Eine Einführung in die Emotionspsychologie. München: Psychologie Verlags Union 1989

Ulich/Mayring (1992) Dieter Ulich, Philipp Mayring: Psychologie der Emotionen. Stuttgart: Kohlhammer 1992

Usener (Us.) s. Epikur / Usener

Varela (1994) Varela, Francisco J.: Ethisches Können. Frankfurt/M. : Campus 1994

Velmans (1993) Velmans, M.: A reflexive science of consciousness. in: Experimental and Theoretical Studies of Consciousness (Ciba Foundation Symposium 174) Chichester: Wiley 1993, 81–99

Vlist (1997) Perspectives in Philosophical Practice. Collected lectures held at the Second International Congress on Philosophical Practice, Leusden, Aug. 1996. Edited by Wim van der Vlist. Groningen: Vereniging voor Filosofische Praktijk 1997 (Vervielfältigtes Manuskript)

Vogel (1986) Vogel, Peter: ‚Wissenschaftspropädeutik' und ‚Alltagsorientierung' – die philosophiedidaktische Diskussion nach der Reform der gymnasialen Oberstufe. in: Rehfus/Becker (1986), 38–50

Voigtländer (1980) Voigtländer, Hanns-Dieter: Der Philosoph und die Vielen. Die Bedeutung des Gegensatzes der unphilosophischen Menge zu den Philosophen (und das Problem des argumentum e consensu omnium) im philosophischen Denken der Griechen bis auf Aristoteles. Wiesbaden: Steiner 1980

Vollmer (1990) Vollmer, Gerhard: Evolutionäre Erkenntnistheorie (5. Aufl.). Stuttgart 1990 (Nachwort zur 5. Aufl. 1990: Wieso können wir die Welt erkennen?)

Waldenfels (1961) Waldenfels, Bernhard: Das sokratische Fragen. Aporie, Elenchos, Anamnesis. Meisenheim am Glan: Hain 1961

Walsh/Vaughan (1980) Psychologie in der Wende. Hrsg. Roger N. Walsh, Frances Vaughan. Bern, München: Scherz 1985 (Beyond Ego. Los Angeles: Tarcher 1980)

Wartofsky (1979) Wartofsky, Marx W.: Models. Representation and the Scientific Understanding. Dordrecht: Reidel 1979

Weinert (1987) Weinert, Franz E.: Bildhafte Vorstellungen des Willens. in: Heckhausen (1987), 10–26

Weinreich-Haste (1986) Weinreich-Haste, Helen: Moralisches Engagement. Die Funktion der Gefühle im Urteilen und Handeln. in: Edelstein/Nunner-Winkler (1986), 377–406

Weischedel (1976) Weischedel, Wilhelm: Skeptische Ethik. Frankfurt/M.: Suhrkamp 1976 (1980 als Taschenbuch, st 635)

Welter (1991) Welter, Rüdiger: Die Lebenswelt als ‚Anfang' methodischen Denkens in Phänomenologie und Wissenschaftstheorie. in: C.F. Gethmann (Hrsg.) Lebenswelt und Wissenschaft. Bonn: Bouvier 1991, 143–163

Werder (1996) Werder, Lutz von: Beklage Dich nicht – philosophiere. Ein Übungsbuch in praktischer Philosophie, für Einzelne und Gruppen. Berlin / Milow: Schibri 1996

Werder (1997) Werder, Lutz von: Verzweifle nicht – suche. Philosophische Übungen zur Gottesfrage. Ein Übungsbuch für Einzelne und Gruppen. Berlin / Milow: Schibri 1997

Werder (1998) Werder, Lutz von: Das philosophische Café. Ein kreativer Weg zur Philosophie. Berlin / Milow: Schibri 1998

Wetz (1993) Wetz, Franz Joseph: Hans Blumenberg. Ein Porträt. in: Information Philosophie (1993/1), 42–48

Wetzel (1978) Wetzel, Manfred: Erkenntnistheorie: die Gegenstandsbeziehung und Tätigkeit des erkennenden Subjekts als Gegenstand der Erkenntnistheorie. München: Fink 1978

Wieland (1982) Wieland, Wolfgang: Platon und die Formen des Wissens. Göttingen: Vandenhoeck & Ruprecht 1982

Witzany (1989) Witzany, Günther: Philosophieren in einer bedrohten Welt. Vorträge und Essays wider die technokratische Vernunft. Essen: Verlag Die Blaue Eule 1989 (Philosophische Praxis, Bd. 1)

Witzany (1991) Witzany, Günther (Hrsg.): Zur Theorie der Philosophischen Praxis. Essen: Verlag Die Blaue Eule 1991 (Philosophische Praxis, Bd. 3)

Witzany (1991a) Witzany, Günther: Grund und Ziel der Philosophischen Praxis. in: Witzany (1991), 115–147

Witzany (1991b) Aus der Praxis der Praktischen Philosophie. Ein Gespräch mit Günther Witzany [Gesprächspartnerin: Melanie Berg]. in: Information Philosophie, (1991/4), 28–37

Witzany/Schörkmayr (1992) Witzany, Günther / Josef B. Schörkmayr: Musiktherapie: Analyse und Kritik aktueller Tendenzen in der Musiktherapie. Klagenfurt: Heyn 1992

Wolf (1984) Wolf, Ursula: Das Problem des moralischen Sollens. Berlin, New York: de Gruyter 1984

Wolf (1993) Wolf, Ursula: Gefühle im Leben und in der Philosophie. in: Fink-Eitel/Lohmann (1993), 112–135

Wright (1963) Wright, Georg Henrik von: The Varieties of Goodness. London: Routledge & Kegan Paul 1963

Wundt (1908) Wundt, Wilhelm: Grundzüge der physiologischen Psychologie. Bd. 1. Leipzig: Engelmannn 1908 (6. Aufl.)

Wundt (1911) Wundt, Wilhelm: Grundzüge der physiologischen Psychologie. Bd. 3. Leipzig: Engelmann 1911 (6. Aufl.)

Yalom (1980) Yalom, Irvin D.: Existentielle Psychotherapie. Köln: Ed. Humanist. Psychologie 1989 (Existential Psychotherapy. New York: Basic Books 1980)

Zdrenka (1997) Zdrenka, Michael: Konzeptionen und Probleme der Philosophischen Praxis. Köln: Dinter 1997 (als Philosophische Magisterarbeit: Bonn 1996)

Personenregister

Abel, Günter 162 (Anm.1), 213
Achenbach, Gerd B. 7, 11, 14, 18 (Anm. 4), 24 (Anm.), 31, 32, 93ff., 109f., 111, 115, 130, 134, 304, 306, 319, 362, 371 (Anm. 1)
Adorno, Theodor W. 90
Aebli, Hans 317
Albert, Karl 187f.
Alexander, F.M. 259 (Anm. 1)
Amir, Lydia 134
Angelett, William 116 ff.
Aristoteles 51, 52, 68ff., 182, 186f., 257, 305, 350, 358
Arlin, Patricia Kennedy 311
Aspasia 62 (Anm.)
Assmann, Jan 49
Augustinus 190, 192, 207
Ayer, Alfred J. 244 (Anm. 1)

Baltes, Paul B. 306, 308ff.
Bannister, Don 321
Bär, Kurt 282 (Anm.2)
Baumgartner, Hans Michael 54
Bautz-Holzherr, Margarethe 26 (Anm. 1)
Beck, Aaron T. 230 (Anm. 1)
Becke, Claus-Peter 365
Becker, Ulrich J. 47
Becker, Gertraud 53 (Anm. 1)
Becker, Horst 362
Becker, Peter 29 (Anm. 1)
Beetz, Manfred 208 (Anm. 1)
Bender, Hans 7
Berenson, Bernard G. 194
Berg, Melanie 14, 87 (Anm. 2), 103
Bielefeld, Jürgen 219 (Anm. 1)
Bien, Günther 304 (Anm. 1), 305, 307
Birnbacher, Dieter 244, 285 (Anm. 1)
Birren, James E. 318
Blasche, Siegfried 327,
Blasi, Augusto 249 (Anm. 1)

Böckenhoff, Josef 265
Boeckh, August 189
Boele, Dries 97, 113, 115, 178 (Anm. 3), 284 (Anm. 1), 371
Böhme, Gernot 296 (Anm. 1), 322
Boorstein, Seymour 294 (Anm.)
Borowicz, Jon 259 (Anm.1)
Brem-Gräser, Luitgard 20ff., 36
Brenner, Helene G. 313
Buber, Martin 139, 265, 266ff., 278ff., 285, 297, 350, 351 (Anm. 1), 358
Bühler, Axel 214 (Anm. 2)

Camus, Albert 263
Carkhuff, Robert R. 194, 272, 273 (Anm. 1)
Carrier, Martin 13, 164 (Anm. 1), 204
Chladenius, Johann 190, 192, 208 (Anm. 3, 4)
Chrysipp 81
Cicero 74
Cohen, Hermann 257 (Anm. 1), 280
Comte-Sponville, André 70 (Anm. 2), 271f., 258
Cranach, Mario von 241 (Anm. 1)
Cust, Kenneth F.T. 124 (Anm. 2)

Damasio, Antonio R. 175, 180, 185, 227 (Anm. 1), 234, 238
Damiani, Kathleen 125 (Anm. 1)
Dannhauer, J.C. 190, 208
Demmerling, Christoph 244f., 247
Demokrit 72
Descartes, René 156, 265
Dewey, John 259 (Anm. 1)
Dietrich, Georg 20, 24
Dill, Alexander 133
Dilthey, Wilhelm 17f., 37, 38, 54, 123, 152, 160, 164, 170, 173, 179,

182, 192, 198, 199ff., 209, 214, 217f., 222, 227, 330, 336
Dionysios 66f.
Dirac, Paul 53
Dittmann-Kohli, Freya 58 (Anm. 1), 121, 308, 310
Driever, Ralph 133
Dürckheim, Karlfried 31 (Anm. 2)
Düsing, Klaus 38, 54 (Anm. 3)
Dux, Günter 46 (Anm. 2), 47

Ebbinghaus, Julius 179 (Anm. 1), 202
Ebeling, G. 189, 207
Ebner, Ferdinand 266, 279f., 280
Eckert, Michael 294 (Anm. 2)
Edelman, Gerald M. 297 (Anm. 2)
Ekman, Paul 183 (Anm. 2)
Ellis, Albert 72
Epiktet 80
Epikur 45, 49, 70ff., 74ff., 77, 78, 80, 163, 185, 221f., 358
Erler, Michael 76
Esterbauer, Reinhold 267 (Anm. 4)
Etzioni, Amitai 245

Fellmann, Ferdinand 160f., 179, 201, 202
Fetz, Reto Luzius 254
Feuerbach, Ludwig 266
Feyerabend, Paul 17 (Anm. 3)
Fichte, Johann Gottlieb 265f.
Fillinger, Willi 141
Fink-Eitel, Hinrich 171, 172
Fischer, Hans Rudi 58 (Anm. 2)
Fisher, Laurel M. 318
Flavell, John H. 196
Fleck, Ludwik 155f., 176, 378, 337 (Anm. 1)
Foucault, Michel 84, 252, 369
Frank, Manfred 192
Frankl, Viktor E. 295 (Anm. 2)
Fransella, Fay 321
Fromm, Erich 271 (Anm. 2)

Gadamer, Hans-Georg 145, 174 (Anm. 1), 197, 210f., 212f., 215, 322
Gatzemeier, Matthias 215
Gebler, Fred 133
Gebser, Jean 54
Gehlen, Ludwig 363
Gendlin, Eugene T. 234
Gerbers, Will A.J.F. 115
Gerhardt, Volker 159f., 172, 177
Gethmann, Carl Friedrich 13
Gibson, James J. 15, 165
Glaser, Volkmar 83 (Anm. 1), 232 (Anm. 4)
Gluck, Andrew 125
Goble, Frank 26 (Anm. 2)
Goleman, Daniel 175, 177 (Anm. 2), 183 (Anm. 1, 2), 184, 186, 254
Goller, Hans 175, 183 (Anm. 1)
Gómez Dávila, Nicolás 291
Goodman, Nelson 151
Graefe, Steffen 103ff.
Graeser, Andreas 246 (Anm. 1)
Grawe, Klaus 27
Greenwald, A.G. 315
Greve, Werner 26 (Anm. 1)
Grimm, Jacob u. Wilhelm 228
Groeben, Norbert 121, 153, 166f., 175 (Anm.), 177, 179 (Anm. 2), 203, 238, 319f., 323f., 335
Grondin, Jean 210
Günther, Sabine 286 (Anm. 1)
Guski, Rainer 232
Gutknecht, Thomas 133
Guttandin, Friedhelm 20 (Anm. 2)

Hadot, Pierre 45, 75, 80, 83f., 252, 369
Hahlweg, K. 27 (Anm. 2)
Handwerker, H.O. 232 (Anm. 2)
Hanke, Michael 63 (Anm. 1)
Heckhausen, Heinz 37 (Anm. 1)
Heckmann, Gustav 280 (Anm. 2), 281ff.
Heidegger, Martin 138 (Anm. 1), 170f., 186, 210, 213f., 268f., 279

Heim, Karl 266
Heintel, Peter 362, 363, 364, 365, 366 (Anm. 2)
Heisenberg, Werner 53
Hemel, Ulrich 55, 298, 299, 300
Hennis, Wilhelm 21
Henrich, Dieter 31
Heraklit 39f.
Hersh, Seymon 7, 33f., 92ff., 116
Herzog, Walter 255f., 320
Hirzel, Rudolf 61 (Anm. 2)
Hobbes, Thomas 263
Hoerster, Norbert 244
Höffe, Otfried 258
Hoffman, Martin L. 254
Hogrebe, Wolfgang 13
Holenstein, Elmar 145, 215
Holzhey, Helmut 366 (Anm. 3)
Holzkamp, Klaus 35
Hoogendijk, Ad 114
Horkheimer, Max 90
Horster 283f.
Huber, Günter L. 236f.
Hübner, Kurt 49
Hume, David 163 (Anm. 2), 173, 244
Husserl, Edmund 25, 157, 179 (Anm. 1)
Hutcheson, Francis 264 (Anm. 1)
Huxley, Aldous 18 (Anm. 1)

Ineichen, Hans 190, 214
Ivaldo, Marco 266

Jacobi, F.H. 265
Jaeger, H.E. Hasso 190 (Anm. 1), 214 (Anm. 1)
James, William 15
Janich, Peter 237
Jaspers, Karl 33 (Anm. 1), 35 (Anm. 1), 52 (Anm. 4), 64, 73, 186, 207, 267, 271, 298 (Anm. 1), 299 (Anm. 2), 336f., 367
Jesus 249
Joas, Hans 245
Jonas, Hans 53f., 55 (Anm. 1)

Jongsma, Ida 72 (Anm. 1), 97, 111ff., 178 (Anm. 3), 370
Jopling, David 124 (Anm. 1, 3), 130f.
Jörns, Klaus-Peter 17 (Anm. 4), 292

Kaam, Adrian van 31 (Anm. 2)
Kagan, Jerome 186
Kamlah, Wilhelm 256
Kant, Immanuel 41, 99, 151, 156f., 160, 161, 190, 175f., 203, 207 (Anm. 1), 208, 244, 247, 248 (Anm. 1), 252, 256, 264, 265, 281, 283, 305, 318
Kaulbach, Friedrich 17 (Anm. 2), 159ff.
Kelly, George A. 153, 320f.
Kessels, Jos 115
Keßler, Bernd H. 72, 80 (Anm. 2)
Kierkegaard, Sören 276 (Anm. 1)
Kitchener, Karen Strohm 313
Kohlberg, Lawrence 249
Krämer, Hans 13, 14 (Anm. 1), 16, 20 (Anm. 1), 21, 22 (Anm. 1), 24, 28, 91, 145 (Anm. 1), 84f., 87, 91, 100 (Anm. 1), 110, 125, 152, 210f., 212 (Anm. 2), 213, 217, 250f., 252, 262, 310, 319, 324, 349
Kramer, Deirdre A. 307 (Anm. 2), 315ff.
Krienen, Heinz-Peter 362
Kriz, Jürgen 293 (Anm. 1)
Kuhn, Thomas S. 126, 155, 368, 370
Kutschera, Franz von 178 (Anm. 1), 244

Lahav, Ran 33, 25f., 89, 91, 118ff., 130, 148 (Anm. 2)
Lain Entralgo, Pedro 69 (Anm. 1)
Lassahn, Rudolf 364
Lehmann, Hans 283
Leisegang, Hans 39, 78, 220
Lenk, Hans 41 (Anm. 2), 100, 101, 157, 161f., 213
Lévinas, Emmanuel 267
Lewin, Kurt 280

401

Lindén, Jan-Ivar 259 (Anm. 1)
Lindner, Traugott 278 (Anm. 2)
Lindseth, Anders 144ff., 353 (Anm. 1)
Linehan, Marsha M. 30 (Anm. 2)
Link, Jochen 133
Lipman, Matthew 136
Little, Brian R. 147 (Anm. 2), 321, 323
Loch, Wolfgang 27 (Anm. 2)
Logstrup, Knud E. 148 (Anm. 4)
Lönz, Michael 364 (Anm. 1)
Lorber, John 57 (Anm. 1)
Lorenz, Kuno 237, 238 (Anm. 1)
Lorenzen, A.K.D. 93f., 95f.
Lovejoy, Arthur O. 48 (Anm. 6), 74
Löw-Beer, Martin 100 (Anm. 1)
Lübbe, Hermann 110
Luckner, Andreas 214 (Anm. 3)
Luther, Martin 228, 291 (Anm. 4)

Machleidt, W. 183 (Anm. 2, 3)
Macho, Thomas 110, 362, 371 (Anm. 1)
Machovec, Milan 305f., 317
MacIntyre, Alasdair 70, 243
Maier, Gert 108ff.
Mandeville, Bernard 263
Mandl, Heinz 236f.
Marcuse, Herbert 90
Margenau, Henry 47
Marinoff, Louis 118, 124, 131ff.
Marquard, Odo 11, 15, 110
Martens, Ekkehard 323, 362, 365 (Anm. 1), 371 (Anm. 1)
Maslow, Abraham H. 26, 241
May, Rollo 26
McCall, Catherine 7, 135ff.
Meacham, John A. 311, 314, 327
Meichenbaum, Donald 236
Meier, Georg Friedrich 192, 208
Menon 60
Merleau-Ponty, Maurice 231
Metzinger, Thomas 299 (Anm. 1)
Mittelstraß, Jürgen 13, 17 (Anm. 1), 36, 39 (Anm. 1), 42 (Anm. 1) 50, 55, 143 (Anm. 1), 152 (Anm. 1), 157 (Anm. 1), 164 (Anm. 1), 204, 211, 227 (Anm. 2), 239, 274, 324, 366 (Anm. 1)
Mohr, Gilbert 238
Montaigne, Michel de 369
Moody, Raymond A. 155
Moore, George Edward 242
Morstein, Petra von 124 (Anm. 1)
Moser, Peter 368
Moses 249
Mostert, Pieter 363
Muck, Otto 291 (Anm. 4)
Müller, Rüdiger 31 (Anm. 2)
Mundle, C.W.K. 56 (Anm. 1)
Murris, Karin 137f.

Naumann, Robert A. 48
Neeb, Christoph 18 (Anm. 1)
Neel, Louis 47
Neisser, Ulric 124 (Anm. 3), 224
Nelson, Leonard 275 (Anm. 2), 278, 280ff.
Nestmann, Frank 20
Neubauer, Patrick 87 (Anm. 2), 133 (Anm. 2)
Neuhäusler, Anton 56 (Anm. 1)
Nida-Rümelin, Julian 244 (Anm. 2), 246, 253
Nietzsche, Friedrich 18 (Anm. 1), 292 (Anm. 2)
Norman, Barbara 138ff., 353 (Anm. 1)
Nussbaum, Martha 45 (Anm. 1), 70 (Anm. 3)

Oelmüller, Willi 98, 305, 306, 318
Oerter, Rolf 182
Oldemeyer, Ernst 259f.
Origines 207
Orwoll, Lucinda 315
Oser, Fritz 254

Paden, Roger 29f., 126ff., 274 (Anm. 1)

Pascual-Leone, Juan 314f.
Patanjali 256 (Anm. 3)
Pauli, Wolfgang 53
Paulus (Apostel) 257
Paulus, Peter 26 (Anm. 2), 29 (Anm. 1)
Peirce, Charles Sanders 154, 291f., 295 (Anm. 2)
Perlmutter, Marion 315
Peterman, James F. 116 (Anm. 1, 2)
Pfeifer, Karl 93
Phillips, John G. 48 (Anm. 4)
Philodem 76
Piepmeier, Rainer 305 (Anm. 2), 306
Planck, Max 53
Platon 50, 52, 60, 66ff., 68, 186f., 101 (Anm. 1), 242, 262, 305, 358, 366
Pluta, Olaf 71 (Anm. 2)
Pohlen, Manfred 26 (Anm. 1)
Pohlenz, Max 81 (Anm. 1, 2)
Polanyi, Michael 158
Pomponazzi 49
Popper, Karl R. 158, 322
Porphyrius 71
Prauss, Gerold 161
Prins, Anette 112 (Anm. 1), 367, 370
Prinz, Wolfgang 37 (Anm. 1), 153 (Anm. 1), 163 (Anm. 1), 224f.
Protagoras 51 (Anm. 1), 60, 63f.
Pythagoras 304 (Anm. 1)

Quitmann, Helmut 26 (Anm. 2)

Rabbow, Paul 76, 369
Rawls, John 257 (Anm. 2)
Reed, Edward C. 165
Reese-Schäfer, Walter 245 (Anm. 2)
Rehfus, Wulff D. 322, 326, 362, 364, 365
Renn, Joachim 211
Rensch, Thomas 296 (Anm. 1)
Rhine, Joseph B. 57
Ricoeur, Paul 212f., 215
Riedel, Manfred 14

Rieger, Reinhold 192f., 198, 294
Ring, Kenneth 155 (Anm. 1)
Rogers, Carl R. 27, 30 (Anm. 1), 70, 88, 95 (Anm. 1), 136 (Anm. 1), 149 (Anm. 1), 241, 274 (Anm. 1), 276f., 280, 321, 325, 346
Rohbeck, Johannes 368
Rombach, Heinrich 160
Roodin, P.A. 316
Roos, Jeanette 26 (Anm. 1)
Rorty, Richard 139
Rosenberg, Jay 322
Rosenzweig, Franz 266, 280
Rusch, Gebhard 215, 217
Ruschmann, Eckart 348 (Anm. 1)
Ruschmann, Elisa 41, 218ff.
Russell, John A. 48
Rusterholz, Peter 190

Sachse, Rainer 29 (Anm. 2), 30 (Anm. 2)
Sautet, Marc 140f. , 286f.
Schaeffler, Richard 291 (Anm. 4)
Scheele, Brigitte 153, 175 (Anm.), 319, 323f.
Schefczyk, Michael 89, 101f., 118, 120
Scheler, Max 231, 242, 244, 261, 269, 346
Schlegel, Friedrich 191
Schleiermacher, F.D.E. 24, 34, 37, 145 (Anm. 3), 160, 191ff., 200f., 209, 213 (Anm. 1), 214, 268, 294
Schmid, Wilhelm 84 (Anm. 1), 252 (Anm. 2), 257, 369
Schmid, Wolfgang 76
Schmidt, Nicole D. 170, 179 (Anm. 3), 201
Schmidt-Biggemann, Wilhelm 18 (Anm. 1)
Schmitz, Hermann 181 (Anm. 1), 231
Schmucker-Hartmann, Josef 362 (Anm. 1)

403

Schnädelbach, Herbert 156, 190, 387
Schnotz, Wolfgang 196, 215, 216, 217, 218
Scholtz, Gunter 191
Schrey, Heinz-Horst 243 (Anm. 2), 280
Schulz, Walter 255 (Anm. 1), 256
Schulze, Gerhard 46 (Anm. 1)
Schumacher, E.F. 260
Schuster, Shlomit 118, 134ff.
Schwarz, Gerhard 278 (Anm. 2)
Searle, J.R. 164f.
Seel, Martin 100 (Anm. 1)
Seel, Norbert M. 154, (Anm. 1), 166, 167, 168, 169, 170
Segal, Stefan 138
Seneca 12, 83 (Anm. 2)
Sepp, Hans Rainer 25
Shaftesbury, Anthony Ashley Cooper of 264 (Anm. 1)
Sherrington, Charles 232 (Anm. 1)
Shusterman, Richard 259 (Anm. 1)
Simmel, Georg 160, 280
Smith, Jacqui 308
Sokrates 59ff., 68, 73, 281
Solomon, Robert C. 171f., 180
Sousa, Ronald de 181f., 184f.
Sowarka, Doris 307, 309
Spaemann, Robert 319
Specht, Rainer 57
Spencer, Herbert 34, 54 (Anm. 3)
Spilka, Bernard 297 (Anm. 3)
Spinoza, Baruch de 174
Spranger, Eduard 207
Stamer, Gerhard 133
Staudinger, Ursula M. 58 (Anm. 1), 306, 308ff.
Stegmaier, Werner 20, 85, 250, 349
Stegmüller, Wolfgang 153
Steinfath, Holmer 253 (Anm. 1)
Steinmetz, Peter 78f., 82 (Anm. 1)
Sternberg, Robert J. 75 (Anm. 1), 308, 312, 318
Stiegler, Ingrid 361
Sutich, Anthony J. 26

Taylor, Charles 139
Thales 50
Thiel, Christian 56 (Anm. 1)
Thommen, Beat 241 (Anm. 1)
Thurnherr 142ff., 251 (Anm. 1)
Tillmanns, Maria da Venza 118
Toulmin, Stephen 59
Truax, Charles B. 273 (Anm. 1)
Tuedio, James A. 128ff., 357
Tugendhat, Ernst 100 (Anm. 1), 247

Überweg, Friedrich 65
Uddâlaka 49

Ulich, Dieter 174, 183 (Anm. 1), 230 (Anm. 2), 234

Varela, Francisco J. 248
Vaughan, Frances 294 (Anm.)
Veening, Eite 115
Velmans, M. 165 (Anm. 1)
Vogel, Peter 361, 364
Voigtländer, Hanns-Dietrich 366 (Anm. 4, 5)
Vollmer, Gerhard 153

Waldenfels, Bernhard 61 (Anm. 1)
Walsh, Roger N. 294 (Anm.)
Wartofsky 166
Weiland, Helmuth 364
Weinert, Franz E. 239
Weinreich-Haste, Helen 249
Weischedel, Wilhelm 326
Weismüller, Christoph 133
Welter, Rüdiger 157 (Anm. 1)
Werder, Lutz von 286
Wetz, Franz Joseph 263
Wetzel, Manfred 158 (Anm. 1)
Wieland, Wolfgang 67 (Anm. 1)
Winkler-Calaminus, Martina 133
Wirz, Grete 133
Wittgenstein, Ludwig 116, 117
Witzany, Günther 105ff.
Wolf, F.A. 198
Wolf, Ursula 171, 172ff., 178, 254

Wolf, Harry 141
Wright, Georg Henrik von 180
Wundt, Wilhelm 171 (Anm. 1), 177 (Anm. 1), 231

Xenophanes 51

Yalom, Irvin D. 26

Zdrenka, Michael 11, 87 (Anm. 2), 105, 109, 114, 133
Zenon 76, 77, 78, 79, 81, 82
Zimmerli, Walter Ch. 366 (Anm. 3)

Sachregister

Abkürzungen:
Phil. = Philosophie, Philosophisch etc.
PB = Philosophische Beratung
PP = Philosophische Praxis

Abduktion 154
Absicht 237ff.
Abwehrmechanismen 249 (Anm. 1), 317, 357
ästhetische/apophantische Rede 211
Aggression 256
agonaler Dialog 60, 274, 352
aktualisierende Kraft (Buber) 276
Aktualisierungstendenz (Rogers) 276
Akzeptierung 70, 96, 254, 273f., 351f.
Alexander-Technik 259 (Anm. 1)
Alltagsberatung 21
Alltagsbezug, fehlender der Phil. 25
Alltagserfahrung 300
Alltagsphilosophie 33, 322, 324, 363, 367
Alltagstheorien 16, 154, 155f., 164 (Anm. 1), 166, 337
Alltagswissen, -erkennen 153f., 324
Altruismus 263f.
Altruismus/Egoismus (s. Egoismus/Altruismus)
Amsterdam, Univ. 111
Andersverstehen 145, 167, 210f.
Angst vor Kommunikation 271
Angst/Ängste 106
Anthropologie (Alltagsphil) 35
Anthropologie (Fragen nach) 288
Anwendung der Philosophie 366
apophantische/ästhetische Rede 211
Arbeit an sich selbst 66f., 252 (Anm. 1), 358
âtman 49
Atmosphäre 181
Aufklärung 49

Aufrichtigkeit 255, 273, 350f. (s.a. Echtheit)
Außen/Innen (Außenwelt/Innenwelt) 165, 227
Außersinnliche Wahrnehmung 57
Authentizität 272, 277, 350f. (s.a. Aufrichtigkeit u. Echtheit)
Automatismen 92, 259 (Anm. 1) (s.a. Muster)
Autorintention 192, 208, 210, 212, 216f.

Basic Encounter (Rogers) 280
Bedeutungsgehalt 224f.
Begegnung 267, 270
Begegnungsphilosophie 265, 266ff.
Begriffspyramide (Leisegang) 39f.
Beobachterperspektive 223 (vgl. auch Perspektive der 1./3. Person)
Bequemlichkeit (s. Trägheit)
Beratertugenden 349ff.
Beratung (Def.) 24, 36
Beratung, Phil. (Def.) 25, 43, 86 (Anm. 1), 126, 169, 306, 329ff., 361
Beratung, Phil. als 12f., 45
Beratung, professionelle 19, 21, 23
Beratung, psychologische 12
Beratung (vs. Erziehung) 19ff.
Beratung und Psychotherapie 19ff., 25f., 28, 30, 32, 121f., 126f., 142f.
Beratung, seelsorgerliche 12, 76, 84f., 126, 250
Beratung als Tiefenhermeneutik 339ff.
Beratung und Autonomie 20
Beratung, Vorurteile gegen 85, 251
Beratung/Bildung 361, 362 (Anm. 2)
Bereichsethiken 246 (Anm. 2), 250
Beruf des Philosophischen Beraters 368
Berufsmöglichkeiten für PB 8

beschreibende Sprache 223
Besserverstehen 197f., 216, 340ff.
Besucher (der PP) 18 (Anm. 4)
Bewertungen (vs. Werte) 240, 262
Bewußtheit der Gefühle (s. Gefühlsgewahrsein)
Bewußtseinsstufen (Oldemeyer) 259
Beziehungsangebot (Aufnahme des) 69
Beziehungsstörungen 29 (Anm. 2)
Bildung 20, 361f.
Bildung (*edification*) 139
Blindsight 229 (Anm. 1)
Böse, Das 35, 256, 302
Buddhismus 292 (Anm. 3)

Café, Phil 140, 286f.
Charakter (guter/schlechter) 230, 307, 350, 354f.

Daimonion 64f.
Daseinsanalyse 91
Defensivität 272, 351
deklaratives Wissen 196
Dekonstruktivismus 210f.
Denken 182, 235ff., 335f.
Denken/Gefühl (s. Kognition/Emotion)
Denken/Wahrnehmung 37, 41, 182, 185
Denkstil (Fleck) 155f.
deontologische Ethik 247, 252, 256, 343
Dephlegmatisieren 96
Depression 28
Destruktivität 35
Deutung (Prauss) 161
Diagnostik 29, 31
Dialog 267ff.
Dialog, herrschaftsfreier 106
Dialog, innerer 236
Dialog-Konsens 167, 340
Dialogische Philosophie 266ff.
dialogisches Verstehen 211
Diaphanie 54, 296

Didaktik der Phil. 361ff.
Diesseits/Jenseits 48
Dilemmata, moralische 132
Dissoziation 43, 357
dogmatisches Vorgehen 17 (Anm. 1), 55
Dogmatismus 73, 314, 357, 359
Dritte Kraft 26 (s.a. Humanistische Psychologie)
Du/Ich 139, 265ff.
Dualismus 53f., 78
Dualität 53f.
dysfunktionale Vorstellungen, Gefühle etc. 27f., 29f., 31, 72, 80, 122, 128f., 300, 356

Echtheit 70, 97, 271ff., 277, 350f. (s.a. Aufrichtigkeit und Authentizität)
edification 139
Egoismus 255f., 257f., 263f., 351 (s.a. Ichbezogenheit u. Egozentrizität)
Egoismus/Altruismus 258, 263, 348f.
Egozentrizität 315, 358 (s.a. Ichbezogenheit)
Ehrfurcht 137
Eigentümerschaft (für Denken etc.) 223, 332
Einflußnahme (des Beraters) 275
Einschätzung (Evaluation) 132, 155, 181, 220, 229, 273f., 332, 334, 338
Einüben, Einübung 22, 82, 84, 91
Ekel 184
Elenktik/Elenchos 61, 63
Emotion/Kognition (s. Kognition/Emotion)
emotionale Intelligenz 175, 177, 230, 316
Emotionalisierung (als Transformation) 180f.
Emotionsethik 243
Emotivismus (Ethik) 243f.
Empathie 139f., 254f.

407

Empathiemodell 41, 218ff.
Empfindung 177 (Anm. 1)
Encountergruppen 280
Entscheidungsprozesse 132, 238f.
Entwicklung 313, 354ff.
Entwicklung/Reifung 313, 346
Erbauung (edification) 139
Erfahrung 218ff., 227
Erfahrung/Selbsterfahrung 104
Erfahrung, konkrete 138, 330f., 333
Erfahrungsoffenheit (Lindseth) 147 (s.a. Offenheit für Erfahrung)
Erfahrungsschwerhörigkeit (Lindseth) 147
Erfassungsadäquatheit (von Theorien) 168
Erkennen/Verstehen 152, 213f., 216f., 339
Erkenntnistheorie (und PB) 151ff.
Erkenntnistheorie (Alltagsphil) 35f.
Erkenntnistheorie (Fragen nach) 288
Erklären/Verstehen 203
Erleben (Gefühl/Spüren) 41, 43 (Anm. 1), 170ff., 226ff., 334f.
Erleben/Wahrnehmung 177
Erlebenswahrnehmung 226 (vgl. a. Gefühlsgewahrsein)
Erlebnis 202f., 227
Erziehung 20
Esoterik/Exoterik (der Phil.) 364, 366
Ethik 242ff.
Ethik (Alltagsphil.) 35
Ethik und Beratung 85, 250
Ethik, deontologische 247, 252, 256, 343
Ethik (Fragen nach) 288
Ethik (und Gefühle) 247ff.
Ethik, integrative (Krämer) 251f.
Ethik, kognitivistische 253
Ethik und PB 242ff.
ethisches Können 248ff., 344, 348
Eudaimonie 68f., 72, 74
Eutonus 83, 232
ewige Philosophie 18
Existentielle Psychotherapie 26, 91

Expertentum 309, 313f., 353
Expertentum (des Ethikers) 250, 344f.
explizites Erleben 228
Exterozeption 232
extranormale Erfahrungen 155

Facilitator 136 (McCall), 140 (B. Norman)
Faktenwissen 309
Faktum 224f.
Fassade 271
felt shift 234
fiktionale/informierende Medien 211
Flexibilität 95, 325, 359
F.M.Alexander-Technik 259 (Anm. 1)
Focusing 234
Fortbildung zum Phil. Berater 368ff.
Frankfurter Schule 90
Fremdverstehen (Dilthey) 200
Fremdwahrnehmung 356 (s.a. Selbstwahrnehmung)
Freude 184, 231
Fühlen 227ff. (s.a. Gefühl u. Erleben)
Fühlen vs. Spüren 231, 234 f.
Fürsorge 264

Geborgenheit 302f.
Gedächtnis, episodisches 221, 340
Gedankenkreis (Leisegang) 39f.
Gefühl/Denken (s. Kognition/Emotion)
Gefühle 163, 170ff., 205, 227ff., 334f. (s.a. Erleben)
Gefühle (Achenbach) 98
Gefühle/Erkennen 172, 163f., 225
Gefühle, rationale 292
Gefühle, ungünstige (s. dysfunktinale Vorstellungen/Gefühle)
Gefühllosigkeit 238
Gefühlsgewahrsein 165, 168, 196, 202, 227f., 317
Gefühlshaltungen 230

Gefühlstheorie (Stoa) 81f.
Gefühlstiefe 261, 343
Gefühlswahrnehmung (s. Erlebenswahrnehmung)
Gehäuse 103, 326, 357
Geist 53
Geist/Mind 39
Geist, objektiver 199f.
geistig/spirituell 39
gelingendes Leben 251, 252, 253 (Anm. 1), 256f., 262, 358
gelingendes Leben (Aristoteles) 68f.
gelingendes Leben (Epikur) 72
Geltungsanspruch (ethischer Theorien) 347
Gerechtigkeit 255f., 257f., 264, 316
Gesetz, individuelles 160
Gespräch/Gesprächsführung 212f.
Gesprächspsychotherapie 30 (Anm. 1) (s.a. klientenzentrierter/personzentrierter Ansatz)
Gestimmtheit 170, 335
gesund/krank 29
Gesundheit (Konzeption) 29 (Anm. 1)
Gewahrsein/Gewahrwerden 202
Gewissen 41, 240, 262, 346f.
Gewohnheiten 259 (Anm. 1) (s.a. Automatismen u. Muster)
Gewohnheitsbildung 259
Glaubwürdigkeit (Aristoteles) 68ff.
Glück 127f., 142, 252, 261, 364
Glut, innere (Platon) 67
Götter 48ff., 72f. (Epikur)
Gott 47f., 79 (Stoa), 289f., 292, 294, 297f.
gottbezogen/gottlos (Buber) 297
GPP (Gesellschaft für Philosophische Praxis) 7, 102, 110, 367, 371 (Anm. 1)
grammatische Interpretation (Schleiermacher) 193
Grundgefühle 183, 186
Grundgestimmtheit 163, 205, 219, 302, 335

Grundsätze, ethische 247f.
Gruppe, Philosophieren in der 278ff.
Gruppenarbeit, phil. 108 (Maier), 135ff. (McCall), 287ff.
Gruppendynamik 278 (Anm. 2)

Handlung 224, 232 (Anm. 3), 237f.
Hebammenkunst 60ff.
Hedonismus 74
Heiterkeit (Epikur) 75
Hellsehen 57
hermeneuein 189
Hermeneutik 188ff.
Hermeneutik, Beratung als 339ff.
Hierarchie (Seinsstufung) 52f., 78f.
Homo-mensura-Satz 63f.
horizontale Transpersonalität 295f.
Humanistische Psychologie 26f., 29 (Anm. 1), 91, 127, 179, 209, 293 (Anm. 1), 321

Ich/Du 139, 265ff.
Ich/Es-Beziehung 267
Ichbewußtsein 266
Ichbezogenheit 255f., 257, 268 (Anm. 1), 271, 315, 351, 358 (s.a. Egoismus u. Egozentrizität)
Ichhaftigkeit (s. Ichbezogenheit bzw. Egoismus/Egozentrizität)
Immanenz/Transzendenz 50, 53, 73, 296
implizites Erleben 228
implizite Lebensphil. 34, 317
Individualethik 346
Individuum/Individualität 172, 176f.
individuelles Gesetz 160
informierende/fiktionale Medien 211
Innenwelt/Außenwelt 165
Innere Wahrnehmung 202
Integration Kognition/Emotion 316
Integration (der Persönlichkeit) 314f., 317, 359
Integration von Werten 345
Integrative Ethik (Krämer) 251f.
Intelligenz, emotionale 175, 177, 230, 316

Intentinal – nichtintentional 178 (Anm. 1)
Intention 237ff.
intentionales Bewußtsein 259
intentionales Gefühl 183 (Anm. 3)
interdisziplinäre Kooperation bei PB 24
Interesse 183, 187
Interozeption 165, 219 (Anm. 1), 232, 261 (Anm. 1)
Interpretation 120, 215
Interpretation (Erkenntnis als) 161ff.
Interpretation, grammatische 193
Interpretation, psychologische/technische 193
Intuitionismus (Ethik) 242

James/Lange-Theorie 233
Jenseits/Diesseits 48
Jenseitsvorstellungen 49, 71 ff.

Kette des Seins 53f.
Kinderphilosophie 136, 137
Klagenfurt, Univ. 111
klientenzentrierter Ansatz 27, 95 (Anm. 1), 127, 135, 272ff. 276 (Anm. 1)
Kognition/Emotion 172ff., 183f., 185f., 187, 220f., 225, 229f., 238, 316, 337, 357
Kognitionspsychologie 41, 214
Kognitionsethik 245
kognitive Verarbeitung 235ff.
kognitive Wende 27
kognitivistische Ethik 244, 253
Kohärenzprüfung(von Theorien) 167
Kommunikation, Angst vor 271
Kommunikation, existentielle 271
Kommunitarismus 245
Kongresse, Internationale (für PB/PP) 11
Kongruenz (s. Echtheit)
konkrete Erfahrung 218ff., 330f., 333
Können, ethisches 248ff., 344, 348
Könnerschaft, ethische 249
Körper 220 (Anm. 1)

Körperschema 219 (Anm. 1)
Körperwahrnehmung 165, 219f., 227
Körperwahrnehmung/Spüren 231f., 234
Körperwahrnehmung und Gefühle 233f.
Konsens, Orientierung am 283, 285
Konstituierungsthese (der Didaktik) 363f.
Konstrukt-Theorie (Kelly) 320f.
Konstruktivismus, radikaler 295
Kontext, raumzeitlicher 224
Kontext, situativer 225
Kooperation 24
Kosmologie (Fragen nach) 287
Kosmologie/Naturphilosophie (Alltagsphil) 34
Kosmos (Stoa) 78f.
krank/gesund 29
Krankenkassen (Anerkennung durch) 30
Krankheitsbegriff 26, 29
Krankheitsmodell 29
Kritik 100f.
Kritik, hermeneutische 34, 167, 198f., 216, 342
kritische Lebensereignisse 316
kritische Rekonstruktion (s. Rekonstruktion, kritische)

Laissez-faire-Haltung 18
laxe Hermeneutik 193, 212, 268
Leben 50
Leben, gelingendes (s. gelingendes Leben)
Lebendigkeit, innere 129
Lebensberatung 31
Lebenserfahrung 304
Lebensform, Phil. als 13, 45, 84, 369
Lebensphilosophie 33, 336 ff.
Lebensphilosophie, Gruppenarbeit zur 287ff.
Lebensphilosophie, persönliche 33
Lebensphilosophie (Verantwortung für) 58

Lebenspraxis 330ff.
Lebensraummodell 310
Lebensspannen-Kontextualismus 310
Lebensstimmungen (Dilthey) 170, 205, 337
Lebenswelt 157
Lebensziele 307f., 355f., 360 (s.a. Ziele)
Lehrgespräch, Philosophisches 36, 324, 327, 371
Leib, innerer 81
Leid 356
Leid (vs. Schmerz) 28, 356f.
Lernen 19
Liebe 184, 270 (Buber)
Liebesgebot, christliches 257f., 264, 349
Logos (Stoa) 79
Logotherapie 91

magisches Denken
Maieutik 60ff.
Man (Heidegger) 279
Marker, somatische (Damasio) 234
Materialismus 53
Meditation 82
Medizinethik 144
Mehrfachkompetenzen (des Phil. Beraters) 24
Metaethik 245f.
Metaphysik 47, 291
Metaphysik (Alltagsphil.) 34f.
Metaphysik (Fragen nach) 287
metaphysische Hintergrundannahmen 57
Metawissen 353
Mind/Geist 39
Mißverstehen 37, 189, 194, 216f., 339, 341
Mitdasein (Heidegger) 268
Mitgefühl 254
Mitsein (Heidegger) 268
Modellbildung, gute 43
Modelle/Theorien 166f., 337
Modellvorstellungen 178

Monismus 53f.
Monismus/Dualismus (Stoa) 78f.
Monolog 267f.
monologisches Verstehen 211f.
moral sense 264
moralische Überzeugungen 253
Motivationsstruktur 239
Motorik (und Sensorik) 232
Mündlichkeit/Schriftlichkeit 59, 68, 195, 211
Muster 229 (Anm.1), 259, 354, 357 (s.a. Automatismen u. Gewohnheiten)
Muster, ungünstige (Epikur) 75
mythisches Denken 49
Mythos 46ff.

Nachkonstruieren 191, 197
Nahtod-Erfahrungen 154f.
Naturphilosophie (der Stoa) 78
negative Theologie 52, 294 (Anm. 2), 301
Negativität 35
Neubeschreibung (B. Norman) 140
nichtintentionales Erleben 178 (Anm. 1)
Nichtverstehbarkeit, partielle 193, 197
Nichtverstehen 36, 145, 189, 197, 216, 339f.
Nichtwissen 73
Nichtwissen, berührtes (Lindseth) 145f., 340
Nichtwissen (Sokrates) 65
Nichtwissen, qualifiziertes 311, 354
Nichtwissen, Schleier des -s 257

objektiv/subjektiv 176f.
Objektivismus 158
objektivistische Ethik 246
Objektwahrnehmung 219
Offenheit für Erfahrung 148f., 304, 314, 351, 358f.
Offenheit (Weischedel) 326
Ontische Therapie (Angelett) 116ff.

Ontologie (Alltagsphil.) 34
Onto-Theologie 52
ontologische Option 291 (Anm. 1)
Opferhandlungen 46
Orientierungsfunktion von Konzepten 58
Originalität des Denkens 321

Pantheismus 300
Panzer 271
Parapsychologie 56f.
pathische Prozesse 45, 60, 80f.
pathische Prozesse (Epikur) 71
pathos 45 (Anm. 1), 71, 80ff.
persönliches Sinnsystem 58 (Anm. 1), 310, 316
persönliches Wissen 65, 158
Persönlichkeitsstörungen 29 (Anm. 2), 30 (Anm. 2)
Personwahrnehmung 168, 226, 334, 347
personzentrierter Ansatz 27, 95 (Anm. 1), 127, 135, 272ff., 276 (Anm. 1)
Perspektive der 1./3. Person 164f., 177, 238, 260, 320
Perspektivismus 17 (Anm. 2), 18, 159f., 206, 359f.
perspektivistische Phil. 159f.
Perzeptionsethik 242
Phänomenologie 157
Philosoph (als Berufsbezeichnung) 322
Philosoph, Mensch als 322f.
philosophia perennis 18 (Anm. 1)
Philosophie als Lebensform 13, 45, 84, 369
Philosophie, praktische 14
Philosophie, ‚schlechte' 43
Philosophie, Praktische 14
Philosophieren, Beratung als 98, 117, 323f.
Philosophisches Café 140, 286f.
Philosophisches Lehrgespräch 36, 324, 327, 371

Philosophy of Mind 164, 179, 299 (Anm. 1), 320
Physik, Physiker 47
Polarität (Geist/Materie) 53
Polarität (Immanenz/Transzendenz) 48f., 51, 73
postmoderne Perspektive (Tuedio) 128ff.
pragmatische Perspektive 15f.
Pragmatismus/pragmatisch 15, 124
Präkognition 57
Praktische Philosophie (s. Philosophie, Praktische)
Präsenz 270f.
Praxis, Philosophische 11, 14f., 86 (Anm. 1), 94ff., 110, 147f.
Praxis/Theorie 14, 330f., 336, 367
Praxisanwendung (von Ethik) 250
Praxisbezug 367
Prinzipien, ethische 247f.
Problemfinden 311, 354
Projektion (Mythos als) 51
propositionale Objekte 184f.
Propriozeption 231f.
Protreptik 60, 63
prozedurales Wissen 67 (Anm. 1), 196 (Def. Anm. 1), 197, 216, 225, 342, 353
Prozeßqualitäten 342
Prozeßskala (Rogers) 325
Prozeßwissen 67, 101, 309, 342, 370
Psychē 51
psychischer Strukturzusammenhang (s. Strukturzusammenhang, psychischer)
Psychoanalyse 26, 95, 204f.
Psychokinese 57
Psychologie und PB 122, 124f.
Psychologismus 201f.
psychologische Interpretation (Schleiermacher) 193
Psychotherapie, Abgrenzung zur 91, 121f. (Lahav), 126f. (Paden), 142f. (Thurnherr)
Psychotherapie, PB und 19ff., 25f., 28, 30, 32

Psychotherapiekritik (von phil. Praktikern) 25ff.

Qualität, Qualitäten 225f.
Qualitäten von Beratern 22
Qualitätswahrnehmung 334

Rational-emotive Therapie 72, 80 (Anm. 2)
Ratschlag/Beratung 20
Rechtfertigung Phil. Beratung 11
Redner (Aristoteles) 69
Reflexion 46, 197, 260
Reflexivität 260
Reflexivität der Theorien 319, 327
Reinkarnation 48
Rekonstruktion, kritische 42, 150, 216, 342
Relativität, Wissen um 206 (Dilthey), 354
Religion, Funktion der 47
Religion, Ursprung der 46
Restrukturierung (von Theorien/Modellen) 169
RET (rational-emotive Therapie) 72, 80 (Anm. 2)
Rhetorik (Aristoteles) 69
Rigidität 95, 169, 325, 338, 357
Rückbiegung (Buber) 268
Rückschau/Vorschau 83
Ruhe, innere 74f., 77, 80, 312

Scala naturae 52
Schattenseele 50 (Anm. 1)
Schichtenmodell 39
Schmerz 356
Schmerz vs. Leid 28, 356f.
Schmerz/Trauer 184
Schöpfungsmythen 51
Schriftkritik (Sokrates/Platon) 59 (Anm. 1)
Schriftlichkeit 212, 214
Schriftlichkeit/Mündlichkeit 59, 68, 195, 211
Schulen, psychotherapeutische 28

Schwächen, Umgang mit 35, 100, 256, 260, 275, 352, 358
Seele 52f.
seelsorgerliches Gespräch (s. Beratung, seelsorgerliche)
Sehepunkt 190
Seinsstufung, hierarchische 52f.
Selbst, inneres 241
Selbst als Theorie/Konzept 131, 338
Selbst, wahres 314
Selbst/Fremdwahrnehmung 356
Selbst- und Welterfassen 330ff.
Selbst-Interpretation 131
Selbst-Transzendenz 315
Selbstanwendbarkeit, Selbstanwendung 98, 153, 318, 326, 351, 355, 371
Selbstbewußtseinsmodelle 38
Selbstbezug, reflexiver 259f.
Selbsterfahrung 368, 370f.
Selbsterfahrung/Erfahrung 104
Selbsterfassen 36ff., 131, 333
Selbsterfassen, angemessenes 42f.
Selbstgewahrsein 113, 260, 272, 274, 350
Selbstkongruenz (s. Echtheit)
Selbstkonzept 131, 333
Selbstreflexivität 350f.
Selbstsorge 252, 257, 262
Selbsttäuschung 100 (Anm. 1), 131, 333, 342, 350
Selbsttranszendenz 359
Selbstverantwortung 252, 262
Selbstverwirklichung 359
Selbstwahrnehmung 168, 219f., 347, 356
Sinn, Sinnfrage 31, 262f.
Sinnfindung 338f.
Sinngebung 58 (Anm. 1), 263, 295ff.
Sinnkonstitution 47, 58, 295ff., 338f.
Sinnlosigkeit 262f., 339
Sinnsuche 58
Sinnsystem, persönliches 58 (Anm. 1), 310, 316
Sinnzusammenhang 58

413

Skeptiker 326
Skeptizismus 17 (Anm. 3), 314, 326, 358f.
Sokratischer Dialog (s. Sokratisches Gespräch)
Sokratisches Gespräch (Nelson) 115, 278, 280ff.
Sollen/Wollen 343
somatische Marker (Damasio) 234
Somatisierung 178
Sophisten 59ff., 63f.
Somatosensorik 202, 232
Spannung 231f.
spirituell/geistig 39
Spüren 81, 231ff.
Spüren vs. Fühlen 231, 234f.
Staunen 184, 186ff.
Stimme, innere 64
Stimmung, intellektuelle (Fleck) 176
Stimmungen 229
Stoa 77ff.
Streitgespräch, Dialog als 60, 247, 352
Strukturgesetzlichkeit (Rombach) 160
Strukturmodell 37f., 201
Strukturmodell (Elisa Ruschmann) 40f., 218ff.
Strukturorientierung (des Beraters) 360
Strukturverständnis 18
Strukturzusammenhang, psychischer 37, 199ff., 204
subjektiv/objektiv 176f.
subjektive Theorien (Groeben) 166f., 319
subjektive Theorien 164 (Anm. 1), 325, 335
Suizid 115
Supervision 38, 97, 370
Systematische Philosophie (und PB) 369

technische Interpretation (Schleiermacher) 193

Telepathie 57
Temperament 186
Textverstehen 215
Them-Models (Little) 321
Theologie (und Phil.) 293
Theologie, negative 52, 294 (Anm. 1), 301
Theorie, ethische 253, 344
Theorie/Praxis 15f., 330f., 336, 367
Theoriebildung, gute 43
Theoriecharakter der Erkenntnis 329, 333, 337
Theorien (Alltags-) (s. Alltagstheorien)
Theorien, ethische 246, 347
Theorien/Modelle 166f.
Theorien, subjektive (s. subjektive Theorien)
Theorien (als Dogmen) 95
Theorien, tiefe 57
Therapie/Beratung 28
Tiefe (Lahav) 121
Tiefe (von Werten bzw. Gefühlen) 41, 261, 343
Tiefendimension, Beschreibung der 269f.
Tiefendimension, epistemische 294
Tiefenhermeneutik 339ff.
tiefes Verstehen 104, 195
Tod (Alltagsphil.) 35
Tod (Epikurs Vorstellungen über) 73
Tod (Sokrates' Vorstellung über) 66
Toleranz 17 (Anm. 4)
Tonbandaufnahmen 88, 97 (Anm. 1), 112, 352, 370
Trägheit/Bequemlichkeit 315, 358
Transparenz 54
trans (= über hinaus bzw. durch hindurch) 295
transpersonale Bewegung 295ff.
Transpersonale Psychologie 293 (Anm.1)
Transpersonale Philosophie 291ff.
Transzendenz (Symbolisierungen) 46, 55

Transzendenz, Bezug zur 34, 49, 54, 56
Transzendenz/Immanenz 48f., 50, 53, 73, 296
Transzendenz (u. Maieutik) 62
Transzendenz, Philosophie und 291ff.
Transzendenz-Erfahrung 297ff.
Transzendenzgläubige 292
Transzendenzoffenheit 241
Träume (Stoa) 83
Triebe 175
Tugend 230, 258, 271f., 307, 344, 358
Tugenden (Aristoteles) 68ff.
Tugenden (des Beraters) 349ff., 372
Tun (vs. Handlung/Verhalten) 238

Übung s. Einübung
Übungsgespräche 112f.
Umkehr 271
Unbewußtes 204f.
Unerkennbare, Das 52, 54, 56, 294, 313
Ungewißheit, Umgehen mit 311f.
Unlust 231
Unsicherheit, Umgehen mit 311f., 314
Upanischaden 49
Ursprung, Frage nach dem 47
Urteilscharakter der Gefühle 180, 225
Us-Models (Little) 321

Veränderung 155, 275
Veränderung von Konzepten/Theorien 337, 359
Verantwortung (Lévinas) 267 (Anm. 4)
Verarbeitungsprozesse, kognitive 235f., 331
Vergegenwärtigung (Buber) 277
Verhalten 224
Verhalten/Handlung 237f.
Verkennen (Heidegger) 268 (Anm. 1)

Verlernen 113
Vermittlung von Philosophie 365
Vernunft (Gott als) 52
Verstehen 36, 151f., 189ff., 339ff., 352f.
Verstehen/Erkennen 152, 189, 213f., 217, 339
Verstehen/Erklären 203
Verstehen/Verstandenwerden 96f.
Verstehen, vertieftes (s. vertieftes Verstehen)
Verstehende Psychologie 209, 227
vertieftes Verstehen 198, 341f.
vertikale Transpersonalität 295f.
Verunsicherung durch Philosophie 326f.
Videoaufnahmen (s. Tonbandaufnahmen)
Viscerozeption 232
Vorschau/Rückschau 83
Vorverständnis 37, 145, 214, 340

Wachsamkeit (Stoa) 83
Wachsamkeit 359
Wahrhaftigkeit (und Weisheit) 306
Wahrheit 127, 130f., 152, 154, 159, 162, 167, 169, 192, 206, 208f., 212, 282f., 285, 333, 340, 350, 366
Wahrheit (und Interpretation) 306
Wahrnehmung 43 (Anm. 1), 152f., 163f., 168, 182, 205, 224ff., 334, 224ff.
Wahrnehmung/Denken 37, 41, 182, 185
Wahrnehmung/Erleben 177, 182, 198, 219, 225
Wahrnehmungsfähigkeit 275
Wahrnehmungsgenauigkeit 169
Weisheit 92f., 98f., 121, 151, 304ff., 308f. (Def.), 325, 342, 349ff., 359f.
Weisheit und Beratung 307
Weisheit und Lebensalter 307f.
Weisheitsforschung 304ff., 370
Welt 151f., 333

415

Weltanschauung 206
Weltanschauung, Umgehen mit 104f.
Weltbild 33 (Anm. 1)
Welterfassen 36ff., 46, 131, 333
Welterfassen, angemessenes 42ff.
Weltsicht 50, 330, 336ff.
Weltsicht (Verantwortung für) 58
Weltsicht (und Werte) 254
Weltsicht-Interpretation 33, 89, 118ff.
Weltsicht-Rekonstruktion 33 (bzw. Interpretation)
Weltwissen 226, 339
Wert-Relativismus 312f.
Werte 230, 239ff., 242ff., 336, 343ff.
Werte, eigene 345f.
Werte, Gewichtung von 348
Werte, tiefe 258ff.
Werte, übernommene 345f.

Wertegenerierung 245
Wertehierarchie 346f.
Werteinstanz, innere 240, 346
Wille 203f., 237ff., 336
Wirkfaktoren von Psychotherapie 27
Wissen 152
Wissen (des Beraters) 353
Wissen, inneres 41
Wissen/Weisheit 304f.
Wissensstruktur (des Klienten) 198, 342f.
Wollen/Sollen 343

Zeitdimension, Umgang mit 310
Ziele (der Beratung) 42, 104, 128, 307, 313, 350, 354ff.
Ziele (im Beratungsprozeß) 308, 352
Zirkel, hermeneutischer 214
Zusammenhang, seelischer 173
Zweifel 311, 327, 353f.